초수 합격
유아교육개론

초수 합격 유아교육개론

발행일   2021년 6월 21일

엮은이   이범수
펴낸이   손형국
펴낸곳   (주)북랩
편집인   선일영   편집   정두철, 윤성아, 배진용, 김현아, 박준
디자인   이현수, 한수희, 김윤주, 허지혜   제작   박기성, 황동현, 구성우, 권태련
마케팅   김회란, 박진관
출판등록   2004. 12. 1(제2012-000051호)
주소   서울특별시 금천구 가산디지털 1로 168, 우림라이온스밸리 B동 B113~114호, C동 B101호
홈페이지   www.book.co.kr
전화번호   (02)2026-5777   팩스   (02)2026-5747

ISBN   979-11-6539-707-4 93370 (종이책)   979-11-6539-708-1 95370 (전자책)

(주)북랩 성공출판의 파트너

북랩 홈페이지와 패밀리 사이트에서 다양한 출판 솔루션을 만나 보세요!

홈페이지 book.co.kr   •   **블로그** blog.naver.com/essaybook   •   **출판문의** book@book.co.kr

---

작가 연락처 문의 ▸ ask.book.co.kr

작가 연락처는 개인정보이므로 북랩에서 알려드릴 수 없습니다.

이범수 편저

初修合格

초수 합격
유아교육개론

북랩 book Lab

어떤 시험이든 초수 합격을 위해서는 출제 원칙을 숙지해야 한다. 그냥 열심히 공부하거나 노량진 강사가 시키는 대로만 하면 붙을 거라는 기대는 하지 마시라. 출제 원칙을 모르는 채 공부하는 것은 지도 없이 바다를 항해하는 일과 같다. 장수생으로 가는 지름길이다.

교육과정평가원이 밝힌 유아임용 시험 출제 원칙은 모두 다섯 가지다. 첫째, 유치원 교사로서 갖추어야 하는 교과 전문성을 종합적으로 평가한다. 둘째, 교육 현장에서 실제 필요한 지식과 기능, 소양을 평가한다. 셋째, 분석, 적용, 문제해결 능력과 같은 고등 정신 능력을 중점적으로 평가한다. 넷째, 교원 양성 기관의 교육과정을 충실히 이수하면 무난히 풀 수 있는 문항을 출제한다. 다섯째, 평가 목표 및 내용이 특정 영역이나 학설에 치우치지 않고, 전반에 걸쳐 고르게 출제한다.

다섯 원칙이 다 중요하지만 초수 합격을 목표로 한다면 셋째와 넷째 원칙을 유념해야 한다.

셋째 원칙은 쉽게 말해 단순 암기력을 측정하는 문제는 가급적 내지 않겠다는 선언이다. 이론을 분석하고 현장에 적용하여 실제 문제를 해결하는 능력이 있는지 측정하겠다는 뜻이다. 하지만 여전히 많은 수험생은 개념과 용어를 기계적으로 외우는 데 많은 시간을 쓴다.

수험생이라면 모두 알다시피 유아임용 시험은 공부할 내용이 방대하여 머리가 좋아도 다 암기하기 어렵다. 에빙하우스의 망각곡선에 따르면 암기한 내용은 한 달 뒤에 80%가 사라진다. 수험생은 망각하지 않으려고 첫 글자로 문장 만들어 외우기, 이야기로 만들어 기억하기, 키워드 여러 번 써보기 등 다양한 방법으로 암기한 내용을 장기기억으로 만들려고 애를 쓴다. 이런 암기법이 효과가 없는 것은 아니다. 지금도 출제되는 빈 칸에 용어를 쓰거나 특정 학자가 주장한 단계 명칭을 묻는 문항에는 위력을 발휘한다. 하지만 이런 용어나 단계 명칭을 묻는 문항은 대부분 사례와 관련지어 설명하라는 문항으로 바로 이어진다. 용어나 단계 명칭은 외웠지만 이를 사례에 적용하여 설명할 수 없다면 절반 밖에 득점하지 못한다.

넷째 원칙은 '교육과정을 충실히 이수하면 무난히 풀 수 있는 문항을 출제한다'이다.

이는 이론적으로 너무 깊거나 세세한 내용은 출제하지 않겠다는 뜻이다. 하지만 많은 수험생이 수험서가 기술한 내용을 전부 알아야 한다고 생각한다. 신이론 출제에 대비하고자 최신 논문을 찾기도 한다.

이론을 깊게 공부하고 세세하게 섭렵한다면 학문적으로 크게 발전할 것이다. 하지만 초수 합격 전략으로는 적합하지 않다. 한 번에 합격하려면 첫째, 시험에 나올만한 내용으로 학습 범위를 좁히고 둘째, 정답을 쓰는 데 부족함이 없는 깊이로만 공부해야 한다. 범위와 깊이를 확대하면 공부할 내용이 너무 많아 장수생이 될 가능성이 크다.

사상사에서 자주 출제되는 프뢰벨을 예로 들어보자. 프뢰벨은 지난 1997년부터 2021년까지 25년간 8번 출제되었다. 출제 범위는 통일의 원리, 자기 활동 원리, 계속성 원리, 상징적 교구, 신성, 발달 연속성, 놀이, 은물, 작업에서 벗어나지 않았다. 하지만 일부 수험생은 지난 25년간 한 번도 출제되지 않은 은물 종류 10가지, 작업 활동 11종을 외우는 데 시간을 할애한다.

유아임용 시험은 기출문제를 조금씩 변형하여 반복 출제되는 경향이 있다. 한 번에 합격하려면 기출문제을 근거로 공부할 폭와 깊이를 한정해야 한다. 출제 경향과 동떨어진 내용은 아무리 중요하더라고 배제해야 한다. 1차 시험은 100점을 목표로 오랫동안 공부하기보다 95점을 목표로 1년 만에 끝내는 전략이 바람직하다.

이 책은 교육과정평가원의 출제 원칙에 맞춰 이론서의 모호한 개념, 번장한 설명, 난삽한 문장을 간결하고 명쾌하게 정리하여 이론을 정확하게 이해하고 적용력과 문제 해결 능력을 키우도록 집필했다. 유아특수를 포함하여 지난 25년간의 기출문제를 철저하게 분석, 해설하여 단 한 번에 합격할 수 있도록 공부할 양과 깊이를 조절하였다.

'교육의 질은 교사의 질을 넘지 못한다'는 교육계의 오랜 격언처럼 세월이 흐르고 제도와 환경이 변해도 교육의 질은 결국 교사가 좌우한다. 교사의 자질과 능력은 일차적으로 좋은 이론서가 결정한다. 이 책이 수험생의 전략적 학습을 촉진하여 초수 합격에 길라잡이가 되길 기대한다.

2021.3 이범수

목차

3부 놀이론

1부

사상사

01장 고대 그리스와 로마

1. 고대 그리스

1) 시대 특징

현대 서양 사상의 뿌리는 그리스인의 자연철학에서 발생한 헬레니즘과 유대교 신앙에 기반한 헤브라이즘이다. 그리스 시대를 지배한 헬레니즘은 도시국가인 폴리스를 기반으로 피어난 사상으로 인간의 자유와 합리적 이성을 중시했다. 그리스도교 사상인 헤브라이즘은 신본주의를 바탕으로 내세 지향적 삶을 중시했다. 고대 서양의 역사는 바로 헬레니즘과 헤브라이즘의 발전과 전개, 논쟁과 포용의 과정이다. 두 사상은 현대 서양의 사상, 철학, 정치, 과학, 예술에 기반을 제공했다.

고대 그리스 시대의 교육은 크게 자유로운 시민 교육을 강조한 아테네 교육과 용감한 군인 양성을 목적으로 한 스파르타 교육으로 나눌 수 있다.

아테네는 조화롭고 균형 있는 인간 양성을 교육 목적으로 삼았다. 교육 내용은 자유로운 시민을 양성하기 위한 교양 교육이 중심이 되었다. 아테네의 유아 교육도 교양 교육을 받을 수 있는 정서적 토대를 구축하는 데 역점을 두었다. 하지만 아테네는 교육을 받을 수 있는 사람을 일반 시민계급으로 제한하였다. 사회 구성원 다수를 차지한 노예는 교육을 받을 수 없었다.

스파르타는 상시적으로 외적의 침입을 받았기 때문에 국가 수호를 최고 가치로 보고, 극단적인 군국주의 교육을 실시하였다. 스파르타 교육은 좋은 군인이 좋은 시민이라는 기치 아래 자유보다는 기능 숙달, 전인적 발달보다는 전투력 향상을 지향하였다.

민주 정치를 지향한 아테네는 조화롭고 균형 있는 시민이 필요했고, 군국주의를 지향한 스파르타는 용맹한 군인이 필요했다. 아테네와 스파르타의 교육 방식이 다른 것은 시민의 본성 차이가 아니라 국가가 추구한 시민상의 차이 때문이다.

2) 교육 사상가

아테네를 대표하는 교육 사상가는 소크라테스와 플라톤 그리고 아리스토텔레스를 꼽을 수 있다. 세 인물의 사상을 살펴보면 다음과 같다.

(1) 소크라테스(Socrates, B.C. 469~399)

소크라테스는 기원전 469년에 아테네에서 태어났다. 아버지는 석공이자 조각가였고, 어머니는 산파였다. 소크라테스는 논쟁을 좋아했다. 그는 시장을 돌아다니며 전문가를 자처하는 사람에게 도전적인 질문을 던지면서 그들의 지식과 신념에 오류가 있음을 밝혀냈다. 특히 델피 신전 기둥에 새겨진 너무나 유명한 구절 "너 자신을 알라"를 인용하며 아테네 시민을 훈계하였다. 기원전 399년 아테네 민주정 아래서 신성을 모독하고 청년을 타락시켰다는 죄목으로 그는 사형 선고를 받고 생을 마감했다.

소크라테스는 교육의 목적은 영원불변의 보편적 진리와 가치를 보는 능력을 키우는 것이라고 주장했다. 소크라테스는 교육은 영혼을 살찌우는 일이며 교사가 학생에게 지식을 전달할 것이 아니라 학생 스스로 생각해보도록 촉구해야만 교육이 가능하다고 보았다.

소크라테스는 문답법이라는 독특한 교육 방법을 창안했다. 문답법은 교사가 학생에게 무엇을 가르치는 것이 아니라, 질문을 던짐으로써 학생 스스로 생각하고 진리를 탐색하게 하는 방법이다.

문답법은 반어법과 산파술(産婆術)로 구성되어 있다. 반어법은 학생이 무지를 자각하도록 연속적으로 질문하는 방법이다. 산파술은 무지를 자각한 학생에게 다시 적절한 질문을 하여 스스로 진리에 도달하도록 유도하는 기술이다. 산파는 아이를 낳을 때 산모를 도와주는 사람이다. 산파는 어떤 일을 실현할 수 있도록 돕는 자를 상징한다. 소크라테스 어머니가 산파였던 사실에 착안해 스스로 진리에 도달하도록 유도하는 기술을 산파술이라고 명명했다.

산파술은 소크라테스의 철학적 관점을 정확하게 보여준다. 산파는 산모가 아이를 낳는 것을 보조할 뿐 직접 아이를 낳을 수는 없다. 아이는 산모가 낳아야 한다. 소크라테스는 산파가 직접 아이를 낳을 수 없듯이, 스승이 제자에게 직접 진리를 가르쳐 줄 수 없다고 생각했다. 스승은 제자가 진리를 향해가는 길을 제시하고 그 길을 가도록 도와주는 길라잡이일 뿐이다. 지식의 산파가 되기 위해 소크라테스가 사용한 방법이 문답법이다. 소크라테스는 질문과 대답을 통해 제자를 자연스럽게 진리의 길로 이끌었다.

교육이 영혼을 살찌우는 일이라는 소크라테스의 주장은 플라톤과 아리스토텔레스로 이어졌다. 문답법은 오늘날까지 여전히 효과적인 교육 방법으로 쓰이고 있다.

(2) 플라톤(Platon, B.C. 427~B.C. 347)

영국의 철학자 화이트헤드는 "서양철학은 플라톤 철학에 대한 주석의 역사"라고 했다. 화이트헤드의 평가에서 알 수 있듯이 플라톤은 서양 철학의 근간을 세운 대학자이다.

플라톤은 B.C. 427년, 아테네 명문가에서 태어났다. 18세 때 소크라테스를 만나 그가 사형당할 때까지 가르침을 받았다. 플라톤은 B.C. 385년 아테네 교외에 아카데메이아(Academia)를 개설하여 교육·연구를 하며 자신의 사상을 정리했다.

플라톤은 이상 사회를 실현해야 개인이 행복할 수 있다고 보았다. 그는 전 우주에 걸쳐 영속적이고 불변하는 가치를 탐구했다. 플라톤에 따르면 이러한 가치는 인간의 경험이나 감각을 초월하여 존재한다. 플라톤은 이를 이데아라고 했다. 이데아는 끊임없이 변하는 현실의 사물과 다르게 영원히 변하지 않는다. 현실의 사물은 단지 이데아의 모사에 지나지 않는다. 현실에 존재하는 사물은 끊임없이 변화하며 일시적이지만, 이데아는 불변하며 항구적인 속성을 지닌다.

플라톤은 교육의 궁극적 목적이 이데아를 파악하는 안목을 기르는 일이라고 주장했다. 그는 인간마다 가지고 있는 자질과 능력을 발견하고 덕을 길러 주어 통치계급, 수호계급, 생산계급에 적합한 자를 골라 배치하는 일을 교육의 역할로 보았다.

플라톤의 유아교육론은 다음과 같이 세 가지로 나누어 볼 수 있다.

첫째, 플라톤은 조기 교육을 강조했다. 그는 출생부터 5세까지의 경험이 인간 발달을 좌우한다고 보고, 가능하면 일찍 교육을 실시해야 한다고 주장했다.

둘째, 플라톤은 인간의 가장 기본적인 가치인 아름다움과 추함, 선과 악을 구분하는 덕목이 놀이에서 형성된다며 유아를 올바르게 교육하려면 놀이를 하게 해야 한다고 주장했다. 그는 놀이를 기반으로 음악과 체육을 통합적으로 교육해야 온전한 인격체가 된다고 보았다. 음악에 치우치면 감정적이고 유약한 인간이 될 수 있고, 체육에 치우치면 전투적인 군인이 될 뿐이라고 했다.

셋째, 플라톤은 서사를 강조했다. 플라톤은 6세 이하 유아에게는 동화와 신화를 통해 상상력을 발전시키는 교육이 적합하다고 주장했다. 플라톤은 유아가 서사와 놀이를 통하여 다양한 삶을 경험하면 이데아의 발현 가능성이 높아진다고 보았다.

플라톤의 교육론은 다음과 같은 비판을 받는다. 첫째, 교육 대상을 지배 계층과 귀족 남아로 한정한 소수 엘리트 중심 교육이다. 아테네에서 다수를 차지한 평민과 노예는 교육을 받을 수 없었다. 둘째, 교육 기능 측면에서 플라톤은 국가에 봉사하는 인재

양성에 치중하여 개인의 흥미와 욕구를 경시했다. 플라톤 교육관은 국가주의 교육관의 본보기라고 할 수 있다. 셋째, 놀이를 엄격하고 주입식으로 실행하여 훈련과 구분할 수 없었다. 자유로워야 할 놀이를 엄격하고 주입식으로 실행한 것은 모순이다.

(3) 아리스토텔레스(Aristoteles, B.C. 384~B.C. 322)

아리스토텔레스는 그리스 북동부 지역인 마케도니아에서 태어났다. 열 살 때 플라톤 저서를 읽기 시작했고 열일곱 살에 아카데메이아(Academia)에 입학하여 20여 년 동안 플라톤에게 배웠다. 그의 아카데메이아 생활은 매우 도전적이었다. "나는 플라톤을 사랑하지만, 진리를 더 사랑한다"라고 하며 스승과 논쟁을 멈추지 않았다. 플라톤은 그를 재갈이 필요한 준마라고 표현했다.

아리스토텔레스는 과학, 철학, 정치학, 종교 등에서 2천 년 동안 서구 지성사에 절대적인 영향을 끼쳤다. 과학 분야에서는 갈릴레이와 뉴턴이 등장한 17세기에 이르러서야 아리스토텔레스를 극복했다는 말이 나올 정도였다.

아리스토텔레스는 이성을 계발하여 사물의 본질을 관조하고, 행복한 삶을 누리도록 하는 일을 교육의 궁극적인 목적으로 보았다. 그는 욕망을 억제하고, 용기 있고, 관용적이고, 정의로운 사람을 길러 내는 일이 교육의 역할이라고 주장했다.

플라톤은 사물의 실재가 사물과 별도로 존재하는 이데아계에 있다고 생각했지만, 아리스토텔레스는 개별적 존재마다 이데아가 구현되어 있다고 생각했다. 그는 이것을 형상이라고 불렀다. 아르스토텔레스에 따르면 모든 사물은 내부에 각자 고유한 형상을 가지고 있으며 이를 발현하여 스스로를 실현한다. 교육은 내부 발달에 의한 자기실현 과정이다. 이성적 존재로 완전한 발달을 이룩하는 과정이 교육이다.

플라톤은 이데아를 볼 수 있는 이성은 소수 지배층만 가질 수 있다고 보았지만, 아리스토텔레스는 인간을 이성적 동물로 규정하고, 교육 대상을 모든 사람으로 확대했다.[1] 아리스토텔레스는 플라톤과 달리 모든 자유 시민의 남자 유아에게 교육을 해야 한다고 주장했다.

아리스토텔레스의 유아교육론은 다음과 같이 세 가지로 정리할 수 있다.

첫째, 가정 교육을 중시했다. 아리스토텔레스는 인간 발달을 3단계로 나누어 생후 첫 7년은 유년기, 7세 이후부터 사춘기까지는 소년기, 사춘기 이후부터 21세까지는 청년기로 구분했다. 아리스토텔레스는 발달 단계에 상응하는 교육을 해야 하며 유년기는 가정 교육 단계로 어머니나 유모가 양육해야 한다고 주장했다.

---

1 『교육철학 및 교육사의 이해』(신차균, 안경식, 유재봉 저, 학지사, 2013), 193쪽 요약

둘째, 신체 단련을 강조했다. 아리스토텔레스는 유년기에는 학습과 노동을 강요하지 말고 충분히 운동하여 신체를 단련하게 하며 운동은 놀이를 통해 해야 한다고 주장했다.

셋째, 습관을 중시했다. 아리스토텔레스는 인간은 여러 가지 가능성을 갖고 태어나며 이 가능성은 습관에 따라 변할 수 있다고 보았다. 특히 유년기에는 올바른 언어 습관을 형성해야 하며 유아가 나쁜 말을 하면 체벌을 해서라도 바로잡아야 한다고 주장했다.

2. 로마

로마는 기원전 753년 건국하여 A.D 476년 서로마제국이 멸망할 때까지 약 천 년간 존속했다. 로마는 기원전 272년에 이탈리아 반도를 평정하고 지중해로 나아가 동쪽은 메소포타미아, 서쪽은 스페인, 북쪽은 영국, 남쪽은 북아프리카에 걸친 대제국을 건설하였다.

로마 시대의 교육은 공화정 시대와 제정 시대로 구분할 수 있다. 공화정 시대를 대표하는 교육 사상가는 키케로이고 제정 시대는 쿠인틸리아누스이다.

1) 키케로(M. T. Cicero, B.C 100~B. C 43)

공화정 말기 집정관을 지낸 키케로는 당대 최고의 웅변가이자 철학자이며 교육사상가이다. 키케로는 성선설을 주장했다. 그는 교육의 목적은 인간이 타고난 소질을 계발하여 덕을 발휘하는 존재로 살아가도록 하는 일이라고 주장했다. 키케로는 덕을 행복한 삶을 영위하는 것이라 정의했다. 그는 덕을 발견하고 유지하기 위해서 인문교양을 갖춘 웅변가 양성 교육을 강조했다.

2) 쿠인틸리아누스(M. F. Quintilianus, A. D 35~A. D 96)

쿠인틸리아누스는 제정 로마 시대를 대표하는 교육사상사이며 웅변가이다. 그는 에스파냐에서 출생했다. 부친이 로마에서 수사학자로 활약했기 때문에, 부친을 따라 로마에서 법률과 수사학을 공부하고, 수사학교에서 20년간 웅변술을 강의했다. 그는 로마 황제 베스파시아누스의 신임을 얻어 웅변술 교수라는 칭호를 받고, 국가에서 봉급을 받은 로마 최초의 공교사이다.[2]

---

2 위키백과

로마 시대에는 유아를 성인과 질적으로 차이가 없는 성인의 축소판으로 보았다. 유아와 성인은 양적 차이만 있기 때문에 유아에게 어려운 내용이나 교과를 주입할 수 있다고 생각했다. 하지만 쿠인틸리아누스는 유아와 성인은 질적으로 차이가 있다고 보았다. 유아는 성인과 다른 고유한 특성이 있다고 주장했다.

쿠인틸리아누스의 교육 사상은 다음과 같이 세 가지로 요약할 수 있다.

첫째, 조기 가정교육을 주장했다. 쿠인틸리아누스는 양친의 도덕적 훈육 등을 바탕으로 유희와 오락을 통하여 유아를 가정에서 조기에 교육해야 한다고 주장했다.

둘째, 체벌을 반대했다. 당시 로마는 교육할 때 체벌을 일상적으로 사용했다. 그는 체벌이 유아를 모욕하는 행위이고, 체벌이 주는 공포와 고통은 유아에게 악영향을 끼친다고 보았다. 체벌은 교사가 무능하다는 사실을 뜻하며 유능한 교사는 체벌에 의존하지 않고 유아를 효과적으로 교육할 수 있다고 주장했다.

셋째, 교사는 중용적 태도를 지녀야 한다고 보았다. 교사는 유아를 지나치게 엄격하거나 관대하게 대하지 말고 유아에게 중용적 태도를 취해야 한다고 주장했다.[3]

---

3 『유아교육철학 및 교육사』(김희태, 정석환 저, 방송대, 2020), 43쪽 요약

중세

02
장

중세는 서로마제국이 멸망한 476년부터, 동로마제국이 멸망한 1453년까지 약 1천 년을 말한다. 고대에서 중세로의 변천은 제정 로마 시대에 시작되었다. 제정 로마 시대에 기독교는 박해를 심하게 받았지만 점차 세력을 확대하여 콘스탄티누스 황제 때 로마 국교로 공인을 받았다.

기독교를 몰랐던 고대와, 기독교 지배에서 벗어난 근대와 다르게 중세는 기독교가 지배한 시대다. 중세 아동관은 전성설(前成說)과 원죄설이 주류를 이루었다. 전성설은 아동을 어른의 축소판으로 본다. 전성설에 따르면 정자나 난자 속에 완전한 인간의 모습을 형성한 작은 인간이 들어가 있고, 인간은 출생 후 시간이 지나면서 성인으로 변한다. 아동은 신체적으로 작을 뿐 능력과 역할은 성인과 다르지 않다. 전성설에 따라 아동이 걷고 말할 수 있게 되면 성인의 옷을 입히고 성인과 같은 일을 하게 하였다. 18세기에 현미경이 발명되어, 태아는 성인의 모습과 완전히 다르다는 사실을 알게 되면서 전성설은 폐기되었다.

원죄설은 낙원에서 죄를 지어 쫓겨난 아담과 이브의 후손인 인간은 그들의 원죄를 가지고 태어난다는 주장이다. 원죄설에 따르면 인간 본성은 악하다. 갓난아기도 죄를 가지고 태어난다. 따라서 악한 본성이 발현하지 않도록 아동을 엄격하게 훈련시키거나 체벌을 가했다.[4]

기독교 사상이 모든 사회 질서의 토대인 중세는 숭고한 도덕성을 지닌 신앙인을 기르는 것이 교육 목표였다. 학교는 일반 학생을 교육했을 뿐만 아니라 교회 지도자와 성직자도 양성했다. 중세 유럽에서 기독교는 인간 본성이 악하다고 보았기 때문에 유아도 부정적으로 바라보았다. 교사는 인간 원죄를 씻기 위하여 유아를 엄격하게 훈육했다.

---

4 『유아교육철학 및 교육사』(김희태, 정석환 저, 방송대, 2020), 54쪽

03장 근대

1. 르네상스

르네상스(Renaissance)는 1350년에서 1650년까지 약 300년 간 이탈리아를 비롯하여 프랑스, 독일, 영국 등 유럽 여러 나라에서 일어난 문예 부흥 운동을 말한다. 르네상스란 재생, 소생, 부흥, 갱신이라는 뜻이다. 문예 부흥 운동은 중세를 마감하고 근대를 시작하는 출발점이다. 르네상스라는 용어에서 이전 시대인 중세를 부정적으로 본다는 점을 알 수 있다.

중세 말엽에 봉건제가 몰락하고, 교회와 성직자의 부패로 카톨릭의 정신적 기반이 약화하면서 르네상스가 태동했다. 중세의 신(神) 중심의 세계관과 봉건 제도는 인간의 개성과 창의성을 억압했다. 이러한 상황에서 교회를 향한 맹목적 복종과 권위주의 추종에서 탈피하여 인간 중심 문화를 이룩하려는 움직임이 태동하였고 이는 르네상스로 발전하였다.

르네상스는 신(神) 중심의 기독교 세계관에서 벗어나 인간이 중심인 고대 그리스·로마 시대로 돌아가자는 운동이다. 르네상스 운동에서 인간 존재를 중시하는 사상인 인문주의가 싹텄다. 르네상스를 문예부흥이라고 부르지만, 사실은 중세를 지배한 세계관과 인생관을 변혁하는 운동이다. 르네상스의 근본 정신은 인간의 자연스러운 욕구의 표현과 실현을 추구하는 휴머니즘(humanism)이라고 할 수 있다. 휴머니즘, 즉 인문주의는 쉽게 말해 인간 중심 사상과 정신이다. 인간을 세계의 중심에 놓고 사회와 역사를 이해하려는 사상이자 정신이다.

르네상스기 교육에는 크게 세 가지 흐름이 있다. 인문주의를 이념으로 하는 자유교양 교육과 고전어를 강조하는 고전 교육 그리고 언어 중심의 형식주의 교육을 강조하는 키케로주의 교육이다. 르네상스기를 대표하는 교육 사상가는 토마스 아퀴나스(Thomas Aquinas, 1225~1274)와 데시데리우스 에라스무스(Desiderius Erasmus,

1466~1536) 그리고 마르틴 루터(Martin Luther, 1483~1546)를 꼽을 수 있다.

아퀴나스는 교육의 목적이 성인(聖人)이 되는 것이라고 주장했다. 지식은 학습자에게 진리의 빛을 비추는 하나님에 의해 형성된다고 보았다. 완전한 교육은 하나님에 의한 교육이고 진정한 교사는 하느님이라고 했다. 아퀴나스는 지식은 감각에서 온다고 생각하여 감각 훈련과 직접적 경험을 통해 교육해야 한다고 주장했다.

에라스무스는 교육 방법으로 모방 학습, 실제 능력과 자질을 통한 학습, 습관화 학습을 제시했다. 교사는 유아의 능력과 한계 등을 고려하여 학습 환경을 조성해야 하며, 유아를 사랑하는 마음을 갖고 있어야 한다고 했다.

루터는 누구나 성경을 읽을 수 있는 능력을 갖추게 하는 것이 교육의 기초라고 보았다. 부모는 자녀를 교육해야 하고, 조기에 자녀가 정규 교육을 받도록 하며, 초등 학교, 라틴어 학교, 대학교로 구성된 시민을 위한 학교를 설립해야 한다고 주장했다. 루터는 여자 아이에게도 교육 받을 기회를 부여해야 한다며 교육 평등화를 주창했다.

인문주의 교육은 문예부흥 말기에 이르러 고전 중심 교육으로 변질되었다. 고전의 정신과 내용보다 고전의 형식에 치중한 나머지 고전 문장의 암송에 몰두하였다. 이러한 고전어 학습 경향을 언어주의(verbalism)라고 한다. 15세기 말에 이르러 언어주의가 더욱 노골화했고, 16세기 초에는 키케로주의가 완성되었다. 키케로주의는 고전 문장 중에서 키케로(Cicero) 문장이 가장 우수하다고 보고 키케로 문장을 암송하고 키케로가 사용한 단어나 구절로 사상을 표현하는 경향을 말한다.

2. 실학주의

실학주의는 인문주의에 반발하여 나타난 사상이다. 인문주의가 초기에 지향한 개성 추구와 진리 탐구 정신이 쇠퇴하고 형식화하자, 이에 반발하여 생활에 필요한 것을 추구하는 실학주의가 대두하였다.

실학주의는 인문주의의 형식성을 극복하려는 움직임을 말한다. 실학주의는 16세기 이후 지동설, 만유인력 법칙 등 자연과학의 눈부신 발전과 지리상의 발견으로 새로운 세계관과 지적 풍토가 형성되면서 일어났다. 실학주의는 자유로운 정신을 바탕으로 진리를 추구하고 지식을 습득하며, 이를 실제 생활에 활용하는 데 역점을 두었다.

실학주의는 인문적 실학주의, 사회적 실학주의, 감각적 실학주의로 나눌 수 있다. 인문적 실학주의는 그리스·로마의 고전을 연구하여 현실 생활에 잘 적응할 수 있는 유

능한 인간 양성을 목표로 한다. 대표적인 사상가는 영국의 존 밀턴이다. 사회적 실학
주의는 사회 도덕적인 품성 형성과 개인 신념을 실천하는, 지식과 행동의 합일을 지향
한다. 대표적인 사상가는 프랑스의 몽테뉴이다. 감각적 실학주의는 감각을 통해 지식
을 획득하고 자연 현상을 탐구하며, 자연법칙을 통해 현실을 개선하고자 하는 교육 사
조이다. 대표적인 학자는 코메니우스다.

　실학주의 교육 사조는 인문주의 교육의 폐단을 비판하며 등장했다. 실학주의 교육
의 특징은 크게 세 가지를 들 수 있다. 첫째, 실학주의는 교육 목적을 실용성에 두었
다. 실학주의자는 인문주의 교육이 장식적 교양을 목적으로 한다고 비판하며 교육은
실생활에 유용해야 한다고 주장했다. 둘째, 실학주의 교육은 다양한 실생활 경험을 강
조하는 실물 중심 교육이다. 실학주의자는 언어로 표현한 지혜는 삶의 현장에서 얻은
지혜와 같은 생명력이 없다고 보았다. 셋째, 인간 오감을 폭넓게 활용하는 감각적 방식
으로 교육을 했다. 실학주의자는 모든 지식은 감각에서 나온다고 보았다. 이에 따라
관찰, 실습, 실험, 여행이 교육 활동으로 자리 잡았고 교육에 그림, 도표, 지도, 지구본,
광물 표본 등 교구를 도입했다.[5]

3. 코메니우스(J. A. Comenius, 1592~1670)[6]

　실학주의를 대표하는 교육 사상가이자 17세기 최고 교육자 코메
니우스는 신학자이자, 목회자이며 교육가이다. 그의 교육 사상은
철저히 자신의 신학 사상과 신앙 경험 그리고 성서에 바탕을 두었
다. 그는 신앙인과 사회인으로서 올바르게 성장하기 위하여 교육
의 중요성을 역설하였다.

코메니우스는 1592년 체코슬로바키아 모라비아에서 태어났다. 부모는 개신교 일파
인 모라비아 형제교단의 교도였다. 그는 어릴 때부터 부모에게 신앙적으로 철저하게
훈육 받으며 성장하였다. 그는 헤르번 대학에서 신학과 철학을 공부한 후 형제교단 학
교의 교사가 되어, 교육 사업에 첫발을 들여 놓았다. 1618년에 모라비아 형제교단의 목
사가 되었는데 때마침 30년 전쟁이 발발하여 코메니우스와 그의 교단은 나락으로 굴
러 떨어졌다. 30년 전쟁은 로마 가톨릭교회를 지지하는 국가와 개신교를 지지하는 국

---

5 『교육철학 및 교육사의 이해』(신차균, 안경식, 유재봉 저, 학지사, 2013), 269~270쪽 요약

6 위키백과

가 사이에서 벌어진 종교 전쟁이다. 전란 중에 코메니우스는 아내와 자식을 잃었고 폴란드로 추방 당했다. 그는 폴란드에서 중등 교육 기관인 김나지움의 교사로 12년 간 일했다. 이때 교육 서적인 『대교수학(大敎授學)』과 라틴어 교과서인 『언어입문』을 썼다. 코메니우스는 『대교수학』에서 학교 교육을 어머니 무릎 학교, 모국어 학교, 라틴어 학교, 대학 등 4단계로 구분하여 제시했다. 1658년에는 세계 최초 그림책인 『세계도회』를 써서 감각적 교수 매체를 활용한 교육의 가능성을 열었다.

1) 교육 목적

코메니우스는 교육 목적을 지식을 쌓고, 도덕을 함양하며, 신앙심을 길러 완전한 삶을 준비하는 데 두었다. 그는 상류층뿐 아니라 모든 사람이 교육을 받아야 한다고 주장했다.

코메니우스 교육관은 범지학에 기초한다. 범지학은 세상 만물에는 신의 의지가 포함되어 있고, 세상의 모든 지식을 인지하는 과정을 통해 초월적 존재에 다가갈 수 있다는 인식이다.[7] 범지학은 신과 자연, 인생, 예술을 전체로 파악하여 총체적 앎을 지향한다. 신과 자연, 인생, 예술에 관한 모든 지식을 백과전서식으로 조직하여, 모든 사람에게 가르쳐야 한다고 주장한다. 범지학 사상의 핵심은 모든 사람에게, 모든 것을, 모든 방법으로 가르친다는 보편교육론이다.

2) 유아교육관

코메니우스는 유아를 합리성을 가진 순결한 피조물이며 가소성을 지닌 존재라고 보았다. 유아가 합리성을 가진 순결한 피조물이란 생각은 성경에 근거한다. 코메니우스는 유아를 묘목이나 하늘 나라의 어린 나무로 비유했다. 나무가 어리면 변화할 수 있지만 이미 큰 나무는 변화할 수 없다. 마찬가지로 인간도 어릴 적 교육이 중요하다고 보았다. 코메니우스는 유아교육의 중요성을 인식하고 어머니를 위한 유아교육 지침서인 『유아학교』를 썼다.

코메니우스는 인간은 일단 교육을 잘 못 받으면 고치기 어렵고, 유아기에는 한 번 흡수한 것이 계속 남아 있으므로 조기교육이 중요하다고 주장했다. 특히 신앙 교육은 조기에 실시해야 한다고 강조했다. 이는 오늘날 불가역성, 적기성 등 발달 원리와 연결된다.

코메니우스는 모든 사람이 교육을 받아 서로 자극하고 격려해야 한다고 생각했다.

학교는 신분과 성별에 관계 없이 모든 유아를 어릴 적부터 같이 교육해야 한다고 주

---

7 『쉽게 풀어 쓴 교육철학 및 교육사』(정석환 저, 어가, 2017), 226쪽

장했다.

코메니우스는 유아교육의 책임자는 부모라고 주장했다. 가정은 교육의 장이고 가족 공동체는 교육의 모델이어야 한다고 했다. 자녀는 어머니가 모유로 직접 키워야 한다고 주장했다.

3) 교육 방법

(1) 합자연의 원리

코메니우스는 자연의 질서와 법칙을 따르는 합자연의 원리를 교육의 근본 원리로 삼았다. 합자연의 원리는 자연을 통한 교육, 인간의 성장과 발달에 따른 교육, 인간 본성과 소질에 따른 교육을 뜻한다. 코메니우스에 따르면 자연에는 하느님의 질서가 있고 자연은 하느님의 지혜를 표현하므로, 자연 질서를 통한 학습은 인간을 성숙하게 한다. 유아 본성에는 자연의 질서가 존재한다. 그러므로 교육은 자연의 질서를 바탕으로 해야 한다.

(2) 감각과 직관 교육의 원리

코메니우스는 유아의 지적 발달은 감각 기관을 통해 사물 자체의 감각을 느끼는 것에서 출발해야 한다고 보았다. 그는 실물을 활용한 감각 교육은 모든 교육의 기초이며, 학습은 감각을 통해 가장 잘 이루어진다고 보았다.

코메니우스는 세계 최초의 그림책 『세계도회』를 저술하여 감각적 교수 매체를 이용한 교육의 가능성을 열었다. 『세계도회』는 세상에 존재하는 주요 사물과 인간의 온갖 활동을 그림으로 표현하고, 이름을 붙인 그림책이다. 코메니우스는 『세계도회』 서문에서 "감각에 의하지 않고 지성을 따르는 것은 하나도 없다"라며 감각적 직관을 강조했다.

코메니우스는 "우리가 어린이 마음 속에 사물에 대한 참되고 확실한 지식이 자라게 되기를 원하면, 실제적인 관찰과 감각적 지각에 의하여 모든 사물을 배울 수 있도록 그들에게 특별한 관심을 기울여야 한다"라고 하여 지식은 먼저 감각에서 시작하여 기억으로 가기 때문에, 감각 교육이 모든 학습의 기초가 된다고 보았다.

(3) 모범과 훈육의 원리

코메니우스는 올바른 신앙은 모범을 보여 주는 것으로 이룰 수 있으며 인간성과 도덕성을 회복하려면 훈육을 해야 한다고 주장했다.

(4) 놀이를 통한 교육

코메니우스는 놀이는 유아의 내면 정신을 발달시키며, 유아의 내적 충동을 옳은 방향으로 나아가게 한다며, 놀이를 통한 교육을 강조하였다. 유아교육은 즐겁고 재미있어야 하고 배움은 놀이처럼 신이 나야 한다고 주장했다. 그는 놀이를 통해 유아의 내적 충동을 올바른 방향으로 이끌어야 한다고 강조했다.

(5) 발달 단계에 따른 교육 제도

코메니우스는 『대교수학』에서 모든 사람이 다닐 수 있는 4단계 학교 제도를 제시했다. 학교를 연령과 발달 정도에 따라 유아를 위한 어머니 무릎 학교, 아동을 위한 모국어 학교, 소년을 위한 라틴어 학교, 청년을 위한 대학으로 구분하여 발달 단계에 따른 교육 제도를 제시하였다. 이는 오늘날 발달에 적합한 실제(Developmentally Appropriate Practice)로 연결된다.

┃ 코메니우스가 제시한 학교 교육 4단계 ┃

단계	대상	학교
1단계	0~6세	어머니 무릎 학교
2단계	7~12세	모국어 학교
3단계	13~18세	라틴어 학교
4단계	19~24세	대학 등

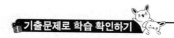
기출문제로 학습 확인하기

(2007 주1) 잘못된 내용을 찾아 적고 이를 바르게 수정하시오.

코메니우스는 세계 최초의 그림책인 「대교수학」을 창안하여 감각적 교수매체를 이용한 교육의 가능성을 열었다.

정답 풀이 세계 최초의 그림책은 『대교수학』이 아니라 『세계도회』이다.

(2009 객1) ⓒ에 들어갈 교육 사상가는?

(ⓒ)은(는) 자연의 법칙과 질서에 따르는 '합자연의 원리'를 교육의 근본 원리로 삼았으며, 교육의 단계를 유아기를 위한 어머니 무릎학교, 아동기를 위한 모국어 학교, 소년기를 위한 라틴어 학교, 청년기를 위한 대학으로 구분하였다.

정답 코메니우스

(2010 객15) ⓒ에 들어갈 사상가는?

(ⓒ)은(는) "만약 우리가 어린이들의 마음 속에서 사물에 대한 참되고 확실한 지식이 자라게 되기를 원한다면 실제적인 관찰과 감각적 지각에 의하여 모든 사물들을 배울 수 있도록 그들에게 특별한 관심을 기울여야 한다."라고 하여 지식은 먼저 감각에서 시작하여 기억으로 가기 때문에 감각교육이 모든 학습의 기초가 된다고 보았다.

정답 풀이 ⓒ에 들어갈 사상가는 코메니우스다.

(2017 A4) ㉠에 들어갈 사상가의 이름을 쓰고, 홍 교사와 최 교사의 대화에서 공통적으로 나타나는 ㉠ 사상가의 교육원리 1가지를 쓰시오. [2점]

홍 교사: 유아는 단계적으로 발달하면서 감각을 통해 모든 것을 받아들이잖아요. "감각에 의하지 않고 지성을 따르는 것은 하나도 없다."라고 한 (㉠)의 주장은 유아교육의 중요성을 잘 드러내 주는 것 같아요. 그 사상가는 유아들을 위한 세계 최초의 그림책도 만들었지요.
최 교사: 사람은 자연의 일부이기 때문에 교구를 활용할 때도 자연의 순서에 따라 서두르지 말고, 쉬운 것에서 어려운 것으로, 연령에 적합한 내용과 방법으로 교육해야 한다고 생각해요. 세계 최초로 영상 촬영 기술을 이용하여 유아의 행동을 관찰함으로써 표준화된 행동목록을 만든 (ⓒ)도 유아가 배울 준비가 되어 있지 않다면 준비될 때까지 기다려야 한다고 했잖아요.

정답 코메니우스, 합자연의 원리

(2019 정시A2) ㉠에 들어갈 사상가가 쓴 저서 중 학교 교육을 다음과 같이 4단계로 구분하여 제시한 저서의 이름을 쓰시오. [1점]

단계	대상	학교
1단계	0~6세	어머니 무릎 학교
2단계	7~12세	모국어 학교
3단계	13~18세	라틴어 학교
4단계	19~24세	대학 등

4. 계몽주의

18세기 유럽을 흔히 계몽의 시대라고 부른다. 자유와 평등을 인간 권리로 주장하는 계몽사상이 꽃을 피우고 열매를 맺은 시대이기 때문이다. 계몽이란 인간 이성을 각성하게 한다는 뜻이다.

18세기 후반에 일어난 계몽주의는 이성의 힘으로 기존 질서를 타파하고 사회를 개혁하려는 혁신적 사상 운동이다. 이성으로 무지몽매와 미신, 종교적 광신, 불합리한 관습이나 전통 등 구습(舊習)을 타파하여 인간을 깨어나게 하려는 사상 운동이다. 계몽주의는 18세기 유럽 시민계급의 성장에 영향을 미쳤다.

계몽주의 뿌리는 르네상스와 17세기를 지배한 과학 정신이다. 르네상스는 신본주의를 거부하고 종교적 계시나 감정이 아니라 이성과 합리성을 중시했다. 과학 정신은 인간이 실증적, 과학적인 방식으로 세상을 바라보게 하였다.

계몽주의 특징은 다섯 가지로 정리할 수 있다. 첫째, 전통이나 종교적 계시에서 벗어나 모든 문제를 이성으로 해결하려고 했다. 둘째, 개인의 행복 추구와 자유의지를 강조하는 개인주의 경향을 띠었다. 셋째, 탈민족적, 초국가적 경향을 띠었다. 계몽주의는 영국에서 시작하여 프랑스와 독일로 전파되었다. 넷째, 자연주의 성격을 띠었다. 인간은 원래 평등하며 자연적인 인권과 주권을 갖고 있고 자연 질서에 순응하는 존재라고 보았다. 다섯째, 실증적, 과학적 탐구를 통해 세상을 바라보았다.[8]

계몽주의를 대표하는 사상가는 로크와 루소이다. 로크와 루소는 교육을 강조했다. 교육으로 사회를 개혁하고 발전시킬 수 있다고 믿었기 때문이다. 로크와 루소의 철학은 이성으로 무지를 타파하고 상식, 경험, 과학을 강조하는 사상 운동에 영향을 주었

---

8 『유아교육철학 및 교육사』(김희태, 정석환 저, 방송대, 2020), 85~86쪽 정리

다. 이러한 사상 운동은 전통적 관습, 의례, 도덕을 비판하며, 인간의 존엄과 평등, 자유를 강조했다.

기출문제로 학습 확인하기

(2018 A2) ⓟ에 들어갈 사조의 명칭을 쓰시오. [1점]

> (ⓟ)은/는 18세기 후반에 일어난, 구습(舊習)의 사상을 타파하려던 혁신적 사상 운동이다. (ⓟ)을/를 대표하는 로크와 루소는 교육을 강조하였는데, 이는 교육을 통해 사회 개혁과 발전이 이루어질 수 있다고 믿었기 때문이다. 이들의 철학은 이성을 통해 사회의 무지를 타파하고 상식, 경험, 과학을 강조하는 사상 운동에 영향을 주었다. 이러한 사상 운동은 전통적 관습, 의례, 도덕에 대한 비판적 사고를 핵심으로 하며, 인간의 존엄과 평등, 자유권을 강조한다.

정답 계몽주의

5. 존 로크(J. Locke, 1632~1704)[9]

 존 로크는 『인간오성론』(An Essay Concerning Human Understanding, 1690)이라는 걸작을 남긴 경험주의 철학자이다. 로크는 1632년 영국에서 태어났다. 14살에 웨스트민스터 학교에 들어갔고, 20세에 옥스퍼드 대학에 입학했다. 1658년 석사 학위를 받은 후 옥스퍼드에서 연구원으로 일했다.

　로크는 고전 학문 외에 자연과학과 의학에 관심이 많아 로버트 보일, 아이작 뉴턴과 교류했다. 1666년에 입헌군주제, 시민적 자유, 종교적 관용을 옹호하는 정치가 앤소니 쿠퍼의 주치의가 되었으며, 이 일을 계기로 정치에 관심을 갖게 되었다. 이후 앤소니 쿠퍼가 반역죄로 몰려 네덜란드로 망명하자, 1683년 로크도 네덜란드로 망명했다.

　명예혁명으로 제임스 2세가 쫓겨나자 그는 1689년에 영국으로 돌아왔다. 외교관 자리를 제안 받았으나 거절하고 저술 활동에 몰두했다. 1693년에 로크는 『교육론(Some Thoughts Concerning Education)』을 출간했다. '건강한 몸에 깃든 건강한 정신'을 중

---

9 위키백과

시한 『교육론』은 유럽에서 큰 인기를 끌었고 루소의 『에밀』(1762)에 영향을 주었다.

1) 교육 사상

로크는 『인간오성론』에서 백지설을 주장했다. 백지설은 인간은 태어날 때 선하거나 악하지도 않은 아무 것도 없는 백지 상태라는 주장이다. 당시 유럽은 기독교의 원죄설에 근거한 아동관과 본유관념론이 지배적이었다. 원죄설에 따르면 인간은 이미 죄를 지어 악한 본성을 가지고 태어났고, 악한 본성을 다스리고 죄에서 벗어나기 위해서는 금욕과 엄격한 훈련, 교육이 필요하다. 본유관념론은 인간이 이상, 진리, 신의 관념 등을 가지고 태어난다는 주장이다.

로크는 인간의 마음은 태어날 때 아무 것도 쓰여 있지 않은 흰 종이, 즉 백지 상태(tabula rasa)라고 주장했다. 그는 감각으로 경험한 외부 세계의 인상으로 마음이 채워진다고 보았다. 로크에 따르면 인간은 태어날 때부터 악한 존재가 아니다. 인간 마음은 깨끗한 백지이며 이후 다양한 경험을 하면서 정신을 형성한다. 즉 인간은 어떤 경험을 하느냐에 따라 달라진다.

마음이 백지라는 주장은 교육적으로 인간 마음은 후천적으로 형성된다는 사실을 의미한다. 백지설은 유전보다 환경이 중요하다는 환경결정론으로, 교육을 중시하는 이론의 근거가 되었다. 백지설은 환경을 강조하는 경험주의에 영향을 끼쳤고 행동주의 심리학에 철학적 기초를 제공했다.

2) 교육 목적

로크의 교육 사상은 그가 쓴 『교육론』(1693년)에 잘 나타나 있다. 로크는 교육 목적이 신체적, 도덕적, 지적으로 균형 잡힌 신사를 양성하는 일이라고 했다.

로크는 교육의 궁극적 목적은 신사 양성이며 신사가 되기 위해서는 도덕적인 습관을 길러야 한다고 주장했다. 로크에 따르면 신사는 신체적, 도덕적, 지적 능력을 갖춘 인간이다. 즉 체육, 덕육, 지육을 갖춘 인간이다. 건강한 신체는 건전한 건강 생활 습관을 통해 발달하므로 건강 생활을 습관으로 만들어야 한다. 따라서 로크는 체육이 가장 중요하다고 보았고 이어 덕육과 지육을 강조했다. 그는 체, 덕. 지의 조화로운 교육을 통해 신사를 양성해야 한다고 역설했다.

3) 교육 특징

(1) 건강을 통한 교육

로크는 『교육론』(1693년)에서 '건전한 정신은 건전한 육체에 깃든다'는 고대 로마 시인 유베날리스(Juvenalis)의 고어를 인용하여 인간 형성의 기초로서 건강 교육을 강조하였다.

로크는 『교육론』(1693년) 첫 장에서 "신체의 건강이 일과 행복에 얼마나 필요한지, 난관과 고통을 견뎌 낼 수 있게 하는 강한 체질이 세상에 유의미한 사람이 되기 위해 얼마나 필수불가결한 요소인지는 너무 자명해서 따로 증명할 필요가 없을 것 같다."[10]라고 하였다. 그는 사람은 자제력과 이성에 따라 행동하는 마음을 어릴 적부터 길러야 하는데 이를 위해서는 신체 건강이 중요하다고 주장했다.

로크가 30대 청년이던 1665년, 영국에는 페스트가 창궐했다. 1665년 7월부터 3달 동안에만 런던 인구의 10%가 페스트로 죽었다. 아동 사망률이 높을 수 밖에 없었다. 로크는 아동 건강을 고민했다. 유해한 환경에서 아동을 보호해야 한다는 생각으로 체육, 덕육, 지육 순서로 교육해야 한다고 주장했다.

(2) 아버지 교육 강조

유아는 주변 인물을 따라 배우므로 신사를 양성하기 위해서는 주변 인물이 중요하다고 주장했다. 특히 아버지 역할을 강조하여 아버지가 유아를 가르쳐야 한다고 했다. 이는 현대의 관찰 학습 이론과 연결된다.

(3) 가정 교육 강조

로크는 학교를 부정적으로 보고 가정 교육을 강조했다. 학교는 저마다 갖고 있는 학생의 개성을 찾아 내어 적절하게 지도하기 곤란하고, 학생은 교사의 눈이 닿지 않는 곳에서 교활한 짓을 한다며 학교를 부정적으로 보았다. 로크는 가정에서 개별적으로 교육하여 신사를 양성할 수 있다고 보았다.

(4) 유아 존중

로크는 당시 유아를 존중하지 않는 성인을 비판하며 유아를 있는 그대로 받아들이고 이해해야 한다고 주장했다.

---

10 『교육론』(존 로크 저, 박혜원 역, 비봉출판사, 2013), 25쪽

4) 교육 방법

(1) 구체적인 사물을 통한 경험 학습

유아는 환경의 영향을 많이 받으므로 구체적인 사물을 경험하게 하는 학습이 바람직하다고 주장했다. 유아는 주변 사물을 직접 조작하면서 자발적, 창의적으로 문제 해결 능력을 기른다고 하였다.

(2) 감각 훈련

로크는 맛보기, 냄새 맡기, 만지기 등 감각 훈련을 교육 방법으로 제시했다.

(3) 습관 형성과 조기 교육

로크는 어렸을 때에 좋은 습관을 형성하면 좋은 습관을 가진 신사가 될 수 있고, 습관이 제2의 삶을 결정하므로 습관 형성 훈련은 어려서부터 해야 한다고 주장했다.

(4) 칭찬과 존중

로크는 당시에 만연한 체벌을 반대했다. 체벌은 유아가 열등감을 느끼게 하고 호전성을 자극한다고 반대하고, 칭찬과 존중을 통한 학습을 주장했다.

(5) 수치심

로크는 수치심을 학습 방법으로 강조했다. 훈련을 통해 유아는 수치심을 스스로 인식하여 자신을 선한 경지로 이끌 수 있다고 주장했다.

기출문제로 학습 확인하기

(2008 주4) 빈칸에 알맞은 교육 철학자를 쓰시오

( )은(는) 대표적인 저서인 『인간 오성론(An Essay Concerning Human Understanding)』에서 인간의 본성을 과학적으로 규명하고자 하였다 그의 기본 가정은 인간의 본성이 출생 때는 백지 상태와 같다는 것이다

정답 로크

> 로크(J. Locke)는 인간 형성의 기초로서 (ⓒ) 교육을 강조하였다. 로크는 "신체의 (ⓒ)
> 이/가 일과 행복에 얼마나 필요한지, 난관과 고통을 견뎌 낼 수 있게 하는 강한 체질이 세상
> 에 유의미한 사람이 되기 위해 얼마나 필수불가결한 요소인지는 너무 자명해서 따로 증명할
> 필요가 없을 것 같다."라고 하였다. 또한 그는 아이의 (ⓒ)을/를 관리하기 위한 몇 가지 규
> 칙으로, "바깥 공기를 충분히 마시게 하고, 운동을 시키고, 잠은 충분히 재우고, 식사는 검
> 소하게 하며, … (중략) … 너무 따뜻하거나 꽉 끼이는 옷은 입히지 말고, 특히 머리와 발은
> 차게 유지하고 … (중략) … 습관을 들이라는 것이다. … (중략) … 어떤 경우에도 이성적 동
> 물인 인간으로서 존엄과 덕성에 어울리지 않는 행위는 하지 않도록 아이에게 올바른 정신을
> 심어 주어야 한다."라고 하였다.

정답 건강

6. 자연주의

　자연주의는 자연 법칙을 교육 과정에 적용하고 그에 따라 인간을 교육해야 한다는
교육 사상이다. 계몽주의의 지나친 합리주의와 주지주의에 반발하여 나타난 자연주의
는 인간의 감성과 재능, 독창성 회복을 강조하고 전인교육을 주장한다.

　자연주의는 '자연에 따르는 교육'을 주장한다. 이는 인간의 자연성을 존중하면서 교
육해야 한다는 의미다. 즉 아동의 본능, 흥미, 자발성을 그대로 인정하고 그 기초 위에
서 교육해야 한다는 뜻이다. 이때 자연은 인간 바깥에 있지 않고 내면에 있다. '자연에
따른다'는 아동의 자연스런 본성을 억압하면서 어른의 사고 방식과 가치관을 강요하
는, 인위적 교육을 반대한다는 뜻도 있다. 자연주의를 대표하는 사상가는 루소이다.

7. 루소(J. J. Rousseau, 1712~1778)[11]

　루소는 1712년 스위스 제네바에서 시계 수리공의 아들로 태어났다. 루
소는 태어난 지 10일 만에 어머니를 여의고 아버지 손에서 자랐다. 열 살
이 되던 해 아버지가 형사 사건으로 도피하자 루소는 제네바에 있는 랑베

11　https://commons.wikimedia.org/wiki/File:Jean-Jacques_Rousseau_(painted_portrait).jpg

르시에 목사 가정에서 생활하며 교육을 받았다. 루소는 제네바의 아름다운 자연에 감응되었는데 그의 자연주의 사상은 이곳에서 태동했다고 한다.

루소는 1762년에 『사회계약론』과 『에밀(Emile)』을 출간했다. "인간은 자유롭게 태어났지만, 어디서나 쇠사슬에 묶여 있다." 급진적 사상인 주권재민을 고취하는 『사회계약론』의 첫 문장은 이렇게 시작한다. 루소는 인간 불평등은 잘못된 계약 때문에 생겼고, 올바른 계약을 통해 자유를 되찾을 수 있다고 주장했다.

교육 소설 『에밀(Emile)』은 "조물주는 모든 것을 선하게 창조했으나 인간의 손길이 닿으면서 모든 것이 타락했다."라는 선언으로 시작한다. 『에밀』은 인간이 자유롭고 선량하게 태어났지만 인간이 만든 제도나 문화에 의해 악에 물들고 불행한 상태에 빠지므로, 인간 본성과 자연에 가까운 교육만이 참된 인간성을 회복한다는 루소의 교육 사상이 녹아 있는 책이다.

루소는 『에밀』에 실린 종교 교육과 관련한 글이 기성 종교를 비판하고 이신론(理神論)을 지지한다는 이유로 카톨릭과 개신교 모두에게 공격을 받았다. 파리 고등법원은 『에밀』을 금서로 규정하고 루소를 체포하라고 명령했다. 교회는 루소를 파문했다. 이 일로 루소는 1766년에 영국으로 망명했다. 4년 후 프랑스 정부가 관용을 베풀자 그는 파리로 돌아왔고 1778년에 세상을 떠났다.[12]

1) 아동관

루소의 아동관은 다음과 같이 크게 두 가지로 정리할 수 있다.

첫째, 루소는 유아를 선성을 지닌 존재로 보았다. 선성을 지닌 존재란 인간은 창조자에 의해 자연성을 가지고 선하게 태어남을 의미한다. 루소는 조물주는 모든 것을 선하게 창조했지만 인간의 손길이 닿으면서 모든 것이 타락했다고 주장했다. 루소는 성선설을 주장하여, 유아는 원죄를 가지고 태어난 존재가 아니라 선하게 태어난 인격적인 존재로 보았다.

둘째, 유아를 자연적 발달 성향을 지닌 존재로 보았다. 루소는 유아를 어린 나무로 은유했다. 어린 나무가 자연적으로 자랄 수 있는 힘이 있듯이, 유아도 내적 발달의 성향을 바탕으로 성장한다고 보았다.

---

12 『교육철학 및 교육사의 이해』(신차균, 안경식, 유재봉 저, 학지사, 2013), 289쪽

2) 교육 사상

루소의 교육 사상은 자연주의 교육, 발달 단계에 따른 교육, 아동 중심 교육, 가정 교육 중시로 정리할 수 있다.

(1) 자연주의 교육

루소의 교육 사상을 한 마디로 표현하면 자연적 본성을 따르는 교육이다. 루소는 성악설을 부정하고 인간 본성은 선하다는 성선설을 주장하였다. 그는 자연인 양성을 교육의 목적으로 삼았다. 타락한 사회나 문명에 영향을 받지 않게 인간을 보호하고, 타락한 사회나 문명을 자연 상태로 회복하는 일은 교육으로만 가능하다고 보았다.

루소는 성선설에 근거하여 자연적인 성향과 조화를 이루며 자연의 원리를 따르는 교육을 주창하였다. 자연주의 교육은 아동이 원래 가지고 있는 자연적 본성을 발달시키는 교육이다. 신이 인간에게 내려준 성향과 능력을 인위적으로 변형하지 않고, 인간 내부의 자연적 발달 순서에 따르는 교육이다. 루소는 『에밀』에서 "교육은 자연이나 사물 또는 인간의 소산이다. 우리의 능력과 기관의 내적인 성장은 자연의 교육이다."라고 하며 자연 속에서 경험을 통한 교육을 주장하였다.

(2) 발달 단계에 따른 교육

루소는 인간은 연령마다 고유한 특징을 가지고 있다고 보았다. 루소는 인간이 태어나 결혼할 때까지를 유아기(출생~5세), 아동기(6~12세), 소년기(13~15세), 청년기(16~20세), 성인기(21세 이후)로 나누어 주요 특징을 밝히고 단계별로 교육 방안을 제시했다. 루소는 단계마다 발달 정도가 다르므로 서로 다른 방법으로 교육해야 한다고 주장했다.

『에밀』은 모두 5부로 구성되어 있다. 1부에서 4부까지는 주인공 '에밀'의 성장 과정을 연령대에 따라 구분하고 연령별 차이와 그에 맞는 교육 처방을 기술했다. 5부는 '에밀'의 배우자가 될 '소피'의 교육, 즉 여성 교육을 다루었다.[13]

(3) 아동 중심 교육

유아 교육은 유아의 욕구와 흥미, 자연적 경향을 존중하고 반영해야 한다고 루소는 주장했다. 그는 각 연령 단계의 교육 목적은 그 단계의 완성과 성숙이지, 먼 장래를 위해 현재를 희생하는 준비 과정이 아니라고 보았다. 어른으로 살아가는 데 필요한 것을 준비하기 위해, 현재 유아의 욕구와 관심을 억압하고 희생하는 교육 현실을 비판하고

---

13 『교육철학 및 교육사의 이해』(신차균, 안경식, 유재봉 저, 학지사, 2013), 291쪽

유아 중심 교육을 주창했다. 이런 의미에서 루소는 아동의 발견자라고 할 수 있다.

루소는 교육의 주인은 교사가 아니고 아동이라며 교사와 과목 중심 교육과정에 반대하고, 아동 중심 교육과정을 주장했다. 루소는 아동의 힘과 능력이 억압 받지 않고 자유롭게 구성되는 교육과정을 요구하였다.

(4) 가정 교육 중시

부모는 자연적인 최초의 교사이며 영원한 교사라고 루소는 주장하며 가정 교육을 중시했다.

3) 교육 방법

(1) 합자연의 원리

루소는 자연적 성향과 조화를 이루는, 자연의 원리를 따르는 교육을 주창했다. 이를 합자연의 원리라고 한다. 합자연의 원리에 근거한 교육은 자연에 의한 교육, 사물에 의한 교육, 인간에 의한 교육이 서로 조화하여 인간의 자연적 발달 단계에 맞는 교육이다. 합자연의 원리는 인간에 대한 믿음에서 비롯되었다. 루소는 인간은 선하며 선한 본성은 저절로 발현하기 때문에, 인간은 올바르게 성장한다고 믿었다.

루소는 교과 중심 교육과정을 비판했고 책의 가치를 강조하지 않았다. 책 대신에 세 종류의 스승, 즉 인간, 자연, 사물에 의해 배운다고 했다.[14]

루소는 『에밀』에서 "우리는 모든 것이 결핍된 상태로 태어나므로 도움이 필요하며, 우둔한 상태로 태어나므로 판단력이 필요하다. 어른이 되면 필요하겠지만 태어나면서 가지지 못한 모든 것은 교육을 통해 우리에게 주어진다. 그 교육은 자연이나 사물 또는 인간의 소산이다"라고 했고 "우리의 능력과 기관의 내적인 성장은 자연의 교육이다. 반면 그 성장을 이용하도록 우리에게 가르치는 것은 인간의 교육이다. 그리고 우리와 접촉하는 대상에 대한 경험 획득은 사물의 교육이다. 그러므로 우리는 세 종류의 선생을 통해 교육 받는다"라고 강조했다.[15]

(2) 소극적 교육

루소는 유아의 내면 발달을 최대한 보장하고 외부 자극이나 환경의 영향을 최소한

---

14 『유아교육사상사』(이상현, 최태식, 송준석 저, 정민사, 2011), 179쪽
15 『에밀』(루소 저, 김중현 역, 한길사, 2003), 63쪽

으로 제한하는 소극적 교육을 주장했다. 소극적 교육은 지식을 외부에서 유아에게 강제적으로 주입하는 방식을 버리고, 유아의 자유로운 활동을 존중하여 자연스러운 발달을 돕는 방식을 취한다.

소극적 교육은 교사가 중심이 되는 적극적 교육과 대립하는 개념이며 아동 중심 교육과 관련된다. 교사가 앞장서서 끌고 가는 교육이 아니라 아동의 자발적 성장을 뒤에서 밀어 주는 교육이다. 당시는 사회의 가치와 도덕 등을 교사가 전달하는 적극적 방식으로 교육을 했다. 이로 인해 성인의 가치관이 아동에게 주입되고 교육은 지식 전달 위주로 이루어졌다.

소극적 교육은 유아가 주도적으로 체험하고 느끼고 깨닫도록 도와주는 교육이다. 교사 역할은 유아의 성장과 변화 과정을 관찰하면서, 필요한 도움을 주어 성장을 촉진하는 보조자이다. 소극적 교육은 유아의 흥미와 호기심을 바탕으로 교육 내용과 방법을 결정하며, 궁극적으로 자연인을 양성하는 것이 목적이다.

(3) 감각 교육

감각 교육은 생활 경험과 감각 훈련으로 이루어지는 교육을 말한다. 루소는 인간의 정신 세계로 들어오는 모든 것은 감각을 통하기 때문에 유아기에는 실물을 보고 만지고 느끼면서 외부 세계를 경험하는 일이 중요하다고 보았다.

감각 교육은 단순히 감각을 사용하는 교육이 아니다. 감각을 사용하여 판단하는 능력을 배우는 교육이다. 루소는 유아의 인식 능력은 감각 수준에 불과하므로 유아기에는 언어나 지식보다는 감각으로 세계를 직접 경험하는 것이 효과적이라고 주장했다.

(4) 실물 관찰 교육

루소는 책을 통하여 교육하기보다 사물을 직접 경험하고 느끼고 만져보는 등 실제 감각을 이용하는 실물 관찰 교육을 주장했다.

(5) 자발성 원리와 자유놀이

루소는 유아의 자연성을 키우기 위해 자발성과 개성을 존중하는 교육을 주장했다. 루소는 "모든 방법을 대부분 시도했지만 유일하게 성공한 방법은 자연적인 자유를 기반으로 한 놀이"라고 하며 자유놀이를 지지했다.

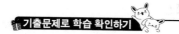

(2008 주4) 빈칸에 알맞은 교육 철학자를 쓰시오

( )은(는) 자연주의 사상가로 인간의 재능과 독창성의 회복을 강조하고 성악설을 부정하며 인간의 본성은 선하다는 성선설을 주장하였다 대표적인 저서로는 『사회계약론』을 들 수 있다.

정답 루소

(2010 객15) ㉠에 들어가 사상가는?

(㉠)은(는) "교육은 자연이나 사물 또는 인간의 소산이다. 우리의 능력과 기관들의 내적인 성장은 자연의 교육이다."라고 하여 자연 속에서의 경험을 통한 교육을 주장하였다.

정답 루소

(2013 추시A3) ㉤에 들어갈 사상가의 이름을 쓰시오. [1점]

(㉤)은(는) "교육의 근원은 자연과 인간과 사물이다. 우리의 능력과 기관의 내적발달은 자연의 교육이고, 이 발달을 어떻게 이용할 것인지를 가르쳐 주는 것은 인간의 교육이다. 그리고 우리에게 영향을 미치는 대상들에 대한 우리 자신의 경험으로부터 얻는 것은 사물의 교육이다."라고 하였다. 또한 성선설에 근거하여, 자연적인 성향과 조화를 이루며 자연의 원리를 따르는 교육을 주창하였다.

정답 루소

(2018 A2) ㉢에 들어갈 말을 각각 쓰시오. [1점]

루소(J. J. Rousseau)는 "우리는 모든 것이 결핍된 상태로 태어나므로 도움이 필요하며, 우둔한 상태로 태어나므로 판단력이 필요하다. 어른이 되면 필요하겠지만 태어나면서 가지지 못한 모든 것은 교육을 통해 우리에게 주어진다. 그 교육은 자연이나 (㉢) 또는 인간의 소산이다. 우리의 능력과 기관들의 내적인 성장은 자연의 교육이다. 반면 그 성장을 이용하도록 우리에게 가르치는 것은 인간의 교육이다. 그리고 우리와 접촉하는 대상들에 대한 경험 획득은 (㉢)의 교육이다. 그러므로 우리는 세 종류의 선생을 통해 교육 받는다."라고 하였다.

정답 사물

(2021 A3) ⊙과 ⓒ에 들어갈 말을 각각 쓰시오. [2점]

> 이 교사: 2019 개정 유치원 교육과정에서는 교사가 자연스러운 상황에서 유아의 놀이 흐름을 따라가며 지원하는 게 중요해졌죠.
> 한 교사: 그러한 점은 루소(J. Rousseau)의 사상과 관련 있는 것 같아요. 자연적 교육 혹은 자연주의 교육 방법으로 언급되는 (⊙)은/는 지식을 외부에서 유아에게 강제적으로 주입해 주는 것보다 유아의 자유로운 활동을 존중하여 자연스러운 발달을 돕는 것을 의미해요. 이는 아동 중심 교육과 관련되기도 하죠.
> 이 교사: 유아가 자유롭게 놀이하면서 배우려면 직접 경험하는 것이 중요해요. 이것을 루소의 사상에 비추어 보면, 인간의 정신세계로 들어오는 모든 것은 (ⓒ)을/를 통하기 때문에 유아기에는 실물을 보고 만지고 느끼면서 외부 세계를 경험하는 것이 중요하죠.

정답 소극적 교육, 감각

8. 오베르랑(J. Oberlin, 1740~1826)

오베르랑은 1740년 프랑스에서 출생했다. 그는 스트라스부르크 대학을 졸업하고, 27살에 프랑스 동부의 작은 마을에 목사로 부임했다. 당시 프랑스는 30년 전쟁 여파로 황폐화한 상태였다.

오베르랑은 전쟁으로 피폐한 마을을 재건하기 위해 개혁을 추진했다. 농업협동조합을 설립하고, 농업 기계와 새로운 경작법을 도입해 메마른 땅을 개간했다. 문학 진흥과 교육 개혁에도 힘을 쏟아 마을마다 학교를 세웠고 초등학교, 중간학교, 성인학교로 이어지는 단선형 학교 제도를 정비했다.

1770년 오베르랑은 마을 유아에게 편물을 가르치는 반제트를 보모로 고용하여 편물학교를 설립했다. 편물학교는 3~6세 유아를 수용했고 재봉, 편물, 방직 등을 가르쳤다. 편물학교는 부모가 일터에 있는 동안 유아를 보호하는 탁아 기능에 중점을 둔 교육기관이다. 편물학교는 프뢰벨이 1840년에 설립한 킨더가르텐(Kindergarten)보다 70년이나 앞서, 유럽 대륙 최초의 유치원이라고 불린다.

1) 교육 사상

오베르랑은 종교와 도덕 교육을 중시하였으며 질서와 노동을 강조했다. 직관을 강조하여 자신이 고안한 채색 동화와 판화, 그림 등을 교육에 활용하였다. 아이들이 즐거운 분위기 속에서 지낼 수 있도록 산책과 유희도 중시했다.

오베르랑은 편물학교 보모에게 몇 가지 사명을 부과했다. 보모에게 부과한 사명에 유아 교육기관 설립 목적이 명확히 나타나 있다. 주요 사명은 다음과 같다 첫째, 아동에게 신을 사랑하고, 부모, 교사, 은인을 존경하는 마음을 갖게 한다. 둘째, 아동이 질서를 지키고 노동을 사랑하며 청결, 정직, 예의, 선행 등을 몸에 익히도록 이끈다. 셋째, 종교적인 짧은 가사와 격언을 가르치고 이야기를 반복적으로 듣게 하여 기억력을 향상시킨다. 넷째, 정확한 프랑스어를 가르쳐 방언을 근절한다. 다섯째, 노래를 가르쳐 교회에서 예배할 때 아동이 노래를 부를 수 있게 한다. 여섯째, 연령과 능력에 따라 수공 노동을 시킨다.

2) 편물학교

편물학교는 3~6세 아동을 대상으로 재봉, 방직, 편물 등을 가르쳤다. 편물은 뜨개질이라는 뜻이다. 편물학교의 교육 목표는 다음과 같이 세 가지로 정리할 수 있다. 첫째, 복종, 성실, 질서 등 좋은 습관을 형성한다. 둘째, 표준 프랑스어를 습득한다. 셋째, 초보적인 기독교·도덕 교육을 실시한다.

교육 내용은 주로 찬송가와 성경 학습 등 종교 교육과 표준 프랑스어 배우기 그리고 주변 마을·프랑스·유럽의 지도 그리기로 구성되었다. 어린 아이에게는 놀이를, 연령이 높은 아이에게는 바느질과 뜨개질, 동화를 가르쳤다.

9. 신인문주의

신인문주의는 인간의 조화로운 발달을 추구하는 사상으로 18세기 말부터 19세기에 독일을 중심으로 일어났다. 신인문주의는 계몽주의의 지나친 합리주의, 주지주의, 공리주의, 개인주의에 반발하여 일어났다. 18세기 계몽주의는 모든 것을 이성에 비추어 판단하려는 합리주의적, 주지주의적 경향을 띠었다. 계몽주의는 이성에 근거하지 않은 모든 인습과 권위를 배척했다. 인간의 보편성을 과신하여 인간의 개성과 역사적, 민족적 특수성을 무시하였다. 이에 따라 인간성이 조화롭게 발달하지 못하자 인간의 지(知), 정(情), 의(意)를 골고루 계발하고 인간성을 조화롭게 발달시키려는 운동이 일어났다. 이러한 운동이 교육에서는 신인문주의로, 문예사조에서는 낭만주의로 나타났다.

르네상스기 인문주의는 인간을 중세 교권의 속박에서 해방시키려는 운동이다. 인문주의자는 완전하고 자유로운 인간의 모습을 고대 그리스·로마의 자유인에서 찾았다. 인문주의자는 그리스와 라틴 고전을 공부하여 완전하고 자유로운 인간이 되고자 했다. 하지만 인문주의는 라틴 문학의 형식적 아름다움에 빠져, 인간성 회복이라는 본래 취지를 상실했다.

신인문주의자는 그리스 문화에서 참다운 인간성을 발견하여 라틴 문화를 극복하려고 했다.[16] 신인문주의는 고대 로마 문화를 형식적, 기계적으로 모방한 인문주의를 비판하고 그리스 고전에 담긴 정신과 사상을 본받자고 주장했다. 그리스 문화에서 참다운 인간성을 찾고 그리스 고전 문화를 통해 인간을 조화롭게 발달시키려고 했다.

신인문주의 특징은 크게 세 가지로 정리할 수 있다. 첫째, 고대 그리스 문화의 핵심인 인간성의 조화로운 발전을 추구한다. 둘째, 인간의 보편성보다는 인간의 개성과 역사적, 민족적 특수성을 강조한다. 셋째, 개인의 삶에서 사회·문화·역사의 중요성을 강조한다.[17]

대표적 신인문주의 사상가로는 페스탈로찌, 프뢰벨, 헤르바르트가 있다.

10. 페스탈로찌(J. H. Pestalozzi, 1746~1827)[18]

페스탈로찌는 교육 이론가가 아니다. 실천을 통해 교육 이론을 수립한 교육 실천가이다. 그는 1747년 스위스에서 의사의 아들로 태어났다. 목사가 되려고 취리히 대학에 입학하여 신학을 공부하다가 사회 개혁에 관심을 갖고 법학을 공부했다. 페스탈로찌는 『에밀』을 읽고 감명을 받아 루소의 자연주의 교육관을 받아 들였다. 그는 루소의 가르침에 따라 농부가 되기로 결심하고 1769년 취리히 근처에서 노이호프(Neuhof)라는 농장을 운영하며, 농촌의 빈민 아동 교육에 투신했다. 1774년에는 농촌의 빈민 아동을 대상으로 직관을 중시하는 교육을 시도하였다. 1780년 그는 교육적 이상을 자신의 저서 『은둔자의 황혼』에 담았다. 페스탈로찌는 『은둔자의 황혼』에서 '교육은 인류를 재건하는 일'이라고 했다.

---

16 『교육철학 및 교육사의 이해』(신차균, 안경식, 유재봉 저, 학지사, 2013), 310~311쪽 요약
17 『교육철학 및 교육사의 이해』(신차균, 안경식, 유재봉 저, 학지사, 2013), 312쪽 요약
18 위키백과

그는 오랫동안 수많은 책을 써서 여러 가지 사회 문제에 자신의 이상을 펼쳤다. 대표 작은 『린하르트와 게르트루트』(1785)이다. 이 책은 루소의 『에밀』와 같은 교육 소설이 다. 소설 주인공은 게르트루트다. 그는 일곱 남매를 헌신적으로 키우면서 술과 도박에 빠진 남편 린하르트를 갱생시키고 나아가 마을 전체를 변화시킨다. 페스탈로찌는 『린 하르트와 게르트루트』를 통해 교육은 반드시 이상적 가정에서만 가능한 것이 아니며, 평범한 농부 가정도 인간적인 유대와 일거리가 있으면 훌륭한 교육의 장이 될 수 있 고, 학교 교육과 가정 교육이 다르지 않다고 설파했다.[19]

페스탈로찌는 1805년, 이페르돈(Yverdon)에 학교를 세웠다. 당시 그는 교육자로서 명성이 유럽에 널리 알려진 때였다. 여러 나라에서 수많은 교육자와 학자가 그의 교육 방법을 배우고자 찾아왔다. 그 중에는 유치원 창시자 프뢰벨도 있었다.

1846년 페스탈로치 탄생 백 주년을 맞아 취리히에 세운 묘비는 그의 삶을 이렇게 증 언한다.

하인리히 페스탈로찌 여기에 잠들다.
1746년 1월 12일 취리히에서 태어나, 1827년 2월 17일 부르크에서 죽다.
노이호프에서는 빈민의 구원자, 린하르트와 게르트루트에서는 민중의 목자, 슈탄스에서는 고아의 아버지, 부르크도르프와 뮌헨부흐제에서는 초등학교의 창설자, 이페르텐에서는 인류의 교사.
인간! 크리스천! 시민!
모든 것을 남을 위해 바치고, 자신을 위해서는 아무 것도 남기지 않았다.
축복이 있을 지어다. 그의 이름에!

1) 교육관

페스탈로찌는 인간은 선하게 태어나지만 전통, 관습, 사회 기관 등이 인간을 타락시 키므로 자연에 근거한 교육이 가장 적합하다고 주장하였다. 그는 교육의 본질을 '인간 본성의 능력을 계발하는 일'이라고 보았다. 인간 본성의 능력 계발은 인간 내면에 잠재 한 능력을 끌어내고 키워 주는 것을 의미한다. 그는 『은둔자의 황혼』(1780)에서 "인간 은 옥좌에 앉으나 초가의 그늘에 누워 있으나, 모두 평등하다"라며 신분에 관계 없이, 모든 인간은 보편적인 인간 본성의 능력이 있고 이를 계발해야 한다고 주장했다. 그가 말하는 '인간 본성의 능력'은 지적, 도덕적, 신체적 능력으로 구성되어 있다. 인간 본성 의 능력 계발은 지력(head), 도덕적 능력(heart), 신체적 능력(hand)을 조화롭게 발달 시키는 일을 의미한다.

---

19 『교육철학 및 교육사의 이해』(신차균, 안경식, 유재봉 저, 학지사, 2013), 316쪽 요약

페스탈로찌의 교육 사상은 그리브스(Graeaves, J. P.)에게 보낸『유아교육 서한집』에 잘 나타나 있다.『유아교육 서한집』에서 페스탈로치는 교육의 본질은 인간성 계발이며, 인간성을 계발하여 인간을 개혁하고, 개혁된 인간을 통해 사회를 개혁할 수 있다고 보았다.

페스탈로찌는 가정은 인간 교육이 가장 먼저 이루어지는 곳이라며 가정의 중요성을 강조했다. 가정에서 양친과 아동의 애정이 넘치는 생활이야말로 가장 탁월한 자연의 교육이라고 보았다. 어머니가 아이를 품에 안는 순간부터 교육은 시작되고 어머니는 가장 훌륭한 교사라며, 어머니 역할을 강조했다. 유아는 어머니 젖으로 생리적 욕구를 충족하는 동시에 신뢰, 사랑, 순종 등 정신적 영양을 흡수한다고 보았다.

2) 교육 원리

(1) 조화와 균형의 원리
페스탈로찌는 인간 본성의 능력은 지력(정신력, head), 도덕력(심정력, heart), 기술력(감각력, hand)으로 구성되었다고 보았다. 인간은 이 3가지 능력을 선천적으로 가지고 있으며 이 중에서 도덕력을 중심으로 3가지 능력의 조화로운 발전을 교육의 이상으로 삼았다.

페스탈로찌는 3가지 능력은 조화롭게 발전해야 하며 하나라도 희생되거나 어느 하나에 편중하면 자연에 역행한다고 보았다. 3가지 능력을 도야하여 인간은 자기 완성을 실현하고, 도덕적 사회를 건설할 수 있다고 주장했다. 이를 삼육론(三育論)이라고 한다.

(2) 합자연의 원리
합자연의 원리는 인간 본성을 발전시키기 위해서는 자연의 필연적 법칙을 따라야 한다는 원리이다. 페스탈로찌는 자연을 악에 가득 차거나 싸워서 극복해야 할 대상이 아니라, 인간 형성의 보금자리로 보았다. 따라서 자연에 맞게 교육하면 인간이 올바르게 성장할 수 있다고 했다. 교사는 유아를 둘러싸고 있는 자연의 발전 법칙을 잘 이해하고 교육해야 한다고 주장했다.

(3) 자발성의 원리(자기활동의 원리)
자발성의 원리는 인간은 내적인 힘으로 자발적으로 발전한다는 원리다. 페스탈로찌에 따르면 자발성은 생명의 본질이고 사고와 활동의 근원이다. 따라서 자발성 존중은 생명 존중이다. 유아의 힘은 내면에서 스스로 싹튼다. 교육은 유아의 내적인 힘이 자발적으로 표출하고 발전할 수 있는 조건을 제공해야 한다.[20]

(4) 직관 원리(직관 교육론)

직관 원리는 직접 경험이나 체험이 교육의 기본이다라는 의미이다. 페스탈로찌의 직관 원리는 코메니우스의 실물 교육과 루소의 감각 교육을 확대 발전시킨 이론이다. 페스탈로찌는 아동이 실제 사물을 관찰하고 감각 기관으로 파악한 정보를 종합하는, 직접적이고 경험적인 교육을 실시했다.

직관은 눈으로 보고, 코로 냄새 맡고, 손으로 만지는 등 감각 기관을 통해 사물을 인식하는 작용이다. 페스탈로찌는 직관을 모든 인식의 절대적인 기초라고 보았다. 직관은 외적 직관과 내적 직관으로 나눌 수 있다. 외적 직관은 감각 기관을 통해 외계의 인상을 받아들이는 것이고, 내적 직관은 마음의 눈으로 세계의 본질을 체험하는 것을 말한다. 직관은 사물을 구체적으로 경험하면 더 발달시킬 수 있다.[21]

페스탈로찌는 사물을 인식하는 수단으로 수(數), 형(形), 언어(言語)를 제시했다. 모든 사물은 수, 형, 언어로 되어 있다며 이를 밝히는 것이 교육의 출발이라고 보았다. 즉 얼마나 많은 사물이 있는지(수), 사물의 모양은 어떠한지(형), 사물을 어떻게 부르는지(언어)를 통해 사물을 이해한다고 하였다. 아동이 어떤 대상에 관하여 지식을 쌓기 위해서는 그 대상을 숫자와 형태, 이름으로 파악해야 한다고 했다.[22]

(5) 노작의 원리

노작의 원리는 손발의 노동을 통한 도덕성 함양과 정신 단련을 강조한 원리를 말한다. 페스탈로찌는 노작을 교육의 기초로 삼았다. 노작은 사전적 의미로 부지런히 일한다는 뜻이다. 노작은 일하지 않으면 살 수 없다는 생각에서 출발했다. 페스탈로찌는 인간은 노동을 통하여 협동과 도덕성을 기를 수 있고 사회를 변화시킬 수 있다며, 노동을 인간 형성의 원리로 보았다.

20　『유아교육철학 및 교육사』(김희태, 정석환 저, 방송대, 2020), 114쪽 요약
21　『유아교육철학 및 교육사』(김희태, 정석환 저, 방송대, 2020), 115쪽 요약
22　『교육철학 및 교육사의 이해』(신차균, 안경식, 유재봉 저, 학지사, 2013), 322쪽 요약

(2007 주1) 각 항목에서 잘못된 내용을 찾아 적고 이를 바르게 수정하시오.

> 프뢰벨의 직관교육론은 코메니우스의 실물교육과 루소의 감각교육을 확대 발전시킨 이론이다
> 또한 프뢰벨은 학교가 애정과 정서로 가득 찬 가족적 분위기를 제공해야 한다고 주장하였다.

정답 풀이 직관교육론은 페스탈로찌가 주장했다.

(2009 객1) ㉢에 들어갈 교육 사상가는 누구인가?

> (㉢)은(는) 지·덕·체의 조화로운 발달을 통한 전인적인 성장을 강조하였고 사물을 인식하
> 는 수단으로 수(數)·형(形)·언어(言語)를, 중요한 교육 방법으로 직관의 원리, 노작교육의 원리
> 등을 제시하였다.

정답 페스탈로찌

(2014 A2) ㉠에 들어갈 인간 본성의 능력을 나타내는 것 3가지를 쓰고 ㉡에 들어갈 용어 1가지를 쓰시오. [2점]

> 페스탈로찌(J.Pestalozzi)는 "자녀는 인간 본성의 모든 능력을 부여 받았으나 아직 미해결
> 로 남아있습니다. 그것은 자녀의 (㉠)이(가) 어떻게 사용되어야 할 것인가에 대한 물음입니
> 다. 자녀가 부여 받은 정신적 능력이 발현되기 위해서는 교육을 받아야 합니다.… (중략) …
> 그러면 어떤 방법으로 교육을 받아야 할까요? 인간의 (㉠)의 모든 능력이 조화롭게 결합되
> 면 이 숭고한 사업이 성공할 것입니다.… (중략) …실물교육이나 노작교육처럼 아동의 직접
> 경험 또는 직접 체험을 (㉡)을(를) 통해 가르쳐야 합니다."라고 하였다. 외적(㉡)은(는) 감
> 각기관을 통해 외계의 인상을 받아들이는 것을 말하며, 내적 (㉡)은(는) 자신의 마음의 눈
> 으로 세계의 본질을 체험하는 것을 말한다.

정답 3H(지력, 도덕력, 기술력), 직관

(2019 정시A2) ㉡이 주장한 교육원리 중 손발의 노동을 통한 도덕성 함양과 정신의 단련을 강조한 원리를 쓰시오. [1점]

> 서 교사: 대표적으로 17세기 최고의 교육자이면서 감각 교육을 중시했던 (㉠)이/가 있죠. (㉠)
> 은/는 인간의 발달단계에 따른 교육제도를 언급했으며, (㉠)의 교육사상은 이후 아동 중심 교
> 육을 내세웠던 여러 사상가에게 많은 영향을 미쳤어요.
> 차 교사: (㉠)의 영향을 받은 사상가로 루소(J. Rousseau) 와 (㉡)이/가 있는데, (㉡)은/는
> 자연스러운 교육방법을 지향한 루소의 교육사상을 실천하려고 노력했죠.
> 하 교사: 3H의 조화로운 발달을 강조한 (㉡)의 교육 사상은 직접적이고 경험적인 교육방법을
> 주장했다는 점에서 높이 평가 받고 있어요. 특히 유아기에 도덕적 능력의 계발을 중심으로 지
> 적, 도덕적, 기능적 영역의 조화를 강조한 점은 현대에도 시사하는 바가 크죠.

정답 노작의 원리

11. 프뢰벨(F. W. Froebel, 1782~1852)[23]

프뢰벨은 1782년 독일에서 태어났다. 아버지는 루터교회 목사였다. 그는 생후 9개월 만에 어머니를 여의고 네 살 때 아버지가 재혼하는 바람에 고독한 유소년기를 보냈다. 프뢰벨을 열 살 때부터 양육한 사람은 외삼촌이었다. 외삼촌도 목사였다. 이처럼 그는 기독교 환경에서 성장했다.

프뢰벨은 1805년, 프랑크푸르트 암마인의 모범학교 교장인 그루너의 권유로 페스탈로찌 학교의 교사가 되었다. 첫 수업에서 그는 교사가 천직이라는 사실을 깨달았다. "나는 물속을 헤엄치는 물고기처럼, 공중을 나는 새처럼 행복했다"라고 당시를 회상했다. 그루너 교장은 그를 페스탈로찌에게 보내 2주 간 교사 연수를 받게 했다. 이때 프뢰벨은 페스탈로찌에게 깊은 영향을 받았다.[24] 프뢰벨은 1840년에 어린이 정원을 뜻하는 세계 최초의 유치원 킨더가르텐(Kindergarten)을 세웠다.

1) 교육 사상

프뢰벨의 교육 사상은 신과 인간과 자연의 불가분의 관계를 주장하는 점에서 루소, 페스탈로찌와 공통점이 많다. 프뢰벨 교육 사상의 특징은 세 가지로 정리할 수 있다.

첫째, 신성(神性)의 강조이다. 루소가 자연성을, 페스탈로찌가 인간성을 강조했다면 프뢰벨은 신성을 강조했다.

프뢰벨에 따르면 신성은 우주 만물을 지배하는 영원한 법칙이다. 신은 만물의 근원이다. 신은 만물을 만들었고 만물을 지배한다. 신은 인간과 자연을 창조했고 인간과 자연의 내부에는 신이 부여한 생명인, 신성이 들어 있다. 만물은 내부에 존재하는 신성을 밖으로 발현함으로써 존재한다. 사물마다 존재하는 신성의 발현이 바로 그 사물의 본질이다. 만물을 지배하는 법칙에는 통일자가 필연적으로 존재하고 이 통일자가 신이다.

프뢰벨은 인간도 신성의 법칙에 의해 지배된다고 보았다. 따라서 인간은 신의 원리에 순응해야 하며 인간이 성장하려면 신성이 발달해야 한다고 했다. 프뢰벨은 신성에서 출발하여 신, 인간, 자연이 하나 되는 통일의 원리를 교육 사상으로 삼았다.

프뢰벨은 그의 저서 『인간의 교육』에서 "만물에는 영원불멸의 법칙이 살아 지배한다. 모든 것을 지배하고 있는 이 영원불멸의 법칙은 필연적으로 모든 사물에 퍼져 있고, 강하고, 생동적이고 내재적인 영원한 통일성에 기초하고 있다"라고 했다.

---

23 https://commons.wikimedia.org/wiki/File:Frederick-Froebel-Bardeen.jpeg
24 『교육철학 및 교육사의 이해』(신차균, 안경식, 유재봉 저, 학지사, 2013), 343쪽

둘째, 아동 존중 사상이다. 프뢰벨은 모든 인간은 신성을 가지고 있고, 아동도 신성을 가지고 있으므로 모든 아동을 귀한 존재로 대우해야 한다고 주장했다.

셋째, 신성의 완성을 교육의 근본 목적으로 보았다. 프뢰벨의 의하면 교육의 본질은 아동 내면에 있는 신성을 계발하는 일이다. 교육의 목적은 인간이 신성을 자연스럽고 충실하게 표현하여, 개인을 초월하고 인간의 보편적 본성을 완성하는 데 있다. 인간이 신성을 자유롭게 표현하는 방법을 가르치는 것이 교육이다. 교육은 인간을 사고하는 지성인으로 기르고, 스스로 성장하도록 도우며, 순수하고 깨끗한 의식으로 내면의 신성을 자유롭게 표현하게 한다. 인간이 살아가는 동안 신성을 자유롭고 자발적으로 표현하게 하는 것은 교육의 목적이자 목표이며 인간이 궁극적으로 가야 할 길이다.[25]

2) 교육 원리

(1) 통일성 원리

통일성 원리는 신, 인간, 자연의 통일을 의미한다. 신, 인간, 자연이 하나가 되는 것이 통일성 원리다. 인간 내면에 신의 마음이 들어 있고, 자연 속에 신의 섭리가 있다는 원리다.

프뢰벨은 그의 저서 『인간의 교육』에서 "학교 본연의 임무는 만물에 항상 존재하는 통일성에 중요한 가치를 두는 것임을 잊지 말아야 한다. 아동은 자기 자신의 통일성이 있는 자아를 다양성을 통해 표현하고 또 다양한 자아도 다양하게 표현한다"라고 했다.

(2) 자기활동 원리

프뢰벨은 아동을 자유롭게 놓아 두면 그의 마음에 들어 있는 신의 정신이 아동 활동을 통하여 스스로 모습을 드러내며, 이 과정을 통해 정신이 성장한다고 보았다. 따라서 아동 내면에 있는 정신을 드러나게 하는 자기 활동과 자발성은 프뢰벨 교육 원리의 핵심이다.[26]

프뢰벨에 의하면 신성을 본성으로 하는 인간은 태어나면서부터 표현, 창조 등의 행동을 한다. 이러한 행동은 인간 내부에 존재하는 자기 활동의 표현이다. 교육은 인간속에 존재하는 신성을 자기활동의 원리에 의하여 외부로 끌어내는 일이다.

---

25 『인간의 교육』(프뢰벨 저, 이원영, 방인옥 역, 양서원, 2005), 38쪽
26 『교육철학 및 교육사의 이해』(신차균, 안경식, 유재봉 저, 학지사, 2013), 348쪽

(3) 놀이 원리

프뢰벨은 놀이를 유아의 내면 욕구에서 표출되는 표현으로 보았다. 유아의 신성은 놀이를 통하여 나타나며, 놀이는 유아의 내면 세계를 펼치고 각성하는 기능을 한다고 주장했다. 프뢰벨에 의하면 놀이는 유아 내면의 욕구와 필요에서 표출하는 자기 활동 표현이다.[27] 놀이는 초기 단계의 인간에게 가장 순수하며 영적인 활동인 동시에 인간의 삶 전체를 표상하는 활동이다.[28]

(4) 노작 원리

프뢰벨은 인간 내부에 숨어 있는 신성은 노작을 통해 표현된다고 했다. 노작은 사전적 의미로 부지런히 일한다는 뜻이다. 프뢰벨에 따르면 노작은 놀이처럼 인간의 신성을 표현하는 자발적, 창조적 활동이며 그 자체가 목적이다. 인간 내부에 있는 신성은 노작을 통해 표현된다. 인간은 노작을 통해 신성과 내적 본질을 표출한다. 이는 생명 발전 과정이다. 따라서 노작 교육은 인간 교육이고 생명 발전 과정이다.

(5) 연속성의 원리(계속성의 원리)

프뢰벨은 인간 발달이 선행 발달 단계에 기초하여 연속성을 갖고 이루어진다고 보았다. 프뢰벨에 의하면 인간은 유아기, 소년기, 청년기, 성인기를 거치지만 각 단계는 단절이나 비약 없이 앞 단계가 완성되어야 다음 단계 발달이 가능하다. 따라서 첫 단계인 유아기 발달은 후속하는 모든 발달 단계의 기초가 되기 때문에 가장 중요하다.[29]

3) 교육 방법

(1) 발달순응적 교육

발달순응적 교육은 인간 내부에 존재하는 자연 법칙에 따르는 교육이다. 프뢰벨은 루소의 소극적 교육을 이어 받아 교육은 발달의 자연적 법칙에 순응하는 형태로 이루어져야 한다고 주장했다.

(2) 활동 중심적 교육

프뢰벨은 활동을 통한 교육을 강조했다. 활동 중심적 교육은 놀이와 노작을 통한 교

---

27 『인간의 교육』(프뢰벨 저, 이원영, 방인옥 역, 양서원, 2005), 72쪽 정리
28 『인간의 교육』(프뢰벨 저, 이원영, 방인옥 역, 양서원, 2005), 72쪽 정리
29 『교육철학 및 교육사의 이해』(신차균, 안경식, 유재봉 저, 학지사, 2013), 350쪽

육이며, 놀이를 위해 놀잇감을 제공해야 한다고 했다. 프뢰벨은 놀잇감으로 은물을 개발했다.

4) 프뢰벨 유치원 교육과정 내용

(1) 놀이

프뢰벨은 명확하게 사고하지 못하며 충동과 정서가 지배하는 유아는 놀이를 통해 내적 세계를 표현한다고 보았다. 당시 사회는 놀이를 통한 교육을 시간 낭비로 보았다. 그러나 프뢰벨은 놀이를 유아 스스로 내적 세계를 표현하는 활동이라며 장려했다. 그는 놀이를 통해 인간 정신을 계발할 수 있다고 보았다. 따라서 놀이는 중요한 교육 수단이다. 출생부터 6세까지 유아는 자발적이고 자유롭게 놀이하기 때문에 유아교육에 놀이를 활용하면 효과적이라고 주장했다.

(2) 은물

프뢰벨은 신의 뜻과 우주 진리를 깨닫는 수단으로, 이상적인 놀잇감인 은물을 고안하였다. 은물은 아동이 사물의 질서와 자연 법칙을 직관하고 신의 존재를 인식할 수 있도록 이끌어주는 상징적 교구이다. 은물은 '하느님이 주신 은혜로운 선물'이라는 뜻이다. 아동은 은물로 다양한 모양을 만들고 해체하면서 자연 질서를 구성하는 사물 간의 관계나 성질을 직관할 수 있다.[30] 은물의 형태와 자료는 아동의 통찰력을 기르고자 하는 우주 법칙과 은물이 의도하는 아동 발달의 조건에 의해 결정된다.

은물은 신성을 상징한다. 예를 들어 첫째 은물인 털실 공 6개는 모든 사물의 합일성과 아동 본성의 합일성을 상징한다. 아동이 손으로 공을 잡을 때 그 공은 자신 이외의 세계 전체를 상징한다. 이처럼 은물은 단순한 놀잇감이 아니라 상징적 의미가 풍부하다. 이런 이유로 은물 수업을 상징적 실물 수업이라고도 한다.

프뢰벨 유치원에서는 마루에 커다란 원을 그려 놓고 교사와 아동이 원 주위에 모여 노래하고 기도하고 이야기를 나눈다. 여기서 원은 시작과 끝이 없는 가장 완전한 형태로 계속성과 규칙성을 상징한다. 프뢰벨은 아동이 원 주변에서 활동하면서 원이 지닌 철학적 의미를 흡수할 수 있을 것이라고 생각했다. 이러한 상징주의 이론은 20세기 초에 진보주의자한테 심리학 기초 위에 세워야 할 교육법을 형이상학적 기초 위에 수립

---

30 『교육철학 및 교육사의 이해』(신차균, 안경식, 유재봉 저, 학지사, 2013), 351쪽

하여, 과학성이 부족하다는 비판을 받았다.[31]

진보주의자 듀이는 아동의 실제 생활과 밀접한 경험을 교육과정으로 제공해야 한다고 보았다. 그는 프뢰벨 교육과정 요소인 상징성, 놀이, 통합, 모방보다는 경험을 아동 발달과 흥미에 맞게 재구성한 교육과정을 제안하였다. 듀이는 놀이가 아동의 자연성의 발로이며 아동의 의식과 활동을 더 높은 수준으로 자극한다고 보았다. 따라서 프뢰벨 유치원처럼 교사 행동을 모방하거나 교사 지시대로 움직이는 활동은 놀이가 아니라고 주장했다. 듀이를 지지하는 유아교육자는 프뢰벨 프로그램의 인위적, 추상적 놀이를 아동의 자발성을 반영하는 상상놀이로 대체하고, 아동은 직접적이고 구체적인 교구와 접촉해야 한다고 주장했다.[32]

(3) 작업

프뢰벨은 구멍 뚫기, 바느질하기, 색칠하기, 콩 끼우기 등 활동 10여 종을 고안하였으며, 이를 사용하여 유아의 내면 세계를 표현하도록 하였다. 이런 활동을 포괄적으로 작업이라고 한다. 작업은 만물의 법칙을 습득하기 위해 하는 조립이나 분해와 같은 활동이다. 유아는 작업을 통해 내면 세계를 표현할 수 있고 점, 선, 면, 형체를 이해할 수 있다.

(4) 노래와 게임

프뢰벨은 가정에서 어머니 역할이 중요하다고 강조하였다. 가정에서 어머니가 자녀와 노래하고 게임하면 유아는 더욱 조화롭게 자랄 수 있다고 주장했다. 프뢰벨은 가정에서 어머니의 교육 기능을 강화하기 위해 『어머니의 노래와 사랑의 노래』라는 부모교육서를 지었다.

(5) 정원 활동

정원 활동은 노작 활동의 일부이다. 프뢰벨은 정원 활동을 통해 자연을 이해하고 식물 생육에 필수적인 원리를 학습할 수 있다고 보았다.

---

31 『교육철학 및 교육사의 이해』(신차균, 안경식, 유재봉 저, 학지사, 2013), 351~352쪽
32 『유아교육사상』(곽노의, 홍순정 저, 문음사, 2003), 279쪽 요약

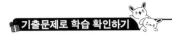

(1998 객16) <보기>의 내용과 가장 관련이 깊은 학자는?

ㄱ. 20세기 초 진보주의자들과 이론적 갈등을 빚었다.
ㄴ. 통일의 원리, 자기 활동의 원리, 계속성의 원리를 강조하였다.
ㄷ. 상징적 교구를 고안하였다.

① 몬테소리(Montessori) ② 프뢰벨(Fröbel) ③ 듀이(Dewey) ④ 피아제(Piaget)

정답 프뢰벨

(2009 객1) ㉠에 들어갈 교육 사상가는 누구인가?

(㉠)은(는) 신성의 개념에서 출발하여 신, 인간, 자연이 하나 되는 통일의 원리를 교육 사상으로 삼았으며, 유아를 위해 놀잇감을 고안·제작하여 교육적 경험을 할 수 있도록 하였다.

정답 프뢰벨

(2011 객2) 다음은 유아교육 사상가인 (가)의 세계관과 인간관에 대한 기술의 일부이다. <보기>에서 (가)의 교육관에 해당하는 것을 모두 고른 것은?

(가)는 "만물에는 영원불멸의 법칙이 살아 지배한다.<중략>이 영원불멸의 법칙은 필연적으로 모든 사물에 퍼져 있고, 강하고, 생동적이고 내재적인 영원한 통일성에 기초하고 있다.<중략> 만물은 그들 안에 존재하는 신성(神性)을 밖으로 발현함으로써 존재한다. 하나하나의 사물에 존재하는 신성의 발현이 바로 그 사물의 본질이다."라고 하였다.

<보기>

ㄱ. 인간 발달은 선행 발달 단계에 기초하여 연속성을 갖고 이루어진다.
ㄴ. 놀이는 어린이 내면으로부터의 필요한 욕구에서 표출되는 내적 표현이다.
ㄷ. 교육은 규정적이거나 명확하게 범주화하거나 간섭하는 것이어서는 안 되고 자유로운 자기 활동이어야 한다.
ㄹ. 인간은 백지와 같은 상태로 태어난다는 백지설(tabula rasa)에 근거하여 어떤 경험을 하느냐에 따라 인간의 모습이 결정된다.
ㅁ. 교육은 아동과 사회와의 상호작용에서 계속적인 경험의 재구성을 통해 끊임없이 진행되기 때문에 교육 목적을 명확히 설정할 수 없다.

정답 ㄱ, ㄴ, ㄷ 오답 풀이: ㄹ- 로크의 이론, ㅁ- 듀이의 경험 이론

(2013 정시A5) ©의 사상가는 구멍 뚫기, 바느질하기, 색칠하기, 콩 끼우기 등 10여 종의 활동을 고안하였으며, 이를 사용하여 유아의 내면세계를 표현하도록 하였다. 이 활동을 포괄적으로 지칭하는 명칭을 쓰시오. [1점]

> (©)은(는) "은물의 형태와 자료는 어린이의 통찰력을 기르고자 하는 우주법칙에 의해, 그리고 은물이 의도하고자 하는 아동 발달 조건에 의해 결정된다."라고 하여 놀이의 중요성을 강조했다.

정답 작업

(2014 A2) ©에 들어갈 용어 1가지를 쓰시오. [1점]

> 프뢰벨(Froebel)은 "만물에는 영원불멸의 법칙이 살아 지배한다. 모든 것을 지배하고 있는 이 영원불멸의 법칙은 필연적으로 모든 사물에 퍼져 있고, 강하고, 생동적이고 내재적인 영원한 (©)에 기초하고 있다.… (중략) …학교 본연의 임무는 만물에 항상 존재하는 (©)에 중요한 가치를 두는 것임을 잊지 말아야 한다. 아동은 자기 자신의 (©)이(가) 있는 자아를 다양성을 통해 표현하고 또 다양한 자아도 다양하게 표현한다."라고 하였다.

정답 신성(통일성)

(2015 B2번) 최초의 유치원에서 사용한 교구인 ㉠에 해당하는 용어 1가지를 쓰고, 이를 고안한 학자의 이름을 쓰시오. [2점]

> 학생 A: 얘들아, 교육 철학에 따라 유치원 교육이 다른 거 같아.
> 학생 B: 맞아, 최초의 유치원(Kindergarten)에서는 (㉠)와(과) 작업(occupation)을 활용해서 교육했지.

정답 은물, 프뢰벨,

(2019 정시A2) 다음 ⓐ와 ⓑ에 해당하는 말을 각각 쓰시오. [1점]

> 서 교사: 대표적으로 17세기 최고의 교육자이면서 감각 교육을 중시했던 (㉠)이/가 있죠. (㉠)은/는 인간의 발달단계에 따른 교육제도를 언급했으며, (㉠)의 교육사상은 이후 아동 중심 교육을 내세웠던 여러 사상가에게 많은 영향을 미쳤어요.
> 차 교사: (㉠)의 영향을 받은 사상가로 루소(J. Rousseau)와 (㉡)이/가 있는데, (㉡)은/는 자연스러운 교육방법을 지향한 루소의 교육사상을 실천하려고 노력했죠.
> 하 교사: 3H의 조화로운 발달을 강조한 (㉡)의 교육 사상은 직접적이고 경험적인 교육방법을 주장했다는 점에서 높이 평가 받고 있어요. 특히 유아기에 도덕적 능력의 계발을 중심으로 지적, 도덕적, 기능적 영역의 조화를 강조한 점은 현대에도 시사하는 바가 크죠.
>
> ㉡의 영향을 받은 사상가 중 (ⓐ)은/는 유아의 본성을 신성으로 간주하고, 신의 뜻과 우주의 진리를 깨닫는 수단으로 이상적인 놀잇감인 (ⓑ)을/를 고안하였다.

정답 프뢰벨, 은물

12. 로버트 오웬(Robert Owen, 1771~1858)[33]

 18세기 후반 영국을 필두로 유럽 각지에서 발생한 산업혁명은 경제적인 변화만 일어난 것이 아니었다. 공업 도시가 대거 생겨났고 인구가 도시로 집중하면서 공해, 위생, 주택, 빈민 문제 등이 발생하였다. 농민은 삶의 터전을 떠나 도시로 이주하여 임금 노동자가 되었다. 노동자 계층은 장시간 노동과 저임금, 빈곤으로 고통 받았고 기계화로 실업의 위험이 상존했다.

산업혁명 시기에 노동자의 삶은 비참했다. 노동자는 열악한 환경에서 장시간 노동에 시달렸고 임금이 낮아 생계도 유지하기 힘들었다. 자본가는 성인 노동자 대신 임금이 싼 아동을 고용했다. 면직공장은 8세, 모직공장은 6세, 탄광은 4세에 불과한 아동을 채용했다. 아동은 매일 12~18시간 일해야 했고 작업 환경은 열악했다.

아동의 이러한 비참한 상태를 가슴 아파한 종교인과 지식인이 유아교육 시설을 설립하기 시작했다. 이러한 시설의 교육 내용은 다양했지만 공통적으로 종교·도덕 교육, 수공예, 신체 훈련을 중시했다. 이 시기를 대표하는 유아교육 사상가로는 오웬이 있다.

오웬은 1771년에 영국 웨일스에서 출생했다. 유복한 가정에서 태어난 그는 다섯 살 때부터 쓰기와 읽기를 배웠다. 오웬은 일곱 살 때에 선생님이 가르친 내용을 모두 이해할 정도로 영리했다. 그는 열 살 때 현존하는 모든 신학은 오류라고 생각하고, 공장에 가서 일을 배우기 시작했다.

오웬은 1799년에 스코틀랜드 뉴래너크(New Lanark)에 있는 한 방직 공장을 사들였다. 오웬은 이곳에서 인류 역사상 가장 진보적이고 이상적인 공장 공동체 건설에 나섰다. 이 공장이 바로 유네스코 문화유산으로 지정된 뉴래너크 공장이다.

당시 영국에서는 수많은 어린이가 불결하고 비좁은 공장에서 장시간 노동에 시달렸다. 오웬은 자본과 노동이 대립하는 공장이 아니라 모두가 사랑하며 베푸는 공동체를 꿈꿨다. 이를 위해 오웬은 노동 시간을 하루 13시간에서 9시간으로 대폭 줄였다. 14~16시간 노동이 일반적인 당시에는 파격적인 조치였다. 이에 보답하듯 노동자는 열성적이었고 헌신적이었다. 뉴래너크 공장은 경영에서도 큰 성공을 거뒀다. 다른 공장에 비해 엄청난 이윤을 올렸다. 유명 인사들이 줄지어 견학을 왔다. 그 중에는 나중에 러시아 황제가 된 니콜라이 대공도 있었다.

그는 어린이를 교육적 환경에 수용해야 한다고 생각하고, 1816년 자신이 경영하는

---

33 위키백과

공장에 6세 이하 유아를 교육하기 위한 성격형성학원을 설립했다. 오웬은 성격형성학원의 일부로 유아학교를 운영하며, 노동자 계층의 유아를 가르치는 데 심혈을 기울였다. 학교 운영과 병행하여 공장의 열악한 노동 조건과 만연한 아동 노동의 참상을 개선하기 위해 그는 공장법 제정 운동을 전개하였다. 그 결과 1819년에 영국에서 공장법이 제정되었다.

성격형성학원은 영국 유아학교 운동의 기점이고 현대 영국 유치원 운동의 출발점이라고 할 수 있다. 여성 노동자의 고민을 해소하고 2~5세 유아 양육에 관심을 가지는 계기가 되었고 맥밀런 자매에 의해 어린이집이 탄생하는 주초를 제공했다.

1820년대에 오웬은 미국으로 가서 협동공동체를 설립하고 유아학교와 어린이집을 세웠다. 오웬의 학교는 널리 알려졌고 런던 등 다른 지역에도 설립되었다.

1) 교육 사상

오웬은 루소의 성선설과 로크의 백지설을 수용하여, 가난과 죄악은 인간의 천성보다는 환경에 의해 발생한다고 보았다. 노동자가 교육받을 수 없는 풍토 때문에 사회적 문제가 생긴다고 주장했다. 인간 성격은 환경을 개선하여 바꿀 수 있다고 생각하고, 교육으로 인간 성격의 기본을 형성하려고 했다. 이를 위해 오웬은 성격형성학원을 설립했다.

2) 교육 방법

오웬은 좋은 성격을 형성하기 위해서는 어릴 적부터 교육을 해야 한다고 주장했다. 그는 유아기 습관이 평생의 성격에 심대한 영향을 미친다고 생각하고, 좋은 습관 형성을 강조했다. 유아를 친절하고 즐겁게 가르치고, 실물이나 그림 등을 활용하여 교육해야 한다고 주장했다. 책은 유아에게 적합하지 않고 자연이 가장 중요한 교육 자료라고 보고, 실물 교육을 실시했으며 암기식 교육을 반대했다.

3) 성격형성학원

성격형성학원은 1816년, 뉴래너크 공장 내에 개설되어, 주간 학교와 야간 학교로 운영되었다. 주간 학교는 2~5세 아이를 가르치는 유아학교를 운영하였다. 유아학교는 학비를 받지 않았다. 유아학교는 영국 최초의 유아교육 기관이라 할 수 있다.

유아학교는 유아기부터 합리적인 성격을 형성하는 것을 교육 목표로 삼았다. 집단적 훈련과 유아 건강을 강조하였고 놀이를 가능한 많이 실시했다. 유아학교는 유아의 흥미와 자발성, 발달 단계를 중시했다. 오웬은 놀이를 자연스럽고 가치 있는 활동으로 보았으나, 환경의 영향과 질적 수준을 중시하여 실제 교육과정에서는 엄격하고 교수적이었고 놀이의 자유로움을 무시했다.

(2019 정시A2) ©에 들어갈 인물의 이름과 ©에 해당하는 인물이 설립한 ②의 이름을 쓰시오.[2점]

차 교사: 19세기 영국의 (©)도 자신이 경영하는 공장에 유아 학교를 세우고 노동자 계층의 유아를 가르치는 데 심혈을 기울였어요. (©)은/는 유아기 습관이 평생의 성격에 커다란 영향을 미친다고 생각하고 습관 형성을 강조했어요.
하 교사: (©)이/가 세운 유아 학교는 (②)의 일부로서 이후 유아 학교의 중요한 기초가 되었어요.

정답 오웬, 성격형성학원

04장 현대

1. 몬테소리(M. Montessori, 1870~1952)[34]

세계 모든 어린이의 어머니라 불리는 마리아 몬테소리는 1870년 이탈리아에서 태어났다. 1890년에 기술학교를 졸업하고 의과대학에 입학하려 했지만 여자라는 이유로 로마대학은 입학을 거부했다. 몬테소리는 이탈리아 왕과 교황의 도움으로 1892년에 의과대학에 입학했다. 몬테소리는 1896년에 이탈리아 최초로 소아과 여의사가 되어 정신 지체 아동을 돌보았다. 그는 정신 지체를 의학보다는 교육으로 해결할 수 있다고 생각하고, 정신 지체아 교육이론과 교구를 연구하기 시작했다. 1906년 로마주택개량협회가 빈민가에 유아 시설을 세우고 몬테소리에게 관리를 의뢰하자, 이를 어린이집(Casa dei Bambini)이라 이름 짓고 자신의 교육 원리와 방법을 적용했다.

1) 교육 사상
몬테소리의 교육 사상은 다음과 같이 크게 네 가지로 볼 수 있다.

(1) 능동적 존재
몬테소리는 인간을 자연에서 자유롭게 내면의 창조성을 발전시키는 능력을 지닌 존재라고 보았다. 몬테소리는 유아도 당연히 이런 능력을 가지고 있다고 보았다. 몬테소리에 의하면 유아는 스스로 성장할 수 있는 내적 생명력을 지니고 있다. 유아는 스스로 배우고 발전하는 자발적, 능동적 존재이므로, 교사는 유아가 내면 정신을 펼칠 수 있도록 환경을 제공하고 도와줘야 한다. 몬테소리는 "어른은 어린이를 지혜롭게 대하고, 어린이가 생활에 필요한 지식을 받아들이도록 도와주는 협조자여야 한다"라고 주

---

34 https://commons.wikimedia.org/wiki/File:Maria_Montessori1913.jpg

장했다.

(2) 흡수정신

흡수정신은 유아가 주변의 사물이나 사건 등을 사진을 찍거나 식물이 물을 빨아들이듯 흡수하여 저장하는 무의식적인 능력이다. 몬테소리에 따르면 흡수정신은 유아 내부에 존재하는 자발적 정신이다. 유아가 환경을 받아들이고, 스스로 환경을 경험하여 배우는 특성이다. 유아는 흡수정신을 통해 정신과 인격을 형성하므로 다양한 환경을 조성하여 흡수정신을 자극할 필요가 있다.

(3) 민감기

민감기는 특정한 자극에 매우 민감한 반응을 보이는 시기를 말한다. 몬테소리는 "아이의 민감력은 시간이 지나면 사라지므로 이 시기를 그냥 흘려보내지 않는 것이 중요하다. 이후에는 이처럼 소중한 기회가 영원히 찾아오지 않기 때문이다. 민감력이 유지되는 동안 아이는 쉽게 사물을 배우고 문화를 흡수하지만, 민감력이 사라지면 부단히 노력해야만 배울 수 있다"라고 주장했다.[35]

민감기는 크게 다섯 단계로 나눌 수 있다. 첫째, 질서 민감기다. 이 시기는 1세에서 2세 사이로 유아는 사물이 있어야 할 자리에 없으면 짜증을 내며, 가능하면 제자리에 물건을 갖다 놓으려고 한다. 둘째, 오관 민감기이다. 2개 월에서 2세 사이이다. 이 시기에 유아는 손과 혀를 통해 환경을 탐색하려고 한다. 셋째, 걷기 민감기이다. 18개 월과 3세 사이에 나타난다. 넷째, 세부 민감기다. 2세에서 3세 사이이며 유아는 작은 사물에 흥미를 갖는다. 다섯 째, 사회 생활 민감기다. 2세 반에서 6세 사이에 나타나며 유아는 사회 생활에 관심을 갖고 타인의 권리를 이해하기 시작한다.

(4) 집중화

몬테소리는 유아는 집중하는 능력이 있다고 보았다. 1907년 몬테소리는 어린이집에서 한 유아가 주위를 전혀 의식하지 않은 채 몰입하여 꼭지 원기둥으로 쉬지 않고 44번이나 과제를 수행하는 모습을 목격했다. 과제를 마쳤을 때 유아는 아주 만족스러운 표정을 지었다. 이렇게 유아 스스로 과제를 숙달하고자 강하게 집중하는 현상이 집중화다. 유아는 스스로 선택하여 활동할 때 놀라운 집중력을 발휘한다.

---

35 『몬테소리 개론』(이영석 등 공저, 동문사, 2014), 76쪽

2) 교육 목적

몬테소리는 교육 목적이 정상화라고 했다. 정상화는 유아 내면이 안정되고 조화로운 상태이다. 유아가 내면적 발달 욕구에 따라 작업에 집중하는 과정에서, 내면에 잠재한 진정한 자기 성장 모습이 나타나는 것이 정상화다. 몬테소리는 민감기마다 아동이 요구하는 교구를 제공하면, 아동은 교구와 관련된 기능을 완전히 습득할 때까지 놀라운 집중력으로 스스로 반복적으로 연습한다는 사실을 발견했다. 아동은 어떤 과제를 집중하여 완수하고 나면 기분이 좋고 편안해지는 데, 몬테소리는 이를 정상화라고 했다.

정상화는 세 단계를 거친다. 첫째, 유아가 무엇을 할지 모르는 단계다. 이 단계에서 유아는 주로 다른 유아를 관찰하며, 다른 유아의 교구를 빼앗기도 한다. 둘째, 유아가 교구를 선택했지만 흥미를 느끼기보다 교사가 제시한 방법대로 사용하는 단계이다. 셋째, 흥미를 갖고 교구를 스스로 선택하여, 반복하고 집중하는 단계이다.[36] 정상화는 한 번으로 끝나지 않는다. 작업을 선택하고 집중하고 반복하면서 계속적으로 이루어진다.

3) 교육 원리

(1) 자동교육

자동교육은 유아가 준비된 환경에서 스스로 선택한 교구를 가지고 능동적으로 활동할 때, 학습이 자연스럽게 이루어지는 현상을 말한다. 교사가 잘못을 수정해 주지 않아도, 교구 자체가 자기 수정적이라서 유아 스스로 실수나 오류를 발견하고 수정하여 자동적으로 학습하기 때문에 자동교육이라고 부른다.

몬테소리 교구는 유아가 스스로 오류를 수정하여 자발적으로 학습할 수 있게 한다. 예를 들어 크기에 따라 구멍에 원통을 맞추는 교구는 올바른 구멍에 넣지 않을 경우 맞지 않거나 개수가 남게 되어, 유아가 스스로 잘못을 알고 조정하게 한다.[37]

(2) 준비된 환경

준비된 환경은 유아 욕구를 충족하는 교구를 준비하고, 유아의 관심을 끌며, 자유 정신을 자극하는 물리적, 비물리적 환경을 말한다. 준비된 환경은 유아를 자극하고 유아에게 동기를 부여한다.

---

36 『유아교육철학 및 교육사』(김희태, 정석환 저, 방송대, 2020), 164쪽
37 『유아교육사상』(곽노의, 홍순정 저, 문음사, 2003), 257쪽

(3) 자기 활동의 원리(자기 교육의 원리)

자기 활동의 원리는 유아가 자유롭게 활동하면, 유아 내면에 있는 가능성이 가장 바람직하고 적절한 방향으로 성장, 발달한다는 원리이다. 몬테소리는 유아를 내면 에너지로 스스로 학습하며, 준비된 환경에서 자기수정적인 교구와 상호작용하고, 스스로 오류를 수정하면서 성장, 발전하는 존재로 보았다.

4) 몬테소리 교구

몬테소리는 유아가 실수나 오류를 명확하게 알 수 있게 교구를 고안했다. 이런 교구를 자기수정적 교구라고 한다. 몬테소리 교구는 유아가 활동에 흥미를 느끼고 개별적으로 학습할 수 있도록 난이도와 순서 등이 체계적이다. 교구는 자기 수정적인 특성이 있다. 유아가 교구를 가지고 활동하다 오류를 범하면 교구를 통해 수정할 수 있다. 다른 유아를 관찰하면서 스스로 고칠 수도 있다. 유아가 스스로 오류를 깨닫지 못하면 그 교구를 사용할 만큼 성숙하지 않았다고 간주한다.

활동을 할 때 교사는 유아에게 새로운 교구를 간단하게 소개하고는 한 발 물러서서 유아가 교구에 얼마나 집중하는지 지켜본다. 유아가 교구에 집중하면, 교사는 멀리 물러나 유아가 독립적으로 교구를 조작하게 한다. 교구는 사용법이 정해져 있어 정해진 방법으로만 활용해야 한다. 유아가 교구를 가지고 활동할 준비가 되어 있지 않으면, 교사는 교구를 치우고 유아가 준비가 될 때까지 기다린다. 몬테소리는 교구를 통한 감각 훈련과 언어지도, 기본생활습관 훈련을 철저하게 실시하였다.

5) 교육 내용

(1) 일상생활 훈련

일상생활 훈련은 유아가 실제 생활 환경에서 활동하면서 일상 생활에 적응을 잘 하도록 도와 주는 훈련이다.

(2) 감각 교육

유아 감각 기관을 정상적으로 발달시켜, 다양하고 세련된 감각을 얻게 하는 교육이다.

(3) 수학 교육

몬테소리는 수학을 유아의 지능과 정신 발달의 기초라고 보고 수학교육을 중시했다. 유아는 수학교육에서 논리적 사고 발달을 위해 다양한 교구로 양, 서열, 차이, 정확성, 통일성 등의 개념을 배운다.

(4) 언어 교육

몬테소리는 쓰기 민감기가 읽기 민감기보다 먼저 온다는 사실을 발견하고, 쓰기가 읽기보다 먼저 발달한다고 보았다. 몬테소리는 4세 유아는 쓰기를 배울 준비가 되었고, 글자 쓰기가 읽기보다 덜 추상적이라고 보았기 때문에 읽기보다 쓰기를 강조했다.

(5) 문화교육

문화교육은 유아가 사회에서 살아가는 데 필요한 지리, 자연, 종교, 역사 등을 이해하는 교육이다. 유아는 문화교육으로 문화와 환경에 따라 인간의 삶과 생활이 다르다는 사실을 이해한다.[38]

6) 교사 역할

몬테소리 교육에서 교사는 관찰자, 환경 준비자, 보호자, 자극자 역할을 수행한다. 관찰자는 유아의 관심과 집중하는 모습을 파악하여 정신 발달을 이끄는 역할이다. 유아를 관찰할 때 교사는 서서 지켜만 보는 것이 아니라 유아의 행동과 작업을 전반적으로 살펴봐야 한다. 유아가 교구와 상호작용할 때 교사는 뒤로 물러나 유아의 관심 대상과 집중하는 모습을 관찰해야 한다. 환경 준비자로서 교사는 발달을 촉진하는 매력적 환경을 준비하고 유지하여, 유아가 잠재력을 발휘하도록 해야 한다. 보호자로서 교사는 유아 활동을 보호하고 질서를 유지해야 한다. 자극자로서 교사는 유아가 자기 활동을 할 수 있도록 자극을 주어야 한다.

기출문제로 학습 확인하기

(2007 주1) 각 항목에서 잘못된 내용을 찾아 적고 이를 바르게 수정하시오.

> 몬테소리는 유아의 흡수정신을 강조하면서 자연스러운 환경 속에서 교구활동을 통한 자동교육이 이루어지는 것을 중요시 하였다.

정답 풀이 자연스러운 환경이 아니라 준비된 환경이다.

---

38 『유아교육철학 및 교육사』(김희태, 정석환 저, 방송대, 2020), 168~170쪽 정리

(2015 B2) ⓛ을 설명하는 용어 1가지를 쓰시오. [1점]

> 학생 C: 몬테소리(M, Montessori)도 일상생활 교구, 감각 교구, 언어 교구, 문화 교구, 수학 교구를 개발했어. 이 교구는 ⓛ 유아 스스로 자신의 실수나 오류를 발견할 수 있도록 고안되어서, 교사가 잘못을 수정해 주지 않아도 정정이 가능하대.

정답 자기수정적 교구

(2017 A4) 다음은 몬테소리(M. Montessori)와 관련된 내용이다. ⓐ~ⓔ 중 틀린 내용 1가지를 찾아 기호를 쓰고, 이를 바르게 고쳐 쓰시오. [1점]

> ⓐ 교구를 통한 감각 훈련과 언어지도 및 기본생활습관 훈련을 철저하게 실시하였다.
> ⓑ 교사는 유아가 교구와 상호작용하는 동안 호기심을 유발하도록 질문한다.
> ⓒ 유아는 스스로 성장할 수 있는 내적 생명력을 지니고 있다.
> ⓓ 유아 스스로 특정 과제를 숙달하고자 강하게 집중하는 현상이 나타난다.
> ⓔ 교구는 사용법이 정해져 있어 정해진 방법으로만 활용해야 한다.

정답 풀이 ⓑ 유아가 교구와 상호작용 하는 동안에 교사는 유아의 관심 대상과 집중하는 모습을 관찰해야 한다.

2. 진보주의

진보주의는 20세기 초 전통교육에 반발하여 일어난 교육 사조이자 운동이다. 진보주의는 실용주의 철학에 기반을 둔다. 실용주의는 영국의 경험론을 미국에 맞게 토착화한 철학이다. 실용주의는 인간 문제 해결에 유용한 것과 검증할 수 있는 것을 진리로 본다. 실용주의에 바탕을 둔 진보주의는 전통적 교육의 형식주의에 반대하며 어린이의 자유, 경험, 생활, 흥미, 창의 등을 중시한다.

전통교육은 아동을 성인의 부속물이자 축소판으로 보았다. 진보주의는 아동을, 성인과 다른 관점에서 세계를 보고 느끼고 생각하고 판단하는 존재로 본다. 진보주의는 판에 박힌 전통적 교과를 반대하고 활동, 경험, 문제해결법, 구안법(프로젝트 접근법) 등을 활용하는 교육과정을 중시한다. 진보주의는 유아의 생활 경험을 중시하는 경험 중심 교육과정을 도입했다.

진보주의는 아동의 흥미와 욕구를 충족하는 학습과, 경험의 재구성을 통한 성장이 교육 목적이 되어야 한다고 주장한다. 진보주의는 유아의 흥미를 모든 학습의 동기로 보았다. 교사는 일방적으로 지식을 아동에게 제시하면 안 되고, 아동이 자신의 흥미와 요구에 맞는 활동과 경험을 하도록 도와야 한다고 주장했다.

진보주의를 대표하는 사상가는 듀이와 킬패트릭이다. 듀이는 교육을 실험적 과정으로 이해하고 학습자, 교육과정, 학교에 관하여 새로운 관점을 제시하였다. 듀이 사상은 전통적 학교를 개혁하려는 교육 개혁운동의 원동력이 되었고, 전통적 교육관에 대비되는 교육 사조로 발전하였다.

진보주의의 중요한 특징은 다음과 같다. 첫째, 유아는 능동적 존재이고, 교육과정 결정 주체이며 유아의 현실적 요구는 즉각 교육에 반영해야 한다고 주장했다. 둘째, 교육 목적을 경험의 재구성을 통한 계속적인 성장으로 보았다. 진보주의는 유아의 내재적 성장 가능성을 인정하고, 교육을 통한 계속적인 성장을 교육 목적으로 설정했다. 셋째, 생활 중심 교육과정을 운영했다. 진보주의는 현실과 유리된 전통적 교육과정에서 벗어나 생활 현장을 중심으로 교육과정을 구성했다. 넷째, 전통적 학교가 순종적인 인간을 양성한다고 비판하며, 학습자가 스스로 자신의 흥미를 파악하고 이를 실현할 수 있게, 학교는 환경을 조성해야 한다고 주장했다.

기출문제로 학습 확인하기

(2018 A2) ㉣에 들어갈 사조의 명칭을 각각 쓰시오. [1점]

(㉣)은/는 전통적 교육의 형식주의에 반대하여 어린이의 자유·경험·생활·창의 등을 존중할 것을 기본으로 한다. (㉣)의 대표적인 교육자인 듀이는 교육을 실험적 과정으로 이해하고 학습자, 교육과정, 학교에 대한 새로운 관점을 제시하였다. 그의 사상은 전통적인 학교를 개혁하고자 하는 교육 개혁운동으로 전개되었고, 이후 전통적 교육관에 대비되는 교육사조로 발전하였다.

정답 진보주의

3. 존 듀이(J. Dewey, 1859~1952)[39]

 　　존 듀이는 미국의 교육 개혁을 이끈 대표적인 진보주의 사상가다. 그는 아동 중심 교육이론을 제기하여 현대 교육의 이론적 기반을 정립했다. 듀이는 1859년 미국 버몬트주에서 태어났다. 1879년 버몬트 대학교를 졸업했고 1884년 존스홉킨스대 철학 대학원에서 헤겔의 순수 이성에 관한 논문으로 철학 박사 학위를 받았다.

　　1894년 듀이는 시카고 대학교에서 경험주의 신념과 학교에 관한 실용주의적 주장을 펼쳤다. 듀이는 인간의 정신 발달을 연구하기 위해 실험학교를 설치하자고 제안했다. 이 학교가 바로 듀이 스쿨이다. 듀이가 실험학교에서 2년 반 동안 연구한 내용과 향후 방침을 학부모와 후원자에게 보고한 기록이 『학교와 사회』(1899)이다.

1) 교육관

(1) 교육의 정의와 목적

　　듀이는 교육을 계속성과 상호작용의 원리를 지닌 경험의 계속적인 성장으로 보았다. 그는 교육 내용은 학습자의 실생활과 직결되어야 한다고 주장하였다. 듀이는 교육은 경험의 재구성이며 이를 통해 성장하는 것이라고 했다. 즉, 교육은 경험이 다른 경험으로 대체되는 과정이 아니라 기존 경험이 삶의 경험을 바탕으로 재구성되는 과정이다.

　　듀이는 교육의 목적을 계속적인 경험 재구성을 통한 성장이라고 했다. 교육은 아동이 사회와 상호작용 하면서 계속적으로 경험을 재구성하면서 끊임없이 진행된다.

　　경험은 능동적 요소와 수동적 요소의 특수한 결합으로 이루어졌고 능동적 측면에서 볼 때 경험은 해보는 것이고, 해보는 것으로서 경험은 변화를 가져온다고 듀이는 주장했다. 듀이는 실제적인 경험과 탐구와 실험을 통해 학습하는 것을 중시했다.

(2) 교육은 생활 그 자체

　　듀이는 생활을 준비하는 교육이 아니라 생활 그 자체인 교육을 강조했다. 듀이에 의하면 교육은 생활을 준비하는 것이 아니라 생활 그 자체이다. 따라서 유아의 삶과 유리된 교육과정은 존재할 수 없다.

39　위키백과

(3) 흥미 존중

듀이는 유아의 선한 본성은 흥미를 통해 발현한다고 보았다. 그는 유아의 흥미와 관심은 유아가 성장할 방향을 내포하므로 존중해야 하고, 교수·학습에서 흥미를 중요하게 다루어야 한다고 했다. 듀이는 유아의 흥미를 존중하는 것이 교사의 1차 역할이라고 보았다.

듀이에 따르면 교육은 미래를 준비하는 것이 아니다. 현재 유아가 가지고 있는 흥미나 필요로 하는 것을 가르치는 일이다. 사람은 모두 관심이 있는 대상에 흥미를 느끼듯이, 흥미는 인간의 삶에서 필수적인 요소다. 학습자는 흥미를 바탕으로 사람과 사람, 사물과 사물, 행위와 결과 사이에 거리감을 좁힐 수 있다. 교육 목적은 유아의 흥미와 욕구를 반영하여 수립해야 한다. 듀이는 생활과 직결하는 교과 내용과 흥미를 중시하는 교육과정을 주장했다.

(4) 경험은 교육의 수단이자 목적

듀이는 그의 저서 『경험과 교육』에서 "학생이 학습을 통해 실현해야 하는 목적을 설정할 때 학생이 이 일에 참여하여 능동적으로 협력하도록 만들지 못한 것이야말로 전통적인 교육이 범한 가장 커다란 잘못"이라고 주장했다. 듀이는 "목적을 설정할 때 학생이 참여하는 것이 중요하고, 목적은 수업을 받는 학생이 활동하는 방법을 직접 시사할 수 있는 것이어야 한다. 목적이 교육적으로 중요하다는 점이 강조되면 될수록 목적이란 무엇이며, 그것이 경험 속에서 어떻게 형성되어 어떠한 기능을 수행하는지 이해하는 일이 더욱 중요한 문제로 부각된다"[40]라고 하여 교육의 수단이자 목적인 경험을 강조했다.

(5) 경험의 원리

교육을 성장으로 규정한 듀이는, 성장은 경험의 끊임없는 재구성을 통해 이루어진다고 주장했다. 듀이에게 교육의 핵심 개념은 경험이다. 듀이는 경험의 특성에 대하여 두 가지 원리를 일관성 있게 역설했다. 하나는 계속성(연속성)의 원리이고, 다른 하나는 상호작용의 원리이다. 이 두 원리가 교육적 경험과 비교육적 경험을 구분하는 기준이다.

---

40 『경험과 교육』(듀이 저, 맥밀란, 1938)

■ 계속성의 원리

듀이는 경험의 계속성의 원리를 "모든 경험은 앞에서 이루어진 경험에서 무엇인가를 받아 가는 동시에, 뒤따르는 경험의 질을 어떤 방식으로든지 변형시키는 것을 의미한다."라고 했다.[41] 이는 모든 경험은 그것보다 선행하는 경험에서 무엇인가를 받아들이며, 동시에 그것에 후속하는 경험의 특질을 어떤 방식으로든 변경한다는 것을 의미한다. 쉽게 말해 과거 경험과 현재 경험이 연결되고 연결된 경험이 미래 경험으로 이어진다는 뜻이다. 듀이는 "경험의 계속성 원리는 모든 경험에 보편적으로 적용될 수 있으며 지금 우리가 하는 경험은 앞으로 올 경험의 객관적 조건을 구성하고, 앞으로 경험하게 될 외부 조건을 구성하는 데 영향을 미친다."라고 했다.

경험의 계속성의 원리는 시간적 차원에서 인간의 삶은 잠시도 정지하지 않고 끊임없이 수정해 나가는 과정이라는 뜻이다. 듀이는 모든 경험은 자신의 소망이나 의사와 관계없이 후속하는 경험 속에 존재한다고 했다. 선행 경험과 후속 경험이 계속되어 경험은 계속 갱신한다. 계속성 원리에 따라 선행 경험은 후속 경험에 영향을 주어 인간은 지속적으로 성장할 수 있다.

■ 상호작용의 원리

상호작용(interaction)의 원리는 정상적 경험을 이루는 객관적인 외적 요소와 주관적인 내적 요소가 상호성에 의해 하나의 경험적 상황으로 구성됨을 뜻한다.[42] 쉽게 말해 경험은 환경과의 상호작용을 통해 형성된다는 뜻이다.

상호작용은 경험 속에서 객관적이고 외적인 요소와 주관적이고 내적인 요소가 함께 작용한다는 사실을 의미한다. 정상적인 경험은 두 요소가 상호작용하면서 형성된다. 따라서 유아를 둘러싼 객관적, 외적 요소와 유아의 주관적, 내적 요소를 동시에 고려해야 한다. 상호작용의 원리에 따라 개인과 환경이 서로 영향을 주고 받으면서 경험은 풍부해진다.

2) 교육과정

듀이는 유아가 생활에서 관심을 갖는 내용으로 구성된 교육과정을 강조했다. 듀이는 교육은 생활이고 성장이며, 계속적인 경험의 재구성이고, 사회화 과정이라고 했다. 듀이는 생활 중심, 경험 중심, 흥미 중심, 아동 중심, 활동 중심을 강조했다. 유아가 생

---

41 『경험과 교육』(듀이 저, 맥밀란, 1938)
42 『경험과 교육』(듀이 저, 맥밀란, 1938), 57쪽

활에서 겪을 수 있는 비슷한 것끼리 모아 쌓기, 언어, 역할, 과학, 음률 등으로 교실을 구분해, 흥미 영역으로 배치하는 것도 듀이의 영향이라고 할 수 있다.

3) 교육 방법

듀이는 교사와 유아가 능동적으로 상호작용할수록 교육 효과가 좋다고 보았다. 교수 학습에서 유아 흥미를 중시해야 하며 개별화 방법이 유용하다고 보았다. 유치원 교육에서는 교육의 목적과 방법, 내용이 통합되어야 한다고 주장했다.

4) 교사 역할

듀이 이론에 따르면 교사 역할은 다음과 같이 관찰자, 매개체, 조력자 및 안내자, 평가자로 나눌 수 있다. 첫째, 교사는 관찰자 역할을 해야 한다. 듀이는 교육과정을 유아의 현재 수준과 발달 단계를 고려하여 운영해야 한다고 주장했다. 유아를 관찰해야 유아의 현재 수준과 유아가 무엇에 흥미를 느끼는지 알 수 있기 때문에 교사는 유아를 섬세하게 관찰해야 한다고 주장했다. 둘째, 매개체 역할이다. 듀이에 따르면 유아는 새로운 세계에 직면하여 끊임 없이 질문을 던지고, 대답을 찾는 능동적 탐구자이다. 따라서 교사는 유아가 직면한 세계를 유아의 인지구조와 연결하여, 새로운 사고를 이끌어 내는 매개체 역할을 해야 한다. 셋째, 조력자 및 안내자이다. 교사는 유아가 새롭고 바람직한 경험에 접근할 수 있도록 돕고, 유아가 직면할 상황과 그 상황에서 구성되는 새로운 경험을 예측하여 유아 스스로 경험을 재구성할 수 있도록 돕고 안내해야 한다. 넷째, 평가자이다. '유아에게 능동적인 활동을 초래했는가?', '유아가 새로운 경험을 하면서 흥미를 보이고 적극적으로 요구했는가?' 등과 같은 관점에서 교사는 교육 활동을 평가해야 한다.[43]

기출문제로 학습 확인하기

(1997 객10) 다음 중 Dewey가 강조한 유아교육 방법은?

① 모방놀이 ② 문제해결 활동 ③ 상징적 교구 사용 ④ 행동 관찰 및 분석

정답 문제해결 활동

---

43 『유아교육철학 및 교육사』(김희태, 정석환 저, 방송대, 2020), 178쪽 요약

(2007 주1) 각 항목에서 잘못된 내용을 찾아 적고 이를 바르게 수정하시오.

오베른은 교육을 계속성과 상호작용의 원리를 지닌 경험의 계속적인 성장으로 보고, 교육 내용이 학습자의 실생활과 직결되어야 한다고 주장하였다.

정답 풀이 교육을 계속성과 상호작용의 원리를 지닌 경험의 계속적인 성장으로 보고, 교육 내용이 학습자의 실생활과 직결되어야 한다고 주장한 사상가는 듀이이다.

(2010 객15) ㉢에 들어갈 사상가는 누구인가

(㉢)은(는) "경험이라는 것은 능동적 요소와 수동적 요소의 특수한 결합으로 이루어졌다는 점에 착안하면 … (중략) … 능동적 측면에서 볼 때, 경험은 해보는 것을 말한다. 해보는 것으로서의 경험은 변화를 가져온다."라고 하여 실제적인 경험과 직접 활동하는 가운데 탐구하고 실험하면서 학습하는 것을 중요시하였다.

정답 듀이

(2014 A2) ㉣과 ㉤에 들어갈 용어를 각 1가지씩 쓰시오. [2점]

듀이(J.Dewey)는 "경험의 (㉣)원리는 모든 경험에 대해 보편적으로 적용될 수 있는 것으로 지금 우리가 하고 있는 경험은 어느 정도 그리고 어떤 식으로든지 앞으로 올 경험의 객관적인 조건들을 구성하게 됩니다. 나아가 지금 하고 있는 경험이 앞으로 경험하게 될 외부적인 조건들을 구성하는데 영향을 미칩니다.… (중략) …(㉤)(이)라는 말은 경험의 의미를 이해하는데 필요한 두 번째 원리입니다. 여기에는 경험 속에서 함께 작용하는 두 가지 요소, 즉 객관적이고 외적인 요소와 주관적이고 내적인 요소가 함께 작용하고 있다는 것을 의미합니다."라고 하였다.

정답 계속성, 상호작용

(2015 B2) ⓒ과 ⓔ에 들어갈 용어를 각 1가지 쓰시오. [2점]

학생 A: 난 듀이(Dewey)에 관심이 많아. 듀이는 유아들이 생활 속에서 관심을 갖는 내용을 선정해서 운영하는 교육과정을 강조했어.

학생 B: 나도 듀이의 교육 철학이 기억나. 교육은 생활이고, 성장이며, 계속적인 (ⓒ)의 재구성이고, 사회적 과정이라고 했잖아. 그래서 듀이는 생활 중심, (ⓒ) 중심, (ⓔ) 중심, 아동 중심, 활동 중심을 강조하는 교육철학자야.

학생 C: 그래, 유아들이 생활 속에서 겪을 수 있는 비슷한 것끼리 모아서 쌓기, 언어, 역할, 과학, 음률 등으로 교실을 구분해 (ⓔ) 영역으로 배치하는 것도 듀이의 영향을 받은 거야.

정답 경험, 흥미

(2018 A2) (가)의 ㉠에 들어갈 말을 쓰시오. [1점]

듀이(J. Dewey)는 "학생이 학습을 통하여 실현해야 하는 (㉠)을/를 설정함에 있어서 학생이 이 일에 참여하여 능동적으로 협력하도록 만들지 못한 것이야말로 전통적인 교육이 범한 가장 커다란 잘못이며, … (중략) … (㉠)을/를 설정할 때는 학생이 참여하는 것이 중요하고, (㉠)은/는 수업을 받는 학생들이 활동하는 방법을 직접 시사할 수 있는 것이어야 한다."라고 하였다. … (중략) … 또한 듀이는 "(㉠)이/가 교육적으로 중요하다는 점이 강조되면 될수록 (㉠)(이)란 무엇이며, 그것이 경험 속에서 어떻게 형성되어 어떠한 기능을 수행하게 되는지를 이해하는 일이 더욱 중요한 문제로 부각 된다."라고 하여 교육의 수단이자 (㉠)(으)로서의 경험을 강조하였다.

정답 목적

(2021 A3) ⓒ에 해당하는 원리를 쓰고, ⓔ에 들어갈 말을 쓰시오. [2점]

한 교사: 유아가 직접적인 경험을 통해 배우는 것은 듀이(J. Dewey)의 사상과도 관련돼요. 이것은 경험의 원리로 설명할 수 있죠. 그 원리 중 하나는 경험이 환경과의 상호작용을 통해 형성된다는 것이고요, 또 다른 하나는 ⓒ 현재의 경험과 과거의 경험이 연결되고 그 경험이 미래의 경험으로 이어진다는 것이에요.

이 교사: 네, 저도 동의해요. 유아가 오늘 놀이에서 무엇을 경험하느냐에 따라 어제까지 알고 있던 지식이 조금씩 바뀌거나 새로워질 수 있죠. 이것을 듀이의 사상과 관련하여 해석하면, 교육은 끊임없는 경험의 재구성을 통한 (ⓔ)(이)라는 것을 의미하죠.

정답 계속성의 원리, 성장

4. 루돌프 슈타이너(Rudolf Steiner, 1861~1925)[44]

인지학(人智學; Anthroposophy) 창시자 슈타이너는 1861년 유고슬라비아에서 철도 공무원의 아들로 태어나 오스트리아에서 성장하였다. 그는 18세에 빈 공대에 입학하여 수학과 자연과학을 전공했다. 빈 공대를 졸업하고 신체적, 정신적 문제로 학교를 다닐 수 없는 한 소년의 가정교사를 했다. 그 소년이 지적 능력이 계발되어 의과대학에 입학하는 것을 보고 인간학을 집중적으로 연구하기 시작했다.

슈타이너는 교육은 인간에 대한 올바른 인식에 기초를 두는 인간학에 바탕을 두어야 한다고 보았다. 인간 본질을 알기 위해서는 숨어 있는 인간 본성을 파악해야 하며, 이를 파악하기 위한 학문을 인지학이라고 했다. 인지학은 신지학과는 반대로 인간을 세계의 중심으로 본다.

1) 인간관

슈타이너는 인간 발달을 연속적인 과정이 아니라 단계적인 과정으로 보았다. 그는 인간 발달이 비약적이고 질적으로 변화한다는 점을 드러내기 위해, '성숙'이나 '발전'보다는 '탄생'이라는 용어를 사용했다. 인간은 의지, 감정, 사고 발달의 3단계를 거쳐 자유로운 인간이 된다고 주장하였다. 발도르프 유치원은 그의 사상에 기초한 교육과정을 운영한다.

2) 인간 본질 구성체

슈타이너는 인간 본질은 물리적 신체, 에테르체(생명체), 아스트랄체(감정체), 자아체로 구성되어 있다고 보았다. 물리적 신체는 몸을 구성하는 물리적 재료와 몸 안에 있는 물리적 힘을 말한다. 에테르체(생명체)는 물리적 신체를 유지, 성장, 활동하게 하는 근원적인 힘이다. 아스트랄체(감정체)는 외부 자극에 열정, 고통, 증오 등 다양한 감정을 느끼게 하는 것이다. 자아체는 인간이 자기 의식과 독립성을 갖게 하는 것이다. 슈타이너는 생명 탄생 후 인간의 각 구성체는 서로 다른 시기에 서로 다르게 발달하며 각 구성체의 발달 방법을 고려해야, 인간 성장을 바르게 이해할 수 있다고 보았다.

슈타이너는 인간 발달을 모두 네 단계로 구분했다. 1단계는 물질체 탄생기로 출생부터 7세까지이고 2단계는 에테르체(생명체) 탄생기로 7~14세에 해당한다. 3단계는 아스

---

44 위키백과

트랄체(감정체) 탄생기로 14~21세이며 4단계는 자아체 탄생기로 21세 이후에 해당한다.

3) 기질론

슈타이너는 인간 기질을 담즙질, 다혈질, 점액질, 우울질로 나누고 기질에 따라 교육적 처방이 달라야 한다고 주장했다. 담즙질은 화를 잘 내고 성격이 급하다. 모험을 좋아하고 목표 의식이 뚜렷하다. 다혈질은 경솔하고, 우유 부단하며, 낙천적이다. 아스트랄체가 지배적이다. 점액질은 조용하고 인내심이 강하며, 수동적이고 냉정하다. 우울질은 걱정을 많이 하고 불안해 하며 사소한 일에 신경을 쓴다.

슈타이너는 기질을 인간이 태어나기 전의 정신 세계에서 가져 온 것과 부모한테 물려받은 것의 중간 요소라고 했다. 사람은 일반적으로 네 가지 기질을 모두 가지고 있다. 그렇지만 네 기질이 균등하지는 않다. 교사는 학생마다 다르게 가진 기질을 잘 파악해야 한다고 슈타이너는 주장했다.

4) 발도르프 학교

슈타이너는 1919년 독일 슈투트가르트에 발도르프-아스토리아(Waldorf-Astoria) 담배 회사 사장인 에밀 몰트(Emil Molt)의 요청으로 회사 직원과 노동자 자녀를 위한 학교를 설립했다. 이 학교가 바로 자유 발도르프 학교다. 발도르프 학교는 최초의 통합 학교로서 대학 가기 전의 모든 학년을 포괄하는 종합 학교였다. 그 후 발도르프 학교는 독일 다른 지역에도 설립되었고 오늘날에는 전 세계 70여 국에 수많은 발도르프 유치원과 학교가 설립, 운영되고 있다.

발도르프 학교의 교육 원리는 크게 네 가지로 나눌 수 있다. 첫째, 모방 원리다. 발도르프 유치원에서 유아는 7세까지 모방과 본보기를 통해 배운다. 모방은 교사 행동을 따라 하는 것이 아니라 내적 유대를 의미한다. 둘째, 기질을 고려한 교육이다. 발도르프 학교는 유아 기질을 바탕으로 교육한다. 셋째, 감각 교육이다. 유아 신체는 거대한 감각 기관이고, 유아는 물리적 신체 탄생기에 신체 감각을 통해 받은 인상에 의존하여 환경을 수용한다며 감각 교육을 중시한다. 넷째, 리듬을 통한 질서의 원리이다. 리듬은 유아에게 규칙성과 생동감을 부여하고 시간 질서, 공간 질서, 영혼 질서를 형성하게 한다며 리듬을 통한 질서를 강조한다.

5) 발도르프 유치원의 특징

발도르프 유치원의 특징은 다음과 같이 네 가지로 정리할 수 있다. 첫째, 어린이를 깊이 이해하여 교육할 수 있도록 교사가 유아를 다년간 맡는 담임교사제를 채택했다. 유치원의 경우 3세부터 5세까지 3년 간 같은 교사가 계속 같은 유아를 담임한다. 둘째, 완성된 교구가 없다. 발도르프 유치원은 자연물을 원형대로 사용한다. 완제품은 상상력을 저하한다고 생각하여 사용하지 않는다. 셋째, 에포크 수업을 한다. 에포크는 같은 과목을 하루 2시간씩 3~5주 동안 집중적으로 배우는 수업이다. 넷째, 몸을 움직이는 놀이인 오이리트미와 선 그림 그리기인 포르멘, 시·동화·노래를 신체로 표현하는 라이겐 과정이 있다. 오이리트미는 혼이 있는 신체를 배양하기 위해 슈타이너가 창조한 예술이다.

 기출문제로 학습 확인하기

(2008 주4) 빈칸에 알맞은 교육 철학자를 쓰시오.

( )은(는) 인지학(Anthroposophie)의 창시자로, 인간의 발달에 대해 탄생이라는 용어를 사용하였으며, 인간은 의지, 감정, 사고 발달의 3단계를 거쳐 자유로운 인간이 된다고 하였다. 발도르프 유치원은 이 철학자의 사상에 기초하고 있다.

정답 슈타이너

5. 니일(A. S Neill, 1883~1973)[45]

 통제와 억압이 지배하는 권위주의 교육에 반대하고, 서머힐(Summer Hill)을 세워 자유주의 교육을 실천한 니일(A.S Neill)은 1883년 영국에서 태어났다. 그는 엄격한 아버지 밑에서 기를 펴지 못하고 자랐다. 니일은 어린 시절 공부에 관심이 없었다. 학교 교사인 아버지는 학력이 곧 지위 상승이라고 믿는 사람이었다. 공부에 관심이 없는 니일은 아버지의 관심과 애정을 받지 못했다.

니일은 1912년 에든버러 대학을 졸업하고 신문기자로 일하다가 1914년 스코틀랜드에 있는 그레트나그린학교 교장이 되었다. 그는 학교에서 철저한 자유교육을 실시하다

---

45 https://en.wikipedia.org/wiki/A._S._Neill#/media/File:Neill_birthday.jpg

가 면직되었다. 1921년 니일은 영국에 서머힐을 세워 진보적 교육을 실시했다. 니일은 아동의 자유 의사와 요구를 최대한 존중하는 자유주의 교육을 실천하였다. 니일은 50여년 간 서머힐을 운영하며 자신의 이론과 주장이 타당함을 보여 주었다.

1) 교육 사상

니일은 루소처럼 인간은 선하게 태어난다고 믿었다. 어린이는 태어날 때부터 자기조절 능력을 갖고 있기 때문에 어린이를 믿고 자유를 부여해야 한다고 보았다. 그는 어린이에게 자유를 부여하면, 세계와 조화를 이루어 살아가는 자율적 인간으로 성장한다고 확신했다.[46] 자유는 인간이 태어날 때부터 갖고 있는 선량한 자연성을 되찾아 자기 의지에 따라 행동하는 진정한 자유인으로 자라게 한다고 주장하였다.[47]

니일은 "내가 기대하는 것은 학생이 삶의 이유를 찾든 못 찾든 간에 그 결정의 자유를 학생에게 줄 수 있는 교육방법을 마련하자는 것이다. 이는 자유를 통해서만, 그리고 자유를 사랑하는 교사에 의해서만 가능하다."라고 하며 자유를 강조했다. 니일은 학생이 교사나 성인의 간섭 없이 자치회를 통해 학교를 직접 운영하게 하여, 학생 스스로 의사결정 능력을 키우도록 했다.

2) 교육 목적과 방식

니일은 학생이 행복한 삶을 영위하는 것을 교육 목적으로 보았다. 그는 억압으로는 인간을 올바르게 기를 수 없고, 인간은 자유를 누리면서 스스로 배움을 추구한다고 주장했다.

니일은 "권위적이고 억압적 교육이 어린이를 불행하게 한다. 어린이 불행은 기성세대 불행과 사회 불행으로 연결된다. 따라서 어린이를 불행하게 하는 억압을 깨뜨리고 어린이를 자유로운 분위기에서 성장할 수 있도록 해야 한다."[48] 라고 말했다.

행복한 아동은 문제를 일으키지 않으며, 자유로운 발상과 행동으로 스스로 보람을 찾고 더불어 사는 지혜를 터득한다고 니일은 주장했다. 그는 문제아는 문제 부모와 문제 사회에서 비롯된다고 보고, 서머힐을 통해 해결 방안을 제시했다.

---

46 『유아교육사상사』(이상현, 최태식, 송준석 저, 정민사, 2011), 348쪽
47 『유아교육사상』(곽노의, 홍순정 저, 문음사, 2003), 308쪽
48 『유아교육사상사』(이상현, 최태식, 송준석 저, 정민사, 2011), 355쪽 요약

3) 서머힐[49]

영국에 있는 작은 기숙학교인 서머힐은 실험 학교라 할 수 있다. 서머힐은 자유와 창조적 활동을 중시한다. 니일은 "서머힐의 목표는 행복, 성실, 조화, 사회성 등이지 결코 학업 성적을 올리는 데 있지 않다"라고 말했다.[50] 서머힐에서 자유는 학생과 교직원으로 구성한 전교자치회에서 만든 규정에 따라 남을 방해하지 않는 한 자신이 하고 싶은 일을 마음대로 하는 것을 의미한다.

서머힐의 특색은 세 가지를 들 수 있다. 첫째, 지식 위주의 교육보다는 정서 위주의 품성 교육을 했다. 지식 위주로 교육하면 인격보다는 머리만 발달한다고 보고 흥미와 놀이를 중시했다. 둘째, 학생에게 자유를 부여하여 자율적으로 성장하게 했다. 학생 스스로 그렇게 할 생각이 들 때까지 어떤 일도 강요하지 않았다. 셋째, 전교자치회라는 자치 제도를 통해 자연스럽게 민주 의식을 함양했다. 전교자치회는 학교의 모든 규칙과 제재를 민주적 투표로 결정한다. 니일은 "학교에서 배우는 교과 과정 1주일보다 전교자치회가 더 가치 있다"라고 주장했다.

기출문제로 학습 확인하기

(2013 추시A3) ⓒ에 들어갈 사상가가 설립한 학교 이름과 ⓔ에 들어갈 말 1가지를 쓰시오. [2점]

(ⓒ)은(는) "내가 기대하는 것은 학생들이 삶의 이유를 찾든 못 찾든 간에 그 결정의 (ⓔ)을(를) 학생들에게 줄 수 있는 교육방법을 마련하자는 것이다. 이는 가능한 일이다. 그것은 (ⓔ)을(를) 통해서만, 그리고 (ⓔ)을(를) 사랑하는 교사에 의해서만 가능하다."라고 하였다. 또한 (ⓒ)은(는) 학생들이 행복한 삶을 영위하는 것을 교육 목적으로 보았으며, 학교 운영에서도 교사나 성인이 간섭하지 않고 자치회를 통해 자신의 의사결정능력을 익히도록 하였다.

정답 서머힐, 자유

---

49 사진 출처: https://commons.wikimedia.org/wiki/File:SummerhillSchool.jpg
50 『유아교육사상』(곽노의, 홍순정 저, 문음사, 2003), 311쪽

6. 방정환(1899~1931)[51]

소파(小波) 방정환은 일제 식민지 치하에서 인간 대접을 받지 못한 어린이를 위해 수많은 사업을 전개하여, 우리나라 어린이 운동사에 큰 발자취를 남긴 위인이다. 방정환은 1899년 서울에서 태어났다. 부친은 천도교 신자였다. 방정환도 '사람이 하늘'이라는 천도교의 인내천 사상에 공감하여 천도교 활동에 적극 참여했다. 1917년에는 천도교 3대 교주인 손병희의 딸 손용화와 결혼했다. 1918년 보성전문학교에 입학하였고, 이듬해 3·1운동이 일어났을 때 독립선언문을 배포하다가, 일본 경찰에게 붙잡혀 고문을 받았다. 그는 보성전문학교를 마친 후 일본으로 유학을 가서 도요대학에서 철학을 공부했다.

방정환은 1921년 5월, 천도교소년회를 조직하고 1922년에 어린이날을 선포했다. 이듬해인 1923년, 제1회 어린이날 행사를 전국 규모로 개최하여 어린이날을 정착시켰다. 1923년 한국 최초의 순수 아동 잡지『어린이』를 창간하고, 같은 해 5월 일본 동경에서 우리나라 최초의 어린이 연구 단체인 색동회를 창립하였다. 방정환을 중심으로 창간한『어린이』는 일제 강점기 아동문학을 대표하는 잡지다.

방정환은 동화 대회, 소년 문제 강연회, 아동 예술 강습회, 소년 지도자 대회를 주재하는 등 아동 문화 운동을 선도하였다. 창작동화뿐 아니라 수많은 번역, 번안 동화와 수필, 평론을 발표하여 아동문학을 보급하고 아동 보호 운동을 전개하였다.

방정환은 나라를 잃고 가난과 학대 속에서 자라는 어린이가, 상상의 나래를 펼치도록 세계 명작동화 10편을 번안한『사랑의 선물』(1922)을 출간했다.『사랑의 선물』은 방정환이 생전에 낸 유일한 동화집이다.

---

51 위키백과

1) 아동관

방정환은 1923년 5월 1일, 제1회 어린이날 행사를 개최하면서 〈어린이날의 약속〉이라는 전단을 배포했다. 〈어린이날의 약속〉의 내용은 아래와 같다.

> 우리들의 희망은 오직 한 가지, 어린이를 잘 키우는 데 있을 뿐입니다.
> 다같이 내일을 살리기 위하여 이 몇 가지를 실행합시다.
> -어린이는 어른보다 더 새로운 사람입니다.
> -어린이를 어른보다 더 높게 대접하십시오.
> -어린이를 결코 윽박지르지 마십시오.
> -어린이의 생활을 항상 즐겁게 해주십시오.
> -어린이는 항상 칭찬해가며 기르십시오.
> -어린이의 몸을 항상 주의해 주십시오.
> -어린이에게 책을 늘 읽히십시오.

〈어린이날의 약속〉에는 방정환의 아동관이 잘 나타나 있다. 당시는 아동을 어린 애나 어린 것으로 부르며, 인간 대접을 하지 않았다. 방정환은 아동을 '어린이', 즉 '어린 사람'이라고 부르자고 하여, 나이 어린 인격체로 대우하자고 제안했다. 그는 시대를 앞선 선각자라고 할 수 있다.

방정환의 아동관은 다음과 같이 크게 일곱 가지로 정리할 수 있다.[52]

(1) 어린이는 한울이고 착하며 순진무구한 존재이다.

한울은 천도교에서 '하늘'을 달리 이르는 말이다. 천도교 2대 교주인, 해월 최시형의 설법을 담은 경전 『해월신사법설』에는 "부인은 아이를 때리지 마라. 아이를 때리는 것은 한울(하늘)을 때리는 것이니 한울(하늘)이 싫어하고 기운을 상하게 하는 것이다"라는 가르침이 실려 있다. 방정환은 '사람이 곧 한울'이라는 천도교(1860년 최제우가 창도한 동학은 3대 교주 손병희가 1905년에 천도교로 개칭했다)의 인내천(人乃天) 사상에 깊이 공감했다. 그는 천도교 영향을 받아 '어린이는 한울'이라고 하며 아동 존중 사상을 주창하였다.

(2) 어린이는 성인과 다르므로 어린이 세계를 인정하고, 모든 것을 어린이 입장에서 생각해야 한다. 방정환은 어린이도 독립된 인격체이므로 존댓말을 쓰자고 제안했고 체벌을 반대했다.

---

52 『유아교육철학 및 교육사』(김희태, 정석환 저, 방송대, 2020), 241쪽 요약

(3) 어린이는 기쁠 때 몸과 생각, 기운이 자라며 흥미도 싹트므로, 어린이를 기쁨 속에서 자라게 해야 한다.

(4) 자유로운 활동은 어린이의 생명이요 생활의 전부이므로 어린이를 자유롭게 활동하게 해야 한다.

(5) 동화는 상상력을 키워주는 예술이므로 동화를 많이 들려 주고, 동요는 심성을 부드럽고 곱게 하므로 어린이가 동요를 짓고 부르게 하며, 그림을 마음대로 그리게 해야 한다.

(6) 소년 단체 활동은 기상을 길러주고 단결심을 함양하므로 어린이가 건전한 소년 단체 활동을 하도록 해야 한다.

(7) 우리 민족 문화는 우수하고, 유아가 자라날 터전이므로 어린이에게 우리 민족과 문화를 생각하게 해야 한다.

2) 평가

방정환의 교육관은 루소의 자연주의 교육관과 유사하다. 방정환과 루소는 아동 중심 교육을 강조했고 아동의 고유한 특성을 계발하는 일이 중요하다고 생각했다. 루소 교육관은 귀족적이고, 엘리트 중심적이지만, 방정환의 교육관은 일제 강점기를 살고 있는 모든 어린이를 대상으로 한 대중적, 실천적이라는 점에서 차이가 있다.

기출문제로 학습 확인하기

(1997 객6) 다음 <보기>에 있는 내용과 관련이 깊은 인물은?

ㄱ. 인내천	ㄴ. '사랑의 선물'	ㄷ. 아동문화 운동가

① 손병희   ② 최남선   ③ 방정환   ④ 김요섭

정답 방정환

(2012 객1) 오늘날까지 아동 존중 사상에 큰 영향을 미치고 있는 방정환이 쓴 글의 일부이다. 방정환과 관련된 설명으로 옳지 않은 것은?

우리들의 희망은 오직 한 가지, ㉠어린이를 잘 키우는데 있을 뿐입니다. … (중략) … 어린이는 어른보다 더 새로운 사람입니다. 내 아들놈, 내 딸년하고 자기의 물건같이 알지 말고, 자기보다 한결 더 새로운 시대의 인물인 것을 알아야 합니다. 자기 마음대로 굴리려 하지 말고 반드시 어린이의 뜻을 존중하도록 하여야 합니다.

① 이 사람의 호는 '소파'이다.
② '바위나리와 아기별'을 창작하였다.
③ 번안서인 〈사랑의 선물〉을 출간하였다.
④ 어린이날을 제정하는데 주도적으로 참여하였다.
⑤ ㉠과 동일 명칭의 잡지를 만드는데 주도적으로 참여하였다.

정답 풀이 『바위나리와 아기별』은 마해송이 쓴 창작동화이다.

(2013년 정시A5) ㉡의 사상가를 쓰고, 이 사람이 아동교육운동을 전개하는 데있어 주된 배경이 된 우리나라의 사상을 쓰시오. [2점]

(㉡)은(는) "어렸을 때의 생활이 그렇듯이 심한 것은 마치 일생의 어린 싹이 차고 아린 서리를 맞는 것입니다. 아무 것보다도 두렵고 슬픈 일입니다. … (중략) … 부인은 아이를 때리지 마라. 아이를 때리는 것은 한울(하늘)을 때리는 것이니 한울(하늘)이 싫어하고 기운을 상하게 하는 것이다."라고 하여 아동 존중 사상을 주창하였다.

정답 방정환, 천도교(동학)

2부

발달

01장 발달 개념과 원리

1. 발달 개념

발달이란 인간의 전 생애에 걸쳐 일어나는 변화의 양상과 과정을 말한다. 인간이 모체에서 수정되는 때부터 사망할 때까지 발생하는 양적·질적인 변화 양상과 과정이 발달이다. 발달은 신체적 변화뿐 아니라 정서적, 인지적 변화를 포괄한다. 양적 변화는 크기나 양의 변화를 의미하고 질적 변화는 본질, 구조, 조직의 변화를 뜻한다.

발달과 유사한 용어로는 성장과 성숙, 학습이 있다. 이 용어는 흔히 발달과 혼용하지만 엄격하게 말하면 다르다. 성장은 키가 크거나 힘이 세지는 등 신체가 자라거나 신체 능력이 향상하는 것으로 주로 양적 변화를 의미한다. 성숙은 뇌의 분화, 2차 성징 발현 등 유전 요인으로 나타나는 신체적, 정신적 변화이다. 학습은 자전거 배우기, 외국어 습득처럼 경험이나 훈련, 연습 등으로 나타나는 변화를 뜻한다.

| 성장, 성숙, 학습의 개념 |

용어	개념	예
성장	신체에 나타나는 양적 변화	키, 체중 등
성숙	유전적 요인에 의해 나타나는 신체적, 정신적인 변화	뇌의 분화, 2차 성징 발현
학습	경험이나 훈련, 연습 등으로 나타나는 변화	수영, 자전거, 외국어 등 배우기

발달은 성장과 성숙, 학습을 포괄하는 개념이다. 따라서 발달을 올바르게 이해하려면 유전적 요인과 환경적 요인 그리고 두 요인 사이의 상호작용까지 고려해야 한다.

2. 발달 원리

인간 발달은 난자와 정자가 만나 수정되는 순간부터 죽을 때까지 계속되는 매우 길고 복잡한 과정이다. 발달 과정은 길고 복잡하지만 모든 태아가 거의 같은 시기에 같은 순서로 발달하듯이 출생 후에도 일반화할 수 있는 몇 가지 원리가 있다.

1) 순차성 원리

발달에는 일정한 순서가 있다. 모든 유아는 기어 다닐 수 있게 된 후에 앉을 수 있고, 앉을 수 있게 된 후에 설 수 있다. 언어 발달에도 순서가 있다. 옹알이를 한 다음에 말을 하고, 간단한 문장을 말할 수 있게 된 후 복잡한 문장을 말할 수 있다.

2) 방향의 원리

(1) 두미 발달 원칙

유아 신체 발달은 머리에서 시작하여 발 방향으로 진행된다. 머리 부위가 몸통이나 팔, 다리보다 먼저 발달한다.

(2) 근원 발달 원칙

발달은 중심부가 말초신경보다 먼저 발달한다. 즉 발달은 근원에서 바깥쪽으로 진행한다. 영유아 몸은 팔에서 시작하여 손목, 손을 거쳐 손가락 순서로 발달한다.

(3) 세분화 발달 원칙

영유아의 신체 기능은 전체적인 것에서 세분화한 것으로 발달한다. 영유아는 초기에 어떤 행동을 하기 위해 몸 전체를 움직이지만 점차적으로 세분화 행동을 할 수 있다. 예를 들어 연필을 쥘 때 처음에는 손 전체로 움켜잡다가 점차 손가락만으로 잡을 수 있다. 머리카락을 줍기 위해 처음에는 온 몸을 다 사용하지만 시간이 지나면서 손가락만으로 주울 수 있다.

3) 개인차의 원리

발달은 인정한 순서를 따르지만 발달의 속도와 양상은 유아마다 다르다. 일란성 쌍생아도 출생 때부터 개인차가 나타난다. 특히 사춘기 때 성적인 성숙은 개인차가 크다.

4) 발달 영역·시기 간 속도 차이 원리

인간은 출생 후 첫돌까지 빠르게 키가 크고 체중이 증가하나, 성인기 이후에는 변화가 거의 일어나지 않는다. 언어 능력은 유아기에 폭발하듯 발달하나 아동기부터 둔화하기 시작한다. 두뇌는 6세까지 급격하게 발달하며, 생식 기관은 12세까지 완만하게 발달하다가 사춘기 때 빠르게 발달한다. 이렇게 발달은 계속적인 과정이지만 발달 속도는 발달 영역과 시기에 따라 일정하지 않다.

3. 발달 쟁점

발달 학계는 오랫동안 몇 가지 쟁점을 놓고 논쟁을 벌였다. 쟁점은 크게 세 가지가 있다. 첫째, 유전과 환경 중 어떤 요인이 발달에 더 큰 영향을 미치는가? 둘째, 발달은 연속적인 과정인가? 아니면 불연속인 과정인가? 셋째, 결정적 시기가 있는가? 아니면 민감기가 있을 뿐인가?

1) 유전 대 환경

유전과 환경 중에 어떤 요인이 인간 발달에 영향을 미치는지는 오랫동안 수많은 학자가 논쟁을 벌인 주제이다.

전성설(前成說)을 지지하는 학자는 인간은 이미 정자나 난자 내에 이미 완전한 형상을 갖추고 있다고 믿었다. 따라서 수태 후부터 양적 변화가 일어나며 환경은 발달에 거의 영향을 미치지 않는다고 주장했다. 성숙주의 이론가 게젤(A. L. Gesell)은 인간 발달은 유전적 요소에 의해 이미 결정되어 있다고 주장했다.

인간은 태어날 때 아무 것도 없는 백지 상태라고 주장한 로크(J. Locke)는 인간 발달은 환경 요인이 좌우한다고 믿었다. 왓슨(J. B. Watson), 스키너(B. F. Skinner) 등 행동주의 학자는 환경과 인간의 경험이 발달의 토대라고 주장했다.

지난 반세기 동안 수많은 연구와 논쟁을 통해 지금은 유전과 환경 중에 한 요인만이 영향을 미치는 것이 아니라 정도 차이는 있지만 두 요인이 동시에 작용한다는 견해가 주류를 이루고 있다.

인간은 아무리 많이 먹어도 3미터 이상 키가 크지 않고, 아무리 연습해도 치타보다 빨리 달릴 수 없다. 반면 지능지수는 환경에 따라 15점 내에서 변화한다. 즉 유전은 변화할 수 있는 최대 한계를 규정하며, 환경이 적절하게 뒷받침한다면 인간은 유전적 잠재력을 최대한 신장할 수 있다.

최근 학자들은 유전과 환경을 대립 관계로 보는 관점에서 벗어나, 두 요인이 어떻게 상호작용하여 발달에 영향을 미치는지를 연구하고 있다. 두 가지 요인 중 하나만 강조하기보다 두 요인의 상호작용에 초점을 맞추고 있다.[53]

2) 연속성 대 불연속성

두 번째 발달 쟁점은 발달이 점진적, 연속적인 과정인지 아니면 단계로 나눌 수 있는 불연속적인 과정인지다. 동물로 예를 들면 새끼 기린은 태어날 때부터 크기만 다르지 모습은 어른 기린과 완전히 같다. 이는 기린의 신체 발달이 연속적 과정이라는 점을 알려준다. 반면 나비는 애벌레에서 번데기를 거쳐 나비가 된다. 애벌레와 번데기, 나비는 모습이 완전히 다르다. 나비의 발달은 불연속적 과정이다.

연속적 과정을 지지하는 학자는 발달을 연속적이고 점진적인 양적 변화 과정으로 본다. 유아가 말을 시작하는 것은 갑작스럽고 불연속적인 변화로 보이지만, 실제는 몇 달 동안의 성장과 연습의 결과라고 주장한다. 학습과 경험을 강조하는 행동주의 이론가는 대부분 발달을 연속적, 점진적인 양적 과정이라고 주장한다.

불연속적 과정을 지지하는 학자는 인간은 양적인 변화가 아니라 질적으로 다른 단계를 거치며 발달한다고 본다. 단계적 변화는 특정한 시기에 급격하게 일어나며, 이후 단계의 발달 양상은 이전 단계와 질적으로 완전히 다르다고 주장한다. 대표적인 학자가 피아제이다. 피아제는 인지 발달이 감각운동기, 전조작기, 구체적 조작기, 형식적 조작기 순서로 일어난다고 보았다. 이러한 단계는 모든 문화권에서 보편적으로 나타난다고 피아제는 주장했다.

최근에는 두 주장이 더 이상 대립하지 않고 모두 수용되고 있다. 발달 단계를 인정하면서 각 단계 내에서 발생하는 양적 변화를 고려한다. 이는 단계에 따라 이전과 차원이 다른 발달 수준이 나타나기도 하지만 같은 단계 내에서도 끊임없이 발달이 일어난다는 사실에 두 입장이 동의했음을 의미한다.

3) 결정적 시기 대 민감기

발달에는 결정적 시기가 있어 이 때를 놓치면 돌이킬 수 없는지 아니면 민감기가 있어 영향이 크긴 하지만 이후에도 변화할 수 있는지가 결정적 시기 대 민감기 논쟁이다.

결정적 시기는 동물행동학자들이 주장했다. 오스트리아 동물학자 로렌츠(K. Lor-

---

53 『아동발달의 이해』(정옥분 저, 학지사, 2015), 28~29쪽 정리

enz)는 조류를 관찰하여 각인 현상을 발견했다. 기러기나 오리 새끼는 부화된 직후 눈에 띤 대상에게 특별한 애착을 형성한다. 이를 각인이라고 한다.

로렌츠는 동물 행동에 관한 재미있는 실험을 했다. 그는 오리 알 여러 개를 두 집단으로 나누어 첫째 집단은 어미 오리가 부화하게 하고 둘째 집단은 부화기에서 부화했다. 어미 오리가 부화한 새끼 오리는 부화 직후부터 어미 오리를 따라 다녔다. 부화기에서 태어난 새끼 오리는 부화하자마자 로렌츠를 보았고 로렌츠를 졸졸 따라 다녔다.

동물행동학자들은 각인 현상이 결정적 시기에만 일어난다고 주장했다. 결정적 시기는 인간의 애착 현상에도 적용되었다. 심리학자들은 생후 2년 동안이 영아가 양육자와 애착을 형성하는 결정적 시기이며, 이때 형성된 애착 유형은 이후에 거의 변하지 않는다고 주장했다.

최근에는 특정한 시기를 놓쳐도 애착 발달이 멈추지 않는다는 주장이 대두하였다. 생후 2년 동안에 불안정애착이 형성되어도 이후에 안정애착으로 변할 수 있다는 주장이다.

결정적 시기와 민감기 논쟁은 발달에는 적절한 시기가 있음을 시사한다. 결정적 시기와 민감기는 적절한 발달 시기를 이해하는 데 대단히 중요하다.

4. 발달에 적합한 실제(Developmentally Appropriate Practice: DAP)

1980년대 이후 미국에서 영재 선호 현상이 나타나고, 유아에게 조기에 교육을 실시하자는 온실 이론(hothousing)이 대두하였다. 이러한 경향은 학습과 훈련을 강조하여, 유아에게는 놀이를 박탈하고 부모에게는 조기 교육 실시를 압박하는 부작용으로 나타났다.

이러한 부작용에 대응하고 최적의 교육을 제공하기 위해 미국의 전국유아교육협회(National Association for the Education of Young Children: NAEYC)는 약 2년 간 연구하여 『출생에서 8세까지 발달에 적합한 실제』(1987)를 출간하여 연령 적합성(age appropriateness)과 개인 적합성(individual appropriateness) 원칙을 반영한 통합된 교육과정 운영 지침을 제시했다.

『출생에서 8세까지 발달에 적합한 실제』(1987) 출간 후, 아동의 발달 수준에만 초점을 맞추어 형평성(equity)이나 공정성(fairness)을 충분히 언급하지 않았다는 비판을 받자 미국의 전국유아교육협회는 1997년, 개정판을 내고 사회문화적 적합성(socialcultural appropriateness) 원칙을 추가하여 연령별로, 발달에 적합한 실제와 발달에 부적합한 실제의 자세한 활동 예를 제시하였다.

연령 적합성은 영유아가 속한 연령 집단의 발달 수준과 특성에 맞게 교육과정을 운영해야 한다는 원칙이다. 영유아기의 성장과 변화는 보편적이며 예측 가능한 단계가 있기 때문이다.

개인 적합성은 교육과정을 운영할 때 영유아의 개인차와 다양성을 수용하고 민감하게 반응해야 한다는 원칙이다. 같은 집단에 속해도 영유아는 모두 서로 다른 발달 능력과 흥미, 기질, 욕구를 갖고 있기 때문이다.

사회문화적 적합성은 영유아와 그 가족이 갖고 있는 가치, 신념, 전통, 문화 등에 적합한 학습 경험을 제공해야 한다는 원칙이다. 영유아의 발달과 학습은 그들이 속한 사회문화적 맥락에 영향을 받기 때문이다.[54]

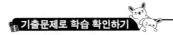

기출문제로 학습 확인하기

(2007 주2) 다음에 제시된 그래프를 통해 알 수 있는 발달의 원리를 각각 쓰시오. (총4점)

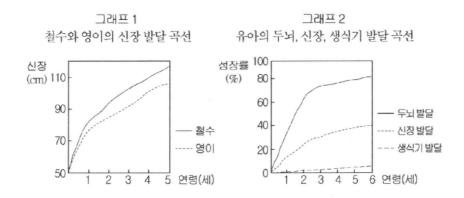

그래프 1
철수와 영이의 신장 발달 곡선

그래프 2
유아의 두뇌, 신장, 생식기 발달 곡선

정답 풀이 그래프 1은 개인 간 발달 차이이고 그래프 2는 개인 내 발달 영역 간 차이이다.

54 『유아교육과정』(홍순정, 이기숙 공저, 방송대, 2020), 20~21쪽 요약

(2017 A4) ㉢에 들어갈 원칙 1가지를 쓰시오. [1점]

최 교사: 사람은 자연의 일부이기 때문에 교구를 활용할 때도 자연의 순서에 따라 서두르지 말고, 쉬운 것에서 어려운 것으로, 연령에 적합한 내용과 방법으로 교육해야 한다고 생각해요. 세계 최초로 영상 촬영 기술을 이용하여 유아의 행동을 관찰함으로써 표준화된 행동목록을 만든 (㉢)도 ㉣ 유아가 배울 준비가 되어 있지 않다면 준비될 때까지 기다려야 한다고 했잖아요.

임 교사: 그래서 발달적으로 적합한 교육을 통해 최적의 교육 기회를 제공해주고자 미국의 전국유아교육협회(NAEYC)에서는 1984년부터 약 2년 동안 방대한 연구를 통하여 유아 연령의 적합성과 개인의 적합성이 반영된 통합된 교육과정의 운영 지침을 제공했지요.

김 교사: 이후 이 지침은 개정되어 기존의 두 가지 원칙에 (㉤)을/를 하나 더 추가했지요.

정답 사회문화적 적합성

성숙 이론

1. 성숙 이론 전제

성숙 이론은 발달이 유아에게 내재한 유전적 요인에 의해 일어난다고 주장한다. 즉 발달의 원동력은 유전이다. 성숙 이론은 발달이 유전자에 내포한 성숙 과정 계획인 성숙 모형에 의해 일어난다고 본다.

성숙 이론에 따르면 환경은 발달에서 주도적 역할을 하지 못한다. 환경은 발달이나 성장을 창출할 수 없다. 좋은 환경에서 양육한다면 유아가 갖고 있는 잠재력을 최대한 계발할 수 있지만, 유전적으로 설정된 잠재력을 넘어 발달할 수 없다. 따라서 유아에게 무언가를 가르치려면 유아가 이를 학습할 수 있는 준비가 되어 있어야 한다.

성숙 이론의 주장은 크게 3가지로 정리할 수 있다. 첫째, 발달은 시간 흐름에 따라 자연스럽게 단계적, 누적적으로 이루어진다. 둘째, 유아는 모두 같은 순서에 따라 발달하지만 발달 속도는 개인차가 있다. 셋째, 발달은 연령에 따라 보편적인 특징을 띤다.

2. 배경

성숙 이론은 루소 이론에 근거한다. 루소는 유아를 자연적 발달 성향을 지닌 존재로 보았다. 루소는 유아를 자연적인 방법으로 성장할 수 있게 하면, 유아는 자신의 잠재력을 충분히 계발하여 발달한다고 보았다. 성인이 유아를 가르치면 유아의 자연적인 성장을 이끌지 못하는 등 부정적 영향을 미치므로, 성인이 유아 발달에 개입하지 않는 자연 상태에서 교육해야 한다고 주장했다.

루소는 유아를 어린 나무로 은유했다. 어린 나무가 자연적으로 자랄 수 있는 힘이 있듯이, 유아는 내적 발달의 성향을 바탕으로 성장한다고 보았다. 루소의 주장은 스탠리 홀(Stanley Hall)에게 영향을 미쳤다.

게젤의 지도 교수인 스탠리 홀은 찰스 다윈의 관찰에 입각한 연구 방법과, 개체 발달은 자신이 속한 종의 진화 과정을 되풀이 한다는 헤켈의 반복발생 이론의 영향을 받았다. 홀은 발달에는 환경보다 유전적 요인이 더 중요하다고 보았다. 그는 발달은 예정된 단계를 거치므로 아동은 각 발달 단계에 충분히 머물러야 한다고 주장했다.

미국의 발생학자 콕힐(G. E. Coghill)은, 동물은 신체 구조가 발달한 후에 행동이 발달한다고 주장했다. 콕힐은 신체 구조의 발달은 정해진 순서를 따른다는 사실을 입증했다. 콕힐의 영향을 받아, 게젤은 아동이 어떤 행동을 하려면 그 행동을 하는 데 필요한 신체적, 신경적 구조가 먼저 발달해야 한다고 보았다.[55]

3. 게젤(Arnold Lucius Gesell, 1880~1961)의 성숙 이론

아놀드 게젤은 관찰법으로 평생, 아동 발달을 연구한 미국의 아동 심리학자이자 소아청소년과 의사이다. 게젤은 클라크 대학에서 스탠리 홀의 지도로 심리학 박사 학위를 받았다. 1911년에 예일 대학에 아동발달연구소를 설립하고 37년간 소장을 맡아 발달 연구에 전념하였다.

게젤은 톰슨(Thompson)과 함께 일란성 쌍생아를 대상으로 실험을 했다. 쌍생아 중한 아이에게는 계단 오르기, 블록 쌓기, 손의 협응 등 운동 발달 훈련을 시키고, 다른 아이에게는 훈련을 시키지 않았다. 훈련 받은 아이는 훈련 받지 않은 아이보다 운동 능력이 뛰어났지만, 훈련 받지 않은 아이도 곧 운동을 잘 하게 되었다. 이 실험을 근거로 게젤은 인간 발달은 연습과 같은 환경 요인보다 성숙 요인이 더 중요하다고 주장했다. 게젤은 유아 행동을 관찰하는 일방시(一方視) 스크린도 개발했다.

1) 성숙 개념

게젤은 홀의 주장을 바탕으로 인간의 행동 패턴은 태어나면서 이미 결정되었다는 발달예정론적 관점을 제시했다. 발달예정론적 관점에 따르면 발달은 선천적으로 내재한 시간표에 따라 이루어진다. 발달은 순서에 따라 단계적으로 진행하며 사회나 문화와 관계없이 보편 타당한 모습을 띤다.[56] 씨를 심으면 싹이 나듯이 발달은 유아가 선천적

---

55 『영유아 프로그램 개발과 평가』(이소운, 이순형 공저, 방송대, 2015), 29~30쪽 요약
56 『유아교육철학 및 교육사』(김희태, 정석환 저, 방송대, 2020), 183쪽 요약

으로 가지고 있는 발달예정표에 따라 이루어진다. 시간 흐름에 따라 자연스럽고 단계적이고 누적적으로 발달하며, 모두 같은 순서를 거친다. 발달 예정 시간표는 개인마다 다르다. 즉 발달은 연령에 따라 보편적인 특징을 띠지만 속도는 개인차가 있다.

게젤은 유전자가 발달의 방향과 패턴을 통제하는 기제를 성숙이라고 불렀다. 성숙은 발달 방향과 패턴을 통제하는 내재적 기제의 총합이라고 할 수 있다. 성숙 이론에 따르면 발달은 유전자가 이미 계획한 대로 진행된다. 따라서 인간은 연령에 따라 비교적 일정한 순서로 발달한다.

> **용어 정리|** 기제(機制)- 인간 행동에 영향을 미치는 심리적인 작용이나 원리

게젤은 "성숙(maturation)은 개체의 모든 성장 형태와 변화 정도를 결정하는 성장의 내적 요소에 해당한다"라며 "성숙은 내외적 환경에 반응하는 유기체의 제반 발달적 분화를 포함한다는 의미에서 성장(growth)보다 훨씬 더 종합적, 포괄적 개념"이라고 했다.

성숙 이론은 성숙과 발달을 같은 개념으로 본다. 인간 발달을 관찰하면 대체로 특정한 시기에 특정한 발달 기제가 작동한다. 이 현상은 연령에 따라 보편적이다. 게젤은 이런 발달 현상을 '표준행동목록'으로 규정했다. 성숙 이론은 발달이 전적으로 내적 기제에 따라 이루어진다고 가정하지는 않았다. 성숙 이론은 발달에 미치는 환경의 영향을 최소한으로 인정했다.

2) 발달의 기본 원리
게젤은 면밀한 관찰을 통해 아동 발달의 기본 원리를 발견하고 자신의 저서 『유아행동의 개체발생』(The Ontogenesis of Infant Behavior, 1954)에서 이를 자세히 설명했다. 아동 발달의 기본 원리는 아래와 같이 모두 네 가지다.

(1) 발달 방향의 원리
발달은 일정한 방향으로 진행된다는 원리다. 신생아는 머리가 다리보다 먼저 발달하듯이 발달은 머리에서 발 방향으로 진행하며(두미 발달 원리), 어깨 동작이 손가락 동작보다 먼저 발달하듯이 중심에서 말초 방향으로 발달한다(근원 발달 원리).

(2) 상호적 교류 원리

양쪽 손이나 양쪽 발처럼 대칭적인 두 부위는 처음에는 각자 발달하다가 후에 통합하여 균형을 이룬다는 원리다. 게젤에 따르면 상호적 교류 원리는 성격 형성 과정에도 나타난다. 유아 성격은 3세 경에는 내성적이나 4세에는 외향적으로 변한다. 5세가 되면 두 성격이 통합하여 균형을 이룬다.

(3) 기능적 비대칭 원리

상호적 교류를 통해 대칭적 부위가 균형을 이루어도, 완벽하게 균형이나 대칭을 이루기는 어렵고 오히려 약간의 불균형이나 비대칭이 더 기능적이라는 원리다. 기능적 비대칭은 신생아에게 나타나는 경직성 목반사(펜싱 반사)에서 쉽게 관찰할 수 있다. 경직성 목반사는 마치 펜싱 하듯이 머리를 한쪽으로 돌리고, 한 팔은 머리 쪽으로 내밀고 같은 쪽 다리는 쭉 피며, 다른 팔은 가슴에 얹고, 그와 같은 쪽 다리는 구부리는 자세이다. 게젤은 신생아의 경직성 목반사가 손과 눈의 협응을 촉진한다고 보았다.[57]

(4) 자기 규제 원리

유기체는 자신의 수준에 맞게 스스로 성장을 조절하고 이끌어 가는 능력이 있다는 원리다. 자기 규제 원리는 걸음마 과정에서 발견할 수 있다. 영아는 걸음마를 배울 때, 몇 걸음 걷다가 기어가고, 다시 몇 걸음 걸어보다가 다시 기는 과정을 반복한다. 즉 자신의 수준에 맞게 걷기와 기어가기를 조절한다.

▌ 게젤의 아동 발달의 기본 원리 ▐

원리	내용
발달 방향의 원리	발달은 일정한 방향으로 진행된다. 발달은 머리에서 발 방향으로(두미 원리), 중심에서 말초 방향으로 진행된다(근원 원리).
상호적 교류 원리	대칭적인 두 부위는 처음에는 각자 발달하다가 후에 통합하여 균형을 이룬다.
기능적 비대칭 원리	상호적 교류를 통해 대칭적인 부위가 균형을 이루어도, 완벽하게 균형이나 대칭을 이루기는 어렵고 오히려 약간의 불균형이나 비대칭이 더 기능적이다.
자기규제 원리	유기체는 자신의 수준에 맞게 스스로 성장을 조절하고 이끌어 가는 능력이 있다.

---

57 『아동발달의 이해』(정옥분, 학지사, 2015), 58쪽

4) 성숙 이론의 주요 개념

(1) 표준행동목록(발달 일정표)

게젤은 세계 최초로 영상 촬영 기술을 이용하여 수많은 유아 행동을 관찰한 후 표준행동목록을 만들었다. 표준행동목록은 유아의 성장과 발달을 설명하기 위해, 유아 행동을 발달 영역과 연령별로 분류하여 특정 연령에서 유아 대부분이 할 수 있는 발달 행동을 기술한 목록이다.

표준행동목록은 영유아가 1세경에 몇 단어를 말할 수 있고, 2세경에 사회성 발달은 어떠하며, 3세가 되면 수 세기는 어느 정도 한다는 식으로 행동목록을 제시하였다. 표준행동목록은 발달이 어느 시기에 어떻게 나타나는지 잘 알려주어, 각 연령에서 기대하는 행동의 기준이 되었다.[58] 표준행동목록에 따른 발달 행동은 개인차가 있지만 연령에 따라 보편적인 모습을 띤다.

(2) 준비도

게젤은 유아에게 무엇을 가르치기 위해서는 유아가 성숙할 때까지 기다려야 한다는 준비도 개념을 제시했다.

게젤은 유전적으로 동일한 쌍둥이를 대상으로 유전과 경험 중 어떤 요인이 발달에 중요한 영향을 미치는지 실험하였다. 아직 계단을 오르지 못하는 쌍둥이 중 한 명에게는 계단 오르기 훈련을 시키고, 다른 한 명은 시키지 않았다. 얼마 후 훈련 받은 아이는 계단을 올랐지만 훈련 받지 않은 아이는 오르지 못했다. 계단을 오르지 못하는 아이가 계단을 오르는 데 필요한 힘이 생겼을 때 훈련을 시키니 단기간에 계단을 올랐다. 실험이 끝날 무렵 두 아이 간에는 아무런 차이가 없었다.[59] 이처럼 발달은 인간 내부에 있는 시간표에 따라 이루어지며, 예정되지 않으면 발달이 일어나지 않는다.

준비도에 따르면 예정 시기보다 앞서 발달을 조장할 필요가 없다. 준비가 안 되어 있어 외부 자극이나 교육을 받아들이지 못한다. 따라서 아동이 배울 준비가 되기 전에 무엇을 가르치는 일은 무의미하며 양육자와 아동 간에 긴장만 초래한다.[60] 게젤은 유아가 배울 준비가 되어 있지 않다면 준비될 때까지 기다려야 한다고 했다.

58　『유아교육개론』(이은화 외 공저, 이화여대, 2001), 86쪽
59　『영유아 프로그램 개발과 평가』(박찬옥 등 공저, 정민사, 2013), 53쪽 요약
60　『영유아 프로그램 개발과 평가』(이소운, 이순형 공저, 방송대, 2015), 33쪽

(3) 결정적 시기

결정적 시기는 어떤 특정한 발달이 급속하게 이루어지는 특별한 시기다. 결정적 시기는 내적으로 외부 자극에 반응할 준비를 충분한 한 상태라고 할 수 있다.

(4) 적절한 환경 제공

성숙 이론은 환경의 영향을 최소한으로 인정하지만, 현재의 내적 발달 수준에 적합한 환경을 제공하면 더 잘 발달할 수 있다고 본다. 성숙 이론에 따르면 내적 발달기제가 작동하더라도 환경이 뒷받침하지 않으면 발달은 이상적으로 이루어지지 않는다. 따라서 이상적으로 발달하려면 내적 발달 수준을 파악하여 이에 적합한 환경을 제공해야 한다.[61]

4. 성숙이론과 유아교육

성숙주의자는 유아가 자신의 내적 수행 능력에 따라 발달하므로, 교육 기관은 유아의 흥미와 요구에 적합한 허용적이고 편안한 환경을 제공해야 한다고 본다. 성숙 이론에 근거한 유아교육의 일반적 원리는 네 가지로 정리할 수 있다.

1) 유아는 자신의 발달 수준에 적합한 활동을 선택할 수 있다. 따라서 유아에게 선택 기회를 많이 주고 성인 개입은 최소화해야 한다.
2) 유아 발달 수준에 적합하지 않는 과제를 수행하도록 강요하지 않아야 한다. 유아에게 허용적이고 편안한 환경을 제공해야 한다.
3) 성인은 유아의 흥미와 발달 수준에 적합한 자료를 제공해야 한다. 제공한 자료를 유아가 사용하지 않는다면 그 자료는 유아 발달 수준에 적합하지 않다는 점을 의미한다. 체계적으로 외적 강화를 하여 유아의 본질적 성향을 전환하려는 시도는 역효과를 낸다.
4) 유아는 발달 수준이 같은 또래끼리 집단을 구성하는 것이 가장 효과가 좋다. 발달적으로 지체하거나 장애를 겪는 유아는 그들과 비슷하게 발달한 유아와 집단을 이루어야 한다.

---

61 『유아교육철학 및 교육사』(김희태, 정석환 저, 방송대, 2020), 185~186쪽 요약

(2013 정시A5) ㉠의 사상가는 '유아에게 무엇을 가르치기 위해서는 유아가 성숙할 때까지 기다려야 한다'는 (①) 개념을 제시하였다. ㉠의 사상가와 ①에 들어가는 용어를 쓰시오. [2점]

> (㉠)은(는) "성숙(maturation)은 개체의 전 성장의 형태와 그 변화 정도를 결정하는 성장의 내적 요소에 해당한다. … (중략) … 성숙은 외적 환경 및 내적 환경에 반응하는 유기체의 제반 발달적 분화를 포함한다는 의미에서 성장(growth)보다 훨씬 더 종합적, 포괄적 개념이라 할 수 있다."라고 하였으며 아동 개인의 발달을 평가하는 데 사용할 수 있는 표준행동목록(발달 일정표)을 고안하였다.

정답 게젤, 준비도

(2017 A4) ㉢에 들어갈 학자의 이름과 ㉣이 의미하는 용어를 쓰시오. [1점]

> 최 교사: 사람은 자연의 일부이기 때문에 교구를 활용할 때도 자연의 순서에 따라 서두르지 말고, 쉬운 것에서 어려운 것으로, 연령에 적합한 내용과 방법으로 교육해야 한다고 생각해요. 세계 최초로 영상 촬영 기술을 이용하여 유아의 행동을 관찰함으로써 표준화된 행동목록을 만든 (㉢)도 ㉣ 유아가 배울 준비가 되어 있지 않다면 준비될 때까지 기다려야 한다고 했잖아요.

정답 게젤, 준비도

03장 동물행동학 이론과 애착 이론

1. 동물행동학 기본 가정

동물행동학은 찰스 다윈(C. R. Darwin, 1809~1882)의 진화론 관점에서 동물과 인간의 행동을 연구하는 학문이다. 동물행동학에 따르면 모든 종은 진화의 산물이며, 생물학적으로 프로그램된 생존 행동을 갖추고 태어난다. 종마다 갖고 있는 특유한 행동은 생존 가능성을 높이기 위해 진화한 기제다. 예를 들어 어린 새가 어미 새를 따라다니고 노래하는 것은 어린 새의 생존 가능성을 높이기 때문이다.

다윈의 진화론에 근거하여 오스트리아 동물학자 로렌츠(K. Lorenz, 1903~1989)와 네덜란드 생물학자 틴버겐(N. Tinbergen)이 동물행동학의 기초를 확립했다. 1960년대 들어 영국의 의학자 보울비(Bowlby)는 이를 인간 발달에 적용하였다.

2. 로렌츠의 각인 이론

1) 각인의 개념

각인은 어린 동물이 태어나서 어떤 대상에 일정 기간 노출될 경우 그 대상을 추종하는 현상을 가리킨다. 로렌츠는 자연 상태에서 서식하는 동물을 관찰한 후, 동물의 생존 가능성을 높이는 종 특유의 행동을 발견했다. 이런 행동 중에서 가장 유명한 것이 각인이다.

각인은 로렌츠가 오리를 대상으로 한 실험으로 밝혀냈다. 부화 직후 로렌츠를 본 오리 새끼들은 그를 어미로 인식하여 졸졸 따라 다녔다. 각인은 어미 곁에 가까이 있게 하여, 어린 동물이 먹이를 얻고 위험에서 보호를 받을 수 있게 한다. 각인은 생후 초기에 제한된 기간 내에서만 일어난다. 이 기간에 어미가 없으면 어미를 닮은 다른 대상에 각인이 일어날 수 있다.

로렌츠(1965)는 오리 알 여러 개를 두 집단으로 나누어 한 집단은 어미 오리가 부화하게 하고 다른 집단은 부화기에서 부화했다. 어미가 부화한 새끼 오리는 부화 직후부터 어미를 따라 다녔다. 부화기에서 태어난 새끼 오리는 부화하자마자 로렌츠를 보았고 로렌츠를 계속 졸졸 따라 다녔다. 로렌츠에게 각인되었기 때문이다. 로렌츠는 각인 대상이 종에 따라 다르다는 사실도 발견했다. 기러기 새끼는 움직이는 것이면 무엇이든지 각인되었고, 물오리 새끼는 로렌츠가 어떤 높이 이하로 몸을 숙이고 꽥꽥 소리를 지를 때에만 각인되었다.

2) 결정적 시기

동물행동학자들은 각인이 결정적 시기에만 일어난다는 사실을 발견했다. 결정적 시기 이전이나 이후에 노출되면 각인이 되지 않는다. 결정적 시기에 형성된 종 특유의 행동에는 각인에 의한 추종 행동뿐 아니라 구애 같은 사회적 행동도 있다.

결정적 시기는 인간의 애착 현상에도 적용되었다. 생후 2년 간은 영아가 양육자와 애착을 형성하는 결정적 시기다. 이때 형성된 애착 유형은 이후에 거의 변하지 않는다고 동물행동학자들은 주장했다. 결정적 시기는 아동이 제한된 시간 내에 특정한 행동을 습득하도록 준비해야 하며, 이를 위해서 적절한 환경을 제공해야 한다는 사실을 시사한다.

3) 평가

로렌츠는 진화론에 바탕을 두고 결정적 시기와 적응적 행동에 주목하여 인간 행동을 이해하는 데 새로운 관점을 제시했다. 로렌츠의 연구 방법은 유아 연구에도 적용되어, 관찰법으로 유아의 행동 특성을 밝히는 연구를 촉진했다. 로렌츠는 큐피 인형처럼 이마가 넓고 볼이 토실토실한 아기 외모는 양육자가 아기를 더 귀엽고 사랑스럽게 느끼도록 한다고 주장했다. 이 주장은 보울비가 주장한 애착 이론의 토대가 되었다.

3. 보울비의 애착 이론

보울비(John Bowlby, 1907~1990)는 영국에서 태어나 케임브리지 대학에서 의학과 정신분석학을 전공했다. 그는 제2차 세계 대전 후 임상의사로 고아원에서 성장한 아동을 관찰하면서, 아이들이 타인과 친밀하고 지속적인 관계를 맺지 못하는 등 정서 문제가 있다는 사실을 알게 되었다. 보울비는 아이들이 생애 초기에 주 양육자와 애착을 확고하게 형성하지 못하여, 친밀한 인간 관계를 맺지 못했다고 보았다. 보울비는 일반 가정에서 태어나 성장하더라도 생애 초기에 주 양육자와 오랫동안 분리되면 비슷한 문제가 나타난다고 주장했다.

1) 애착 개념

아기는 태어나면 양육자와 정서적 유대 관계를 강하게 맺는다. 이를 애착이라고 한다. 보울비는 인간은 애착 기제를 갖고 태어난다고 주장했다. 보울비는 아기가 미소 짓고, 옹알이하고, 잡고, 매달리고, 우는 행동은 선천적인 사회적 신호라고 주장했다. 이런 행동은 양육자가 아기를 먹이고, 위험에서 보호하는 등 아기에게 애정을 기울이게 한다. 이는 진화의 산물로 다른 영장류도 갖고 있는 적응 기제다. 보울비는 애착이 영유아를 보호하고 정서적 안정감을 주는 생득적, 생존적 기제라고 주장했다.

보울비의 애착 이론은 인간의 애착 관계의 질과 과정에 관한 수많은 연구를 촉진하였다. 대표적 연구가 캐나다의 심리학자 에인스워드(M. D. Ainsworth, 1983)가 수행한 낯선 상황 실험이다. 어머니와 낯선 이가 연출한 8가지 에피소드로 구성한 낯선 상황 실험으로 에인스워드는 애착 유형을 안정 애착, 저항 애착, 혼란 애착으로 구분했다.

2) 민감기

보울비는 생애 초기에 형성되는 사회적 관계의 질이 이후의 발달에 중요한 역할을 한다고 보았다. 인간의 애착 형성 시기는 동물의 각인보다 결정적이지 않아 민감기라는 용어를 사용한다. 민감기는 발달이 일어나거나 행동이 나타나는 최적 시기다. 민감기를 지나도 발달은 가능하나, 속도가 늦거나 제대로 발달하지 않을 수 있다.

보울비(1988)는 생애 첫 3년이 사회정서 발달의 민감기라고 보았다. 이 기간에 친밀한 정서적 유대를 맺지 못하면, 이후에는 친밀한 인간 관계를 형성하기 어렵다고 보았다.

3) 애착 형성 단계

보울비는 애착 발달을 전 애착 단계, 애착 형성 단계, 명백한 애착 단계, 상호 관계 형성 단계로 나누었다.

(1) 전 애착 단계

영아가 눈 응시하기, 미소, 울음, 붙잡기 등으로 주위 사람과 가까운 관계를 유지하지만, 아직 애착이 형성되지 않은 단계다. 따라서 혼자 낯선 사람과 있게 해도 영아는 개의치 않는다.

(2) 애착 형성 단계

친숙한 사람과 낯선 사람에게 다르게 반응하기 시작하는 단계다. 영아는 낯선 사람보다 양육자와 더 활발하게 상호작용을 한다. 영아는 자신의 행동이 다른 사람에게 영향을 미친다는 사실을 깨달으며, 자신이 필요할 때 양육자가 언제든지 반응할 것이라는 신뢰감을 형성한다. 하지만 양육자가 자기를 혼자 남겨 두고 자리를 떠나도 분리불안을 느끼지 않는다.

(3) 명백한 애착 단계

영아가 애착을 형성한 사람에게 적극적으로 접근하고, 애착 대상이 떠나면 분리불안이 나타나는 단계다. 분리불안은 모든 문화권에서 보편적으로 나타난다. 돌 전후에서 나타나 15개월까지 증가한다. 분리불안은 눈에 보이지 않아도 애착 대상은 계속 존재한다는 대상영속성 개념을 획득했다는 증거이기도 하다. 대상연속성을 획득하지 못한 영아는 분리불안을 느끼지 못한다.

(4) 상호 관계 형성 단계

표상 능력과 언어가 발달하여 영아가 애착 대상의 행동을 예측할 수 있는 단계다. 양육자가 자리를 떠나도 언제 돌아올지 예측할 수 있어 분리불안이 감소한다. 영아는 양육자와 협상하여 자신이 원하는 대로 양육자의 행동을 수정하려고 한다. 예를 들면 어머니가 외출할 때 빨리 돌아와서 그림책을 읽어 달라고 부탁한다.

❘ 보울비의 애착 형성 4단계 ❘

단계	내용
전 애착 단계	주위 사람과 가까운 관계를 유지하지만 아직 애착이 형성되지 않은 단계
애착 형성 단계	친숙한 사람과 낯선 사람에게 다르게 반응하기 시작하는 단계. 분리불안이 나타나지 않음
명백한 애착 단계	애착 대상에게 적극적으로 접근하고, 애착 대상이 떠나면 분리불안이 나타난다.
상호 관계 형성 단계	애착 대상의 행동을 예측할 수 있다. 양육자와 협상하여 양육자 행동을 수정하려고 한다. 분리불안이 감소한다.

4) 평가

보울비는 유아기에만 치중하여 유아기 이후 발달에도 그의 이론을 적용할 수 있는지 제시하지 못했다. 영아의 미소, 울음, 빨기, 쥐기, 추종 등을 모두 생득적 행동으로 보았기 때문에 이 행동에 영향을 줄 수 있는 경험이나 학습 기제를 무시했다는 비판을 받았다.

4. 에인스워드(M. D. Ainsworth)의 애착 유형

보울비 이론은 발달 단계에 따른 애착 형성에 초점을 맞추어, 같은 연령 집단 내의 개인차를 간과했다. 이를 보완한 이론이 에인스워드 등이 개발한 낯선 상황 실험이다. 에인스워드는 어머니와 낯선 이가 연출한 8가지 에피소드로 구성한 낯선 상황 실험을 하였다.

❘ 에인스워드의 낯선 상황 실험 ❘[62]

에피소드	지속 시간	내용	관찰되는 애착 행동
1	30초	실험자가 어머니와 영아를 실험실 방으로 안내하고 떠난다.	
2	3분	영아가 장난감을 갖고 노는 동안 어머니는 곁에 앉아 있다.	안전기지로서 어머니
3	3분	낯선 이가 들어와 앉아서 어머니와 이야기를 나눈다.	낯선 이에 대한 반응
4	3분	어머니가 방을 나간다. 낯선 이가 영아와 상호작용하고, 영아가 불안 반응을 보이면 진정시킨다.	분리불안
5	3분	어머니가 돌아와 영아를 반기고 필요하면 영아를 진정시킨다. 낯선 이가 방을 나간다.	재결합 반응
6	3분	어머니가 방을 나간다.	분리불안
7	3분	낯선 이가 들어와서 영아를 진정시킨다.	낯선 이에게 진정되는 정도
8	3분	어머니가 돌아와 영아를 반기고 필요하면 영아를 진정시킨다. 영아의 관심을 장난감으로 유도한다.	재결합 반응

---

62 『아동발달의 이해』(정옥분, 학지사, 2015), 346쪽

이 실험에서 나타난 안전기지로서 어머니, 낯선 이에게 보이는 반응, 분리불안, 재결합 반응, 낯선 이에게 진정되는 정도 등 영아의 행동을 관찰하여 에인스워드는 애착을 세 유형으로 나누었다. 이후 메인(Main)과 솔로몬(Solomon, 1986, 1990)은 이 세 유형에 속하지 않는 애착 유형을 발견하고 이를 혼란 애착이라고 불렀다. 이에 따라 애착은 모두 네 유형으로 나눌 수 있다.

1) 안정 애착

안정 애착 유아는 낯선 사람보다 어머니에게 관심을 더 보이고, 어머니와 놀 때 밀접한 관계를 유지한다. 어머니가 자리를 떠나도 능동적으로 위안 거리를 찾고 탐색한다. 어머니가 돌아오면 반기며 좋아한다. 안정 애착 유아는 어머니를 안전기지로 생각하기 때문에 낯선 상황에서도 적극적으로 환경을 탐색한다.

2) 회피 애착

회피 애착 유아는 어머니와 친하지 않고, 어머니와 낯선 사람에게 비슷한 반응을 나타낸다. 어머니가 떠나도 울지 않고, 돌아오면 무시하거나 회피한다. 어머니가 불러도 별로 반가워하지 않는다.

3) 저항 애착

저항 애착 유아는 평소 어머니 옆에 붙어 탐색 활동을 별로 하지 않으며 어머니가 자리를 떠나기 전부터 불안해한다. 어머니가 떠나면 분리불안이 심하게 나타난다. 막상 어머니가 돌아오면 접촉은 하지만 안아 주어도 안정을 찾지 못한다. 화를 내며 내려 달라고 소리 지르거나 어머니를 밀치기도 한다.

4) 혼란 애착

혼란 애착 유아는 어머니를 다시 만날 때 얼어붙은 표정으로 어머니에게 접근하거나, 어머니가 안아 주어도 먼 곳을 쳐다본다. 혼란 애착은 불안정 애착의 정도가 가장 심한 유형이다. 회피 애착과 저항 애착이 결합한 유형이다.[63]

---

63 『아동발달의 이해』(정옥분, 학지사, 2015), 346~347쪽 정리

| 애착 유형 |

유형	내용
안정 애착	어머니를 안전기지로 생각하고, 낯선 상황에서도 적극적으로 환경을 탐색한다.
회피 애착	어머니가 떠나도 울지 않고, 돌아오면 무시하거나 회피한다. 어머니가 불러도 별로 반가워하지 않는다.
저항 애착	어머니가 떠나면 분리불안이 심하게 나타난다. 어머니가 돌아오면 접촉은 하지만, 안아 주어도 안정을 찾지 못한다.
혼란 애착	어머니를 다시 만날 때 얼어붙은 표정으로 접근하거나, 안아 주어도 먼 곳을 쳐다본다.

 기출문제로 학습 확인하기

(2015 특수A3) 에인스워드(M. Ainsworth)의 애착 이론에 근거하여 ⓒ에 해당하는 애착 유형 1가지를 쓰고, ㉣에 알맞은 말을 쓰시오. [2점]

김 교사: 선생님, 또 한 가지 걱정이 있어요. 진수는 어머니가 데리러 와도 별 반응이 없어요. 어머니가 부르는데도 진수는 별로 반가워하는 것 같지가 않아요. 아침에 헤어질 때 울지도 않고 어머니에 대한 반응이 별로 없어요. 어머니와 진수의 애착 관계가 괜찮은 걸까요?
박 교사: 글쎄요. 진수의 애착 행동은 (ⓒ) 유형의 유아들이 나타내는 특성이긴 한데……, 안정 애착 유형의 유아들은 어머니가 돌아오면 반기면 좋아해요. 그리고 어머니를 (㉣)(으)로 생각하기 때문에 낯선 상황에서도 적극적으로 환경을 탐색하거든요. 앞으로 진수를 더 많이 관찰해야 할 것 같아요.

정답 회피 애착, 안전기지

(2020 특수b4) 에인스워스 외(M. Ainsworth et al.)의 애착유형 중에서 ㉣에 해당하는 유형을 쓰시오. [1점]

강 교사: 네. 시우 어머니와 면담 시간을 가졌어요. 시우 부모님은 시우가 갓난아기 때부터 맞벌이를 하였고 주양육자도 자주 바뀌었대요. 그래서 ㉣ 시우가 평소에 엄마랑 떨어지지 않고 꼭 붙어 있으려고 했대요. 엄마가 자리를 비우면 심하게 불안해하면서 울지만, 막상 엄마가 다시 돌아오면 반가워하기 보다는 화를 냈대요. 그리고 엄마가 달래려 하면 엄마를 밀어내서 잘 달래지지 않았다고 해요.

정답 저항 애착

정신분석 이론

정신분석 이론은 인간의 정서와 생각, 행동에 영향을 미치는 무의식과 그 영향력으로 인간의 내면 세계를 설명하는 이론이다. 정신분석 이론은 인간 발달을 제대로 이해하려면 표면에 나타난 행동의 상징적인 의미와 마음 속에서 무슨 일이 일어나는지 알아야 한다고 주장한다. 특히, 5세 이전에 형성된 부모·자녀 관계가 발달에 큰 영향을 미친다고 주장하여 부모 역할과 자녀 양육 행동에 관심을 불러일으켰다.

정신분석 이론을 바탕으로 인간 발달을 설명한 대표적 학자는 프로이트(S. Freud, 1856~1939)와 에릭슨(E. H. Erikson, 1902~1994)이다. 프로이트는 성적 에너지인 리비도의 이동에 따라 5단계로 구성한 심리성적 발달 단계를 제시했다. 에릭슨은 사회문화적 발달에 초점을 두고 8단계로 된 심리사회적 발달 단계를 제시했다.

1. 프로이트의 심리성적 이론

1) 이론 배경

프로이트는 니체, 마르크스와 함께 20세기 사상사에 큰 영향을 미친 철학자다. 그는 인간 의식의 저변에 있는 방대한 무의식을 탐구한 정신분석학을 창시하여 정신분석학의 아버지라고 불린다.

프로이트는 1856년 체코 동부 지역 모라비아에서 유태인 상인의 아들로 태어났다. 가족을 따라 3살 때 오스트리아 빈으로 이주하여 생애 대부분을 빈에서 보냈다. 의사가 되기 위해 빈 대학 의학부에 진학한 프로이트는 주로 신경계통의 해부생리학을 연구하며 자신의 이론을 만들어 나갔다.

프로이트를 가장 큰 충격에 몰아넣은 것은 1차 세계대전이다. 인류는 발전한 과학문명을, 인간을 살리기는커녕 살육하는 데 사용했기 때문이다. 그는 인간 욕망을 제대로 관리하지 못하면 과학문명이 인류를 고통으로 몰아넣을 수 있다고 보았다.

프로이트는 플라톤에게서 큰 영향을 받았다. 영혼은 물질과 육체적 차원을 갈구하는 검은 말과 신성한 세계를 지향하는 흰 말, 그리고 두 말이 끄는 마차를 모는 기수로 구성되고, 두 말을 어떻게 길들이느냐가 인간의 행복과 불행을 결정한다고 플라톤은 보았다. 프로이트는 인간은 욕망의 존재이므로 인간 정신 구조를 잘 알아야 욕망을 적절히 관리할 수 있다고 생각했다.

프로이트에게 영감을 준 것은 히스테리 환자였다. 그는 히스테리 원인이 신체적인 데 있다거나 악마가 씌었다는 당시의 일반론에 의문을 품었다. 프로이트는 히스테리 바탕에 무의식이 존재한다는 사실을 밝혀내기 위해 연구를 시작하여 『히스테리 연구』, 『꿈의 해석』, 『일상생활의 정신병리학』을 출간하며 자신의 이론을 세상에 알렸다. 특히 1900년에 출간한 『꿈의 해석』은 한 세기를 대표하는 고전으로서 찬사와 질시를 한 몸에 받았다. 본능을 뜻하는 이드(Id), 현실 원칙에 지배되는 자아(Ego), 도덕의 지배를 받는 초자아(Super ego)로 인간의 심리적 구조를 분석한 정신분석학은 의학을 넘어 철학이자 심리학이며 사회문화 이론이 되었다. 피카소와 살바도르 달리, 버지니아 울프, 제임스 조이스 작품에서도 그의 영향을 발견할 수 있을 정도였다. 신의 영역과 인간의 영역, 이렇게 두 세계만 믿는 사람에게 무의식 세계를 논한 프로이트 이론은 어마어마하게 큰 신대륙이었다. 인간 내부에 숨어있는 엄청난 비합리적 존재를 찾아낸 그는 인간 본능을 처음으로 문명적으로 해석한 선구자이다.[64]

2) 정신 세계 구조

프로이트는 인간은 이성적, 논리적, 지적 존재가 아니고, 비이성적이며 때론 자신도 알지 못하는 무의식 동기에 의해 움직이는 존재라고 보았다. 인간의 모든 행동에는 원인이 있고, 원인은 무의식에서 기인한다고 주장했다.

프로이트는 인간의 정신 세계는 의식(Conscious)과 전의식(Preconscious) 그리고 무의식(Unconscious)으로 구성된다고 보고 이를 빙산에 비유했다. 의식은 현재 생각하거나 느껴 경험하는 정신 세계이다. 물에 떠 있는 빙산에서 육안으로 볼 수 있는 아주 작은 곳이다. 전의식은 일시적으로 의식할 수 없지만, 노력하면 의식할 수 있는 정신 세계이다. 빙산에서 물 위로 떠올랐다 잠겼다 하는 곳이다. 무의식은 자신이 의식할 수 없는 행위를 하는 정신 세계다. 무의식에는 억압적 관념과 본능이 숨어 있다. 무의식은 빙산에서 수면 아래에 있어 육안으로 볼 수 없는 거대한 곳이다.

64   https://www.mk.co.kr/news/home/view/1997/06/34671/

프로이트는 인간 성격은 원초아(이드, Id), 자아(에고, Ego), 초자아(슈퍼에고, Super ego)로 구성되었다고 주장했다. 원초아는 성욕, 공격성과 같은 선천적이고 원초적인 본능이다. 원초아는 무의식에 속하며 즉각적 만족을 추구하는 쾌락 원리에 따라 작동한다. 영유아가 졸리면 자고, 배고프면 울어대는 것은 원초아 때문이다. 자아는 마음을 지배하고, 통제하고, 조절하는 의식의 주체이다. 초자아의 명령과 원초아의 충동 사이에서 중재자 역할을 한다.

초자아는 개인의 도덕 규범이다. 초자아는 이상을 지향하고 완벽을 추구한다. 초자아가 지나치게 발달하면 죄의식이 커진다. 인간은 언제나 원초아와 초자아 사이에서 갈등한다. 자아는 이를 중재한다.

┃ 프로이트의 의식과 성격의 세 구조 ┃

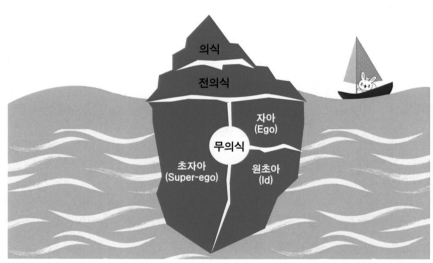

원초아(Id)	성욕이나 공격성 등 본능적 에너지. 쾌락 원칙을 따름. 어린 아이의 정신은 거의 원초아로 이루어짐.
자아(Ego)	원초아의 충동과 초자아의 명령 사이에서 관제탑 구실을 하는 의식의 주체. 현실 원리에 따라 작동한다.
초자아(Super-ego)	완전함을 추구하는 도덕 규범. 사회적 가치나 이상이 내면화된 것으로 죄책감을 일으키는 주체이다.

3) 심리성적 발달 단계

프로이트는 성적 욕구인 리비도가 이동하여 집중하는 신체 부위에 따라 아동 발달 단계를 구강기, 항문기, 남근기, 잠복기, 생식기(성기기)로 제시했다. 심리성적 발달 단계의 순서는 변하지 않으나, 단계를 거치는 시기는 아동마다 다를 수 있다. 단계마다 아동이 추구하는 욕구를 충족해야 다음 단계로 넘어 갈 수 있다. 각 단계에서 성적 욕구를 지나치게 충족하거나 덜 충족하면 그 단계에 고착하여 이후 성인기 삶에도 영향을 미친다.

(1) 구강기(출생~1세)

구강기는 성적 욕구가 혀, 입술 등 구강 부위에 집중되는 시기다. 구강기에 영아는 빨고, 마시고, 먹는 등의 욕구를 구강으로 충족하려고 한다. 구강기에 형성한 수유 경험, 부모 관계 등은 영아의 무의식에 남아 이후 성인기 삶에 영향을 미친다.

구강기에 고착하면 과음·과식, 과도한 흡연, 잦은 입맞춤, 수다, 신랄한 비평, 빈정거림 등 구강기 성격이 나타난다. 고착은 욕구 불만으로 일어나지만 과도한 만족도 고착을 유발할 수 있다. 예를 들어 젖을 충분히 먹은 아기는 계속해서 구강적 만족을 얻으려고 한다.

(2) 항문기(2~3세)

항문기는 욕구 만족 부위가 항문으로 이동하여 배설을 통해 만족을 얻으려고 하는 시기다. 배설을 통해 아동은 긴장과 불편을 해소하면서 쾌감을 느낀다. 배설을 지연하여 쾌감을 느낄 수도 있다. 참았다가 배설하면 쾌감이 더 크고, 부모나 교사에게 사회적 승인을 얻을 수 있기 때문이다. 배설 훈련을 하면서 영유아는 욕구 지연 방법을 배우고 사회적 승인을 경험한다.

영유아에게 지나치게 배설 훈련을 시키면 고착 현상이 일어난다. 배설을 참아 근육 수축 쾌감에 고착하면 강박적 항문기 성격이 나타나 청결이나 질서에 강박적 욕구를 보이거나 수전노가 된다. 배설한 후 근육 이완 쾌감에 고착하면 폭발적 항문기 성격이 나타나, 지저분하고 낭비벽이 심한 사람이 된다.

(3) 남근기(4~5세)

성적 욕구가 성기로 집중하는 시기다. 유아는 이 시기에 성별을 구별하며, 남녀의 성기 차이에 호기심을 느끼고, 성기를 자극하여 만족을 얻으려 한다.

이 시기에 남아는 오이디푸스 콤플렉스(Oedipus Complex)를, 여아는 엘렉트라 콤플렉스(Electra Complex)를 경험한다. 그리스 신화에서 오이디푸스는 자기 부모인 것을 모른 채 아버지를 죽이고 어머니와 결혼한다. 나중에 이 사실을 알고 자기 두 눈을 파내어 자신을 처벌한다.

남근기에 남아는 모두 성적으로 어머니를 소유하려는 욕망을 갖고 있다고 프로이트는 보았다. 남아는 어머니를 생애 최초의 애정 대상으로 삼는다. 이에 따라 아버지를 경쟁자로 인식하여 아버지에게 적대감을 드러낸다. 어머니를 놓고 아버지와 경쟁하면서 남아는 이런 자신의 생각에 아버지가 분노한다는 사실을 인식하고, 자신과 아버지의 성기를 비교하면서 열등감을 느낀다. 아버지가 거세를 통해 자신의 근친상간적 생각을 처벌할 것이라며, 남아는 아버지를 두려워한다. 이 두려움이 바로 거세불안이다. 거세불안을 해소하기 위해, 남아는 어머니에게 품은 성적 욕구를 포기하고, 아버지에게 느끼는 적대감을 억압하며, 자신을 아버지와 동일시한다. 즉 아버지와 경쟁하는 대신 아버지와 같은 사람이 되려고 한다. 이런 동일시 과정에서 유아는 초자아를 형성한다. 프로이트는 오이디푸스 콤플렉스가 모든 문화권에 있는 보편적 현상이라고 주장했다.

그리스 신화에서 엘렉트라는 어머니와 그녀의 정부를 죽이고 아버지 원수를 갚는 인물이다. 이 시기에 여아는 자신은 남근이 없다는 사실을 발견하고는 남근을 부러워하는 감정을 갖는다. 이 감정이 남근선망이다. 여아는 자신이 남근이 없는 것은 어머니 때문이라며 이렇게 자신을 불완전하게 만들어 세상에 내보낸 어머니를 원망한다. 남근선망은 아버지를 사랑하게 하고 어머니를 미워하게 한다. 하지만 여아는 물리적으로 남근을 만들어 붙일 수 없다는 것을 알고 불안을 느낀다. 여아는 결국 자신을 어머니와 동일시하여 불안을 해소한다. 프로이트는 여아는 거세불안이 없기 때문에 초자아를 내면화하지 못해 여성이 남성보다 덜 도덕적이라고 주장했다.

이 시기에 고착하면 남아에게는 성인기에 항상 남성다움을 표출하려는 의도로 과시적, 야심적 성향이 나타나고, 여아에게는 경박하고, 성적으로 문란한 성향이 나타날 수 있다.

(4) 잠복기(6~12세)

잠복기는 성적 욕구가 잠복하여 평온한 상태를 유지하는 시기다. 이 시기에 아동은 주로 부모를 사랑하고 친구와 사회적 유대를 맺는다. 이성 친구보다는 동성 친구를 선호하며, 지적 활동이나 스포츠 등에 몰입한다. 학교에 들어가 기본적인 사회적 기술을 익히고 사회적, 도덕적 가치를 습득한다. 잠복기에 고착하면 성인이 되어서 이성과 안정된 관계를 맺기 어렵고, 소극적이거나 공격적인 태도를 취할 수 있다.

(5) 생식기(성기기, 13~19세)

생식기는 잠복한 성적 욕구가 사춘기를 지나며 무의식에서 의식으로 나타나는 시기이다. 잠복기 이전에는 성적 욕구를 자기 신체를 통해 충족했지만 이 시기는 이성에게 충족하려고 한다. 프로이트(1925)는 남아의 첫사랑 대상은 자신의 어머니와 비슷한 사람일 수 있다고 주장했다. 여아는 또래보다는 학교 선생님이나 연예인처럼 나이 많은 사람에게 호감을 느낀다. 즉 청소년기 첫 이성애 상대는 오이디푸스적, 엘렉트라적 소망을 실현할 수 있고, 근친상간이 아닌 어머니나 아버지와 비슷한 사람이다. 이 시기에 고착하면 권위에 적대적이거나 비행 행동을 할 수 있다.

4) 방어기제

불안은 미지의 대상에게 원인을 모른 채 느끼는 걱정, 긴장감, 두려움 등의 부정적 정서를 말한다. 프로이트는 원초아와 자아, 초자아 사이의 마찰과 갈등 때문에 사람은 불안을 느낀다고 보았다. 불안은 현실적 불안, 신경증적 불안, 도덕적 불안으로 나뉜다.

현실적 불안은 외부 세계에서 받는 실제적 위험이나 위협 때문에 발생한다. 원인이 외부에 있어 객관적 불안이라고 한다. 차에 치이거나 개에게 물리거나 높은 곳에서 떨어질지 모른다는 걱정과 두려움이 현실적 불안이다. 신경증적 불안은 자아가 원초아와 갈등을 일으켜 발생한다. 자아가 공격성이나 성욕 같은 원초아를 통제할 수 없어 위협 당할 때 나타난다. 친구나 연인을 폭행할지도 모른다는 두려움으로 만남 자체를 회피한다면 신경증적 불안을 느낀다고 할 수 있다. 도덕적 불안은 초자아와 자아가 갈등을 일으켜 일어나는 불안이다. 지하철에서 할머니가 서 있는데 자리 양보하기 싫어 잠 자는 척할 때, 자신도 모르게 계속 가슴이 쿵쾅거리는 것이 도덕적 불안이다. 양심 때문에 일어나는 불안이라고 할 수 있다.

▌불안의 종류 ▌

현실 불안	외부 세계에서 받는 실제적 위험이나 위협 때문에 발생. 객관적 불안
신경증적 불안	자아가 원초아와 갈등을 일으켜 발생하는 불안. 자아가 원초아를 통제할 수 없어 위협 당할 때 나타난다.
도덕적 불안	초자아와 자아가 갈등을 일으켜 일어나는 불안

사람은 누구나 불안을 안고 살아간다. 불안을 의식 수준에서 없애거나 줄이지 못하면 무의식 수준에서 비합리적, 비현실적 방법으로 해소하려고 한다. 이때 작동하는 자

기 보호 전략이나 장치가 방어기제이다.

초자아는 도덕을 지키라고 요구한다. 원초아는 현실적 쾌락을 누리라고 압박한다. 초자아와 원초아의 갈등 속에서 자아가 자신을 보호하고 방어하기 위한 전략이나 장치가 방어기제이다. 방어기제는 20여 가지가 넘는다. 여기서는 시험에 출제될 가능성이 있는 12가지만 설명하겠다.

■ 합리화(Rationalization)

합리화는 자존심을 지키려고 자신의 실수나 착오를 그럴 듯한 이유를 들어 정당화하는 방어기제다. 상처 입은 자아를 보호하기 위해 적당한 이유를 만들어내거나, 현실에 더 이상 실망을 느끼지 않으려고 그럴듯한 구실을 붙이는 경우도 합리화이다.

이솝 우화에 나오는 『여우와 신포도』 이야기는 대표적인 합리화 사례다. 여우가 길을 가다가 탐스럽게 익은 포도송이를 발견한다. 여우는 포도를 따 먹으려고 하지만 다리가 짧아 실패한다. '다리가 짧아서 나는 불행해. 포도도 따 먹을 수 없는 내가 원망스러워'라고 인정하면 여우는 우울하고 슬플 것이다. 이때 여우는 '나는 포도를 따 먹을 수 있지만, 아직 익지 않아서 시고 맛이 없어'라고 그럴듯한 이유를 대면서 우울과 슬픔에서 벗어난다. 이렇게 여우는 짧은 다리를 탓하면서 괴롭게 살아가기보다 포도가 시어서 따 먹을 필요가 없다고 합리화하여 불안에서 벗어나고 자아를 보호한다.

> **예** 들어 가고 싶은 회사의 채용 시험에서 낙방하자 곧 망할 회사니 차라리 잘됐다고 자위하는 경우, 자기가 현재 가지고 있는 것이야 말로 자신이 진정 원하던 것이라고 스스로 믿는 것, '처녀가 애를 낳아도 할 말은 있다'와 '핑계 없는 무덤은 없다'는 속담.

■ 승화(Sublimation)

승화는 부도덕하거나 비윤리적인 충동이나 욕구를 사회가 용납하는 생각이나 행동으로 적절히 전환하여 표현하는 방어기제다. 사회가 받아들일 수 없는 충동이나 욕구를 직접적으로 풀지 않고 합법적이고 용납될 수 행위로 풀어내는 행위이다.

> **예** 사춘기 남학생이 지나친 폭력 충동을 해소하기 위해서 과격한 운동을 하는 경우, 공격적 욕구가 강한 사람이 격투기 선수가 되는 경우, 잔인하고 공격적 충동을 가진 사람이 생체 해부학자가 되는 경우. 성욕을 예술로 승화시켰다는 평가를 받은 피카소.

■ 보상(Compensation)

보상은 외모, 지능 등에서 느끼는 열등감을 자신의 다른 특성이나 장점을 강조하거나 발전시켜 안정을 얻으려는 방어기제이다.

> **예** 키 작은 사람이 더 공격적이고 지배적인 기질을 보이는 경우, 못 배운 부모가 자식의 공부 뒷바라지에 헌신하는 경우, '가난할수록 기와집 짓는다'와 '글 못한 놈이 붓 고른다'는 속담.

■ 동일시(Identify)

동일시는 자신보다 우월하다고 생각하는 타인의 특성이나 장점을 자기 것으로 내면화하여, 자신의 나약함이나 무능력을 회피하는 방어기제다. 자신이 두려워하는 사람을 닮아 두려움을 극복하는 것도 동일시다.

> **예** 거세불안을 느끼는 아동이 아버지와 같은 행동을 하는 경우, '며느리 자라서 시어머니 된다'는 속담.

■ 투사(Projection)

투사는 용납할 수 없는 욕망이나 행동을 타인이나 환경 탓으로 돌리는 방어기제다. 자신이 받아들일 수 없는 욕망이나 행동을 자기가 아닌 다른 사람이 갖고 있다고 주장하여 불안에서 벗어난다. 쉽게 말하여 '남 탓하기'다.

> **예** 딸에게 성욕을 느낀 아버지가 딸이 자신을 유혹한다고 비난하는 경우, 바람기 있는 남편(처)이 배우자가 외도했을 것이라고 의심하는 의처증(의부증), 축구 경기에서 패하자 축구화 탓을 하는 경우, '잘 되면 내 탓 못 되면 조상 탓'과 '실력 없는 목수가 연장 탓한다'는 속담.

■ 전위(Displacement, 치환)

전위는 욕구를 충족할 수 없을 때 생긴 불만을 위협적인 대상에서 '덜 위협적인 대상'으로 이동하여 발산하는 방어기제다.

> **예** 부모에게 꾸중 들은 아이가 동생에게 분풀이하거나 장난감을 부수는 경우, 아버지에게 혼나고 강아지에게 발길질하여 화풀이하는 경우, 시어머니에게 구박 받은 며느리가 시어머니가 애지중지하는 개를 학대하는 행위, '종로에서 뺨 맞고 한강 가서 눈 흘긴다'는 속담.

■ 대치(Substituton)

대치는 어떤 대상에 대한 용납할 수 없는 욕구나 감정을, 용납할 수 있거나 비슷한 대상으로 옮겨 가는 것을 말한다. 원하는 것을 갖지 못한 좌절감, 불만 등을 원래의 것과 비슷한 것을 취해 만족하는 경우이다. 쉽게 말해 바꿔치기다.

예 친오빠를 좋아하는 여동생이 오빠 친구에게 강한 매력을 느끼는 경우, '꿩 대신 닭'이라는 속담.

> **전위와 대치의 차이 |** 전위는 '감정'에 초점을 맞추고, 대치는 '대상'에 초점을 맞춘다. 전위는 위협적인 대상(시어머니)을 피해 덜 위협적인 대상(시어머니가 아끼는 개)을 향해 감정을 발산한다. 대치는 윤리적으로 용납할 수 없거나(친 오빠를 사랑) 원하는 것(꿩)에서, 용납할 수 있거나(오빠 친구를 사랑) 비슷한 것(닭)으로 대상을 바꾼다. 즉, 전위는 감정 발산, 대치는 대상 바꿔치기다.

■ 반동형성(Reaction formation)

반동형성은 겉으로 보이는 언행이나 태도를 실제 마음과는 전혀 다르게 표현하는 방어기제다. 원하는 욕구와 정반대로 행동하여, 금지된 충동이 과하게 표출하지 않도록 억제하거나 조절하는 방어기제다.

예 남편이 바람을 피워 태어난 아이를 과잉 보호하는 본부인의 행위, '미운 놈 떡 하나 더 준다'와 '미운 사람에게 쫓아가 인사한다'는 속담.

■ 퇴행(Regression)

퇴행은 좌절하거나 불안할 때 어린 시절에 했던 행동을 다시 하여 불안에서 벗어나려고 하는 방어기제다. 고통스런 현재에서 행복했던 과거로 후퇴하여 자아 불안을 해소하는 방어기제이다.

예 부모 사랑을 독차지하던 아이가 동생이 태어나 부모 사랑을 빼앗기게 되자 갑자기 대소변 가리기를 못하거나 어리광을 심하게 부리는 것.

■ 고착(Fixation)

고착은 다음 단계로 발달하는 것이 불안해서 현 단계에 그냥 머물러 버리는 방어기제이다.

예 어른스럽게 사고하고 행동해야 할 대학생이 여전히 고등학생 수준으로 사고하고 행동하는 경우.

> **퇴행과 고착의 차이 |** 퇴행은 발달했다가 이전 단계로 후퇴한 방어기제이고, 고착은 해당 연령에 적합한 발달이 이루어지지 않은 방어기제이다. 즉 퇴행은 후퇴, 고착은 미발달이다.

■ 억압(Repression)

억압은 의식하기에는 현실이 너무나 고통스럽고 충격적이어서 무의식적으로 현실을 억누르는 방어기제다. 억압은 심리적 문제를 해소하지 않고 그대로 묻어둔다. 정신적 에너지가 모두 억압에 의해 빼앗기면 창조적이고 건설적으로 생활할 수 없어 질병이나 신경증, 심리 장애가 발생할 수 있다. 대표적인 것이 기억상실증이다. 성폭행 당한 여성이 기억상실증에 걸렸는데 다른 사실은 다 기억하지만 성폭행 당한 그 대목만 기억하지 못하는 경우가 있다. 이는 성폭행 당한 사실 때문에 수치심을 심하게 느껴 이를 무의식적으로 억압했기 때문이다.

> **예** 어려운 과제가 있을 때 이를 아예 잊어버리는 경우, 환자가 병원에서 겪은 고통을 기억하지 못하는 경우.

■ 부정(Denial)

부정은 감당하기 어려운 사실이나 상황을 무의식적으로 인정하지 않는 방어기제다. 엄연히 존재하는 사실이나 상황을 부정하여 불안을 회피하는 행위다.

> **예** 난치병 환자가 자신의 병을 의사 오진으로 주장하는 경우, 부모가 지적 장애를 갖고 태어난 자녀를 인정하지 않는 것, '귀 막고 방울 도적질 한다'는 속담.

5) 평가

프로이트는 무의식적 욕구가 인간 행동과 발달을 지배한다고 주장하여 정신의학과 심리학에 지대한 영향을 미쳤다. 특히 5세 이전에 형성된 부모·자녀 관계가 발달에 미치는 영향을 강조하여, 부모 역할과 자녀 양육에 관심을 불러 일으켰고 공격성, 애착, 도덕성 발달, 성역할 발달 등에 관한 연구를 촉발했다. 무의식적 동기와 방어기제 개념도 프로이트 이론의 공헌이다.

프로이트 이론의 문제점은 크게 네 가지로 정리할 수 있다. 첫째, 아동을 직접 관찰하지 않고 심리적으로 문제가 있는 성인의 기억과 회상에 근거하여 아동 발달을 설명하여, 일반화하기 어렵다. 둘째 문화적, 성적 편견을 내포한다. 오이디푸스 콤플렉스는 프로이트 주장처럼 모든 문화권에 있는 보편적 현상이 아니고 서구 중산층 가정에서만 나타나며, 여아는 거세불안이 없기 때문에 초자아를 내면화하지 못해 여성이 남성보다 덜 도덕적이라는 주장은 남성 우월주의 문화권의 성적 편견을 반영한다. 셋째, 프로이트가 사용한 연구 방법인 자유연상과 꿈의 해석은 연구자 주관이 개입할 수 있어 객관성과 정확성이 떨어지고 리비도, 오이디푸스 콤플렉스, 고착, 남근선망 등의 개념은 과학적으로 검증할 수 없다. 넷째, 성적 욕구를 지나치게 강조하여 인간을 성적 욕구에 의해 좌우되는 수동적 존재로 보았다.[65]

---

65 『아동발달의 이해』(정옥분, 학지사, 2015), 88쪽 정리

(1997 객5) 프로이트의 '투사' 개념을 잘 나타낸 것은?

①노래를 못하는 재형이는 읽기를 잘 하려고 노력한다.

②재숙이는 성호를 좋아하면서 미워한다고 말한다.

③재희는 병원에서의 고통스런 경험을 기억해내지 못한다.

④동생을 싫어하는 재만이는 동생이 자기를 미워한다고 말한다.

정답 풀이 ①은 보상, ②는 반동형성, ③은 억압이다. ④는 투사의 예이다. 따라서 답은 ④번이다.

(2010 객19) 다음은 유아기에 나타날 수 있는 부적응 행동의 사례이다. (가)와 (나) 모두를 바르게 설명한 것은?

(가) 아빠에게 억울하게 심한 꾸중을 들은 유아가 적대감을 아빠에게 표현하지 못하고 동생을 때리거나 장난감을 발로 찬다.
(나) 동생이 태어난 유아가 엄지 손가락을 빨거나 오줌을 싸는 행동이 잦아졌다.

① (가)는 전위, (나)는 고착과 관련된 사례이다.

② (가)는 투사, (나)는 퇴행과 관련된 사례이다.

③ (가)와 (나)에서 드러나는 전략들은 의식 수준에서 작동하여 유아가 현실을 왜곡되게 지각하게 한다.

④ (가)와 (나)는 자아가 본능적 충동을 통제할 수 없어 위협당할 때 나타나는 신경증적 불안을 경감시키기 위해 작동하는 전략들이다.

⑤ (가)와 (나)에서 드러나는 전략들은 자아가 초자아와의 갈등으로 인한 도덕적 불안을 벗어나기 위해 작동하는 억압의 일종이다.

정답 풀이 (가)는 전위이고 (나)는 퇴행이므로 ①, ②는 모두 틀렸다. 전위와 퇴행은 모두 무의식에서 작동하므로 ③도 맞지 않는다. 전위와 퇴행은 신경증적 불안을 해소하기 위한 전략이므로 ⑤도 틀렸다. 신경증적 불안은 자아가 원초아를 통제할 수 없어 위협 당할 때 발생한다. 전위와 퇴행은 신경증적 불안을 해소하거나 경감하기 위한 전략이므로 답은 ④번이다.

(2016 특수A1) ⊙에 반영된 이론적 관점이 무엇인지 쓰시오.

> 김 교사: 선생님, 현수가 근래 들어 자꾸 친구를 때리는데, 걱정이 많아요. 장점이 참 많은 아이인데…그런 행동만 하지 않으면 좋을 텐데요. 게다가 곧 초등학교에 입학해야 하는 상황이라….
> 박 교사: 현수 부모님과 상담은 해 보셨나요?
> 김 교사: 네. 어머니 말씀을 들어 보니, 현수가 아기일 때 가족과 떨어져 친척 집에 머물면서 ⊙ 심리적으로 무척 위축되고 불안한 시기를 보낸 것 같아요. 그러한 부정적인 경험들이 내재되어 있다가 지금 친구를 때리는 공격 행동으로 나타나는 것은 아닌가 생각되더군요.

정답 정신분석 이론

(2019 정시A4) ⊙에 나타난 유아의 행동과 관련된 용어를 프로이트 (S. Freud)의 정신분석 이론에 근거하여 쓰시오. [1점]

> 윤 교사: 어제 우리 반 수호 어머니가 상담 시간에 오셨다가 ⊙ 요즘 수호가 집에서 아빠 흉내를 많이 낸다고 하시더라구요. 아빠 면도기로 면도하는 흉내도 내고 아빠 신발을 신고 돌아다니기도 한다는 거예요.

정답 동일시

2. 에릭슨(E. Erikson, 1902~1994)의 심리사회적 발달 단계

에릭슨은 1902년 독일에서 유대인 어머니에게서 태어났다. 어머니는 덴마크 출신이었다. 3살 때 어머니가 유대인 홈부르거와 재혼하면서 에릭슨은 성을 에릭슨에서 홈부르거로 바꾸고 유대인 사회에서 성장했다. 생부가 누구인지 비밀이었고, 유대인 특징이 드러나지 않는 외모 탓에 또래에게 놀림을 받으며, 그는 정체성을 깊이 고민했다고 한다. 에릭슨은 고등학교 졸업 후 대학에 가지 않고, 자신을 발견하고자 유럽을 일 년간 여행했다. 여행 중에 우연히 프로이트 딸이자 정신분석학자인 안나 프로이트(Anna Freud)를 소개 받아 그와 함께 오스트리아에서 정신분석학을 공부했다. 1933년 나치가 집권하여 독일로 돌아갈 수 없게 되자 에릭슨은 미국으로 이주했다. 아동 정신분석에서 두각을 나타내 정식 학위가 없는데도 에릭슨은 하버드대 교수로 임용되었고 1970년 정년 퇴임 때까지 발달 연구에 전념하여 뛰어난 업적을 남겼다.[66]

---

66 http://www.hani.co.kr/arti/culture/book/618431.html#csidxd391335345c083e9125aec57a3cc23b

1) 에릭슨 이론 개요

정신분석학파에 속한 에릭슨은 프로이트 이론을 토대로 심리사회적 발달 이론을 수립했다. 에릭슨은 연령에 따라 리비도의 표출 양상이 달라진다는, 프로이트 이론을 인정했다. 하지만 에릭슨은 환경과 접촉하는 과정에서 아동이 경험하는 위기와 이를 극복하는 과정을 성격 발달의 주 요인으로 보았다.

에릭슨에 의하면 영아는 구강기에 빨고자 하는 욕구를 갖는데, 영아의 주변 환경은 이를 충족하기도 하고 좌절시키기도 한다. 이처럼 욕구를 충족하는 긍정적 경험과 좌절하는 부정적 경험이 교차하는 과정에서 자아는 위기를 맞는다. 이때 긍정적 경험이 많으면 위기를 극복하여, 아동은 긍정적 성격이 발달하며 부정적 경험이 많으면 부정적 성격을 형성한다.[67]

2) 심리사회적 발달 단계

프로이트는 성적 에너지인 리비도의 이동에 따라 발달 단계를 구분했으나, 에릭슨은 타인과 맺는 사회적 관계에 초점을 맞췄다. 에릭슨은 인간 발달을 출생부터 사망까지 전 생애적 과정으로 보고, 프로이트의 심리성적 발달 5단계를 확장하여 8단계로 구성한 심리사회적 발달 단계를 제시했다. 에릭슨의 발달 단계는 단계마다 발달 과업과 위기가 있는 것이 특징이다. 그는 인간 발달에 전 생애 접근을 시도한 최초의 학자라고 할 수 있다.

에릭슨은 내적 본능과 욕구, 외적인 사회문화적 요구 간의 상호작용으로 전 생애에 걸쳐 심리사회적 발달이 일어난다고 주장했다. 에릭슨의 심리사회적 발달 단계와 단계마다 수행해야 할 발달 과업, 극복해야 할 위기는 다음과 같다.

(1) 1단계: 기본적 신뢰감 대 불신감

1단계는 출생에서 1세까지로, 영아가 주 양육자와 신뢰감을 형성하는 단계이다. 프로이트 발달 단계 중 구강기에 해당한다. 주 양육자가 영아의 신체적, 심리적 욕구를 잘 충족하면, 영아는 신뢰감을 형성하고 그렇지 않으면 불신감을 갖는다. 영아가 배가 고프거나 기저귀가 젖어 울 때 주 양육자가 잘 알아채고 돌봐주면 영아는 신뢰감을 갖는다. 주 양육자가 영아 요구를 잘 들어주지 못하면 영아는 불신감을 형성한다. 기본적 신뢰감이나 불신감은 일생을 통해 지속되며, 다음 단계의 성격 발달에 직접 영향을 미친다. 또한 일단 형성된 불신감은 비가역적이다.

에릭슨은 이 시기에 영아가 기본적 신뢰감을 형성하면, 긍정적인 자아 개념을 형성

---

67 『발달심리학』(송명자 저, 학지사, 2018), 211쪽

하며 타인과 신뢰감을 바탕으로 관계를 맺을 수 있다고 보았다. 에릭슨은 완전한 신뢰감만이 바람직하다고 하지 않았다. 지나친 신뢰는 영아를 너무 순진하고 어수룩하게 만들기 때문이다. 따라서 건강한 발달과 성장을 위해서는 불신감도 경험해야 한다.

(2) 2단계: 자율성 대 수치심

2단계는 2~3세 사이로 프로이트 발달 단계 중 항문기에 해당한다. 2단계 쟁점은 자율적이고 창의적인 사람이 되느냐 의존적이고 부끄러운 사람이 되느냐이다. 아이에게 새로운 사물을 탐색할 기회를 주고 독립심을 배양하면 자율성이 발달한다. 그렇지 않으면 과잉 보호를 받고 있거나, 세상사에 효과적으로 대처할 능력이 부족하다고 느껴 아이는 수치심을 갖는다.

2단계의 중요한 과업은 자기통제이다. 특히 배설 통제가 중요하다. 배변 훈련을 할 때 칭찬을 받으면 자율적이고 독립적인 인간으로 성장하지만, 배변을 잘못하면 수치심이나 회의감이 발달한다. 이러한 자율성 대 수치감 사이의 위기 극복 양상은 일생 동안 지속되는 자기통제력의 기초가 된다.

(3) 3단계: 주도성 대 죄책감

4~5세 사이로 프로이트 발달 단계 중 남근기에 해당한다. 3단계에서 유아는 주도적으로 활동을 계획하고 목표를 수립하며, 이를 달성하고자 노력한다. 유아는 또래와 놀 때 자기 주장을 내세우고, 정글짐에 필사적으로 오르고, 경쟁에 몰입하는 등 주도권을 가지려고 한다. 이런 자기 주도적 활동이 성공한 경험이 많으면, 유아는 주도성을 확립한다. 실패한 경험이 많거나 부모 등에게 제지 당하면, 유아는 죄책감을 느껴, 위축되고 소심한 아이가 될 수 있다.

(4) 4단계: 근면성 대 열등감

4단계는 6~12세 사이로 학령기에 해당한다. 프로이트 발달 단계 중 잠복기에 해당한다. 이 단계에서 아동은 학교를 다니면서 지식과 기술을 습득하고 또래와 사회적 관계를 맺는다. 아동이 이 과정에 성실하게 참여하고 적응하면, 근면성을 발달시킬 수 있다. 실패나 실수를 많이 하면 열등감에 빠질 수 있다.

에릭슨은 다양한 기술과 기능을 습득하는 이 때가 자아 성장의 결정적 시기라며, 교사나 부모는 아동의 재능을 발견하고 격려하며, 용기를 북돋아 주어야 한다고 주장했다.

(5) 5단계: 정체감 대 정체감 혼미

5단계는 13~19세 사이로 사춘기이며 청소년기다. 프로이트 발달 단계 중 성기기에 해당한다. 이 단계에서 청소년은 신체가 빠르게 자라며 새로운 사회적 요구에 직면한다. 자신의 존재에 스스로 의문을 품고 정체성을 고민하고 탐색한다. 발달 과업은 자아정체감 형성이다. 자아정체감은 자신의 존재, 위치, 능력, 역할, 책임 등을 분명하게 인식하는 것을 뜻한다. 자아정체감을 형성하면 미래를 계획하고, 직업을 찾고, 배우자를 선택할 때 스스로 결정을 할 수 있다. 자아정체감을 형성하지 못하고 갈등과 혼란을 느끼면 정체감 혼미를 경험하다. 이는 미래에 갈등, 혼란, 방황을 초래할 수 있다.

(6) 6단계: 친밀감 대 고립감

20세 이후 성인기에 해당한다. 이 단계에서 인간은 자신에 대한 관심에서 벗어나 직업을 찾고 배우자를 고르며 다양하게 사회적 관계를 맺는다. 발달 과업은 다른 사람과 친밀한 관계를 맺는 일이다. 이전 단계에서 긍정적으로 자아정체감을 형성하면 타인과 친밀감을 형성할 수 있다. 그렇지 못하면 자신감이 부족하여 자기 자신에게 몰입하기 때문에 사회적 고립감을 느낀다.

(7) 7단계: 생산성 대 침체감

중년기에 해당하며 다양한 성취를 이루어 내는 단계다. 발달 과업은 생산성이다. 자녀 양육, 직업적 성공, 후진 양성 등으로 생산성을 획득할 수 있다. 생산성을 획득하면 타인을 배려하고 사회적 관계를 확대할 수 있다. 생산성 획득에 실패하면 사회적 관계를 넓히지 못하고 자신에게만 몰두하거나 침체감을 형성할 수 있다.

(8) 8단계: 통합감 대 절망감

노년기에 해당한다. 이 단계에서 삶을 되돌아보고 인생의 의미와 가치를 발견하면, 자아 통합감을 갖는다. 자아 통합은 삶을 있는 그대로 인정하고 수용하며, 인생을 통찰하고, 죽음도 수용할 수 있는 상태를 말한다. 삶을 후회하거나 무가치하다고 느끼면 절망감과 무력감을 느낄 수 있다. 다가올 죽음을 의연하게 수용하지 못하고 공포를 느낄 수 있다.[68]

---

68 『유아발달』(김진경, 김유미 저, 방송대, 2020), 61~66쪽 요약

❙ 에릭슨의 심리사회적 발달 단계 ❙

단계	연령	특징
기본적 신뢰감 대 불신감	출생~1세	영아가 주 양육자와 신뢰감 형성
자율성 대 수치심	2~3세	자율적, 창의적인 사람이 되거나 의존적, 부끄러운 인간이 되는 단계
주도성 대 죄책감	4~5세	주도적으로 활동을 계획하고 목표를 수립하고 달성하고자 노력하는 단계
근면성 대 열등감	6~12세	학교에서 지식·기술을 습득하고 또래와 사회적 관계를 맺는 단계
정체감 대 정체감 혼미	13~19세	존재에 의문을 품고 정체성을 고민, 탐색하는 단계
친밀감 대 고립감	초기 성인기	직업·배우자를 찾고, 다양한 사회적 관계를 맺는 단계
생산성 대 침체감	성인기	직업적 성공, 후진 양성 등 성취를 이루는 단계
통합감 대 절망감	노년기	삶의 의미·가치를 발견하고 자아통합감을 느끼는 단계

❙ 프로이트 이론과 에릭슨 이론 비교 ❙

시기	프로이트	에릭슨
출생~1세	구강기	기본적 신뢰감 대 불신감
2~3세	항문기	자율성 대 수치심
4~5세	남근기	주도성 대 죄책감
6~12세	잠복기	근면성 대 열등감
13~19세	성기기	정체감 대 정체감 혼미
초기 성인기		친밀감 대 고립감
성인기		생산성 대 침체감
노년기		통합감 대 절망감

3) 평가

에릭슨은 프로이트 이론을 확장하여 정신분석 이론의 신뢰도와 적용 가능성을 높였다. 에릭슨의 발달 이론은 프로이트와 달리 정상적인 성인을 대상으로 자료를 수집하여 사회적 관계에서 일어나는 발달 과정을 잘 설명한다. 에릭슨은 프로이트 이론에 문화적 영향과 자아정체감, 성인의 발달 단계를 추가했다. 특히, 전 생애 발달적 접근법은 중대한 공헌이다. 하지만 에릭슨은 개념이 명확하지 않고, 발달을 기술만 했지 원인을 설명하지 못했고, 단계 이론에서 다음 단계로 전환하는 기제가 명확하지 않다는 비판을 받았다.[69]

---

69 『아동발달의 이해』(정옥분, 학지사, 2015), 88~89쪽 정리

(2016 A1) 에릭슨(E. Erikson)의 심리사회적 이론에서 ㉣을 지칭하는 용어를 쓰시오. [1점]

가정통신문

이번 주 견학 장소는 과학관입니다. 이번 견학은 아이 스스로 참여하고 싶은 체험 공간을 선택하고 찾아 다니면서 궁금한 점을 해결하는 방식으로, 아이의 타고난 호기심과 잠재력을 개발하는 데 주안점을 두고 있습니다. 우리 원은 ㉣<u>아이들이 새로운 체험 활동에 대한 두려움을 극복하고 자발적으로 지식을 습득하여 세상을 탐색할 수 있도록 도와주고자 합니다.</u> 아이들이 체험 활동을 통해 주변 세상을 보다 능동적으로 탐색할 수 있도록 적극적인 지지를 보내겠습니다.

2015년 0월 0일 ■■유치원

정답 주도성

(2019 특수B1) 에릭슨(E. Erikson)의 심리사회적 발달이론에 의거하여, ㉡을 통해 윤수가 이 발달 단계에서 달성해야 할 발달과업을 쓰시오. [1점]

백 교사: 이제 집에서도 ㉡<u>윤수가 실수할 때 혼내거나 반대로 과잉보호 하지 마시고, 윤수가 스스로 대소변을 통제할 수 있도록 도와주세요.</u>

정답 자율성

행동주의 이론

05 장

1. 행동주의 이해

행동주의는 관찰할 수 있는 행동과 직접 조작·통제할 수 있는 외부 요인에 초점을 맞추어 인간 발달을 설명하는 이론이다. 행동주의는 발달 원동력은 인간 내부가 아니라 외부에 있다고 주장하며 환경 요인을 중시한다. 행동주의 따르면 인간은 환경과 끊임없이 상호작용하고, 자극과 반응의 관계를 학습하여 환경에 적응한다. 따라서 발달을 이해하려면 정신분석 이론처럼 내면의 감정을 연구하거나, 인지발달 이론처럼 인지적 사고를 연구하기보다, 직접 관찰하고 측정할 수 있는 행동을 연구해야 한다.

행동주의는 학습 경험이 발달의 근원이라고 믿는다. 행동주의는 자극과 반응의 관계를 연구하며, 인간 발달에 단계를 설정하지 않는다. 대표적인 행동주의 이론가는 파블로프, 왓슨, 스키너, 반두라가 있다.

행동주의는 인간 행동이 어떻게 학습되고 나타나는지 객관적으로 밝혀냈다. 행동수정, 행동조성, 모델링 같은 행동치료 기법의 근거가 되어 바람직하지 않은 행동을 이해하고 수정하는 데 기여했다. 그러나 행동주의는 다음과 같이 세 가지 이유로 비판을 받는다. 첫째, 환경을 지나치게 강조하여 유전과 같은 생물학적 요인을 간과했다. 둘째, 학습 과정에서 나타나는 유아의 능동적 역할을 과소 평가했다. 셋째, 실험실이나 특정 상황에서 도출한 결과를 토대로 하여, 일상 생활에 나타나는 일반적인 행동을 설명하지 못한다.[70]

---

70 『유아발달』(김진경, 김유미 공저, 방송대, 2020), 93쪽

2. 파블로프와 왓슨

1) 파블로프(I. P. Pavlov, 1849~1936)의 고전적 조건형성

유기체의 자극과 반응의 관계를 처음 연구한 학자는 러시아의 생리학자 파블로프이다. 그는 포유류의 소화 과정을 연구하여 1904년에 노벨의학상을 받았다. 파블로프는 개의 소화 과정을 연구하다가, 음식을 주지 않았는데도 사육사가 지나가는 모습을 보거나, 사육사 발소리만 듣고도 개가 침을 흘리는 현상을 발견하고 이를 고전적 조건형성 이론으로 발전시켰다. 고전적 조건형성은 이후에 나온 조작적 조건형성과 구별하기 위해 붙은 명칭이다.

(1) 고전적 조건형성 과정

고전적 조건형성이란 어떤 자극이 유발하는 선천적 반사 반응을 그 반응과 관련 없는 중립자극과 연합하여, 중립자극만으로 선천적 반사 반응을 일어나게 하는 과정이다. 파블로프는 개의 타액 분비 실험을 통해 이를 발견하였다.

개에게 먹이를 주면 개는 본능적으로 침을 흘린다. 파블로프는 개에게 먹이를 주기 직전에 종소리를 들려주었다. 이런 과정을 여러 번 반복하자 개는 먹이 없이 종소리만 들어도, 침을 흘렸다. 개가 종소리에 조건형성이 된 것이다.

조건형성이 되기 전, 개에게 주는 먹이는 침을 흘리는 선천적 반응을 유발하기 때문에 무조건자극(Unconditional Stimulus, US)이라고 한다. 개가 침을 흘리는 것은 먹이라는 무조건자극에 나타난 반응이므로 무조건반응(Unconditional Response, UR)이라고 한다. 조건형성 과정을 통해 종소리만으로 침을 흘리면 종소리는 조건자극(Conditional Stimulus, CS)이다. 개가 종소리만 듣고 침을 흘리면 조건화된 반응이므로 조건반응(Conditional Response, CR)이라고 한다.

(2) 소거, 자발적 회복, 자극 일반화, 자극 변별화

개는 종소리라는 조건자극과 먹이라는 무조건자극을 함께 지속적으로 주지 않으면, 시간이 지나면서 조건자극인 종소리에 침을 흘리는 조건반응이 사라진다. 이를 소거라고 한다.

소거가 된 후 한참이 지나 종소리(조건자극)를 들려 주면 일시적으로 개는 침을 흘린다(조건반응). 이를 자발적 회복이라고 한다. 자발적 회복은 조건자극(종소리)과 무조건자극(먹이)을 함께 주지 않으면 사라진다.

조건자극과 비슷한 자극에 조건반응이 일어날 수 있다. 특정 멜로디의 종소리에 침을 흘리도록 조건형성된 개는, 다른 비슷한 멜로디의 종소리에도 조건반응을 한다. 이를 자극일반화라고 한다. 밤에 악몽을 꾼 아이가 어두운 장소를 싫어하고 '자라 보고 놀란 가슴 솥뚜껑 보고 놀란다'는 속담도 자극일반화다.

조건반응을 일으키는 조건자극이 분화하여 비슷한 자극 중에서 특정 자극에만 조건반응이 일어날 수 있다. 어두운 곳에서 공포를 느끼는 아이가 똑같이 어두운 극장에서는 공포를 느끼지 않을 수 있다. 이를 자극변별화라고 한다.

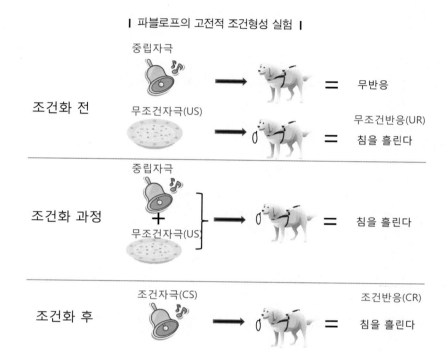

| 파블로프의 고전적 조건형성 실험 |

2) 왓슨(J. B. Watson, 1878~1958)의 고전적 조건형성

왓슨은 파블로프의 고전적 조건형성 이론을, 인간 행동에 적용한 대표적인 행동주의 심리학자다. 그는 "나에게 13명의 건강한 아이를 맡기면 부모가 원하는 대로 의사든, 변호사든, 도둑이든, 거지든 만들 수 있다"라고 말했을 정도로 발달에서 환경의 영향력을 강조했다.

왓슨은 유아의 성격이나 행동이 유전적인 요인이 아니라 환경과 경험의 산물이라고 주장했다. 부모가 유아에게 애정을 표하면 유아의 독립성과 탐색 확장을 방해하므로, 부모는 애정 표현을 삼가고 엄격하게 자녀를 양육해야 한다고 주장했다.

(1) 어린 앨버트 실험(Little Albert Experiment)

왓슨은 파블로프의 고전적 조건형성 이론을 인간 정서를 조건형성하는 데 적용했다. 그는 영아에게 공포를 습득시키는 실험을 했다. 왓슨은 생후 9개월 된 남아 알버트(Albert)에게 흰쥐를 보여주었다. 처음에 알버트는 흰쥐를 무서워하지 않고 만지려하는 등 관심을 보였다. 하지만 흰쥐를 보여주면서 큰 소리를 여러 번 들려주자, 알버트는 깜짝 놀라 우는 반응을 보였다. 이 과정을 반복하자 알버트는 흰쥐만 보아도 놀라서 피하려 하였다. 중립자극인 흰쥐가 큰 소리라는 무조건자극과 연합하여 조건형성이 일어난 것이다. 이후 알버트에게는 흰색 토끼와 흰색 개, 흰 코트도 무서워하는 자극일반화가 나타났다.

왓슨은 '어린 앨버트 실험'을 토대로 빈도 법칙과 최근 법칙을 주장하였다. 빈도 법칙은 자극과 반응이 많이 연합할수록 학습이 강화된다는 법칙이고, 최근 법칙은 자극과 반응이 최근에 연합할수록 학습이 쉽다는 법칙이다.

3) 평가

파블로프는 실험을 통해 자극과 반응의 연합을 과학적, 실증적으로 제시하여 발달연구에 크게 기여했다. 행동주의 심리학의 발달 이론은 상당수가 파블로프 연구에 토대를 두고 있다. 하지만 파블로프 이론은 선천적이고 반사적 반응을 유발하는 자극의 조건형성에 국한되었다는 한계가 있다.

왓슨은 파블로프 이론이 인간에게도 적용될 수 있다는 사실을 보여주었다. 그는 인간의 정서적 반응이나 행동이 고전적 조건형성을 통해 학습될 수 있다는 사실을 밝혀냈다. 하지만 그가 영아를 대상으로 한 실험은 비인간적이며, 그의 이론은 인간의 능동적 인지 과정을 간과했고, 고전적 조건형성 반응은 공포, 분노, 사랑 등 정서적 반응에 국한되었다는 비판을 받았다.[71]

3. 스키너(B. F. Skinner, 1904~1990)의 조작적 조건형성

1) 개념

스키너는 고전적 조건형성 이론을 계승, 발전시킨 조작적 조건형성 이론을 제시했다. 파블로프와 왓슨이 인간의 수동적, 반사적 반응에 관심을 가졌지만, 스키너는 유기체 스스로 환경을 조작하고 통제하는 자발적 반응 행동에 관심을 갖고 조건형성 과정을 연구하였다.

스키너의 조건형성에서 반응은 자극에 따라 자동적으로 나타나지 않는다. 반응은

---

71 『유아발달』(김진경, 김유미 공저, 방송대, 2020), 98쪽

유기체가 자발적으로 수행하는 조작적 행동이다. 스키너에 의하면 유기체는 자극에 수동적으로 반응하는 존재가 아니다. 특정한 자극을 유도하려는 의도를 가지고 스스로 적절하게 반응한다. 스키너의 조건형성 원리는 행동이 조작된다는 의미에서 고전적 조건형성과 구별하여 조작적 조건형성이라고 한다.

스키너는 유기체 행동이 조작되는 과정을 설명하기 위해 스키너 상자를 고안하여 실험을 했다. 스키너는 지렛대를 누르면 먹이가 나오는 상자를 만들고 상자 안에 굶주린 쥐를 넣었다. 쥐는 상자 안을 돌아다니다가 우연히 지렛대를 누르면 먹이가 나오는 사실을 알아냈다. 그러자 쥐는 더 자주 지렛대를 눌렀고 지렛대와 먹이 간의 관계를 알게 되었다. 지렛대와 먹이 간의 관계를 통해, 쥐는 지렛대를 누르는 행동을 스스로 학습했다.

❙ 스키너 상자 ❙[72]

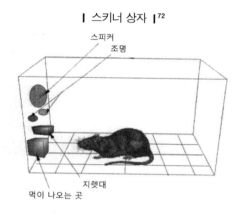

스피커
조명
지렛대
먹이 나오는 곳

스키너 상자 실험은 유기체가 어떤 행동을 했는데 결과가 긍정적이면 이후에 그 행동을 할 가능성이 높다는 사실을 보여 준다. 발생 가능성이 높아진 행동은 강화를 통해 조작된 행동이다. 유기체가 어떤 행동을 한 후 부정적 결과가 나타나면 이후 그 행동을 할 가능성은 감소한다. 처벌을 통한 행동의 감소도 행동의 조작이다. 이처럼 행동의 조건형성에는 행동의 발생 빈도를 높이는 강화와 발생 빈도를 낮추는 처벌이 작용한다.

스키너는 인간 행동을 모두 두 가지로 나눌 수 있다고 보았다. 반응적 행동과 조작적 행동이다. 반응적 행동은 파블로프 실험에서 개가 침을 흘리듯이, 자극이 있으면 반응하고 자극이 없으면 반응하지 않는 매우 단순한 행동이다. 조작적 행동은 어떤 행동으로 일어난 결과에 의해 통제되는 행동이다. 긍정적 결과는 그 행동이 다시 발생할 가능성을 높이지만, 부정적 결과는 다시 발생할 가능성을 낮춘다. 스키너는 인간 행동

---

72 출처: https://commons.wikimedia.org/wiki/File:Skinner_box_scheme_01.png

은 대부분 조작적 행동이라고 보았다. 고전적 조건형성에서는 자극이 반응을 유발하고, 조작적 조건형성에서는 반응이 자극을 유도한다.[73]

2) 강화와 처벌

조작적 조건형성 이론의 핵심 개념은 강화와 처벌이다. 강화는 행동 발생을 증가시키는 자극이고, 처벌은 행동 발생을 감소시키는 자극이다.

강화에는 정적 강화와 부적 강화가 있다. 처벌도 정적 처벌과 부적 처벌이 있다. 정적 강화는 어떤 행동의 결과로 긍정적인 것을 얻어 행동 빈도가 증가하는 것이다. 인사를 잘 한 유아에게 초코렛을 주자 인사를 더 잘하는 경우다. 이때 초코렛은 정적 강화물이다. 부적 강화는 어떤 행동의 결과 부정적인 것이 사라지거나 줄어들어 행동 빈도가 증가하는 것이다. 인사를 잘 한 유아에게 방 청소를 면제해주자 인사를 더 잘하는 경우다. 방 청소 면제는 부적 강화물이다.

정적 처벌은 어떤 행동의 결과로 부정적인 결과가 나타날 때 그 행동 빈도가 감소하는 것이다. 동생과 싸운 후 부모에게 혼이 나자, 형이 동생과 싸우지 않는 경우다. 이때 혼난 경험이 정적 처벌이다. 부적 처벌은 어떤 행동의 결과로 긍정적인 것이 없어지거나 줄어들어 행동 빈도가 감소하는 것이다. 동생과 싸운 형에게 게임을 못 하게 하자 동생과 싸우지 않는 경우다. 이때 게임 금지는 부적 처벌이다.

❙ 강화와 처벌의 뜻과 사례 ❙

종류		개념	사례
강화	정적 강화	어떤 행동의 결과로 긍정적인 것을 얻어 행동 빈도가 증가하는 것	인사를 잘 한 유아에게 초코렛을 주자 인사를 더 잘하는 경우. 이때 초코렛은 정적 강화물
	부적 강화	어떤 행동의 결과 부정적인 것이 사라져 행동 빈도가 증가하는 것	인사를 잘 한 유아에게 방 청소를 면제해주자 인사를 더 잘하는 경우. 방 청소 면제는 부적 강화물
처벌	정적 처벌	어떤 행동의 결과로 부정적인 결과가 나타날 때 행동 빈도가 감소하는 것	동생과 싸운 후 부모에게 혼이 나자, 형이 동생과 싸우지 않는 경우. 혼난 경험은 정적 처벌에 해당
	부적 처벌	어떤 행동의 결과로 긍정적인 것이 없어져 행동 빈도가 감소하는 것	동생과 싸운 형에게 게임을 못 하게 하자 동생과 싸우지 않는 경우. 게임 금지는 부적 처벌

스키너는 처벌을 유아에게 사용하는 것을 반대했다. 처벌은 부정적 행동을 줄이는 데 효과가 있지만, 부정적 정서를 갖게 하고 긍정적 행동을 촉진하지 못한다고 보았기

---

73 『아동발달의 이해』(정옥분, 학지사, 2015), 70~71쪽 정리

때문이다. 스키너는 습관도 조작적 학습 경험의 결과라고 보았다.

조작적 조건형성 이론은 강화 자극을 적절하게 조절하여, 바람직한 행동은 증가시키고 바람직하지 못한 행동은 감소시켜 행동수정이 가능하다고 본다. 스키너의 저서 『웰던 투(Waldon two)』(1948)에는 바람직한 행동과 발달, 이상적인 부모·자녀 관계, 부모 역할 훈련, 아동 변화 기술 등이 담겨 있다.

3) 행동수정과 행동조성

행동수정은 조작적 조건형성 원리를 이용하여 유아의 문제 행동을 수정하는 행동치료법이다. 문제 행동은 무시하고, 바람직한 행동이 나타나면 칭찬, 격려 등으로 보상하여 문제 행동을 수정하는 방법이다. 행동수정법은 바람직한 행동이 자발적으로 일어나지 않으면 적용할 수 없다.

행동조성은 목표 행동을 세분화하여 유아가 목표 행동에 근접하면 단계마다 보상하면서 점차적으로 목표 행동을 습득하게 하는 방법이다. 유아 스스로 세수하도록 하기위해, 우선 유아가 스스로 세면실 근처에 가면 보상하고, 세면대에서 물을 틀거나 손을 씻으면 또 보상하고, 세면대에서 세수하면 다시 보상하는 방법이다. 이처럼 행동조성은 유아에게 다소 복잡한 행동을 학습시킬 때 효과적이다.

4) 평가

스키너는 인간의 능동적인 행동과 학습에 주목하여 행동주의 이론의 적용 범위를 확대했다. 조작적 조건형성 원리에 근거한 행동수정과 행동조성 기법은 문제 행동을 수정하거나 바람직한 행동을 유도하는 데 효과적으로 활용되고 있다. 그러나 조작적 조건형성 이론은 유전적 요인 등 유기체 내부 요인을 간과하였고, 행동이 나타날 때까지 영향을 주는 인지적 활동과 사회적 상호작용을 충분히 설명하지 못한다는 비판을 받았다.[74]

---

74 『유아발달』(김진경, 김유미 공저, 방송대, 2020), 98~102쪽

(2011 객6) 다음은 부적절한 행동을 보이는 영진이의 사례이다. 영진이에 대한 교사의 지도 방법 중 스키너(B. F. Skinner) 이론에 기초한 행동수정(behavior modification)의 원리에 부합되는 것을 <보기>에서 모두 고른 것은?

영진이는 유치원에서 친구들의 장난감을 뺏고 자신이 좋아하는 장난감은 아무도 만지지 못하게 한다. 다른 친구가 가지고 있는 장난감을 보면 한 손에 장난감을 쥐고 있으면서도 친구의 것을 빼앗는다. 친구가 꼭 쥐고 놓아주지 않으면 친구의 손을 물어버린다. 사인펜과 같은 공동 물건도 함께 사용하지 않고 혼자만 독차지하려다 친구들과 자주 싸움이 나곤 한다. 수업 시간에는 선생님의 관심을 끌려고 소리를 지르기도 하고 자동차를 앞뒤로 밀면서 교실을 돌아다닌다.

<보기>

ㄱ. 영진이로 하여금 자신의 화난 감정을 그림으로 그리거나 말로 표현하게 한다.
ㄴ. 영진이가 유치원의 공동 물건을 친구들과 사이좋게 나누어 쓰면 칭찬해준다.
ㄷ. 교사의 관심을 끌기 위한 영진이의 부적절한 행동에 대해 관심을 보이지 않거나 무시함으로써 소거시킨다.
ㄹ. 분노의 감정을 해소할 수 있는 찰흙, 펀치 백 등을 제공하여 영진이가 자신의 감정을 적절히 표현할 수 있도록 한다.
ㅁ. 영진이가 친구 장난감을 자꾸 빼앗아 혼자서만 사용하려고 할 때에는 일정 기간 그 장난감을 가지고 놀지 못하도록 하는 벌을 준다.

정답 풀이 답은 ㄴ, ㄷ, ㅁ이다. ㄱ과 ㄹ은 정신분석 이론에 근거했다.

4. 행동수정 이론

행동수정 이론은 정신분석 이론이 꿈이나 자유연상 같은 모호한 개념으로 인간 행동을 설명했다고 비판하며, 과학적 방법으로 인간 행동을 설명한다. 행동수정 이론은 인간 행동을 학습의 결과라고 본다. 행동수정 이론은 외부로 나타나는 행동에 관심을 갖고, 바람직한 행동을 형성하기 위해 학습한 행동을 수정한다. 행동수정 이론에 따르면 인간 행동은, 대부분 타고나는 것이 아니라 환경과 상호작용하면서 쌓은 경험으로 학습된다. 문제 행동을 수정하려면 양육 환경을 바꿔 아동을 재학습시켜야 한다. 학습한 것을 잊어 버리게 하거나 새롭게 학습시키면 행동을 바꿀 수 있다.

1. 인간은 백지 상태로 태어나 환경의 영향을 받으며 학습한다.
2. 학습은 경험과 연습에 의해 이루어진다.
3. 학습은 자극과 반응이 연합하는 과정이다.
4. 복잡한 행동은 단순한 반응의 결합이다. 즉 전체는 부분의 합이다.
5. 인간의 모든 행동은 학습을 통해 변화시킬 수 있다.

1) 행동수정 이론의 근거

행동수정 이론의 근거는 크게 세 가지가 있다. 첫째, 고전적 조건형성 이론이다. 고전적 조건형성 이론은 자극과 반응을 연합한 후 반복적으로 제시하여, 바람직한 행동은 강화하고 바람직하지 않은 행동은 소거한다. 둘째, 조작적 조건형성 이론이다. 조작적 조건형성 이론은 인위적으로 자극과 반응을 조작하여 보상과 격려로 바람직한 행동은 강화하고 문제 행동은 소거한다. 셋째, 모방학습 이론이다. 모방학습 이론에 따르면 자녀는 부모 행동을 모방하므로, 부모가 모범을 보이면 자녀는 바람직하게 행동한다.

행동수정 이론은 처음에는 장애아의 신변 처리 능력 향상과 생활 지도 등을 위해 사용하였다. 점차 대상을 확대하여 일반 아동이 바람직한 행동을 습득하거나 문제 행동을 수정할 때도 사용하고 있다.

행동주의 학습 이론의 핵심은 자극과 반응의 연합이다. 새로운 행동을 학습하고 유지하기 위해 어떤 자극으로 어떤 반응을 이끌어 내는지가 행동주의 학습 이론의 주 관심사다. 행동주의 원리는 기본적으로 강화와 소거, 처벌로 설명할 수 있다.

강화는 특정 행동의 발생 빈도를 증가시키는 과정이다. 이때 행동의 발생 빈도를 증가시키는 매개물을 강화물(강화제)이라고 한다. 강화물은 과자, 아이스크림, 장난감 등 물질적 강화물과 미소, 인정, 안아주기, 칭찬, 격려 등 사회적 강화물 그리고 스티커, 별표 등 토큰 강화물이 있다.

┃ 강화물(강화제) 종류 ┃

물질적 강화물	과자, 아이스크림, 장난감 등
사회적 강화물	미소, 인정, 안아주기, 칭찬, 격려 등
토큰 강화물	스티커, 별표 등

2) 바람직한 행동을 증가시키는 방법

(1) 토큰 강화(token reinforcement)

토큰 강화는 맛있는 음식이나 선물 같은 실제 강화물 대신에 토큰이나 스티커로 보상하는 강화법이다. 유아가 모은 스티커나 플라스틱 조각 등이 미리 약속한 일정한 수량에 도달하면 유아가 좋아하는 물건이나 활동으로 교환해주는 방법이다. 이때 스티커나 플라스틱 조각 같은 자극을 토큰이라고 하며, 토큰과 교환하는 물건이나 활동은 후속(교환) 강화자극이라고 한다. 토큰은 원래 아동 행동을 직접 강화하는 힘이나 자극이 없지만, 다른 강화물과 연합하여 강화력을 갖는다. 이를 조건 강화자극이라고 한다.

| 토큰과 교환하는 후속(교환) 강화 자극 예시 |

단계	토큰 수	후속(교환) 강화자극
1	10	아이스크림 1개
2	20	피자 1판
3	30	방 청소 면제
4	40	게임 2시간 허용
5	50	놀이 동산에 놀러 가기

토큰 강화는 교사나 부모가 매번 즉시 강화물을 주지 않고도, 유아가 바람직한 행동을 유지하도록 동기를 부여한다. 바람직한 행동의 특성에 따라 강화의 양을 증감할 수 있어 일반적인 정적 강화보다 유용하다. 토큰은 사용하기 편리하며 바람직한 행동이 일어난 즉시 제공할 수 있다. 유아는 토큰을 세어보면서 자신의 행동이 어떻게 개선되는지 알 수 있어 동기 유발 효과가 크다. 오랫동안 토큰을 모아 원하는 물건으로 교환하는 과정에서, 변화한 행동이 장기적으로 유지되며 쉽게 포화하지 않는다. 토큰 강화는 새로운 습관을 형성하는 데 유용하다.

(2) 점진적 접근

점진적 접근은 이전에 하지 못하는 행동을 기초부터 차근차근 강화하여 목표 행동에 도달하게 하는 방법이다. 점진적 접근에는 행동형성과 행동연쇄가 있다.

① 행동형성(행동조성)

행동형성은 목표 행동을 한 번에 수행하기 어려울 때, 목표 행동을 난이도에 따라 나누어 단계를 만들고, 난이도를 조금씩 높여 가면서 단계를 밟아 최종에는 목표 행동을 하게 하는 방법이다. 예를 들어 아이에게 책 읽는 행동을 가르칠 때 처음에는 책을 5분만 읽어도 칭찬하고, 그 다음에는 10분 이상 읽어야 칭찬하고 마지막에는 15분 이상 읽어야 칭찬하는 방법이다. 지면 위로 30센티미터를 도약하여 훌라후프를 통과하는 것이 목표 행동이라면, 1단계는 지면 위 10센티미터에서 통과하기, 2단계는 지면 위 20센티미터에서 통과하기, 3단계는 지면 위 30센티미터에서 통과하기로 나누어, 단계를 통과할 때마다 강화물을 주어 목표 행동에 도달하게 하는 것도 행동형성이다.

행동형성은 옷 입히기, 식사 예절 지도, 언어 습득 등 주로 새로운 행동을 처음 가르칠 때 사용한다. 특히 자기 표현을 잘 못하거나 공포증이 있는 유아나 지적 장애아의 신변 처리 지도에 효과가 좋다.

행동형성 기법을 사용할 때는 목표 행동뿐 아니라 단계적으로 나타나는 유사한 행동이나 목표 행동으로 나아갈 수 있는 행동에도 강화물을 줘야 한다. 유사 행동 강화는 다음 단계에서 나타나는 행동의 선행 자극이 되어 점진적으로 유아가 목표 행동을 하도록 촉진하는 효과가 있다.

② 행동연쇄

행동연쇄는 목표 행동을 시발점 행동에서 도달점 행동까지 순서에 따라 나누어 이전 행동과 이후 행동이 서로 자극-반응으로 연쇄적으로 일어나도록 가르치는 방법이다. 즉 목표 행동을 순서에 따라 세분화하고 세분화 행동을 수행할 때마다 강화물을 제시하여, 점차적으로 목표 행동에 접근하게 하는 방법이다. 예를 들어 양치질을 가르칠 때 칫솔을 고른다(1단계), 칫솔에 물을 적신다(2단계), 치약을 적당하게 바른다(3단계), 양치질을 한다(4단계), 물을 컵에 받는다(5단계), 물로 입안을 여러 번 헹군다(6단계), 칫솔을 씻어 제자리에 놓는다(7단계)로 나누어 지도하는 방법이다. 대개 간단한 행동은 2~3단계, 복잡한 행동은 10단계 이상으로 나누어 지도한다.

행동연쇄는 주로 양치질, 배변 등 생활 습관 형성이나 자전거 타기, 악기 연주 같은 기술을 새로 가르칠 때 사용한다.

행동형성과 행동연쇄는 기본생활습관을 처음 가르칠 때 널리 활용된다. 행동형성과 행동연쇄를 사용할 때 고려해야 할 점은 크게 세 가지가 있다. 첫째, 가급적 행동 단계를 세분한다. 목표 행동에 도달하기 어려워할수록 더 세분한다. 둘째, 아동이 성취할 수 있는 수준을 낮게 잡는다. 셋째, 현 단계 행동이 숙달한 후에 다음 단계로 이동한다. 4~5회 연

속 성공하거나 성공률이 80% 정도일 때 다음 단계로 넘어가는 것이 적절하다.[75]

행동형성과 행동연쇄의 차이는 동일 행동 여부와 난이도에 있다. 행동형성은 동일한 행동을 난이도에 따라 나누어 제시하고, 행동연쇄는 목표 행동을 순서에 따라 수준이 비슷한 행동으로 세분한 후 연결하여 제시하는 방법이다.

기출문제로 학습 확인하기

(2019 특B2) ⓛ의 행동 중재 전략을 쓰고, ⓒ에 해당하는 강화제 유형을 쓰시오. [2점]

박 교사: 그래서 제 생각에는 먼저 상희에게 수업 시간에 지켜야 할 약속이나 규칙을 이해할 수 있도록 지도하는 것이 필요합니다.
김 교사: 그게 좋겠습니다. 그런데 상희를 자기 자리에 앉게 만드는 좋은 방법은 없을까요?
박 교사: 네. 그때는 이런 방법이 있는데요. 일단 ⓛ'자기 자리에 앉기'라는 목표 행동을 정하고, '책상 근처로 가기, 책상에 가기, 의자를 꺼내기, 의자에 앉기, 의자에 앉아서 의자를 당기기'로 행동을 세분화 합니다. 이때 단계별로 목표 행동을 성취했을 때마다 강화를 주는데, ⓒ칭찬, 격려, 인정을 강화제로 사용 하는 것도 좋겠습니다.

정답 행동연쇄법, 사회적 강화물(강화제)

(3) 용암법(단서철회, fading)

용암법(단서철회)은 목표 행동을 일어나게 하는 자극을 점진적으로 조절하여 변화한 자극이나 새로운 자극에도 목표 행동이 나타나도록 유도하는 기법이다. 즉 자극을 점진적으로 조절하여 변화한 자극이나 새로운 자극에도 원하는 행동이 일어나게 하는 방법이다.

예를 들어 이름을 물어봤을 때 대답을 못하는 유아에게 '철수'라고 이름을 크게 말해준다. 그러면 유아는 자기 이름을 말할 수 있게 된다. 유아가 여러 번 '철수'라고 말하는 데 성공하면, 점차 목소리를 낮추어 '철수'라고 말해 준다. 나중에는 소리 내지 않고 입 모양만 보여 주며 철수가 자기 이름을 혼자 말하도록 한다. 이처럼 용암법은 주로 역순행 방법을 사용하며 유아가 과제를 전혀 수행할 수 없을 때 효과적이다.

단계적으로 변하는 촉진 자극은 말로 반응을 도와주는 언어적 촉진 자극과 손으로 가리키기와 같은 시각적 촉진 자극, 목표 행동을 잘 할 수 있도록 기구나 시설을 조성하여 행동을 유발하는 환경적 촉진 자극 그리고 율동이나 운동을 배울 때 잡아주기

---

75 『부모교육』(김진경, 서주현 공저, 방송대, 2020), 367~375쪽 요약

와 같은 신체적 촉진 자극이 있다.

행동형성법이 자극은 같고 반응은 점차 변화한다면, 용암법은 자극이 점차 변화하지만 반응은 동일하다. 용암법은 새로운 것을 거부하는 행동을 줄여 즐겁게 학습할 수 있게 하며 짜증이나 과잉 행동 등을 줄인다.

(4) 자기조절법

자기조절법은 유아 스스로 행동을 수정하게 하는 방법이다. 읽기와 쓰기가 가능하고 판단 능력이 있는 유아의 행동을 수정할 때 적절한 방법이다. 자기조절법은 유아 의지에 따라 성패가 좌우되므로 성공할 경우 효과가 오래 지속한다. 자기조절법에는 자기 관찰과 자기 계약이 있다.

① 자기 관찰

자기 관찰법은 바람직하지 않은 행동을 자신이 직접 관찰, 기록하여 스스로 심각성을 깨달아 행동을 수정하는 방법이다. 예를 들어 비만 아동에게 자신이 먹는 음식물을 기록하게 하면, 이를 기록하는 과정에서 자신이 생각보다 많이 먹는다는 사실을 알고 섭취량을 줄인다.

② 자기 계약

자기 계약은 유아와 협의하여 어떤 행동을 하기로 약속하고 그 내용을 계약서로 작성하여 행동을 수정하는 방법이다. 유아가 약속을 지키면 보상을 하고 지키지 않으면 처벌한다. 자기 계약이 효과를 거두려면 세 가지 사항을 지켜야 한다. 첫째, 보상과 처벌 내용을 유아와 협의하여 결정한다. 둘째, 보상과 처벌은 계약서에 명시한 그대로 즉각 시행한다. 셋째, 계약 기간은 처음에는 1일 단위로 하고 약속을 잘 지키면 1~2주 단위로 늘린다.[76]

(5) 프리맥 강화(프리맥 원리, Premack's Principle)

프리맥 강화는 발생 빈도가 높은 행동을 발생 빈도가 낮은 행동을 증가시키는 강화물로 이용하여 행동을 수정하는 방법이다. 프리맥 강화는 미국의 심리학자 데이빗 프리맥(David Premack, 1925~2015)이 수립했다. 프리맥 강화는 자주 일어나는 어떤 행동이 자주 일어나지 않는 행동의 빈도를 증가하기 위한 좋은 강화물이 될 수 있다는

---

76 『부모교육』(정옥분, 정순화 공저, 학지사, 2020), 354~358쪽 요약

원리에서 나왔다. 자주 일어나는 행동은 드물게 일어나는 행동의 강화물이 될 수 있다는 뜻이다.

아이스크림은 좋아하지만 시금치는 싫어하는 유아에게, 시금치 먹으면 아이스크림을 먹을 수 있게 허락하면, 유아는 아이스크림을 먹기 위해 시금치 먹는 빈도를 증가시킬 것이다. 이것이 프리맥 강화다. 유아가 책은 싫어하지만 축구를 무척 좋아한다면, 책 1권을 읽으면 1시간 동안 축구를 할 수 있게 한다고 약속하면 유아는 책을 읽는다. 숙제 하기 싫어하는 아이에게 숙제를 다 하면 아이가 좋아하는 만화를 보게 해주겠다고 하면, 아이가 숙제를 하는 것도 프리맥 강화다.

프리맥 강화를 할 때는 적절한 강화물을 선택해야 한다. 모든 유아에게 효과가 있는 강화물은 존재하지 않기 때문에, 교사가 적절한 강화물을 찾기는 쉽지 않다. 프리맥 강화를 할 때는 선호하는 것이 변하면 강화물을 바꿔야 한다. 아이스크림을 먹고 배탈이 나서 더 이상 아이스크림을 좋아하지 않는 유아에게, 아이스크림은 강화물이 될 수 없다. 교사는 유아를 세심하게 관찰하여 유아가 가장 좋아하는 것을 강화물로 제공해야 프리맥 강화는 효과를 볼 수 있다.

기출문제로 학습 확인하기

(2014 A4) ㉰에 해당하는 강화의 종류 1가지를 쓰시오. [1점]

> 교사: 준이가 집에서는 음식을 골고루 잘 먹나요?
> 준이 어머니: 자기가 먹고 싶은 것만 먹어서 걱정이에요. 그래서 ㉰준이가 음식을 골고루 잘 먹을 때마다 준이가 좋아하는 동화책을 읽어주기로 했어요.

정답 프리맥 강화

(6) 모델학습(모델링)

유아는 경험으로 행동을 학습하기도 하지만 부모나 교사, 또래 등을 관찰하고 모델링하여 학습하기도 한다. 모델링은 다른 사람의 사고, 태도 또는 외현적 행동을 모방하거나 순응할 수 있는 행동으로 나타내는 것을 말한다.

유아는 주변 세계를 끊임없이 탐색하고 모방하는 존재다. 유아는 교사 행동을 모방하고, 이를 자신의 방법으로 내면화하여 새로운 행동을 창조해 낸다. 예를 들어 교사가 들려주는 동화를 유아는 처음에는 그대로 모방하다가, 자신의 경험과 느낌을 반영하여 새로운 이야기를 만들어 낸다.

모델링은 강화물이 없어도 자연스럽게 일어나기 때문에 바람직한 행동을 유도하는 데 매우 효과적이다. 인지적으로 미성숙한 유아는 부모를 모방하는 경향이 강하므로, 자녀가 바람직한 행동을 모방하도록 부모는 좋은 모델이 되어야 한다. 텔레비전이나 비디오 등 미디어도 유아에게 모델이 되므로 주의가 필요하다.[77]

3) 바람직하지 못한 행동을 감소시키는 방법

(1) 처벌

처벌은 불쾌한 자극을 가하여 부적절한 행동을 감소시키는 행동수정 기법이다. 처벌은 유아 스스로 바람직한 행동을 하도록 유도하는 방법이 아니라, 유아가 고통을 피하기 위해 문제 행동을 하지 않게 하는 방법이다. 강화가 바람직한 행동을 증가시키기 위해 활용하는 후속 자극이라면, 처벌은 바람직하지 않은 행동을 줄이기 위해 활용하는 후속 자극이다.

처벌은 잘못 사용하면 부작용이 크므로 주의해야 한다. 특히 체벌을 가할 때는 신중해야 한다. 체벌은 전통적인 행동수정 방법이지만 단점이 많다. 체벌의 단점으로는 첫째, 체벌만으로 바람직한 행동을 가르칠 수 없다. 둘째, 반두라(Bandura, 1977)의 공격성 실험이 증명했듯이 유아가 모방 학습을 하여 공격성이 증가할 수 있다. 셋째, 효과가 일시적이며 재발 가능성이 높다. 유아는 체벌이 두려워 문제 행동을 잠시 억제할 뿐, 언제든지 문제 행동을 다시 할 수 있다. 넷째, 유아가 체벌을 피하려고 거짓말을 하는 등 바람직하지 않은 다른 행동을 유발할 수 있다. 다섯 째, 체벌을 받은 유아는 벌을 준 사람이나 장소를 싫어하게 된다. 여섯 째, 체벌은 사용할수록 효과가 약해지므로 문제 행동이 계속되면 체벌 강도는 높아질 수 밖에 없다. 따라서 체벌만으로는 행동수정이 일어나지 않으므로 대체 행동 강화 등 다른 행동수정 방법을 사용해야 한다.

불가피하게 체벌할 경우 효과를 높이는 방법은 다음과 같다. 첫째, 한 번에 한 가지 문제행동만을 행동수정 대상으로 한다. 둘째, 체벌 기준을 미리 명확하게 설정하고 유아에게 알린다. 셋째, 문제 행동이 일어날 때마다 일관성 있게 즉시 체벌한다.

(2) 소거

소거는 문제 행동이 일어날 때 교사나 부모가 관심을 보이지 않아 유아 스스로 문

---

77 『부모교육』(김진경, 서주현 공저, 방송대, 2020), 376~377쪽 요약

제 행동을 중단하게 하는 행동수정 기법이다. 예를 들어 장난감을 사 달라고 떼를 쓰면 이전에는 장난감을 얻을 수 있었는데 이제는 부모가 관심을 보이지 않아 유아가 더 이상 떼를 쓰지 않게 하는 방법이다. 소거는 일단 학습된 행동이라도 그 행동을 강화하지 않으면 점차 소멸한다는 원리에 근거한다.

소거법을 사용할 때 부모나 교사가 예전처럼 반응하지 않아, 유아는 관심을 끌기 위해 더 심하게 문제 행동을 할 수 있다. 이를 소멸저항이라고 한다. 예를 들어 백화점에서 유아가 소거로 더 이상 관심을 받지 못하자 더 오래 떼를 쓰는 경우다. 부모나 교사는 소멸저항이 나타나면 일관성 있게 소거법을 사용할 수 있도록, 관련된 모든 사람에게 협조를 구해야 한다. 소거는 강화물을 모두 차단할 수 있을 때 효과적이다. 하지만 문제 행동으로 신체적, 물질적 손상이 일어날 경우에는 소거를 사용하지 않는 것이 좋다.

소거법을 사용하려면 어떤 상황에서 어떤 행동을 얼마나 자주 하는지 분석하고, 소거하려는 행동을 구체적으로 선정해야 한다. 일단 소거법을 사용하면 문제 행동을 철저하게 무시해야 한다. 하지만 실제로 문제 행동이 나타나면 무시하는 것이 쉽지 않으므로, 상반행동 강화 등 다른 행동수정 기법을 병행하는 것이 효과적이다.

(3) 격리(타임아웃)

① 개념
격리는 유아가 문제 행동을 하면 정적 강화를 받을 수 있는 기회를 박탈하고, 일시적으로 조용하고 지루한 장소로 추방하여 문제 행동을 수정하는 방법이다. 즉 강화물이 많은 곳에서 강화물이 적거나 없는 곳으로 유아를 옮겨 놓는 방법이다. 예를 들어 계속 떠드는 유아를 일정 시간 동안 교실 밖으로 내보내거나, 친구를 때리거나, 장난감을 집어 던지는 유아를 조용한 장소로 보내 자신을 돌아보고 반성하게 하는 방법이다. 격리는 3세부터 13세 사이 아동에게 사용할 수 있으며 나이가 어릴수록 효과가 좋다.

② 방법
격리가 효과를 보기 위해서는 문제 행동이 나타난 장소에는 그 행동을 강화하는 정적인 강화 자극이 있어야 하고, 격리된 장소에는 정적인 강화 자극이 없어야 한다.

격리할 때에는 유아가 일정한 시간 동안 원하는 사물이나 상황에 접근하지 못하며, 다른 행동을 하지 않도록 통제해야 한다. 교사는 처음부터 끝까지 엄한 태도를 유지해야 한다. 유아가 말을 걸어도 반응하지 말고 엄격하고 진지한 표정으로 유아를 대하여야 한다.

③ 격리 시간과 해지

격리 시간은 연령에 따라 3분에서 15분이 적절하다. 시간을 일률적으로 정하기보다는 유아가 생각을 정리할 때까지 기다려 주는 것이 중요하다. 무엇을 잘못했는지 물어보고 유아가 적절하게 반응하면 격리를 해제한다.

④ 권장 격리 단계 [78]

평소	첫째, 격리를 적용할 문제 행동을 선정한다. 둘째, 격리 장소로 사용할 따분한 공간, 예를 들어 생각하는 의자, 교실 모퉁이 등을 정한다. 단 유아가 무서움을 느끼는 장소는 피해야 한다. 셋째, 유아에게 격리가 무엇인지 설명해준다.
문제 행동이 나타났을 때	첫째, 10초 이내에 10마디 이하의 말을 사용하여 격리 장소에 보낸다. 둘째, 휴대용 타이머를 맞추어 유아가 들을 수 있는 곳에 둔다. 셋째, 타이머가 울릴 때까지 유아에게 관심을 기울이지 않는다. 넷째, 타이머가 울리면 유아와 격리한 이유에 대하여 이야기를 나눈다.[80]

기출문제로 학습 확인하기

(2015 B4) 3) 밑줄 친 ⓛ~ⓒ 중에서 생활 지도에 대한 교사의 부적절한 인식 1가지를 찾아 기호를 쓰고, 그 이유를 설명하시오. [1점]

4) ⓜ에 해당하는 행동 수정 방법 1가지를 쓰시오. [1점]

> 오늘은 쌓기 놀이 영역에서 승기가 실수로 지호가 만든 자동차 길을 부수어 둘이 싸우게 되었다. 싸운 후 승기와 지호가 서로 자신의 감정과 상황을 이야기하다 저절로 화가 풀려 다행히 화해를 하였다. ⓛ유아들의 갈등은 자연스러운 발달 과정이므로 갈등 해결 과정을 통해 문제 해결력을 기르고 친구를 이해하는 계기가 될 수 있도록 지도해야겠다.
>
> 지희는 요즘 관심을 끌려는지 부쩍 문제 행동을 보이고 있다. 오늘 아침 이야기나누기 시간에도 계속 의자를 달그락거리며 괴성을 질렀다. 아무래도 ⓒ지희가 문제 행동을 보일 때마다 관심을 보이고 반응하여 자신이 사랑 받고 있음을 확인시켜 주어야겠다.
>
> 준영이가 친구들과 어울려 놀지 못하고 고립되는 것 같이 며칠 동안 관찰하였다. 그 결과, 준영이는 또래에 비해 사회적 기술이 부족한 것으로 보였다. ⓔ준영이에게 친구들과 놀 때 필요한 사과, 요청, 부탁 등의 사회적 기술을 지속적으로 지도해야겠다.
>
> 역할 놀이 영역에서 연희와 수지가 서로 인형을 가지고 놀겠다고 싸움을 하다 연희가 수지를 할퀴어서 결국 수지가 울고 말았다. 그래서 ⓜ유아들과 약속한 대로 연희를 교실 뒤쪽에 마련된 의자에 3분간 앉아 있도록 하였다. 약속한 시간이 지난 후 연희와 의자에 앉아 있게 된 이유에 대해 이야기를 나누었다. 이러한 행동 수정 방법은 흥분된 감정을 진정시키고 부적절한 행동을 줄이기에는 적절한 방법인 것 같다. (2014년 0월 0일)

정답 풀이 3) ⓒ, 교사가 관심을 보이고 반응하는 것이 강화물로 작용하여 오히려 문제행동이 증가할 수 있다.
4) 격리(타임아웃)

---

78 『아동학대예방을 위한 바람직한 훈육방법』(보건복지부), 21~22쪽

(4) 포화(포만)

포화는 싫증이 날 때까지 문제행동을 하도록 허용하여 유아 스스로 문제 행동을 중단하도록 하는 행동수정 기법이다. 예를 들어 종이를 계속 찢어놓는 유아에게, 종이를 계속 주어 싫증이 날 때까지 실컷 찢게 하는 방법이다. 포화는 아무리 좋은 것도 지나치면 싫증이 난다는 원리를 활용한 방법이다. 유아 스스로 경험을 통해 행동을 수정하므로 교사나 부모가 행동을 지도하는 것보다 효과가 좋다.

포화를 사용할 때는 주의할 점이 두 가지 있다. 첫째, 중독성이 강한 행동에는 포화를 사용하지 않는 것이 좋다. 게임을 많이 하는 유아에게 계속 게임을 하게 하면 게임 중독에 빠질 수 있다. 둘째, 문제 행동이 유아 자신이나 주변 사람에게 위험하거나 해를 끼치지 않을 때만 사용한다. 어린 동생을 때리는 형에게 포화법을 사용할 수는 없다.

(5) 권리박탈(반응대가)

권리박탈은 유아에게 어떤 권리를 미리 제공한 후 문제 행동이 나타나면 권리를 박탈하여 행동을 수정하는 기법이다. 예를 들어 수업 시간에 조용히 하면 20분 동안 쉴 수 있게 해준다고 한 후, 수업 시간에 떠든 유아에게 한 번 떠들 때마다 휴식 시간을 5분씩 줄이는 방법이다.

권리박탈을 할 때는 두 가지를 유의해야 한다. 첫째, 문제 행동을 할 경우 치를 대가가 타당하다고 유아가 인정해야 한다. 따라서 미리 유아와 대가를 정하는 것이 좋다. 둘째, 대가가 적정해야 한다. 유아가 치를 대가가 너무 크면 유아는 행동을 수정하려는 의욕을 상실한다.

(6) 대체행동 강화

대체행동 강화는 문제 행동과 상반하거나 동시에 할 수 없는 다른 행동을 강화하여 문제행동을 수정하는 방법이다. 예를 들어 또래를 때리는 유아에게, 또래와 잘 지낼 경우 보상을 하는 방법이다. 대체행동 강화는 논리적 귀결을 이해하지 못하는 어린 유아에게 효과가 좋다.

대체행동 강화법을 사용할 때는 두 가지를 유의해야 한다. 첫째, 유아가 대체행동을 잘 하면 강화를 하지만, 잘 못해도 처벌 등 불쾌한 경험을 하지 않게 해야 한다. 둘째, 대체행동이 문제 행동을 강화할 경우 즉시 다른 대체행동을 찾아야 한다. 예를 들어, 또래를 때리는 유아에게 축구를 하게 하면, 유아는 축구하고 싶을 때 또래를 때릴 수 있다.

(7) 체계적 둔감법

체계적 둔감법은 남아프리카의 정신과 의사 조셉 볼프(Joseph Wolpe)가 개발한 행동수정 기법이다. 유아가 어떤 대상이나 상황에 두려움이나 불안을 느낄 때, 두려움·불안을 적게 느끼는 상황에서 많이 느끼는 상황까지 단계를 설정한 후, 낮은 단계부터 두려움·불안을 극복하도록 학습을 시키면서 높은 단계로 올라가, 결국 두려움·불안을 소멸시키는 행동수정 기법이다.

개를 무서워하는 유아가 있다면, 처음에는 개 사진을 몇 장 보여 준다. 개 사진에 겁을 먹지 않으면 개 동영상을 보여준다. 개 동영상을 봐도 겁 내지 않으면, 밖에 나가 실물 개를 멀리서 보게 하다가 적응하면 가까이 가서 보게 하고, 나중에는 만져보게 하여 개 공포증을 극복하는 방법이다. 무대 공포증이 있는 유아에게 처음에는 또래 한 명만 앞에 두고 이야기하게 하고 다음은 2명, 그 다음은 5명 마지막에는 학급 전체 아이 앞에서 이야기하도록 하는 방법도 체계적 둔감법이다. 체계적 둔감법과 정반대 기법은 홍수법이다.

기출문제로 학습 확인하기

(2013 추시A4) ⓒ에 들어갈 용어 1가지를 쓰시오. **[1점]**

> 행동수정기법 중 한 가지인 (ⓒ)은(는) 처음 유치원에 와서 부모와 헤어지는 것을 불안해하는 자녀를 둔 부모에게 도움을 줄 수 있는 방법이다. (ⓒ)을(를) 적용한 예를 들면 다음과 같다. 먼저 엄마는 헤어지기 싫어하는 자녀와 함께 하루 종일 놀이실에서 놀이한 후 귀가한다. 다음으로 엄마는 자녀와 함께 오전 자유선택활동 시간 동안만 놀이하고 귀가한다. 다음에 엄마는 자녀와 유치원 현관에서 잠시 이야기를 나눈 후 헤어져 귀가한다. 마지막으로 엄마는 자녀와 유치원 앞에서 헤어지고 바로 귀가한다.

정답 체계적 둔감법

(8) 홍수법(Flooding)

홍수법은 두려운 자극에 장기간 노출시켜 두려움을 없애는 방법이다. 홍수법은 체계적 둔감법과 반대로 가장 심한 불안이나 공포에서 시작하여 유아가 느끼는 불안·공포를 강하고 지속적으로 경험하도록 한다. 이슬비를 두려워하는 유아에게 홍수를 경험하게 하는 방법이라고 할 수 있다. 대인공포증이 있는 유아를 사람이 많이 모이는 광장에 서 있게 하거나, 고소공포증이 있는 유아를 옥상으로 데리고 가서 아래를 오랫동안 바라보게 하여 공포를 극복하게 하는 방법이다.

(9) 과잉정정

과잉정정은 유아에게 특정한 행동을 지나치게 연습시켜 문제 행동을 수정하는 방법이다. 과잉정정에는 원상회복법과 어떤 행동을 올바르게 수행할 때까지 '충분히 연습시키는 방법'이 있다. 예를 들어 밥알을 흘리고 먹는 유아에게 흘린 밥알을 다 주워 먹게 하면 원상회복법이고, 흘리지 않고 밥을 먹는 동작을 반복하여 연습시키면 '충분히 연습시키는 방법'이다.

과잉정정을 사용할 때는 두 가지를 고려해야 한다. 첫째 유아가 원상회복시키는 행동에 흥미를 보이면 다른 행동수정 방법을 찾아야 한다. 밥알을 주어 먹는 것에 재미를 느끼면 과잉정정은 역효과가 난다. 둘째, 올바르게 수행할 때까지 충분히 연습시키는 과정에서 유아가 거부 반응을 보이면 다른 방법을 찾아야 한다.

(10) 이완법

유아는 스스로 긴장하거나 긴장감을 조성하는 공간에 있으면 평소보다 부정적 정서가 더 커질 수 있다. 이완법은 유아가 편안하게 느낄 수 있도록 느슨한 분위기를 조성하여 행동을 수정하는 방법이다. 이완법에는 호흡이나 간단한 체조로 근육을 이완하는 방법과 명상법이 있다. 불안장애가 있는 유아에게 이완법을 실시하면 불안감이 감소한다.[79]

5. 반두라(A. Bandura)의 사회학습 이론[80]

사회학습 이론의 창시자로 불리는 반두라는 1925년 캐나다에서 태어났다. 미국 아이오와대학에서 박사 학위를 받고 스탠퍼드 대학에서 심리학 교수로 재직하였다.

반두라는 1961년에 미취학 아동을 대상으로 모방학습 효과를 보여주는 보보인형 실험을 했다. 실험은 다음과 같다. 아동 여러 명이 연구원과 함께 놀이방에 들어 간다. 놀이방에서 연구원은 보보인형을 장난감 망치로 두들기

---

79 『부모교육』(김진경, 서주현 공저, 방송대, 2020), 377~382쪽 요약
80 https://en.wikipedia.org/wiki/Albert_Bandura#/media/File:Albert_Bandura_Psychologist.jpg

거나 집어 던지는 등 공격적 행동을 한다. 이후 아동을 혼자 놀게 하고 관찰하니 연구원의 공격적 행동을 본 아동은 그렇지 않은 아동보다 장난감을 더 공격적으로 다루었다.

반두라는 보보인형 실험을 통해 아동은 경험을 통해서 배울 뿐 아니라 다른 사람의 행동과 결과를 관찰하기만 해도 학습이 이루어진다는 사실을 입증했다.

1) 개념

사회학습 이론은 행동이란 사회적 상황에서 관찰과 모방에 의해 학습된다고 주장하는 이론이다. 반두라는 인간 행동은 단순하지 않으므로 자극과 반응, 강화, 소거 등 조건형성 개념만으로 설명할 수 없다고 보았다. 아동의 갑작스런 행동 변화는 고전적 조건형성이나 조작적 조건형성을 통해서가 아니라 다른 사람의 행동을 관찰하고 학습하여 나타난다고 주장했다.

반두라는 학습은 직접 경험으로 이루어질 수 있지만 사회적 환경에서 타인 행동을 관찰만 해도 가능하다고 했다. 타인의 행동과 결과를 관찰하면서 대리 학습이 이루어진다는 주장이다. 대리 학습은 자신이 직접 실행하지 않고 관찰에 의한 간접 경험으로 학습하는 것이다. 선생님에게 인사를 잘 한 친구가 칭찬 받는 모습을 본 유아가 선생님께 인사를 잘 하려고 하거나, 형이 거짓말을 하여 부모님에게 혼나는 모습을 본 동생이 거짓말을 하지 않으려 노력하는 경우이다.

사회학습 이론은 모델이 보이는 행동을 관찰하고 모델 행동을 따라 하는 모방과 정적 강화가 사회성 발달에 필수적이라고 본다. 따라서 사회학습 이론은 학습과 발달에서 사회적 환경과 아동의 인지 능력을 강조한다.

2) 관찰학습

(1) 개념

관찰학습은 유아가 직접적인 보상이나 처벌 없이 타인의 행동과 그 결과를 관찰하여 학습하는 것을 말한다. 사회학습 이론은 다른 사람의 행동을 관찰하여 발생하는 관찰학습에 초점을 맞춘다. 관찰학습은 모방 또는 모델링이라고도 한다.

(2) 관찰학습 과정

반두라에 따르면 관찰학습에는 주의집중, 파지(기억), 운동 재생, 동기화(동기유발)라는 네 가지 과정이 필요하다. 이 중에서 한 과정이라도 빠지면 모방이 성공적으로 일어나지 않는다.

주의 집중은 관찰 대상의 행동에 주의를 집중하는 과정이다. 파지(기억)는 관찰 대상의 행동을 모방하기 전에 상징적인 형태로 저장하는 과정이다. 운동 재생은 관찰한 행동을 수행하기 위해 스스로 노력하는 과정을 말한다.

동기화(동기 유발)는 관찰한 행동을 모방하고자 하는 동기가 유발되는 과정이다. 어떤 행동을 관찰하여 기억하고, 이를 재생할 수 있는 기술을 갖춰도 그 행동을 하려는 동기나 강화가 없다면 행동은 나타나지 않는다.

동기화는 세 가지 형태가 있다. 직접 강화, 대리 강화, 자기 강화다. 직접 강화는 자신의 행동으로 직접 강화 받는 현상을 말한다. 대리 강화는 타인이 강화 받은 것을 관찰하면서 자신도 강화 받는 현상이다. 타인이 한 행동의 결과에 유아가 영향을 받는 간접적 강화가 대리 강화다. 대리 강화는 사회학습 이론에서만 나타난다. 자기 강화는 자신의 행동을 스스로 평가하고 기준을 세워 자신의 행동을 강화하는 것이다. 인간은 자신이 한 행동의 결과를 스스로 평가하는 경향이 있다. 어떤 행동의 결과에 아무런 외적 강화를 받지 못해도 그 행동을 계속 하는 것은 그 행동에 흥미를 느끼거나, 스스로 높은 가치를 부여하는 등 강화를 주었기 때문이다. 이것이 자기 강화이다.

| 관찰학습의 구성 요소 |

3) 상호결정론과 자기효능감

사회학습 이론은 행동의 원동력이 환경이라는 초기 행동주의에서 벗어나 발달 과정을 개인과 환경 간의 상호성으로 보고 양방향성을 주장했다. 반두라는 이를 상호결정론이라고 불렀다. 환경이 아동의 성격과 행동을 조성한다는 왓슨이나 스키너와 달리 반두라는 개인(Person), 행동(Behavior), 환경(Environment) 간의 관계는 양방향적이라고 주장했다.

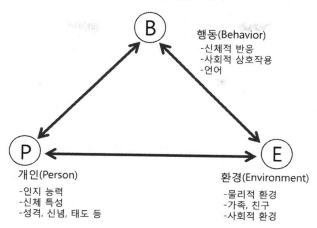

┃ 반두라의 상호결정론 모형 ┃

B 행동(Behavior)
-신체적 반응
-사회적 상호작용
-언어

P 개인(Person)
-인지 능력
-신체 특성
-성격, 신념, 태도 등

E 환경(Environment)
-물리적 환경
-가족, 친구
-사회적 환경

　반두라는 개인(P), 행동(B), 환경(E)이 상호작용하는 상호결정론 모형을 제시했다. 개인은 아동의 인지능력, 신체 특징, 성격, 태도 등을 포함한다. 이것은 아동의 행동이나 환경에 영향을 미친다. 아동은 자신이 원하는 것을 선택하고(P->B), 아동 행동은 자신의 대한 느낌, 태도, 신념에 영향을 미친다(B->P). 아동은 지식을 대부분 부모나 교과서, 텔레비전 등에서 얻는다(E->P). 환경도 행동에 미친다. 아동 행동의 결과나 아동이 관찰하는 모델은 아동 자신에게 영향을 준다(E->B). 아동 행동도 환경에 영향을 미친다(B->E).

　사회학습 이론에서 자기효능감은 중요한 개념이다. 자기효능감은 자신이 어떤 일을 잘 해낼 수 있다는 개인적 신념이다. 사람은 자기효능감에 따라 어떤 행동은 시도하고 어떤 행동은 회피한다. 예를 들어 운동에 소질이 있다고 생각하는 아동은 위험해 보여도 자전거 타기를 시도한다. 어떤 사람의 행동을 모방할지는 그 사람이 누구인지, 그 사람의 행동이 보상을 받았는지 그리고 자신이 그 행동을 잘 해낼 수 있는지(자기효능감)에 달려 있다. 즉 자기효능감은 어떤 행동을 모방할지 결정하는 요소이다.

4) 평가

　사회학습 이론은 직접 경험에 의한 학습에 중점을 둔 조건형성 이론과 다르게 인간의 인지 활동을 통한 학습에 주목하였다. 사회학습 이론은 인간의 능동적 역할을 강조하고 동기적, 정서적, 인지적 측면을 강조했다는 점에서 의의가 있다.

　사회학습 이론의 단점은 크게 세 가지로 정리할 수 있다. 첫째, 환경만을 중시하고 생물학적 영향력을 간과하여, 발달에서 연령에 따른 자연적 변화나 개인차, 독창적인 문제 해결 능력을 충분히 설명하지 못한다. 둘째, 눈에 보이는 행동에만 주의를 집중하여 인간 행동과 발달을 이해하는 데 한계가 있다.[81] 셋째, 관찰학습에 기여하는 인지체계가 어떻게 발달하는지, 인지체계 발달이 어떻게 관찰학습에 영향을 미치는지 규명하지 않았다.

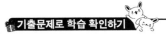

기출문제로 학습 확인하기

(1997년 객20) 사회학습 이론에서 친사회적 행동 발달요인으로 강조되는 것은?

① 양심　　　② 모방　　　③ 죄의식　　　④ 도덕적 추론

정답 ② 모방

(2010 주A1) 아래는 반두라(A. Bandura)의 이론에서 제시한 관찰학습(observational learning) 과정을 보여준다. 관찰학습의 4가지 구성 요소를 쓰고, 그것에 해당하는 내용을 각각 찾아 논하시오.

> 에스키모 소년들은 어른들이 사냥하고 눈 집 짓는 것을 주의 깊게 지켜보다가 그 행동을 기억하게 되고, 기억한 행동을 떠올리면서 시도해 보게 된다. 사냥하고 눈 집 짓는 일은 에스키모인에게 있어서는 통상적으로 남자들의 일이라, 소년들이 그런 행동을 하면 어른들은 격려하고 칭찬한다. 그러면 소년들은 사냥하고 눈 집 짓는 일을 계속 하게 되고 그 행동을 학습하게 된다. 그에 비해 에스키모 소녀들은 그런 행동을 해 볼 기회가 상대적으로 적어 소년들만큼 그 일을 숙련되게 하지 못한다.

정답 풀이 주의집중- 어른들이 사냥하고 눈 집 짓는 것을 주의 깊게 지켜보는 것. 파지- 어른 행동을 기억하는 것. 운동 재생- 기억한 행동을 떠올리면서 시도하는 것, 동기화- 어른이 격려하고 칭찬하여 소년들은 사냥하고 눈 집 짓는 일을 계속 하고 그 행동을 학습하는 것

---

81 『아동발달의 이해』(정옥분 저, 학지사, 2015), 72~77쪽 요약

(2011 객8) 다음은 인간 행동의 학습 과정을 보여 준다. 유아들의 친사회적 행동(proso-cial behavior)을 기르기 위한 교사의 지도 방법 중 (가)를 제시한 학자의 관점에 부합되는 것을 <보기>에서 모두 고른 것은?

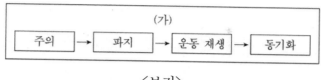

<보기>

ㄱ. 친구들에게 양보하는 행동을 한 유아를 다른 유아들 앞에서 칭찬해준다.
ㄴ. 다른 사람에게 양보하고 협력하는 행동의 모범을 교사가 유아에게 직접 보여준다.
ㄷ. 동화 속 등장인물을 통하여 남을 돕고 타인을 존중하는 이타적 행동의 모델을 제공한다.
ㄹ. 모래 놀이를 통해 유아가 자신의 부정적 감정을 해소할 수 있는 기회를 제공하여 친구와의 갈등이 쌓이지 않도록 한다.
ㅁ. 일상생활에서 직면하는 다양한 사회적 갈등이 발생했을 때 유아 스스로 원인과 해결 방법을 생각해보도록 한다.

정답 풀이 답은 ㄱ, ㄴ, ㄷ이다. ㄹ은 정신분석이론이고, ㅁ은 인지적 구성주의이다.

(2013 정시B4) 반두라(A. Bandura)의 (①)이론에서는 모델이 보이는 행동을 관찰하고 모델의 행동을 따라하는 모방과 ②정적강화가 인간의 사회성 발달에 있어 필수적이라고 본다. ①이 무엇인지 쓰고 위 사례에서 ②의 예를 1가지 찾아 쓰시오. [2점]

> 지훈이가 놀잇감 속에서 여성용 머플러와 가발, 여성용 구두를 꺼내 든다. 그리고 가발과 머플러를 머리 위에 뒤집어쓰고 구두를 신고는 거울 앞에 선다. 지훈이가 거울에 비친 자기의 모습을 바라보더니 요리하는 엄마 흉내를 낸다.
> 이를 본 다빈이가 "야, 넌 왜 남자가 엄마처럼 하고 있냐? ㉠가발 쓰고 구두 신는다고 남자가 엄마가 되냐? 그리고 ㉡밥은 여자만 하는 거야"라고 말한다. 그러자 지훈이는 재빨리 가발과 머플러, 구두를 바구니에 넣고 쌓기 영역으로 가서 다른 남아와 집짓기 놀이를 한다. 집짓기 놀이 중 지훈이가 무거운 블록을 들고 와 집을 짓자 남아들이 "야! 지훈이는 아빠같이 힘이 세고 집도 잘 짓네."라고 하며 좋아한다. 그 말을 듣고 지훈이는 블록을 많이 들고 와 더 열심히 집짓기에 참여한다. 집을 다 지은 후, 남아들이 "㉢집은 우리 남자들만 짓는 거야"라는 말을 한다.

정답 풀이 사회학습, 남아들이 '지훈이는 아빠같이 힘이 세고 집도 잘 짓네'라고 칭찬한 것

(2013 추시A5) 반두라(A. Bandura)의 사회학습이론에 근거하여 준우의 양보 행동을 일어나게 한 강화 1가지와 관찰학습이 일어나는 4가지 인지 과정 중 ㉠을 설명하는 용어 1가지를 쓰시오. [2점]

> 평소 양보를 잘 하지 않는 준우가 "선생님, 제가 정훈이에게 자동차를 먼저 가지고 놀라고 양보했어요."라고 하였다. 나는 은주의 감사카드에 글을 적어주느라 칭찬을 못해 주고 "아, 정훈이가 무척 좋아했겠구나."라고만 하였다. 준우는 어제 주희가 ㉠친구에게 양보해서 칭찬받는 것을 보고, 그 일을 기억해서 자신도 칭찬받기를 기대한 것 같다. 준우가 친구들과 잘 놀 수 있도록 칭찬해 줄 수 있는 기회를 놓친 것 같아 아쉽다. (2013년 6월 5일)

정답 대리강화, 주의집중

(2019 정시A4) 태영이가 보인 행동을 설명하는 반두라(Bandura) 이론을 쓰고, 그 이론에 근거하여 ㉢과 관련된 과정(process) 1가지를 쓰시오. [2점]

> 어제 철민이가 블록을 정리하고 있는데 희연이가 와서 철민이를 도와주었다. 그래서 나는 희연이를 칭찬해 주었다. 오늘 평소 놀잇감을 잘 정리하지 않던 태영이가 철민이의 정리정돈을 도와주었다. ㉢ 태영이는 희연이의 칭찬받는 모습을 유심히 보고, 그 행동을 기억했다가 철민이를 도와주는 행동을 한 것 같다. 앞으로 태영이가 지금처럼 도와주는 행동을 더 잘할 수 있도록 좋은 모델을 많이 보여 주어야겠다.

정답 사회학습 이론, 주의집중

06장 인지발달 이론

1. 개념

인지발달 이론은, 유아는 스스로 환경을 탐색하고 조작하는 등 능동적으로 지식을 구성하여 인지발달이 이루어진다고 주장하는 이론이다. 인지란 지식을 받아들이고, 저장하고, 인출하는 일련의 정신 활동을 말한다. 지각, 기억, 상상, 판단, 추리를 포함하여 무엇을 안다는 것을 나타내는 포괄적인 용어이다.

> **용어 해설ㅣ** 인지- 지식을 받아들이고, 저장하고, 인출하는 일련의 정신 활동. 지각, 기억, 상상, 판단, 추리를 포함하여 무엇을 안다는 것을 나타내는 포괄적인 용어.

인지발달 이론은 유아가 어떻게 사고하고, 유아의 주의 집중, 기억, 계획, 추론, 문제 해결 등 사고 활동이 연령에 따라 어떻게 변화하는지, 변화의 기제는 무엇인지 등에 관심을 두고 이를 설명한다. 정신분석 이론이 무의식적 사고를 강조한다면 인지발달 이론은 의식적 사고를 강조한다. 대표적인 인지발달 이론가인 피아제와 비고츠키는 유아가 환경과 상호작용을 하면서 지식을 능동적으로 구성한다고 주장한다. 인지발달 이론은 유아의 인지발달 단계와 과정, 인지발달에 영향을 미치는 언어와 문화의 역할을 중시했다.

2. 피아제(Jean Piaget, 1996~1980)[82]의 인지적 구성주의

피아제는 1896년 스위스에서 태어났다. 그는 어린 시절부터 동물 관찰과 실험에 심취하여 열 살 때 이미 선천성 색소결핍증에 걸린 참새에 관한 논문을 썼다. 이 논문을 읽은 사람은 피아제가 어린 소년이라는 사실을 알아 차리지 못했다고 한다. 그는 21살에 연체동물에 관한 논문으로 동물학 박사 학위를 받았다. 피아제는 자신의 세 자녀가 성장하는 모습을 지켜보면서, 아동의 사고는 성인의 사고와 매우 다르다는 점을 발견하고 아동 인지발달을 연구하기 시작했다. 피아제는 아동심리학 분야에서만 저서 40권과 논문 100여 편을 남겼다. 오늘날에도 아동 발달을 연구하는 학자는 대부분 피아제 이론을 인용할 정도로 지대한 영향을 끼쳤다.

1) 기본 개념

(1) 도식

도식(scheme, schema)은 유기체가 사물을 인지하고 대응하는 데 사용하는 지각과 반응의 틀이며 세상을 바라보는 눈이다. 즉 세계를 해석하고 이해하는 조직화된 사고나 행동 패턴을 말한다. 인간은 빨기, 잡기, 소리 나는 쪽으로 고개 돌리기 등 여러 가지 도식을 갖고 태어난다. 도식은 영유아가 환경과 상호작용하면서 발전한다. 도식은 연령이 증가하면서 점차 분화되고 복잡해지는 등 질적으로 변화한다.

(2) 동화와 조절

피아제에 따르면 영유아는 새로운 정보나 사물을 접하면 이를 자신이 가지고 있는 도식에 맞추어 해석하고 수용한다. 이를 동화라고 한다. 즉 동화는 영유아가 기존 도식을 사용하여 새로운 정보나 사물을 이해하고 수용하는 과정이다. 예를 들어 영아 손에 딸랑이를 쥐어 주면 입으로 가져가서 빠는 모습을 볼 수 있다. 이는 딸랑이를 빨기 도식에 동화시킨 것이다. '날아다니는 물체는 모두 새'라는 도식을 가진 유아는 나비나 잠자리를 보아도 모두 새라고 생각한다.

동화 과정에서 새로운 정보나 사물을 기존 도식으로 이해하지 못하면 유아는 이를 수용하기 위해 도식을 변형한다. 이를 조절이라고 한다. 즉 조절은 기존 도식으로는 새

---

82 https://commons.wikimedia.org/wiki/File:Jean_Piaget_in_Ann_Arbor_(cropped).png

로운 정보나 사물을 이해할 수 없을 때 기존 도식을 변경하여 새로운 도식을 형성하는 과정이다.

예를 들어 '날개로 날아다니는 물체는 모두 새'라는 도식을 갖고 있는 유아가, 어느 날 매미를 보고 새와 너무 다르다는 사실을 알아챘다. 유아가 교사에게 질문하여 이 물체는 매미이고 곤충에 속한다는 사실을 알면, 유아는 "날개는 있지만 깃털은 없는 것은 곤충'이라는 새로운 도식을 형성한다. 이런 과정이 조절이다. 유아가 조절을 하면 도식은 질적으로 변화한다.

기출문제로 학습 확인하기

(1997 객19) 다음 사례들과 관련이 깊은 개념은?

> 베개를 아기로 생각하여 등에 업었다. 지렁이를 처음 보는 순간 '뱀'이라고 소리쳤다.

① 동화　　② 조절　　③ 사물의 가작화　　④ 행동의 가작화

정답 풀이　①, 베개라는 새로운 사물을 아기라는 기존의 도식으로 이해했다. 길고 기어 다니는 것은 뱀이라는 기존 도식에 맞추어 지렁이도 뱀이라고 생각했다.

(2011 주B4) 피아제(J. Piaget) 이론의 인지발달기제 중 ㉠, ㉢에 해당하는 것이 무엇인지 밝히고, ㉠, ㉢의 사례와 관련 지어 그 특징을 각각 논하시오.

> 진희: (크기가 큰 스티로폼을 물에 넣은 후) 어! 이건 큰데 왜 뜨지?
> ㉠ 진희는 스티로폼을 손으로 가라앉히려고 물속으로 밀어 보지만, 손을 떼자 가라앉았던 스티로폼이 다시 떠오르고, 진희는 계속 가라앉히려고 애를 쓴다.
> ㉡ 교사: (진희의 행동을 지켜보던 교사는, 작지만 가라앉는 물체와 크지만 뜨는 다양한 물체들을 첨가해 주면서) 진희야, 이 물체들도 물에 넣어 보자!
> ㉢ 진희: (다양한 물체를 반복해서 물에 넣어 보더니) 아하! 이제 알았다. 크다고 가라앉는 건 아니잖아!

정답 풀이　㉠은 동화이고 중 ㉢은 조절이다. 동화- 진희는 큰 물건은 물에 가라 앉는다는 기존 도식으로, 스티로폼도 크므로 가라 앉을 거라 생각하고 스티로폼을 계속 가라 앉히려고 한다. 조절- 진희는 교사의 도움으로 기존의 도식을 수정하여, 크다고 다 가라앉는 것은 아니라는 새로운 도식을 형성하였다.

(3) 인지적 불평형(인지적 갈등) 및 평형화

유아는 동화와 조절을 통해 외부 정보·사물과 자신의 도식 사이에 균형을 이룬다. 이러한 과정을 평형화라고 한다. 즉 평형은 동화와 조절이 균형을 이룬 상태이고, 평형화란 동화와 조절이라는 두 발달 기제 간에 균형을 이루려는 자기규제 과정이다.

유아가 비둘기나 참새와 같이 하늘을 날아다니는 것은 새라고 배웠다면 유아는 하늘을 날아다니는 오리나 기러기를 보면 이를 새라는 기존 도식에 동화시킨다. 어느 날 유아는 비행기를 보았다. 비행기는 하늘을 날아다니므로 기존 도식인 새에 동화시키려고 한다. 그런데 비행기는 크기나 생김새가 새와 너무 다르다는 사실을 알게 된다. 이러한 상태가 인지적 불평형이다. 유아는 교사에게 물어보고, 이 물체가 비행기라는 사실을 알게 된다. 그러면 자신이 가진 기존 도식인 새를 조절하여 새로운 도식인 '엄청나게 크고 높이 나는 것은 비행기'라는 도식을 형성하여 평형화를 이룬다.

평형은 동화와 조절이 균형을 이룬 상태이고 인지적 불평형은 동화와 조절이 불균형을 이루고 있는 상태를 말한다. 유아는 새로운 경험이 자신의 도식과 불일치할 때, 인지적 갈등을 경험하고 이를 해결하고자 한다.

기출문제로 학습 확인하기

(2013 추시B7) ⓛ에 나타난 사고 과정 1가지를 피아제의 인지발달 이론에 기초하여 쓰시오. [1점]

선영, 민서, 수연, 창수가 동그란 모양 틀로 비누방울을 만들고 있다
선영: 와! 크다!
민서: 어! 나는 자꾸 터지는데, 왜 터지지?
　　　　　　　　　　… (중략) …
교사: (세모, 네모, 별 모양의 틀을 보여주며) ㉠ 이 모양 틀로 비누방울을 불면 어떻게 될까?
선영: 세모 모양은 세모로 나와요.
창수: 별 모양은 별 모양으로 나올 것 같아요.
수연: 잘 안 불어질 것 같아요
(유아들이 세모, 네모, 별 모양의 틀을 가지고 비누방울을 불기 시작한다.)
선영: ㉡ (고개를 갸우뚱하며) 어 이상하다! 왜 별 모양으로 안 나오지?
창수: 와~, 난 잘 불어진다!

정답 인지적 불평형

(2018 B7) 다음은 만 5세반 자유선택활동 시간에 과학 영역에서 이루어지고 있는 활동 장면이다.

(유아 3명이 쇠집게, 가위, 나무 블록, 지우개 등이 들어 있는 바구니와 자석을 책상으로 가져와서 탐색을 하고 있다.)

김 교사: (㉠)

나 라: (쇠집게를 만져 보며)차가워요.

민 희: (나무 블록을 만지며) 이건 딱딱해요.

수 민: (지우개를 만지며) 부드러워요.

(유아들이 쇠집게, 가위, 나무 블록 등 다양한 물체를 자석에 붙여 보는 활동을 시작한다.)

··· (중략) ···

(유아들이 활동을 충분히 한 후)

김 교사: 자석에 붙여 보니까 어떻게 되었니?

민 희: (나무 블록을 가리키며)이 건 붙지 않았어요.

수 민: (가위 앞을 가리키며)이쪽에 붙이면 붙는데, (손잡이를 가리키며) 이쪽에는 붙지 않았어요.

나 라: (쇠집게를 가리키며) 이건 자석에 붙고 (지우개를 가리키며) 이건 안 붙었어요.

··· (중략) ···

(김 교사는 유아가 놀이 시 사용한 바구니에 100원, 500원짜리 동전을 여러 개 넣어 둔다.)

김 교사: (동전을 가리키며) (㉡)

나 라: 쇠집게가 붙었으니까 동전도 붙을 것 같아요.

김 교사: 왜 그렇게 생각하니:

나 라: 쇠집게와 동전은 색깔이 같으니까 붙을 거예요.

민 희: 잘 모르겠어요. 해 봐야 알 것 같아요.

(유아들이 동전을 자석에 직접 붙여 보는 활동을 한다.)

나 라: (동전을 자석에 붙여 보며)어! 이상하다? 안 붙어. 선생님! 안 붙어요.

민 희: 나도 안 붙어.

(유아들은 계속해서 자석에 동전과 쇠집게를 번갈아 가면서 붙여 본다.)

---

1) 다음의 ① ⓐ에 들어갈 용어를 쓰고, 이에 해당하는 유아 반응을 위 활동 장면에서 1가지 찾아 쓰시오. ② ⓑ와 ③ ⓒ에 들어갈 용어를 각각 쓰시오. [3점]

김 교사는 피아제(J. Piaget) 이론에 기초하여 유아들이 (ⓐ)와 조절을 통해 (ⓑ)을/를 이루어 가면서 인지발달을 해 가도록 돕는 교사 역할을 중시한다. 이를 위해 김 교사는 유아들이 (ⓒ)을/를 일으키도록 지원하는 교사 역할을 수행하였다.

정답 풀이 ⓐ 동화, 쇠집게가 붙었으니까 동전도 붙을 것 같아요. 쇠집게와 동전은 색깔이 같으니까 붙을 거예요. ⓑ 평형화, ⓒ 인지적 불평형

(2020 B7) ① (가)의 ⊙에 들어갈 용어를 피아제(J. Piaget)의 인지적 구성주의에 근거하여 쓰고, ② ⊙을 통해 효린이가 알게 된 것을 (나)의 [A]에서 찾아 쓰시오. [2점]

(가)

> 유아들은 찰흙 활동을 통해 다양한 아이디어로 찰흙을 변형시켜 보는 경험을 할 수 있다. … (중략) … 이번 활동에서는 같은 양의 찰흙 공을 제공해 주어 다양한 형태로 변형시켜 보고 다시 원래의 형태로 되돌려보는 활동을 해 보려고 한다. 이 과정에서 유아들은 자신이 알고 있는 사실과 새롭게 발견한 결과 사이에서 (⊙)을/를 경험하고 기존의 자신이 가지고 있던 개념을 변화시켜 볼 수 있을 것 같다. 오늘 활동에서는 유아들의 현재 발달 수준보다 더 높은 수준으로 이끌기 위해 구체적인 도움을 주는 (ⓒ)을/를 해야겠다.

(나)

> (유아들이 같은 크기의 동그란 공 모양 찰흙을 가지고 놀이 하고 있다.)
> 민 석: 와, 동글동글한 찰흙 공이다.
> 효 린: 난 두드려서 납작하게 만들 거야.
> 장 교사: 찰흙이 어떻게 되었니?
> 민 석: (찰흙 공을 굴려서 길게 만들며) 진짜 길어졌어요.
> 내 것 봐. 내 찰흙이 네 것보다 많아.
> 효 린: (찰흙 공을 바닥에 두드리며) 내 찰흙이 더 많아.
> 민 석: 아니야. 내가 더 많아.
> 효 린: (반죽 위에 손바닥을 올려놓으며) 이것 봐. 내 손바닥보다 커.
> 장 교사: 그럼 다시 동그랗게 뭉쳐볼까?
> (효린이와 민석이가 찰흙을 다시 둥글게 뭉친다.)
> 효 린: (두 찰흙을 마주 대어 보며) 이거 봐 봐. 내 찰흙이 더 많은 줄 알았는데 똑같네.

[A]

정답 인지적 불평형, 내 찰흙이 더 많은 줄 알았는데 똑같네.

2) 인지발달 단계

피아제는 인지발달이 질적으로 다른 네 단계인 감각운동기, 전조작기, 구체적 조작기, 형식적 조작기를 거쳐 이루어진다고 주장했다.

(1) 감각운동기

피아제는 출생부터 2세까지를 인지발달의 첫 단계인 감각운동기로 명명했다. 이 시기에 자극은 감각이고 반응은 운동이다. 그래서 감각운동기라고 부른다. 감각운동기에 영아는 시각, 청각, 촉각 등 감각을 통해 세상을 이해하며, 인지 능력은 기본적으로 감각을 통해 발달한다. 감각운동기 말에 영아는 상징적 표상 능력을 습득하기 시작한다.

감각운동기는 다시 반사운동기, 1차 순환반응기, 2차 순환반응기, 2차 순화반응의 협응기, 3차 순환반응기, 정신적 표상기로 나뉜다.

❙ 감각운동기 6단계 ❙

단계	특징
반사운동기 (출생~1개월)	-빨기, 잡기, 큰 소리에 반응하기 등 반사적 행동에 의존하여 지식을 습득하는 단계 -외부 자극에 반사적으로 반응하며 반응에는 의도가 없다. -자신과 외부 세계를 구분할 수 없다.
1차 순환반응기 (1~4개월)	-우연히 자신의 신체로 어떤 행동을 했는데 재미를 느끼면, 계속 행동을 반복하는 단계. 순환반응은 빨기, 잡기 등 감각운동의 반복을 말한다. -우연히 손가락을 빨게 되면 이를 재미있게 여기고 계속 손가락을 빤다. -영아는 여러 가지 반사에 숙달되며, 이 반사는 협응한다. -눈으로 흥미로운 물체를 추적하면서 물체를 잡으려고 팔을 뻗기 시작한다. -빨기·잡기 도식과 보기·잡기 도식은 이 단계에서 습득하는 중요한 도식 간 협응이다.
2차 순환반응기(4~8개월)	-자신이 아닌 외부에서 흥미 있는 사건을 발견하고 이를 반복하는 단계. -영아는 자신의 신체 외부에 있는 사건과 대상에 관심이 있다. -행동에 의도가 나타난다. -모빌을 쳐서 움직이면 이에 재미를 느껴 계속 모빌을 친다.
2차 순환반응의 협응기 (8~12개월)	-목표를 달성하기 위해 두 가지 행동을 협응하는 단계 -목표 도식을 달성하기 위해 다른 도식을 수단으로 이용할 수 있다. -영아의 관심은 주위 환경에 있다. -우유를 먹고 싶을 때 엄마 손을 잡아 엄마를 냉장고 앞으로 이끈다. -영아가 인과 개념과 대상영속성 개념을 습득하기 시작한다.
3차 순환 반응기 (12~18개월)	-원인과 결과 간의 관계를 가설화하는 실험적 사고에 열중하는 단계. -새로운 결과를 얻기 위해 새로운 방법을 시도한다. -장난감 북을 처음에는 북채로 쳐보고, 어떤 소리가 나는지 보려고 연필, 블록, 망치로 쳐본다. -공을 강하게 또는 약하게 던져서 공이 떨어지는 모습을 관찰한다.
정신적 표상기 (18~24개월)	-눈 앞에 없는 사물·사건을 정신적으로 그려내고, 행동하기 전에 머릿속으로 생각하는 단계. 행동하기 전에 생각하므로 문제를 더 빨리 해결한다. -어떤 행동을 목격하면 그 자리에서 모방하지 않고, 일정 시간 후에 재현하는 지연모방이 가능하다. -아버지가 세차하는 것을 보고 영아가 며칠 후 걸레로 세발 자전거를 닦는 시늉을 한다.

감각운동기 6단계를 거치면서 영아는 대상영속성 개념을 습득한다. 대상영속성은 어떤 사물이 시야에서 사라져도 어딘가에 존재한다는 사실을 아는 것이다. 12개월 이상의 영아는 자신이 가지고 놀던 인형이 눈 앞에서 사라져도, 어딘가에 있다는 것을 알고 인형을 찾는다. 대상영속성 습득은 영아가 대상을 내적으로 표상하는 능력을 갖췄다는 사실을 보여준다.

(2) 전조작기

전조작기는 2세에서 7세까지로 정신적 표상 능력이 발달하는 시기다. 이 시기에는 언어 능력이 급격히 발달하고 상징적 사고력도 발달한다. 하지만 논리적 조작은 가능하지 않다. 그래서 전조작기라고 부른다. 조작이란 과거에 일어난 사건을 내면화하여 논리적으로 서로 관계를 맺게 하는 것을 뜻한다. 전조작기에 유아 사고는 경직되어 있고, 한 번에 한 가지 측면에만 관심을 두며, 사물을 외관만으로 판단한다.

용어 해설 | 조작- 과거에 일어난 사건을 내면화하여 논리적으로 서로 관계를 맺게 하는 것

피아제는 전조작기를 전개념기와 직관적 사고기로 나누었다. 전개념기는 2세부터 4세까지이고 직관적 사고기는 4세부터 7세까지다.

① 전개념기

개념이란 사물의 속성이나 특징에 대한 인식이다. 어떤 사물에 대하여 정확한 개념을 갖고 있다면 그 사물의 외형이 어떻게 변해도 동일한 사물이라는 사실을 알 수 있다. 이 시기에 유아는 개념이 충분하게 발달하지 못한 상태이다. 그래서 전개념기라고 한다. 전개념기 사고에는 상징적 사고, 자기중심적 사고, 물활론적 사고, 전환적 추론, 인공론적 사고, 목적론적 사고, 꿈의 실재론, 도덕적 실재론이 있다.

■ 상징적 사고

상징적 사고는 어떤 관념이나 사물을 언어나 다른 사물로 표현하는 정신 활동을 말한다. 피아제(1962)에 따르면 상징적 사고는 전조작기에서 가장 중요한 인지적 성취이다. 감각운동기 말기가 되면 영아는 더 이상 자신의 감각이나 행동에 의존하여 사고하지 않는다. 이 시기에 영아는 정신적 표상, 지연모방, 가상놀이 등을 할 수 있다.

국기는 국가를 상징하고, 악수는 우정을 상징한다. 이처럼 상징은 관념이나 사상, 사물을 구체적 사물로 나타내는 일이다. 상징은 보이지 않는 것을 보이는 것으로 표시하거나 내적인 것을 외적으로 드러내거나, 추상적인 것을 구체적인 것으로 보여 준다. 유아가 상징 능력을 획득했다는 것은 보이는 상징 뒤에 숨어 있는, 보이지 않는 것의 의미를 안다는 뜻이다.

언어는 가장 보편적으로 사용하는 상징이다. 사람은 다리가 네 개이고 꼬리가 있으며 털이 난, 인간과 친근한 동물을 '개'라는 단어로 상징한다. 상징을 사용하면 그 사

물이 과거에만 존재했거나 지금 이곳에 없어도 그 사물을 재현하여 다룰 수 있다. 이처럼 상징적 사고는 유아를 '지금 여기'의 한계에서 벗어나 정신적으로 과거와 미래를 넘나들게 한다.[83]

가상놀이는 상징적 사고를 할 수 있어야 가능하다. 가상놀이는 실제 사물이나 상황을 가상적인 사물이나 상황으로 표현하여 진행하는 놀이다. 가상놀이에서 상징적 사고는 어떤 대상을 다른 사물이나 사람으로 가상하는 사고를 말한다. 즉 '~인 척' 하는 사고이다. 가상놀이를 통해 유아는 사람, 사물, 상황의 속성을 '지금 여기'에 재현할 수 있다. 소꿉놀이, 기차놀이, 병원놀이, 학교놀이 등 취학 전 아동 놀이는 대부분 가상놀이에 속한다.

유아는 전조작기에 이르면 감각운동기 후기에 나타나는 상징적 사고가 빠르게 발달한다. 이 시기에 유아는 벽돌을 휴대폰으로, 아기 인형을 실제 아기로 가상하고 놀이할 수 있다.

■ 자기중심성(자기중심적 사고)

자기중심성(자기중심적 사고)은 유아가 자신의 입장에서만 사물·상황을 생각하며, 다른 사람의 입장에서는 사물·상황을 이해하지 못하는 경향을 말한다. 자기중심성 때문에 유아는 자기가 좋아하는 것은 다른 사람도 좋아하고, 자기가 느끼는 것은 다른 사람도 느끼며, 자신이 알고 있는 사실은 다른 사람도 안다고 생각한다. 숨바꼭질을 할 때 자신이 술래를 볼 수 없으면, 술래도 자신을 볼 수 없다고 생각하여 몸은 드러내고 얼굴만 가린 채 숨었다고 생각한다. 자기중심성은 다른 사람의 관점을 고려하지 못하기 때문에 생긴다. 자기중심성은 유아가 이기적이거나 타인을 배려하지 않는 것이 아니다. 타인 관점을 이해하지 못할 뿐이다.

자기중심성을 잘 보여주는 유명한 실험이 있다. 피아제와 인헬더(Inhelder, 1956)가 수행한 '세 산 모형 실험'이다. 크기, 모양, 색깔이 다른 산 모형 3개를 탁자 위에 놓고, 유아에게 탁자 주위를 한 바퀴 돌게 한 후 탁자에 유아를 앉힌다. 맞은 편에 인형을 놓은 후, 세 산 모형을 찍은 사진을 몇 장 보여주면서 유아와 인형이 본 세 산 모형의 사진을 고르게 했다. 6~7세 이전 연령의 유아는 자신이 본 세 산 모형의 사진을 잘 골라냈다. 하지만 인형이 본 세 산 모형의 사진은 모두 자신이 본 것과 똑같은 사진을 골랐다. 인형의 관점을 고려하지 못하기 때문이다.

---

83 『아동발달의 이해』(정옥분 저, 학지사, 2015), 376쪽

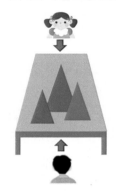

| 피아제의 세 산 모형 실험 |

유아의 자기중심성은 자기중심적 언어에서도 잘 드러난다. 자기중심적 언어는 자신의 말을 상대가 이해하든 못하든 자기 생각만을 전달하는 말이다. 어떤 유아가 '우리 아빠는 소방관이야. 정말 멋있어'라고 하자 다른 유아가 '그래 나는 다섯 살인데…'라고 하고 또 다른 유아는 '어제는 내 생일이야'라고 말하는 것처럼 타인과 의사소통을 하려는 목적이 없이 독백처럼 자기 의견만 표현하는 말이다. 피아제는 이와 같이 자기중심성으로 소통을 할 수 없는 유아의 대화를 집단적 독백이라고 했다.

크라우스(Krauss)와 글럭스버그(Glucksberg, 1969)는 자기중심적 언어에 관한 실험을 했다. 불투명한 가림막으로 반대편을 볼 수 없게 한 탁자 양쪽에 장난감과 블록을 똑같이 놓는다. 유아 두 명을 마주 보고 앉게 하고 자기 쪽 탁자 위에 있는 물건을 설명하여, 상대편 유아가 자기 쪽에 있는, 똑같은 물건을 집을 수 있게 하라고 했다. 이 실험에서 4~5세 유아는 물건을 잘 설명하지 못했고, 빨간색 블록을 집고서는 '이걸 집어'라고 말했다. 자신이 무엇을 집었는지 상대는 보지 못한다는 사실을 이해하지 못하기 때문이다.[84]

■ 물활론적 사고

물활론적 사고는 무생물도 살아 있으며, 생물처럼 본능이나 감정을 갖고 있다고 생각하는 경향이다. 유아는 생물과 무생물을 성인과 다른 방식으로 구분한다. 특히 전조작기 유아는 생명이 없는 사물에게 생명을 부여하는 물활론적 사고를 한다.

전조작기 유아는 달이나 별 같은 자연물이나, 인형, 책상, 의자 등 물건도 생명이 있다고 믿고 해, 바람, 구름이 살아서 움직인다고 말한다. 종이를 자르면 종이가 아플 거라고 생각하고, 산 너머 지는 해를 보고, 해가 화가 나서 산 뒤로 숨었다고 말한다. 탁

---

84 『아동발달의 이해』(정옥분 저, 학지사, 2015), 377~379쪽 정리

자에 부딪쳐 넘어지면, 탁자를 손바닥으로 때리면서 '때찌'라고 말한다. 탁자가 일부러 자기를 넘어뜨렸다고 믿기 때문이다.

물활론적 사고는 유아 초기에 가장 두드러지고 4~5세가 되면 감소하기 시작하다. 물활론적 사고는 다음과 같이 4단계로 발달하는데 유아기에는 대개 2단계까지 발달한다.

▌물활론적 사고 발달 단계 ▐

단계	내용
1단계(4세 이전)	사람에게 영향을 주는 모든 사물은 살아 있다고 생각한다.
2단계(4~6세)	움직이는 것은 살아 있고, 움직이지 않는 것은 죽었다고 생각한다. 예) 선풍기, 자동차, 해, 구름은 살아 있으나 바위는 살아 있지 않다.
3단계(8~12세)	움직이는 것 중에서 스스로 움직이는 것만 살아 있다고 생각한다. 예) 해는 살아 있으나 자동차는 살아 있지 않다.
4단계(11~12세)	생물학에 근거하여 생물과 무생물의 개념을 파악한다. 예) 동식물만 살아 있다.

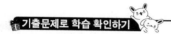
기출문제로 학습 확인하기

(2019 추시A8) 밑줄 친 ⓒ에 해당하는 유아기 사고의 특성을 쓰시오. [1점]

> ⓒ해, 바람, 구름이 살아서 움직이고 말하는 것으로 생각하는 사고의 특성 때문인지, 유아들은 "해님이 신이 났어요. 바람이 조그만 소리로 말했어요."와 같은 표현을 많이 했고, 뭉실뭉실, 와들와들, 기우뚱기우뚱, 쌩쌩같이 재미있는 의성어나 의태어를 따라하며 즐거워했다.

정답 물활론적 사고

■ 전환적 추론(변환적 추론)

유아는 자기 주변에서 일어나는 여러 가지 현상의 원인이 궁금할 때 질문을 던진다. 피아제(1973)가 취학 전 유아의 '왜?'로 시작하는 질문 360건을 분석한 결과, 50%는 사람 행동의 원인을 알고자 하는 질문이고, 29%는 자연 현상의 인과 관계에 관한 질문이며, 21%는 사회적 규칙의 타당성에 관한 질문이었다. 이처럼 유아는 인과 관계에 관하여 질문을 던지면서 나름대로 인과 관계 개념이 발달한다.

전조작기에 유아는 인과 관계에 대하여 논리적 추론 능력이 부족하여, 매우 독특한 인과적 사고가 나타난다고 피아제는 주장했다. 이러한 전조작기 특유의 인과 개념을 전인과성이라고 한다. 전인과성에는 전환적 추론, 인공론적 사고, 목적론적 사고가 있

다.[85]

전환적 추론은 인과 관계가 없는 두 사건이 공간적 혹은 시간적으로 밀접하게 발생했다는 이유로 인과 관계가 성립한다고 착각하는 추론이다. 성인은 추론을 할 때 대체로 귀납적 추론을 하거나 연역적 추론을 한다. 귀납적 추론은 개별 사실에서 일반적인 원리를 이끌어내는 추론이다. 로크도 죽었고, 루소도 죽었고, 듀이도 죽었다는 사실에서 모든 인간은 죽는다는 주장을 이끌어 내는 추론이다. 연역적 추론은 일반적인 원리와 법칙에서 개별적 주장을 이끌어 내는 추론이다. 모든 인간은 죽는다는 사실에서 가드너도 죽을 거라는 주장을 이끌어 내는 추론이다.

유아기에는 전개념적 사고의 한계 때문에 귀납적 추론이나 연역적 추론을 하지 못하고 전환적 추론을 한다. 특히 어떤 두 가지 현상이 시간적으로 근접하여 발생하면 두 현상 간에 아무런 인과 관계가 없는데도, 유아는 인과 관계가 있다고 생각한다.

항상 낮잠을 잔 피아제의 딸이 어느 날 낮잠을 자지 않고 "내가 낮잠을 자지 않았으니 지금은 낮이 아니다"라고 말했다. 낮잠을 자면 낮이고 낮잠을 자지 않으면 낮이 아니라는 말은, 낮잠과 낮이 원인과 결과의 관계(인과 관계)가 아닌데, 원인과 결과의 관계라고 착각한 추론이다. 이와 같은 추론이 전환적 추론(변환적 추론)이다. 엄마에게 거짓말을 했는데 그 날 마침 엄마가 독감이 걸린 경우, 내가 거짓말을 했기 때문에 엄마가 독감에 걸렸다고 유아가 생각하는 것도 전환적 추론이다. 거짓말과 독감은 인과 관계가 성립하지 않는다.

■ 인공론적 사고

인공론적 사고는 모든 사물과 현상은 인간을 위해 인간이 만들었다고 생각하는 경향을 말한다. 해와 달은 우리를 비추게 하려고 사람이 만들어 하늘에 걸어 두었다고 유아는 믿는다. 누군가 파란색 물감을 칠하여 하늘은 파랗고 누군가 큰 스프링쿨러로 물을 뿌렸기 때문에 비가 온다고 생각한다.[86]

■ 목적론적 사고

목적론적 사고는 우연히 존재하는 사물이나 현상을 특별한 목적이 있어 존재한다고 생각하는 경향을 말한다. 예를 들어 유아가 '사과 나무는 내가 사과를 따 먹기 위해 존재한다'고 믿는 경향이다. 목적론적 사고는 전조작기 유아의 특성이다. 목적론적 사

---

85 『발달심리학』(송명자 저, 학지사, 2018), 116쪽
86 『아동발달의 이해』(정옥분 저, 학지사, 2015), 380~381쪽 정리

고 때문에 유아는 '비는 왜 와요?', '바람은 왜 불어요?'라고 물으며 우연히 존재하는 사물이나 현상의 목적을 찾아내려고 한다.

■ 꿈의 실재론

꿈의 실재론이란 유아가 꿈과 현실을 구별하지 못하여 꿈에 본 것이 실재 존재한다고 믿는 사고 경향을 가리킨다. 전조작기 아이는 자신이 보고 듣고 생각하는 모든 것이 실제 존재한다고 믿으며 현실과 상상을 구별하지 못한다. 특히, 꿈과 현실을 명확하게 구별하지 못하여 꿈에서 놀이동산에 놀러 갔다면 깨어나서도 놀이동산에 간 것처럼 이야기를 한다.

■ 도덕적 실재론

도덕적 실재론은 규범이나 규칙을 절대적인 것으로 보고, 반드시 지켜야 하며 변경할 수 없다는 믿는 사고 경향을 말한다.

피아제가 공기놀이 하는 전조작기 유아에게 규칙을 바꿀 수 있는지 물었다. 유아는 규칙은 원래 정해져 있으므로 변경할 수 없고, 지키지 않으면 벌을 받는다고 대답했다. 이처럼 전조작기 유아는 규칙을 어기면 벌을 받는다고 생각하며, 행위의 의도가 아니라 결과에 따라 옳고 그름을 판단한다. 의도가 어떠하든지 잘못의 결과가 크면 클수록, 더 나쁘다고 생각한다.

② 직관적 사고기

직관적 사고는 사물이나 현상을 다각적으로 보지 못하고, 한 가지 두드러진 지각적 속성에 의존하여 판단하는 경향을 가리킨다. 즉 사물·현상을 직관으로 판단하는 경향이다. 직관에 의존하여 판단하므로 전체와 부분의 관계를 정확하기 이해할 수 없고, 과제를 이해하고 처리할 때 그때그때의 느낌에 좌우된다. 피아제가 수행한 보존개념, 서열화, 분류, 유목화 실험은 직관적 사고를 잘 보여준다.

■ 보존개념

보존개념이란 어떤 사물의 외형이 바뀌어도 그 속성은 바뀌지 않는다는 원리이다. 쉽게 말해 어떤 물체의 수, 길이, 무게, 부피 등을 더하거나 빼지 않으면 그 물체의 외형이 달라져도 수, 길이, 무게, 부피는 그대로 보존된다는 원리이다. 피아제의 액체량 보존 실험에서 전조작기 유아는 액체량 보존을 이해하지 못한다. 컵에 담긴 물의 양을 더하거나 빼지 않으면 컵의 외형이 달라져도, 물의 양은 그대로 보존된다는 사실을 이해하지 못하기 때문이다.

유아가 보존개념을 획득하기 위해서는 먼저 보상성, 동일성, 가역성을 이해해야 한다. 보상성은 사물에서 일어난 어떤 변화가, 다른 변화에 의해 동일하게 보상 받으면 같아진다는 원리다. 예를 들어 컵 높이가 낮아지면 폭을 넓혀 보상할 경우 컵에 담을 수 있는 물은 같아진다는 원리다. 동일성은 어떤 물체에서 더하거나 빼지 않으면 모양이나 배열이 달라져도, 속성은 동일하다는 원리이다. 가역성은 어떤 변화가 그 변화 과정을 역으로 수행하면 원상으로 복귀할 수 있다는 원리다. 피아제의 액체량 보존 실험은 전조작기 유아의 보존개념 획득 상태를 잘 보여준다.

유아에게 크기와 모양이 같고, 담겨 있는 물의 양도 같은 A컵과 B컵을 보여준다. 이어서 유아가 보는 앞에서 B컵에 담긴 물을 전부, 모양이 다른 C컵에 붓는다. 이때 유아에게 A컵과 C컵에 담긴 물의 양을 물어보면 전조작기 유아는 C컵의 물이 더 많다고 대답한다.

ǀ 피아제의 액체량 보존 실험 ǀ

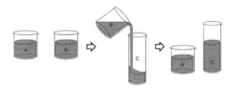

이유는 세 가지다. C컵은 길지만 A컵은 넓으므로 두 컵의 물의 양은 같다는 보상성 원리와 A와 C컵에 물을 더 붓거나 따르지 않았으므로 두 컵 물의 양은 같다는 동일성 원리 그리고 C컵 물을 B컵에 다시 부으면 물의 양은 같다는 가역성 원리를 이해하지 못하기 때문이다.

보존 개념을 획득하는 연령은 과제에 따라 다르다. 수의 보존 개념은 5~6세, 길이 보존 개념은 6~7세에 획득하고 무게, 액체, 질량, 면적의 보존 개념은 7~8세, 부피 보존 개념은 11~12세에 획득한다고 한다.[87]

---

87 『아동발달의 이해』(정옥분 저, 학지사, 2015), 382쪽

조작	처음 제시	변형하여 제시	전조작기 사고	획득연령
수			위 줄 점이 아래 줄 점보다 많다.	5~6세
길이			위 또는 아래 막대기가 더 길다	6~7세
액체	A B	A C	오른쪽 컵의 물이 더 많다.	7~8세
질량			왼쪽 또는 오른쪽이 더 무겁다	7~8세
면적			소가 먹을 수 있는 풀의 면적은 왼쪽 또는 오른쪽이 넓다.	7~8세
무게			왼쪽 또는 오른쪽이 더 무겁다	7~8세
부피			오른쪽 컵의 물 높이가 높아진다.	11~12세

　구체적 조작기 아동은 둥근 찰흙이 넓적하게 변해도 찰흙의 양은 같다는 사실을 안다. 물을 담은 컵의 폭과 높이가 달라도 물의 양은 같다는 점을 이해한다. 전조작기 유아는 컵의 높이나 폭 중에서 한 가지 측면만 보고 물의 양을 판단하지만, 구체적 조작기 유아는 두 측면을 모두 고려하여 물의 양을 판단할 수 있다.

■ 중심화

　중심화는 유아가 자신이 지각하는 한 가지 요소에만 주의를 집중하여 다른 요소를 고려하지 못하는 경향을 말한다. 두 개 이상의 요소를 동시에 고려하지 못한 채 한 가지 요소에만 주의를 집중하는 경향이 중심화다.

　양의 보존 개념에 관한 실험에서 물의 양은 컵의 밑면적과 높이에 의해 결정된다. 전조작기 유아는 이 중에서 한 가지 요소(물의 높이나 넓이)만을 보고 물의 양을 판단한

88　Carol K. Sigelman, David Reed Shaffer(1991)

다. 물의 높이와 넓이를 동시에 고려하지 못한다.

피아제의 보존개념 실험에서 높이와 밑면적이 같은 컵 2개에 같은 양의 물을 붓고 유아에게 물어보면, 두 컵의 물의 양은 같다고 대답한다. 그러나 한 컵의 물은 높이가 높지만 밑면은 좁은 컵에 붓고, 다른 컵의 물은 높이는 낮지만 밑면은 넓은 컵에 모두 옮겨 붓고 물어보면, 유아는 대부분 높은 컵에 있는 물이 더 많다고 대답한다. 이는 컵의 높이와 밑면 넓이를 둘 다 고려하지 못하고 한 가지 측면만 주의를 기울이는 중심화 경향 때문이다.

기출문제로 학습 확인하기

(2009 객28) 다음은 피아제(J. Piaget)의 액체량 보존(conservation) 실험이다. 전조작기 유아가 액체량 보존에 대행 이해하지 못한 이유로 적절하지 않은 것은?

-1단계: 같은 양의 물이 담긴 똑 같은 모양과 크기의 A컵과 B컵을 보여 준다.
-2단계: 유아가 보는 앞에서 B컵의 물을 모양이 다른 C컵에 붓는다.
-3단계: 유아에게 A컵에 들어있는 물의 양과 C컵에 들어 있는 물의 양이 같은지 다른지, 다르다면 어느 컵의 물이 더 많은지를 물어 본다.
-전조작기 유아는 C컵의 물이 더 많다고 대답한다.

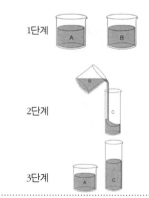

① 눈에 보이는 지각적 특성에 따라 판단하는 직관적 사고(intuitive thinking) 특성 때문이다.
② 컵의 높이와 넓이를 동시에 고려할 수 없는 탈중심화(decentration)의 사고 특성 때문이다.
③ A, C컵에 물을 더 첨가하거나 빼지 않았으므로 두 컵의 양은 같다는 동일성 (identity)의 원리를 이해하지 못하였기 때문이다.
④ C컵의 물을 B컵에 다시 부으면 물의 양은 같다는 가역성(reversibility)의 원리를 이해하지 못하였기 때문이다.
⑤ C컵은 길이가 같지만 A컵은 넓이가 더 넓으므로 두 컵의 물의 양은 같다는 보상 성(compensation)의 원리를 이해하지 못하였기 때문이다.

(2014 B8) 피아제 이론에 근거하여 ㅁ과 ㅂ에 나타난 보존개념의 원리를 각 1가지씩 쓰시오. [2점]

교사: (똑 같은 양의 찰흙을 보여주며) 애들아! 여기 똑 같은 양의 찰흙이 있어. 이 찰흙으로 여러 가지 모양을 만들어 볼까?
(유아들이 찰흙을 굴리고 주무르다가 길게 만들기도 하고 동그랗게 만들기도 한다.)
… (중략) …
보경: (진희가 만든 것을 보면서) 내 것이 더 커. 봐, 내 것이 더 길잖아!
진희: 아니야, 우리 둘이 똑같아. 선생님, 그렇죠? 우리 둘이 똑같죠?
교사: 진희야, 왜 그렇게 생각했어?
진희: ㅁ보경이 것은 길고 날씬하지만 내 것은 짧고 뚱뚱하잖아요. 그래서 똑같아요.
준수: ㅂ아까 선생님이 준 똑같은 찰흙에 더 넣지도 않고, 빼지도 않았으니까 똑같아요.

정답 ㅁ 보상성, ㅂ 동일성

■ 서열화

서열화는 길이나 크기, 무게 등 기준에 따라 사물을 순서대로 나열하는 일이다. 유아는 연령이 증가하면서 서열화 개념이 발달한다. 길이가 다른 막대를 몇 개 주고 길이가 짧은 순서로 나열하라고 하면 3~4세 유아는 아래 그림 A처럼 차례대로 나열하지 못한다. 5~6세 유아는 일부는 순서대로 나열할 수 있지만 전체적으로 정확하게 나열하지 못한다. 그림 B처럼 위쪽만 순서대로 나열하기도 한다. 그림 C처럼 나열하는 서열화 개념은 구체적 조작기에 획득한다.

┃ 서열화 개념 발달 과정 ┃

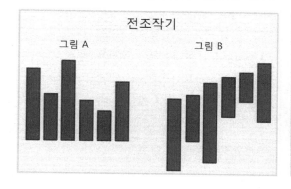

■ 분류

분류는 모양, 크기, 색 등 일정한 기준에 따라 사물을 다양한 범주로 묶는 일이다.

활동을 하면서 유아는 여러 가지 놀잇감을 짝짓거나 친구 놀잇감과 구분해 보기도 한다. 그러나 분류의 범주를 분명하게 설정하지 못하며 분류 기준을 중간에 바꾸기도한다. 5~6세에 이르면 크기, 모양, 색 등 한 가지 기준으로 분류를 할 수 있다. 분류는속성이 같거나 유사한 것끼리 일대일로 대응하는 초보적 짝짓기와 하나의 속성을 기준으로 분류하는 단순분류, 두 개 이상의 속성을 기준으로 분류하는 중다분류로 나눈다.

■ 유목포함

유목포함은 상위 유목과 하위 유목의 관계를 통해 전체와 부분의 관계를 이해하는것이다. 전조작기 유아는 전체와 부분 중에 어느 한 가지에 초점을 맞추는 경향이 있어 상위 유목과 하위 유목의 관계를 잘 이해하지 못한다. 유아에게 노란 장미 열 송이와 빨간 장이 다섯 송이를 보여주고 '노란 장미꽃이 많니, 장미꽃이 많니?'라고 하면 '노란 장미꽃이 많다'고 대답한다. 유아는 장미라는 상위 유목이 노란 장미와 빨간 장미라는 하위 유목을 포함한다는 사실을 이해하지 못한다. 즉 전체(장미)와 부분(노랑 장미와 빨간 장미)의 관계를 알지 못한다. 유목포함은 분류보다 인지발달 수준이 높아야가능하다.

(3) 구체적 조작기

구체적 조작기는 7세부터 11세까지로 대상을 논리적으로 조작하는 인지 능력이 발달하는 시기다. 구체적 조작기 아동은 자신이 경험할 수 있는 구체적 사실에서만 논리적조작이 가능하다. 추상적, 가상적인 대상을 논리적으로 조작하는 능력은 아직 부족하다.

구체적 조작기의 인지적 특성은 크게 세 가지를 들 수 있다. 첫째, 직관적 사고의 경향이 사라지면서, 사물을 다각적으로 바라볼 수 있다. 아동은 이 시기에 보존개념을획득한다. 둘째, 자기중심성에서 벗어나는 탈중심화를 통해 조망수용 능력을 습득한다. 아동은 타인 관점에서 사고하고 표상하고 추리할 수 있다. 셋째, 사물 간 관계를이해하면서 서열화와 분류, 유목포함 개념이 발달하다. 아동은 크기, 길이, 무게 등에따라 사물을 서열화하거나 분류할 수 있다.

(4) 형식적 조작기

형식적 조작기는 추상적, 가설적, 조합적, 논리적으로 사고할 수 있는 시기이다. 11세 이후 청소년기에 해당한다. 아동은 이 시기에 어떤 문제에 가설을 세우고, 이를 체계적으로 검증하여 결론을 내리는 가설적, 논리적 사고를 할 수 있다.

이러한 사고 특징은 실험으로 확인되었다. 피아제와 인헬더(B. Inhelder)는 아동에게 무색 투명한 액체를 담은 용기 4개를 제시하고, 이 중에서 다른 액체와 섞어 노란색을 만들 수 있는 액체가 담긴 용기를 찾아보라고 했다. 실험 결과 전조작기와 구체적 조작기 아동은 액체를 체계적으로 섞지 못하고 임의대로 섞어 보다가 포기하였다. 형식적 조작기 아동은 가능한 모든 조합을 고려하고 체계적으로 섞어 노란색 액체를 만들어 낼 수 있는 용기를 찾아냈다. 형식적 조작기 아동은 조합적 사고가 가능하다는 사실을 이 실험은 보여준다.

4) 평가

피아제는 유아를 환경과 상호작용하여 지식을 구성하는 능동적 학습자로 보았다. 유아는 질적으로 다른 단계에 따라 순서대로 발달한다고 주장하고 이를 증명하여 교육학계와 발달심리학계에 큰 공헌을 했다.

그러나 피아제는 네 가지 점에서 비판을 받는다. 첫째, 피아제 이론은 주로 자신의 세 자녀를 관찰한 결과를 토대로 수립하여 연구 대상이 편협하다. 둘째, 그가 실시한 실험은 일정 수준 이상의 신체적, 언어적 능력이 있어야 제대로 응답할 수 있는 과제가 있어, 유아 인지 능력을 과소 평가했다. 셋째, 발달에 미치는 사회문화적 영향력을 간과하여 그의 인지 발달 단계 이론은 모든 사회와 문화에 일괄적으로 적용할 수 없다. 넷째, 유아의 인지 발달이 인지 영역별로 차이가 있다는 사실을 간과했다.[89]

---

89 『유아발달』(김진경, 김유미 공저, 방송대, 2020), 77~80쪽 요약

(2005 주11) 아래의 자동차 놀이, 소꿉놀이, 숨바꼭질 놀이를 통해 알 수 있는 전조작기 유아들의 인지적 사고 특징을 쓰고, 각 놀이 상황에 적절한 교사 발문을 1가지씩 쓰시오. (총 6점)

> 철수와 동민이는 쌓기놀이 영역에서 블록을 밀면서 '붕붕'소리를 내며 자동차 놀이를 하고 있다. 민정이와 은혜는 소꿉놀이 영역에서 찰흙을 동그랗게 빚고 있다. 민정이는 공 모양 찰흙을 손바닥으로 눌러 넓적하게 만들면서 "와! 빈대떡이다. 내 찰흙이 너보다 더 많다!"라며 즐거워 한다. 교실 한가운데에서 다섯 명의 유아들이 숨바꼭질 놀이를 하고 있다. 술래인 우진이가 눈을 가리고 다른 유아들은 교실 구석구석에 숨는다. 커튼 뒤에 숨은 경수의 다리가 보이고 교구장 뒤에 숨은 수빈이의 한쪽 어깨가 보인다.

정답 풀이 자동차 놀이- 상징적 사고, 자동차를 타고 어디로 가려고 하니? 소꿉놀이- 직관적 사고, 빈대떡을 다시 공 모양으로 만들면 찰흙이 적어질까? 숨바꼭질 놀이- 자기 중심적 사고, 술래가 어떻게 경수를 찾았을까?

(2015 A4) 다음은 유아기 사고의 특성을 보여 주는 예이다. 물음에 답하시오.

(가)

　4세 겨운이는 오전 간식 시간에 옆 자리에 앉아 있는 소진이와 약간 다투었다. 소진이가 겨운이의 과자를 하나 더 먹으려고 하자 겨운이는 소진이의 손등을 꼬집었다. 소진이는 "너, 왜 꼬집어?"라며 겨운이의 팔을 쳤고, 겨운이는 울음을 터뜨렸다. 선생님은 겨운이를 달래며 친구를 꼬집으면 안 된다고 말한 후, 유아들과 이야기나누기 시간을 가졌다. 그런데 갑자기 소진이가 배가 아프다며 울기 시작하였고, 선생님은 급히 소진이를 데리고 나갔다. 이를 본 겨운이는 간식 시간에 자신이 소진이를 꼬집어서 소진이의 배가 아픈 것이라고 생각하여 겁도 나고 걱정이 되었다.

(나)

　3세 나운이는 인형을 앞에 놓고 숟가락을 마이크처럼 입에 댄 채 노래를 부르고 있었다. 나운이는 실수로 숟가락을 놓쳐 그만 인형의 머리 위에 떨어졌다. 나운이는 놀라 인형을 쓰다듬으려, "호호" 불어 주었다. "괜찮아? 숟가락이 때려서 많이 아프지?"라고 말한 후, 구급함에서 일회용 밴드를 꺼내서 인형의 머리에 붙여 주었다. "조금만 참아. 곧 괜찮아질 거야." 나운이는 인형을 토닥이며 가슴에 꼭 끌어 안았다.

(다)

　현우 어머니는 4세 현우와 누나에게 과자 5개가 들어 있는 과장 한 봉지씩을 나누어 주었다. 현우와 누나는 과자 봉지를 뜯어 "하나, 둘, 셋, 넷, 다섯" 세면서 각자 자신의 접시에 과자를 놓았다. 현우는 접시에 과자 5개를 줄지어 놓았고, 누나는 접시에 과자 5개를 띄엄띄엄 떨어뜨려 놓았다. 현우 어머니는 "현우 다섯 개, 누나 다섯 개네."라고 말하며 똑 같은 개수가 있음을 확인시켰다. 현우는 자신의 접시와 누나의 접시를 번갈아 보더니, 누나의 과자가 더 많다며 울기 시작하였다. 현우 어머니는 똑같이 5개씩 있으니 울지 말라고 현우를 달랬으나, 현우는 울음을 그치지 않았다.

1) (가)에서 ① 겨운이가 보여 주는 유아기 사고의 특성을 나타내는 용어 1가지를 쓰고, ② 이를 보여주는 상황을 (가)에서 찾아 서술하시오. [2점]

정답 풀이　전환적 추론, 간식 시간에 자신이 소진이를 꼬집어서 배가 아픈 것이라고 생각하여 겁도 나고 걱정이 되었다.

2) (나)에서 나운이가 보여 주는 유아기 사고의 특성 2가지를 나타내는 용어를 각각 쓰시오. [2점]

정답　상징적 사고, 물활론적 사고

3) (다)에서 비가역성 때문에 나타나는 현우의 유아기 사고의 특성을 서술하시오. [1점]

정답 풀이 현우는 줄지어 놓은 과자와 띄엄띄엄 놓은 과자를 원래 대로 되돌리면 과자는 똑같이 5개라는 사실을 이해하지 못한다.

(2019 정시B8) 피아제(J. Piaget)의 이론에 기초할 때 전조작기 유아의 사고 특성을 보여 주는 대화의 예이다. ① 상징적 사고의 특성을 보이는 유아의 말을 찾아 쓰고, ② 보존개념이 아직 획득되지 않았음을 보여 주는 유아의 말 2가지를 찾아 쓰시오. [2점]

(은희, 찬영, 재경이가 실외 놀이터에서 컵에 물을 옮겨 담으며 이야기하고 있다.)
은희: 내가 주스 파는 사람 할게. 주스 사세요.
(은희는 길쭉한 컵 속에 담긴 물을 넓적한 컵에 옮겨 담는다.)
찬영: 어? 물이 적어졌다.
은희: 아니야, 그대로야. 내가 보여 줄게.
(은희는 넓적한 컵에 있는 물을 길쭉한 컵에 다시 옮겨 담는다.)
재경: 신기하다. 물이 다시 많아졌어.

정답 ① 내가 주스 파는 사람 할게. 주스 사세요. ② 어? 물이 적어졌다. 신기하다. 물이 다시 많아졌어.

3. 비고츠키(L. Vygotsky, 1896~1934)[90] 사회문화적 인지 발달 이론

비고츠키는 피아제와 같은 해인 1896년, 러시아의 유대인 가정에서 태어났다. 그는 모스크바 대학에서 법학과 의학을 공부한 후 모스크바 심리학연구소에서 피아제, 프로이트, 게젤 등 저명한 심리학자 연구를 러시아에 소개하며, 영유아 발달에 관한 사회문화적 요인을 연구했다. 그는 수많은 저서와 논문을 발표하여 심리학계에 큰 공헌을 했지만 폐결핵으로 서른여덟 살에 요절했다.

비고츠키 저서는 스탈린 시대에 출판이 금지되었지만 그의 이론은 러시아 심리학계에 큰 영향을 끼쳤다. 1960년대 이후에는 서구 학계도 비고츠키에 주목하여 현재까지도 그의 이론을 연구, 분석하는 논문이 계속 나오고 있다. 그가 죽은 후에 출판된『사고와 언어(Thought and Language)』에는 심리학과 언어학, 철학, 교육학에 관한 그의

---

90 출처: https://commons.wikimedia.org/wiki/File:Lev_Vygotsky_1896-1934.jpg

탁월한 분석과 견해가 담겨 있다.

비고츠키는 피아제가 간과한 사회문화적 요인의 중요성을 강조하여 유아 발달 이해에 새로운 관점을 제시했다. 피아제는 인지 발달의 문화적 보편성을 강조했지만 비고츠키는 문화적 특수성을 강조했다. 그의 이론은 아동 발달에 사회적, 문화적 관계를 강조하여 사회문화적 발달 이론으로 불린다.

피아제는 유아의 인지 발달이 질적으로 다른 네 단계인 감각운동기, 전조작기, 구체적 조작기, 형식적 조작기 순서로 이루어진다고 주장했다. 유아의 능동적, 자발적 노력을 강조했기 때문에, 성인의 직접적 가르침을 중시하지 않았다.

비고츠키는 모든 아동이 똑같은 발달 단계를 거친다고 보지 않았다. 그는 인지 발달을 사회가 중재하는 과정으로 보고 문화를 강조했다. 아동은 지식을 대부분 문화에서 습득하며, 사고 도구와 과정도 문화에서 습득한다고 보았다. 문화는 아동이 무엇을 어떻게 사고할 것인가를 가르친다고 비고츠키는 주장했다.[91]

1) 주요 개념

(1) 근접발달 영역(Zone of Proximal Development: ZPD)

비고츠키는 아동의 지적 발달을 근접발달영역으로 설명한다. 근접발달영역은 아동 스스로 문제를 해결할 수 있는 실제적 발달 수준과, 성인이나 유능한 또래의 도움을 받아 문제를 해결할 수 있는 잠재적 발달 수준의 차이를 뜻한다. 근접발달영역은 현재 아동들이 스스로 문제를 해결할 수 있는 수준이 비슷하더라도, 교사나 유능한 또래의 도움을 받으면 문제 해결 수준은 서로 달라질 수 있다는 점을 암시한다.

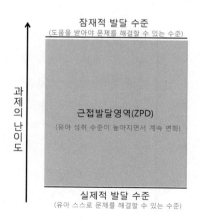

잠재적 발달 수준
(도움을 받아야 문제를 해결할 수 있는 수준)

과제의 난이도

근접발달영역(ZPD)
(유아 성취 수준이 높아지면서 계속 변화)

실제적 발달 수준
(유아 스스로 문제를 해결할 수 있는 수준)

---

91 『아동발달의 이해』(정옥분 저, 학지사, 2015), 96~97쪽 정리

근접발달영역은 고정적인 영역이 아니다. 아동이 더 높은 수준으로 발달하면서 역동적으로 변한다. 근접발달영역은 학습과 인지 발달이 일어나는 역동적인 지역이다. 현재 두 아동의 지적 발달 수준이 같다고 해도 근접발달영역의 크기가 다르면 두 아동의 지능은 같지 않다. 아동이 발달함에 따라 아동이 습득하는 기술과 행동이 달라지고, 도움이 필요한 수준도 달라진다. 오늘은 큰 도움을 받아야 할 수 있는 일을 내일에는 작은 도움으로 할 수 있고, 오늘은 도움을 받아야 할 수 있는 일을 내일에는 독립적으로 할 수 있다. 유아가 더 어려운 과제를 할 때 새로운 수준의 지원이 필요하다.

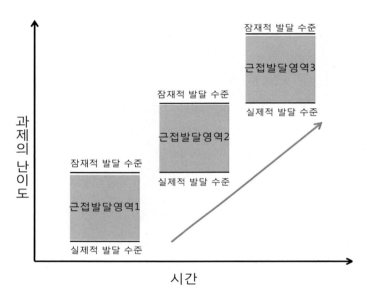

위 그림의[92] 근접발달영역1에서 유아의 실제적 발달 수준이 교사나 유능한 또래의 도움으로 잠재적 발달 수준으로 향상하면, 근접발달영역1은 근접발달영역2로 이동한다. 즉 근접발달영역1에서 잠재적 발달 수준이 근접발달영역2에서 실제적 발달 수준이 된다. 다시 교사나 유능한 또래의 도움으로 잠재적 발달 수준으로 향상하여 근접발달영역3으로 이동하면 근접발달영역2의 잠재적 발달 수준은 근접발달영역3의 실제적 발달 수준이 된다. 아동은 이렇게 더 높은 근접발달영역으로 나아가면서 더 높은 수준으로 발달한다.

근접발달영역은 아동마다 다르다. 어떤 아동은 작은 도움을 제공해도 큰 성과를 낸다. 어떤 아동은 매우 쉬운 내용을 습득하는 데도 큰 도움이 필요하다. 근접발달영역은 학습 분야와 시기에 따라 다를 수 있다. 어떤 아동이 언어 능력은 뛰어나지만 수학

---

92 『정신의 도구, 비고츠키 유아 교육』(엘레나 보드로바·데보라 리옹 저, 김억환·박은혜 옮김, 이화여대출판부, 2007), 75쪽

은 약하다면 이 아동의 언어 근접발달영역과 수학 근접발달영역은 크기가 다르다. 아동에게 근접발달영역을 넘는 행동이나 기능을 가르치면 흥미를 잃거나 포기할 수 있다. 근접발달영역 이하의 행동이나 기능을 가르치면 너무 쉬워 지루해하거나 의욕을 상실할 수 있다.

(2) 비계설정

① 개념

근접발달영역과 밀접한 관계가 있는 개념이 비계(scaffolding)이다. 비계는 원래 건축학 용어다. 건물을 지을 때 쓰는 발판이다. 비계 설정은 사회적 중재(social mediation)를 뜻한다. 사회적 중재는 유아가 문제를 해결할 수 있도록 성인이나 유능한 또래가 도움을 제공하는 것을 말한다.

문제를 해결할 수 있도록 도움을 주는 성인이나 유능한 또래를 비계설정자라고 한다. 비계설정자는 유아의 문제 해결 능력과 학습 능력 등을 정확하게 파악하여, 적합하게 비계를 설정해야 한다. 즉 비계설정자는 유아의 현 수준에 맞게 도움을 조절해야 한다. 유아가 해결해야 할 문제가 새롭다면 직접적으로 지시하고, 유아가 잘 따라오면 직접적 지시를 줄이고 암시, 힌트 등 간접적으로 도와야 한다. 유아 혼자 문제를 해결할 수 있으면 비계 설정은 더 이상 필요하지 않다. 건물을 완성하면 비계를 없애는 것과 같다.

비계설정의 본질은 아동의 근접발달영역에 대하여 참여자들이 의견을 같이 하기 위해 협의하고 타협하는 것이다. 비고츠키는 아동의 인지 발달에서 교사와 유아, 유아와 또래 사이에 일어나는 사회적 상호작용이 중요하다고 주장했다. 인간 관계가 인지 발달에 중요하다는 의미다.

비계설정에는 시범 보여주기(모델링), 조언·단서 제공하기, 중요한 시점에 질문 던지기, 수업자료 조정하기, 난이도 조절하기, 생각을 소리 내어 말하기, 상호 교수하기, 반쯤 해결한 문제 제시하기 등이 있다.

② 비계설정 목표

비계설정 목표는 크게 세 가지로 볼 수 있다. 첫째, 아동을 근접발달영역에 머무르게 하는 것이다. 아동이 근접발달영역에서 과제를 해결하도록 하려면, 도전 의식을 불러 일으킬 수 있게 적절한 과제를 주고 환경을 적합하게 조성해야 한다. 과제가 너무 어렵거나 쉬우면 난이도를 적절하게 조절해야 한다. 둘째, 아동의 현재 능력과 요구에 맞도록 성인이 개입하는 양을 조절하는 것이다. 필요할 때는 충분히 돕고, 아동 능력이 충분하면 도움의 양을 줄여야 한다. 셋째, 아동이 공동 활동을 가능한 한 많이 조정하게 하여 자기조절 능력을 키우는 것이다. 성인이 계속 지시하거나 답을 제공하면, 아동의 자기조절 능력은 감소한다. 아동이 독립적으로 문제를 해결하면 성인은 가급적 빨리 개입을 중단하고 도움을 철회해야 한다.

③ 근접발달영역를 통해 인지 발달이 이루어지는 과정

　　타르프와 갤리모어(Tharp & Gallimore, 1988)는 근접발달영역을 통해 인지 발달이 일어나는 과정을 4단계를 나누었다. 1단계는 타인조절 단계이다. 유능한 타인의 도움을 받아 발달하는 단계로 교사나 유능한 또래, 부모가 시범을 보여주거나 지시하는 단계이다. 2단계는 자기조절 단계이다. 자신이 직접 자신에게 도움을 주는 단계다. 1단계에서 유능한 타인에게 받은 도움이 아동에게 이동하는 데 이를 바탕으로 아동이 과제를 수행하는 단계이다. 3단계는 내면화 및 자동화 단계이다. 1~2단계를 통해 수행 능력이 내면화, 자동화하여 과제를 능숙하게 수행할 수 있는 단계이다. 4단계는 탈자동화 단계다. 3단계의 내면화 및 자동화 단계를 넘어 새로운 근접발달영역으로 가는, 순환 구조가 이루어지는 단계다. 새로운 근접발달영역으로 가기 때문에 탈자동화가 이루어지며 더 높은 수행 단계로 진입하기 위해 새로운 능력을 발달시키는 단계다.

④ 효과적인 비계설정 구성 요소

　　버크와 윈슬러(Berk & Winsler, 1995)는 효과적인 비계 설정 요소로 공동의 문제해결, 상호주관성, 따뜻함과 반응 등 3가지를 제시했다.

■ 공동의 문제해결

　공동의 문제해결은 아동이 누군가와 상호작용하며 공동의 문제를 해결하기 위해 노력하는 일을 가리킨다. 공동의 문제해결에서 주 참여자는 성인과 아동 또는 아동과 유능한 또래이다.

■ 상호주관성

　상호주관성(intersubjectivity)은 과제를 시작할 때 서로 다르게 이해한 참여자가 과제를 시작한 후 이해를 공유하는 일을 말한다. 활동 참여자들이 상대 관점에서 자신의 관점을 조정하여 의사소통을 위한 공동 화제를 만들어 가는 일이 상호주관성이다. 예를 들어 자신의 입장만 말하는 유아들이 함께 이야기 하면서 서로 관점이 어떻게 다른지 알고 상대 입장을 이해하는 것이다. 성인은 자기 생각을 아동이 이해할 수 있는 수준으로 융통성 있게 조정하여 상호주관성을 이룰 수 있다. 예를 들어, 교사가 새로운 과제를 아동이 이미 알고 있는 사항과 연관하여 말해주면 상호주관성이 쉽게 형성된다.[93]

■ 따뜻함과 반응

문제를 해결하려는 아동의 의지는 성인이 따뜻하고 반응적일 때 강화된다. 비계설정을 하는 동안에 성인은 따뜻함과 반응으로 아동을 칭찬하고 자신감을 북돋아 주어야 한다.

(3) 언어와 인지발달

비고츠키는 언어가 아동의 사고 발달에 필수적이라고 주장했다. 비고츠키에 따르며 아동은 과제를 해결하거나 중요한 목표를 달성하고자 할 때 혼잣말을 하는 경향이 있다. 성인은 마음속으로 혼잣말을 하지만, 아동은 크게 소리 내어 혼잣말을 한다. 시간이 지나며 큰 소리로 하던 혼잣말이 속삭임으로 바뀌고 다시 내부 언어로 변한다.

피아제는 혼잣말은 아동이 자기 중심적이고 미성숙하다는 점을 보여준다고 주장했지만, 비고츠키는 사고 발달에 중요한 도구라고 보았다. 비고츠키는 혼잣말을 많이 하는 아동이, 그렇지 않은 아동보다 사회적 능력이 뛰어나다고 주장했다.

비고츠키에 의하면 언어는 외적 언어에서 자기 중심적 언어를 거쳐 내적 언어로 발달한다. 혼잣말은 의사소통을 위한 외적 언어인 사회적 언어가, 점차 내면화하여 내적 언어로 발달하는 과정에서 생기는 과도기 언어다. 사회적 언어가 내적 언어로 발달하는 과정에서 혼잣말이 나타난다. 혼잣말은 자기지향적인 언어이며, 연령이 증가함에 따라 점점 축약되고 사고와 융합하면서 내적 언어로 발달한다. 비고츠키는 아동의 혼잣말은 자신의 행동을 통제하는 자기 조절과 자기 지시 기능을 하며 이를 통해 내적 사고가 발달한다고 보았다.

비고츠키 이론에 따르면 아동 행동은 처음에는 다른 사람의 지시로 조절된다. 다른 사람의 도움 없이 새로운 과제를 해결하고자 할 때 아동은 큰 소리로 혼잣말을 하여 자신에게 지시를 내린다. 혼잣말은 문제를 해결할 때 길잡이 역할을 한다. 아동은 쉬

---

93 『비고츠키의 근접발달영역 이론에 관한 교육적 함의』(임승자), 148쪽 정리

운 과제보다 어려운 과제에서 혼잣말을 더 많이 한다. 어려운 과제에서 더 많은 도움이 필요하기 때문이다. 문제를 제대로 풀었을 때보다 실수를 한 후에 혼잣말을 더 많이 한다.[94]

(4) 사회적 중재

비고츠키 이론에서 사회적 중재란, 유아 스스로 지식을 구성할 수 있도록 교사, 부모, 또래 등이 여러 가지 도움을 제공하는 행위를 뜻한다. 쉽게 말해 사회적 중재란 비계 설정을 의미한다. 기억, 사고, 이성과 같은 고등 정신 기능은 사회적 중재를 통해 개인 간 단계에서 시작하여 개인 내 단계로 발달한다.

사회적 중재로서 비계 설정을 할 때 성인의 중요한 역할은 유아의 과제 수행 능력에 따라 도움의 질을 조절하는 일이다. 사회적 중재를 통해 유아는 성인에 의존하여 타인 조절이 되다가, 점차 유아 스스로 더 많은 주도성을 갖고 활동을 해 나가는 자기 조절 능력을 갖춘다.

사회적 중재 초기에는 성인이나 유능한 또래가 행동을 직접 보여주거나, 언어적 지시를 통해 이끌어 주다가 내면화(internalization) 과정을 통해 점차 유아가 스스로 문제를 해결한다. 비계 설정은 유아를 현재 상태에서 더 높은 단계로 나아가게 하기 위한 성인이나 유능한 또래의 도움이다. 비계 설정은 시범 보여주기(모델링), 조언·단서 제공하기, 중요한 시점에 질문 던지기, 수업자료 조정하기, 난이도 조절하기, 생각을 소리 내어 말하기 등이 있다.

2) 평가

비고츠키는 유아 발달에 생물학적 요소를 뛰어 넘어 사회를 통해 전달되는 신념, 가치, 문화 등의 중요성에 주목하게 하였다. 비고츠키는 근접발달영역과 비계설정을 제시하여 유아와 환경의 상호작용과 성인 역할의 중요성을 부각하였다. 비고츠키는 다른 문화에 속한 유아의 인지 발달에 관심을 갖고 문화 상대성과 발달 차이를 고려해야 한다는 점을 일깨웠다.

비고츠키 이론은 세 가지 이유로 비판을 받았다. 첫째, 비고츠키는 생물학적 영향의 중요성을 인정했으나, 유전이나 뇌 발달이 인지 발달에 미치는 영향을 충분히 고려하지 않았다. 둘째, 비고츠키 이론에서 제시한 개념은 과학적으로 검증하기 어렵고, 근접발달영역은 측정할 수 없어 이를 토대로 유아의 학습 능력을 판단하기 힘들다. 셋

---

94 『아동발달의 이해』(정옥분 저, 학지사, 2015), 98~100쪽 정리

째, 사회적 상호작용이 어떠한 과정을 통해 발달에 영향을 주는지 구체적으로 설명하지 않았다.[95]

기출문제로 학습 확인하기

(2003 특수주9) 놀이를 통하여 높은 수준의 기능을 획득하도록 하려면 교사는 유아의 근접발달영역(ZPD) 내에서 비계 또는 발판을 제공하는 것이 바람직하다. 근접발달영역은 두 발달 수준간의 거리로 정의되는데, 이 두 발달 수준을 쓰고, 각각을 설명하시오.

발달수준(2점)	설명(2점)

정답 풀이 실제적 발달 수준- 유아 스스로 문제를 해결할 수 있는 수준. 잠재적 발달 수준- 교사 등 성인이나 유능한 또래의 도움을 받으면 문제를 해결할 수 있는 수준

(2007 주11) 다음을 읽고 물음에 답하시오.

> 승미는 친구들을 때리거나 떼를 쓰는 행동을 자주 보여 같은 반 친구들이 놀아주지 않았다. 그러자 승미는 친구들이 놀아주지 않는다고 자꾸 선생님에게 일렀다. 이에 김 교사는 비고츠키(Vygotsky) 이론을 적용하여 유아들과 효과적으로 상호작용을 하였다.
> (가) 김 교사는 먼저 승미에게 친구들과 함께 노는 법을 알려주거나, 설명하기, 시범 보여주기 등과 같은 직접적이고, 구체적인 도움을 주었고, 승미는 친구들이 싫어하는 행동을 조금씩 덜 하게 되었다. 승미의 행동이 나아짐에 따라 김 교사는 점차적으로 도움의 정도를 줄여갔고, 승미는 이제 교사의 도움 없이 친구들과 잘 지내게 되었다.
> (나) 김 교사는 '따돌림'에 대해 유아들과 이야기나누기를 하였다 처음에 유아들은 각자 자신의 입장에서만 이야기를 하였다. 그러나 이야기를 나누는 과정에서 유아들은 서로의 관점이 어떻게 다른지를 알게 되었고, 이야기나누기가 끝날 무렵 서로의 입장을 이해하고 서로가 싫어하는 행동을 하지 않아야겠다고 생각하게 되었다.

1) (가)에서 나타나는 교사-유아 상호작용을 설명하는 용어를 쓰시오. (1점)

2) (나)의 이야기나누기에서 나타난 상호작용 과정을 설명하는 용어를 쓰시오. (1점)

정답 1) 비계설정 2) 상호주관성

---

95 『유아발달』(김진경, 김유미 공저, 방송대, 2020), 83~84쪽 요약

(2009 객5) 유아발달 및 학습에 대한 비고츠키 이론의 설명으로 적절하지 않은 것은?

① 실제적 발달 수준은 유아 스스로의 힘으로 문제를 해결할 수 있는 수준을 말한다.
② 문화마다 유아의 사고와 행동 발달이 다양하게 나타남을 인식하고 사회 문화적 맥락의 중요성과 특수성을 강조하였다.
③ 비계설정은 사회적 중재를 의미하며, 문제를 해결할 수 있도록 적절한 도움을 제공하는 것을 말한다.
④ 잠재적 발달 수준은 성인이나 유능한 또래로부터 도움을 받아 문제를 해결할 수 있는 수준을 말한다.
⑤ 유아는 쉬운 과제일수록 혼잣말을 더 많이 하는데 그 이유는 문제 해결 과정에서 자신의 행동과 사고를 통제하는 데 언어가 중요한 역할을 하기 때문이다.

정답 풀이 ⑤, 유아는 어려운 과제일수록 혼잣말을 더 많이 한다.

(2010 객12) 사회적 중재에 대한 비고츠키 이론의 관점을 설명한 것으로 적절하지 않은 것은?

① 사고, 기억, 이성과 같은 고등 정신 기능은 사회적 중재를 통해 개인 간 단계에서 시작하여 개인 내 단계로 진행된다.
② 사회적 중재로서의 비계설정에서 성인의 중요한 역할은 과제에 대한 유아의 수행 능력에 따라 도움을 조절해감으로써 도움의 질을 변화시켜 나가는 것이다.
③ 사회적 중재를 통해 사회 혹은 성인에 의존하여 타인 조절이 이루어지다가 점차 유아 스스로 더 많은 주도성을 가지고 활동을 해나가는 자기 조절 능력을 갖게 된다.
④ 사회적 중재 과정의 초기에는 주로 성인 또는 유능한 또래가 행동을 직접 보여주거나 언어적 지시를 통해 사고를 이끌어 주는 역할을 하다가 내면화 과정을 통해 점차 유아가 스스로 문제를 해결하게 된다.
⑤ 사회적 중재가 일어나는 근접발달구역은 유아를 현재 상태에서 더 높은 단계로 나아가게 하기 위한 성인의 도움이며, 이는 단서 제공하기, 모델링하기, 격려하기 등의 형태로 나타날 수 있다.

정답 풀이 ⑤, 유아를 현재의 상태에서 더 높은 단계로 나아가게 하기 위한 성인의 도움은 비계설정이다.

(2014 A3) 다음은 비계설정에 관한 설명이다. ①에 들어갈 용어 1가지를 쓰시오. [1점]

비계설정에서 성인의 중요한 역할은 사회적 중재가 일어나는 초기에는 직접 행동을 보여주거나 언어적 지시를 통해 사고를 이끌어주다가, 점차 유아의 수행능력이 증가함에 따라 도움을 감소시킴으로써 유아 스스로 문제해결 과정을 조절할 수 있는 (①)능력을 갖도록 격려하고 지원하는 것이다.

정답 자기조절

(2015 B7) ⓒ에서 비고스키(L. S. Vygotsky) 이론에 따른 비계(scaffolding)에 해당하는 것을 1가지 쓰시오. [1점]

지호: (주사위 두 개를 동시에 던지며) 난 두 개랑 여섯 개가 나왔네. 여섯 개에서 두 개를 빼면 다섯 개네.
미나: 아니야. (자신의 손가락을 펴 보이며) 이렇게 여섯 개에서 두 개를 빼면, 나머지 하나, 둘, 셋, 넷, 네 개지.
ⓒ 지호: (손가락 여섯 개를 펴며) 여섯 개에서 두 개를 빼면, 나머지 하나, 둘, 셋, 넷. 아~하! 넷이구나.

정답 자신의 손가락을 펴 보이며

(2018 B8) 다음의 ① ⓐ, ⓑ에 들어갈 용어를 순서대로 쓰고 ② ⓐ에 해당되는 유아의 측정 기술 특징 1가지와 ③ ⓑ로서의 역할을 수행하는 교사 발문 1가지를 (나)에서 각각 찾아 쓰시오. [3점]

비고스키(L. Vygotsky)는 유아가 (ⓐ)에서 잠재적 발달 수준으로 나아가기 위해서는 유능한 또래나 성인의 (ⓑ)(으)로서의 역할이 중요하다고 하였다.

(유아들이 길이를 재고 있는 모습을 관찰하던 최 교사는 유아들과 동일한 벽돌 블록을 들고 유아들 옆으로 간다.)

최 교사: (벽돌 블록을 보여 주며) 선생님도 너희들과 같은 블록을 가져왔어.

희 수: (선생님을 보며) 왜요? 선생님도 하려고요?

최 교사: 그래. 선생님도 재려고

(최 교사는 유아들 옆에서 길이를 재기 시작한다.)

… (중략) …

영 수: (벽돌 블록으로 길이를 다 잰 후)선생님! 다 했어요.

최 교사: 그래?

(유아들은 자신들이 놓은 벽돌 블록의 수와 선생님이 놓은 벽돌 블록의 수를 세어 본다.)

[유아들이 놓은 벽돌 블록]

[최 교사가 놓은 벽돌 블록]

희 수: 우린 블록이 6개인데 선생님은 8개예요.

최 교사: 오! 그렇구나. 같은 길이를 쟀는데, 너희가 놓은 벽돌 블록 수와 선생님이 놓은 벽돌 블록 수가 왜 다를까?

(영수와 희수는 선생님이 놓은 벽돌 블록과 자신들이 놓은 벽돌 블록을 번갈아 가며 본다.)

정답 풀이 ① ⓐ 실제적 발달 수준 ⓑ 비계설정자 ② 블록을 반복하는 방법으로 길이를 잴 때 블록과 블록 사이가 벌어지게 하고 측정했다. ③ 같은 길이를 쟀는데, 너희가 놓은 벽돌 블록 수와 선생님이 놓은 벽돌 블록 수가 왜 다를까?

(2020 B7) 비고츠키(L. Vygotsky) 이론에 근거하여, ⓛ에 들어갈 용어를 쓰시오. [1점]

유아들은 찰흙 활동을 통해 다양한 아이디어로 찰흙을 변형시켜 보는 경험을 할 수 있다. … (중략) … 이번 활동에서는 같은 양의 찰흙 공을 제공해 주어 다양한 형태로 변형시켜 보고 다시 원래의 형태로 되돌려보는 활동을 해 보려고 한다. 이 과정에서 유아들은 자신이 알고 있는 사실과 새롭게 발견한 결과 사이에서 (㉠)을/를 경험하고 기존의 자신이 가지고 있던 개념을 변화시켜 볼 수 있을 것 같다. 오늘 활동에서는 유아들의 현재 발달 수준보다 더 높은 수준으로 이끌기 위해 구체적인 도움을 주는 (㉡)을/를 해야겠다.

정답 비계설정

4. 가드너(Howard Gardner, 1943~)[96] 다중지능 이론

 하워드 가드너(Howard Gardner)는 하버드대 교육심리학과 교수로 다중지능 이론(Multiple Intelligence)의 창시자다. 가드너는 나치를 피해 미국으로 이주한 독일계 유대인 가정에서 태어났다. 가정 형편이 넉넉하진 않았지만, 아들의 음악적 재능을 알아본 열성적인 부모 덕분에 가드너는 어릴 적에 피아노 신동 소리를 들었다. 그는 책 읽기를 좋아하고 언어와 수학에도 남다른 재능을 보였다. 하지만 운동에는 소질이 없었고 색맹에다 시력이 좋지 않았으며, 사람 얼굴도 잘 기억하지 못했다. 그림이나 요트 같은 다른 시각·공간 활동에도 서툴렀다. 심리검사 결과는 성직자가 어울린다고 했으나, 그는 하버드대에 진학해 심리학자의 길을 걸었다.[97]

가드너는 20년간 하버드대에서 지능과 창조성, 리더십, 교육방법론, 두뇌 개발에 관한 연구 결과를 꾸준히 발표했다. 1990년대 중반부터는 미하이 칙센트미하이, 윌리엄 데이먼과 함께 바른 사람, 바른 노동자, 바른 시민을 길러내는 굿워크 프로젝트에 힘을 쏟고 있다.

1983년 가드너는 마음의 틀(Frames of Mind: The Theory of Multiple Intelligence)을 출간하였다. 이 책에서 가드너는 다중지능 이론을 제시하면서 지능을 재정의하였다. 미국의 수많은 교육학자와 교사는 인지발달, 학습 스타일, 지능에 새로운 이론적 토대를 제공한 다중지능 이론을 다음 세대를 위한 바람직한 방법론이라고 평가했다. 많은 나라에서 그의 교육 이론을 도입했고 수많은 학교와 연구소가 다중지능 이론을 교육 현장에 적용, 실천하고 있다.

1) 다중지능 이론 내용

가드너는 지능을 문화적으로 가치 있는 문제를 해결하고, 결과를 도출하며, 새로운 지식을 형성하는 능력이라고 정의했다. 인간의 뇌는 서로 다른 영역에서 서로 다른 정보를 처리하기 때문에, 지능은 단일 요인이 아니고 복합적인 요인으로 구성되었다고 주장했다.

가드너는 지능이 높은 사람은 모든 영역에서 뛰어난 능력을 갖고 있다는, 지능을 단일 요소로 보는 기존 이론을 비판하며 다중지능 이론을 주장했다. 기존 지능 이론이

96　사진 출처: http://www.interaction-design.org/references/authors/howard_gardner.html
97　https://www.yna.co.kr/view/AKR20180528102700005

언어 지능과 논리수학 지능만을 지나치게 강조하여 다른 지능이 우수한 아동의 능력을 제대로 계발하지 못했다고 가드너는 지적했다. 가드너는 직업적으로 성공한 사람의 지능을 분석하여 이들이 언어 지능 또는 논리수학 지능이 아니라 그 직업에 필요한 특정한 지능이 우수하다는 증거를 제시했다. 실제로 교육자, 정치가, 사업가, 예술가, 의사, 종교인 등 전문직 종사자는 언어 지능과 논리수학 지능에만 의존하지 않는다는 사실을 쉽게 찾아 볼 수 있다.[98]

다중지능 이론은 다음과 같이 크게 4가지로 요약할 수 있다.

(1) 지능 독립성
지능이란 서로 별개로 구분할 수 있는 다수의 지능으로 구성되며 각 지능은 서로 독립적이다. 따라서 한 영역의 지능이 떨어지더라도 다른 영역 지능은 뛰어날 수 있다. 모든 인간은 아홉 가지 지능을 갖고 있으며, IQ점수가 낮아도, 아홉 가지 지능 중에서 하나 이상의 지능은 뛰어날 수 있다. 어떤 영역에서는 천재인 아이가 다른 영역에서는 열등아일 수도 있다.

(2) 지능 동등성
이전에는 유아가 언어 지능과 논리수학적 지능이 높으면 머리가 좋다고 하고, 다른 지능이 높으면 재능이라고 생각했다. 다중지능 이론에 의하면, 언어 지능과 논리수학적 지능은 문화적 영향 때문에 중시했을 뿐이고, 실제로 아홉 가지 지능은 모두 동등하다. 따라서 서로 다른 분야에서 뛰어난 능력을 보여준 과학자 아인슈타인과 화가 고흐, 축구 선수 손흥민은 모두 지능이 높은 사람이다.

(3) 지능 상호작용
지능은 서로 상호작용을 한다. 각 지능은 독자적으로 존재하지 않고 항상 상호작용을 한다. 예를 들어 요리를 잘 하려면 요리책을 이해할 수 있는 언어 지능, 요리 과정을 단계별로 구분하는 논리수학적 지능, 손을 사용하는 신체운동적 지능이 필요하다.

(4) 강점 지능을 바탕으로 약점 지능 보완
강점 지능을 이용하여 약점 지능을 보완하면 강점 지능을 더 잘 발휘할 수 있다. 교

---

98 『발달심리학』(송명자 저, 학지사, 2018), 149쪽

사는 강점 지능을 통해 약점 지능을 보완할 수 있도록 통합적 활동을 계획하고, 각 유아의 강점 지능을 발견하여 흥미와 적성에 맞는 교육을 실행해야 한다.

2) 가드너가 제시한 9가지 지능

가드너는 주로 언어 능력과 논리수학적 능력을 측정하는 지능검사를 비판하며 지능을 아래와 같이 총 9가지로 구분했다.

언어 지능은 어휘의 의미와 활용에 민감하고 문장을 잘 구성하는 능력이다. 시인, 소설가, 기자 등이 언어 지능이 뛰어나다. 논리수학 지능은 추상적인 관계를 잘 이해하고 수와 논리에 관한 상징을 민감하게 습득하는 능력이다. 수학자, 과학자, 회계사에게 필요한 능력이다. 음악 지능은 박자, 리듬, 음질 등을 잘 변별하고 음악적 감성을 풍부하게 표현하는 능력이다. 가수, 작곡자가 음악 지능이 뛰어나다. 공간 지능은 시공간적 세계를 정확하게 지각하고 변형하는 능력이다. 건축가, 조종사에게 필요한 능력이다. 신체운동 지능은 신체를 잘 다루고 도구를 잘 활용하는 능력이다. 운동선수, 배우, 무용가는 신체운동 지능이 뛰어난 사람이다. 대인관계 지능은 타인의 정서, 동기, 의도를 잘 이해하고 적절하게 반응하며 소통하는 능력이다. 대인관계 지능이 뛰어난 사람은 타인의 정서와 동기를 파악하여 다른 사람과 좋은 관계를 유지하며, 문제해결 과정에서 서로 다른 의견을 잘 조율하고 통솔한다. 정치인, 상담사, 교사, 영업사원이 갖춰야 할 능력이다. 개인 내 지능은 자신의 욕구, 정서를 잘 파악하여 이를 목표 달성하는 데 사용하는 능력이다. 심리학자에게 필요한 지능이다. 자연 지능은 자연에 민감하게 반응하고 동식물을 관찰하고, 이해하고 분류하는 능력이다. 생물학자, 수의사가 자연 지능이 뛰어나다. 실존 지능(영성 지능)은 최근에 추가한 지능으로 존재 이유나 가치를 깊이 생각하고 이해하는 능력이다. 철학자, 종교인에게 필요한 지능이다.[99]

---

99 『유아발달』(김진경, 김유미 공저, 방송대, 2020), 183~184쪽 요약

지능	특성	적합한 직업
언어 지능	어휘의 의미와 활용에 민감하고 문장을 잘 구성하는 능력	시인, 소설가, 기자
논리수학 지능	추상적인 관계를 잘 이해하고, 수와 논리에 관한 상징을 민감하게 습득하는 능력	수학자, 과학자, 회계사
음악 지능	박자, 리듬, 음질 등을 잘 변별하고 음악적 감성을 풍부하게 표현하는 능력	가수, 작곡가, 연주자
공간 지능	시공간적 세계를 정확하게 지각하고 변형하는 능력	건축가, 조종사
신체운동 지능	신체를 잘 다루고 도구를 잘 활용하는 능력	운동선수, 무용가
대인관계 지능	타인의 정서, 동기, 의도를 잘 이해하고 이에 적절하게 반응하고 소통하는 능력	정치인, 상담사, 교사
개인 내 지능	자신의 욕구, 정서를 잘 파악하여, 이를 목표 달성하는 데 사용하는 능력	심리학자
자연 지능	자연에 민감하게 반응하고, 동식물을 관찰하고 이해하고 분류하는 능력	생물학자, 수의사
실존 지능(영성 지능)	존재 이유나 가치를 깊이 생각하고 이해하는 능력	철학자, 목사, 신부

3) 교육 시사점

교사는 언어 능력, 논리수학적 능력뿐 아니라 유아가 갖고 있는 다양한 지능을 계발할 수 있는 교수법을 연구해야 한다. 교사는 유아의 강점 지능을 찾아내 이를 유아가 계발할 수 있도록 해야 한다. 특히, 모든 유아가 성공을 경험하고 자신이 선호하는 영역을 지속적으로 추구하도록 강점 지능을 전략적으로 활용해야 한다. 강점 지능과 약점 지능을 파악하고 통합 활동으로 강점 지능은 강화하고, 약점 지능은 보완해야 한다. 교사는 유아에게 강점 지능과 연계한 통합적 교육 활동을 제공하여 균형 있는 발달을 도모할 수 있다.

기출문제로 학습 확인하기

(2012 객37) 김 교사는 가드너(H. Gardner)의 다중지능이론에 따라 준서를 지도하고자 한다. 다중지능이론에 대한 설명, 준서에 대한 해석 또는 지도 방법으로 적절하지 않은 것은?

준서는 그림 그리기를 매우 좋아하여 날마다 조형 영역에서 활동한다. 또래들보다 그리기에 재능을 보이고 있는 준서는 자신이 그린 그림을 교사와 친구들에게 보여 주며 자랑하곤 한다. 그러나 준서는 식물 관찰이나 자연 체험 학습 활동에 대해서는 거의 흥미가 없어서 매우 소극적으로 참여하며, 친구들에게 "난 하기 싫어."라는 말을 자주 한다.

① 가드너의 다중지능이론에서 지능은 언어적 지능, 논리·수학적 지능, 공간적 지능, 음악적 지능, 신체·운동적 지능, 대인관계 지능, 개인이해 지능, 자연적 지능 등을 포함한다.

② 준서는 공간적 지능에서 강점을 보이고, 자연적 지능에서는 약점을 보이는 것으로 해석할 수 있다.

③ 교사는 준서의 강점 지능과 연계하여 통합적인 교육활동을 제공함으로써 균형 있는 발달을 도모할 수 있다.

④ 교사는 준서의 조형 영역 활동을 제한하고, 준서가 소극적으로 참여하는 식물 관찰이나 자연 체험 학습 활동으로 대체하여 집중적으로 지도하고자 한다.

⑤ 교사는 준서가 좋아하는 그리기 소재와 함께 자연물을 제공하여 그림을 그리면서 자연물에 대한 탐색 활동이 자연스럽게 일어날 수 있도록 한다.

정답 풀이 ④, 강점을 이용하여 약점을 보완하면 강점의 효과가 더 커진다. 교사는 준서의 조형 영역 활동을 제한하기보다 조형 영역과 식물 관찰을 연계하거나, 조형 영역과 자연 체험 학습 활동을 연계하여, 조형 활동을 하면서 자연스럽게 자연물을 탐색하도록 한다.

(2013 추시A5) ⓛ에 들어갈 용어 1가지를 쓰고 ⓛ이론 중 다음 내용에 해당하는 지능 1가지를 쓰시오. [2점]

인간의 지능은 상호 독립적인 여러 지능으로 구성된다고 주장하는 가드너(H. Gardner)의 (ⓛ)이론은 유아의 강점과 특성을 파악하는데 도움이 되는 것 같다. 유아들을 관찰해 보면 각 아이마다 가지고 있는 강점이 매우 다양한 것 같다. (2013년 6월 11일)

o 타인의 기분과 동기를 파악하고 변별하는 능력
o 다른 사람과 지내기, 다른 사람들과 좋은 관계를 유지하는 능력
o 문제해결 과정에서 서로 다른 의견을 잘 조율하고 통솔하는 능력

정답 다중지능, 대인관계 지능

**(2015 A2) 가드너의 다중 지능 영역 중 ②과 ⑩에 해당하는 민재의 지능 영역을 쓰시오.
[2점]**

민재는 자신의 생각이나 느낌을 글보다는 신체를 이용하여 표현하는 능력이 뛰어난 편이다. 민재는 손으로 만들기를 잘 하고, 공과 같은 도구를 자유자재로 다루며, 스카프를 이용하여 춤추는 활동에서도 창의적이다. 그러나 민재는 말이나 글에 대한 민감성은 부족하며, 글 배우는 것을 힘들어 한다. 민재는 "나는 아직 글씨 몰라요." 라며 자신의 이름 쓰기를 주저하고, 생일 초대 카드를 만들 때에도 글씨는 어렵다며 활동에 참여하지 않고, 동화책 읽기에도 관심이 없다. 민재가 잘 하는 영역과 어려워하는 영역이 있는 걸 보면, 민재의 지능 영역 안에는 다양한 잠재능력이 있다는 생각이 든다. 민재가 ②강점 지능 영역을 통해 ⑩약점 지능 영역을 보완할 수 있도록 통합적 활동을 계획해야겠다. (2014년 0월 0일)

정답 ② 신체운동 지능, ⑩ 언어 지능

(2017 A3) ③과 관련하여 가드너의 다중지능 이론에서 제시한 지능 중 1가지를 쓰시오. [1점]

임규는 혜미, 민호, 지수가 놀고 있는 역할놀이 영역에 와서 두리번거린다. 혜미가 민호에게 "야, 우리 과일가게 놀이하자! 여기가 과일가게야."라고 말한다. 민호가 "그래, 좋아. 난 배달 할래."라고 말하자 혜미가 "배달? 그래. 너 배달해."라고 말한다. 옆에 있던 임규가 "나도 가게놀이하고 싶다. 배달하면 재밌을 것 같은데……"라고 중얼거린다. 이 말을 듣고 지수가 임규에게 ③"너 우리랑 놀고 싶구나. 그럼 함께 놀자. 네가 손님 해."라고 말한다.

정답 대인관계 지능

(2019 추시A2) 괄호 안의 ③에 들어갈 말을 쓰시오. [1점]

○ 가드너(H. Gardner)의 다중지능이론을 적용하는 교사는 개별 유아의 (③)을/를 발견하여 흥미와 적성에 맞는 교육을 실행한다. 이로써 모든 유아가 성공을 경험하고 자신이 선호하는 영역을 지속적으로 추구할 수 있도록 (③) 지능을 전략적으로 활용한다.

정답 강점

5. 정보처리 이론

1) 개념

정보처리 이론은 인간의 인지 과정이 컴퓨터가 정보를 처리하는 과정과 유사하다는 점에 착안하여 인간의 지각, 기억, 학습 과정을 컴퓨터의 정보 처리 모형에 비추어 설명하는 이론이다. 정보처리 이론은 인간이 새로운 정보를 투입하고 기억하고 인출하는 방식을 연구하여 학습 원리를 설명한다. 정보처리 이론에 의하면 컴퓨터와 인간은 모두 사고를 할 때 논리와 규칙을 사용한다.

정보처리 이론은 인간의 인지를 세 가지 과정으로 설명한다. 첫째, 외부 세계의 정보는 시각, 청각, 후각 등 인간의 감각 기관을 통해 인지 체계에 들어온다. 둘째, 인간의 뇌는 감각 기관을 통해 들어온 정보를 부호화, 저장, 인출 등 다양한 방법으로 기억한다. 셋째, 기억한 정보를 인간 행동으로 나타나는데 이를 산출이라고 한다.

아동은 어떤 문제를 풀 때, 감각 기관을 통해 외부에서 정보를 받아 들인다. 이 정보는 감각기록기(감각등록기)에 잠깐 머무는데 특별히 주의하지 않으면 순식간에 사라진다. 감각기록기는 감각 수용 기관을 통해 정보를 최초로 저장하는 곳이다. 특별히 주의를 기울인 정보는 단기기억(작업기억)으로 넘어간다. 인간은 단기기억을 소량만 기억할 수 있다. 단기기억은 약 30초가 지나면 사라지거나 장기기억으로 넘어간다. 인간은 장기기억으로 넘어간 정보를 영원히 기억한다. 단기기억을 장기기억으로 만들려면 반복하여 읽거나 외우는 등 기억 전략이 필요하다. 장기기억 용량은 무제한이다. 문제는 정보를 인출할 때 발생한다. 인출은 저장한 정보를 꺼내는 과정이다. 정보를 어디에 저장했는지 잊어버려 찾지 못할 수 있다.

피아제 이론처럼 정보처리 이론은 아동이 능동적으로 정보를 탐색하고 처리한다고 본다. 하지만 정보처리 이론은 발달 단계를 설정하지 않는다. 정보처리 이론은 발달을 연속적이고 계속적인 과정으로 본다.[100]

2) 정보처리 과정

정보처리 이론에 의하면 기억은 3단계를 거친다. 부호화(encoding), 저장(storage) 그리고 인출(retrieval)이다.

---

100 『아동발달의 이해』(정옥분 저, 학지사, 2015), 92~96쪽 요약

(1) 부호화

부호화는 정보를 뇌가 처리할 수 있는 형태로 만들어 기록하는 과정이다. 인간은 외부 정보를 선택하여 주의를 기울인 후 부호화하여 받아들인다. 컴퓨터에 비유하면 키보드로 정보를 입력하는 과정이다.

(2) 저장

저장은 정보를 기억 속에 쌓아 두는 일이다. 컴퓨터로 비유하면 메모리(memory)이다. 인간의 감각 기관을 통해 수용된 정보는 감각기억과 단기기억을 거쳐 장기기억으로 넘어간다.

감각기억은 일시적인 기억저장소이다. 자극을 정확하게 기억하지만 몇 초 정도의 아주 짧은 정보만 저장할 수 있다. 시각 정보는 1~2초, 청각 정보는 4~5초 간 저장한다. 정보 수용량은 무제한이다. 투입된 정보는 즉시 처리하지 않으면 바로 사라진다. 감각기억으로 들어온 많은 정보 중에서 주의를 기울인 정보는 단기기억으로 넘어간다.

단기기억은 10초에서 30초 사이의 정보를 저장할 수 있다. 단기기억은 정보를 조작하고 처리하기 때문에 작업기억이라고도 한다. 단기기억이 좋은 유아는 일반적으로 학업 성적이 뛰어나다. 단기기억은 컴퓨터의 램(RAM)에 비유할 수 있다.

단기기억에 들어온 정보 중에서 반복적으로 수용된 정보는 장기기억으로 들어간다. 장기기억은 용량이 무한하고 반영구적이다. 컴퓨터 하드디스크와 같다. 장기기억은 크게 서술기억과 절차기억으로 나뉜다. 서술기억은 어떤 일이 일어난 사실을 아는 것이다. 어제 친구와 게임을 했다는 사실을 아는 것이 서술기억이다. 절차기억은 어떤 일을 어떻게 하는지 아는 것이다. 올바른 칫솔질 순서를 기억하는 것이 절차기억이다. 서술기억은 언어적으로 설명하는 과정에서 생기고, 절차기억은 신체 움직임과 감각으로 생긴다. 따라서 유아는 절차기억이 먼저 발달한다.

❙ 기억의 특징과 예시 ❙

종류	특징	예
감각기억	보거나 들은 것을 1~5초 간 기억. 정보 수용량은 무제한, 즉시 처리하지 않으면 바로 사라진다.	스쳐 지나간 경치, 바람 부는 소리
단기기억	짧게는 10~30초, 길게는 며칠 정도 기억, 지속 시간과 용량이 제한적. 연령에 따라 변화	암기한 단어
장기기억	많은 정보를 오랫동안 보유하는 기억. 연령에 따른 변화가 없다.	수영하는 법, 자전거 타는 법

(3) 인출

인출은 저장한 정보를 필요할 때 꺼내어 사용하는 과정이다. 저장한 정보를 잘 인출하려면 정보를 체계적으로 저장해야 한다. 저장된 정보는 장기기억의 어딘가에 존재하지만, 인출하려면 그 곳에 접근할 수 있어야 있다. 단어를 알고 있지만 순간적으로 기억나지 않아서 단어가 혀끝에서 맴도는 설단현상은 장기기억에 존재하는 정보에 접근할 수 없기 때문에 발생한다. 설단현상은 어떤 정보를 알고 있지만 그 정보를 즉시 인출할 수 없는 상태이다.

인출에는 재인(recognition)과 회상(recall)이 있다. 재인은 어떤 정보가 머리 속에 저장한 정보인지 확인하는 과정이다. 회상은 머릿속에 저장한 정보를 끌어내는 과정이다. 재인기억과 회상기억은 부호로 저장한 정보를 외부로 불러내는 과정이다.

① 재인

재인은 어떤 단서를 통해 저장된 정보를 인식하고 떠올리는 일이다. 이때 단서는 이전에 저장한 정보를 더 쉽게 찾아 재생할 수 있게 해준다. 예를 들어 객관식 시험을 볼 때 선택지는 정보를 인출하는 단서가 되어 재인을 촉진한다. 재인기억은 영아 초기부터 발달하는 가장 기초적인 기억이다. 5~6개월 된 영아도 전에 본 사진을 기억한다. 재인기억은 유아기에 빠르게 발달한다. 유아는 4세쯤 되면 친숙한 물건에는 재인기억이 정확해진다. 재인기억은 유아에게 익숙하고 구체적인 사물에는 정확하지만, 낯설거나 추상적인 사물에는 부정확하다.

② 회상

회상은 단서나 자극 없이 저장한 정보를 끌어내는 일이다. 회상기억은 단서 없이 끌어내므로 재인기억보다 과정이 복잡하다. 선택지가 없는 주관식 시험에서 답을 찾는 것은 회상기억이다.

인간의 회상기억력은 생후 1년 이내에 나타나 성인 초기까지 지속적으로 발달한다. 유아의 회상기억력은 재인기억력보다 현저하게 떨어진다. 성인도 마찬가지다. 회상기억력은 지식을 체계적으로 저장할수록, 다양하고 효율적인 기억 전략을 사용할수록 좋아진다.

3) 기억 전략의 발달

기억 전략은 효율적으로 정보를 기억하기 위해 사용하는 전략이다. 대표적인 기억 전략에는 주의, 시연, 조직화, 정교화가 있다.

(1) 주의

주의는 외부 자극 중에서 특정 자극을 선택하여, 집중적으로 인식하고 반응하는 인지적 과정이다. 어떤 정보를 기억하려면 먼저 그 정보에 주의를 기울이는 능력이 발달해야 한다. 감각기억으로 들어온 정보 중에 주의를 기울인 정보만 단기기억(작업기업)으로 넘어간다. 주의 집중 능력은 연령이 높아지면서 발달하며, 보다 선택적이고 계획적으로 변한다. 유아기에는 과제 수행과 관련 없는 자극은 무시하고, 직접 관련된 자극에만 주의를 집중하는 선택적 주의 능력이 발달한다.

(2) 시연

시연은 기억할 정보를 여러 번 보거나 말하는 등 되풀이하는 일이다. 예를 들어 영어 단어를 기억하려고 여러 번 말해 보는 것이다. 시연은 정보를 의식적으로 머물게 하는 간단하고 효과적인 방법이다. 시연 전략은 유아기에 크게 발달한다.

(3) 조직화

조직화는 개별 정보를 하나로 묶는 일이다. 정보를 범주로 만들어 기억하는 전략이 조직화이다. 정보를 속성이나 특징을 기준으로 의미 있는 범주로 만들어 기억하는 전략이다. 조직화 전략은 절편화(청킹, chunking)과 범주화로 나눌 수 있다.

① 절편화

분리되어 있는 정보를 보다 큰 묶음이나 보다 의미 있는 단위로 조합하는 일이다. 예를 들어 숫자 0, 1, 0, 8, 9, 6, 4, 7, 1, 0, 3을 순서대로 기억해야 할 때 010, 8964, 7103처럼 묶어서 기억하는 전략이다. 절편화는 전화번호를 기억할 때 많이 사용한다.

② 범주화

정보를 의미에 따라 범주를 만들어 기억하는 전략이다. 영국, 이란, 중국, 프랑스, 이라크, 일본을 기억해야 할 때 유럽, 중동, 아시아라는 범주를 만들어 유럽(영국, 프랑스), 중동(이란, 이라크), 아시아(중국, 일본)와 같이 하위 범주에 속한 국가를 기억하는 전략이다. 조직화를 하려면 유목포함 개념을 습득해야 한다. 전조작기 유아는 유목포함 개념을 이해하지 못하므로 정보를 범주화하기 어렵다. 따라서 조직화는 시연보다 늦게 나타난다.

(4) 정교화

정교화는 정보를 연합하여 기억하는 전략이다. 쉽게 말해 사물을 서로 관련을 맺어 기억하는 전략이다. 어떤 사물이나 이론을 관련 있는 이미지로 떠올리거나, 문장으로 만들거나, 사례나 경험과 연결하여 이해하는 것이 정교화이다. 장미, 왕자, 모래시계를 기억해야 할 때 '장미와 모래시계를 들고 있는 왕자'로 연결하면 기억하기 쉽다. 이런 전략이 정교화다.

정교화 전략은 다른 기억 전략에 비해 늦게 발달한다. 정교화는 11세쯤에 나타나기 시작하고 성인이 되어서야 잘 적용할 수 있다. 정교화 전략을 사용하려면 서로 관련이 없는 정보를 연결하기 위해 정보의 특성이나 의미를 통합할 수 있어야 한다. 따라서 배경지식이 풍부해야 한다.[101]

4) 평가

정보처리 이론은 기존 발달 이론이 밝히지 못한 정보처리 과정을 체계적으로 설명했다. 특히 인간이 지식을 확장하는 과정을 외부 정보의 수용, 처리, 저장 등으로 구체적으로 제시했다. 정보처리 이론은 정보를 효율적으로 처리하기 위해 주의집중, 조직화, 정교화, 시연 등 다양한 기법을 다룬다. 이 기법은 유아의 인지 능력을 향상하기 위한 교수법에 활용할 수 있다. 하지만 정보처리 이론은 다음과 같은 비판을 받았다. 첫째, 인간은 컴퓨터보다 훨씬 복잡한 인지 구조를 갖고 있으며 인간은 사고를 할 때 컴퓨터가 갖고 있지 않은 상상력과 창의력을 발휘하다. 둘째, 정보처리 이론은 인간이 정보를 처리하는 목적, 의도 등을 다루지 않았다. 셋째, 정보처리 이론은 인지 발달이 신체 발달, 정서 발달 등 다른 발달 영역과 어떻게 영향을 주고 받는지 설명하지 못한다.[102]

---

101 『유아발달』(김진경, 김유미 공저, 방송대, 2020), 213~228쪽 요약
102 『유아발달』(김진경, 김유미 공저, 방송대, 2020), 87~88쪽 요약

07장 브론펜브레너의 생태학적 체계 이론

브론펜브레너(Bronfenbrenner, 1917~2005)는 러시아에서 출생하여 6세 때 미국으로 이주했다. 미시간 대학에서 심리학 박사 학위를 받고 코넬 대학에서 석좌교수로 재직했다. 생태학적 체계 이론은 인간 발달을 사회문화적 관점에서 이해하는 이론이다. 브론펜브레너는 생태학적 체계 이론을 통해 인간에게 직접적, 간접적으로 영향을 미치는 사회적 환경을 체계화하고 환경 간의 연계성을 제시하였다.

1. 개념

생태학적 체계 이론은 유아에게 직접 영향을 미치는 물리적, 사회적 환경뿐 아니라 간접적으로 영향을 미치는 환경을 포함하여 발달을 설명한다. 이전의 발달 이론은 가정이나 유치원 같은 유아에게 직접 영향을 미치는 환경만 고려했지만, 브론펜브레너는 간접 영향을 미치는 환경을 포함하여 이론을 수립했다.

생태학적 체계 이론은 유아를 둘러싸고 있는 직접적 환경에서 문화적 환경에 이르기까지 인간 발달에 영향을 미치는 환경을 미시체계, 중간체계, 외체계, 거시체계, 시간체계로 나누어 설명한다. 생태학적 체계 이론에 따르면 유아를 중심으로 가까이 있는 체계일수록 직접적인 영향을 미치지만 모든 체계는 상호작용 하며 영향을 주고 받는다. 인형 안에 작은 인형이 있고, 작은 인형 안에 더 작은 인형이 들어있는 러시아의 마트료시카 인형처럼 근접한 체계에서 먼 체계까지 다섯 체계는 서로 영향을 미친다. 따라서 유아 발달을 이해하려면 다섯 체계를 모두 연구해야 한다.

1) 미시체계
미시체계는 유아를 직접 둘러 싸고 있어 유아와 직접 영향을 주고 받는 환경이다.

미시체계에는 부모, 가족, 또래, 유치원, 이웃, 동네 등이 있다. 미시체계는 아동이 살고 있는 집의 크기, 근처 놀이터, 학교 도서관 서적과 같은 물리적 환경과 부모의 양육 태도, 교육 수준, 경제적 수준, 교사의 신념 같은 사회적 환경을 포함한다.

미시체계에서 유아는 환경과 직접 상호작용을 하면서 서로 영향을 주고 받는 능동적 주체이다. 미시체계는 유아 발달에 영향을 미치는 동시에 유아에 의해 변화하기도 한다.

2) 중간체계

중간체계는 부모와 교사, 부모와 이웃 등 미시체계 간의 관계와 상호작용을 말한다. 부모와 유치원 교사 간에 관계가 좋으면 유아에게 좋은 영향을 주는 것처럼, 미시체계 간의 상호작용은 유아 발달에 영향을 미친다.

3) 외체계

외체계는 중간체계의 외부에서 유아에게 간접적으로 영향을 미치는 환경이다. 외체계에는 부모 직장, 형제가 다니는 학교, 지역 사회 단체, 종교 기관, TV를 포함한 대중 매체 등이 있다. 외체계는 아동이 직접 참여하지 않지만 아동에게 영향을 미친다. 예를 들어 부모가 다니는 회사는 부모가 어디서, 언제, 어떻게 일할지를 결정하여 유아에게 영향을 미친다. 회사가 출산 휴가와 정시 퇴근을 보장한다면 부모는 아이를 더 잘 돌볼 수 있다. 교육청은 유아가 유치원에서 어떤 교육과정에 따라 어떤 활동을 할지 결정한다. 이러한 결정은 유아의 미시체계와 중간체계에 큰 영향을 줄 수 있다.

4) 거시체계

거시체계는 가치관, 관습, 법률, 정부 정책 등 유아에게 장기적, 지속적으로 영향을 끼치는 사회문화적 환경을 말한다. 예를 들어 아동복지를 중시하는 정부 정책과 법령, 아동을 독립적 인격체로 존중하는 문화는 유아 발달에 오랫동안 긍정적 영향을 끼친다. 거시체계는 미시체계, 중간체계, 외체계에 포함된 모든 요소 외에 관습, 법, 문화 등 사회문화적 환경을 포괄한다.

5) 시간체계

시간체계는 개인의 전 생애에 걸친 변화와 사회역사적인 환경의 변화를 말한다. 구체적으로 말하면 유아에게 장기적으로 영향을 주는 동생 출생, 부모 이혼 등 개인 환경의 변화와 인간의 전 생애에 걸쳐 영향을 미치는 전쟁, IMF 사태 등으로 인한 사회역사적 환경 변화이다. 예를 들어 부모가 이혼하면 자녀는 이혼 첫 해에 부정적인 영향을 가장 많이 받고, 2년 정도 지나면 안정을 되찾는 등 부모 이혼은 시간에 따라 아동 발달에 미치는 영향이 변화한다. 20~30년 전에 비해 여성 취업률이 크게 높아진 사회 현상도 유아의 발달과 행동에 장기간에 걸쳐 영향을 미친다.

| 브론펜브레너의 생태학적 체계 |

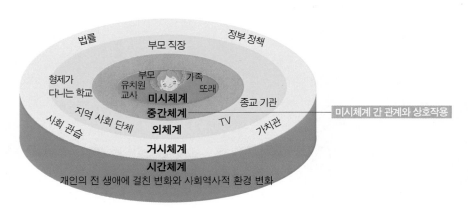

2. 평가

기존 이론은 유아 발달에 미치는 환경을 직접적인 사건이나 환경에 국한했지만, 생태학적 체계 이론은 환경 개념을 크게 확장하여 유아를 둘러싼 환경을 새로운 관점으로 바라보게 하였다. 특히, 유아를 중심으로 미시적 차원에서 거시적 차원까지 환경을 체계화하고, 유아와 환경의 상호작용과 방식, 체계 사이의 관계가 유아 발달에 미치는 영향을 잘 설명했다. 생태학적 체계 이론은 체계가 서로 유기적 관계를 맺고 유아 발달에 영향을 미친다는 사실을 강조한 이론이라고 할 수 있다. 하지만 생태학적 체계 이론은 환경에 치중하여 생물학적, 유전적 영향을 경시했다는 비판을 받았다.[103]

103　『유아발달』(김진경, 김유미 저, 방송대, 2020), 114쪽 요약

(1998 객28) 부모의 직장, 형제가 다니는 학교, 지역 사회 단체 등은 유아를 둘러싼 여러 형태의 사회 생태계 중 어디에 속하는가?

① 미시 체계   ② 중앙 체계   ③ 외 체계   ④ 거시 체계

정답 외체게

(2009 객30) 유치원 교육과정의 사회 생활 영역과 관련되는 브론펜브레너의 생태학적 이론에 대한 설명으로 잘못된 것은?

① 중간체계는 유치원, 이웃, 동네 등 유아에게 2차적이고 간접적인 환경으로서, 유아와 상호작용을 한다.

② 미시체계는 유아를 둘러 싸고 있는 부모, 가족, 친구 등 직접적인 환경으로서, 유아와 영향을 주고 받는다.

③ 시체계는 개인의 전 생애에 걸친 변화와 사회역사적인 환경의 변화이며, 유아의 발달과 행동에 영향을 미친다.

④ 유아를 둘러싸고 있는 직접적 환경으로부터 문화적 환경에 이르기까지 인간 발달에 영향을 미치는 환경 체계의 범위를 설명하고 있다.

⑤ 거시체계는 미시체계, 중간체계, 외체계에 포함된 모든 요소 외에 문화, 관습, 법 등 사회문화적 환경을 포함한다.

정답 풀이 ① 유치원, 이웃, 동네는 미시체계이다. 중간체계는 미시체계 간의 관계와 상호작용을 말한다.

(2013 정시A6) 1) 브론펜브레너의 생태학적 체계 이론을 근거로, 사례에서 지연이의 미시체계(microsystem)와 거시체계(macrosystem)에 해당하는 것을 찾아 1가지씩 쓰시오. [1점]

2) 사례에서 지연이의 외체계(exosystem)에 해당하는 것은 무엇이고, 이것이 지연이의 유치원 생활에 미친 영향은 무엇인지 찾아 1가지씩 쓰시오. [2점]

햇님반에는 지연이를 포함한 20명의 유아들이 있다. 이 반에는 홍 교사와 함께 한 명의 하모니 선생님이 배치되어 있다. 웃어른을 공경하는 우리나라 문화의 영향으로 지연이를 비롯한 유아들은 하모니 선생님께도 공손하고 잘 따른다.

이 반의 담임인 경력 1년차 홍 교사는 지연이 어머니 때문에 마음이 몇 번 불편한 적이 있었다. 며칠 전에는 유치원 홈페이지에 올려 놓은 지연이 생일 사진이 마음에 들지 않는다고 지연이 어머니로부터 전화를 받았는데, 당황하여 제대로 답변조차 하지 못했다. 홍 교사는 수업과 관련해서도 자신이 ㉠누리과정에 대하여 충분히 이해를 하고 있는지 염려스럽다. 또한, 경력 5년차 유 교사로부터 수업 개선에 대한 몇 가지 의견을 들었음에도 불구하고 여전히 적용 방법에 대해서도 확신이 서지 않아 초조할 때가 종종 있다. 그런데 지연이 어머니 전화까지 받고 나니 앞으로 교사로서 잘 해 나갈 수 있을 것인지 더욱 자신이 없어지면서 지연이를 대하는 것도 부자연스러울 때가 있다. 며칠 전부터는 지연이의 하원 시간이 어머니의 직장 일 때문에 이전보다 1시간 정도 늦어진 저녁 7시가 되었다.

정답 풀이 1) 미시체계- 햇님반 유아들, 홍 교사, 하모니 선생님, 어머니에서 1가지를 쓰면 된다. 거시체계- 웃어른을 공경하는 우리나라 문화 2) 어머니의 직장, 하원 시간이 1시간 늦어짐

(2016 A1) ㉠에서 나타난 발달 이론을 쓰고, 그 이론에서 ㉡을 지칭하는 용어를 쓰시오. [2점]

가정통신문

㉠아이들이 몸 담고 있는 가족과 지역사회, 문화와 같은 환경과 아이들의 관계는 매우 중요합니다. 이에 따라 우리 원에서는 3주에 걸쳐 지역사회 기관이 하는 일을 알아보기 위해 우체국과 도서관, 소방서 등 아이들에게 친숙한 기관을 방문할 계획입니다. 이 기관들은 우리 원 아이의 학부모님이 근무하는 곳으로, 견학을 통해 부모님의 직업 세계를 구체적으로 살펴보는 기회를 가질 것입니다. ㉡부모님이 일하는 직장을 직접 방문함으로써 아이들이 부모님에 대한 고마움과 지역사회 기관이 우리에게 주는 혜택을 알 수 있도록 하겠습니다.

2015년 0월 0일 00유치원

정답 ㉠ 생태학적 체계 이론 ㉡ 외체계

(2016 특수A1) ⓒ에 반영된 이론적 관점이 무엇인지 각각 쓰시오. [1점]

> 김 교사: 선생님, 현수가 근래에 들어서 자꾸 친구를 때리는데, 걱정이 많아요. 장점이 참 많
> 은 아이인데… 그런 행동만 하지 않으면 좋을 텐데요. 게다가 곧 초등학교에 입학해야 하는
> 상황이라….
> 박 교사: 현수 부모님과 상담은 해 보셨나요?
> 김 교사: 네. 어머니 말씀을 들어 보니, 현수가 아기일 때 가족과 떨어져 친척 집에 머물면서
> ⓐ 심리적으로 무척 위축되고 불안한 시기를 보낸 것 같아요. 그러한 부정적인 경험들이 내
> 재되어 있다가 지금 친구를 때리는 공격 행동으로 나타나는 것은 아닌가 생각되더군요.
> 박 교사: 그럴 수도 있지만, 현수의 행동을 어느 한 가지 이유가 아니라 ⓒ 가족 관계, 또래 관
> 계, 유치원 생활, 지역사회 환경 등 현수와 직·간접적으로 연결되어 있는 다양한 환경 맥락과
> 상황 속에서 이해하는 것이 필요할 수도 있어요

정답 생태학적 체계 이론

(2021 B1) 브론펜브레너(U. Bronfenbrenner)의 생태학 이론에 근거하여 ① ⓐ에 해당하
는 체계의 명칭을 쓰고 ② 그 개념을 설명 하시오. [2점]

> 수민: (휴지를 풀고 있는 진호를 보고 약간 화난 목소리로) 너 지금 뭐 해?
> 진호: 휴지로 멋진 눈길을 만드는 중이야. 우리 엄마 친구가 휴지로 작품을 만드셨다고 들었
> 어.
> 지영: ⓐ 나도 TV에서 그런 전시회를 본 적 있어.

정답 풀이 ① 외체계 ② 외체계는 중간체계의 외부에서 유아에게 간접적으로 영향을 미치는 환경이다. 외체
계에는 부모 직장, 형제가 다니는 학교, 지역 사회 단체, 종교 기관, 대중매체 등이 있다.

08 장 엘더의 생애 이론

엘더(G. H .Elder)는 1934년 미국에서 태어나 1961년에 노스캐롤라이나 대학에서 사회심리학 박사 학위를 받았다. 엘더는 코넬 대학에서 교수로 재직하면서 브론펜브레너와 학제 간 연구를 수행하였다. 브론펜브레너의 생태학적 체계 이론은 시간체계를 포함하지만 전 생애 발달을 지향하지는 않았다. 전 생애 발달을 강조하는 이론은 엘더의 생애 이론이다.

1. 생애 이론 개념

엘더의 생애 이론은 전 생애 발달을 강조하는 생태학적 이론이다. 생애 이론은 삶의 변화와 그 결과가 인간 발달에 어떤 영향을 미치는가에 초점을 맞춘다. 생애 이론은 구 소련 붕괴, 경제적 풍요와 빈곤, 전쟁과 같은 사회역사적 변동은 인간 삶을 변화시킬 수 있고, 개인은 그러한 사회역사적 변동에 영향을 받으며 삶을 꾸려나간다고 주장한다. 예를 들어 미국 대공황 시기의 경제적 궁핍은 아버지 세대의 심리적 건강을 해치고, 어머니와 아이가 일자리를 찾아 나서도록 내몰았다. 이는 부모 인생에서 발생하는 사건이 다음 세대와 연결되어 있음을 보여준다.

엘더와 록웰(Elder & Rockwell, 1978)은 미국의 경제 대공황 시기에 경제 공황이 빈곤층 아동의 발달에 미친 영향을 연구했다. 이들은 두 집단을 대상으로 장기종단 연구를 했다. 한 집단은 대공황이 발생하기 전에 태어나 대공황기에 이미 아동이었고, 다른 집단은 대공황이 시작할 때 막 출생한 아동이었다. 빈곤이 두 집단에 미친 영향을 분석한 결과, 대공황을 더 어릴 때 겪은 집단이 더 크게 영향을 받은 것으로 나타났다. 대공황 시기에 갑자기 극빈층으로 전락한 아동은 집안 일을 돕거나 취업을 하여 가족 부양에 기여하는 것 외에 다른 선택을 할 수 없었다. 하지만 이런 경험을 한 아동은 책임감과 독립심이 발달하여 이후 더 열심히 일을 했다. 대공황이 시작할 때 막 출생하여 아주 어린 시기에 대공황을 겪은 아동에게는 발달 지체 등 부정적 결과가 나타났다. 학교 성적도 좋지 않았고 좋은 직업을 구하지도 못했다. 일부는 인생 후반부에 정서 문제가 발생했다. 부정적인 결과는 남성에게 더 뚜렷하게 나타났다.

상호의존은 생애 이론의 주 개념이다. 생애 이론에 따르면 인간 삶은 일생 동안 맺는 가족 관계, 친구 관계 등 사회적 관계의 영향을 크게 받는다. 예를 들어 결혼으로 분가한 자녀가 개인적 문제로 집에 돌아와 살면 부모에게 큰 영향을 주기 때문에, 자녀 개인에게 발생한 문제는 세대 간 문제가 된다.

2. 평가

생애 이론은 기존 연구가 발달을 유아기에서 청소년기에 초점을 맞춰 설명한 것과 달리, 발달은 노년기까지 지속적으로 일어난다는 관점을 소개했다. 발달은 이전 발달 단계의 영향을 받고 앞으로 올 발달 단계에 영향을 미치므로 발달 단계마다 독특한 가치와 특성이 있다는 점을 생애 이론은 시사한다. 따라서 인생의 어느 단계도 다른 단계보다 더 중요하거나 덜 중요하지 않다.

생애 이론은 인간 발달에 미치는 다양한 경로를 밝히고 인간과 환경 간의 복잡한 상호 연결성을 강조했다는 평가를 받는다. 하지만 일반적인 발달 규칙과 구체적인 발달 단계, 발달 과업 등을 가정하지 않아 발달 단계의 중요성을 인식하지 못했고, 환경적 맥락이 인간 삶을 좌우한다고 주장하여 인간의 능동성을 부정했다는 비판을 받았다.[104]

---

104 『유아발달』(김진경, 김유미 저, 방송대, 2020), 116쪽 요약

매슬로우 욕구위계 이론

매슬로우(A. H. Maslow, 1908~1970)는 1908년 러시아에서 뉴욕으로 이민 온 유태인 가정에서 태어났다. 그의 부모는 교육을 받지 못했지만 자신보다는 자녀 행복을 위해 헌신했는데 특히 7남매의 장남인 매슬로우에게 격려와 지원을 아끼지 않았다. 하지만 유태인이 한 명도 살지 않는 곳에서 매슬로우는 어린 시절을 책에 파묻혀 외롭게 보냈다. 인간을 보다 풍요롭게 살도록 도우려는 그의 바람은 어린 시절 겪은 외로움에서 비롯되었다.

손다이크(Thorndike)와 하로우(Harlow) 밑에서 실험 훈련을 받은 매슬로우가 심리학을 공부하기로 결심한 데에는 왓슨(Watson)의 행동주의가 큰 영향을 미쳤다. 그는 한때 행동주의가 인간의 모든 수수께끼를 풀어줄 것이라고 믿었다. 첫 딸이 태어난 후 행동주의로 인간을 이해하는 데는 한계가 있다는 사실을 깨닫고 "아이가 있는 사람은 누구도 행동주의자가 될 수 없다"라고 선언했다. 인간은 창의성, 자유의지를 가지고 있기 때문에 행동주의로는 인간을 이해할 수 없다고 생각했다.

매슬로우의 인본주의 심리학은 행동주의의 기계적 인간관과 정신분석 이론의 비판적 인간관을 뛰어넘어 인간을 보는 관점을 바꾸어 놓았다. 매슬로우 이론은 환자를 대상으로 한 임상 면담이나 사례 연구에서 출발하지 않았다. 그는 건강한 사람의 성격을 연구했다. 심리학은 인간의 병리적 측면보다는 건강한 본성에 관심을 가져야 한다고 그는 주장했다. 인간의 건강한 면을 이해해야 비로소 정신적 질병을 이해할 수 있다고 믿었다.

1. 욕구위계 이론의 개념

매슬로우는 인간 욕구를 생리적 욕구, 안전 욕구, 사랑과 소속 욕구, 자아존중 욕구,

자아실현 욕구로 나누어 설명한 욕구위계 이론을 제시하였다

매슬로우 이론은 충족하지 못한 욕구만이 행동을 일으키며, 욕구는 계층을 이루고 있다는 두 가지 전제에서 출발한다.

매슬로우에 따르면 인간은 하나의 욕구를 충족하면 다음 단계의 욕구를 충족하려고 한다. 가장 먼저 충족하려는 욕구는 다음 단계에서 충족하려는 욕구보다 강하다. 현 단계 욕구를 충족했을 때만 다음 단계 욕구가 나타난다. 일단 만족한 욕구는 더 이상 동기부여 요인이 되지 못한다. 예를 들면, 음식을 먹어 배가 부르면, 다시 배가 고플 때까지는 먹으려 하지 않는다. 상위 단계 욕구가 일어나기 위해서는 먼저 하위 단계 욕구를 충족해야 한다.

다섯 가지 욕구는 결핍 욕구와 성장 욕구로 나눌 수 있다. 결핍 욕구는 한 번 충족하면 더 이상 동기로 작용하지 않는다. 생리적 욕구, 안전 욕구, 사랑과 소속 욕구, 자아존중 욕구는 결핍 욕구이다. 성장 욕구는 충족할수록 더 커진다. 자아실현 욕구는 성장 욕구이다.

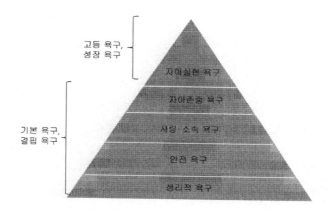

2. 욕구위계 이론 내용

(1) 생리적 욕구

첫 단계는 인간에게 가장 기본이라 할 수 있는 생리적 욕구이다. 생리적 욕구는 음식, 수면 등 생존에 필수적인 것을 충족하려는 욕구다. 생리적 욕구는 비교적 짧은 시간 내에 반복적으로 충족해야 한다. 인간은 빵만으로 사는 것은 아니지만 굶주린 사람에게는 빵 한 조각이 전부이다. 춥고 배고픈 문제가 해결되지 않는 한 다른 욕구는 나타내지 않는다.

(2) 안전 욕구

생리적 욕구가 어느 정도 충족되면 안전 욕구가 나타난다. 안전 욕구는 신체적, 심리적 위험에서 벗어나 안전을 바라는 욕구이다.

(3) 사랑과 소속 욕구

생리적 욕구와 안전 욕구를 충족하면 사랑과 소속 욕구가 나타난다. 사랑과 소속 욕구는 집단에 들어가거나 동료에게 받아들여지고자 하는 욕구이다. 인간은 사회적 동물이므로 집단에 소속되어 사랑 받기를 원한다. 동료와 친교를 나누고 싶어 하고 이성교제와 결혼을 갈망한다.

(4) 자아존중 욕구

인간은 사랑과 소속 욕구를 충족하면 집단 구성원 이상의 존재가 되기를 원한다. 자아존중 욕구는 어떤 훌륭한 일을 하거나 무엇을 잘하여, 타인의 존중과 인정을 받으려는 욕구이다. 자아존중 욕구는 자존심을 느끼고 자율성을 성취하려는 내적 존중 욕구와, 타인에게 인정 받으며 집단 내에서 지위를 확보하려는 외적 존중 욕구로 나타난다.

(5) 자아실현 욕구

자아존중 욕구를 어느 정도 충족하면 자아실현 욕구가 강하게 나타난다. 자아실현 욕구는 자신의 잠재력을 극대화하여 자아를 완성하려는 욕구이다.

3. 평가

욕구위계 이론은 다음과 같이 세 가지 이유로 비판을 받았다. 첫째, 모든 사람이 위계에 따라 행동하지 않으며 하위 요구를 충족하지 않은 상태에서 상위 욕구를 추구하는 사람이 있다. 예를 들면 미켈란젤로는 곤궁한 삶을 살면서도 명작을 완성했다. 경제적으로 어려운 학생이 지적 욕구를 추구하거나 사랑하는 사람을 위해 목숨을 포기하는 사례도 욕구위계 이론과 부합하지 않는다. 둘째, 인간은 동시에 두 가지 이상의 욕구를 추구할 수 있다. 셋째, 개인마다 추구하는 가치가 다를 수 있다. 즉 욕구위계 이론은 가치의 개인차를 무시했다.

3부

놀이론

01
장

놀이 특성

1. 놀이 정의

어떤 행동이 놀이인지 판별하기는 쉽지만 놀이가 무엇인지 명확하게 정의하는 일은 어렵다. 놀이는 유동적이고 추상적이며 형태가 다양하기 때문이다. 놀이는 사전적으로 '여러 사람이 모여서 즐겁게 노는 일 또는 일정한 규칙 또는 방법에 따라 노는 일'로 정의할 수 있다.

놀이는 영어로 'Play'다. 'Play'는 라틴어 플라가(Plaga)에서 유래했다. 갈증이라는 뜻이다. 억지로 하는 일이 아니라, 목마른 자가 물을 갈구하듯이 본능이 원하는 행동이라는 뜻이다. 어원에서 알 수 있듯이 놀이란 본능적으로 일어나는 즐겁고 재미있는 행동이다. 놀이를 뜻하는 그리스어 'paidia'는 유아를 뜻하는 'pais'에서 파생했다. 고대 그리스인은 성인과 다른 유아의 독특한 행동 양식을 발견하고 그것에서 놀이라는 개념을 끌어냈다고 볼 수 있다.

2. 놀이 특징

요한 하위징아(Johan Huizinga)는 놀이를 문화의 뿌리이며 문화를 지탱하는 젖줄이라고 했다. 실러(Schiller)는 놀이를 잉여 에너지를 소모하는 활동이라고 했다. 프뢰벨은 인간 본성의 자유로운 활동의 표현이며 연습이라고 했고, 듀이(Dewey)는 유아의 문제 해결력을 증진하는 활동이라고 했다. 학자들의 다양한 주장에서 알 수 있듯이 놀이를 한 마디로 정의할 수 없다. 하지만 놀이는 다른 활동과 구별할 수 있는 고유한 특징을 갖고 있다.

1) 내적 동기

놀이는 어떤 목표를 달성하기 위해 하는 행동이 아니라 내적 동기에 따라 하는 행동이다. 즉 놀이는 성취적 행위나 도구적 행동이 아니다.

2) 과정 지향

유아는 놀이할 때 목표가 아니라 과정에 관심을 기울인다. 결과보다 과정이 중요하다. 어떤 목표를 달성하려는 의도가 없으므로 놀이에는 융통성이 있다.

3) 자발적 선택

놀이는 유아가 스스로 선택한 행동이다. 아무리 재미 있어도 타인이 강요한 활동은 놀이가 아니다. 유치원에서 블록놀이를 할 때 유아는 스스로 선택하면 놀이라 생각하고, 교사가 블록놀이를 하라고 지시하면 일이라고 생각한다.

4) 비사실성

유아가 놀이할 때는 유아 자신의 흥미에 맞춘 가상적 행동과 현실 왜곡이 발생한다. 유아는 놀이할 때 또래와 싸우는 척 하는 가상적 행동을 한다. 블록을 핸드폰으로, 장난감 청진기를 뱀으로 가상하고 놀이한다.

5) 즐거움

놀이는 즐거운 행동이다. 즐겁지 않으면 놀이가 아니다. 놀이는 두려움도 수반하지만 유아는 궁극적으로 즐겁기 때문에 놀이한다. 유아는 그네 탈 때 떨어질까 두렵기도 하지만, 즐겁기 때문에 반복하여 그네를 탄다. 두렵기만 하고 즐겁지 않으면 다시는 그네를 타지 않는다.

6) 내적 규칙

유아 놀이에는 규칙이 있다. 규칙은 외부에서 정한 것이 아니다. 유아가 다른 놀이 참여자와 함께 정한다.

3. 놀이와 탐색, 일(학습)의 차이

놀이와 비슷한 행동으로 탐색과 일(학습)을 들 수 있다. 차이점은 다음과 같다.

1) 놀이와 탐색

놀이와 탐색은 외관상 유사하다. 놀이와 탐색은 모두 외적 목표를 달성하기 위한 행동이 아니다. 내적 동기로 하는 행동이다. 허트(C. Hutt)는 놀이와 탐색을 완전히 다른 행동으로 보았다. 허트에 따르면 탐색은 '이 물건의 속성은 무엇일까'라는 의문을 풀기 위한 행동이고, 놀이는 '이것을 가지고 무엇을 할 수 있을까?'와 관련된 행동이다.

탐색은 어떤 자극을 받고 그 자극에 관한 정보를 얻으려는 행위다. 즉 탐색은 자극 주도적 행위다. 놀이는 '이것을 가지고 무엇을 할 수 있을까?'라는 생각으로 유아가 주도하는 행동이다. 놀이는 유아의 욕구와 바람에서 나오는 행동이라고 할 수 있다. 놀이는 정보를 얻기 위한 행동이 아니기 때문에 유아는 놀이하면서 사물의 용도를 무시한다. 자신의 욕구와 바람을 충족하기 위해 사물을 어떻게 쓸 것인지 생각한다.

영아기는 놀이에 비해 탐색이 더 많이 나타난다. 걸음마기는 놀이와 탐색이 비슷하게 나타난다. 유아기에는 탐색보다 놀이가 더 많이 나타난다. 이처럼 영아기는 놀이와 탐색이 섞여 나타나는데 이를 탐색적 놀이라고 한다.

하울윌(Wohlwill, 1984)은 놀이와 탐색을 전형성, 주의집중, 정서를 기준으로 비교했다. 탐색은 상황과 관계 없이 전형적인 행동이 나타나고, 놀이는 다양한 행동이 나타난다. 탐색은 주의집중 정도가 높고, 놀이는 높지 않다. 탐색은 중립적이거나 부정적 정서가 나타나고, 놀이는 긍정적 정서가 나타난다.[105]

▍ 하울윌의 놀이와 탐색 비교 ▍

항목	탐색	놀이
전형성	전형적인 행동이 나타난다.	다양한 행동이 나타난다
주의집중	주의 집중 정도가 높다	주의 집중 정도가 높지 않다.
정서	중립적이거나 부정적 정서가 나타난다.	긍정적 정서가 나타난다.

허트는 탐색을 특정 탐색과 다각적 탐색으로 세분화했다. 특정 탐색이란 새 자극물을 접할 때 자극물을 만져 보고 조작하고 시험해 보는 반응이다. 다각적 탐색은 자극

---

105 『놀이지도』(유효순, 김희태 공저, 방송대, 2020), 6~7쪽 정리

물의 특징을 파악한 후 좀 더 내적으로 동기화되고 오랜 시간 지속하는 탐색이다. 허트는 특정 탐색보다는 다각적 탐색이 놀이에 가깝다고 주장했다.

존슨, 크리스티, 야키(Johnson, Christie & Yawkey, 1999)는 놀이와 탐색을 다음과 같이 비교하였다.[106]

구분	놀이	탐색
출현 시기	탐색 이후에 나타난다.	놀이 이전에 나타난다.
출현 상황	익숙한 사물을 대할 때	새로운 사물을 대할 때
목표	만족 추구(자극 유발)	정보 획득
행동 특징	다양한 행동	정형화된 행동
정서	즐거움	진지함
심장 박동	변화가 크다	변화가 적다

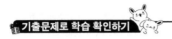
기출문제로 학습 확인하기

(2020 B1) 허트(C. Hutt)의 관점에 근거하여, ⓐ에 들어갈 말을 쓰시오. [1점]

(지수는 역할영역으로 이동한다.)
연서: ㉠ (손전등을 살펴보며) 어떻게 켜지? 어, 여기 스위치가 있네! 왜 안 켜지지? 건전지 넣는 곳은 어디지?
지수: (쌓기영역으로 돌아와) 연서 대원, 이제 출동합니다.

연서가 보이는 ㉠과 같은 행동은 놀이보다는 (ⓐ)에 가까운 행동이다.

정답 탐색

2) 놀이와 일

놀이는 일이 아니다. 놀이와 일의 가장 결정적인 차이는 동기 유발 경로에서 찾을 수 있다. 놀이는 동기가 내적으로 유발되고, 일은 외적으로 유발된다. 프로스트와 클라인(Frost & Klein, 1979)에 따르면 놀이는 능동적, 자발적이며, 재미있고, 과정 중심적 행동이다. 일은 수동적이고, 강요나 지시를 받은 행위이고, 단조롭고, 외부에서 부과한 규칙에 얽매인다.

---

106 『영유아 놀이 이론과 실제』(이숙재 저, 창지사, 2019), 16~17쪽 정리

| 프로스트와 클라인의 놀이와 일의 구분 |

놀이	일
능동적	수동적
자발적	강요 받은 행위
재미 있다.	단조롭다.
과정 중심적	외부에서 부과한 규칙에 얽매인다.

레비(Levy)는 놀이를 인간의 창의적이고 심오한 특성을 계발하는 역동적인 과정이라고 정의했다. 레비는 놀이가 아닌 행동과 비교하여 놀이의 특성을 밝혔다.

| 레비(1978)의 놀이 행동의 특성 |

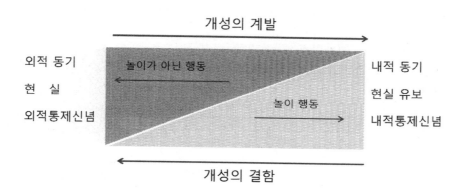

레비는 놀이 특성으로 내적 동기, 현실 유보, 내적 통제 신념을 제시했다. 놀이가 아닌 행동의 특성은 외적 동기, 현실, 외적 통제 신념을 제시했다. 내적 동기란 행동 자체에서 만족을 얻는 것이다. 외적 동기란 행동 결과에서 만족을 얻는 것이다. 예를 들어 보물찾기에서 아이가 보물을 찾아 기뻐하며 보물을 가지고 갔다면, 보물을 찾았다는 결과로 보상을 받았기 때문에 놀이가 아니다. 아이가 보물을 찾은 후에도 다시 감추고 찾는 행동을 반복하면, 찾는 행동 자체로 보상을 받았기 때문에 놀이이다. 이와 같이 내적 동기로 어떤 행동이 놀이가 되면, 유아는 행동에 몰입한다.

현실 유보는 놀이 중에 현실적 자아를 떠나 잠시 환상적 자아, 상상적 자아를 수용하는 것이다. 쉽게 말해 자아 망각 현상이다. 유아가 놀이하면서 잠시 상상의 세계로 빠진 상태를 말한다. 놀이 세계에서 유아는 현실에 얽매이지 않고, 자유롭게 상상하고, 다양하게 탐색하며, 풍부하게 경험한다.

내적 통제 신념은 어떤 행동과 그 행동의 결과를 스스로 통제하고 있다고 지각하는 정도를 의미한다. 놀이할 때 유아는 자신에게 통제권과 책임이 있다고 믿으며, 놀이가 아닌 행동을 할 때보다 외부 영향을 덜 받고, 스스로 행동을 선택하고 선택한 행동에 만족한다.[107] 놀이가 아닌 행동을 하는 유아는 어떤 행동과 그 행동의 결과가 외부에 의해 통제된다는 외적 통제 신념을 갖는다.

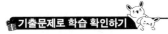
기출문제로 학습 확인하기

(2019 추시B3) ㉠과 관련된 놀이의 일반적인 특징 1가지를 쓰시오. [1점]

> **지식 Q&A**
>
> **질문❶** 아이는 매일 놀아 주는데도 놀지 않았다고 말해요. 왜 그럴까요?
>
> **답변❶** 유아가 생각하는 놀이는 부모와 다를 수 있기 때문입니다. 그래서 부모는 유아의 놀이 특징을 이해하는 것이 필요합니다. 유아는 자신이 좋아하는 놀이를 선택하고 다양한 변화를 시도하면서 그 과정에서 즐거움을 느낄수록, 그리고 ㉠ <u>현실에서 벗어나 가상으로 새로운 가능성을 경험할수록 놀았다고 생각합니다.</u> 예를 들어, 큰 비눗방울을 만들어 괴물나라에 갇힌 친구를 탈출시키는 상상을 한다면, 유아는 즐거운 놀이라고 생각합니다.

정답 현실유보

4. 놀이의 교육적 가치

유아는 놀이하면서 배운다. 유아는 놀이를 통하여 자연스럽게 신체운동 능력을 키우고 지식을 습득한다. 놀이하면서 사회적 규칙에 익숙해지고 상상력과 창의력을 풍부하게 발휘한다. 따라서 유아교육에서 놀이는 가장 효율적인 학습 매체이다. 놀이의 교육적 가치는 학습, 교육, 평가, 치료 측면으로 나누어 살펴볼 수 있다.

1) 학습 측면 가치

학습할 때는 학습자의 자발적 동기가 가장 중요하다. 강요에 의한 학습보다 자발적 학습이 훨씬 효과가 좋다. 놀이는 자발적 행위이므로 학습이 효과적으로 일어날 수 있다. 학습 효과를 높이려면 학습자가 적극적이어야 한다. 영유아는 놀이할 때 적극적이므로 학습 효과가 뛰어나다. 영유아는 성인과 달리 구체적인 경험을 통해 학습해야 효

---

107 『영유아 놀이 이론과 실제』(이숙재 저, 창지사, 2019), 17~19쪽 정리

과적이다. 놀이할 때 영유아는 놀잇감을 탐색, 조작하고, 또래와 부모, 교사와 상호작용 하는 등 경험을 통해 효과적으로 학습한다. 놀이하면서 영유아는 자유롭게 놀잇감을 선택하고 융통성 있게 규칙을 적용한다. 즉 놀이는 자발적이고, 적극적이고, 자유롭고, 융통성 있는 행동이다. 이런 특성은 스스로 시도하여 배우고 터득하는 자기 발견적 학습을 촉진한다. 영유아가 자기 수준에 적합하고 흥미 있는 놀이를 하면서 개별 학습이 일어난다. 놀이에서 사건이나 행동은 반복되므로 영유아의 경험은 심화하고 확대되어 학습 효과가 높아진다.

2) 교육 측면 가치

놀이가 아무리 교육적으로 가치가 있어도 모든 놀이가 긍정적이라고 할 수는 없다. 위험한 놀잇감이나 언행이 불량한 놀이 친구는 신체적, 정신적으로 발달을 저해할 수 있다. 놀이가 교육적으로 가치 있는 활동이 되려면 좋은 놀이 환경을 제공하고 효율적으로 놀이를 지도해야 한다.

겔바흐(Gehlbach)는 교수적 놀이(instructional play)를 주장했다. 교수적 놀이란 영유아가 놀이 환경에서 다양한 관계를 맺으면서 스스로 교육적 메시지를 발견할 수 있는 놀이를 말한다. 하지만 교육적 기능을 강조하여 놀이를 지도하면, 놀이는 지루하고 경직될 수 있다.

3) 평가 측면 가치

영유아는 놀이를 통해 자신의 모든 것을 표현한다. 놀이할 때 신체적, 정서적, 인지적, 사회적 발달 상태가 드러나므로 영유아 발달을 전반적으로 평가하고 진단할 수 있다. 특히 놀이는 자발적 활동이므로 인위적인 조사 방법보다 타당도가 높다. 놀이를 통한 평가는 다양한 놀이 상황을 반복적으로 관찰하므로 신뢰도도 높다.

평가 측면의 가치를 구체적으로 살펴보면 첫째, 놀이할 때 나타나는 손동작 등 움직임을 통해 대소 근육 조절 능력과 눈과 손의 협응력을 파악할 수 있다. 둘째, 놀이 중에 나타난 언어 표현이나 인지 반응을 근거로 언어 능력과 지적 능력을 평가할 수 있다. 셋째, 놀이 친구와 상호작용 하는 모습을 관찰하여 사회성 발달 수준을 파악할 수 있다.

4) 치료 측면 가치

영유아는 놀이하면서 자신의 모든 것을 표현하므로 발달적인 문제점이 드러난다. 교사는 놀이 과정에서 신체적, 정서적, 지적 장애 등을 발견하면 전문 상담사나 의사에게 치료를 의뢰할 수 있다.

영유아는 놀이 중에 기쁨, 슬픔, 불안, 좌절, 분노, 공포 등 모든 감정을 표출한다. 이런 감정을 표출하면서 영유아는 정서 부적응이나 문제 행동을 자연스럽게 치유한다. 놀이의 치료적 가치는 정신분석학 이론에 근거를 둔다. 정신분석학 이론에 의하면 영유아는 놀이하면서 부정적 감정을 무의식적으로 표출하여, 이를 해소하거나 완화하는 정화(catharsis)를 경험한다.[108]

---

108 『영유아 놀이 이론과 실제』(이숙재 저, 창지사, 2019), 24~28쪽 정리

놀이 이론

1. 고전적 놀이 이론

고전적 놀이 이론은 놀이가 왜 존재하며, 놀이가 인간 발달에 왜 중요한지를 기준으로 크게 잉여 에너지 이론, 휴식 이론, 연습 이론, 반복 이론으로 나눌 수 있다.

1) 잉여 에너지 이론

잉여 에너지 이론은 놀이를 남는 에너지를 목적 없이 소비하는 행위라고 본다. 대표적 이론가는 실러(Schiller)와 스펜서(Spencer)이다. 잉여 에너지이론에 따르면 인간은 노동을 한 후 남은 에너지를 쓰기 위해 놀이를 한다. 사람이나 동물은 일차적 욕구를 충족하기 위해 노동을 하는데, 일차적 욕구를 충족한 후 에너지가 남으면 이를 쓰기 위해 놀이를 한다. 18세기 독일의 시인이자, 철학자 실러는 유아는 생존을 위해 노동을 할 필요가 없어 에너지가 많이 남기 때문에 유아가 성인보다 놀이를 많이 한다고 주장했다. 실러의 주장은 아동이 성인보다 왜 놀이를 더 많이 하는지 잘 설명한다.

잉여 에너지 이론은 20세기 놀이 이론에도 영향을 주었지만 유아가 피곤하고 지친 상태에서도 놀이하는 이유를 설명하지 못한다.

2) 휴식 이론

휴식 이론은, 인간은 노동으로 쌓인 피로를 풀기 위해 놀이를 한다고 주장한다. 대표적 이론가는 라자루스(Lazarus)와 패트릭(Patrick)이다. 19세기 독일 철학자 라자루스는 노동으로 고갈된 정신적, 육체적 에너지를 재충전하기 위해, 인간은 노동과 반대되는 활동이 필요한데 이러한 활동이 놀이라고 주장했다. 패트릭은 정신 노동으로 쌓인 피로를 풀기 위해 인간은 뛰기, 달리기, 던지기 등 고대의 원시 활동과 관련된 놀이를 한다고 주장했다.

휴식 이론은 스트레스가 심한 현대인이 왜 놀이를 하는지 잘 설명한다. 하지만 육체

노동자와 노동을 하지 않는 유아가 놀이하는 이유를 설명하지 못한다.

3) 연습 이론

연습 이론은 놀이는 성인기에 필요한 기술을 연습하기 위해 존재한다고 본다. 연습 이론에 따르면 유아는 놀이를 통해 성인기에 필요한 여러 가지 기술을 습득한다.

독일의 철학자 그루스(Groos)에 의하면 유기체의 놀이 기간은 진화 정도에 따라 차이가 있다. 유기체는 고등 동물일수록 놀이 기간이 길다. 고등 동물은 성인기에 필요한 기술을 숙달하려면 오랫동안 연습해야 하기 때문이다.

곤충, 물고기, 두꺼비 등 하등 동물이 놀이를 한다는 증거는 없다. 하지만 이들보다 진화한 고양이나 개가 놀이하는 모습은 쉽게 찾아 볼 수 있다. 연습 이론은 새끼 고양이가 공을 쫓거나 움켜 잡으며 노는 것을 나중에 쥐를 잡을 때 필요한 기술을 연습하는 행동으로 본다.

연습 이론은 놀이가 아동기에 나타나는 이유와 놀이의 가치를 잘 설명한다. 하지만 인간이 성인기에 필요한 기술을 충분히 습득한 후에도 계속 놀이하는 이유를 설명하지 못한다.

4) 반복 이론

반복 이론은, 인간은 진화 과정을 반복, 재현하여 원시본능을 제거하고 진화에 유용한 행동을 계승하기 위해 놀이한다고 주장한다. 대표적인 이론가는 스탠리 홀(Stanley Hall)과 굴릭(Gulick)이다. 반복 이론은 인간이 하등동물에서 진화했다는 다윈의 진화론에 근거를 두었다.

19세기 말에 과학자들은 인간의 배아 발달은 인류의 진화 과정과 같은 단계를 거친다는 사실을 발견했다. 이를 바탕으로 독일의 생물학자 헤켈은 '개체 발생은 계통 발생을 반복한다'고 주장했다. 개체 발생은 배아 발달을, 계통 발생은 생물의 여러 속(屬)·종(種)이 진화해 온 과정을 말한다. 개체 발생은 계통 발생을 반복한다는 말은 인간 배아 발달은 인간 종의 진화 과정을 반복한다는 뜻이다. 즉 인간의 배아 발달 과정에 어류에서 파충류, 포유류까지 인간 종의 기나긴 진화 과정이 나타난다는 주장이다.

미국의 심리학자 스탠리 홀은 이 이론을 아동 놀이에 적용했다. 홀은 영유아 발달 과정에 인간이 원생동물에서 고등동물로 진화한 과정이 재현된다고 주장했다. 따라서 영유아 놀이에도 인류 진화의 역사가 반복되어 나타난다고 했다. 홀에 따르면 기어오르기, 활개치기 같은 아동 놀이는 인류의 동물 단계를 반영하고, 숨기, 추적하기, 사냥하기 같은 놀이는 원시 사회의 특징을 반영한다. 애완동물 기르기는 유목민 시기의 특성을, 모래파기와 인형놀이는 농경 사회를 반영한다. 아동이 무리 지어 하는 놀이는 부족 시기를 반영한다.

굴릭(1898)에 따르면 놀이에는 개체 발생은 계통 발생을 반복한다는 진화론 원리가 나타난다. 현대 인류는 게임에서 원시인 행동을 재현한다. 야구 경기에서 볼 수 있는 달리기, 던지기, 방망이로 공 맞추기는 초기 사냥 활동의 재현이다.

반복 이론은 놀이가 아동 발달에서 정화 작용을 한다고 본다. 홀에 따르면 아동 놀이에는 종족 본능이 표출된다. 종족 본능이 놀이에서 반복적으로 표출되면 점차 약화되거나 없어지며, 아동은 현대 사회에 필요한 복잡한 기술을 습득할 수 있다. 즉 놀이는 현대 사회에 필요 없는 원시 본능을 제거하는 정화 작용을 한다. 예를 들어 아동은 야구 놀이를 반복하면서 사냥 본능을 제거한다. 반복이론은 놀이가 영유아 성장에 정화 작용을 한다는 프로이트 학파와 연결된다.

반복 이론은 놀이의 정화 작용을 잘 설명한다. 그러나 놀이의 사회적 학습 측면과 자전거 타기, 컴퓨터 게임과 같은 현대의 다양한 놀이와 놀잇감을, 반복과 재현으로는 설명할 수 없다는 비판을 받았다.[109]

2. 현대 놀이 이론

놀이 이론은 20세기에 들어 현대 심리학의 영향으로 체계적으로 발전하였다. 프로이트, 피아제, 비고츠키는 공통적으로 유아는 환상놀이나 가상놀이를 통해 자신을 표현하며, 놀이는 부분적으로 소망을 충족하기 위해 존재한다고 보았다.

1) 정신분석 이론
정신분석 이론으로 놀이를 설명한 대표적인 학자는 프로이트, 발더, 에릭슨을 들 수 있다.

(1) 프로이트
프로이트에 따르면 인간의 성격은 원초아, 자아, 초자아로 구성된다. 신생아는 주로 원초적 본능인 원초아에 따라 행동하지만 다양한 경험을 하면서 자아와 초자아가 발

109　『놀이지도』(유효순, 김희태 공저, 방송대, 2020), 31~37쪽 정리

달한다. 이 과정에서 놀이가 중요한 작용을 한다. 영유아는 놀이하면서 현실을 초월하는 경우가 많다. 영유아는 놀이할 때 자아가 원초적 본능인 원초아와 도덕적 규범인 초자아를 조절할 수 있게 되면서 성숙한다.

프로이트는 놀이를 영유아가 상상 속에서 소망을 표현하고 충족하는 수단으로 보았다. 영유아는 놀이에서 모든 것을 다 할 수 있다. 영유아는 교사, 의사, 경찰 등 현실에서 할 수 없는 역할을 하면서 즐거움을 느낀다. 프로이트(1959)는 놀이의 반대 개념은 심각한 것이 아니라 현실적인 것이라고 했다.

프로이트는 놀이가 영유아를 정화한다고 주장했다. 영유아는 실제 생활에서 부정적 경험으로 고통을 받으면, 놀이를 통해 이를 해소한다. 예를 들어 병원에서 주사를 맞아 고통스러웠던 경험은 병원 놀이에서 의사가 되어, 또래나 인형을 치료하면서 해소한다. 이처럼 프로이트는 놀이를 통해 유아는 불안, 공포, 분노 등 부정적 정서를 정화할 수 있다고 믿었다.

정신분석 이론에 의하면 놀이는 역할 전환과 반복이라는 기제를 통하여 정화 기능을 한다.

역할 전환이란 유아가 현실을 잠시 미루어 두고, 나쁜 경험을 당하는 사람에서 그 경험을 주는 사람으로 역할을 바꾸는 기제이다. 예를 들어 부모에게 얻어 맞은 유아가 놀이를 하면서 인형을 때리거나, 친구를 벌주는 척 하는 행위다. 역할 바꾸기를 통해 유아는 능동적인 사람이 되어 부정적 감정을 해소하거나, 다른 사람이나 사물에게 부정적 감정을 전이하여 감소시킬 수 있다.

반복은 유아가 현실에서 겪은 부정적 경험을 놀이에서 반복하여, 그 경험을 자신이 다룰 수 있는 작은 조각으로 나누어 차차 약화시키는 기제이다. 반복은 유아가 어떤 경험과 관련된 부정적 감정을 천천히 받아들일 수 있게 한다.[110]

기출문제로 학습 확인하기

(2014 A3) ⓒ에 들어갈 용어를 쓰시오. [1점]

> 프로이드(S.Freud)에 의하면, 놀이는 부정적인 감정을 감소시켜주는 감정의 (ⓒ)효과를 갖는다. 놀이가 갖는 이러한 효과는 공격 에너지를 발산하면 공격성이 감소된다는 것을 가정하는 (ⓒ)이론과 유사한 것으로, 유아는 놀이 속에서 대리 사물이나 사람에게 자신의 부정적인 감정을 전이시켜 부정적 감정을 감소시킬 수 있게 된다.

정답 정화

---

110 『놀이, 발달, 유아교육』(Johnson 등 3인 저, 이진희 등 4인 역, 아카데미프레스, 2006), 48쪽 정리

(2019 추시B3) ⓒ에 공통으로 들어갈 단어와 답변 3에 나타난 놀이 효과의 명칭을 쓰시오. [2점]

> **지식 Q&A**
>
> **질문❸** 아이가 동생과 싸워서 야단을 심하게 쳤는데 그 뒤로 인형을 혼내는 놀이를 계속해서 걱정이 돼요. 어떻게 해야 할까요?
>
> **답변❸** 유아가 동일한 놀이를 하는 것에 대해 걱정하지 않으셔도 됩니다. 정신분석 이론에 의하면, 놀이는 (ⓒ)와/과 역할전환이라는 두 기제 때문에 유아의 정신 건강에 도움을 준다고 합니다. 첫 번째 기제는 놀이에서 유아가 현실에서의 나쁜 경험이나 감정을 (ⓒ)함으로써 부정적 감정들을 차차 약화시킵니다. 두 번째 기제는 놀이에서 유아가 나쁜 경험을 준 사람이 되어 보는 역할 바꾸기를 함으로써 부정적 감정을 해소할 수 있게 합니다.

정답 반복, 정화

(2) 발더(Wälder)

발더(Wälder, 1933)는 정화 이론이 영유아가 같은 놀이를 반복하는 현상을 설명할 수 없다며 반복 강박 개념을 제시했다. 발더에 따르면 영유아가 부정적 경험으로 충격을 받으면 이를 빠르게 해소하기는 매우 어렵다. 영유아는 이런 부정적 경험을 놀이에서 반복하면서 충격을 완화하고 해소한다. 반복 강박 개념은 브라운 등(Brown, Curry, Titlnich, 1971)이 관찰한 결과에 잘 나타나 있다. 건물을 수리하던 인부가 사다리에서 떨어져 다치는 장면을 영유아가 목격하고 충격을 받았다. 이후 영유아는 인부가 응급처치를 받고 병원으로 이송되는 내용의 역할놀이를 반복하면서 충격을 완화했다.

(3) 에릭슨(Erikson)

심리사회적 발달 이론을 수립한 에릭슨(Erikson)은 놀이가 사회화의 중요한 단서가 된다고 보았다. 에릭슨에 따르면 영유아는 놀이를 하면서 자아가 성장하고 정체성이 발달하며 주변 환경에 숙달한다.

에릭슨은 자신의 저서 『유년기와 사회(Child and Society)』에서 놀이는 심리사회적 측면에서 세 단계로 발달한다고 주장했다.

첫 단계는 자기 세계의 놀이 단계이다. 출생 후 1년 동안이다. 이 단계에서 영아는 팔, 다리, 머리 등 자기 몸의 감각을 지각하는 운동이나, 근육 운동 등을 반복적으로 시도하는 놀이를 한다. 이런 자기 세계의 놀이를 통해 영아는 자신이 다른 사람과 다르다는 사실을 인지한다.

둘째 단계는 미시 영역 놀이 단계다. 2세부터 유치원 입학 전까지에 해당한다. 이 단계에서 영아는 자기 신체에서 벗어나 놀잇감 등 사물로 관심을 돌린다. 영아는 놀잇감 등 사물을 가지고 놀면서 주변 세계에 숙달하고 자아를 강화한다.

셋째 단계는 거시 영역 놀이 단계다. 유치원을 다니는 시기이다. 유아는 다른 사람과 함께 놀이하면서 사회적 상호작용에 숙달하고 사회적 역할과 문화를 이해한다. 유아는 놀이를 통해 자아를 조절하면서 주변 세계를 익힌다.

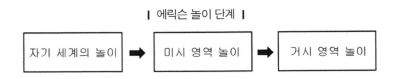

| 에릭슨 놀이 단계 |

2) 인지발달 이론

1960년대 후반에 인지이론이 주목을 받으면서, 놀이가 영유아의 인지발달에 미치는 영향에 관심이 증가하는 등 놀이 연구에 변화가 일어났다. 대표적인 인지발달 놀이 이론가는 피아제, 비고츠키, 브루너, 서튼스미스를 들 수 있다.

(1) 피아제

피아제는 자신의 저서 『놀이, 꿈 그리고 모방(Play, Dreams and Imitation』에서 놀이가 영유아의 인지 발달과 관계가 깊다고 주장했다. 피아제는 놀이와 모방을 구분했다. 피아제에 따르면 놀이는 조절보다 동화가 우세한 행위다. 반면, 모방은 순수한 조절 행위다. 영아가 베개를 머리에 대고 자는 시늉을 하는 것은 다른 사람을 모방하는 행위이므로 놀이가 아니다. 인형이나 수건을 마치 베개인 것처럼 머리에 대고 즐거워한다면 인형이나 수건을 베개로 동화시켰으므로 놀이다. 놀이에서는 규칙에 구애 받지 않고 사물을 영유아 행동에 예속하는 상징적 전환이 이루어지므로 놀이는 순수한 동화이다.

피아제는 놀이가 인지발달 수준에 따라 연습놀이, 상징놀이, 규칙 있는 게임의 순서로 발달한다고 보았다. 연습놀이는 2세 미만의 감각운동기 영아가 하는 놀이다. 감각운동을 재미있게 하기 위해 잡기, 흔들기, 던지기 등 단순한 행동을 반복하는 놀이다. 상징놀이는 2~7세 전조작기 유아가 하는 놀이다. 전조작기 유아는 상징적 사고가 발달하여 사물이나 상황, 역할을 '마치~인 것처럼' 가작화하는 상징놀이를 많이 한다. 마지막은 규칙 있는 게임이다. 7세 이상의 구체적 조작기 아동이 하는 놀이다. 규칙 있는 게임은 줄넘기, 숨바꼭질처럼 미리 정한 규칙에 따라 두 명 이상의 놀이자가 경쟁하거나 승부를 겨루는 활동이다. 아동은 구체적 사실을 논리적으로 사고할 수 있어 규칙 있는 게임을 할 수 있다.

(2010 객26) 피아제(J.Piaget)의 인지발달론적 관점에서 유아의 놀이를 설명한 것으로 맞는 것을 모두 고른 것은?

> ㄱ. 놀이는 동화와 조절 중에 조절의 우세한 작용으로 일어난다.
> ㄴ. 놀이는 유아의 발달 수준을 뛰어 넘어 나타나지 않으나 발달에 기여한다.
> ㄷ. 놀이는 이미 존재하는 인지 구조 속에 새로운 자료를 통합하는 작용이다.
> ㄹ. 놀이는 감각운동 놀이에서 상징 놀이 그리고 연습놀이의 단계로 발달한다.

정답 ㄴ, ㄷ 오답 풀이: ㄱ- 놀이는 동화가 우세한 행위이다.
ㄹ-놀이는 연습놀이, 상징놀이, 규칙 있는 게임의 순서로 발달한다.

(2) 비고츠키

비고츠키에 의하면 영유아는 사물과 의미를 분리하여 생각할 수 없기 때문에 추상적 사고가 불가능하다. 즉 어떤 동물을 보지 않고는 그 동물에 대하여 생각할 수 없다. 그러나 놀이를 하면 추상적 사고를 할 수 있다. 놀이라는 가상적 상황에서는 시각의 장과 의미의 장이 분리되어 사물과 분리된 사고를 할 수 있고, 사물보다 사고에 근거한 행동이 가능하다. 예를 들어 유아가 블록을 핸드폰으로 가장하여 놀이하면, 유아의 사고는 실제 사물인 블록에서 분리되어, 의미가 사물을 지배한다. 따라서 유아는 더 이상 구체적 사물에 전적으로 의존하지 않고 사고할 수 있다. 이와 같이 상징놀이는 사물에서 의미를 분리하여 추상적 사고 발달에 중요한 역할을 한다.

비고츠키 이론에 의하면 놀이는 유아의 근접발달영역을 창출한다. 놀이는 영유아 발달에서 비계 역할을 한다. 놀이를 하면서 영유아는 성인이나 유능한 또래와 상호작용 하고 지원을 받아, 자연스럽게 비계설정이 이루어져 인지 발달이 촉진된다.

■ 사회적 규칙(내재된 규칙)

비고츠키는 놀이 상황에는 예외 없이 규칙이 내재한다고 보았다. 비고츠키에 따르면 유아는 현실에서 사회적 규칙 때문에 받는 스트레스를, 놀이에 내재된 규칙을 준수하여 해소한다. 일반적으로 유아는 놀이할 때 가장 하고 싶은 것을 한다. 성인이 보기에 유아 놀이는 자발적인 행위다. 그러나 유아 놀이를 자세히 보면 유아가 할 수 있는 많은 행위 중에서 놀이 상황에 내재된 규칙에 부합하는 행동을 하기 위해, 유아는 즉흥적, 충동적 욕구를 억제한다. 예를 들어 인형놀이에서 엄마 역할을 하는 유아는, 현실에서 나타나는 엄마의 행동 규칙을 지키기 위해, 유아가 하고 싶은 행동일지라도 인형 아기에게 그 행동을 무조건 허락하지 않고 떼 쓰는 인형 아기를 야단친다. 실제 자매인 유아들이 자매놀이를 할 경우 현실에서는 자매라는 사실을 의식하지 않고 행동하지만, 놀이 상황에서는 가장 언니다운 행동, 가장 동생다운 행동을 하려고 애쓴다.

놀이 상황에서 유아는 자신이 현실에서 바라는 것을 행하여 재미를 추구하지 않는다. 자신이 바라는 것을 억제하고 사회적 규칙이나 규범을 준수하면서 재미를 극대화한다. 예를 들어 병원놀이에서 의사 역할을 맡은 유아는 병원놀이를 하는 데 필요한 규칙을 지키고 실제 의사의 역할을 알려고 한다. 놀이 상황이라고 해도 유아가 원하는 대로 행동하기보다는 충동을 억제하고 놀이를 하는 데 필요한 사회적 규칙을 따른다. 이 과정에서 사회적 지식을 습득하고 인지발달을 이룬다. 즉 놀이는 근접발달영역을 형성하여 비계설정이 일어나는 장이다. 이런 이유로 비고츠키는 놀이를 '유아의 욕구와 의식의 변화를 가져오는 가장 효과적인 배경'이라고 강조했다.[111]

기출문제로 학습 확인하기

(2017 B2) 다음의 ⓐ에 들어갈 말을 비고스키(L. Vygotsky)의 놀이 관점에 근거하여 쓰시오.

> 병 규: (청진기를 다리에 대면서) 여기가 아픈가요? 약을 먹으면 나을 것 같습니다. (초콜릿 2알을 준다)
> 수 진: (㉠ 초콜릿을 받은 후, 손에 컵을 쥔 시늉을 하며 약을 먹는 척한다)
> 성 진: 나도 초콜릿 먹고 싶어. 나도 먹을래.
> 병 규: ㉡ 안 돼! 약은 의사 선생님만 줄 수 있어.
>
> 병규가 ㉡과 같은 반응을 보일 수 있는 이유는 (ⓐ)을/를 알고 있기 때문이다.

정답 사회적 규칙

(3) 브루너(Bruner)와 서튼 스미스(Sutton-Smith)

브루너(Bruner, 1972)와 서튼 스미스(Sutton-Smith, 1967)는 피아제, 비고츠키와 달리 놀이가 융통성과 창의성을 증진한다고 주장했다.

브루너에 따르면 놀이에서는 목적보다 수단이 중요하다. 놀이할 때 영유아는 목적을 달성하려고 애쓸 필요가 없기 때문에, 부담 없이 새로운 시도를 할 수 있다. 영유아가

---

111 『상징놀이와 인지발달의 관계에 대한 피아제와 비고츠키의 관점 비교』

놀이 중에 새로운 행동을 시도하여 의미있는 결과를 얻으면, 이를 현실 세계의 문제를 해결할 때 적용한다. 놀이에서 연습하고 학습한 행동은 쓸모 있는 패턴이 될 수 있다. 이와 같이 놀이는 행동의 선택 폭을 넓혀 사고의 융통성을 촉진한다.

서튼스미스는 역할놀이에서 나타나는, 블록을 핸드폰으로 가장하는 등의 상징적 변형이 사고의 융통성을 촉진한다고 주장했다. 영유아는 놀이할 때 지팡이를 총으로 상징할 수 있고, 뱀으로도 상징할 수 있다. 이런 상징적 변형은 영유아가 기존의 사고 방식에서 벗어나 새롭고 독특하게 사고하도록 하여, 정신적 융통성을 촉진한다고 서튼스미스는 주장했다. 또한 그는 역할놀이에 나타나는 가상전환이 유아의 창의적 사고를 촉진한다고 하였다. 가상전환은 사물과 행동, 상황을 실제와는 다르게 상상하여 언어로 표현하거나 다른 사물로 대치하는 일을 말한다.

미래 사회에 필요한 지식이나 기술이 무엇인지 정확하게 예측하기 어렵기 때문에, 놀이를 통해 영유아에게 다양한 상황에서 문제를 해결할 수 있는 적응적 잠재력(adaptive potential)을 키워줄 필요가 있다. 뇌 영상 기술을 이용한 신경학적 연구에 의하면 적응적 잠재력은 인간 뇌 발달 과정 초기에 형성되는데, 놀이는 뇌 잠재력을 활성화하는 데 크게 기여한다.

(4) 각성조절 이론

각성조절 이론은 놀이는 각성을 적정한 수준으로 유지하기 위해 한다고 주장한다. 각성조절 이론은 놀이와 자극의 관계를 다룬다. 각성조절 이론에 따르면 유아는 각성을 적정 수준으로 유지하는 데 필요한 자극이 부족하면, 놀이를 통해 다양한 자극을 제공 받는다. 각성은 각종 신경이 활동 중인 상태를 의미한다.

각성조절 이론은 벌린(Berlyne, 1960)이 제기하고 엘리스(Ellis, 1973)와 페인(Fein, 1981) 등이 보완했다.

벌린에 따르면 인간의 중추신경 조직은 각성을 최적 수준으로 유지하려 한다. 자극이 지나치게 강하거나 약하면, 각성이 적정 상태에서 벗어난다. 그러면 인간은 자극 수준을 조절하여 각성을 평형 상태로 돌아오게 한다. 환경이 생소하고 불확실하면, 자극이 과도하여 각성 수준이 높아진다. 이때 인간은 환경에 익숙해짐으로써 각성 수준을 낮추어 평형 상태를 되찾는다. 예를 들어 신기한 사물을 접할 때 각성이 높은 수준으로 증가하면, 탐색 등으로 그 사물에 친숙하게 하여 각성을 줄인다. 자극이 적으면 인간은 지루함을 느껴 새로운 자극을 찾아 각성 수준을 높인다.

엘리스는 놀이를 각성이 낮은 상태에서 발생하는 자극 생산 활동이라고 주장했다.

즉, 놀이는 각성을 적정 수준으로 높이는 자극 활동이다. 놀이할 때 새롭고 독특한 방법으로 행동하거나 사물을 사용하면 자극을 증가시킬 수 있다. 예를 들어 앉아서 미끄럼 타는 것이 지루해질 때 누워서 미끄럼을 타면 자극이 증가한다.

페인은 놀이가 인간에게 필요한 다양한 자극을 제공한다고 주장했다. 페인에 따르면 놀이는 불확실하고, 호기심을 유발하는, 새로운 상황을 창조하기 위한 활동이다. 영유아는 성인이 위험하다고 간주하는 모험놀이를 즐겨 한다. 모험놀이에는 다른 활동에는 없는 자극이 있기 때문이다.

(2019 정시B4) [A]와 관련하여, ( ) 안에 공통으로 들어갈 용어를 쓰시오. [1점]

> 민수: 기름 넣는 것만 계속 하니까 재미없다. 우리 세차장도 만들자. 지난번 아빠 차 타고 주유소에 갔는데, 세차하는 곳도 있었어. 자동차가 혼자서 막 움직여. 엄청 신기해.
> 지호: 나도 알아. 차 밖에서 깨끗하게 닦아줘.
> 창민: (엄지손가락을 치켜세우면서) 좋아! 세차장 만들자. 자동 세차장 만들면 진짜 신나겠다.
>
> [A]

> (   )조절이론은 놀이와 자극과의 관계를 다룬 이론이다. 유아는 놀이를 통해 ( )을/를 최적의 상태로 유지하려 하고 자극이 결핍되었을 때에는 놀이를 통해 다양한 형태의 자극을 제공받는다.

정답 각성

(5) 상위의사소통 이론

상위의사소통은 놀이를 원활하게 진행하기 위해 놀이 틀 밖에서 놀이 규칙, 역할, 상황 등을 놀이 상대에게 설명하고 이해시키는 의사소통이다. 예를 들어 놀이 상대에게 '가짜로 싸우는 척 하자'고 말하여 가작화 행동을 공유하는 의사소통이다. 놀이 중에 하는 행동은 실제 행동과 의미가 다르다. 싸움놀이를 하면서 친구를 때리는 척 하는 행동은 실제로 때리는 것이 아니다.

베이트슨(Bateson, 1971)은 실제 생활에서 심각하게 볼 수 있는 행동이 가상놀이에서는 심각하지 않다는 점에 착안하여 상위의사소통 이론을 수립했다. 영유아는 놀이 중에 상위의사소통을 경험하여, 자기 역할을 충실하게 수행하는 능력이 신장한다고 베이트슨은 강조했다.

베이트슨의 영향을 받은 가비(Garvey, 1993)는 가상놀이를 할 때 영유아가 자신이 맡은 역할과 실제 자신의 위치 사이를 넘나드는 점을 발견했다. 즉, 놀이 중에 문제가 발생하면 영유아는 놀이 틀을 벗어나 실제 자신의 위치로 돌아온다. 예를 들어 아기 역할을 맡은 친구가 우유를 마시는데, 아빠 역할을 하는 친구가 아기 우유를 빼앗으면 '아빠가 그러는 게 어디 있나?'고 지적한다. 이처럼 영유아는 놀이를 할 때 자신이 맡은 역할을 충실하게 수행하면서, 실제로 자신은 누구인지, 어떤 위치에 있는지 늘 인식한다.

기출문제로 학습 확인하기

(2012 객23) 김 교사는 아래 내용을 동료 교사들과 함께 해석해 보았다. 아래 내용에 대한 교사들의 해석 중 적절한 것을 에서 모두 고른 것은?

> 희철, 다정, 진우, 승규가 호랑이와 곶감 동화를 함께 읽은 후에 극놀이를 하는 장면이다. 희철이는 호랑이, 다정이는 어머니, 진우는 아기, 승규는 소도둑을 하기로 한다.
> … (중략) …
> ㉠ 다정이는 주황색 플라스틱 조각을 가져와 '곶감'으로 사용하기로 하고, 희철이는 모루(털철사)를 길게 꼬아 허리에 두른 후에 "호랑이다."라고 말한다. 희철이가 역할 놀이 영역의 식탁에 앉아 있는 다정이와 진우를 바라본다. 진우가 가만히 있자 ㉡ 다정이는 진우에게 "울어야지."라고 말한다. 진우가 "응애, 응애." 하자 다정이는 "울면 호랑이에게 잡혀 가."라고 말하지만 진우는 계속 "응애, 응애." 소리를 낸다. 다정이는 진우에게 ㉢"아가야, 울지 마. 곶감줄게."라고 말하고 주황색 플라스틱 조각을 건넨다. 그러자 진우가 울음을 뚝 그친다. 희철이는 "우와! 곶감이 호랑이보다 더 무섭다. 도망가자!"라고 하더니 승규에게 ㉣ "승규야, 소도둑이 되어야지!"하며 쿵쾅 쿵쾅 뛰어 간다.

ㄱ. 김 교사: ㉠과 ㉢의 놀이 상황에는 사물 가작화(make-believe with objects)의 특성이 나타나고 있습니다.
ㄴ. 정 교사: 희철이와 다정이는 가상 세계로의 역할 전환이 일어났지만, 진우는 역할 전환이 일어나지 않았습니다.
ㄷ. 윤 교사: <나>의 놀이에는 주변의 모든 사물이 살아 있다고 생각하는 유아들의 가역적 사고의 특성이 나타나고 있습니다.
ㄹ. 정 교사: <나>와 같은 놀이는 유아들의 상징화된 표상 능력을 발달시키고 유아의 사고와 개념 발달을 도울 수 있습니다.
ㅁ. 김 교사: ㉡과 ㉣에서 다정이와 희철이는 놀이 에피소드를 지속시키는 데 필요한 상위의 사소통(metacommunication) 능력을 보이고 있습니다.

정답 ㄱ, ㄹ, ㅁ 오답 풀이: ㄴ- 진우도 계속 "응애, 응애" 소리를 내어 역할 전환이 일어났다.
ㄷ- 모든 사물이 살아 있다고 생각하는 것은 물활론적 사고이다.

(2016 B3) 베이트슨(G. Bateson)의 이론에 근거하여, ㉠에 나타난 유아의 의사소통 유형에 해당하는 말을 [A]에서 찾아 쓰시오. [1점]

> (승연이는 자동차가 들어와도 보고만 있다.)
> 영채: ㉠ 야! 무슨 주인이 그래? '어서 오세요.' 인사하고 안내를 해 줘야지!
> 승연: 아, 어서 오세요! 손님!
> 민희: 내 차가 제일 먼저 왔어요. 들어갈게요.
> 교사: 이제 내 차가 들어갈 차례지요. 들어갑니다.
>
> … (중략) …
>
> 승연: 안녕하세요? (엘리베이터 쪽을 가리키며) 여기로 오세요.
> 영채: 네. (가장 위층인 10층을 가리키며) 내 차는 여기에 세울래요.
> 주영: 손님, 아래부터 세워야 해요.
> 민희: 나도 제일 위에 세우고 싶어요.   [A]
> 주영: 승연아, 주차 빌딩에 차가 가득 차서 10층만 남았다고 하자.
> 영채: 그럼, 내 차 먼저 10층에 세워주세요.
> 주영: 손님, 이제 10층에 자리가 얼마 안 남았어요.

정답 승연아, 주차 빌딩에 차가 가득 차서 10층만 남았다고 하자

(2021 특수B1) 놀이이론 중 베이트슨(G. Bateson)의 상위 의사소통(meta communication) 이론에 근거하여 [A]에서 상위 의사소통이 표현된 부분을 쓰고, 그 표현이 사용된 이유를 쓰시오. [2점]

> 지 아: (빨간 블록을 주며) 은아 아기야, 딸기사탕 먹어.
> 은 아: 응. 딸기사탕 정말 맛있다.
> 지 아: (흰색 블록을 주며) 민우 아기는 엄마가 우유 사탕 줄까?
> 민 우: 아기 아니야. 사탕 아니야.   [A]
> 지 아: 민우는 가짜로 아기고, 블록은 가짜로 사탕이야.
>   자, 민우 아기야, 우유사탕 먹어.

정답 풀이 민우는 가짜로 아기고, 블록은 가짜로 사탕이야. 민우가 가작화 행동을 하지 않아 놀이가 중단될 수 있어 놀이를 계속 진행하기 위해서 사용했다.

(6) 각본 이론

각본 이론은 놀이 발달을 놀이 내용에 나타나는 유아의 인지 구조의 발달이라고 보는 이론이다. 각본은 기억으로 활성화하는 지식 구조다. 규모가 큰 활동을 구성하는 주요 사건이나 하위 활동에 관한 지식의 연결망이다. 영유아가 지적으로 발달할수록

놀이 각본은 더 통합적이고 복잡하다.

각본 이론에 따르면 놀이 내용은 유아가 쌓은 경험의 이해와 해석을 외현적 행동으로 표현한 것이다. 영유아가 성숙하면 경험에 근거하여 사건을 구성할 수 있으며, 이러한 경험의 해석이 놀이 내용에 나타난다. 즉 놀이에는 영유아의 개인적 경험과 지식이 나타난다.

울프와 그롤만(Wolf & Grollman)에 의하면 각본은 기억에 의해 활성화되는 지식 구조이다. 각본은 유아 경험에 근거한 놀이 내용과 이야기 구조 수준에 반영된다. 울프와 그롤만(1982)은 유아의 극 놀이를 각본으로 간주하고, 영유아의 사회극 놀이에 나타난 이야기 구성을 분석하여 각본이 전개되는 세부 과정을 설명했다.

울프와 그롤만은 놀이의 이야기 수준을 쉐마 수준, 사건 수준, 에피소드 수준으로 구분했다. 울프와 그롤만에 따르면 유아 놀이 수준은 쉐마 수준에서 사건 수준을 거쳐 에피소드 수준으로 발달한다. 놀이의 이야기 수준을 통해 영유아의 인지적, 언어적 성숙도와 자아 개념, 성격 등을 추정할 수 있다.[112]

❙ 놀이의 이야기 조직 수준 ❙

수준	내용	예시
쉐마 수준	한 가지 사건에 관련된 단순한 표현	친구에게 초코렛을 준다.
사건 수준	단순한 사건: 쉐마를 2가지 이상 표현	초코렛을 잘라 친구에게 준다.
	연결된 사건(윤곽 사건): 쉐마를 4가지 이상 표현	초코렛 포장을 뜯고, 자르고, 맛있다고 말하며, 친구에게 준다.
에피소드 수준	단순한 에피소드: 단순한 사건을 2가지 이상 표현	음식놀이에서 빵을 굽는 사건과 인형에게 먹이는 사건을 표현
	연결된 에피소드(윤곽 에피소드): 연결된 사건을 2가지 이상 표현	음식놀이에서 손님을 초대하는 사건과 음식을 접대하는 사건을 연결하여 표현

112 『영유아 놀이 이론과 실제』(이숙재 저, 창지사, 2019), 44~56쪽 정리

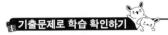

(2016 B3) ① 다음의 (   )에 들어갈 용어를 쓰고, ② 놀이 상황을 에피소드 수준으로 볼 수 있는 이유를 ①의 이론에 근거하여 쓰시오. [2점]

(   ) 이론에서는 유아가 자신의 경험에 근거하여 사건을 구성할 수 있게 되고, 경험한 것에 대한 해석이 놀이 내용으로 표현된다고 본다.

(유아들은 블록으로 놀이를 하고, 교사는 유아의 놀이를 지켜보고 있다.)
승연: 우리 제일 높은 주차 빌딩을 만들자!
민희: 내가 아빠랑 갔는데, 거기에는 엘리베이터도 있어.
주영: 우리도 엘리베이터 만들자. 그런데 뭐로 엘리베이터를 만들지?
민희: 빈 상자로 만들면 좋겠어.
(지켜보던 교사는 미술 영역에 있는 재활용 상자를 가져다 준다.)

주영: (주차 빌딩 옆에 상자를 놓아 보면서) 이걸로 만들면 좋겠다.
··· (중략) ···
민희: 와! 완성이다. 이제 주차장 놀이하자.
(교사와 유아들은 함께 주차장 놀이를 하려고 역할을 정하였다. 유아들은 역할을 정한 후에도 주차장 놀이를 시작하지 못하고 자동차만 굴리고 있다.)
교사: (주인을 맡은 주영이와 승연이를 보면서) 아저씨, 어디에 세워야 하는지 자세하게 알려주세요!
주영: 아! 손님, 여기로 오세요.
(승연이는 자동차가 들어와도 보고만 있다.)
영채: ㉠ 야! 무슨 주인이 그래? '어서 오세요.' 인사하고 안내를 해 줘야지!
승연: 아, 어서 오세요! 손님!
민희: 내 차가 제일 먼저 왔어요. 들어갈게요.
교사: 이제 내 차가 들어갈 차례지요. 들어갑니다.
··· (중략) ···
승연: 안녕하세요? (엘리베이터 쪽을 가리키며) 여기로 오세요.
영채: 네. (가장 위층인 10층을 가리키며) 내 차는 여기에 세울래요.
주영: 손님, 아래부터 세워야 해요.
민희: 나도 제일 위에 세우고 싶어요.
주영: 승연아, 주차 빌딩에 차가 가득 차서 10층만 남았다고 하자.
영채: 그럼, 내 차 먼저 10층에 세워주세요.
주영: 손님, 이제 10층에 자리가 얼마 안 남았어요.

정답 풀이 각본, 주차장에서 차를 안내하는 사건과 차를 세울 곳을 정하는 사건을 연결하여 표현하였기 때문이다.

(2020 B1) 다음은 [B]의 놀이에 대한 분석이다. ⓑ에 들어갈 말을 쓰시오. [1점]

> (연서와 지수는 구조한 곰돌이를 수건으로 닦은 후 침대에 눕힌다.)
> 지수: (곰돌이 머리에 손을 얹으며) 어, 곰돌이가 열이 많이 나네. 곰돌아, 많이 아프지?
> 연서: (주사를 놓으며) 주사를 맞아야겠다.
> 지수: 빨리 나아야 하니까 아파도 조금만 참아.
> 연서: 빨리 나으려면 음식도 먹어야 해.   [B]
> 지수: 여기 우유 있어. 곰돌아, 우유 먹자. 내가 먹여 줄게.
> (지수는 곰돌이에게 이불을 잘 덮어 준다.)
> 연서: 우리 이제 곰돌이에게 먹일 음식을 만들자.
> (연서와 지수는 역할영역으로 이동하여 음식을 준비하기 시작한다.)

> 울프와 그롤만(D. Wolf & S. Grollman)에 의하면, (ⓑ) 은/는 기억에 의해 활성화되는 지식 구조이고, 유아들의 경험에 근거한 놀이 내용 및 이야기 구조 수준에 반영된다. 연서와 지수의 이야기 전개 내용과 구조는 도식, 사건, 에피소드 가운데 에피소드 수준에 해당한다.

정답 각본

놀이 유형

1. 사회적 놀이

사회적 놀이는 사회적 상호작용이 일어나는 놀이를 말한다. 영유아는 처음에는 양육자인 어머니와 상호작용을 통하여 사회적 놀이를 한다. 영유아는 어머니와 신체적, 언어적으로 긴밀하게 접촉하면서 사회적 놀이를 할 수 있는 능력이 발달한다.

1) 파튼의 6가지 놀이 유형

사회적 놀이 발달을 연구한 대표적인 학자는 미국의 사회학자 파튼(M.Parten, 1932)이다. 파튼은 놀이를 영유아의 사회적 참여도에 따라 여섯 가지로 분류했다.

첫째, 비참여 행동이다. 비참여 행동은 우연히 일시적으로 흥미를 느껴 어떤 것을 바라 보는 행동이다. 엄밀하게 말하면 이는 놀이로 볼 수 없다. 흥밋거리가 없으면 영유아는 자기 몸을 만지거나 의자에 앉았다 일어서기를 반복한다. 여기저기 돌아 다니거나 교사를 따라 다니기도 한다.

둘째, 방관자적 행동이다. 방관자적 행동은 다른 친구의 놀이를 지켜보는 행동을 말한다. 방관자적 행동을 하는 영유아는 가끔 놀이하는 친구에게 말을 걸거나, 질문하거나, 제안하기도 한다. 그러나 놀이에 직접 참여하지는 않는다. 가까운 곳에서 지켜보면서 필요할 때는 말을 건다는 점이 비참여 행동과 다르다.

셋째, 단독놀이다. 단독놀이는 주변에 있는 친구와 이야기를 나눌 수 있는 곳에서 친구 놀잇감과 다른 놀잇감을 가지고 혼자 하는 놀이이다. 단독놀이를 하는 영유아는 주변에 있는 친구와 가까워지려고 하지 않는다.

넷째, 병행놀이(평행놀이)이다. 병행놀이(평행놀이)는 친구와 같은 공간에서 같은 놀이를 하지만, 친구와 접촉하거나 친구에게 간섭하지 않고 혼자 하는 놀이이다. 친구와 같이 하는 놀이가 아니라, 친구 옆에서 하는 놀이다.

다섯째, 연합놀이다. 연합놀이는 친구와 함께 하는 놀이이다. 친구와 놀이 내용을 이야기하거나 놀잇감을 빌려 주기도 한다. 하지만 친구와 역할을 나누거나 놀이 내용을 조직하지는 못한다.

여섯째, 협동놀이다. 협동놀이는 놀이 목표를 달성하기 위해 한 두 명이 지도자가 되어, 놀이 참가자의 역할을 나누어, 조직적으로 전개하는 놀이다. 가장 발전한 사회적 놀이라고 할 수 있다.

파튼에 따르면 2~2.5세는 단독놀이, 2.5~3.5세는 병행놀이, 3.5~4.5세는 연합놀이, 4.5세 이후에는 협동놀이를 주로 한다.[113]

기출문제로 학습 확인하기

(1998 객3) 철수는 놀이에 직접 참여하지 않고 적목으로 집을 만들고 있는 영희를 쳐다보다가 영희에게 "너, 그게 뭐니?"라고 묻는다. 철수의 행동은 파튼(Parten)의 사회적 놀이 형태 중 어디에 해당하는가?

① 비참여 행동 ② 방관자적 행동 ③ 병행 놀이 ④ 연합 놀이

정답 ② 방관자적 행동

(2012 객9) 〈가〉는 자유 선택 활동 시간에 역할 놀이 영역에서 이루어진 놀이상황의 일부이다. 〈가〉에 대한 설명으로 적절한 것을 〈나〉에서 모두 고른 것은?

〈가〉

> (정수는 역할 놀이 영역에 혼자 앉아 있다.)
> 은주: (한 손에 인형을 들고 정수에게 다가가 보여 주며) 나는 엄마다.
> 정수: (은주 손의 인형을 바라보며) 그래? 그럼 나는 아빠 할까?
> 은주: 좋아. 그럼 우리 목욕탕에서 아기 목욕시키는 거 하고 놀자.
> 정수: 여기는 목욕탕이야. 이 블록은 비누라고….
> 은주: 응…, 여보. 우리 아기 목욕시켜야 해요. 비누 좀 집어 주세요.
> 정수: 내가 아기 씻겨 줄게요. (인형 얼굴을 블록으로 박박 문지른다.)
> 은주: 야~! 인형을 그렇게 박박 문지르면 어떻게 해? 아기는 조심조심 씻겨야 한단 말야.
> 정수: 알았어…. 여보, 우리 아기가 시원한가 봐요.

〈나〉

> ㄱ. 행동과 상황에 대한 가작화(make-believe)가 나타난다.
> ㄴ. 놀이 도중에 다른 유아가 참여할 수 없다.
> ㄷ. 사회적 상호작용과 언어적 의사소통이 나타난다.
> ㄹ. 스밀란스키(S. Smilansky)에 의하면 구성놀이(constructive play)에 해당한다.
> ㅁ. 외부적 개입이 없다면 유아들이 원하는 시간에 놀이를 시작하고 원하는 시간에 끝낼 수 있다.

---

113 『영유아 놀이 이론과 실제』(이숙재 저, 창지사, 2019), 84~85쪽 정리

정답 풀이 ㄱ, ㄷ, ㅁ 오답 풀이: ㄴ- 놀이 도중에 다른 유아가 새로운 역할을 맡아 자유롭게 참여할 수 있다,
ㄹ- 스밀란스키의 놀이유형 4단계에서 극놀이에 해당한다.

(2012 객18) 다음은 만 4세반 김 교사가 관찰한 모래 놀이 영역의 놀이 장면이다. 영미와 수진이의 놀이는 파튼(M. B. Parten)의 놀이 유형에 따르면 연합놀이에 해당한다. 민주는 영미와 수진이의 놀이에 합류하기 위해 병행놀이 행동을 포함한 여러 가지 방법을 사용하고 있다. ㉠~㉤에서 병행놀이 행동에 해당하는 것을 모두 고른 것은?

영미와 수진이는 모래로 케이크를 만들고 차를 끓이면서 엄마 놀이를 하고 있다. 이때 민주가 다가와 이 둘을 바라본다. ㉠민주는 한 동안 이들을 바라본 후, 모래 놀이 영역 주위를 세 번 돈다. 그리고 ㉡ 민주는 모래 놀이 영역으로 들어가 앉은 후, 주변에 있는 다른 찻잔을 잡고 마시는 척 한다. 영미는 민주에게서 찻잔을 뺏고, "안 돼."라고
조그맣게 말한다. 민주는 다시 이들의 놀이를 바라본다. 잠시 후, ㉢ 민주는 영미에게 다가가 모래로 케이크 팬을 채운다. 민주가 영미를 바라본 후, "우리는 친구야. 그렇지, 영미야?"라고 말한다. 영미는 민주를 쳐다보지 않고 케이크 팬에 모래를 계속 담는다. ㉣ 민주는 영미 옆에 앉아 숟가락으로 냄비에 모래를 담기 시작한다. 영미는 수진이에게 "나는 케이크를 만든다."라고 말한다. "나는 커피를 만들어."라고 민주가 말한다. 그리고 ㉤"우리는 엄마야. 맞지, 수진아?"라고 민주가 말하자, 수진이가 "맞아."라고 말한다. 세 유아는 20분간 놀이를 계속하였고, 정리 시간을 알리는 소리가 들린다.

정답 풀이 ㄴ, ㄷ, ㄹ 오답 풀이: ㄱ은 방관자적 행동, ㅁ은 연합놀이

(2013 추시B4) ㉠에 해당하는 파튼(M.Parten)의 사회적 놀이 유형 1가지를 쓰시오. [1점]

㉠민수와 영희는 쌓기놀이 영역에서 블록으로 탑을 만들고 있다. 가까이에서 놀이하지만, 서로 대화는 하지 않는다. 잠시 후, 영희가 만들어 놓은 탑에서 민수가 블록 한 개를 빼내자 탑이 무너지면서 시끄러운 소리가 난다.

정답 병행놀이 또는 평행놀이

(2013 특수 추시B7) ㉠에서 진아가 보이는 행동은 파튼(M.Parten)의 사회적 놀이 범주 중 어디에 해당하는지 쓰시오. [1점]

모래놀이 영역 근처에서 ㉠진아는 친구들의 놀이를 지켜보고 있을 뿐 친구들처럼 놀거나 함께 어울려 놀지 않는다. 하지만 친구들이 장난치며 우스꽝스러운 행동을 하면 즐거워한다.

정답 방관자적 행동

(2014 특수B5) 파튼(M.Parten)의 사회적 수준에 따른 놀이 유형 분류에 근거하여 ㉠의 놀이 유형을 쓰시오. [1점]

> 순회교사: 그럼, ㉠아이들이 역할을 정해서 극놀이를 할 때 도형이를 정아와 함께 참여시켜 보세요.

정답 협동놀이

2) 하위스(C. Howes)와 매드슨(Matheson)의 놀이 6단계

하위스(Howes)와 매드슨(Matheson, 1992)은 파튼의 병행놀이를 세분화하고 가상 놀이를 추가하여, 영유아의 사회적 놀이를 다음과 같이 6단계로 분류하였다.

① 단순 병행놀이
또래와 가까운 거리에서 같은 놀이를 하지만 상대에게 관심을 보이지 않는 단계
② 인식적 병행놀이
또래와 같은 놀이를 하면서 상대방에게 눈을 맞추는 등 호의를 보이지만, 사회적 상호작용은 하지 않는 단계
③ 단순 사회적 놀이
또래와 같은 놀이를 하면서 이야기를 하거나 놀잇감을 빌려 주는 등 사회적 접촉을 하는 단계.
④ 상호 보완적 놀이
또래와 사회적 놀이를 하면서 놀잇감을 주고 받거나, 놀이에서 맡은 역할을 바꾸는 단계
⑤ 협동적 사회 가상 놀이
또래와 가상놀이를 하면서 역할을 맡아, 자기 역할에 알맞은 가작화 행동을 하는 단계
⑥ 복합적 사회 가상 놀이
또래와 가상 놀이를 하면서 역할을 분담한 후 자기 역할에 맞는 가작화 행동을 하고, 놀이 진행을 위해 자신이 맡은 역할에서 잠시 벗어나 상위의사소통을 하는 단계. 예를 들어 '나는 엄마 할거니까 너는 아빠 해라'와 같이 역할을 정하고, '우리가 백화점에서 길을 잃었다고 하자'라고 놀이 상황을 제안하며, '도서관에서는 책을 살 수 없어, 도서관은 책을 빌리는 곳이야'라고 또래에게 규칙을 알려주는 등 상위의사소통을 한다.

(2020 B1) 하위스(C. Howes)의 또래놀이 척도에서 [A]의 지수에게 해당되는 수준의 명칭을 쓰고, 그 수준의 대표적인 특성 2가지를 쓰시오. [2점]

(지수와 연서가 쌓기영역에서 놀이하고 있다.)
지수: 눈이 온다. 하얀 눈.
연서: 곰돌이가 눈 속에 묻혀 있어. 빨리 구해주지 않으면 얼어 죽을 거야.
지수: (구조대원 옷을 입고 모자를 쓴다.) 저는 구조대원 김지수입니다.
연서 대원, 어서 출동해요. 곰돌이를 빨리 구해야 해요.
연서: 지수 대원, 지금은 밤이니까 손전등이 필요해요.
지수: (손전등을 건네며) 손전등 여기 있어요. 그런데, 곰돌이에게 줄 물도 가져가야
해요. 연서야, 내가 역할영역에서 물을 가져올 테니까 구조 가방 준비해 줘.

[A]

정답 풀이 ① 복합적 사회 가상 놀이 ② 역할을 분담한 후 자기 역할에 맞는 가작화 행동을 하고, 놀이 진행을 위해 자신이 맡은 역할에서 잠시 벗어나 상위의사소통을 한다.

3) 에릭슨의 3단계 놀이 유형

심리사회적 발달 이론을 수립한 에릭슨(Erikson)은 놀이가 사회화의 중요한 단서가 된다고 보았다. 에릭슨에 따르면 영유아는 놀이를 하면서 자아가 성장하고 정체성이 발달하며 주변 환경에 숙달한다.

에릭슨은 자신의 저서 『유년기와 사회(Child and Society)』에서 놀이는 심리사회적 측면에서 세 단계로 발달한다고 주장했다.

첫 단계는 자기 세계의 놀이 단계이다. 출생 후 1년 동안이다. 이 단계에서 영아는 팔, 다리, 머리 등 자기 몸의 감각을 지각하는 운동이나, 근육 운동 등을 반복적으로 시도하는 놀이를 한다. 이런 자기 세계의 놀이를 통해 영아는 자신은 다른 사람과 다르다는 사실을 인지한다.

둘째 단계는 미시 영역 놀이 단계이다. 2세부터 유치원 입학 전까지에 해당한다. 이 단계에서 영아는 자기 신체에서 벗어나 놀잇감 등 사물로 관심을 돌린다. 영아는 놀잇감 등 사물을 가지고 놀면서 주변 세계에 숙달하고 자아를 강화한다.

셋째 단계는 거시 영역 놀이 단계이다. 유치원을 다니는 시기이다. 이 단계에서 유아는 다른 사람과 함께 놀이하면서 사회적 상호작용에 숙달하고 사회적 역할과 문화를 이해한다. 유아는 놀이를 통해 자아를 조절하면서 주변 세계를 익힌다.

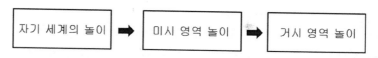

| 에릭슨 놀이 단계 |

자기 세계의 놀이 ➡ 미시 영역 놀이 ➡ 거시 영역 놀이

기출문제로 학습 확인하기

(2017 B2) ㉣에 들어갈 말을 쓰고, 그렇게 생각하는 이유 1가지를 쓰시오. [2점]

> 주로 놀잇감만 가지고 놀던 은정이가 혜진, 진서와 함께 역할놀이를 한다. 은정이는 놀이
> 를 통해 자아를 조절하면서 주변 세계를 익혀 가고 있다. 은정이는 에릭슨(E. Erikson)의
> 놀이발달 단계 중 (㉣) 단계에 속한다고 할 수 있다.

정답 풀이 거시 영역 놀이, 자기 세계의 놀이나 놀잇감을 갖고 노는 놀이에서 벗어나 혜진, 진서와 사회적 상호
작용을 하며 놀이하기 때문이다.

2. 인지적 놀이

인지적 놀이는 개념이나 기술의 학습, 능력 향상이 이루어지는 놀이를 말한다. 인지
적 놀이를 연구한 대표적 학자는 피아제와 스밀란스키를 들 수 있다.

1) 피아제의 놀이 유형 3단계

피아제(J.Piaget)는 영유아의 인지 발달에 따라 놀이는 연습놀이, 상징놀이, 규칙 있
는 게임의 순서로 발달한다고 보았다. 첫 단계인 연습놀이는 신체의 감각 운동을 연습
하는 즐거움을 위해 단순한 행동을 반복하는 놀이다. 2세 미만의 감각운동기 영아가
주로 하는 놀이다. 상징놀이는 어떤 사물이나 역할, 상황을 실제와 다르게 가상적으로
표현하는 놀이다. 실제 사물이나 역할, 상황을 '마치 ~ 인 것처럼'하는, 가작화 행동이
나타나는 놀이다. 주로 2세에서 7세까지 전조작기 유아가 한다. 마지막 단계인 규칙 있
는 게임은 7세 이후 구체적 조작기 아동이 주로 한다. 규칙 있는 게임은 미리 정한 규
칙이나 새로 만든 규칙에 따라 하는 놀이를 말한다. 사방치기, 윷놀이, 축구 등이 규칙
있는 게임이다. 규칙 있는 게임은 유아 연령이 증가할수록 종류가 많아진다. 성인도 규

칙 있는 게임을 한다. 이 시기에 아동은 구체적 사실을 논리적으로 사고할 수 있어 규칙 있는 게임을 할 수 있다.

| 피아제의 놀이 유형 |

인지 발달 단계	놀이 유형
감각운동기	연습놀이
전조작기	상징놀이
구체적 조작기	규칙 있는 게임
형식적 조작기	

2) 스밀란스키(1968)의 놀이유형 4단계

이스라엘의 발달심리학자 스밀란스키(1968)는 유아가 지적으로 발달하면서 인지적 놀이는 기능놀이, 구성놀이, 극놀이, 규칙 있는 게임의 순서로 발전한다고 보았다.

기능놀이는 영아가 감각운동 기술을 습득한 후 재미를 위해 반복하는 단순한 놀이다. 예를 들어 천장에 매달린 놀잇감을 건드렸더니 흔들리는 것을 보고 재미를 느껴, 다시 건드려 흔드는 놀이다.

구성놀이는 놀잇감을 활용하여 창의적인 구조물을 만드는 놀이이다. 블록이나 목공도구 등으로 자동차나 터널을 만들고, 성을 쌓는 놀이를 말한다.

극놀이는 다른 사람의 역할을 맡아 언어나 행동으로 모방하는 놀이다. 유아가 어떤 역할을 맡아 마치 그 사람이 된 것처럼 가장하는 놀이다. 스밀란스키는 극놀이를 다시 극놀이와 사회극놀이로 세분했다. 극놀이는 다른 사람을 그대로 모방하는 놀이이고, 사회극놀이는 유아 두 명 이상이 역할을 정하여 언어적으로 의사소통 하면서 역할을 수행하는 놀이이다. 가장 발달한 상징놀이라고 할 수 있다.

규칙 있는 게임은 사방치기, 윷놀이, 축구처럼 미리 정한 규칙이나, 새로 만든 규칙에 따라 하는 놀이를 말한다.

피아제는 스밀란스키(S.Smilansky)가 기능놀이와 극놀이의 중간 단계에 나타난다고 본 구성놀이를 독립된 놀이 단계로 인정하지 않았다. 피아제는 유아가 나무 조각으로 배를 만들 경우 이를 놀이로 봐야 할지 아니면 모방이나 자발적 작업으로 봐야 할지 문제가 생긴다고 했다. 피아제는 구성놀이가 상징놀이와 규칙 있는 게임의 중간이나 놀이와 지적 활동의 중간 또는 놀이와 모방의 중간에 있다고 주장하였다.[114]

---

114 『영유아 놀이 이론과 실제』(이숙재 저, 창지사, 2019), 90쪽

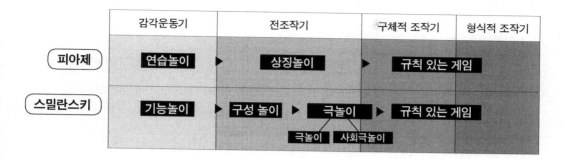

| 피아제와 스밀란스키의 놀이 발달 단계 비교 |

	감각운동기	전조작기	구체적 조작기	형식적 조작기
피아제	연습놀이	상징놀이	규칙 있는 게임	
스밀란스키	기능놀이	구성 놀이 ▸ 극놀이	규칙 있는 게임	
		극놀이 사회극놀이		

기출문제로 학습 확인하기

(2009 객17) 다음의 ㉠에 해당하는 놀이의 예로 가장 적절한 것은?

> 스밀란스키(S.Smilansky)는 유아의 지적 발달이 높아짐에 따라 인지적 놀이 수준도 기능 놀이, 구성놀이, 극놀이, (㉠)(으)로 변화해 간다고 하였다.

①민지는 친구들과 사방치기 놀이를 한다.
②종한이는 친구들과 함께 병원놀이를 한다.
③영미를 그릇에 모래를 채웠다 비웠다 하며 논다.
④우성이는 레고 블록을 이용하여 집을 만들며 논다.
⑤회진이는 장난감 자동차를 반복해서 굴리기를 한다.

정답 풀이 ㉠은 규칙 있는 게임이다. ①번의 사방치기는 규칙 있는 게임이다. ②번은 극놀이, ③번과 ⑤번은 기능놀이이며 ④번은 구성놀이다.

(2010 특수객27) 김 교사는 표현생활 영역 활동 중 만 6세 발달지체 유아 신애의 놀이 행동을 관찰하였다. 김 교사는 관찰 내용을 스밀란스키(Smilansky)의 인지적 놀이 유형과 파튼(Parten)의 사회적 놀이 유형으로 구분하여 기록하였다. 신애의 놀이 모습과 놀이 유형을 바르게 연결한 것은?

구분	신애의 놀이 모습	인지적 놀이 유형	사회적 놀이 유형
①	놀이터에서 또래와 함께 종이비행기를 날림	구성놀이	연합놀이
②	또래와 엄마, 아빠 역할을 나누어 소꿉놀이를 함	극놀이	단독놀이
③	그림을 그리는 또래 가까이에 앉아서 음악 상자를 조작함	기능놀이	평행(병행)놀이
④	또래와 2인 1조가 되어 탬버린을 흔들며 반환점을 돌아옴	규칙 있는 게임	협동놀이
⑤	블록으로 기찻길을 만드는 또래 가까이에 앉아서 곰 인형에게 과자를 먹이는 흉내를 냄	극놀이	평행(병행)놀이

정답 풀이 4번 오답 풀이: ①은 인지적으로 기능놀이이고 ②는 사회적으로 협동놀이이다. ③과 ⑤는 사회적으로 단독놀이이다.

(2014 A3) ⓛ에 들어갈 용어를 쓰시오. [1점]

> 피아제는 인지가 발달함에 따라 놀이는 3단계로 발달해간다고 보았다. 스밀란스키가 기능놀이와 극놀이의 중간 단계에 나타난다고 보았던 (ⓛ)을(를) 피아제는 하나의 독립된 놀이 단계로 인정하지 않았다.

정답 구성놀이

3. 루빈(K. Rubin)의 사회인지 놀이 범주와 루빈 등이 개발한 사회/인지적 놀이 기록양식

놀이는 영유아 연령이 높아지면서 점차 복잡한 단계로 발달한다. 특히 유아기 놀이에는 인지적 놀이와 사회적 놀이의 특성이 중첩하여 나타난다. 루빈(Rubin)과 마이오니(Miaoni), 호닝(Hornung, 1976)은 놀이에 인지적 놀이와 사회적 놀이 특성이 중첩되는 점에 착안하여 사회인지 놀이 범주를 고안했다. 사회인지 놀이 범주는 놀이를 사회적 수준에서는 파튼의 놀이 단계를 변형하여 혼자놀이, 병행놀이, 집단놀이로 분류하고, 인지적 수준에서는 스밀란스키 발단 단계에 따라 기능놀이, 구성놀이, 극놀이, 규칙 있는 게임으로 분류한 후 사회/인지적 놀이 기록양식 안에 조합하였다.

사회인지 놀이 범주는 사회/인지적 놀이 기록양식으로 나타낼 수 있다. 사회/인지적 놀이 기록양식은 세로축에는 사회적 수준에 따른 놀이를 배치하고 가로축에는 인지적 수준에 따른 놀이를 배치한 후 세로축과 가로축을 조합하여 놀이를 총 12가지로 분류하였다.

❙ 루빈(K. Rubin) 등이 개발한 사회/인지적 놀이 기록양식 ❙

		인지적 수준			
	놀이 유형	기능놀이	구성놀이	극놀이	규칙 있는 게임
사회적 수준	혼자놀이	혼자-기능	혼자-구성	혼자-극	혼자-규칙
	병행놀이	병행-기능	병행-구성	병행-극	병행-규칙
	집단놀이	집단-기능	집단-구성	집단-극	집단-규칙

예를 들어 유아가 혼자 블록을 들고 물 마시는 소리를 내거나, 혼자 기다란 막대로 이 닦는 흉내를 내면 사회적 수준에서는 혼자놀이, 인지적 수준에서는 극놀이므로 이를 조합하여 혼자-극놀이로 기록한다. 블록 놀이를 하는 다른 유아 옆에서 블록 3개를 길게 끼우면 병행-구성놀이이고 친구에게 망치를 주고 친구를 따라서 망치질을 하면 집단-기능놀이가 된다.

▌기출문제로 학습 확인하기

(2017 B2) ⓒ에 들어갈 명칭을 쓰고, [A]의 놀이가 '사회/인지적 놀이 기록양식'에서 해당하는 수준을 쓰시오. [1점]

조작놀이 영역에서 영준, 석민이는 끼우기 블록으로 로봇을 만들고 있다.
영 준: (로봇을 다 만든 후) 슝, 날아라!   [A]
석 민: (영준이를 흘깃 쳐다본 후, 다시 로봇 만들기를 계속한다.)

관찰 유아:_____ 관찰 일시:_____

		인지적 수준			
		기능놀이	구성놀이	(ⓒ)	규칙 있는 게임
사회적 수준	혼자놀이				
	병행놀이				
	집단놀이				

정답 극놀이, 병행-구성 놀이

(2019 정시B4) 루빈(K. Rubin)의 사회인지 놀이 범주에 근거하여 ① (가)에 나타난 호영이 놀이 유형 1가지와 ② 그 놀이 유형이 갖는 특징 ③ (나)에 나타난 유아 놀이 유형 1가지를 쓰시오. [3점]

(가)

(쌓기놀이 영역에서 진수와 호영이가 단위 블록을 가지고 놀고 있다.)
진수: (단위 블록을 돌리면서 자동차 운전사 흉내를 내고 있다.) 웅…… 웅. 쉬…… 윙. 호영: (진수를 잠시 쳐다보더니 단위 블록을 한 개 들어 올리며 혼잣말로) 비행기 출발!

(나)

지호: 여기는 초록 주유소야.
창민: (단위 블록과 큰 공간 블록으로 만든 주유대를 가리키며) 여기에 기름이 들어 있는 거야.
민수: 내가 손님 할게. 창민: 나도 손님 할게. 지호야, 그럼 너는 주인 하면 되겠다. (운전하는 흉내를 내면서 주유대 앞에 멈춰 서자)
지호: 어서 오세요! 기름을 얼마나 넣을까요?
창민: 가득 넣어주세요. 민수: 차가 많아서 기다려야겠네요.
지호: 손님, 여기서 차 마시면서 기다리세요. (지호는 모형 냉장고의 문을 열더니 그 안에 있는 과일 모형을 꺼내어 탁자 위에 올려놓으면서) 과일도 드세요.
민수: 고맙습니다.
지호: (주유대로 다시 가서) 다 넣었습니다.
창민: 얼마에요? 지호: 5천 원입니다.
                    … (중략) …
민수: 기름 넣는 것만 계속 하니까 재미없다. 우리 세차장도 만들자. 지난번 아빠 차 타고 주유소에 갔는데, 세차하는 곳도 있었어. 자동차가 혼자서 막 움직여. 엄청 신기해.
지호: 나도 알아. 차 밖에서 깨끗하게 닦아줘.
창민: (엄지손가락을 치켜세우면서) 좋아! 세차장 만들자. 자동 세차장 만들면 진짜 신나겠다.

정답 풀이 ①병행-극놀이 ② 친구와 같은 공간에서 같은 놀이를 하지만, 친구와 접촉하거나 친구에게 간섭하지 않고 혼자 놀이하며, 어떤 역할을 맡아 마치 그 사람이 된 것처럼 가장하는 가작화 행동이 나타난다. ③집단-극놀이

04
장 놀이 유형별 특성

1. 기능놀이(연습놀이)

기능놀이는 단순한 행동을 반복하는 놀이를 말한다. 영아는 잡기, 흔들기, 던지기 등 단순 행동을 반복하는 데 이러한 놀이를 기능놀이 또는 연습놀이라고 한다. 피아제에 따르면 영유아 놀이는 처음에 기능놀이로 나타난다. 기능놀이는 피아제의 인지발달 첫 단계인 감각운동기에 주로 나타난다.

발성놀이도 기능놀이에 포함된다. 영아가 4개월쯤 되면 단순히 즐거워서, 노래하듯이 옹알이를 반복한다. 영아는 단순 행동을 반복만 하는 것은 아니다. 놀이 중에 새로운 요소를 추가하기도 한다. 예를 들어 딸랑이를 흔들면 재미있는 소리가 난다는 사실을 알고 영아는 딸랑이를 계속 흔든다. 어느 날 딸랑이가 바닥이나 물건에 부딪히면 다른 소리가 나는 것을 알면, 영아는 바닥이나 물건에 부딪쳐 다른 소리를 낸다. 영아는 기능놀이로 새로운 행동을 배우면 기쁨을 느낀다.

2. 구성놀이

구성놀이는 유아가 놀잇감을 가지고 무언가를 만드는 놀이다. 스밀란스키는 구성놀이를 놀이발달 단계에서 두 번째로 나타나는 놀이로 보았다. 반면, 피아제는 구성놀이를 독립된 놀이로 보지 않았다. 피아제는 구성놀이가 상징놀이와 규칙 있는 게임의 중간이나 놀이와 지적 활동의 중간 또는 놀이와 모방의 중간에 있다고 주장했다.

스밀란스키(Smilansky, 1968)는 취학 전 유아가 하는 인지놀이를 기능놀이와 구성놀이로 나눴다. 스밀란스키는 영유아가 22~24개월에 시작하는 구성놀이를 독립된 단계에 속하는 놀이라고 주장했다. 이 시기에 영유아는 놀잇감을 다양하게 활용하여 무언가를 창조하는 놀이를 한다.

구성놀이는 목표 지향적 놀이로, 유아가 성숙하면서 빈도가 증가한다. 4세 경에 가장 많이 하는 놀이로 취학 전 유아는 자유놀이 시간의 반 이상을 구성놀이를 하며 보낸다. 유아 놀이는 기능놀이에서 구성놀이로 발전한다. 이는 유아가 사물을 조작하는 단계에서 구성하는 단계로 발전했다는 사실을 의미한다.

3. 상징놀이

1) 개념

상징놀이란 어떤 사물이나 역할, 상황을 실제와 다르게 가상적으로 표현하는 놀이다. 상징놀이에는 '마치 ~ 인 것처럼' 하는 가작화 요소가 나타난다. 영아는 1세 말쯤 놀잇감을 들고 물 마시는 시늉을 하거나, 막대기로 담배 피우는 시늉을 하는 등 상징놀이를 하기 시작한다.

상징놀이는 학자에 따라 상상놀이, 가상놀이, 가장놀이, 극놀이, 환상놀이, 역할놀이 등 다양하게 불린다. 싱거(Singer, 1973)은 상상놀이를 가작화 요소를 내포한 놀이로 정의하고 가장놀이와 동의어로 보았다. 가비(Garvey, 1977)는 가상놀이를 시간, 공간, 역할 및 사물을 실제와 다르게 변형하는 놀이라고 했다. 학자에 따라서 용어나 해석에 차이가 있지만 상징놀이, 상상놀이, 가상놀이, 가장놀이, 극놀이, 환상놀이, 역할놀이는 '마치~인 것처럼' 하는 가작화 요소를 포함한다.

인지적으로 불균형 상태이고 개념이 발달하지 않은 영유아는 현실을 자신의 욕구에 동화시키는 데 이런 동화의 예가 상징놀이라고 피아제(1962)는 설명했다. 피아제에 따르면 영유아는 자신의 정서적, 인지적 욕구를 충족하지 못하는 경우가 많다. 이때 자신을 현실에 조절하기보다, 현실을 자신의 욕구에 동화시켜 새로운 세계를 창조하는 상징놀이를 한다.

2) 피아제의 상징놀이 3요소

피아제에 따르면 상징놀이는 탈중심화, 탈맥락화(탈상황화), 통합이라는 세 요소에 의하여 점차 발달한다.

탈중심화는 영유아가 놀이할 때, 자는 척 하거나 먹는 척 하는 등 자신의 활동을 상징하는 데서 벗어나, 타인이나 대상을 상징하여 자기 중심에서 벗어나는 것을 말한다. 예를 들어 장난감 전화를 가지고 진짜 전화인 척하거나, 인형의 입에 빈 컵을 갖다 대고 물 먹이는 시늉을 하는 행동이 탈중심화이다.

탈맥락화(탈상황화)는 유사한 사물이나 상황으로 대체하는 것에서 벗어나, 유사하지 않은 사물이나 상황으로 대체하는 것이다. 예를 들어 아기와 비슷하지 않은 종이블록을 아기로 상징하는 것이다.

통합은 단일한 상징 행동에서, 주제나 줄거리가 있는 복잡한 상징 행동으로 조직화되는 것을 말한다. 예를 들어 유아가 인형을 유모차에 태우고 '자 이것을 보렴'이라고 말하는 것이다.

❙ 상징놀이 구성 요소 ❙

구성 요소	내용
탈중심화	자신의 활동을 상징하는 데서 벗어나, 타인이나 대상을 상징하여 자기 중심에서 벗어나는 것. 장난감 전화를 가지고 진짜 전화인 척하거나, 인형의 입에 빈 컵을 갖다 대고 물 먹이는 시늉을 하는 행동
탈맥락화 (탈상황화)	유사한 사물이나 상황으로 대체하는 것에서 벗어나, 유사하지 않은 사물이나 상황으로 대체하는 것. 아기와 비슷하지 않은 종이블록을 아기로 상징하는 것
통합	단일한 상징 행동에서, 주제나 줄거리가 있는 복잡한 상징 행동으로 조직화되는 것. 유아가 인형을 유모차에 태우고 '자 이것을 보렴'이라고 말하는 행동

기출문제로 학습 확인하기

(2014 A3) 다음은 상징놀이의 구성요소 및 내용이다. ㉣에 비추어 A에 들어갈 내용 1가지를 쓰고, ㉤에 비추어 B에 들어갈 구성요소 1가지를 쓰시오. [2점]

구성요소	내용
탈중심화	A
B	유사한 사물이나 상황 대체에서, 유사하지 않은 사물이나 상황 대체로 변화하는 것
통합	단일한 상징행동에서, 주제나 줄거리가 있는 복잡한 상징행동으로 조직화되는 것

유아들이 역할놀이 영역에서 소꿉놀이를 하고 있다.

㉣ ┌ 소연: (빈 컵을 입에 갖다 대며 마시는 시늉을 하며)아, 시원하다.
　└ 민채: 아기도 목 말라.(인형의 입에 빈 컵을 갖다 대며 먹이는 시늉을 하며)
　　　　아가야, 이제 됐어?

　　　　　　　… (중략) …

㉤ ┌ 진우: (인형과 수건을 가지고 교사에게 다가가며) 선생님, 아기 업을래요.
　└ 민지: 나도 아기 업을래. 어? 인형이 없네. (쌓기놀이 영역에 가서 종이벽돌블록과 보자기를 가져오며) 선생님, 나도 아기 업을래요. 이거 묶어 주세요.

정답 A- 자신의 활동을 상징하는 데서 벗어나, 타인이나 대상을 상징하여 자기 중심에서 벗어나는 것, B- 탈맥락화

(2017 B2) 1 ㉠에 해당하는 피아제(J. Piaget)의 놀이 유형을 쓰시오. [1점]

> 수 진: (㉠ 초콜릿을 받은 후, 손에 컵을 쥔 시늉을 하며 약을 먹는 척한다.)

정답 상징놀이

3) 맥쿤(I. McCune, 1995)의 상징놀이 발달 5단계

맥쿤(I. McCune, 1995)은 상징놀이 발달 과정을 다음과 같이 5단계로 세분하여 설명하였다.

단계	특징
전(前) 상징적 단계	놀잇감의 기능에 집착하여 놀이하는 단계
자기 가작화 단계	자신의 신체나 일상 생활을 중심으로 가작화 행동이 일어나는 단계. 놀이 행동의 가작적 본질을 인식하는 단계이다.
타인 가작화 단계	일상 생활에서 연습한 가작화 행동을 다른 놀잇감이나 사람에게 적용하거나, 다른 사람이나 사물을 가작화하는 단계
결합적 가작화 단계	가작화 행동을 여러 대상에게 적용하거나, 일련의 순서로 나타나는 단계
위계적 가작화 단계	가작화 행동을 하기 전에 계획을 세우며, 가작화 행동을 언어 또는 비언어로 표현하면서 놀이하는 단계

(2018 특수B1) 아래 상징놀이는 맥쿤(I. McCune)의 상징 놀이 발달 단계 중 어느 단계에 해당하는지 쓰시오. [1점]

> 역할 놀이 영역에서 곰 인형의 이를 닦아 주는 흉내를 낸다

정답 타인 가작화 단계

4) 고웬(Gowen, 1995)의 상징놀이 발달 9단계

고웬은 상징놀이 발달 과정을 다음과 같이 9단계로 세분하여 설명하였다.

단계	특징
전 가작화	가작화 행동을 하는 것 같지만 이를 증명하는 확실한 증거가 없는 단계 예 영아가 잠시 전화기를 귀에 갖다 댄다.
자기가작화	자신의 신체나 일상 행동을 가작화하는 단계 예 컵을 입에 대고 마시는 소리를 내거나 전화기를 귀에 대고 이야기 하는 시늉을 한다.
타인가작화	자기 신체나 일상 행동에서 벗어나 타인을 향하여 가작화 행동을 하는 단계 예 장난감 트럭을 밀면서 자동차 소리를 내거나 인형에게 젖병으로 젖을 먹인다.
사물 대체	독창적, 가상적 방법으로 사물을 사용하거나 이전과 다르게 가작화 행동을 하는 단계 예 블록을 젖병으로 가작화하여 인형에게 먹이거나 밀가루 반죽 조각을 햄버거라고 한다.
상상적 존재 가작화	사람, 사물이 없는데도 있다고 가작화하는 단계 예 자동차에 사람이 타고 있다고 하면서 자동차 소리를 내거나 컵에 빈 주전자를 따르면서 커피라고 한다.
능동적 대행	인형, 모형 동물 등 놀잇감이 살아 있다고 가작화하여 놀잇감이 능동적으로 행동하도록 하는 단계 예 장난감 동물이 달리게 하거나 인형이 스스로 먹는 것처럼 인형 손을 인형 입에 가져간다
연속적이나 줄거리 없는 이야기	단일한 가작화 행동을 반복하는 단계 예 엄마에게 커피를 마시라고 컵을 주고 인형에게도 컵을 주며 마시라고 한다.
연속적이고 줄거리 있는 이야기	두 가지 이상의 가작화 행동을 하여 이야기를 만드는 단계 예 컵을 젓는 척하고 컵을 들어 마신 후 '맛있다'고 하면서 인형에게 마셔보라고 한다.
계획적 상징	놀이하기 전에 언어나 행동으로 놀이 계획을 표현하는 단계 예 장난감 우유병을 인형 입에 대기 전에 인형에게 우유를 먹일 거라고 얘기한다.[117]

4. 사회극놀이

사회극놀이는 두 명 이상의 놀이 참여자가 역할을 정하여 실생활을 재현하는 놀이를 말한다. 가장 발달한 상징놀이라고 할 수 있다. 시장놀이, 우체국놀이, 병원놀이가 대표적인 사회극놀이다.

사회극놀이 연구는 스밀란스키(S.Smilansky)가 주도했다. 스밀란스키에 따르면 사회극놀이에는 현실적 요소(모방적 요소)와 비현실적 요소(가작화 요소)가 있다. 사회극

---

115 『놀이지도』(김수영, 김수임, 정정희 공저, 양서원, 2018), 98~99쪽 요약

놀이를 할 때 영유아는 현실 세계에서 관찰, 경험한 사실이나 상황을 모방한다. 이것이 현실적 요소 또는 모방적 요소다. 영유아는 사실이나 상황을 정확하게 모방할 능력이 부족하므로 사회극놀이를 하면 비현실적 요소나 가작화 요소가 들어간다. 비현실적 요소는 사회극놀이를 다양하고 창의적으로 만들어 준다.

스밀란스키는 수준 높은 사회극놀이를 위해 6가지 조건을 제시했다.

첫째, 역할의 가작화이다. '나는 엄마야, 시장에 가야지'처럼 가상적인 역할을 말이나 행동으로 표현하는 일이다.

둘째, 사물의 가작화이다. 손을 컵 모양으로 하여 마시는 동작을 하면서 '나는 커피를 마시고 있다'라고 말하는 것처럼 사물을 다른 용도로 가작화하여 말이나 행동으로 표현하는 일이다.

셋째, 행동과 상황의 가작화이다. 유아가 아무 것도 없는 상황에서 '여기는 마트야, 채소를 사야지'라고 하는 것처럼 상황이나 행동을 말로 가작화하는 일이다.

넷째, 지속성이다. 한 가지 놀이 주제는 최소 10분 간 지속되어야 수준 높은 사회극놀이가 된다.

다섯 째, 상호작용이다. 같은 놀이 주제를 가지고 2명 이상이 상호작용을 해야 한다. 식당놀이를 하면서 주인 역할을 맡은 아이가 '무엇을 드릴까요?'라고 하면, 손님 역할을 맡은 유아가 '피자 주세요'라고 하는 등 상호작용을 해야 한다.

여섯 째, 언어적 의사소통이다. 사회극 놀이에서는 주제를 놓고 놀이자가 서로 언어적으로 의사소통해야 한다. 유아가 사용하는 언어적 의사소통은 두 가지가 있다. 하나는 가작화 의사소통이고, 다른 하나는 상위의사소통이다. 가작화 의사소통은 놀이 상황에서 유아가 각자 맡은 역할을 수행할 때 사용하는 의사소통이다. 예를 들어 병원놀이를 하면서 의사 역할을 맡은 유아가 '어디가 아파서 왔지요? 진찰을 해 볼까요?'라고 하자 환자 역할을 맡은 유아가 '배가 아파서 왔어요'라고 말하는 것이다.

상위의사소통은 놀이가 원활하도록 놀이 틀 밖에서 놀이의 규칙, 역할, 상황 등을 놀이 상대에게 설명하고 이해시키는 의사소통이다. 예를 들어 놀이를 시작하며 유아들이 '벽돌을 핸드폰이라고 하자', '나는 의사할 게 너는 환자 해라'. '우리는 마트에 먼저 가고 나중에 병원에 갈 거야'라고 말하거나, 놀이 중에 유아가 일시적으로 놀이 상황을 벗어나서 의사 역할을 잘 못하는 다른 유아에게 '의사가 어떻게 그렇게 하냐'라고 말하는 것이 상위의사소통이다.

(2013 정시 B5)

> 김 교사는 역할놀이 영역에서 정민, 진영, 민우의 놀이를 바라보고 있다.
> (다음 놀이는 15분 이상 진행되었다.)
> 민우: (정민, 진영을 보며)애들아, 우리 아까 본 사자춤 놀이해 볼래?
> 진영: 재미있겠다. 그런데 어떻게 해?
> 민우: 사자 옷이 필요해.(보자기를 꺼내 어깨에 두른다.) 사자털도 있으면 좋겠다.
> (교사는 사자 갈기처럼 생긴 술이 달린 인디언 치마를 소품 통에 비치한다.)
> … (중략) …
> 정민: 선생님, 둥둥둥 북소리 내주세요. 우리가 춤출게요.
> 진영: (인디언 치마를 머리에 쓰고 덩실거리며)어흥~ 나는 사자다.
> 민우: (가만히 서서)무서워, 살려줘!
> 진영: ㉠그런데 민우야, 사자는 춤을 춰야지. 우리가 춤추기로 했잖아.
> 민우: (진영이와 함께 어깨를 덩실거리며 몸을 흔든다.)
> 정민: 선생님, 이번에는 내가 북을 치고 싶어요. 선생님이 사자 하세요.
> (교사는 정민이와 역할을 바꾸고 정민이의 북소리에 맞춰 민우, 진영이와 함께 사자춤을 춘다.)

1) 다음은 스밀란스키(S.Smilansky)가 제시한 사회극놀이 구성 요소의 일부를 위 내용과 관련 지은 표이다. 가작화의 설명 ①과 지속성의 사례 ②에 적절한 내용을 각각 쓰시오. [2점]

사회극놀이 구성요소	설명	(가)의 사례
(생략)	최소한 2명 이상의 놀이자가 놀이 주제와 관련하여 직접적인 상호작용을 하는 것	진영, 민우, 정민 3명의 놀이자가 상호작용 하고 있음
가작화	①	(생략)
지속성	(생략)	②

정답 ① 사물, 역할, 상황 등을 가상적으로 표현하는 것 ② 놀이는 15분 이상 진행되었다

2) 위와 같은 놀이에서 유아들은 2가지 유형의 언어적 의사소통을 사용한다. 한 가지는 가작화 의사소통이고, 다른 한 가지는 (①)이다. ①을 쓰고, ㉠이 ①에 해당하는 이유를 1가지 쓰시오. [2점]

정답 풀이 상위의사소통, 놀이를 원활하게 진행하기 위해 놀이 틀 밖에서 놀이의 규칙, 역할, 상황 등을 놀이 상대에게 설명하고 이해시켰기 때문이다.

(2014 B3) 스밀란스키(S.Smilansky)에 의하면, ㉠은 사회극놀이의 요소 중 (①)에 해당되며, ㉡은 사회극놀이 요소의 하나인 언어적 의사소통 유형 중 (②)에 해당된다. ①, ② 에 들어갈 용어를 1가지씩 쓰시오. [2점]

> 다은이는 아나운서, 정호는 기자, 형주는 카메라맨을 하기로 했다. ㉠다은이는 아나운서 테이블 앞에 앉아 길쭉한 연필꽂이를 앞에 세워 놓고 후-후-불며 마이크 테스트 하는 시늉을 한다.
> 다은: "준비~시……작." 해줘. 그럼 시작할게.
> 형주 :(카메라를 잡고 큰 소리로)준비~시……작.
> 다은: ㉡뉴스를 시작하겠습니다. 옆 동네에는 지금 비가 너무 많이 와서 홍수가 났다고 합니다.

정답 사물의 가작화, 가작화 의사소통

(2015 특B3) 스밀란스키(S.Smilansky)의 4가지 놀이유형 중 사례에서 나타난 놀이유형 1가지를 쓰고, ㉡에 해당되는 가작화 형태를 쓰시오. [2점]

> (유아들은 청진기와 주사기를 가지고 와서 병원놀이를 시작한다)
> 병우: 여기가 병원이야. 내가 의사야! 가영이 너는 간호사 해.
> 가영: 그래, ㉡(긴 블록을 가리키며) 이건 주사기야.

정답 극놀이, 사물의 가작화

(2017 A3) 스밀란스키(S. Smilansky)가 제시한 사회극놀이의 준거 중 ① ㉢에 해당하는 것을 쓰고 ② 일화기록 내용에 드러나지 않은 준거 1가지와 그 이유를 쓰시오. [2점]

> 관찰 대상: 권임규(남)   관찰자: OOO
> 관찰 일시: 2016년 0월 0일 09:45~09:55

임규는 혜미, 민호, 지수가 놀고 있는 역할놀이 영역에 와서 두리번거린다. 혜미가 민호에게 "야, 우리 과일가게 놀이하자! 여기가 과일가게야."라고 말한다. 민호가 "그래, 좋아. 난 배달 할래."라고 말하자 혜미가 "배달? 그래. 너 배달해."라고 말한다. 옆에 있던 임규가 "나도 가게놀이하고 싶다. 배달하면 재밌을 것 같은데……"라고 중얼거린다. 이 말을 듣고 지수가 임규에게 ㉠"너 우리랑 놀고 싶구나. 그럼 함께 놀자. 네가 손님 해."라고 말한다. 임규는 ㉡"남자는 힘이 세니까 배달을 잘 할 수 있어."라고 지수에게 말한다. 그러자 지수가 "민호가 배달하고 있는데 어떡하지……"라고 말한다. 임규는 "알았어. 손님 할게. 여기 사과 있나요? 얼마예요?"라고 말하자. 지수가 "천 원입니다. 아주 맛있어요."라고 말한다. 임규가 주머니에서 놀이 카드를 꺼내며 "여기 천 원 있어요."라고 말한다. 갑자기 혜미가 "손님이 한 명밖에 없어서 가게놀이 재미없다. 우리 미용실 놀이하자."라고 말한다. 지수가 "그거 재밌겠다. ㉢ 난 미용사 할래."라고 말한다. 그러자 민호는 "난 미용실놀이 재미없어." 라고 말하자 임규도 "나도!"라고 하면서 함께 과학영역으로 간다. 그러자 혜미가 지수에게 "우리 다른 놀이 하자."라고 하면서 둘은 미술영역으로 간다.

정답 풀이 ① 역할의 가작화 ② 지속성, 가게놀이가 10분 동안 지속되지 못하고 다른 놀이로 바뀌었다.

5. 규칙 있는 게임

규칙 있는 게임은 줄넘기, 숨바꼭질처럼 미리 정한 규칙에 따라 두 명 이상의 참가자가 경쟁하면서 승부를 겨루는 놀이다. 규칙 있는 게임은 7세에서 11세 해당하는 구체적 조작기에 주로 한다. 규칙 있는 게임을 할 때, 참여자는 규칙을 정확하게 이해하고 적절하게 적용하며, 자신의 행동을 통제할 수 있어야 한다. 규칙에는 두 종류가 있다. 하나는 과거에서 전해 내려온 규칙이고 다른 하나는 서로 동의하여 임시로 만든 규칙이다. 즉 미리 정한 규칙도 있고 새로 만들거나 변경한 규칙도 있다.

구체적 조작기 아동은 구체적 사실을 논리적으로 사고할 수 있어 규칙 있는 게임을 할 수 있다. 피아제(1962)에 따르면 구체적 조작기에 시작하는 규칙 있는 게임은 특정 연령에 집중적으로 나타나다가 점차 감소하는 다른 놀이와 달리, 연령이 증가할수록 다양해진다. 성인도 규칙 있는 게임을 한다. 파커(Parker, 1984)는 규칙 있는 게임을 경기장 게임(축구, 농구 등), 테이블 게임(탁구, 공기놀이), 그림 카드 게임(주사위, 카드 게임 등), 단어 게임(사물 알아맞히기 등)으로 나누었다.[116]

---

116 『영유아 놀이 이론과 실제』(이숙재 저, 창지사, 2019), 93~95쪽 정리

6. 거친 신체놀이

1) 개념

가비(Garvey, 1977)에 따르면 거친 신체놀이는 두 명 이상의 유아가 잡고 뒹굴고 몸을 부딪치며 거칠게 노는 놀이다.[117] 싸움 놀이와 추적 놀이도 거친 신체놀이다. 즉 거친 신체놀이는 신체를 거칠게 움직여 친구와 함께 노는 놀이다. 거친 신체놀이는 뛰어다니기, 씨름하기, 쫓기, 밀고 당기기, 차기, 올라 타기, 때리기, 찌르기뿐 아니라 소리지르기, 미소, 웃음을 포함한다.

거친 신체 놀이는 공격성이 나타나고 폭력적 행동이라는 인식이 지배적이어서, 유아가 많이 하는 놀이임에도 불구하고 유아에게 부정적인 영향을 미친다고 생각했다. 펠리그리니(Pellegrini, 1989)는 유아가 거친 신체놀이를 하면서 폭력적 행동에 쉽게 노출되어 폭력에 무감각해질 수 있다고 했다.

1980년대에 들어 거친 신체놀이가 공격적 행동이나 싸움과는 다르며 유아의 정서 조절, 우정, 또래 관계 등에 긍정적인 영향을 미친다는 연구 결과가 나오면서 거친 신체놀이의 긍정적 측면에 관심이 증가하였다.

2) 거친 신체놀이와 공격적 행동의 차이

거친 신체놀이는 공격적 행동과 다르다. 거친 신체놀이와 공격적 행동의 차이는 첫째, 공격적 행동을 하는 유아는 놀이 공간이나 놀잇감 등을 차지하려고 경쟁하지만, 거친 신체놀이를 하는 유아는 놀이 공간이나 놀잇감을 차지하려고 경쟁하지 않는다. 둘째, 공격적 행동에는 노려보거나 찌푸리기 등 심각한 표정이 나타나지만 거친 신체놀이에는 미소, 웃음 등 긍정적 표정이 나타난다. 셋째, 공격적 행동은 상대를 해치려는 의도가 있어 싸움으로 연결될 수 있지만 거친 신체놀이는 상대를 다치지 않게 하려고 힘을 조절하기 때문에 싸움이 일어나지 않는다. 넷째, 공격적 행동에서는 한 유아가 다른 유아를 일방적으로 밀치거나 때리거나 쫓아 가지만, 거친 신체놀이는 치고 받고, 쫓고 쫓기는 역할이 일방적이지 않으며 서로 역할을 바꿔가며 놀이한다. 다섯째, 공격적 행동은 대개 두 명이 하지만 거친 신체놀이는 여러 명이 한다.

3) 교육적 가치

디피에트로(Die Pietro, 1981)는 거친 신체놀이를 통해 유아는 부정적 감정을 여과

---

117 『사례연구를 통해서 본 하늘반 유아들의 거친 신체 놀이에 대한 교사의 상호작용』(고여훈, 엄정애, 2014), 60쪽

하는 등 감정을 조절하는 방법과 충돌을 통제하는 방법을 배운다고 했다. 펠리그리니(1989)는 인기아와 남아의 거친 신체놀이는 사회적 능력과 정적인 상관 관계가 있다고 주장하였다. 험프리(Humphreys)와 스미스(Smith, 1984), 스미스(Smith)와 보울턴(Boulton, 1990)은 거친 신체놀이는 유아를 사회적으로 친하게 만들고 우정을 강화한다고 보고했다. 이지영(2007)은 거친 신체놀이에 참여하는 남아는 사교성과 주도성이 높다고 보고하였다. 하희연(2009)은 거친 신체놀이 참여 수준이 높은 남아가 또래와 긍정적인 상호작용을 더 많이 하며, 놀이에 더 잘 참여하였다고 밝혔다.[118]

국내외 연구 결과를 종합하여 거친 신체놀이의 교육적 효과를 정리하면 다음과 같다. 첫째, 거친 신체놀이를 통해 유아는 자신의 신체를 조절하는 방법을 배울 수 있다. 유아는 거친 신체놀이를 하면서 내적 요구와 통제로 자신의 사고와 행동을 점차적으로 조절한다. 둘째, 다른 사람의 감정을 읽고, 스스로 정서 조절 능력을 발달시킬 수 있다. 셋째, 에너지를 발산하고 스트레스를 풀어 부정적 정서를 해소한다. 넷째, 또래에게 자신의 생각을 얘기하고 타협하면서 의사소통 기술을 익힐 수 있다. 다섯째, 놀이 중에 발생하는 갈등을 해결하면서 문제해결 능력을 기를 수 있다. 여섯째, 권력과 갈등, 힘과 통제, 선과 악 등의 개념을 확장하고 발달시킬 수 있다. 일곱째, 거친 신체놀이로 유아는 평화와 비폭력의 가치를 깨닫고, 보호하고 배려하는 역할을 경험할 수 있다.

4) 유의 사항

거친 신체를 놀이를 계획할 때는 다음과 같은 점에 유의해야 한다.

첫째, 안전하고 넓은 공간을 제공한다. 공간이 좁으면 위험한 상황이 발생할 수 있으므로 탁자나 가구 등을 치워 공간을 충분히 확보하고 매트 등으로 안전하게 놀이할 수 있도록 한다.

둘째, 가까운 곳에서 관찰하면서 적절하게 개입하여 위험한 상항을 예방한다. 거친 신체놀이를 할 때에 교사는 옆에서 잘 살펴보면서 유아가 안전하게 놀이하도록 돕는다.

셋째, 규칙을 만들고 규칙에 따라 놀이할 수 있도록 지도한다. 교사는 안전하게 놀이할 수 있는 방법을 유아와 함께 생각해보면서 규칙을 만든다. '다치지 않고 놀이하려면 어떻게 하지?'와 같이 물어 유아 스스로 안전하게 놀이하는 방법을 생각하여 규칙을 만들고, 이를 지키며 놀이할 수 있도록 격려한다.

넷째, 사회적 기술을 구체적으로 알려준다. 사회적 기술이나 놀이 방법을 구체적으로 소개하고 유아가 자연스럽게 따라 하도록 모델이 된다.[119]

---

118 『사례연구를 통해서 본 하늘반 유아들의 거친 신체 놀이에 대한 교사의 상호작용』(고여훈, 엄정애, 2014), 60쪽
119 https://www.ibabynews.com/news/articleView.html?idxno=64508

5) 지도 방법

거친 신체놀이를 지도하는 주요 방법은 다음과 같다. 첫째, 교사는 유아가 공격 행동으로 생길 수 있는 결과를 생각할 수 있도록 질문한다. 둘째, 교사는 거친 신체놀이에 드러난 공격성이나 폭력성을 유아가 대화, 그림책 읽기, 미술 등을 통해 다룰 수 있게 한다. 셋째, 유아가 공격 행동을 모방하고 반복할 때 교사는 놀이에 등장하지 않는 역할 모델을 제안하여 새로운 놀이가 될 수 있도록 돕는다. 넷째, 교사는 유아가 또래와 함께 거친 신체놀이를 할 수 있는 장소, 시간, 놀잇감 종류 등에 관한 규칙을 정할 수 있는 기회를 제공하고, 이를 지키며 놀이하도록 지도한다.

기출문제로 학습 확인하기

[2011 객23~24] 다음은 만 4세반 교실의 쌓기 놀이 영역에서 놀고 있는 준희를 관찰한 기록이다. 준희는 평소 공룡 만화 영화 보기를 좋아하고, 혼자놀이를 자주 하는 편이다.

준희는 티라노사우루스의 흉내를 내며 바닥에 있는 공룡 장난감을 발로 요란스럽게 차고, 넘어뜨리며 "너의 뼈를 부러뜨릴 거야. 너를 부숴 버릴 거야."라고 말한다. 잠시 후 스테고사우루스 2개를 집어 든 준희는 그 중 하나로 바닥에 놓여있는 공룡들에게 "빨리 내 뒤에 숨어. 난 너희를 해치지 않아. 난 널 도우려는 거야."라고 말한다. 다른 공룡들을 의 자 뒤로 숨기며 "여기 있어, 너희들은 안전해."라고 한다. 도와주는 스테고사우루스가 된 준희는 티라노사우루스를 내리 치며 "널 죽일 거야."라고 말한다. 준희는 티라노사우루스를 다른 곳으로 옮긴 후 "야! 티라노사우루스를 무찔렀어!"라고 소리치며 숨겨 놓았던 다른 공룡들을 모두 가지고 온다. 준희는 공룡들에게 "이제 너희들은 모두 안전해."라고 말하고 티라노사우루스를 블록으로 만든 우리에 가둔 후 "넌 나쁜 짓을 했으니까 친구들과 헤어져 여기에 있어야 해."라고 말 한다. 준희는 티라노사우루스가 나오지 못하도록 우리를 더 튼튼하게 만들고 있다.

(2011 객23) 김 교사는 위의 관찰 기록을 기초로 유치원에서 거친 놀이를 허용하고자 한다. 이러한 거친 놀이의 교육적 순기능으로 적합하지 않은 것은?

① 유아들은 준희처럼 거친 놀이를 통해 점차 자신의 사고와 행동을 외적인 요구와 통제에 의해 조절하게 된다.

② 유아들은 준희처럼 거친 놀이를 통해 권력과 갈등, 통제와 힘, 선과 악 등의 개념을 확장하고 발전시킬 수 있다.

③ 준희가 평화적인 방법으로 놀이를 마친 것처럼 거친 놀이는 유아들에게 평화와

비폭력의 가치를 경험할 수 있도록 한다.

④ 준희와 같이 유아들은 거친 놀이에서 공격적이고 지배적인 역할을 모방하기도 하지만, 보호하고 배려하는 역할을 경험할 수 있다.

⑤ 유아들은 준희처럼 거친 놀이를 하면서 공격성을 표현하지만 스스로 다양한 상황을 만들면서 정서를 조절하는 능력을 발달 시켜 갈 수 있다.

정답 풀이 ① 유아는 거친 놀이를 통해 점차 자신의 사고와 행동을 내적인 요구와 통제로 조절한다.

(2011 객24) 김 교사는 준희가 자신의 감정을 조절하고 친구와 잘 어울려 지낼 수 있도록 지도하고자 한다. 거친 놀이를 즐기는 준희를 지도하는 방법으로 적절하지 않은 것은?

① 교사는 공격 행동으로 인해 생길 수 있는 결과에 대해 준희가 생각할 수 있도록 질문한다.

② 교사는 준희가 혼자 노는 거친 놀이는 허용하지만 친구와 하는 거친 놀이는 유치원에서는 무조건 금지한다.

③ 교사는 준희의 거친 놀이에 드러난 공격성이나 폭력성을 미술, 대화, 그림책 읽기와 같은 방법을 통해 다룰 수 있게 한다.

④ 준희가 공격 행동을 모방하고 반복할 때 교사는 준희의 놀이 에 등장하지 않는 역할 모델을 제안하여 새로운 놀이가 될 수 있도록 도와준다.

⑤ 교사는 준희가 또래와 함께 거친 놀이를 할 수 있는 장소, 시간, 놀잇감 종류 등에 대한 규칙을 정할 수 있는 기회를 제공하고, 이를 지키며 놀이하도록 한다.

정답 풀이 ② 거친 놀이는 신체 조절 능력, 정서 조절 능력, 의사소통 기술, 문제해결 능력 등을 기를 수 있어 친구와 하는 거친 놀이를 무조건 금지하는 것은 옳지 않다.

7. 쌓기놀이

1) 개념

쌓기놀이는 블록이나 나무토막, 플라스틱 조각 등을 쌓거나 끼워, 구조물을 만드는 놀이이다. 적목놀이나 블록놀이라고도 한다. 영유아는 쌓기놀이를 하면서 신체적, 정서적, 언어적 능력과 사회성, 창의성 등을 발달시킬 수 있다.

2) 교육적 가치

쌓기놀이는 수많은 연구 결과와 교육 현장 적용을 통해 교육적 가치가 입증되었다. 쌓기놀이의 교육적 가치를 구체적으로 보면 다음과 같다.

(1) 정서적 만족감 획득

블록은 영유아가 자신의 계획에 따라 사물을 자유롭게 만들어 낼 수 있는 개방적 놀잇감이다. 영유아는 블록 몇 조각으로 자동차나 기차, 고속도로를 쉽게 만들 수 있다. 자신의 의도에 따라 사물을 만들어 내고 상황을 통제하면서, 영유아는 성취감과 정서적 만족감을 얻는다.

(2) 사회성 발달

쌓기놀이를 할 때는 친구가 만든 구조물을 쓰러뜨리지 않도록 조심해야 하고, 한정된 블록을 나누어 써야 한다는 사실을 배운다. 이런 사실을 배우면서 친구를 배려하고, 참고 기다리며, 양보하는 태도를 익힌다.

(3) 신체 발달 촉진

영유아는 형태와 크기가 다른 여러 가지 블록으로 쌓기놀이를 하면서 눈과 손의 협응력과 왼손과 오른손의 협응력을 강화하고 손과 손가락의 조작 능력을 향상시킨다. 무거운 블록을 운반하고 높이 올리면서 대근육 운동 능력도 강화할 수 있다.

(4) 인지 발달 촉진

쌓기놀이를 통해 영유아는 여러 블록의 유사점과 차이점을 비교하여 분류하고 서열화할 수 있고, 수학 학습의 기초인 크기, 길이, 넓이, 부피 등의 개념을 습득한다. 블록 조각으로 구조물을 만들면서 부분과 전체의 관계와 수의 많고 적음을 이해하고, 공간 지각 능력과 문제해결력을 기를 수 있다.

쌓기놀이로 관찰, 측정, 해석 등 과학적 탐구 과정도 자연스럽게 경험할 수 있다. 탑 쌓기놀이를 할 때, 유아는 탑을 어떤 형태로 쌓을지 미리 생각해야 한다. 유아는 여러 블록을 관찰하여 자신이 쌓으려는 탑에 적합한 블록을 골라, 균형과 안정성을 고려하여 탑을 쌓으면서 과학적 탐구 과정을 경험한다.

⑸ 언어 발달 촉진

영유아는 쌓기놀이를 하면서 듣기와 말하기 등 의사소통 능력이 발달한다. 블록을 어떻게 쌓을지 또래와 의논하거나, 구조물을 완성한 후 또래에게 설명하면서 의사소통 능력이 발달한다.

⑹ 조형 능력과 창의성 발달

영유아는 용도가 다양한 블록으로 상상력을 발휘하여 자기만의 구조물을 창조할 수 있다. 다양한 구조물을 창조하면서 대칭과 균형, 조화의 아름다움을 지각하여 입체 구성력, 심미감, 독창성이 발달한다.

3) 존슨(H. Johnson)의 블록 쌓기놀이 발달 단계

유아는 처음부터 블록의 다양한 특성을 살려 구조물을 만들지 못한다. 유아의 블록 활용 능력은 점진적으로 발달한다. 존슨(Johnson, 1974)은 쌓기놀이 발달 과정을 7단계로 나누어 설명했다.

1단계: 블록을 이러 저리 옮기는 단계

블록을 이리저리 옮기기만 하고 무엇을 만드는 놀이는 거의 하지 않는 단계이다. 1단계에서 유아는 주로 감각을 활용하여 블록을 탐색한다.

2단계: 구조물을 만들기 시작하는 단계

블록을 수평으로 늘어 놓아 줄을 만들거나 수직으로 쌓아 탑을 만드는 등 단순한 구조물을 만들기 시작하는 단계이다. 탑 쌓기와 줄 만들기는 2단계에서 흔히 볼 수 있는 블록 활동이다. 유아는 가끔 줄과 탑을 합친 구조물을 만들기도 한다. 유아는 단순한 형태로 구조물을 반복하여 만들면서 블록 특성을 이해하고 쌓기에 필요한 기술을 조금씩 익힌다.

3단계: 다리 만들기 단계

블록 2개를 간격을 띄어 세운 후, 위에 다른 블록을 얹어 다리를 만드는 단계이다. 다리를 만들면서 블록 길이, 균형, 안정 등을 새롭게 인식하여 쌓기 능력이 향상된다.

4단계: 폐쇄 공간 만들기 단계

블록으로 폐쇄 공간을 만들 수 있는 단계이다. 유아는 블록을 사각형으로 배치하여 폐쇄 공간을 만든다. 폐쇄 공간 옆에 다른 폐쇄 공간을 덧붙이는 경우도 있다.

5단계: 장식적 패턴이 나타나는 단계

블록으로 패턴이 있고 균형 잡힌 구조물을 만드는 단계이다. 유아는 폐쇄 공간을 더욱 정교하게 구성하고, 균형을 맞추며, 장식적인 패턴을 덧붙인다.

6단계: 구조물에 이름을 붙이는 단계

유아가 자신이 만든 구조물에 이름을 붙이는 단계다. 어떤 구조물은 자동차로, 어떤 구조물은 집이라고 이름을 붙인다. 하지만 구조물의 기능은 유아가 붙인 이름과 잘 부합하지 않는다.

7단계: 블록으로 활발하게 표상하는 단계

블록으로 실물과 유사한 구조물을 표현할 수 있는 단계이다. 구조물은 반복적 요소가 많지만 디자인 요소와 상징적 요소가 풍부하고 비율 개념을 적용한 흔적이 나타나기도 한다. 구조물은 대부분 사회극놀이의 배경으로 사용된다.[120]

기출문제로 학습 확인하기

(2020 B3) 존슨(H. Johnson)의 블록 쌓기놀이 발달 단계에 근거하여, [A]에 해당하는 단계의 명칭을 쓰시오. [1점]

실습 교사 A: 선생님, 쌓기영역의 놀이가 활발하게 잘 진행되려면 어떻게 하면 좋을까요?
홍 교사: 유아들의 쌓기놀이를 관찰해 보시는 것이 좋은데, 오늘 자유선택활동 시간에 유아들과 쌓기놀이 같이 하셨지요? 유아들 놀이가 어땠나요?
실습 교사 A: 네. 유아들은 여러 개의 블록으로 떨어지지 않게 연결하여 동그란 공간을 만들었어요. 무엇을 만든 건지 물어보면, 구조물 이름을 말하지 못하는 유아들이 [A] 있었어요.

정답 폐쇄 공간 만들기 단계

---

120 『놀이지도』(유효순, 김희태 공저, 방송대, 2020), 379~381쪽 정리

05 장 놀이 지도

1. 스밀란스키(S. Smilansky)의 놀이 개입 유형

이스라엘의 발달심리학자 스밀란스키는 놀이 개입 유형을 외적 중재와 내적 중재로 구분하여 설명했다.

1) 외적 중재

외적 중재는 교사가 놀이에 직접 참여하지 않고 유아에게 사회극 놀이 행동을 격려하거나, 의견을 말하거나, 제안하는 행위다. 외적 중재를 할 때 교사는 유아 실생활에 관한 내용이 아니라 유아가 놀이에서 맡은 역할에 관하여 말해야 한다. 유아가 의사 역할을 하면 의사 역할에 관하여만 의견을 말해야 한다. 놀이의 가상적 분위기를 깨지 않고 놀이 행동을 촉진하기 위해서다.

유아 한 명이 혼자 인형을 만지작거리고 있고 다른 유아는 가게놀이를 할 경우, 교사는 혼자 있는 유아에게 '아기가 배가 고픈가 봐요, 가게에 가서 우유를 사 먹이지 그러세요'라고 의견을 말하는 것이 외적 중재다. 유아는 교사 의견을 듣고 인형 아기의 부모 역할을 받아 들이고, 다른 유아가 하는 가게놀이에 참여할 수 있다. 교사 의견에 따라 유아가 가게에서 우유를 사면 교사는 다시 '집에 가서 아기가 먹을 수 있도록 우유를 젖병에 넣어 주세요'라고 제안할 수 있다. 이처럼 교사는 외적 중재를 통해, 놀이에 소극적인 유아를 놀이에 참여하게 하거나 새로운 놀이 행동을 하도록 격려할 수 있다.

2) 내적 중재

내적 중재는 교사가 놀이에 직접 참여하여 특정한 역할을 수행하는 행위다. 예를 들어 유아가 소꿉놀이를 하지만 가상놀이는 하지 않을 때 교사가 '나는 의사인데 아픈 사람은 와서 진찰 받으라'고 제안하거나, 비 오는 놀이를 할 때 교사가 유아에게 다가가서

'이슬비야, 나는 소나기란다. 너는 어떤 소리가 나니?'라고 묻는 것이 내적 중재이다.

내적 중재를 통해 교사는 유아가 하지 않는 사회적 놀이 행동의 모델이 될 수 있다. 교사는 가상놀이에 참여할 유아를 지정하고 역할을 배정하며 놀이 흐름을 이야기하여, 모델을 제공하기도 한다. 모델은 유아에게 새로운 기술을 가르치는 데 매우 효과적이다. 그러나 내적 중재는 외적 중재보다 놀이를 방해하거나 중단시키는 경우가 많으므로 남용하지 않도록 해야 한다.

기출문제로 학습 확인하기

(2018 B4) 스밀란스키(S. Smilansky)의 이론에 기초하여 밑줄 친 ㉠에서 교사가 사용한 놀이 개입의 유형을 쓰시오. [1점]

> 희영: 음… 소리가 나보다 더 작네. 그럼… 너는 아침에 내 리는 이슬비 해.
> 민수: (머뭇거리며 친구들을 쳐다보다가 왔다 갔다 한다.)
> 교사: ㉠ 우와, 작은 이슬비가 왔다 갔다 하네. (우두둑, 우두 둑, 우두둑 소리를 내며 민수에게 다가가서) 이슬비야, 나는 소나기란다. 너는 어떤 소리가 나니?
> 민수: (잠시 머뭇거리다가 마라카스를 천천히 한 번씩 손으로 치며) 난 톡, 톡, 톡 아주 천천히 내리는 이슬비야.
> 교사: 이슬비는 톡톡톡 빗소리를 갖고 있구나.
> 진호: (민수에게) 이슬비야, 안녕? (두 개의 마라카스를 흔들고 서로 부딪치며) 우리 같이 유치원 꽃밭으로 떠나 볼까?
> 희영: 이슬비야, 폭우야, 나도 같이 가자.

정답 내적중재

2. 우드, 맥마흔과 크랜스턴(Wood, McMahon & Cranstoun, 1980)의 놀이 개입 유형

교사는 영유아가 놀이를 통해 신체적, 정서적, 사회적, 언어적으로 발달할 수 있도록 바람직한 방법으로 개입해야 한다. 우드와 맥마흔, 크랜스턴은 유아 교사의 놀이 개입을 병행놀이하기(parallel playing), 공동놀이하기(co-playing), 놀이교수(play tutoring), 현실대변인(spokesman for reality)으로 나누어 설명했다.

1) 병행놀이하기

병행놀이하기는 교사가 유아 가까이에서 유아와 같은 놀잇감으로 놀이하는 개입 유형이다. 교사는 유아와 어떤 상호작용도 하지 않으며 간섭하지도 않는다. 병행놀이 방식의 개입은 유아에게 안정감을 주어 유아가 놀이를 지속하게 하며, 유아가 교사의 행동을 관찰하여 새로운 놀이 방법을 배울 수 있게 한다.

2) 공동놀이하기

공동놀이하기는 교사가 놀이에 참여하지만 주도권은 유아가 갖는 개입 유형이다. 교사는 유아의 말과 행동에 관심을 표현하며 유아 요구에 따라 놀이에 참여한다.

3) 놀이교수

놀이교수는 교사가 유아에게 구체적으로 놀이 행동을 가르치는 개입 유형이다. 교사는 스스로 놀이를 시작하지 못하거나, 매번 같은 놀이를 반복하거나, 다른 유아와 잘 놀지 못하는 유아에게 놀이 행동을 직접 가르친다.

4) 현실대변인

현실대변인은 교사가 놀이 상황 밖에 머물면서, 유아가 놀이와 현실을 연결할 수 있도록 질문과 제안을 하여 개입하는 유형이다. 예를 들어 교사가 케이크 굽는 놀이를 관찰하다가 유아에게 분수를 가르칠 기회라 생각하고 다음과 같이 개입할 수 있다.

(교사) "케이크를 반으로 나눌 수 있을까? 선생님이 나누어 볼까? 이렇게"

(유아) "네"

(교사) "반으로 나눈 케이크 두 조각 중에 한 조각을 다시 반으로 나누면 모두 몇 조각이 될까?"

(유아) "두 개요"

(교사) "아니지, 조각들을 모두 세어 보자"

(유아) "하나, 둘, 셋"

(교사) "맞아, 세 개야. 나머지 조각도 반으로 나누어 볼까? 케이크는 모두 몇 조각이 되었지?"

(유아) "네 개요"[121]

---

121 『놀이지도』(김수영, 김수임, 정정희 공저, 양서원, 2018), 199~202쪽 정리

3. 볼프강(Wolfgang), 매킨더(Mackender)와 볼프강(Wolfgang)의 교사 지도 연속 모형(TBC)

교사는 놀이에 적절하게 참여하여 놀이를 지원하고 확장해야 한다. 놀이에 참여하지 못하거나 한 가지 놀이만 하는 영유아와 개별적으로 상호작용 하여 다양한 놀이를 할 수 있도록 지도해야 한다.

볼프강(Wolfgang), 매킨더(Mackender)와 볼프강(Wolfgang, 1981)은 교사 지도의 구조화에 따라 교사 지도 유형을 영유아 중심의 개방적 지도에서 교사 중심의 구조적 지도까지 여섯 가지로 제시했다. 이것이 교사 지도 연속 모형(TBC: Teacher Behavior Continuum)이다. 영유아가 순조롭게 놀이하면 교사는 개방적 태도를 취하고 놀이에 문제가 발생하면 물리적 개입과 모델링을 한다.

교사 지도 연속 모형은 가장 개방적인 응시에서 출발하여 비지시적 진술, 질문, 지시적 진술, 모델링을 거쳐 물리적 개입으로 구조화된다.

| 볼프강, 매킨더와 볼프강의 교사 지도 연속 모형 |

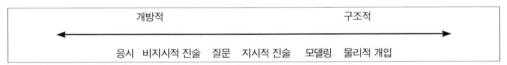

응시는 영유아가 스스로 자유롭게 놀이하도록 가까이에서 지켜보는 행위다.

비지시적 진술은 '선생님이 보니까 선희는 인형에게 우유를 주고 있구나', '선희는 아기를 업고 있구나'와 같이 놀이 행동을 말로 표현하는 일이다.

질문은 '아기에게 우유를 주었으니 다음에는 어떻게 할까?', '스펀지가 물에 뜰까?'와 같이 놀이를 확장할 수 있도록 적절하게 묻는 일이다.

지시적 진술은 '너는 아빠 해라'와 같이 역할을 배정하거나 '아기가 우유를 먹었으니 유모차에 태우자'라고 하여 놀이를 전개하도록 지시하는 행위다.

모델링은 '아기에게 우유를 줄 때는 이렇게 해야지, 선생님이 해 볼 게', '나사는 이렇게 돌려야지'와 같이 교사가 직접 시범을 보여 주는 일이다.

물리적 개입은 놀이에 적합한 소품을 제공하거나 영유아 신체를 교정해 주는 일이다. 간호사 모자를 제공하거나, 전화기를 귀에 대주면서 아기가 아프다고 병원에 전화하라고 말하는 행위다.

(2013 추시B4) ①, ②에 해당하는 교사의 말 또는 행동을 사례에서 찾아 1가지씩 쓰고, ③에 들어갈 용어 1가지를 쓰시오. [3점]

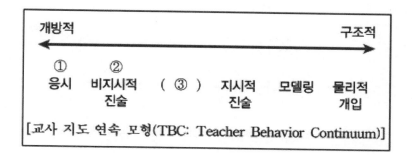

[교사 지도 연속 모형(TBC: Teacher Behavior Continuum)]

ㄱ 민수와 영희는 쌓기놀이 영역에서 블록으로 탑을 만들고 있다. 가까이에서 놀이하지만, 서로 대화는 하지 않는다. 잠시 후, 영희가 만들어 놓은 탑에서 민수가 블록 한 개를 빼내자 탑이 무너지면서 시끄러운 소리가 난다.

영희: 내 거야, 이리 줘.
민수: 나도 이거 필요해!
(교사는 유아들의 놀이 상황을 주의 깊게 관찰하며, 스스로 갈등을 해결할 수 있도록 기다린다)
영희: 싫어. 내 거야. 줘!
교사: (민수에게 블록을 가져다주며)민수는 이 블록을 가지고 다시 만들도록 하자.
민수: (불만스런 표정으로 블록을 영희 앞에 떨어뜨리며)여기 있어.
영희: 선생님, 민수가 내 탑 무너뜨렸어요.
교사: 민수 때문에 영희가 만든 탑이 무너졌구나.
영희: 네.
교사: 민수야! 영희가 만든 탑이 무너졌는데, 어떻게 하면 좋을까?
민수: 몰라요.
영희: 또 만들려면 힘들어.
교사: (영희에게)그럼, 민수랑 같이 만들어 보자.

정답 ① 교사는 유아들의 놀이 상황을 주의 깊게 관찰하며, 스스로 갈등을 해결할 수 있도록 기다린다.
② 민수 때문에 영희가 만든 탑이 무너졌구나. ③ 질문

(2021 특수B1) 볼프강 외(M. Wolfgang et al.)의 놀이개입연속모형에 근거 하여 ㉠과 ㉢에서 최 교사의 놀이 개입 유형을 쓰시오. [2점]

> 최 교사: 자, 여기는 마트에요. ㉠ <u>민우 마트 아저씨, 사탕 파세요.</u>
>
> 민 우: 싫어. 싫어.
>
> 최 교사: 민우는 왜 하기 싫어요?
>
> 민 우: ㉡ <u>남자가 안 팔아. 여자가 팔아. 남자는 그런 거 안 해.</u>
>
> 최 교사: 마트에서 남자도 사탕 팔아요.
>
> 지 아: 우리 아파트 마트에는 아저씨가 팔아.
>
> 은 아: 민우 아저씨가 마트에서 사탕 파는 걸로 해.
>
> 최 교사: 민우 아저씨, 선생님 손님한테 사탕 파세요.
>
> 민 우: 네.
>
> 최 교사: 우유사탕이랑 딸기사탕이랑 두 개 끼운 합체사탕 파세요.
>
> 민 우: (두리번거리며) 없어. 없어.
>
> 최 교사: 그러면 지금 만들어 주세요.
>
> 민 우: (블록 끼운 것을 내밀며) 다했다.
>
> 최 교사: 감사합니다. 민우 아저씨, 이번에는 무지개 합체사탕 만들어 주세요.
>
> ㉢ <u>무지개 합체사탕 만들려면 어떤 색 블록들이 필요할까요? 누구한테 팔고 싶어요?</u>

정답 지시적 진술, 질문

4. 존슨(J. Johnson), 크리스티(J. Christie)와 야키(T. Yawkey)가 제안한 교사의 놀이 지도 방법

유아 놀이에서 교사 개입은 오랫동안 논쟁거리였다. 교사 개입을 지지하는 입장은 교사가 놀이에 개입하면 놀이 경험이 풍부해지고 지적, 사회적 발달을 촉진한다고 주장한다. 반대하는 입장은 놀이를 방해하거나 억제하여, 놀이에서 일어나는 자연스러운 학습 기회를 상실하게 한다고 주장한다.

유아교육자들은 교사 개입이 유아 놀이에 미치는 긍정적, 부정적 영향을 모두 인정하며 중요한 점은 놀이에 개입하는 방법이라고 지적한다. 교사가 놀이 주도권을 유아에게 주고, 유아에게 민감하게 반응하고 격려하면, 교육적으로 좋은 효과가 나타난다. 교사가 놀이 주도권을 행사하여, 놀이를 통제하고 학습 목적으로 간섭하면, 유아는 흥미를 잃고 역할이 축소되어 교수학습 효과도 나타나지 않는다.

놀이가 교육적으로 의미 있는 활동이 되기 위해 교사의 놀이 지도는 매우 중요하다.

존슨, 크리스티와 야키(Johnson, Christie & Yawkey, 1999)는 교사의 개입 정도에 따라 놀이 지도 유형을 여섯 가지로 제시했다.

1) 비참여자(Uninvolved)

비참여자는 교사가 유아 놀이에 관심을 기울이지 않는 지도 유형이다. 교사가 놀이에 개입하지 않으면, 유아는 주로 기능놀이나 거친 신체놀이를 하는 경향이 있다.

2) 방관자(Onlooker)

교사가 주변에서 유아를 지켜보고 언어적, 비언어적으로 상호작용 하는 유형이다. 교사는 놀이에 참여하지 않으며 방해하지도 않는다. 예를 들어 교사가 놀이영역 가까이에 서 있다가 유아와 눈이 마주치자 미소를 짓는 것이 방관자 유형이다.

3) 무대관리자(Stage manager)

무대관리자는 교사가 놀이 장면 밖에서 놀이를 적극적으로 돕는 유형이다. 교사는 유아가 요청한 자료를 제공하거나 의상 제작과 소품 구성을 돕는다. 예를 들어 유아가 좋아하는 곰돌이 인형이나 반짝이는 큰 놀잇감을 제공하는 것이 무대관리자의 역할이다. 도움을 수용할지는 유아가 결정한다. 유아가 '아기 돼지 삼 형제' 역할에 필요한 돼지 가면이 없다고 하여 교사가 찾아주어도, 유아가 싫다고 하면 교사는 유아 의견을 따른다.

4) 공동놀이자(Coplayer)

공동놀이자는 교사가 유아와 동등하게 놀이자로 참여하여 지도하는 유형이다. 단, 중요한 역할은 유아가 맡고 교사는 가게 손님이나 병원 환자 같은 보조적인 역할을 맡는다. 예를 들어 교사가 놀이에 참여하여 곰 인형에게 우유 먹이는 흉내를 내거나, 지나가는 토끼 역할을 할 사람이 없다는 유아 말을 듣고, 유아 주도에 따르면서 극놀이를 하는 경우이다.

5) 놀이지도자(Play leader)

놀이지도자는 교사가 주도권을 갖고 놀이를 이끌어 가는 유형이다. 놀이를 풍부하게 하고 촉진하기 위해 의도적으로 교사는 놀이 주제를 제안하거나 새로운 소품과 극적 요소를 추가한다. 예를 들어 주차장 놀이를 할 때 유아들이 역할을 정한 후에도 놀이를 시작하지 못하고 자동차만 굴리고 있자, 교사가 주차장 주인 역할을 맡은 유아를 보면서 '아저씨, 어디에 세워야 하는지 알려주세요!'라고 말하여 지도하는 유형이다.

6) 지시자, 교수자(Director, Instructor)

교사가 놀이를 통제하여 유아에게 무엇을 지시하거나, 놀이를 교수 수단으로 활용하는 지도 유형이다. 교사가 발문을 통해 놀이를 학습 매개체로 활용하는 점이 지시자, 교수자 유형의 특징이다. 교사는 가끔 놀이를 중단시키고 학습과 관련된 질문을 한다.

▎ 존슨, 크리스티와 야키가 제안한 교사의 놀이 지도 방법 ▎

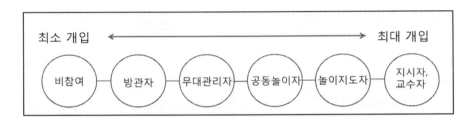

기출문제로 학습 확인하기

(2011 특수 객18) 정 교사가 사용한 개입 유형을 존슨, 크리스티, 요키(J. Johnson, J. Christie, & T. Yawkey, 1999)의 분류에 따라 적절하게 짝지은 것은?

> ㄱ. 정 교사는 창우의 극놀이에 개입하지 않고 놀이영역 가까이에 서 있다가 창우와 눈이 마주치자 미소를 지어 주었다.
> ㄴ. 정 교사는 창우가 '아기 돼지 삼 형제' 역할에 필요한 돼지 가면이 없다고 하여 찾아주었지만, 창우가 싫다고 하여 창우의 의견을 따랐다.
> ㄷ. 정 교사는 지나가는 토끼 역할을 할 사람이 없다며 함께 놀이를 하자는 창우의 말을 듣고, 유아들의 주도에 따르면서 유아들과 함께 '아기 돼지 삼 형제' 극놀이를 하였다.

구분	ㄱ	ㄴ	ㄷ
1	방관자(onlooker)	무대관리자(stage manager)	놀이지도자(play leader)
2	방관자	무대관리자	공동놀이자(coplayer)
3	비참여자	감독자(director)	놀이지도자
4	비참여자	감독자	공동놀이자
5	무대관리자	방관자	감독자

정답 풀이 ㄱ은 방관자이며 ㄴ은 무대관리자이고 ㄷ은 공동놀이자이다. 따라서 답은 ②번이다.

(2015 특B3) ㉠에 나타난 교사의 역할은 존슨 등(J. Johnson et al.)의 놀이 개입 유형 중 어디에 해당하는지 쓰시오. [1점]

> 교사는 역할놀이 영역에서 놀고 있는 ㉠유아들을 가까운 거리에서 지켜본다. 또래의 놀이를 보고 있던 민서는 병원으로 꾸며진 역할놀이 영역에 들어와 인형 옷을 입히며 혼자 놀이를 하고 있다. 이때 교사는 역할놀이 영역 안으로 들어가서 개입한다.

정답 방관자

(2016 B3) 다음은 5세반 쌓기 놀이 상황의 일부이다. 물음에 답하시오.

> (유아들은 블록으로 놀이를 하고, 교사는 유아의 놀이를 지켜보고 있다.)
> 승연: 우리 제일 높은 주차 빌딩을 만들자!
> 민희: 내가 아빠랑 갔는데, 거기에는 엘리베이터도 있어.
> 주영: 우리도 엘리베이터 만들자. 그런데 뭐로 엘리베이터를 만들지?
> 민희: 빈 상자로 만들면 좋겠어.
> (지켜보던 교사는 미술 영역에 있는 재활용 상자를 가져다 준다.)
>
>
>
> 주영: (주차 빌딩 옆에 상자를 놓아 보면서) 이걸로 만들면 좋겠다.
> ··· (중략) ···
> 민희: 와! 완성이다. 이제 주차장 놀이하자.
> (교사와 유아들은 함께 주차장 놀이를 하려고 역할을 정하였다. 유아들은 역할을 정한 후에도 주차장 놀이를 시작하지 못하고 자동차만 굴리고 있다.)
> 교사: (주인을 맡은 주영이와 승연이를 보면서) 아저씨, 어디에 세워야 하는지 자세하게 알려 주세요!
> 주영: 아! 손님, 여기로 오세요.
> (승연이는 자동차가 들어와도 보고만 있다.)
> 영채: ㉠ 야! 무슨 주인이 그래? '어서 오세요.' 인사하고 안내를 해 줘야지!
> 승연: 아, 어서 오세요! 손님!
> 민희: 내 차가 제일 먼저 왔어요. 들어갈게요.
> 교사: 이제 내 차가 들어갈 차례지요. 들어갑니다.
> ··· (중략) ···
> 승연: 안녕하세요? (엘리베이터 쪽을 가리키며) 여기로 오세요.
> 영채: 네. (가장 위층인 10층을 가리키며) 내 차는 여기에 세울래요.
> 주영: 손님, 아래부터 세워야 해요.
> 민희: 나도 제일 위에 세우고 싶어요.
> 주영: 승연아, 주차 빌딩에 차가 가득 차서 10층만 남았다고 하자.
> 영채: 그럼, 내 차 먼저 10층에 세워주세요.
> 주영: 손님, 이제 10층에 자리가 얼마 안 남았어요.

다음은 존슨(J. Johnson), 크리스티(J. Christie)와 야키(T. Yawkey)가 제안한 교사의 놀이 지도 방법이다. ⓐ에 해당하는 용어를 쓰고, 위 놀이 상황에서 ⓐ 역할이 나타난 예를 찾아 쓰시오. [2점]

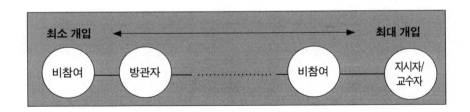

정답 풀이 놀이지도자, (주인을 맡은 주영이와 승연이를 보면서) 아저씨, 어디에 세워야 하는지 자세하게 알려주세요!

(2018 특수B1) 교사는 윤희의 놀이를 발달시키고자 아래와 같은 역할을 하였다. 존슨, 크리스티, 야키(J. Johnson, J. Christie, & T. Yawkey)가 제시한 놀이에서의 성인 역할 중 ⓐ와 ⓑ는 무엇에 해당하는지 각각 쓰시오. [2점]

> ⓐ 교사는 윤희의 놀이에 참여하여 곰 인형에게 우유 먹이는 흉내를 낸다.
> ⓑ 교사는 윤희가 좋아하는 부드러운 곰돌이 인형이나 반짝이는 큰 놀잇감을 제공한다.

정답 공동놀이자, 무대관리자

5. 브레드캠프와 로즈그란트(Breadkamp & Rosegrant, 1992)의 교수 행동 유형

브레드캠프와 로즈그란트(Breadkamp & Rosegrant, 1992)는 교사 개입 정도를 기준으로 교수 행동 유형을 인정하기, 모범(모델) 보이기, 촉진하기(조성하기), 지원하기, 비계설정 하기, 함께 구성하기, 시범 보이기, 지시하기 등 8가지로 제시했다.

인정하기는 낙엽 구르는 모습을 표현한 유아에게 '정말 멋지다'라고 하거나, 요리 활동 중에 '케이크를 동그랗게 잘 만들었구나'라고 말하는 등 유아에게 관심을 보이고, 유아를 격려하는 행위다.

모범(모델) 보이기는 교사가 암시, 자극, 단서, 조언 등으로 바람직한 기술이나 행동을 보여주는 일이다.

촉진하기(조성하기)는 '나뭇잎이 구르는 모습을 몸으로 표현할 수 있는 또 다른 방법은 없을까?', '공을 떨어뜨리지 않고 주고받으려면 어떻게 해야 할까?'라는 말처럼 더 높은 수준으로 향상할 수 있게 일시적으로 도움을 제공하는 일이다.

지원하기는 '선생님이 음악을 들려 줄 테니 음악에 맞추어 낙엽이 움직이는 모습을 표현해 보자'라는 말처럼 더 높은 수준으로 향상할 수 있게 미리 계획한 도움을 지속적으로 제공하는 일이다.

비계설정 하기는 '바닥에 지그재그 모양으로 테이프를 붙여놓고, 지그재그 모양을 따라 나뭇잎이 구르는 모습을 표현한다', '지그재그 모양을 따라 구르는 모습을 잘 표현하면 테이프를 떼어 내고 굴려 보도록 한다'와 같이 현재 유아 능력으로 해결하기 어려운 과제를 주고 주변 도움을 받아 해결할 수 있게 하는 일이다.

함께 구성하기는 '선생님이 바람이야. 너희는 바람 부는 대로 움직이는 나뭇잎이 되어 보자'와 같이 유아와 함께 문제나 과제를 해결하는 일이다.

시범 보이기는 유아에게 정확한 공 던지기 동작을 보여주거나 '선생님이 옆으로 구르기를 보여줄게. 잘 보자', '이제 선생님이 큰 케이크를 만들 테니 잘 보렴'과 같이 유아에게 기대하는 행동을, 교사가 직접 시연하는 행위다.

지시하기는 옆으로 구르기가 잘 되지 않는 유아 옆에 누워서 구르기를 직접 보여주며 '선생님처럼 이렇게 누워서 팔을 위로 쭉 뻗고 굴러 보자'라고 하거나, '동그란 틀에 모래를 담고 물을 뿌려 보렴', '줄을 따라 걸을 때 양팔을 쭉 뻗고 걸어보자'라는 말처럼 착오가 생기지 않도록 명확하고 구체적으로 가리켜 보게 하는 일이다.

브레드캠프와 로즈그란트의 8가지 교수 행동 유형은 오른쪽으로 갈수록 개입 정도가 높아진다. 교수 행동은 상황과 과제에 따라 적절해야 구사해야 한다. 바람직한 언어 사용을 위해서는 모범 보이기가 효과적이고, 자전거를 타거나 글씨를 쓸 때는 촉진하기가 효과적이다. 유아가 과제를 쉽거나 지루하게 생각하면 비계설정 하기로 과제를 재구성한다. 철사나 목공 도구를 다룰 때는 시범 보이기가 적합하다.[122]

---

122 『교과·교재연구 및 지도법』(박선희, 이정욱 공저, 방송대, 2015), 81~82쪽 정리

| 브레드캠프와 로즈그랜트 교수 행동 유형 |

개입 정도			비지시적 ◀━━━ 중재적 ━━━▶ 지시적					
교수 유형	인정하기	모범(모델) 보이기	촉진(조성) 하기	지원하기	비계설정 하기	함께 구성하기	시범 보이기	지시하기
설명	유아에게 관심 보이기, 격려 등	단서, 조언, 암시, 자극 등으로 바람 직한 기술이 나 행동을 보 여준다.	일시적으로 도움 제공(유 아가 자전거 탈 때 뒤에서 잡아 준다).	미리 계획한 도움을 지속 적으로 제공 (자전거 보 조 바퀴 제 공)	현재 유아능력 으로 해결하기 어려운 과제를 주고 주변 도 움으로 해결하 게 하는 것	유아와 함 께 문제나 과제 해결	교사가 유 아에게 기 대하는 행 동을 직접 시연	착오가 일 어 나지 않 도록 명확 하고 구체 적으로 가 리켜 보게 하기

기출문제로 학습 확인하기

(2013 특수 추시B7) 브레드캠프와 로즈그랜트(S.Bredekamp& T.Rosegrant)의 8가지 교수행동 유형 중 ⓒ에 해당하는 유형을 쓰고, ⓒ과 ⓔ의 교수행동 유형 간의 차이점을 쓰시오. [2점]

> 모래놀이 영역 근처에서 ㉠진아는 친구들의 놀이를 지켜보고 있을 뿐 친구들처럼 놀거나 함께 어울려 놀지 않는다. 하지만 친구들이 장난치며 우스꽝스러운 행동을 하면 즐거워한다.
> 교사: 이리 와서 선생님이랑 같이 해 보자. 도와줄게. (아이의 손을 잡고 모래놀이 영역 안으로 데려간다).
> 진아: (아무 말 없이 교사와 걸어간다)
> 교사: (활기찬 어조로) ㉡자, 이제 선생님이 아주 큰 케이크를 만들 테니 잘 보렴. (모래더미를 만들기 시작한다).
> 진아: (바라보고 있다)
> 교사: ㉢ 동그란 틀에 모래를 담고 물을 뿌려 보렴.
> 진아: (아무런 말없이 모래더미로 케이크를 만들기 시작한다. 이따금씩 멈추고 교사와 다른 아이들이 하는 것을 쳐다 본다.)
> 교사: ㉣ 케이크를 동그랗게 잘 만들었구나. 또 다른 방법은 없을까?

정답 풀이 ㉡ 시범보이기, ㉢은 착오가 일어나지 않도록 명확하고 구체적으로 가리켜 보게 하는 지시하기이고 ㉣은 유아에게 관심을 보이거나 격려를 하는 인정하기이다.

(2018 A3) 김 교사는 브레드캠프와 로즈그란트(S. Bredekamp & T. Rosegrant)의 교수 행동 유형을 적용하여 '공을 던져서 서로 주고받는다' 활동을 지도하고자 한다. 김 교사의 다음 발문에 해당하는 교수 행동 유형 ⓐ를 쓰고, '공을 던져서 서로 주고받는다' 활동 시 ⓑ에 해당하는 교사의 발문 1가지를 쓰시오. [2점]

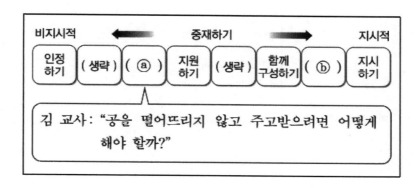

정답 풀이 촉진하기, 먼저 선생님이 공을 던져 볼게, 어떻게 던지는지 잘 보려무나.

(2019 추시B3) ① 아래에서 유아가 오랫동안 스스로 놀이를 시작하지 못할 때 부모의 적절한 놀이 지도 방법을 찾아 쓰고 ② 놀이의 잠재적 효과를 설명하도록 ⓒ에 들어갈 적당한 말을 쓰시오. [2점]

> **지식Q&A**
>
> **질문❷** 부모가 함께 놀아 주면 아이에게 좋다고 하는데 어떻게 놀아 주어야 할까요?
>
> **답변❷** 유아와 놀이하는 방법에는 여러 가지가 있습니다. 첫째, 부모는 유아가 놀이할 때까지 인내하며 기다려 주어야 합니다. 둘째, 부모는 유아가 놀이를 하려고 할 때 놀이에 참여하지 않아도 준비와 진행을 도와야 합니다. 셋째, 유아에게 놀이의 주도권을 주고 부모는 소극적으로 참여해야 합니다. 넷째, 부모가 주도적으로 놀이를 이끌어 줄 수 있어야 합니다. 다섯째, 부모는 유아가 놀이를 할 때 가르치려는 질문을 피해야 합니다. 유아 놀이의 긍정적인 효과는 바로 나타나기도 하지만 (ⓒ) 나타날 수도 있습니다.

정답 ① 부모가 주도적으로 놀이를 이끌어 줄 수 있어야 합니다 ② 전 생애에 걸쳐, 차차

(2021 A2) 다음은 놀이 지원에 대한 교사의 반성적 저널이다. 물음에 답하시오.

2주 동안 유아들은 다양한 길을 만드는 놀이를 하였다. 지도를 활용하여 유치원에서 공원까지 갈 수 있는 가장 빠른 길을 찾아보자고 찬희가 요청했다. 나는 유아들의 의견을 반영해 ㉠ '가장 빨리 갈 수 있는 길'을 알아볼 수 있도록 인터넷 지도를 활용할 수 있게 도왔는데, 유용하게 사용되었던 것 같다.

유아들은 종이에 직접 지도를 그려 보기를 원하였고, 점점 더 큰 종이를 사용하게 되면서 그리기 장소가 좁다고 하였다. 그래서 복도까지 나가서 그릴 수 있도록 허용해 주었다. 지도 그리기에서 시작되어 길 만들기로 확장된 놀이에 유아들은 더욱 몰입하게 되었다. 놀이 흐름이 끊기지 않고 지속적으로 놀이가 확장될 수 있도록 지원할 필요가 있었다. 유아들이 만든 구성물을 치우지 않고 며칠 동안 그대로 두어 유아들이 계속 놀이할 수 있도록 하였다. 몇몇 유아들은 길 위에 건물까지 만들고 싶어 해서 재활용품을 내어 주고 다양한 모양의 건물을 만들도록 도왔다. 길 위에 건물까지 완성한 유아들은 자신들이 만든 길을 보고 기뻐하였다. 나도 박수를 치며 유아들의 노력을 칭찬하였다. [A]

놀이가 진행되면서 공동의 공간 사용, 안전의 문제 등이 염려되었다. 그리고 언제, 어디까지 진행할지, 어떻게 마무리 할지를 결정할 필요가 있었다. 이러한 결정을 하기 위해서는 놀이에서 의사 결정의 주체는 누가 되어야 하는지, 교사인 내가 유아들과 평등한 관계를 맺고 있는지를 되돌아보아야 했다. ㉡ 놀이의 주체인 유아들과 의논하여 결정하는 것이 중요 하며 놀이를 통한 민주적 관계 형성 경험이 유아들을 행복한 미래의 삶으로 이끌어 줄 수 있는 주요한 요인이라고 생각 하게 되었다.

[A]에서 교사가 실행한 놀이 지원 중 ① 놀이 공간 지원에 해당하는 문장과 ② 놀이 시간 지원에 해당하는 문장을 각각 1가지 찾아 쓰시오. [2점]

정답 ① 복도까지 나가서 그릴 수 있도록 허용해 주었다.
② 유아들이 만든 구성물을 치우지 않고 며칠 동안 그대로 두어 유아들이 계속 놀이할 수 있도록 하였다.

06장 놀이 관련 요인

1. 유아 놀이성

1) 바넷(L. Barnett)의 놀이성(playfulness) 척도

놀이성은 유아에게 나타내는 전반적인 놀이 양상이나 놀이 성향을 말한다. 듀이(Dewey)에 따르면 놀이성은 특정한 행동이 아니라 개인의 행동 성향이나 태도이다. 놀이성은 어머니와 영아의 초기 상호작용에 나타나며, 아동의 놀이뿐 아니라 청소년·성인의 게임과 취미에도 나타난다.

펠리그리니(Pellegrini, 1980)에 따르면 역할놀이 참여도가 높은 유아는 참여도가 낮은 유아보다 읽기와 쓰기 능력이 우수하다. 존슨 등(Johnson, Ershler & Lawton, 1982)의 연구 결과에 의하면 역할놀이나 구성놀이에 많이 참여하는 유아는 그렇지 않은 유아보다 지능지수가 높다. 유아는 놀이를 통해 다양한 시행착오를 경험하고, 사물의 상징적 의미를 파악하며, 융통적으로 사고하여, 문제 해결력을 증진한다는 연구도 있다.

놀이성은 이렇게 유아 발달과 밀접한 관련이 있다. 하지만 놀이성은 유아마다 차이가 많다. 어떤 유아는 놀이를 자주 즐기고 열악한 환경에서도 자신의 놀이 세계를 창조한다. 반면 어떤 유아는 놀이 환경이 풍부한데도 거의 놀지 않는다.

리버만(Liberman, 1977)은 유아의 놀이성 요소를 신체적 자발성, 사회적 자발성, 인지적 자발성, 즐거움의 표현, 유머 감각으로 제시했다. 바넷(L. Barnett, 1990)은 이를 참조하여 유아의 놀이성을 파악할 수 있도록 놀이성 척도를 개발했다.

바넷의 놀이성 척도는 5가지 놀이성 요소와 각 놀이성 요소에 속한 하위 요소 4~5가지로 구성되었고 1점에서 5점으로 평가한다. 교사는 바넷의 놀이성 척도로 유아 놀이성을 파악하여, 놀이성이 낮은 유아가 놀이에 즐겁게 참여할 수 있도록 도움을 줄 수 있다.

놀이성 요소	하위 요소	유아의 놀이성 정도				
		없다	조금 있다	보통	많다	아주 많다
신체적 자발성	유아가 동작을 잘 협응한다.	1	2	3	4	5
	놀이하면서 신체적으로 능동적이다.	1	2	3	4	5
	보다 능동적인 것을 선호한다.	1	2	3	4	5
	달리기, 한발뛰기, 껑충뛰기, 도약을 많이 한다.	1	2	3	4	5
사회적 자발성	타인의 접근에 쉽게 반응한다.	1	2	3	4	5
	타인에게 놀이를 제안한다.	1	2	3	4	5
	다른 유아와 협동하여 놀이한다.	1	2	3	4	5
	놀잇감을 흔쾌히 공유한다.	1	2	3	4	5
	놀이할 때 지도자 역할을 한다.	1	2	3	4	5
인지적 자발성	스스로 게임을 창안한다.	1	2	3	4	5
	비전형적인 놀잇감을 사용한다.	1	2	3	4	5
	여러 가지 배역을 가장한다.	1	2	3	4	5
	놀이하면서 활동을 변화시킨다	1	2	3	4	5
즐거움의 표현	놀이하면서 즐거움을 표현한다.	1	2	3	4	5
	놀이하면서 충만함을 나타낸다.	1	2	3	4	5
	놀이하면서 열정을 보인다.	1	2	3	4	5
	놀이하면서 감정을 표현한다.	1	2	3	4	5
	놀이하면서 노래하고 말한다.	1	2	3	4	5
유머 감각	다른 유아와 농담을 즐긴다.	1	2	3	4	5
	다른 사람을 조용하게 놀린다.	1	2	3	4	5
	재미 있는 이야기를 한다.	1	2	3	4	5
	유머러스한 이야기에 웃는다.	1	2	3	4	5
	익살 부리기를 좋아한다.	1	2	3	4	5

기출문제로 학습 확인하기

(2020 B3) 바넷(L. Barnett)의 놀이성(playfulness) 척도에 근거하여, ⓛ에 들어갈 용어를 쓰고, [C]에서 ⓛ에 해당하는 준우의 특성 1가지를 찾아 쓰시오. [2점]

> 실습 교사 B: 선생님, 오늘 준우가 놀이하는 것을 봤습니다. 준우는 달리기를 잘 하고, 협동해서 놀아요. 게임할 때 다른 방식으로도 놀고, 즐거워해요. 특히 이야기를 재미있게 해서 친구들이 좋아하고, 친구들과 익살스럽게 이야기해요. [C]
> 윤 교사: 그렇죠? 제가 준우의 놀이성을 측정했을 때, 놀이성 척도의 하위 요소 중에서 신체적 자발성, 사회적 자발성, 인지적 자발성, 즐거움의 표현보다 (ⓛ)이/가 높게 나왔어요.

정답 유머감각, 이야기를 재미있게 해서 친구들이 좋아하고, 친구들과 익살스럽게 이야기해요.

---

123 『놀이와 유아교육』(신은수, 김은정, 유영의, 박현경, 백경순 공저, 학지사, 2011), 130쪽

2) PENN 상호작용적 또래놀이 척도

펜실베이니아 상호작용적 또래놀이 척도(Pennsylvania Interactive Peer Play Scale, PIPPS)는 팬투조(Fantuzzo)와 서튼 스미스(Sutton-Smith, 1994)가 헤드스타트에 참여한 유아 중 상호작용 놀이 수준이 가장 높은 유아 25명과 가장 낮은 유아 25명의 놀이 행동을 분석하여 개발하였다. 팬투조와 서튼 스미스는 놀이 장면을 비디오를 찍어 분석하여, 또래놀이에 내포된 놀이 상호작용 요소와 놀이 방해 요소 그리고 놀이 단절 요소를 발견했다.

펜실베이니아 상호작용적 또래 놀이 척도는 유아의 놀이 행동을 놀이 방해 12문항, 놀이 단절 9항목, 놀이 상호작용 8문항 등 모두 29개 평가 항목으로 나누었다. 각 문항은 관찰되지 않음 1점, 가끔 관찰됨 2점, 자주 관찰됨 3점, 매우 자주 관찰됨 4점으로 평가한다. 놀이 방해와 놀이 단절은 점수가 낮을수록 긍정적이고 놀이 상호작용은 점수가 높을수록 긍정적이다.

펜실베이니아 상호작용적 또래놀이 척도는 교사가 놀이 행동을 지도할 때 활용할 수 있고, 또래 중재적 개입에도 도움이 된다. 또래 중재적 개입은 사회적 능력을 향상하기 위해 상호작용이 성숙한 유아가 상호작용이 미성숙한 유아를 돕는 행위를 말한다.[124]

❙ PENN 상호작용적 또래놀이 척도 ❙

구분	상호작용적 또래놀이 척도			
	관찰되지 않음	가끔	자주	매우 자주
놀이 상호작용				
아이디어를 공유한다.				
다른 유아를 돕는다.				
또래 행동을 긍정적으로 지도한다.				
다른 유아가 참여하도록 격려한다.				
놀이 활동에서 창의성을 보인다.				
놀이 방해				
싸움을 걸거나 시비를 건다.				
또래 유아들이 거부한다.				
역할을 바꾸지 않는다.				
고자질한다.				

---

124 『놀이지도』(김수영, 김수임, 정정희 공저, 양서원, 2018), 253~255쪽 정리

다른 사람의 물건을 파괴한다.			
언어적으로 공격한다.			
울거나 불평하거나 화낸다.			
다른 유아의 물건을 뺏는다.			
선제적 공격을 한다.			
놀이 단절			
놀이집단 밖에서 배회한다.			
움츠린다.			
목표 없이 쳐다 본다.			
다른 사람에 의해 무시된다.			
놀이집단 속으로 초청 받지 못한다.			
놀이에 초대 받았을 때 거절한다.			
놀이에서 갈팡질팡한다.			
교사 지시가 필요하다.			
불행해 보인다			
한 활동에서 다른 활동으로 전이하기 어렵다.			

2. 물리적 환경 요인

1) 놀이에 영향을 미치는 공간 요인

놀이에 영향을 미치는 공간 요인은 크게 놀이 공간의 사회적 밀도와 1인당 평균 놀이 면적, 공간 배치 그리고 실외 놀이장 유형을 들 수 있다.

첫째, 놀이 공간의 사회적 밀도와 영유아의 1인당 평균 놀이 면적은 놀이에 영향을 미친다. 사피로(Shapiro, 1975)에 따르면 영유아 1인당 놀이 면적이 2.7㎡에서는 비참여 행동과 방관자 행동, 빈둥거리는 행동이 가장 많이 나타났다. 1인당 놀이 면적이 2.7㎡ ~ 4.5㎡로 변하자 비참여 행동이 감소했다. 4.5㎡ 이상으로 넓어지면 다시 비참여 행동이 증가했다.

둘째, 놀이 공간 배치는 놀이에 영향을 미친다. 킨스맨과 버크(Kinsman & Berk, 1979)에 따르면 놀이실에서 쌓기놀이 영역과 역할놀이 영역의 구분을 없애고 통합했

을 때 혼성 집단놀이가 동성 집단놀이보다 증가했다.[125]

셋째, 실외 놀이터 유형이 영유아 놀이 행동에 크게 영향을 미친다. 이 사실은 캠프벨과 프로스트(Campbell & Frost, 1985)가 입증했다. 캠프벨과 프로스트는 전통적 실외 놀이터과 창의적 실외 놀이터을 비교하였다. 전통적 실외 놀이터는 미끄럼틀, 시소, 그네 등 고정 놀이 시설을 설치한 놀이터를 말한다. 창의적 실외 놀이터는 고정 놀이 시설 외에 이동식 놀이 기구를 제공하는 놀이터이다. 연구 결과에 따르면 전통적 놀이터에서는 기능놀이를 많이 하고, 창의적 놀이터에서는 극놀이와 구성놀이를 많이 한다.

2) 실내 놀이 공간

유아교육 기관의 실내 놀이 공간은 교사와 아동 행동에 큰 영향을 미친다. 교사는 실내 놀이 공간을 의도적으로 조작하여 아동에게서 바람직한 행동을 끌어낼 수 있다. 영국의 아동행동학자 맥그루(McGrew, 1972)는 혼잡성이 유아와 교사의 행동에 미치는 영향을 조사했다. 그는 혼잡성을 사회적 밀도와 공간적 밀도로 나누었다. 사회적 밀도는 일정한 물리적 공간 안에 있는 사람의 많고 적은 정도를 말한다. 예를 들어 한 놀이 공간에 20명이 있을 때 사회적 밀도를 높이려면 아동 수가 증가해야 하고, 사회적 밀도를 낮추려면 아동 수가 감소해야 한다. 공간적 밀도는 사람 수를 일정하게 유지한 상태에서 공간 확보 정도를 말한다. 칸막이를 사용하면 공간적 밀도를 높이거나 낮출 수 있다.[126]

유아 1명당 놀이할 수 있는 공간은 일반적으로 밀집도(Density)라는 개념으로 측정한다. 맥그루(McGrew, 1972)는 밀집도를 사회적 밀집도(Social density)와 공간 밀집도(Spatial density)로 구분했다. 사회적 밀집도란 공간 크기는 일정한 상태에서 유아의 수가 많고 적은 정도이고, 공간 밀집도는 유아의 수가 일정한 상태에서 공간의 크기가 넓거나 좁은 정도를 의미한다.

기출문제로 학습 확인하기

(2020 B3) ㉠에 들어갈 용어를 쓰고, [B]의 내용을 고려하여, 역할영역과 쌓기영역의 문제점을 해결하기 위해 공간을 재구성 하는 방법 1가지를 쓰시오. [2점]

---

125 『영유아 놀이 이론과 실제』(이숙재 저, 창지사, 2019), 111~114쪽 정리
126 『교육 현장에서 본 아동발달 연구』(펠리그리니 저, 이은화·조은진 역, 이대출판부, 1995), 91쪽

실습 교사 A: 선생님, 쌓기영역의 놀이가 활발하게 잘 진행되려면 어떻게 하면 좋을까요?

홍 교사: 유아들의 쌓기놀이를 관찰해 보시는 것이 좋은데, 오늘 자유선택활동 시간에 유아들과 쌓기놀이 같이 하셨지요? 유아들 놀이가 어땠나요?

실습 교사 A: 네. 유아들은 여러 개의 블록으로 떨어지지 않게 연결하여 동그란 공간을 만들었어요. 무엇을 만든 건지 물어보면, 구조물 이름을 말하지 못하는 유아들이 있었어요. [A]

홍 교사: 잘 관찰하셨어요.

실습 교사 A: 그리고 여자 아이들보다 남자 아이들의 참여가 훨씬 많았구요. 비슷한 주제의 놀이를 많이 하는 것 같았습니다.

윤 교사: 쌓기영역의 (㉠)이/가 높아지면 그런 모습이 나타날 수도 있지요.

홍 교사: 이번 주에 역할영역의 공간을 넓혀 줬더니, 옆에 있는 쌓기영역의 공간이 좁아졌어요. 그러면 같은 주제의 놀이를 하거나, 공격적인 놀이가 나타나기도 해요.

실습 교사 A: 쌓기영역 공간을 다시 넓혀야 할까요? [B]

홍 교사: 그것보다 쌓기영역 놀잇감이 역할놀이의 소품으로도 활용될 수 있고, 쌓기놀이에 여자 아이들도 많이 참여할 수 있도록 공간을 재배치 하는 것이 더 좋을 것 같습니다.

정답 ㉠ 밀집도 ② 쌓기영역과 역할영역을 통합하여 구성

3. 놀잇감

놀잇감은 영유아에게 흥미를 불러 일으켜 놀이를 효율적으로 하게 하는 재료나 물건을 말한다. 영유아는 완구 외에도 나뭇잎, 돌멩이 같은 자연물과 개미, 풍뎅이 등 작은 벌레도 놀잇감으로 활용한다. 따라서 영유아의 흥미를 자극하는 모든 사물은 놀잇감이라 할 수 있다.

놀잇감은 종류가 많을 뿐 아니라 질적 수준도 다양하다. 교육적인 놀잇감도 있고 비위생적이거나 위험한 놀잇감도 있다. 유아 발달을 위해서는 흥미롭고 안전한 놀잇감을 제공해야 한다.

1) 놀잇감 종류

놀잇감은 분류 기준에 따라 다양하게 나눌 수 있다. 우선 규모와 구조성에 따라 나눌 수 있다. 연령에 따라 영아용 놀잇감, 유아 전기 놀잇감, 유아기 놀잇감으로 나눌 수 있고 발달 영역에 따라 신체 발달 놀잇감, 언어·인지 발달 놀잇감, 정서·사회성 발달 놀잇감으로 나눌 수 있다. 놀이 영역에 따라서는 역할놀이, 쌓기놀이, 미술, 수·조

작, 물·모래놀이 놀잇감으로 나눌 수 있다.

놀잇감을 규모와 구조성에 따라 분류하면 다음과 같다.

(1) 규모에 따른 분류

놀잇감은 규모에 따라 소형 모조품과 실물 놀잇감으로 나눌 수 있다.

소형 모조품은 손이 작은 영유아가 쉽게 다룰 수 있도록 크기를 줄인 놀잇감을 말한다. 작은 집과 작은 가구, 작은 자동차, 조그만 인형과 동물 인형이 대표적인 소형 모조품이다. 소형 모조품은 역할놀이를 할 때 필요하다. 영유아는 소형 모조품을 갖고 놀면서 감정을 표현한다.

실물 놀잇감은 주방용품, 옷, 목공 도구와 같은 실제 물건이나, 형체와 크기가 실물과 비슷한 놀잇감을 말한다. 실물 놀잇감은 주변 인물이나 사건을 모방하는 놀이에 큰 도움이 된다.

(2) 구조성에 따른 분류

놀잇감은 구조성에 따라 특수 목적용 놀잇감과 개방식 놀잇감으로 나눌 수 있다. 구조성은 놀잇감을 다양하게 활용할 수 있는 정도를 뜻한다. 따라서 용도가 한정된 놀잇감은 구조성이 높고, 여러 용도로 사용할 수 있는 놀잇감은 구조성이 낮다고 할 수 있다.

특수 목적용 놀잇감은 수단과 결과를 연결하도록 구조화한 놀잇감이다. 모형 우주선, 퍼즐 맞추기 놀잇감, 미로 찾기 놀잇감, 숫자 막대기 놀잇감이 대표적인 특수 목적용 놀잇감이다. 특수 목적용 놀잇감은 용도가 정해져 있어 고정된 방법으로만 사용한다. 예를 들어 퍼즐의 그림 조각들은 특정한 그림 1장을 완성하는 데만 사용할 수 있다. 높게 쌓거나 길게 늘어 놓을 수 없다. 따라서 특수 목적용 놀잇감을 구조적 놀잇감이라고도 한다. 특수 목적용 놀잇감은 2~3세 영유아가 하는 상징놀이를 촉진하지만 표상 능력이 발달한 4~5세 유아가 하는 상징놀이를 자극하기는 어렵다.

개방식 놀잇감은 용도가 제한되지 않아 다양하고 창의적으로 사용할 수 있는 놀잇감이다. 블록, 찰흙, 모래, 물, 밀가루 반죽이 개방식 놀잇감이다. 단위 블록은 대표적인 개방식 놀잇감이다. 단위 블록으로 집을 지을 수 있고 다리를 세우거나 도로를 건설할 수 있다. 심지어 우주선도 만든다. 블록으로 집 짓기 놀이를 할 때 지붕은 세모 블록, 벽은 사각 블록을 사용해야 한다는 규정이 없다. 영유아가 자유롭게 여러 가지 블록을 사용하여 집을 지을 수 있다. 개방식 놀잇감은 구성놀이나 상상놀이를 촉진한다.

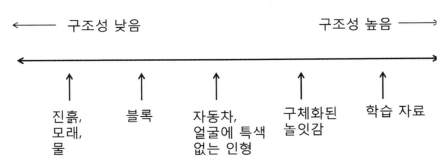

자연에서 얻는 조약돌, 막대기, 깃털과 공, 블록, 점토 등 비구조화 놀잇감은 상상의 나래를 펼치기에 좋은 놀잇감이다. 비구조화 놀잇감은 유아가 자신의 상상, 판타지, 이미지, 역할을 놀이에 통합하도록 도우며 놀이를 더욱 풍부하게 한다. 윌킨스(1997)는 의도적으로 고안된 놀잇감이나 완제품 놀잇감은 일정한 형태를 띠고 있어 유아의 상상력을 저해한다고 보았다. 그는 유아를 오랫동안 상상의 세계에 남아 있게 하는 놀잇감이 좋다고 주장하였다.

파울러(Fowler, 1980)는 개방식 놀잇감을 기준 치수 놀잇감과 자유형 놀잇감으로 구분했다. 기준 치수 놀잇감은 단위 블록처럼 형태는 몇 가지로 고정되어 있고, 크기는 기준 단위를 중심으로 배수(倍數)가 되도록 만든 놀잇감이다. 단위 블록에는 직사각형 블록을 기준으로 1/2 단위, 2배 단위, 4배 단위로 된 직사각형 블록과 원기둥, 사각기둥 등이 있다. 자유형 놀잇감은 찰흙처럼 형태나 크기가 고정되어 있지 않은 놀잇감이다. 영유아는 찰흙을 가지고 둥글든 길쭉하든 어떤 모양이든 다 만들 수 있다.

(3) 차원에 따른 분류

놀잇감은 평면적이냐 입체적이냐에 따라 2차원적 놀잇감과 3차원적 놀잇감을 나눌 수 있다. 2차원적 놀잇감은 도미노 카드와 같이 평면 형태를 띤 놀잇감이고 3차원 놀잇감은 빈 병이나 인형처럼 평면에 공간·부피·질량 요소를 더한 놀잇감이다.[128]

---

127 『놀이지도』(유효순, 김희태 공저, 방송대, 2020), 106쪽
128 『영유아 놀이 이론과 실제』(이숙재 저, 창지사, 2019), 180~183쪽 정리

(2019 정시B4) 아래 놀이에서 사용된 놀잇감 중 구조성이 낮은 놀잇감 1가지를 찾아 쓰시오. [1점]

> 지호: 여기는 초록 주유소야.
> 창민: (단위 블록과 큰 공간 블록으로 만든 주유대를 가리키며) 여기에 기름이 들어 있는 거야.
> 민수: 내가 손님 할게. 창민: 나도 손님 할게. 지호야, 그럼 너는 주인 하면 되겠다. (운전하는 흉내를 내면서 주유대 앞에 멈춰 서자)
> 지호: 어서 오세요! 기름을 얼마나 넣을까요?
> 창민: 가득 넣어주세요. 민수: 차가 많아서 기다려야겠네요.
> 지호: 손님, 여기서 차 마시면서 기다리세요. (지호는 모형 냉장고의 문을 열더니 그 안에 있는 과일 모형을 꺼내어 탁자 위에 올려놓으면서) 과일도 드세요.
> 민수: 고맙습니다.
> 지호: (주유대로 다시 가서) 다 넣었습니다.
> 창민: 얼마에요? 지호: 5천 원입니다.
> ⋯ (중략) ⋯
> 민수: 기름 넣는 것만 계속 하니까 재미없다. 우리 세차장도 만들자. 지난번 아빠 차 타고 주유소에 갔는데, 세차하는 곳도 있었어. 자동차가 혼자서 막 움직여. 엄청 신기해.
> 지호: 나도 알아. 차 밖에서 깨끗하게 닦아줘.
> 창민: (엄지손가락을 치켜세우면서) 좋아! 세차장 만들자. 자동 세차장 만들면 진짜 신나겠다.

정답 단위 블록 또는 큰 공간 블록

4. 놀이터 유형

프로스트(Frost, 1986)에 의하면 어린이 놀이터는 전통 놀이터, 현대식 놀이터, 창조적 놀이터, 모험 놀이터로 분류할 수 있다.

1) 전통 놀이터(Traditional playground)

전통 놀이터는 그네, 시소, 미끄럼틀, 정글짐과 같은 철제 고정 놀이 시설이 질서 정연하게 설치된 놀이터를 말한다. 전통 놀이터는 단조롭고 반복적인 운동놀이 경험만을 제공하고, 탐색적이거나 도전적인 놀이 경험을 충분하게 제공하지 못한다.

2) 현대식 놀이터(Contemporary playground)

현대식 놀이터는 전문 건축가나 디자이너가 나무, 값비싼 돌, 콘크리트 등을 사용하여 미적으로 조성한 놀이터이다. 현대식 놀이터는 주로 도시 공원에 주변 건축물과 조화를 이루도록 구성하여, 어른의 눈을 즐겁게 할 수 있으나 영유아의 놀이 욕구를 충족하는 데 한계가 있다.

3) 창조적 놀이터(Creative playground)

창조적 놀이터는 고정 놀이 시설뿐 아니라 타이어, 목재, 전선 드럼, 피브씨(PVC) 파이프 등을 제공하여 영유아 스스로 놀이 기구를 창조하도록 고안한 놀이터다. 영유아는 필요에 따라 놀이 기구나 시설에 변화를 줄 수 있어 흥미를 갖고 계속 놀이할 수 있다.

4) 모험 놀이터(Adventure playground)

모험 놀이터는 다양하고 자유로운 놀이 체험을 통해 모험심을 자극하고 창의력을 일깨우는 놀이터이다. 모험놀이터에서는 모닥불놀이, 물·모래놀이, 동식물 키우기뿐 아니라 웅덩이를 파거나 건축 자재로 집을 짓는 등 스스로 놀이를 창조하고 완성할 수 있다. 모험놀이터는 안전 사고가 발생할 수 있으나 기존 놀이터에서 할 수 없는 다양한 놀이를 맘껏 할 수 있어 자주성과 창의성을 길러 주고 자연의 소중함을 깨닫게 한다.[129]

5. 효과적인 흥미 영역 구성 조건

흥미영역은 또래와 함께 놀이를 하거나 유아가 개별적으로 놀이에 집중하는 공간이다. 흥미영역에는 유아가 자발적으로 탐색하고 활발하게 놀이할 수 있게 다양한 요소를 고려해야 한다.

교사는 유아의 연령과 발달 수준, 학급 특성 등을 고려하여 흥미영역을 배치한다. 흥미영역을 처음 구성할 때는 정적 영역과 동적 영역, 물이 필요한 영역과 건조한 영역 등의 기준에 따라 평면도를 그려본 후 동료 교사나 원장과 협의하여 결정한다. 흥미영역은 유아가 활동에 집중할 수 있게 각 영역을 교구장이나 가리개로 구분한다.

흥미영역을 구성할 때 참고할 수 있는 프로스트와 키신저(J. Frost & J. Kissinger,

---

129 『영유아 놀이 이론과 실제』(이숙재 저, 창지사, 2019), 221~223쪽 정리

1976)의 4가지 공간 구성 원리는 다음과 같다.[130]

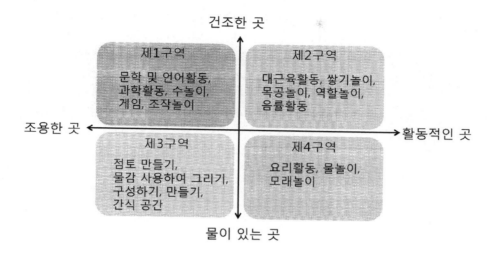

건조한 곳

제1구역
문학 및 언어활동,
과학활동, 수놀이,
게임, 조작놀이

제2구역
대근육활동, 쌓기놀이,
목공놀이, 역할놀이,
음률활동

조용한 곳 ← → 활동적인 곳

제3구역
점토 만들기,
물감 사용하여 그리기,
구성하기, 만들기,
간식 공간

제4구역
요리활동, 물놀이,
모래놀이

물이 있는 곳

기출문제로 학습 확인하기

(2009 객10) 유치원 흥미 영역의 구성에 대한 설명으로 가장 적합한 것은?

① 조형 영역은 그리기, 만들기 등 활발한 활동이 이루어지므로 동적인 영역에 배치한다.

② 쌓기 영역에서는 유아가 혼자 구성놀이를 하기도 하므로 개별적인 놀이도 가능하도록 구성한다.

③ 실외의 물·모래 놀이 영역은 교직원들이 쉽게 관리할 수 있도록 현관 출입문 바로 가까이에 배치해 준다.

④ 컴퓨터 영역은 기기의 특성상 전기를 사용하고 열이나 습기에 예민하므로 고정해 놓고 재구성에서 제외한다.

⑤ 조작 영역에서는 일상 생활 놀잇감 등이 들어가므로 역할 영역에 인접 배치하여 영역 간 교차 사용이 이루어지도록 한다.

130 『유아교육기관 운영관리』(이영애, 신은수 공저, 방송대, 2015), 315~316쪽

정답 ②　오답 풀이: ① 조형 영역은 유아가 많이 왕래하지 않는 조용한 곳에 배치하는 것이 좋으며, 여러 가지 재료를 다루면서 손이 더러워지기 쉬우므로 수돗물 가까이에 배치하면 더욱 효과적이다. ③ 물·모래놀이 영역은 햇빛이 잘 들고 배수가 잘 되는 곳이 적합하다. 또한 통로를 피하여 동적 놀이 영역과 조금 떨어진 위치에 설치하는 것이 적절하다. ④ 컴퓨터 영역은 유아의 경험 정도를 고려하여 계획하고, 생활 주제에 따른 다른 흥미 영역과의 연계를 고려하여 설치한다. ⑤ 수·조작 영역은 유아가 소근육을 사용하여 조작, 구성, 게임, 수 세기, 측정하기 등 주로 정적 놀이를 하므로 유아가 많이 왕래하지 않는 조용한 장소에 배치한다.

(2015특B1) 프로스트와 키신저(J. Frost & J. Kissinger)의 4가지 공간 구성 원리에 근거하여 '언어영역'이 배치되어야 할 환경 구성 공간의 특성을 쓰시오. [1점]

정답　건조하고 조용한 곳(제1 구역)

4부

교사론

01장 교직 특징

1. 교직관

1) 교직 개념

교직이란 국가가 공인한 교육 기관에서 교수 행위를 업으로 하는 직업을 말한다. 교사가 가르치는 사람이라면 교직은 가르침을 주된 활동으로 하는 직업이다.

2) 교직 특성

교직은 다른 직업과 구별할 수 있는 몇 가지 특성을 갖고 있다. 교직 특성은 다음과 같이 3가지로 나누어 볼 수 있다.

첫째, 교직은 인간을 교육하는 직업이다. 인간과 밀접한 관련을 맺고 있는 직업은 많지만 교직은 사람을 직접 교육하는 직업이다. 학습자는 스스로 자신의 신체적, 인지적, 정서적 발달 상태를 완전히 파악하기 어려운데 교직은 학습자의 발달을 총체적으로 지원해야 한다. 따라서 교사는 직무를 수행할 때 어려움이 많다.

둘째, 교직은 성장 가능성이 큰 미성숙자를 대상으로 하는 직업이다. 경찰이나 법조인, 의사 등은 대부분 성인을 대상으로 직무를 수행하지만 교사는 미성숙하고 가소성이 강한 미성년자를 대상으로 하므로 높은 전문성과 확고한 윤리 의식이 필요하다.

셋째, 교직은 사명감과 소명의식이 필요한 직업이다. 유치원 교사는 수업과 돌봄 외에도 유아 상담과 부모 면담, 또래 관계 지도 등 수많은 역할을 동시에 수행해야 한다. 이러한 감정적, 정신적 노동은 인정이나 보상 받기 어렵다. 따라서 교직은 사명감과 소명의식이 필요한 직업이다.

3) 교직관

교직관은 학생을 가르치는 직무에 대한 견해나 입장이다. 교직을 바라보고 이해하는 인식의 틀이며, 교직을 대하는 태도와 가치관을 말한다. 현재 교사교육에서 일반적으로 중시하는 교직관은 크게 성직 관점, 전문직 관점, 노동직 관점, 공직 관점으로 나눌 수 있다.

(1) 성직 관점

성직 관점은 교사를 신부, 목사, 승려와 같은 성직자로 본다. 성직 관점은 교사를 지식이나 기술을 전수하는 사람이라기보다, 학생의 인격 완성을 돕는 수행자로 본다. 성직 관점은 교사에게 고매한 인격과 높은 도덕성을 요구한다는 점에서 우리나라의 전통적 스승관과 비슷하다.

(2) 전문직 관점

전문직 관점은 교직을 의사, 변호사, 작가와 같이 전문성을 갖춘 직업으로 본다. 전문직은 장기간 훈련을 받아야 하고 숙련된 지식이나 기술이 필요하므로, 보수가 많고 지위도 높다. 전문직 관점에 따르면 교사는 고도로 훈련된 전문가이므로 이에 상응하는 지위를 부여하고 보수를 지급해야 한다.

(3) 노동직 관점

노동직 관점은 교사를 교육이라는 일을 하는 노동자로 본다. 노동직 관점에 따르면 교사는 정신적, 육체적 노동을 제공하고 그 대가로 임금을 받는다. 육체 노동자와 비교하여 교사는 정신적 노동을 많이 하지만 노동자라는 점에서는 다르지 않다. 노동직 관점을 따르는 교사는 급여 인상, 근로 조건 개선 등에 관심을 갖고, 교사 단체를 결성하여 단체 행동을 하기도 한다. 우리나라의 경우 노동직 관점은 교육 현장의 비리를 뿌리뽑고 불합리한 교육 정책과 관행을 개선하는 데 크게 기여했지만, 존경과 권위의 상징인 교직의 위상을 스스로 끌어내렸다는 비판을 받는다.

(4) 공직 관점

공직 관점은 교사를 국가에서 부여한 법적 지위와 자격을 가진 공공 직업으로 본다. 공직 관점에서 교사는 개인의 이해를 떠나 공공 직무를 수행하는 자이다.[131]

┃ 교직관별 특징 ┃

교직관	성직	전문직	노동직	공직
교사의 지위	인격자	전문가	노동자	공직자
교직의 핵심	인격, 윤리	전문성, 자율성	근로성	공공성
교사 명칭	스승, 선생	교육자, 교사	교육 노동자	교육공무원, 교원
지위 기능	본질적 지위		수단적 지위	

---

131 『유아교사론』(임부연, 김성숙, 송진영 저, 양서원, 2018), 21~26쪽 요약

2. 유아교사 전문성

1) 전문직의 특징

전문직의 특징은 다음과 같이 네 가지로 정리할 수 있다. 첫째, 어떤 일을 수행할 수 있는 고도의 지식과 기술, 활용 능력을 갖추고 있다. 둘째, 전문직에 종사하려면 장기간 훈련을 받아야 하고 자격증이 필요하다. 전문직에 종사하는 기간에도 지속적으로 현직교육을 받는다. 셋째, 전문직은 자율성을 보장 받으며 그에 따르는 책임을 진다. 넷째, 전문직은 자체적으로 윤리강령을 갖고 있으며 자신의 권익을 보호하는 단체를 구성한다.

2) 유아 교사의 전문성

유아 교사는 유아의 발달과 성장에 결정적인 영향을 미치므로 바른 가치관, 풍부한 지식, 뛰어난 문제해결 능력, 적극적인 태도 등 전문성을 갖춰야 한다.

유아 교사는 교육 이념과 목적을 이해하고, 유아 발달에 적합한 활동을 계획하고 실행하며 평가한다. 따라서 유아의 전인적 성장에 관한 전문적 지식과 실천 경험이 필요하다. 유아 교사가 되려면 국가가 공인한 교원자격증을 취득해야 한다. 유아 교사는 교육과정을 운영하고 학급을 관리할 때 초·중등 교사보다 자율권을 더 많이 갖는다.

유아 교사를 전문직으로 볼 수 있는가에 대하여 1980년 이후에 전 세계적으로 논쟁이 활발하게 일어났다. 유아 교사를 전문직으로 보는 입장은 다음과 같은 4가지 근거를 든다. 첫째, 유아 교사는 유아를 양육하고 교육하기 위해 전문적인 교수 기술과 지식이 필요하다. 둘째, 유아 교사는 자율성을 누리고 그에 따른 책임을 진다. 셋째, 유아 교사는 교원자격증을 취득하기 위해 장기간의 교사 양성 과정을 수료하며, 교사가 되어도 지속적으로 현직교육을 받아야 한다. 넷째, 유아 교사는 개인 이익보다 공공 이익을 위해 봉사하는 직업이다.

유아교사를 전문직으로 볼 수 없다는 입장은 다음과 같이 3가지 근거를 제시한다. 첫째, 유아 교사에게 필요한 지식은 의사, 변호사와 같은 직업에 비해 얕다. 둘째, 사회적 지위가 낮고 경제적 보상이 적다. 셋째, 의사 결정 권한이 약하여 자율성이 충분하지 않으며 이직률이 높다.[132]

---

132 『유아교사론』(임부연, 김성숙, 송진영 저, 양서원, 2018), 53~57쪽 요약

3. 유아교사 특징

유아 교사는 유아를 돌보고 교육하며, 유아 부모를 지원하여 가정과 사회 복지 증진에 기여한다. 유아 교사는 유아의 바람직한 발달을 도모하고, 학부모에게 부모 교육 등을 실시한다. 유아 교사는 유아의 심신을 돌보는 양육자이자 지식, 기술, 태도를 가르치는 교수자이다. 교사는 돌봄과 교육을 조화롭게 수행해야 한다. 돌봄과 교육은 명확하게 구분할 수 없는 경우가 많으므로, 교사는 항상 유아에게 가장 필요한 것이 무엇인지 살펴야 한다.

교사와 부모의 양육은 차이가 있다. 캐츠(Kats, 1989)에 따르면 부모는 자신과 아이를 동일시하고 끊임없이 사랑하는, 긴밀한 애착관계를 유지한다. 교사는 영유아를 객관적으로 대하며 적절한 거리를 유지한다. 따라서 교사는 부모가 담당하는 양육과 다른 관점에서 유아를 지도할 수 있다.

유아 교사는 유아의 건강한 발달을 위해 전문적인 교육을 계획하고 실행하는 교육전문가이다. 특히 환경의 영향을 많은 받는 유아기에는 교사가 없으면 교육을 수행할 수 없다. 이처럼 교사는 중요한 존재다. 유아기 경험은 일생의 기초가 된다. 유아 교사는 인간의 가장 중요한 시기에 인간의 기초를 닦아 주는 존재라고 할 수 있다.[133]

4. 유아교사에게 필요한 지식과 역량

1) 실천적 지식

엘바즈(F. Elbaz, 1981)는 현직 교사에게 가장 필요한 지식은 실천적 지식이라고 주장했다. 실천적 지식은 사람이 살면서 경험으로 습득한 지식이다. 경험적 지식 또는 체험적 지식이라고도 한다. 실천적 지식은 유전적, 환경적 요인으로 개인마다 다르므로 개인적 지식이라고도 한다.

실천적 지식은 단순한 경험의 누적이 아니다. 개인이 살아가면서 부딪힌 다양한 문제와 갈등에 능동적으로 대처하면서 체득한 기술이다. 실천적 지식은 유아에게 더 효과적인 방법을 찾기 위해, 교사가 자기 나름대로 기존 방법을 변형하고 새로운 시도를 하면서 습득한 지식이다. 실천적 지식은 교사가 이론적 지식을 유아 교육 현장의 상황과 맥락에 맞게 적용하고 재구성하면서 형성된다. 교사는 실천적 지식을 교직 경험을 통해 능동적으로 구성한다.

실천적 지식은 유아 교사가 직무를 수행하는 데 많은 영향을 미친다. 실천적 지식은

---

133 『영유아교사론』(김진경, 권혜진 공저, 방송대, 2020), 9~10쪽

아래와 같이 세 가지로 나눌 수 있다.

(1) 교수 설계로서 실천적 지식

교사는 수업을 하기 위해 자신의 경험에 근거하여 미리 교수 자료와 방법을 계획할 수 있다. 이렇게 경험에 의해 축적한 실천적 지식을 교수 설계에 적용할 수 있다.

(2) 교수 방법으로서 실천적 지식

교사는 자신이 가지고 있는 실천적 지식을 유아와 상호작용할 때 교수 방법과 기술로 활용한다. 경력이 풍부한 교사는 유아에게 교수 자료를 소개하거나 주의를 집중시킬 때, 어떤 방법이 가장 좋은지 잘 안다. 이런 기술이 교수 방법으로서 실천적 지식이다.

(3) 교수 내용으로서 실천적 지식

교육 활동을 할 때 교사가 교수 내용을 잘 알고 있는지는 대단히 중요하다. 교사가 교수 내용을 잘 알려면 이론 지식만으로 부족하며 실천적 지식이 필요하다.

기출문제로 학습 확인하기

(2015 A3) 엘바즈(F. Elbaz)에 의하면 ㉠은 교사에게 요구되는 지식 중의 하나이다. ㉠에 해당하는 용어를 쓰시오. [1점]

> 원장과 김 교사는 동극 수업을 각자 분석한 후, 함께 수업 동영상을 보면서 체계적으로 수업에 대해 협의하고 있다.
> 원 감: 어제 했던 동극 수업에 대해 선생님이 먼저 평가해 보세요.
> 김 교사: 우선, 동화를 들려줄 때, 목소리 변화가 좀 적었고, 전체적으로 말이 빨랐던 거 같아요. 긴장해서 그랬는지……
> 원 감: 선생님이 잘 알고 계시네요. 제가 보기에도 동화를 들려줄 때 목소리 변화와 내용 숙지에 조금 아쉬움이 있었어요. 동극하기 전에 약속 정하기도 필요하지만 동극을 하고 난 후, 동극을 한 유아들의 목소리 크기나 동작 그리고 관람자의 태도도 함께 평가해 보면 좋겠어요. 그렇게 하면 다음 번에 더 신나고 재미있는 동극을 지도할 수 있을 것 같아요.
> 김 교사: 원감 선생님 말씀을 들어보니, 작년에 했던 방식 그대로 하려고만 했지, 새롭게 바꾸어서 해 보려는 생각은 미처 못 했어요.
> 원 감: 그래도 선생님은 경력에 비하면 아주 잘하는 거예요. 저도 선생님 같은 시기가 있었어요. 그렇지만 지금은 내 나름의 방법으로 변형도 시켜보고 새로운 시도도 해 보면서 유아들에게 더 효과적인 방법을 찾아 가는 재미를 느끼고 있어요. 이론적으로 배웠던 지식을 유아 교육 현장의 상황과 맥락에 맞게 적용하고 재구성하면서 (㉠)이(가) 형성되거든요. (㉠)은(는) 교사가 교직생활의 경험을 통해 능동적으로 구성하는 것이에요.

정답 실천적 지식

2) 암묵적 지식

헝가리 출신 과학철학자 마이클 폴라니(M. Polanyni)는 지식을, 언어로 명확하게 전달할 수 있는 명시적 지식과 언어로 전달하기 어려운 암묵적 지식으로 구분했다. 암묵적 지식은 학습과 경험을 통하여 개인에게 체화(體化)되었지만 겉으로 드러나지 않는 지식을 말한다. 손맛, 눈썰미, 노하우 등이 암묵적 지식이라고 할 수 있다. 암묵적 지식은 실천 행위 중에 드러난다. 암묵적 지식은 행위를 더 정교하고 뛰어나게 한다.

유아 교사는 실천적 지식 외에도 암묵적 지식이 필요하다. 교육 경력이 비슷한 교사가 같은 교육과정으로 교수 설계를 하더라도, 실제 수업을 하게 되면 교수 방법이나 기술에서 차이가 많이 날 수 있다. 같은 재료를 같은 조리법으로 요리해도 요리사에 따라 맛이 다른 것과 같은 이치다. 수업을 잘 하는 교사는 암묵적 지식을 활용하여, 자신만의 독특한 방법으로 교수 행위를 할 수 있다. 이때 유아는 교사의 암묵적 지식에 의해 매우 다른 학습을 경험한다.

3) 내러티브적 지식

코넬리와 크란디닌(Connelly & Clandinin)은 개인적 지식이나 암묵적 지식, 실천적 지식 등을 가장 잘 표현할 수 있는 방법으로 내러티브를 주장했다. 내러티브는 인간의 경험을 시간 흐름에 따라 표현한 이야기나 이야기를 쓴 기록이다. 교육에서 내러티브는 교사가 오랜 경험으로 축적한 개인적 기억을 풀어놓은 이야기이다. 인간은 이야기를 통해 존재를 드러내고 이야기를 재구성하면서 의미를 형성해 나간다. 따라서 교사는 내러티브를 통해 자신의 실천적, 암묵적 지식을 가장 부드러운 방식으로 표현할 수 있다.

유아교육에 적용된 내러티브에는 두 가지 접근 방식이 있다. 하나는 질적 연구 방법인 '내러티브 탐구' 방식이고 다른 하나는 브루너(Bruner, 1996)가 주장한, 이야기를 지어 수업에 활용하는 '내러티브 교육과정'으로 접근하는 방식이다.

내러티브 탐구는 쉽게 말해 이야기와 말을 분석하는 일이다. 내러티브 탐구 방식은 논문을 쓸 때 주로 활용한다.

내러티브 교육과정은 학습자가 배워야 할 지식을 적절한 이야기로 조직·제공하여 자연스럽게 학습이 가능하도록 설계한 교육과정이다. 교사는 어려운 지식을 이야기로 재미있게 풀어가는 교수 방법을 채택할 수 있다. 교사는 지식을 이야기로 바꾸어 들려주고, 유아는 자신의 경험과 생각을 자유롭게 이야기하는 동안 지식을 확장할 수 있다. 내러티브 교육과정은 스토리텔링 교수법과 함께 초중등학교 수업에 통합되어 있다. 유아교육에서도 사물을 미적으로 바라 볼 수 있는, 심미적 인간 양성을 목적으로 하는 심미적 교수법의 핵심 요소로 활용하고 있다.[134]

5. 교육 신념

1) 신념의 정의와 의의

신념은 어떤 주장, 견해, 이론 등이 옳거나 진리라고 믿는 마음 상태를 말한다. 교육 신념은 교사 등이 교육에 관련된 주장과 견해, 이론 등이 옳다고 믿는 마음 상태이다.

교사 신념은 교육적 실천의 토대이기 때문에 교육 현장에 큰 영향을 미친다. 교사 신념은 개인의 믿음을 넘어 교수 행위를 좌우한다. 유아에게는 성인의 역할이 절대적으로 필요하다고 믿는 교사와, 유아는 스스로 학습하고 성장한다고 믿는 교사는 교수 방법이 완전히 다를 수 밖에 없다. 성인의 역할이 절대적으로 필요하다고 믿는 교사는 유아의 학습과 성장에 적극 개입한다. 유아 스스로 학습하고 성장한다고 믿는 교사는 직접 개입을 줄이고, 유아 흥미를 존중하며 유아에게 적합한 환경을 마련해 준다.

2) 교육 신념 유형

우리나라 유아교육에서 교육 신념은 크게 성숙주의, 행동주의 그리고 구성주의(상호작용주의)로 구분한다.

성숙주의 교육 신념에 따르면 인간은 발달에 필요한 모든 잠재력을 가지고 태어난다. 시간이 흐르면서 발달 잠재력은 서서히 발현하고 성숙한다. 따라서 교사는 유아를 적극적으로 가르치기보다 발달 잠재력이 나타날 때까지 기다려 주고, 유아 흥미를 존중해야 한다.

행동주의 교육 신념에 따르면, 인간은 백지 상태로 태어나므로, 적절한 자극을 주고 반응에 따라 행동을 강화하고 수정해야 한다. 교사는 아동을 존중하고 기다려주기보다는 칭찬과 격려, 처벌을 사용하여 바람직한 행동을 가르치고 잘못된 행동을 수정해야 한다.

구성주의 신념은 유아는 환경과 적극적으로 상호작용 하여 유아 스스로 지식을 구성한다고 본다. 즉 유아는 능동적인 학습자이다. 따라서 교사는 유아와 적극적으로 상호작용 해야 한다.

---

134 『유아교사론』(임부연, 김성숙, 송진영 저, 양서원, 2018), 253~262쪽 요약

항목	성숙주의	행동주의	구성주의(상호작용주의)
아동관	유전적 시간표에 따라 정해진 순서대로 발달하는 수동적 존재	환경의 영향을 받는 수동적 존재	스스로 환경과 상호작용하면서 발달하는 능동적 존재
동기화	유전적 성숙에 따른 내적 자극	외적 환경의 조작과 반응을 통한 경험	환경과 유아의 내적 자극
교수법	풍부한 학습 환경 조성	직접 교수	풍부한 학습 환경 조성
교사 역할	안내자, 격려자, 발달 지식보유자	교수, 학습 활동 준비자	교수 활동 계획자, 관찰자, 모델링
실수를 보는 관점	정신적, 신체적 미성숙으로 발생	자극을 부절절하게 제시	기존 지식 구성에 대해 통찰할 수 있는 기회

3) 교육 신념별 특징 비교

성숙주의 신념을 가진 교사의 특징

유아를 가르칠 때 유아가 알아 들을 수 있는 말을 사용하고 어려운 말은 피한다.
유아가 탐구할 때 도와주지만, 능력 이상의 행위를 강요하지 않는다.
유아의 정서적 문제를 해결하는 방법으로 극놀이를 적극 권한다.
일과 활동으로 주로 자유선택 활동을 한다.
일과 구성을 할 때, 유아가 자발적으로 활동을 선택하는 것을 강조한다.
유아가 서로 협동하는 활동과 집단 활동을 많이 계획한다.
일과를 계획할 때 유아가 활동을 주도하게 한다.
활동 결과에 관심을 두며 유아의 능력을 높이 평가한다.
유아 수준에 적절한 활동을 주도한다.
유아의 흥미에 맞춰 자료를 주지만, 자료는 우선 유아의 발달 수준에 적합해야 한다고 본다.

행동주의 신념을 가진 교사의 특징

유아의 행동이나 대답을 성인이 이해할 수 있도록 돕는다.
유아가 활동할 때 과제 완성이나 결과에 관심을 갖는다.
유아에게 지식이나 정보를 가르칠 때 주로 말로 설명한다.
유아가 의심하거나 불확실해 하거나 애매모호한 상황을 만들지 않는다.
언어와 개념을 가르칠 때 특별 제작한 자료나 게임 또는 직접 지도 방식으로 가르친다.
칭찬, 관심, 상 등으로 보상하여 유아의 긍정적인 행동을 강화한다.
유아가 교구와 교재를 정해진 방법대로 사용하도록 한다.
유아에게 성인 수준의 말을 사용하고, 유아가 쓰는 말을 성인 수준으로 끌어 올린다.
교사가 준비하고 계획한 활동에 유아를 따르게 한다.
스스로 실수를 교정할 수 있게 고안한 활동이나 매체를 활용하여, 유아가 행동을 바꾸도록 한다.

---

135 『유아교사론』(박은혜 저, 창지사, 2019), 85~86쪽 정리

언어는 특별한 단원이나 시간보다는 일상 생활에서 교육한다.

유아의 활동 결과보다는 활동 과정에 관심을 둔다.

유아가 문제를 해결할 때 꼭 필요할 경우에만 돕는다.

유아는 활동 자체에 흥미를 느끼는 것으로 보상 받으므로, 따로 칭찬하지 않아도 된다고 생각한다.

유아가 쓰는 말을 사용하여 유아의 언어 수준에 맞춘다.

자료나 시설을 이용할 때, 정해진 방법보다는 유아 자신의 방식으로 이용하게 한다.

유아의 대답이나 반응이 옳지 않아도 받아 들인다.

유아 스스로 정보를 얻도록 하기 위하여, 유아가 원하는 자료가 있다면 제공한다.

유아가 어떤 활동이나 과제를 완성하지 못하고 남겨 두는 것을 허용한다.

유아 스스로 실험하고 탐색하고, 문제를 해결하는 상황을 제공한다.[138]

4) 교사 신념에 영향을 주는 요소

교사 신념의 형성과 변화에 영향을 주는 대표적인 요소는 개인적 경험, 초·중·고등학교 경험, 직전 교육을 들 수 있다.

(1) 개인적 경험

① 성장 배경

교사가 성장한 지역의 특성과 성장 과정에서 겪은 사건, 사고 등 경험은 인간과 사회를 바라보는 관점을 형성하는 데 영향을 미친다.

② 자녀 유무

불룩과 노울즈(Bullough & Knowles, 1991)의 연구에 따르면 자녀가 있는 교사는 유아 교사의 역할을 양육으로 규정하는 경향이 있다. 이렇게 자녀의 존재는 교사 신념에 영향을 준다. 교사는 자녀가 있을 때와 없을 때 유아를 대하는 태도가 달라지는 경향이 있다. 파웰과 비렐(Powell & Birrell, 1992)에 따르면 자녀가 있는 교사는 교수·학습 원리를 자신의 자녀 양육 태도를 중심으로 이해하고, 자녀가 없는 교사는 학교 경험을 중심으로 이해하는 경향이 있다.

③ 종교

종교는 교사 신념과 교수 행동에 영향을 미칠 수 있다. 교사가 믿는 종교에서 용납하

---

136 『교사의 전문성 신장을 위한 동료장학자료』(교육부, 2015), 103~104쪽

지 않는 가치관을 갖고 있는 학부모가 있다면 교사는 그 학부모 자녀에게 편견을 가질 수 있다. 예를 들어 미혼모를 비윤리적으로 보는 종교를 믿는 교사는 미혼모 가정의 유아를 차별할 수 있다.

④ 성별

성별에 따라 교사 신념과 교수 행동이 달라질 수 있다. 유아 교사 대부분이 여성이라서 직접 비교하기 어렵지만 유아 교사는 남아에게 훨씬 관심을 많이 기울인다. 남아 역시 여자 교사와 상호작용을 더 많이 하는 경향이 있다.

⑤ 성격

성격은 교사 신념과 유아에게 영향을 줄 수 있다. 교사가 활발하고 능동적인 성격을 갖고 있으면 유아도 활발하고 능동적이다. 교사가 차분하고 정적이면 유아는 차분해진다. 이렇게 교사 성격은 유아에게 영향을 준다.

(2) 초·중·고등학교 경험

의사, 건축가, 법률가 등 전문직 대부분은 초·중·고등학교 시절에 경험할 수 없다. 교직은 다르다. 학생은 초·중·고등학교에서 직접 교사가 되어 가르칠 수 없지만 교사와 10년 이상 상호작용을 한다. 학생은 대학에 입학하기 전에 교직의 성격, 교사 역할, 이상적 교사상 등에 자기 나름대로 신념을 형성한다. 이처럼 초·중·고등학교 때 경험한 교육은 교직 신념 형성에 영향을 준다.

(3) 직전교육

교사가 유아를 잘 가르치려면 다양한 지식을 쌓아야 한다. 우선 교과 내용, 교수 방법, 교육학 등 교과 교육에 관한 지식을 쌓아야 한다. 교양도 풍부해야 하며 유아에 관한 지식도 필요하다. 직전교육은 가르칠 내용에 관한 지식보다는 가르치는 방법에 관한 지식에 중점을 두어, 교사를 양성하는 경향이 있다. 예비 교사가 직전교육에서 어떤 내용을 어떻게 배우느냐에 따라 실제 교사가 되어 활동을 계획하고 실행하는 데 영향을 미친다.

초·중·고등학교 때 형성한 예비교사의 교육 신념과 직전교육의 내용이 맞지 않으면 교육 효과가 떨어질 수 있다. 직전교육에서 구성주의 관점으로 교수 학습 과정을 가르쳐도, 예비교사가 인간은 환경의 영향을 받는 수동적 존재라는 행동주의 관점을 갖고 있다면 직전교육 효과는 떨어질 수 밖에 없다.[137]

---

137 『유아교사론』(박은혜 저, 창지사, 2019),87~90쪽 정리

02장 교사 역할 및 자질

1. 교사 역할

(1) 일반적인 유아 교사의 역할

2007년 개정 유치원 지도서 총론은 일반적인 유아 교사 역할을 여덟 가지로 나누어 설명한다.

첫째, 교육과정 설계자다. 유아 교사는 유아교육 이론과 실제를 토대로 유아에게 적합하면서 지역 사회와 기관이 중요하게 여기는 가치나 신념 등을 반영하여 '왜, 무엇을, 어떻게, 어느 수준과 범위로 가르치고 평가할지' 계획한다.

둘째, 일과 계획 및 운영자다. 유아 교사는 유치원의 연간·월간·주간 교육 계획에 따라 체계적, 구체적으로 하루 일과를 계획하고, 융통성 있게 운영하고 평가한다.

셋째, 상담자 및 조언자이다. 유아 교사는 가정과 협력할 필요가 있을 때는 부모를 대상으로 상담자 및 조언자 역할을 수행하는 것이 효율적이다.

넷째, 생활 지도자다. 유아 교사는 유아가 예절이나 질서, 규칙을 잘 지킬 수 있게 지도한다.

다섯째, 현장 연구자이다. 유아 교사는 유치원 현장에 나타나는 실제적인 문제를 해결하기 위해 새로운 이론과 활동을 현장에 적용하는 연구자 역할을 수행한다.

여섯째, 행정 업무 및 관리자다. 유아 교사는 유치원의 설비, 교재·교구를 구입하고 관리하며, 원장, 동료교사, 학부모, 장학사와 공적 관계를 맺는다. 원아 모집, 학급 편성, 유아의 영양·건강·안전 지도 등과 관련된 역할도 수행한다.

일곱째, 의사결정자이다. 유아교사는 유아교육 현장에서 일어나는 모든 일을 전문적으로 판단하고 결정한다.

여덟째, 동료의 협력자이다. 유치원 교사는 동료와 협력적인 관계를 맺고 목적과 책임, 경험을 공유하여 교육의 질을 높이는 데 참여한다.

(2009 객2) 다음은 유치원에서 발생한 사례이다. 교사 역할을 고려할 때 바르게 대처한 예를 <보기>에서 모든 고른 것은?

> 민지와 준서는 서로 친한 친구이다. 어느 날, 자유선택활동 시간에 민지가 준서의 놀잇감을 빼앗았다. 화가 난 준서는 민지의 얼굴을 할퀴어서 손톱자국을 냈다.

ㄱ. 보호자 역할: 상처를 살피고 다친 정도에 따라 적절하게 처치한다.
ㄴ. 계획자 역할: 발생한 사례와 비슷한 문제 상황을 다루는 수업을 계획한다.
ㄷ. 상담자 역할: 부모에게 일어난 상황을 알리고, 부모의 반응에 따라 이해할 수 있도록 충분히 상담한다.
ㄹ. 훈육자 역할: 문제 상황을 일으킨 2명의 유아에게 이유를 묻지 않고 '생각하는 의자'에 나란히 앉혀 둔다.
ㅁ. 환경 제공자 역할: 분쟁거리가 되었던 놀잇감을 치우고 즉시 다른 놀잇감을 제공한다.

정답 ㄱ, ㄴ, ㄷ   오답 풀이: ㄹ- 문제가 일어난 원인을 알아보고 유아에게 자신의 감정을 이야기하고 상대 감정은 어떤지 생각하게 한다. 유아들이 이야기 나누기 등으로 문제 해결 방법을 찾아 볼 수 있도록 한다. ㅁ- 놀잇감이 부족하면 놀잇감을 보충한다. 특정 놀잇감에 유아가 몰리면 새로운 놀잇감 등 다양한 놀잇감을 소개하여 다른 놀잇감에도 관심을 갖도록 한다.

2. 스포덱(Spodek, 1985)의 교사 역할

스포덱은 유아 교사 역할을 세 가지로 나누었다. 첫째 양육자 역할이다. 유아 교사는 유아를 보호하고 건강과 안전에 특별하게 주의를 기울이는 양육자 역할을 담당한다. 둘째, 교수자 역할이다. 유아 교사는 지식을 전달하며, 간접적으로 교수·교육과정을 설계하고 진단하며 인적·물적 자원을 조직한다. 셋째, 관계자 역할이다. 유아 교사는 상호작용을 통해 유아를 안내하고 도움을 주는 관계자 역할을 수행한다.

3. 사라쵸(O. Saracho)의 유아 교사 역할

사라쵸는 유아 교사의 역할로 1984년에 진단자, 교육과정 계획자, 교육 조직자, 학습 관리자, 상담자 및 조언자, 의사결정자를 제시했다. 1988년에는 교육과정 계획자, 교육 조직자, 진단자, 상담자 및 조언자로 나누고 각 역할의 세부 내용을 다음과 같이 제안했다.

(1) 교육과정 계획자(설계자)

주제·내용·기술 선정, 균형적인 교육과정 작성, 장단기 목표 계획, 교육과정 영역과 교수 실제 통합

(2) 교육 조직자(교수 조직자)

교수 절차의 결정과 실행, 자료 개발, 학습활동 계획 및 이행, 일과 활동 수립

(3) 진단자

유아의 사전 학습 여부와 정도 판단, 유아의 행동과 성숙 단계 판단, 교육 과정 및 자원 평가

(4) 상담자 및 조언자

유아의 자아 실현 도모, 유아 스스로 결정하도록 도움 제공, 칭찬[138]

1997년에 사라쵸는 다시 유아 교사의 역할을 교육과정 계획자, 상담자 및 조언자, 일과 계획 및 수행자, 연구자, 행정 업무 및 관리자로 제시했다.

| 사라쵸가 제시한 유아 교사의 역할 |

1984년	1988년	1997년
진단자	진단자	x
교육과정 계획자	**교육과정 계획자**	**교육과정 계획자**
교육 조직자	교육 조직자	x
학습 관리자	x	x
상담자 및 조언자	**상담자 및 조언자**	**상담자 및 조언자**
의사결정자	x	x
x	x	일과 계획 및 수행자
x	x	연구자
x	x	행정 업무 및 관리자

---

138 『유아교육기관 운영관리』(이영애, 신은수 공저, 방송대, 2015), 119~121쪽 요약

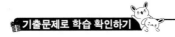

(2016 A4) ㉠은 사라쵸(O. Saracho)의 교사 역할 중 무엇에 해당하는지 쓰시오. [1점]

> 김 교사: 저는 유아교사의 다양한 역할 중에서 ㉠ 단기, 중기 등 시기별로 세웠던 계획을 반영하여 교육목표를 달성할 수 있도록 교육활동을 적절히 구성하는 역할이 가장 중요하다고 생각해요. 그 역할에는 교육 활동에 필요한 자원을 찾고 활용하는 것도 포함되고요.

정답 일과 계획 및 수행자

(2019 정시A3) 다음은 사라쵸(O. Saracho)가 제시한 유아 교사의 역할이다. ㉠과 관련된 ⓐ, ㉡과 관련된 ⓑ에 들어갈 교사 역할을 각각 쓰시오. [2점]

> 진단자, 교육과정 계획자, 교육 조직자, 학습 관리자, (ⓐ), (ⓑ)

> 홍 교사: 교사는 ㉠ 교육현장에서 일어나는 모든 일에 대해 전문적으로 판단하고 그때그때 상황에 적합한 최선의 방안을 찾아내어 결정을 내리는 역할을 즉각적이면서도 신중하게 해야 하는데…… 가르친다는 것은 불확실하면서도 역동적이고 복잡한 과정이라 아직은 어려워요.
> 안 교사: 저도 무엇부터 해야 할지 고민이 많아요. ㉡ 개별 유아들의 정서에 관심을 가지고 지원하는 것도 수업 못지않게 중요하고 이를 위해 자녀의 발달이나 또래 관계에 대해 부모님과 이야기 나누는 것도 중요하게 여겨져요.

정답 ⓐ 의사결정자 ⓑ 상담자 및 조언자

교직발달 단계

03장

1. 단순직선 모형

1) 풀러(F.Fuller)와 보온(O.Bown)의 교사 관심사 발달 단계

교사 관심사 발달은 풀러(Fuller, 1969)가 처음으로 제시했다. 풀러는 예비 교사와 현직 교사를 연구하여 교사 관심사를 3단계로 구분하였다. 풀러의 교사 관심사 이론을 수정, 보완하여 1975년에 풀러와 보온은 교사의 관심사 발달 단계를 교직 이전 관심사, 생존에 대한 초기 관심사, 교수 상황 관심사, 학생에 대한 관심사로 정리하였다.

(1) 교직 이전 관심사: 경험이 없는 예비교사가, 교사보다는 학생에게 관심을 보이고 교사에게 환상을 갖는 단계.

(2) 생존에 대한 초기 관심사: 교사 자신의 생존에 관심을 갖는 단계. 주로 학급 통제, 교수 내용 숙달, 장학사의 평가 등에 관심을 갖는다.

(3) 교수 상황 관심사: 교사 자신의 교수 행위, 과다한 학생수, 과도한 수업량, 과중한 업무, 교수 자료 부족 등에 관심을 갖는 단계.

(4) 학생에 대한 관심사: 학생의 학습과 사회정서적 요구, 학생의 특성과 개인적 관계 등에 관심을 갖는 단계.[139]

---

139 『유아교사론』(염지숙, 이명순, 조형숙, 김현주 저, 정민사, 2018), 145~146쪽 정리

(2014 A6) 박 교사는 풀러(F.Fuller)와 보온(O.Bown)의 교사 관심사 4단계 중 (①)단계에 해당한다. ①에 들어갈 용어 1가지를 쓰고, ①의 다음 단계에서 교사가 갖는 관심사 1가지를 쓰시오. [2점]

> 박 교사: 아이들과 하고 싶은 활동은 많은데, 어떻게 하면 효율적으로 할 수 있을지 고민이 많아요. 어떻게 하면 수업에서 보다 효과적으로 발문을 할 수 있을지, 새로운 교수법을 활동 유형에 따라 어떻게 적절하게 적용할 수 있을지에 대해서도 관심이 많아요.

정답 교수 상황 관심사, 학생에 대한 관심사

(2018 A1) 대화를 바탕으로 풀러와 브라운(F. Fuller & F. Brown)의 교사 관심사 발달 단계 중 ① 최 교사의 단계 명, ② 송 교사의 단계 명을 쓰시오. [2점]

> 임 교사: 요즘 우리 반 유아들은 역할놀이를 할 때, 남자 여자를 너무 구분해서 놀고 있더라고요. 유아들이 성별에 관계없이 함께 놀이할 수 있도록 돕는 교수 방법이 무엇이 있을까 고민하면서 그동안 제가 알고 있는 방법으로 지도를 했었는데요, 잘 안 되네요. 유아들에게 새로운 방법을 적용하고 싶은데 교수방법에 대한 정보나 교수 자료가 부족한 것 같아요.
> 최 교사: 저는 민수 같은 유아들이 아직은 눈에 들어오지 않아요. 학교에서 배운 이론과 현장의 실제가 다르다는 것을 정말 실감하고 있어요. 일단 배운 것을 적용하는 일이나 업무도 아직은 익숙하지 않아서 매일 바쁘게 지내고 있어요.
> 송 교사: 민수 같은 유아들이 성역할 고정관념을 갖는 것은 나름대로 이유가 있다고 생각해요. 특히 민수는 로봇 놀이를 할 때, 여자 유아들과는 전혀 놀이하려고 하지 않아요. 작년에 저도 민수 담임으로서 민수와 긍정적인 관계를 맺으면서 민수의 개별적인 특성이나 요구 등을 파악하려고 노력했어요. 무엇보다 유아들 개인에게 관심을 갖는 것이 중요하다는 걸 깨달았어요.

정답 ① 생존에 대한 초기 관심사 ② 학생에 대한 관심사

2) 캐츠(L.G.Katz)가 제시한 유아교사 발달 4단계

캐츠(L.G.Katz, 1985)는 풀러 이론을 확장하여 유아 교사를 대상으로 교사 관심사를 연구하였다. 캐츠는 교사 발달을 교사 관심사를 기준으로 생존 단계, 강화 단계, 갱신 단계, 성숙 단계로 구분했다. 교사는 경력에 따라 관심사와 요구가 다르므로 이에 맞는 교육·훈련과 지원 체계가 필요하다고 캐츠는 주장했다.

(1) 생존 단계(교직 입문~1년)

생존 단계는 주로 교사로서 살아남을 수 있는지에 관심을 기울인다. 교직 생활 1년 차인 초임 교사에게 해당한다. 교사는 유아에 대한 책임과 의무, 학부모 면담, 동료 관계 등으로 불안과 좌절감을 느끼기 쉽다. 원장이나 선배 교사가 이 점을 이해하고, 위로하고 격려하며, 적극 지원하면 큰 도움이 된다.

(2) 강화 단계(1~3년)

강화 단계는 교사로서 생존할 수 있다는 자신감을 갖고, 교수 기술과 업무에 숙달하고 문제 유아와 상황에 관심을 갖기 시작한다. 교사는 공격적 유아, 학습 부진아 등 행동, 인지, 언어 등에 문제가 있는 유아에게 관심을 갖기 시작한다. 경력 교사와 전문가의 조언과 상담은 교사가 지식과 기술을 숙달하는 데 효과적이다. 같은 발달 단계에 있는 교사와 교류하는 것도 도움이 된다.

(3) 갱신 단계(3~5년)

교직 경력 3년을 넘기면 갱신 단계로 올라간다. 이 단계에서 교사는 어버이날이나 성탄절 행사 등 반복적인 일에 흥미를 잃고 교사 발달이 정체한다. 교사는 이를 극복하고자 새로운 교수 방법과 기술을 찾아 교육에 적용해 본다. 교사는 연구 모임 참가, 수업 참관, 비디오로 자신의 수업 분석, 유아교육 워크숍 참가 등으로 새로운 방법과 기술을 배우는 것이 도움이 된다.

(4) 성숙 단계(5년 이상)

교직 경력이 5년 이상 되면 성숙 단계가 된다. 성숙 단계에서 교사는 자신의 장단점을 잘 알고 교사로서 자신감을 갖는다. 자신이 근무하는 기관의 철학뿐 아니라 교육의 가치와 역할, 교사 신념, 교육 정책과 현안 등 교육 전반에 관심을 기울인다. 교사는 다양한 분야의 전문가와 교류하거나 협회나 세미나 참석, 대학원 진학, 폭넓은 독서 등으로 전문가로 성장할 수 있다.

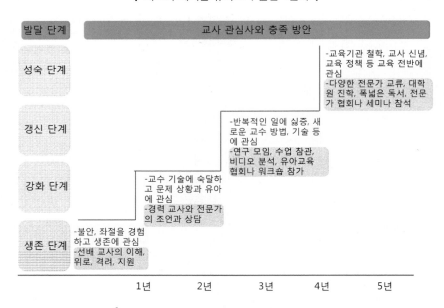

(2013 정시A6) 사례에서 홍 교사는 캐츠(L.G.Katz)가 제시한 4단계의 유아교사 발달단계 중 어느 단계에 속하는지 그 단계의 명칭을 쓰시오. [1점]

햇님반에는 지연이를 포함한 20명의 유아들이 있다. 이 반에는 홍 교사와 함께 한 명의 하모니 선생님이 배치되어 있다. 웃어른을 공경하는 우리나라 문화의 영향으로 지연이를 비롯한 유아들은 하모니 선생님께도 공손하고 잘 따른다.

이 반의 담임인 경력 1년차 홍 교사는 지연이 어머니 때문에 마음이 몇 번 불편한 적이 있었다. 며칠 전에는 유치원 홈페이지에 올려놓은 지연이 생일 사진이 마음에 들지 않는다고 지연이 어머니로부터 전화를 받았는데, 당황하여 제대로 답변조차 하지 못했다. 홍 교사는 수업과 관련해서도 자신이 ㉠누리과정에 대하여 충분한 이해를 하고 있는지 염려스럽다. 또한, 경력 5년차 유 교사로부터 수업 개선에 대한 몇 가지 의견을 들었음에도 불구하고 여전히 적용 방법에 대해서도 확신이 서지 않아 초조할 때가 종종 있다. 그런데 지연이 어머니 전화까지 받고 나니 앞으로 교사로서 잘 해 나갈 수 있을 것인지 더욱 자신이 없어지면서 지연이를 대하는 것도 부자연스러울 때가 있다. 며칠 전부터는 지연이의 하원 시간이 어머니의 직장 일 때문에 이전보다 1시간 정도 늦어진 저녁 7시가 되었다.

정답 생존 단계

(2015 A3) 캐츠(L. Katz)의 교사 발달 단계에 근거하여 김 교사에게 해당되는 단계의 명칭을 쓰고, 사례를 근거로 이 단계의 특징을 설명하시오. [2점]

> 원장과 김 교사는 동극 수업을 각자 분석한 후, 함께 수업 동영상을 보면서 체계적으로 수업에 대해 협의하고 있다.
> 원 감: 어제 했던 동극 수업에 대해 선생님이 먼저 평가해 보세요.
> 김 교사: 우선, 동화를 들려줄 때, 목소리 변화가 좀 적었고, 전체적으로 말이 빨랐던 거 같아요. 긴장해서 그랬는지……
> 원 감: 선생님이 잘 알고 계시네요. 제가 보기에도 동화를 들려줄 때 목소리 변화와 내용 숙지에 조금 아쉬움이 있었어요. 동극하기 전에 약속 정하기도 필요하지만 동극을 하고 난 후, 동극을 한 유아들의 목소리 크기나 동작 그리고 관람자의 태도도 함께 평가해 보면 좋겠어요. 그렇게 하면 다음 번에 더 신나고 재미있는 동극을 지도할 수 있을 것 같아요.
> 김 교사: 원감 선생님 말씀을 들어보니, 작년에 했던 방식 그대로 하려고만 했지, 새롭게 바꾸어서 해 보려는 생각은 미처 못 했어요.

정답 풀이 강화 단계. 교사로서 생존할 수 있다는 자신감을 갖고, 교수 기술과 업무에 숙달하고 문제 유아와 상황에 관심을 갖기 시작한다.

2. 복합순환 모형

1) 버크(P. Burke), 훼슬러(R. Fessler)와 크리스텐슨(J. Christensen)의 교사 발달 순환 모델

버크 등은 교사는 순환적, 역동적으로 발달한다고 보고 8단계로 구성한 교사 발달 순환 모델을 제시했다. 버크 등은 개인적, 조직적 요인이 교사 생애 주기에 영향을 미쳐 교사 발달 단계는 순환한다고 주장했다.

버크 등에 따르면 교사는 교직에 있는 동안 지식과 기술, 행동과 태도, 기대가 발전하거나 퇴보하기도 하는 등 발달 단계는 순환한다. 교사는 교직 입문 후 초기의 열정을 유지하며 성장할 수 있으나, 좌절과 회의를 느끼고 퇴직할 수도 있다. 경력 교사라고 해서 모두 능력이 향상하고, 가르치는 일에 만족하며 안정적으로 교직 생활을 하는 것은 아니다.

교사 발달은 순서를 따라 차례대로 이루어지거나 한 쪽 방향으로만 진행하거나 모든 단계를 다 거쳐야 하는 것은 아니다. 좌절 단계에 있는 교사가 열중과 성장 단계로 되돌아갈 수 있다. 상위 단계가 하위 단계보다 바람직하거나 발전한 단계도 아니다. 교사를 둘러싼 상황과 교사 개인의 노력에 따라 발달 단계와 기간은 다를 수 있다. 즉 8단계의 교사 발달 단계는 순환한다.

버크 등은 교사 발달을 다음과 같이 8단계로 제안했다.

첫째, 교직 이전 단계는 대학에서 교사가 되기 위해 교육 받는 단계이다. 둘째, 교직 입문 단계는 교직 입문부터 3년까지로 교사로서 생존하려고 노력하는 단계다. 셋째, 능력구축 단계는 새로운 교수 자료, 방법, 전략 등 교수 기술 향상에 집중하는 단계이다. 능력을 구축하기 위해 교사는 전문 서적을 읽고, 연수를 통해 배운 것을 활용하여 수업을 계획하고 실행, 평가한다. 대학원에도 진학하는 등 교사는 노력을 많이 기울인다. 넷째, 열중과 성장 단계는 교직 수행에 만족도가 높고 전문가로서 계속 발전을 추구하는 단계이다. 다섯째, 좌절 단계는 교직 수행에 좌절감을 느끼고 직무 만족도가 낮아지고 이직률이 높아지는 단계이다. 여섯째, 안정과 침체 단계는 교사 역할을 최소한으로 수행하며 현실에 안주하는 단계이다. 일곱째, 교직 쇠퇴 단계는 은퇴를 준비하는 단계이다. 교사는 은퇴를 긍정적 또는 부정적으로 받아 들인다. 여덟째, 교직 퇴직 단계는 퇴직하기 위해 대안을 찾거나 휴직, 이직, 은퇴를 하는 단계이다.

버크 등이 제안한 교사 발달 모델은 교사는 서로 다른 모습으로 교직 생활을 한다는 점을 잘 보여 준다.[140]

❙ 버크, 훼슬러, 크리스텐슨의 교사 발달 모델 ❙

단계	내용
교직 이전 단계	교사가 되기 위해 교육 받는 단계
교직 입문 단계	교직 입문부터 3년까지로 교사로 생존하고자 노력하는 단계
능력 구축 단계	새로운 자료, 방법, 전략 등 교수 기술을 증진하기 위해 집중하는 시기. 배운 것을 활용해서 수업을 계획, 실행, 평가한다. 전문서적 탐독, 연수, 대학원 진학 등 능력 향상을 위해 노력을 많이 기울인다.
열중과 성장 단계	교직 만족도가 높고 전문가로서 계속 발전을 추구하는 단계
좌절 단계	교직에 좌절감을 느끼고 직무 만족도가 낮아지고 이직률이 높아지는 단계
안정과 침체 단계	역할을 최소한으로 수행하고 현실에 안주하는 단계
교직 쇠퇴 단계	은퇴를 준비하는 단계
교직 퇴직 단계	퇴직하기 위해 대안을 찾거나 휴직, 이직, 은퇴하는 단계

기출문제로 학습 확인하기

(2016 A4) 버크(P. Burke), 훼슬러(R. Fessler)와 크리스텐슨(J. Christensen)이 제안한 교직 발달 모델에 근거하여, ① 최 교사의 사례에서 나타난 특징을 쓰고, ② [A]에 해당하는 최 교사의 교직 발달 단계의 명칭을 쓰시오. [2점]

---

140 『유아교사론』(임부연, 김성숙, 송진영 저, 양서원, 2018), 115쪽

최 교사: 선생님, 초임교사라 적응이 힘드시죠?

김 교사: 네, 조금 힘들어요.

최 교사: 저도 초임교사 시절에 힘들었던 것 같아요.

김 교사: 선생님도 그러셨군요.

최 교사: 그런데 저는 어느 정도 교사 생활에 적응했을 때 ⓛ 계속 발전하고 싶어 전문서적을 읽고, 연수도 다녔어요. 배운 것을 활용해서 수업을 계획하고 실행, 평가하면서 혼자 열심히 노력했어요.

김 교사: 정말 열심히 하셨네요.

최 교사: 주임 교사 때는 대학원도 다녔고, 저의 능력을 향상시키기 위해 노력을 많이 했던 것 같아요.

[A]

김 교사: 저도 선생님처럼 열심히 해야겠어요. 요즘은 어떠세요?

최 교사: 만족스럽지만은 않아요. 경력이 있어도 올해는 많이 힘드네요. 지도하기 어려운 유아가 있거든요. 컨설팅 장학을 통해서 이 어려움을 극복할 수 있지 않을까 생각해요.

… (중략) …

김 교사: 컨설팅 장학은 원장님께서 시키신 거예요?

최 교사: 그렇지 않아요. ⓒ 제가 원해서 신청한 거예요.

김 교사: 어떠세요?

최 교사: 많은 도움이 되는 것 같아요. 컨설턴트가 처음 만날 때부터 저를 동등하게 대해 주었어요. ⓐ 컨설팅 과정에서 저는 지식과 기술을 배우고, 그 분도 저랑 만나면서 계속 배우고 성장할 수 있어서 좋다고 하시더라고요.

정답 풀이 ① 경력교사이지만 지도하기 어려운 유아가 있어 어려움을 느끼고 있으며, 컨설팅 장학을 통해 성장하는 등 개인적, 조직적 요인으로 성장과 좌절이 순환적, 역동적으로 나타나고 있다 ② 능력 구축 단계

3. 하그리브스와 퓰란(A. Hargreaves & M. Fullan)의 교사 발달 3가지 측면

교사는 개인적 특성이나 조직 환경에 따라 서로 다르게 발달할 수 있다. 하그리브스와 퓰란(1992)은 교사 발달을 아래와 같이 세 가지 측면에서 설명했다.

1) 지식과 기술 발달

교사가 효과적으로 가르칠 수 있도록 교사에게 교수학 지식과 기술을 학습시켜 발전할 수 있는 기회를 주어야 한다는 관점이다. 이 관점은 교사의 개인적 상황과 맥락, 복잡하고 예측하기 어려운 교실 상황, 교사의 자발성과 실천적 지식 등을 고려하기보다는 교사를 수동적 존재로 보고 훈련시키려고 했기 때문에 효과를 거두기 어려웠다.

2) 자기 이해

나이, 성별, 생활 방식, 발달 단계, 욕구와 관심, 경력 등 교사의 개인적 측면이 교사 자신과 전문성 발달에 큰 영향을 미친다는 관점이다. 자기 이해 관점은 교사 스스로 자신의 신념이나 교육 활동을 반성하면서, 지속적으로 교수 행동을 개선하는 것이 교사 발달에 중요하다고 본다. 이 관점은 교사 발달을 개인적 요인에 치중하여 발달 책임을 모두 교사에게 부과한다는 비판을 받았다.

3) 생태학적 변화

근무 환경, 우호적 교사 관계 등 생태학적 환경이 교사 발달에 영향을 줄 수 있다는 관점이다. 생태학적 변화 관점은 원장과 교육 행정가의 적절한 지원, 자유로운 교사의 의사결정 과정 참여 등이 교수 문화를 변화하고 개선하는 데 중요한 요인이라고 강조한다. 이 관점에 따르면 교사 발달을 위해서는 유치원 원장이 교사의 근무 환경 개선에 관심을 기울이고, 동료교사뿐 아니라 학부모와 협력적 문화를 조성하는 일이 중요하다.[141]

기출문제로 학습 확인하기

(2019 정시A3) 하그리브스와 풀란(A. Hargreaves & M. Fullan)은 교사 교육과 관련하여 교사 발달을 3가지 측면에서 강조하였다. ⓒ과 ⓔ에 나타난 측면을 각각 쓰시오. [2점]

> 박 교사: 맞아요. 필요 시 교사가 적절한 지원을 받는 건 정말 중요한 것 같아요. 다행히 ⓒ 저희 유치원은 원장 선생님이 교사들의 근무 환경 개선에 관심이 많으세요. 동료 교사뿐 아니라 학부모와도 협력적 문화가 잘 형성되어 있어서 너무 좋아요. 교사 혼자의 노력만으로 발달해 나가기는 어렵잖아요. 주변에서 도와줘야 해요.
> 안 교사: 주변에서 도움을 줄 때는 교사의 개인적 상황과 특성을 고려할 필요가 있는 것 같아요. 특히, ⓔ교사 스스로 자신의 신념이나 교육활동을 반성하면서 지속적으로 교수행동의 변화를 이루어 나가는 것이 교사 발달에 중요한 것 같아요.

정답 ⓒ 생태학적 변화 ⓔ 자기 이해

---

141 『유아교사론』(임부연, 김성숙, 송진영 저, 양서원, 2018), 116쪽 요약

04 장 현직교육

현직교육은 현직 교사가 새로운 지식을 얻고 전문성을 향상하기 위해 받는 재교육을 말한다. 현직교육은 교육행정 기관이 시행하는 연수와 교사가 자발적으로 시행하는 자기 연수를 포함한다. 교원 재교육, 교원 연수교육, 교원 현직교육, 계속 교육은 용어는 모두 다르지만 모두 현직교육 범주에 속한다.

교사 교육은 일반적으로 직전교육과 현직교육으로 구분한다. 직전교육은 교사가 되기 위해 필요한 자질과 지식을 체계적으로 습득하는 교육이다. 대학의 교사 양성 과정이 대표적인 직전교육이다. 직전교육과 현직교육은 별개의 과정이 아니다. 훌륭한 교사를 배출하려면 직전교육과 현직교육을 하나의 연속선상에서 통합적으로 운영해야 한다.

교사 전문성은 교사 양성 과정을 정상적으로 수료한다 해도 완벽하게 갖출 수 없다. 교사 전문성은 이론 습득과 교육 실습만으로는 확보할 수 없기 때문이다. 유치원 교육 현장에서 교사로 일하면서 교육 이론에 근거하여 실천적 지식을 지속적으로 축적해야만 전문성을 갖출 수 있다.

1. 현직교육 필요성

'교육의 질은 교사의 질을 넘지 못한다'는 교육계의 오랜 격언처럼 제도와 환경이 어떻게 변하든 교육의 질은 교사가 결정한다. 교육 수준을 높이려면 교사의 자질과 능력이 뛰어나야 한다. 교사는 퇴임할 때까지 자질과 능력을 향상하기 위해 끊임없이 노력해야 한다. 현직교육은 교사의 자질과 능력을 향상하는 데 필수적이다. 현직교육은 다음과 같이 세 가지 이유로 필요하다.

1) 전문성 담보

다른 학문과 달리 유아교육은 이론만으로 모든 현상을 설명하지 못한다. 자격증만으로 전문성을 담보할 수 없다. 좋은 교사가 되려면 계속 현장을 연구하고 이론을 적용하고 응용하는 역량이 필요하다. 게다가 유아교육 현장에서 일어나는 일은 매우 복잡하고 예측하기 힘들다. 교사는 적절하게 판단하고 자율적으로 행동할 수 있는 역량이 필요하다. 이런 역량을 갖추려면 현직교육으로 배운 지식과 기술을, 경험에 비추어 이해한 후 현장에 적용하며, 그 결과를 반성적으로 사고하여, 교사 스스로 교육 신념을 형성하고 실천적 지식을 쌓을 때 가능하다.

2) 새로운 지식과 기술 습득

현대 사회는 새로운 지식과 정보가 급격하게 증가하고 수준도 나날이 높아지고 있다. 사회문화적 환경도 갈수록 다양하고 복잡하게 변하고 있다. 이에 따라 교사는 새로운 요구와 문제에 직면하게 되는 데, 어떤 교사도 이를 혼자서 해결할 수 없다. 현직교육은 교사가 새로운 지식과 정보를 습득하도록 돕는다. 교사는 남보다 앞서서 첨단 지식을 배워 유아에게 전달해야 한다.

3) 교육과정 운영

현직교육은 새로운 시대에 부응하는 교육과정을 운영하는 데 필요한, 교육 이론과 교수 기술을 적절하게 제공한다.

4) 개혁과 혁신 확산

누리과정 도입, 놀이 중심 교육과정 실시 등 국가가 교육 개혁이나 혁신을 단행할 때, 현직교육은 개혁과 혁신을 가장 빠르고 효과적으로 유치원 현장에 확산하는 매체이다.

2. 현직교육 유형

현직교육은 자격연수, 직무연수, 일반연수, 특별연수, 자율연수로 나눌 수 있다.

정부가 시행하는 자격연수는 유아교육법 제22조에 따라 새로운 자격이나 상급 자격을 취득하기 위한 연수를 말한다. 상급 자격 취득 연수에는 2급 정교사 과정, 1급 정

교사 과정, 원감 과정, 원장 과정이 있다. 대상과 내용은 교육부령으로 정한다.

직무연수는 직무 수행에 필요한 지식과 기술을 습득하기 위해 실시하는 연수다. 대상자는 유치원이 지명한 교사, 복직하려는 교원 등이다.

일반연수는 유아교육 현장에서 교육 이론과 교수 방법을 습득하는 연수이다. 대상자는 소속 교육장이나 소속 기관의 장이 지명한다.

특별연수는 국내외 교육 기관이나 연구 기관에서 교육 공무원이 받는 연수이다. 국외연수가 대표적이다.

자율연수는 유아교육 단체나 현장 교사가 자율적으로 조직한 연구회가 주관하는 연수를 말한다.

기출문제로 학습 확인하기

(1998 객9) 유치원 교사를 위한 현직 교육의 필요성이 아닌 것은?

① 직전 교육의 보완
② 변화 및 발전에 대한 적응
③ 법적 규정
④ 교사의 역할 탐색

정답 ③

05장 장학

1. 개념과 유형

장학을 한 마디로 정의하는 일은 쉽지 않다. 접근 방법, 시대 변화, 학자 등에 따라 정의가 다르기 때문이다. 장학의 개념과 형태를 연구한 국내외 학자의 견해를 종합하면, 장학에 공통적으로 포함되는 요소는 '교육 활동 개선'과 '지도와 조언'이라고 할 수 있다.

교육 활동은 주로 교실 내에서 이루어지는 교수·학습을 의미하며 이를 개선하는 것이 장학 목적이라고 할 수 있다. 지도와 조언은 장학 담당자가 장학 대상자에게 제공하는 장학 방법이자 형태라고 할 수 있다. 지도와 조언을 받아 교육 활동을 개선해야하는 주체는 교사이다. 따라서 장학 대상은 교사이다. 이상을 종합하면 장학은 교육활동을 개선하기 위해 교사에게 제공하는 지도와 조언이다.[142]

장학은 크게 수업장학, 임상장학, 약식장학, 동료장학, 자기장학, 컨설팅장학, 사이버장학, 선택적 장학, 발달적 장학으로 나눌 수 있다.

2. 수업장학

수업장학은 원장이나 원감이 주도적으로 장학사와 연계하여, 교사를 체계적으로 지도하고 조언하는 장학이다. 수업장학의 범위는 교실에 한정한다. 특히 수업에서 나타난 문제를 개선하기 위해 구체적인 목표를 설정하여 교사의 수업 전문성을 신장한다. 주로 학습 지도안, 교수 기술, 유아 생활 지도, 평가를 다루며 사전협의회, 수업 관찰, 사후협의회 형식으로 진행한다. 수업장학은 교사가 새로운 교수 기술과 전략을 연구하고 습득하는 데 적합하다.

---

142 『컨설팅 장학의 개념 탐색』(진동섭, 김도기, 2005), 3쪽

3. 임상장학

임상장학은 교사 요청에 따라 교실에서 일어난 문제를 장학사가 환자를 치료하는 의사처럼 분석하여 해결 방안을 찾도록 도와 주는 장학이다. 임상장학은 교사가 요청하여 이루어지므로 교사 중심 장학이라고 할 수 있다. 임상장학은 수업을 개선하려는 목적을 갖고 수업에 초점을 맞춘다. 특히, 교사가 제시하는 문제점으로 범위를 제한한다. 임상장학은 장학사와 교사가 친밀한 동료처럼 일대일로 사전협의회, 수업 관찰과 분석, 사후협의회를 거치며 실시한다.

4. 약식장학

약식장학은 원장·원감이 학급 순시나 수업 참관을 통해, 주기적으로 수업과 학급 활동을 관찰한 후 지도나 조언을 하는 장학이다. 약식장학은 원장·원감이 일상적으로 빈번하게 하기 때문에 일상장학이라고도 한다.

약식장학은 원칙적으로 원장이나 원감이 계획하고 주도한다. 주기적으로 학급 순시나 수업 참관을 통해 짧게 장학하므로 공식적 장학을 보완하는 대안적인 성격을 띤다.

약식장학의 장점은 두 가지를 들 수 있다. 첫째, 원장·원감은 교사가 미리 준비한 보여주기식 활동이 아닌, 평소의 자연스러운 활동을 관찰할 수 있어 실제적인 지도나 조언을 할 수 있다. 둘째, 원장·원감은 교수 방식, 유아 발달 성취도, 발달 특성 등 전반적인 학급 상황을 파악할 수 있다.

5. 동료장학

1) 개념

동료장학은 장학 담당자와 장학 대상자가 동료라는 동등한 관계에서 서로 협의하여 실시하는 장학이다. 동료장학은 개별 교사의 요구를 토대로 동료교사 간에 지원과 피드백을 주고 받는 장학이다. 동료장학을 실시하면서 교사는 전문성을 계발하며, 동료교사를 존경하고, 교직에 자신감과 만족감을 느낄 수 있다.

2) 목적

조이스와 샤우어(Joyce & Shower, 1995)은 동료장학의 목적을 네 가지로 정리했다. 첫째, 교수 기술 향상을 위해 끊임없이 노력하는 교사 공동체를 형성한다. 둘째, 새로운 지식과 기술을 함께 연구하기 위하여 공동의 언어와 이해를 추구한다. 셋째, 새로운 교수 기술과 전략을 배울 수 있는 장을 마련한다. 예를 들어 어떤 교사가 '유아에게 질문하기' 기술을 향상시키고자 한다면, 동료교사는 우선 적절한 질문을 하기 위해 관찰 전 협의를 하고, 관찰 후 협의에서 '유아에게 질문하기 기술'에 대한 피드백에 중점을 두고 동료장학을 할 수 있다. 넷째, 현재 문제가 되는 교수 상황과 지속적으로 나타나는 문제를 해결한다. 예를 들어 어떤 교사가 '유아 협력학습'에서 어려움을 겪는다면 동료교사가 이를 함께 해결하고자 동료장학을 할 수 있다.

이상을 종합하면 동료장학은 교수 기술 향상뿐 아니라 교육 현장에서 직면하는 문제나 어려움을 동료 간에 공유하고 해결하여, 전문성 발달을 도모하기 위해서 실시한다.

3) 내용

동료장학의 내용은 크게 두 가지로 나누어 볼 수 있다.

첫째, 교사 전문성 발달을 도모하는 내용이다. 이런 내용에는 교육관·가치관·교육신념 확립, 교수 기술 향상, 자아상 확립, 대인관계 능력 배양, 지원적 환경 조성 등을 들 수 있다.

둘째, 직무나 현장의 문제와 직접 관련이 있는 내용이다. 교사는 이미 교직에 관한 지식과 기술, 경험을 갖춘 성인 학습자이므로 직무나 현장의 문제와 직접 관련된 내용을 다뤄야 한다.

4) 동료장학팀 구성 유형

동료장학은 다음과 같이 여러 가지 형태로 팀을 구성할 수 있다.

(1) 경력교사와 초임교사로 구성
(2) 경력교사만으로 또는 초임교사만으로 구성
(3) 관심 있는 장학 주제별로 또는 교사의 전문성 발달 수준별로 구성
(4) 원내 동료교사들로 구성 또는 인근 유치원 교사들과 구성

5) 참여 교사가 지녀야 할 태도

교사들은 서로 도움을 주고 받는 관계라는 인식을 갖고, 서로 신뢰하고, 적극적으로 참여하며 협력해야 한다. 원장과 원감은 적극 지원하여 동료장학을 할 수 있는 여건을 만들어 줘야 한다.

6) 방법

동료장학 방법에는 반성적 저널 쓰기, 교사의 이야기 쓰기, 유아 관찰, 수업 사례 분석, 전문서적 읽기와 토론, 멘토링, 동료간 협의, 동료코칭이 있다. 동료장학 방법은 일반 장학과 동일하지만 동료와 공유하고 협의하는 과정을 강조한다. 동료장학을 할 때는 교사 관심사나 발달 수준을 고려하여 적절한 방법을 채택해야 한다.

(1) 반성적 저널 쓰기

반성적 저널쓰기는 교사가 무엇을 알고, 무엇을 느끼며, 무엇을 왜 하는지 생각하게 하여 반성적 사고를 기르는 데 도움이 된다. 특히 주요 인물, 해결할 문제나 갈등, 문제해결과 관련된 사건 등을 저널로 쓰면 반성적 사고를 기르는 데 효과가 있다.

반성적 저널쓰기는 교사가 쓰기를 좋아하고 기록으로 자신을 반성할 수 있는 능력을 갖추고 있을 때 효과적이다. 저널 쓰기를 통해 반성적 사고를 하려면 오랜 시간이 필요하므로 교사는 꾸준히 훈련해야 한다.

> **용어 설명 |** 저널- 특정 주제나 전문 분야를 다루는 신문이나 잡지, 학술지, 일기 등을 지칭

(2) 교사의 이야기 쓰기

교사는 이야기 쓰기를 통해 개인의 발달과 경험을 조명할 수 있다. 교사는 동료 이야기를 듣고 자기 이야기를 할 때, 가르치는 일의 깊고 다양함을 표현할 수 있다. 자신의 삶에 녹아 있는 실천적 지식을 자연스럽게 표현하고 중요성도 부각할 수 있다. 교사의 이야기 쓰기는 교사와 교사를 연결해주고 타인 경험에 쉽게 접근할 수 있어 전문성 신장에 도움이 된다.

(3) 유아 관찰

유아를 세밀하게 관찰하고 분석하는 유아 관찰은 교사 전문성 신장을 위해 필요하다. 유아를 객관적으로 관찰하는 기술은 교사라면 누구나 갖춰야 한다. 경력교사라면

특별한 관찰 기술을 개발해야 한다.

(4) 수업 사례 분석

수업 사례 분석은 동영상 등을 활용하여 자신이나 동료 교사의 수업이나 관련 사례를 분석하는 방법이다. 교사는 자신의 수업을 촬영하여 검토하거나, 동료 교사와 함께 동영상을 보고 토론하여, 조언과 아이디어를 얻을 수 있다.

교사 대부분은 교수 활동을 할 때 동료와 분리되어 있어, 동료 수업을 관찰하거나 자기 수업에 대해 동료 조언을 청취할 수 있는 기회가 적다. 따라서 수업 사례 분석은 자신의 교수 행위를 객관적으로 살펴 볼 수 있고 피드백을 얻을 수 있어, 반성적 사고를 기르는 데 도움이 된다. 동료교사도 교수 활동을 개선할 수 있는 아이디어를 얻을 수 있다. 수업 사례 분석은 수업장학과 자기장학에서도 사용한다.

기출문제로 학습 확인하기

(2013 정시A2) 김 교사와 박 교사는 사례의 계획한 활동을 실행하면서 비디오로 촬영한 후, 서로의 교수 행위에 대해 객관적으로 분석하였다. 교사들의 반성적 사고를 기르는 데 도움이 되는 이러한 동료장학의 방법을 쓰시오. **[1점]**

	(가)	(나)
활동명	북소리에 맞춰 걷기	북소리에 맞춰 걷기
활동 목표	○ 소리의 셈여림에 관심을 갖는다. ○ ㉠ 북소리를 들으며 걸어 본다.	○ 소리의 셈여림에 관심을 갖는다. ○ ㉡ 북소리의 장단과 강약에 맞춰 걸어 본다.
활동 방법	○ 셈여림의 차이가 있는 북소리를 들어 본다. ○ 북소리를 들으며 자유롭게 걸어 본다. ○ 북소리를 들으면서 홉핑, 스키핑을 하다가 교사가 멈춤 신호를 주면 그 자리에 바로 멈춘다. ○ 활동을 마친 후 다 같이 앉아서 활동한 것을 평가 한다.	○ 북소리를 듣고 셈여림 등 소리 차이를 탐색한다. ○ 북소리(느리고 크게, 빠르고 작게)에 맞춰 걸어 본다. ○ 북소리를 들으면서 홉핑, 스키핑, 말뛰기를 하다가 교사가 멈춤 신호를 주면 그 자리에 바로 멈춘다. ○ 활동 후 다 같이 앉아서 활동한 것을 평가한다.

정답 수업 사례 분석

(5) 전문서적 읽기와 토론

전문서적을 읽고 토론하면 교사가 갖고 있는 교육 관점을 바꿀 수 있는 등 효과가 크다. 교사는 전문서적을 다른 교사와 함께 읽고, 토론하면서 지식을 폭 넓게 습득할 수 있다. 전문서적 읽기와 토론을 할 때는 교사의 독해 능력을 고려해야 한다.

(6) 멘토링

① 개념

경력이 풍부하고 능숙한 교사인 멘토(Mentor)가 초임 교사나 기술이 서툰 교사인 멘티(mentee)에게 상담과 격려, 충고를 하여 서로 발전을 증진하는 방법이다.

멘토는 그리스 신화에서 유래했다. 이타카섬 오디세우스 왕의 친구이자 조언자가 바로 멘토라는 인물이다. 오디세우스는 트로이와 전쟁을 치르기 위해 떠나며 멘토에게 왕실과 가정을 지키고, 아들 텔레마코스를 잘 교육해 달라고 부탁한다. 멘토는 20년 동안 정성껏 텔레마코스를 교육했고, 왕실과 아내를 지켜냈다.

멘토링은 주로 경력교사와 초임교사가 한 조를 짜서 실시한다. 멘토가 멘티에게 주는 피드백은 특정 교수 행위에 초점을 맞춰 즉각적이고 구체적이어야 한다. 멘티가 피드백을 이해했는지 확인도 해야 한다. 멘티는 방어적 태도를 취하지 않고 피드백을 경청하고 반영하는 반응적 태도를 취해야 한다.

② 멘토 교사 역할

멘토 교사 역할은 다음과 같이 세 가지로 나누어 볼 수 있다. 첫째, 전문적 지원이다. 멘토 교사는 멘티 교사가 제기한 문제를 해결하기 위해 적절하게 피드백을 제공하여, 멘티 교사가 교사 역할을 잘 수행하도록 돕는다. 둘째, 정서 지원이다. 멘토 교사는 멘티 교사의 고민을 나누고 격려하여, 멘티 교사가 자신감을 가질 수 있도록 정서적으로 지원해야 한다. 셋째, 신뢰와 협력이다. 멘토 교사가 멘티 교사를 신뢰할 때 멘티 교사는 자신의 문제를 솔직하고 편안하게 드러내고, 적극적으로 멘토 교사와 협력할 수 있다.

③ 멘토링 기술

멘토링은 멘토 교사와 멘티 교사가 서로 신뢰해야 전문성을 신장할 수 있다. 신뢰를 쌓기 위해 반영적 경청, 반성적 사고를 촉진하는 질문, 피드백 제공, 비밀 유지 등 의사소통 기술을 활용하는 것이 좋다. 이 과정에서 지나치게 사적인 대화로 흐르지 않도록 유의해야 한다.

멘토링은 강의-시범-연습-피드백-실제 적용 또는 문제 인식·진단-수업 관찰-문제 해결 방안 협의-실제 적용 등 순환 시스템을 활용하여 체계적으로 해야 한다. 사전·사후 협의회를 통해 개선할 내용과 추후 멘토링 방향을 설정하는 일도 필요하다.

반성적 사고는 멘티 교사의 자율성과 전문성을 발달시키는 동력이다. 멘토 교사는 반성적 저널, 집단 토의, 수업 사례 분석 등을 활용하여, 멘티 교사가 반성적 사고를 할 수 있도록 도와야 한다.

④ 멘토링 효과

멘토링을 통하여 멘토 교사는 세 가지 효과를 거둘 수 있다. 첫째, 교수 방법과 기술을 재확인하거나 새롭게 개발할 수 있다. 둘째, 멘티 교사를 지원하면서 보람을 느끼고 긍정적 자존감이 신장한다. 셋째, 자아 반성을 통해 자신을 새롭게 인식하고 긍정적 가치관을 확립하여, 리더 역할을 잘 수행할 수 있다.

멘티 교사도 세 가지 효과를 거둘 수 있다. 첫째, 반성적 사고를 통하여 교과 지식, 교수법, 교수 행동 등에서 전문성을 신장한다. 둘째, 교실에서 느낀 불안감, 갈등, 딜레마를 극복하는 데 필요한 정서적 지원을 얻는다. 셋째, 반성적 사고를 할 수 있으며, 멘토 교사와 협력 공동체를 구축할 수 있다.[143]

(7) 동료 간 협의

동료 간 협의는 믿을 수 있는 동료끼리 교육계획안을 작성한 후 분석하거나, 구체적 교수 방법을 협의하는 일이다. 동료 간 협의는 교사와 원장 사이 등 수직적 관계에서 발생하는 부담감이 없는 것이 장점이다. 초임교사는 경력 2~3년 차 교사와 동료 간 협의를 하면, 교사 역할에 관련된 도움은 물론 심리적 지지를 받을 수 있다.

(8) 동료코칭

동료코칭은 교사들이 정기적으로 모여 함께 계획, 관찰하고 피드백을 주며, 창의적 사고를 활용하여 문제를 해결하는 방법이다. 동료코칭을 할 때 교사는 교수 과정을 되돌아보고 검토하기 위해 상대 교사의 수업을 관찰하고 피드백을 주는 등 서로 협력하고 돕는다.

동료코칭은 크게 세 가지로 나눌 수 있다. 첫째, 지적할 점을 기록하지만 교수 행동에 간섭하지 않는 '있는 그대로 반영하기' 둘째, 원하는 도움을 주지만 교수 행동에 간섭하지 않은 '협력적 코칭' 셋째, 관찰자가 피드백을 제공하는 '전문가적 코칭'이다. 원활하게 동료코칭을 하려면 먼저 동료 교사를 서로 신뢰해야 한다.

---

143 『유아교사론』(임부연, 김성숙, 송진영 저, 양서원, 2018), 162~164쪽 요약

7) 동료장학 효과

동료장학 효과는 다음과 같이 크게 여섯 가지로 정리할 수 있다.

(1) 공동체 의식 형성

유치원에서 교사는 자기 교실에 혼자 있는 경우가 많다. 동료장학으로 교사는 동료와 함께 계획하고 교수하며 평가함으로써 공동체 의식을 함양할 수 있다.

(2) 상황 학습

교실은 복잡한 상호작용적 환경이다. 동료장학으로 다른 상황을 경험하면 다양한 수업을 이해하고 활용할 수 있다.

(3) 반성

다른 교사와 협의하고 피드백을 주고 받으면서 교사는 자신의 교수 행위를 반성하게 된다. 동료장학은 자신의 교수 내용과 과정을 깊이 돌아보도록 촉진한다.

(4) 공유 언어

사전·사후 협의에서 교사는 자신의 교수 행위를 해석하고 설명하기 위해 전문 용어를 사용한다. 이 과정에서 교사는 교수 지식을 확장할 수 있다.

(5) 전문적 성장

교사들은 동료장학을 통해 서로 코치 역할을 하면서 전통적인 교사 역할을 넘어, 교사 교육자 역할을 수행한다.

(6) 지지적 환경 조성

교사는 동료장학이 동료교사 간의 활동이므로 평가 대상이 되지 않아 부담감이나 실패에 따르는 두려움이 없다. 따라서 동료장학은 교사가 자신감을 갖고 새로운 실험을 하도록 장려한다.[144]

---

144 『교사의 전문성 신장을 위한 동료장학자료』(교육부, 2005), 13~21쪽

8) 학급 수에 따른 유치원 동료 장학의 특징

(1) 단일 학급 유치원

구분	내용
특성	-원내에 동료 유치원 교사가 없다. -교사 혼자서 원 운영 계획을 세워야 한다. -공립의 경우 초등학교 교장(감)이 원장(감)을 겸직한다.
기본 방향	-원내 동료장학을 실시하기 어렵다. -온라인으로 장학을 실시할 수 있다.
성공 조건	-참여 교사가 서로 신뢰해야 한다. -교사가 적극 참여해야 한다. -서로 도움을 주고 받는 동료장학이라는 인식이 필요하다.[147]

(2) 두 학급 유치원

구분	내용
특성	-두 교사의 원만한 인간 관계 형성이 원 운영의 관건이다. -공립의 경우 유아교육을 전공한 원장, 원감이 없으며, 초등학교 위주로 행사나 업무를 하는 경우가 많다.
기본 방향	-두 교사의 관계 형성을 기본으로 한다. -두 교사가 협력하여 다양한 측면에서 전문성 발달을 꾀한다. -두 교사 외에 원내 인적·물적 자원의 지원을 이끌어 낸다.
성공 조건	-두 교사가 원만한 인간 관계를 형성, 유지하는 것이 기본 요건이다. -두 교사의 관심사에 초점을 맞춘 지식과 기술 습득, 원내외 인적·물적 자원을 최대한 이끌어 내기 위한 교사 협력이 무엇보다 중요하다.[148]

(3) 다(多) 학급 유치원

구분	내용
특성	-4학급 이상이며 원장(감)과 부장이 있다. -연령별로 학급이 구성되어 있다. -단독 기관으로 운영되므로 업무가 많다. -유치원 운영위원회가 구성되어 있다.
기본 방향	-능력이나 희망에 따라 효율적으로 업무를 분장해야 하다. -원장의 지도력이 필요하다. -원장, 원감, 부장교사, 교사 등 위계에 따라 권한을 위임해야 한다.
성공 조건	-원장(감)이 동료장학을 위한 분위기를 조성해야 한다. -동료 교사 간에 친밀한 관계를 형성해야 한다.[149]

---

145 『교사의 전문성 신장을 위한 동료장학자료』(교육부, 2005), 25쪽 재구성
146 『교사의 전문성 신장을 위한 동료장학자료』(교육부, 2005), 89쪽 재구성
147 『교사의 전문성 신장을 위한 동료장학자료』(교육부, 2005), 141쪽 재구성

(2008 주8) 채 교사는 자신이 수업을 제대로 하고 있는지, 어떻게 하면 더 잘 할 수 있는지 알고 싶어 한다.

1) 채 교사가 도움을 받을 수 있는 동료장학 방법을 3가지 제시하시오. [3점]

2) 동료장학이 효과적으로 이루어지기 위해 참여 교사들이 가져야 할 태도를 2가지 쓰시오. [2점]

정답 풀이 1) 교육부의 '교사의 전문성 신장을 위한 동료장학자료(2005)'에 따르면 동료장학 방법에는 반성적 저널 쓰기, 교사의 이야기 쓰기, 유아 관찰, 수업 사례 분석, 전문서적 읽기와 토론, 멘토링, 동료간 협의, 동료코칭 이렇게 여덟 가지가 있다. 이 중에서 세 가지를 골라 쓰면 된다.
2) 동료장학을 효과적으로 수행하려면 참여 교사들은 첫째, 서로 도움을 주고 받는 관계라고 인식하고 둘째, 서로 신뢰하고 적극 참여하며 협력해야 한다.

6. 자기장학

1) 개념과 특징

자기장학은 교사가 전문성 신장을 위해 외부 강요나 지도에 의하지 않고 스스로 계획을 수립하여 실천하는 장학을 말한다. 즉, 자기장학은 원칙적으로 교사 자신이 스스로 계획을 세우고, 실천하며, 그 결과를 스스로 반성하는 장학이다.

자기장학은 교내 자율장학의 일종이다. 교내 자율장학에는 자기장학을 포함하여 수업장학, 동료장학, 약식장학, 자체연수 등이 있다.

자기장학은 자기 발전 의지와 능력, 자율성을 기초로 하므로 자기 실현 욕구가 강한 교사에게 적합하다.

2) 방법

자기장학에는 다음과 같은 방법이 있다. 첫째, 자신의 수업을 녹음·녹화한 후 분석하고 평가하기 둘째, 배운 것을 활용해서 수업을 계획하고 실행·평가하기 셋째, 자신의 문제를 진단한 후 자기발전 계획서 작성하기 넷째, 개선이 필요한 학급 문제 연구하기 다섯째, 전문서적·자료 탐독하고 연수 받기 여섯째, 전공 교과와 교육학, 심리학 등 관런 대학원에 진학하기 일곱째, 교직 연구기관, 학술단체, 사회기관 등 전문 기관을 방문하고 전문가와 상담하기 여덟째, 교과연구회, 학술발표회, 강연회 등에 참석하거나 유치원 상호 방문 프로그램 참여하기

3) 찬반론
자기장학에는 찬반양론이 대립한다. 자기장학 찬성론자는, 교사는 외부 지시나 지도에 의한 학습보다는 개인 학습을 선호한다는 점을 근거로 든다. 반대론자는 자율적이고 자기발전 지향적인 교사는 많지 않으며, 동료 등과 상호작용 해야 성장할 수 있다고 주장한다.

기출문제로 학습 확인하기

(2014 A6) 윤 교사가 지칭하는 장학의 유형 1가지를 쓰시오. [1점]

> 윤 교사: 저도 그런 과정을 거쳤어요. 선생님이 자신의 문제를 진단한 후 자기발전 계획서를 작성하거나, 자신의 수업을 분석·평가하거나, 개선이 필요한 학급 문제에 대해 연구하거나, 전문서적을 읽고, 대학원에 진학하는 등 스스로 자기발전을 위해 노력하면 좋은 성과가 있을 거예요.

정답 자기장학

(2016 A4) ⓒ에 해당하는 장학의 명칭을 쓰시오. [1점]

> 최 교사: 그런데 저는 어느 정도 교사 생활에 적응했을 때 ⓒ 계속 발전하고 싶어 전문서적을 읽고, 연수도 다녔어요. 배운 것을 활용해서 수업을 계획하고 실행, 평가하면서 혼자 열심히 노력 했어요.

정답 자기장학

7. 컨설팅 장학

1) 개념

컨설팅 장학은 교사의 자발적 의뢰를 받아 교내외 전문가가 교사에게 제공하는 조언 활동이다. 컨설팅 장학은 전문가가 기관 또는 기관 구성원이 요청한 과제나 문제를 해결하기 위해 컨설팅 위주로 실시한다.

컨설팅 장학은 기존 장학의 한계를 극복하기 위하여 학교 컨설팅의 원리와 방법을 장학에 접목했다. 전문성을 갖춘 컨설턴트가 교사 요구에 따라 문제를 진단하여, 해결책이나 대안을 마련하고 이를 실행하는 과정을 조언하거나 지원하는 활동이다. 컨설팅 장학은 성장 의지 함양과 도모, 동료교사 간 협력 증진, 개방적 교직 문화 조성 등에도 기여한다.

2) 원리

컨설팅 장학은 다음과 같이 여섯 가지 원리에 근거하여 실시한다.

(1) 자발성

컨설팅 장학은 의뢰인이 자발적으로 컨설턴트에게 도움을 요청하여 시작된다. 의뢰인이 자발적으로 요청할 때에 실질적 변화를 이끌어 낼 수 있기 때문이다. 공식적 컨설팅 관계는 컨설턴트와 의뢰인의 상호 합의로 성립한다.

(2) 전문성

컨설턴트는 연구와 실천을 통해서 풍부한 학교 교육 또는 학교 경영 지식을 축적하고, 문제 해결에 필요한 기술과 경험을 학교 구성원과 공유하는 방법을 알고 있어야 한다.

(3) 독립성

컨설턴트와 의뢰인은 상하 관계나 종속 관계가 아니다. 대등한 관계에서 독립성과 객관성을 유지한다.

(4) 자문성

컨설팅 장학은 본질적으로 자문 활동이다. 컨설턴트는 의뢰인의 과제를 대신 해결해 주지 않는다. 의뢰인 스스로 해결하도록 자문하고 조언할 뿐이다. 결정권은 의뢰인에게 있다. 컨설턴트는 의뢰인을 대신하여 교육 활동을 하거나 학교를 경영하지 않는다.

(5) 한시성
컨설팅은 기한을 정하여 실시해야 한다. 컨설팅 장학의 목적은 의뢰인이 컨설턴트 도움을 더 이상 필요하지 않도록 만드는 것이다. 의뢰한 문제가 해결되면 컨설팅 장학은 끝이 난다.

(6) 학습성(교육성)
컨설팅 장학은 컨설턴트와 의뢰인 모두 학습하고 성장하는 과정이 되어야 한다. 컨설턴트는 의뢰인에게 문제 해결에 도움을 주는 정보를 제공하고, 지식과 기술을 습득하도록 교육과 훈련을 실시해야 한다.

3) 기존 장학과 비교
지역 교육청 기능이 지도나 감독 중심에서 지원 중심으로 전환하면서, 장학도 컨설팅 위주로 변하고 있다. 기존 장학이 타율적이라면, 컨설팅 장학은 기관·교사가 주체가 되어 문제나 과제를 해결하기 위하여 조력을 요청하는 자율적인 성격을 띤다.

기존 장학이 '위에서 내리는 결정'이라면 컨설팅 장학은 '아래에서 하는 요청'이다. 컨설팅 장학은 기관·교사가 원하는 영역과 방법을 선택한다. 기존 장학은 평가의 성격을 지녔으나 컨설팅 장학은 문제나 과제 해결에 초점을 둔 과정 지향적 활동이다. 기존 장학은 반드시 정해진 학교를 방문하지만, 컨설팅 장학은 의뢰인과 컨설턴트가 시간과 장소를 합의로 정할 수 있다.

┃ 컨설팅 장학과 기존 장학의 비교 ┃

구분	컨설팅 장학	기존 장학
성격	기관이나 교사가 해결하기 원하는 구체적 문제나 상황 중심	교육 전반에 대한 상급 기관의 감독, 지도, 평가
방법	컨설팅을 의뢰하는 기관이나 교사가 주체가 되어 컨설팅을 받고자 하는 영역과 방법 결정	상급기관(교육청 등)에서 장학 영역과 방법 결정
과정	컨설팅을 요청한 교사·기관과 컨설턴트의 관계가 평등. 기존 절차를 생략하거나 간소화	상급 기관의 의견과 지도를 준수하며, 격식과 일정에 따라 실시

4) 컨설팅 장학 절차

컨설팅 장학은 준비, 진단, 문제 해결 방안 구안, 실행, 종료 순서로 실시한다. 절차는 의뢰인의 요구 수준을 고려하여 융통성 있게 조절할 수 있다.[148]

(2016 A4) ⓒ과 ⓡ에 해당하는 컨설팅 장학의 원리를 쓰시오. [1점]

> 김 교사: 컨설팅 장학은 원장님께서 시키신 거예요?
> 최 교사: 그렇지 않아요. ⓒ 제가 원해서 신청한 거예요.
> 김 교사: 어떠세요?
> 최 교사: 많은 도움이 되는 것 같아요. 컨설턴트가 처음 만날 때부터 저를 동등하게 대해 주었어요. ⓡ 컨설팅 과정에서 저는 지식과 기술을 배우고, 그 분도 저랑 만나면서 계속 배우고 성장할 수 있어서 좋다고 하시더라고요.

정답 자발성 원리, 학습성 원리

8. 사이버 장학

1) 개념

사이버 장학은 장학 담당자와 장학 대상자가 직접 대면하지 않고 인터넷이나 이메일 등을 활용하여 실시하는 장학이다.

2) 특징

사이버 장학의 특징은 다음과 같이 세 가지를 들 수 있다. 첫째, 장학 대상자가 장학 담당자를 직접 만나지 않아도 되므로 심리적 부담이 적다. 둘째, 시간과 공간의 제약을 받지 않으며 비공개 상담도 가능하다. 셋째, 신속하게 처방과 지원을 받을 수 있다.

3) 방식

교육지원청 홈페이지 등에 부모교육 자료, 유치원 운영 자료 등을 탑재하여 교사가 다운로드 하게 하거나, 교사가 수업 내용을 업로드 하면 장학 담당자가 이를 검토하여 문제점, 개선 사항 등을 이메일 등으로 피드백 한다.

---

148 『누리과정 컨설팅장학 운영매뉴얼』(교육부, 17개 시도교육청, 육아정책연구소, 2013), 4~6쪽 요약

(2019 정시A3) 신 교사가 설명하는 장학의 유형을 쓰시오. [1점]

> 신 교사: 그런 부분은 교육지원청 사이트를 통해 도움 받을 수 있어요. 교육지원청 홈페이지에는 부모교육 자료도 있고 유치원 운영에 관한 내용도 있어요. 제 수업 내용을 업로드 했었는데 다음 날 바로 피드백을 보내 주더라구요. 현장의 애로사항이 있을 경우 이메일을 통해 신속한 처방과 지원을 받을 수 있어 편리해요. 온라인으로 운영되니 시공간적 제한이 없고 비공개 상담도 가능해서 저는 자주 이용하고 있어요.

정답 사이버 장학

9. 선택적 장학

선택적 장학은 교사가 여러 장학 방식 중에서 자신에게 맞는 장학을 선택하여 실시하는 장학이다. 장학 효과를 높이기 위해 교사 특성과 요구에 맞게 선택적으로 제공하는 장학이라고 할 수 있다.

글래트혼(Glatthorn, 1997)은 교사의 능력과 경험에 따라 임상장학, 동료장학, 자기장학, 행정장학을 선택적으로 활용할 것을 제안했다. 캐츠(Kats, 1972)는 교사의 경력주기에 따라 장학을 다르게 제공할 것을 제안했다. 생존기 교사는 임상장학, 강화기 교사는 동료장학, 갱신기 교사는 전문학회 참가, 교사센터 이용, 비디오를 이용한 자기분석 등으로 수업을 개선하고 성숙기 교사는 자기장학을 활용하는 선택적 장학이 효과적이라고 주장했다.

10. 발달적 장학

발달적 장학은 교사 발달 정도에 따라 장학 방법을 다르게 채택하여 교사 발달 수준을 높이는 장학이다. 발달적 장학은 글리크만(Glickman, 1981)이 개발했다. 발달적 장학은 발달 정도에 맞게 장학하면 발달 수준을 높일 수 있다는 원리에 근거한다. 발달적 장학은 교사마다 다른 인지 수준, 교육 경력, 관심사, 생애주기 등을 고려하고 적합한 장학 방법을 적용하여 발달 수준을 높이는 것을 강조한다.[149]

---

149 『유아교육기관 운영관리』(이영애, 신은수 공저, 방송대, 2015), 265쪽

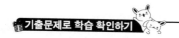

(2015 A3) 다음은 유치원의 원내 자율 장학 협의회 장면이다. ① 장학의 절차와 방법으로 바람직하지 않은 내용 1가지와 ② 그 이유를 쓰시오. [2점]

원장과 김 교사는 동극 수업을 각자 분석한 후, 함께 수업 동영상을 보면서 체계적으로 수업에 대해 협의하고 있다.

원 감: 어제 했던 동극 수업에 대해 선생님이 먼저 평가해 보세요.

김 교사: 우선, 동화를 들려줄 때, 목소리 변화가 좀 적었고, 전체적으로 말이 **빨랐던** 거 같아요. 긴장해서 그랬는지……

원 감: 선생님이 잘 알고 계시네요. 제가 보기에도 동화를 들려줄 때 목소리 변화와 내용 숙지에 조금 아쉬움이 있었어요. 동극하기 전에 약속 정하기도 필요하지만 동극을 하고 난 후, 동극을 한 유아들의 목소리 크기나 동작 그리고 관람자의 태도도 함께 평가해 보면 좋겠어요. 그렇게 하면 다음 번에 더 신나고 재미있는 동극을 지도할 수 있을 것 같아요.

김 교사: 원감 선생님 말씀을 들어보니, 작년에 했던 방식 그대로 하려고만 했지, 새롭게 바꾸어서 해 보려는 생각은 미처 못 했어요.

원 감: 그래도 선생님은 경력에 비하면 아주 잘하는 거예요. 저도 선생님 같은 시기가 있었어요. 그렇지만 지금은 내 나름의 방법으로 변형도 시켜보고 새로운 시도도 해 보면서 유아들에게 더 효과적인 방법을 찾아 가는 재미를 느끼고 있어요. 이론적으로 배웠던 지식을 유아 교육 현장의 상황과 맥락에 맞게 적용하고 재구성하면서 (㉠)이(가) 형성되거든요. (㉠)은(는) 교사가 교직생활의 경험을 통해 능동적으로 구성하는 것이에요.

… (중략) …

원 감: 다음 번에는 어떤 수업 주제를 가지고 할지 논의해 볼까요?

김 교사: 원감 선생님, 이번에 동극을 했으니 다음에는 미술 감상을 했으면 좋겠어요. 감상이 어렵더라고요.

원 감: 그것보다 제가 보기에는 '이야기나누기'가 잘 이루어지지 않는 것 같아요. 다음 번에 '이야기나누기'를 준비해 주세요.

김 교사: 알겠습니다.

정답 풀이 ① 교사 의견을 반영하지 않고 원감이 다음 수업 주제를 일방적으로 결정하였다. ② 장학을 할 때 장학 담당자가 장학 대상자인 교사의 요구나 의견을 무시하면 교사 자율성을 해쳐 교사가 적극적으로 참여하지 않는다.

06장 교사 전문성 요건

1. 자아개념

자아개념은 개인이 가지고 있는 자신에 대한 지각이나 인식, 견해를 말한다. 자아개념은 '나는 누구인가?', '무엇을 할 수 있는가?', '나는 지금 어떤 위치에 있는가?'라는 질문에 스스로 제시한 답이다. 따라서 자아개념은 신체 특징, 가치관, 역할, 능력, 사회적 신분 등을 포함한다. 자아개념은 부모, 친구, 동료 교사 등 의미 있는 타인과 상호작용하면서 형성된다.

유아 교사는 유아 발달에 큰 영향을 미치므로 유아 교사의 자아개념은 중요하다. 긍정적 자아개념을 갖고 있는 교사는 유아와 적극적으로 상호작용 하며, 직무만족도와 교수효능감이 높은 경향이 있다. 따라서 유아 교사의 자아개념은 직무 수행에 큰 영향을 미치는 변인이다.

2. 유아교사 효능감

1) 자기효능감

자기효능감은 자신이 어떤 일을 잘 해낼 수 있다고 믿는 개인적 신념이다. 사람은 자기효능감에 따라 어떤 행동은 시도하지만 다른 어떤 행동은 회피한다. 자기효능감은 어떤 행동을 모방할지 결정하므로 사회학습 이론에서 중요한 개념이다.

반두라(Bandura, 1977)는 자기효능감을 효능기대와 결과기대로 나누었다. 효능기대는 자신이 어떤 일을 어떤 수준으로 할 수 있을 것이라고 스스로 믿는 것이다. 결과기대는 특정한 행동이 특정한 결과를 초래할 것이라는 기대이다. 예를 들어 학생을 효과적으로 교육하면, 학업 능력이 향상될 것이라는 기대는 결과기대이다.

2) 교수효능감

깁슨과 뎀보(Gibson & Dembo, 1984)는 교수효능감을 교사가 학습자에게 영향을 미칠 수 있다고 믿는 정도라고 정의했다. 깁슨과 뎀보는 교수효능감을 개인적 교수효능감과 일반적 교수효능감으로 구분하여 측정하였다.

개인적 교수효능감은 자신이 교사로서 능력이 있다고 믿는 것이다. 반두라의 효능기대 개념에 기초한다. 일반적 교수효능감은 교육이 학생의 행동을 변화시킬 수 있다고 믿는 것으로 반두라의 결과기대에 기초한다.

깁슨과 뎀보에 따르면 교수효능감이 높은 교사는 가르치는 일을 의미 있게 여기며, 자신이 학생의 학습에 긍정적인 영향을 줄 수 있다고 믿고, 자신의 교수행동을 반성적으로 사고한다.

3) 교사효능감

교사효능감은 교사가 유아의 성장과 발달에 영향을 미칠 수 있는 능력이 있다고 믿는 정도를 뜻한다. 유아 교사의 효능감은 교사 신념, 교육 경력, 현직교육, 직무 스트레스 등 교사 요인과 근무 환경과 같은 조직 요인의 영향을 받는다. 원장이나 동료교사 사이의 갈등, 낮은 보수, 부정적 사회 인식은 교사효능감을 떨어뜨리는 대표적인 요인이다.

반두라는 교사가 자신의 능력을 평가할 수 있도록, 교사 능력을 7개 영역으로 구성한 교사효능감 척도를 개발했다. 교사효능감 7개 영역은 다음과 같다.

(1) 영유아 교육 기관의 중요한 의사 결정에 참여할 수 있는 능력
(2) 교재, 교구 확보와 활용 능력
(3) 교수 능력
(4) 영유아 훈육 능력
(5) 영유아 학습에 부모를 참여하게 할 수 있는 능력
(6) 학습을 위해 지역 기관과 연계할 수 있는 능력
(7) 안정적, 협력적, 긍정적 학습 환경을 만들 수 있는 능력[150]

교사효능감이 높은 교사는 교육 활동에 잘 대응하여 직무 스트레스가 낮고, 유아 발달과 학습에 긍정적인 영향을 준다. 교사효능감이 낮은 교사는 유아에게 직접 지시

---

[150] 『유아교사론』(임부연, 김성숙, 송진영 저, 양서원, 2018), 122쪽

하거나 유아 행동을 자주 제한하는 권위적 교수 행동으로 유아 놀이를 위축하거나, 유아를 가르칠 때 스스로 좌절하거나 포기하는 경우가 많다.

3. 반성적 사고

1) 개념

듀이(Dewey, 1933)에 따르면 반성적 사고는 '자신의 신념이나 실천 행위의 원인이나 결과를 주의 깊게 고려하는 것'이다. 반성적 사고는 사고 과정과 내용을 포함한다. 반성적 사고 과정은 교사가 최종 결정에 도달하는 순서를 강조하고, 반성적 사고 내용은 그 사고를 이끌어 낸 실체에 초점을 맞춘다.

반성적 사고는 새로운 개념이 아니다. 1933년에 듀이(Dewey)가 처음 언급했고, 1980년대에 들어 숀(Schon, 1983, 1987)이 다시 제기하여 교육학자 사이에 큰 반향을 일으켰다. 듀이는 자신의 저서 『생각하는 방법(How We Think)』에서 반성적 사고를 동물과 구별할 수 있는, 인간의 가장 중요한 특징이라고 했다.

2) 반성적 사고 과정

듀이에 따르면 인간은 경험을 통해 사고가 싹트고, 경험을 되돌아보고 숙고하며, 보다 나은 경험을 하기 위해 예측하고 행동을 수정하며, 중요한 의사결정을 내리는 등 사고 정교화 과정을 거친다. 듀이는 이러한 인간 경험과 연결된 사고의 특성을 '반성적 사고'라고 했다.

듀이에 따르면 반성적 사고는 체계적, 과학적 사고 과정을 거치는 것이 중요하다. 반성적 사고의 체계적 과정은 반응하기, 정당화하기, 의사결정하기 순서로 이루어진다.

반응하기는 문제를 최초로 인식하고, 진단하고, 원인을 찾아 명명하는 과정이다. 정당화하기는 자신의 경험에 비추어 현재 상황을 설명하고 문제를 해결하기 위해 여러 방법을 모색하고, 추론하고, 가설을 세우는 과정이다. 의사결정하기는 여러 가설 중에 가장 합리적이고 적절한 가설을 정하고 이를 검증하기 위해 실험하거나 적용하는 과정이다.[151]

써백과 그의 동료들(Surbeck et al., 1991)은 유아교육과 학생 10명이 쓴 기록을 분석하여, 반성적 사고는 '상황에 대하여 반응하기', '반응 분석·정당화', '분석한 결과에 따른 의사 결정' 순서로 진행한다고 주장했다.

---

151 『유아교사론』(임부연, 김성숙, 송진영 저, 양서원, 2018), 234~238쪽 요약

우선, 상황에 대하여 반응하기는 교사가 교실에서 일어나는 상황에 관하여 처음으로 기쁨이나 불만족, 관심을 표현하거나 언급하는 행위다. 반응 분석·정당화는 자신이 보인 반응을 설명하고 정당화하며 사례를 제시함으로써 확장하는 행위다. 마지막으로 '분석한 결과에 따른 의사 결정'은 반응의 정당화와 확장에 기초하여 의사결정을 하는 일이다.

3) 반성적 사고 내용

로데릭(Roderick, 1986)은 유아교육학과 학생 22명이 쓴 기록을 분석하여, 유아교육학과 학생은 교사로서의 자아, 교사 역할, 유아교사 직업, 교육 신념 등의 주제를 사고한다고 주장했다. 써백과 한(Surbeck & Han, 1993)은 유아교육과 학생 10명이 쓴 기록을 분석하여, 반성적 사고의 내용은 유아 이해, 유아교육 실제 인식, 유아교육의 전문성 인식, 자기 평가라고 주장했다.

4) 반성적 사고의 세 가지 형태

숀(A. Schon)은 그의 저서 『반성적 실천가(The Reflective Practitioner)』에서 반성적 사고를 두 가지로 구분했다. 하나는 행위 중의 반성적 사고이고 다른 하나는 행위 후 반성적 사고이다.

킬리온과 토드넴(Killion & Todnem, 1991)은 숀의 개념을 확장하여 반성적 사고를 실천 행위에 대한 반성적 사고, 실천 행위 중의 반성적 사고, 실천 행위를 위한 반성적 사고로 구분했다.

실천 행위에 대한 반성적 사고는 수업이나 활동 후에 하는 반성적 사고이다. 실천 행위 중의 반성적 사고는 수업이나 활동 중에 하는 반성적 사고이다. 교사가 수업을 하다가 유아 반응을 보고 교수 내용이나 방법을 변경하는 것이 실천 행위 중의 반성적 사고이다. 실천 행위를 위한 반성적 사고는 선제적으로 일어나는 반성적 사고이다. 다른 두 가지 반성적 사고의 결과가 바람직하게 나타나도록 하는 적극적인 반성적 사고이다.

5) 반성적 사고 수준

유아 교사가 반성적 사고를 할 때 사고의 내용과 질은 교사마다 다르다. 반성적 사고를 훈련한 경험이나 개인의 지각, 지식 정도에 따라 반성적 사고 수준은 다르다.

반 매넌(V. Manen, 1977)은 반성적 사고를 기술적 수준, 전문가적 수준, 비판적 수준으로 구분했다.

(1) 기술적 수준(기계적 수준)

기술적 수준은 주어진 목적을 달성하기 위해 교육 지식을 기술적으로 적용하는 수준이다. 교사는 자신의 지식에 기초하여 주어진 목적을 얼마나 잘 달성했는지에 초점을 맞춘다. 교사는 주어진 목적을 의심하지 않으며 당연히 추구해야 한다고 생각한다. 교사는 수업 중에 유아 반응을 살피거나, 교육과정이 적합한지 등을 돌아보기보다 경제성이나 효율성을 중시한다. 누리 과정의 세부 내용을 그대로 교육 활동으로 연결하거나 유아가 흥미를 잃고 지루해하여도 스스로 의미를 부여한다. 자이크너와 리스톤 (Zeichner & Liston, 1987)에 따르면 교생은 실습할 때 대부분 이 수준에 머물러 있다.

(2) 전문가적 수준(실천적 수준)

전문가적 수준은 교수 행위가 교육적으로 가치가 있는지에 초점을 맞추는 수준이다. 교사는 모든 교육 행위는 특정한 가치관과 연결된다고 보고 교육 목표가 가치가 있는지 고려한다. 어떤 결정을 할 때, 교사는 자신의 결정이 미칠 장기적 교육 효과까지 검토한다. 예를 들어 교사는 미리 계획한 수업을 고집하기보다 유아의 흥미와 관심에 귀 기울이는 등 융통성을 발휘하면, 유아 주도형 수업이 되어 교육적 가치가 클 것이라고 생각한다. 교사는 자신의 지식, 가치, 신념을 반영하여 교수 행위의 적합성과 실용성을 고려한다. 하지만 모든 결정은 여전히 교육학 원리에 근거를 둔다.

(3) 비판적 수준(도덕적·윤리적 수준)

비판적 수준은 교수 행위가 교육적 가치뿐 아니라 도덕적, 윤리적으로 가치가 있는지 고려하는 수준이다. 비판적 수준은 가장 수준이 높은 반성적 사고이다. 교사 관심은 '무엇이 가장 효과적인 교수법인가?'에서 벗어나 '무엇이 옳고 그른가?'로 바뀐다. 교사는 어떤 교육적 경험이나 활동이 공평하고, 평등하며, 행복한 삶으로 이끌어 주는지에 초점을 맞춘다. 교사는 자기 성찰적 자세를 갖고 평등, 공정, 정의, 민주 등 가치를 교수 행위에 포함하려고 노력한다. 따라서 교사는 유아의 장기적 발달에 도움이 되는 결정을 내리고 교육 정책 수립과 개선에도 공헌한다.

반 매넌은 비판적 수준을 중시했다. 그는 교사가 교육 목표를 어떻게 효과적으로 달성할지에 관심을 갖는 것은 잘못이 아니지만, 이는 불평등한 사회를 만들고 유지하는 데 교육이 담당하는 역할을 직시하기 어렵게 한다고 믿었다. 톰(Tom, 1984)은, 교사는 도덕적 행위를 실천해야 하며, 비판적 수준의 교사를 양성하는 일은 어렵지만 이 일은 반드시 해야 한다고 주장했다.[152]

---

152 『유아교사론』(박은혜 저, 창지사, 2019) 373~381쪽 요약

┃ 반 매넌의 반성적 사고 수준 ┃

비판적 수준
(도덕적, 윤리적 수준)

개념: 교수 행위가 도덕적, 윤리적으로 가치가 있는지 고려하는 수준
관심사: 무엇이 옳고 무엇이 그른가?
특징: 평등, 공정, 정의, 민주 등 가치를 교수 행위에 포함

전문가적 수준
(실천적 수준)

개념: 교수 행위가 교육적으로 가치가 있는지에 초점을 두는 수준
관심사: 교수 행위는 교육적 가치가 있는가?
특징: 모든 결정은 교육학 원리에 근거를 둔다

기술적 수준
(기계적 수준)

개념: 주어진 목적을 달성하기 위해 교육 지식을 기술적으로 적용하는 수준
관심사: 교육 목적을 잘 달성했는가?
특징: 경제성과 효율성 중시

기출문제로 학습 확인하기

(2016 A2) 반 매논(M. van Manen)이 제시한 반성적 사고의 3가지 수준 중 [A]에 해당하는 수준은 무엇인지 쓰고, 그 수준에 해당하는 특징을 쓰시오. [2점]

나의 수업을 평가해 보니, 유아들에게 '매미의 허물'에 대해 탐구하는 기회를 제공하지 못했다는 생각이 들어 반성하게 되었다. 오늘 잠깐의 시간을 내어 승우가 가져 온 '매미의 허물'을 소개했다면, 유아들은 개미뿐만 아니라 매미도 탐구하는 기회를 가졌을 것이다. 계획한 수업을 고집하는 것보다 유아의 관심에 귀 기울이는 융통성을 발휘할 때, 유아들이 주도하는 수업이 되어 교육적 가치가 더 클 것이라는 생각이 들었다. 내일은 반드시 승우의 매미 허물을 소개하는 시간을 가져 교사의 계획과 유아의 흥미가 균형을 이루는 수업을 펼쳐나가야겠다.

[A]

정답 풀이 전문가적 수준(실천적 수준), 교수 행위가 교육적으로 가치가 있는지에 초점을 맞추는 수준

(2021 A2) 반 매넌(V. Manen)의 이론에 근거하여, ㉠과 ㉡에 해당하는 반성적 사고 수준의 명칭을 각각 쓰고, ㉠과 ㉡ 중 반성적 사고 수준이 더 높은 것을 찾아 그 개념을 설명하시오. [3점]

　2주 동안 유아들은 다양한 길을 만드는 놀이를 하였다. 지도를 활용하여 유치원에서 공원까지 갈 수 있는 가장 빠른 길을 찾아보자고 찬희가 요청했다. 나는 유아들의 의견을 반영해 ㉠ '가장 빨리 갈 수 있는 길'을 알아볼 수 있도록 인터넷 지도를 활용할 수 있게 도왔는데, 유용하게 사용되었던 것 같다.

… (중략) …

　놀이가 진행되면서 공동의 공간 사용, 안전의 문제 등이 염려되었다. 그리고 언제, 어디까지 진행할지, 어떻게 마무리 할지를 결정할 필요가 있었다. 이러한 결정을 하기 위해서는 놀이에서 의사 결정의 주체는 누가 되어야 하는지, 교사인 내가 유아들과 평등한 관계를 맺고 있는지를 되돌아보아야 했다. ㉡ 놀이의 주체인 유아들과 의논하여 결정하는 것이 중요하며 놀이를 통한 민주적 관계 형성 경험이 유아들을 행복한 미래의 삶으로 이끌어 줄 수 있는 주요한 요인이라고 생각하게 되었다.

정답 풀이 ㉠ 기술적 수준 ㉡ 비판적 수준, 교수 행위가 교육적 가치뿐 아니라 도덕적, 윤리적으로 가치가 있는지 고려하는 수준

조직문화

1. 개념

조직문화는 조직 구성원 다수가 공유하고 전수하는 신념, 규범, 행동양식, 관행 등을 총칭한다. 모든 조직은 정체성을 구축하고 강화하기 위해 나름대로 신념과 규범, 행동양식과 관행을 갖고 있다. 조직원이 이를 위반하면 제재를 하고 심하면 추방한다. 구성원이 이러한 신념, 규범, 행동양식, 관행에 동의하고 따른다면 조직은 정체성을 유지하고 안정적으로 발전할 수 있다. 이처럼 조직문화는 조직의 안정과 발전에 큰 영향을 미친다.

2. 유아교육 기관의 조직 특성

유아교육 기관의 조직 특성은 유아 교사의 의사소통, 직무 스트레스, 갈등 등 여러 측면에 영향을 미친다. 유아교육 기관의 특성은 다음과 같다.

1) 조직 규모

유아교육 기관은 초등학교나 중고등학교보다 규모가 작다. 병설 유치원은 학급이 2~3개에 불과하고 사립 유치원도 대개 5개 학급을 넘지 않는다. 규모가 작다 보니 조직이 체계적, 합리적으로 운영되기보다는 임시적, 변통적으로 운영되는 경우가 있다. 교사는 교육을 물론 교구 제작, 행사 준비, 시설 관리, 사무 관리, 재정 등 특성이 다른 여러 업무를 동시에 수행해야 한다.

2) 구성원

구성원이 대부분 여성이라는 점이 가장 두드러진 특징이다. 국가교육통계센터에 따르면 2018년 현재 우리나라 유치원의 여교사 비율은 99%이다. 핀란드(97%), 프랑스(91%), 독일(95%) 등 유럽 국가도 대부분 90%가 넘는다. 여성은 공적 관계보다는 사적인 인간관계에 따라 의사소통하는 경향이 있다.

3) 설립 형태

유아교육 기관은 사립 유치원이 50%를 넘는다. 사립 유치원은 교육 이념과 목적보다는 영리를 추구하는 경향이 있다. 조직의 의사는 원장이나 설립자가 독단하고 의사소통도 일방적이고 형식적인 경향이 있다.

3. 유아교육 기관의 조직문화

유치원이나 어린이집의 근무 환경이나 조직 분위기, 의사결정 방식과 소통 방식 등 조직문화는 교사 직무 수행에 직간접으로 영향을 준다. 조직문화는 교사가 직무에 만족하여 조직에 헌신하게 할 수도 있고 심리적으로 소진되어 이직하게 할 수도 있다.

유아교육 기관의 조직문화 중에서 원장과 교사 사이와 동료교사 사이에 형성된 인간관계가 교사에게 가장 큰 영향을 미친다. 동료교사나 원장과 협력적 관계를 형성하면 직무 만족도가 높고 그렇지 못하면 고립감을 느낀다. 고립감이 심하면 교사는 이직을 결심한다.

4. 리더십

1) 개념

리더십은 구성원이 조직의 비전과 목표를 성취할 수 있도록 이끌어 주는 힘이다. 리더십은 관리와 다르다. 관리는 수립한 목표를 효율적으로 달성하기 위해 통제하고 점검하는 일이다. 리더십은 구성원이 비전과 목표를 정확히 인식하고 이를 자발적으로 추구하도록 동기를 부여하고 이끌어 주는 힘이다.

2) 유형

리더십은 크게 거래적 리더십과 변혁적 리더십으로 나뉜다. 최근에는 권한과 책임이 한 사람에게 집중되는 폐해를 극복하기 위해 분산적 리더십과 서번트 리더십이 대두하고 있다.

(1) 거래적 리더십

거래적 리더십은 리더가 구성원과 맺은 계약에 기반을 두고 행사하는 리더십이다. 번(Burns, 1978)에 의하면 거래적 리더십에서 리더는 교환이라는 관점으로 구성원에게 접근한다. 리더는 구성원에게 보상을 주는 대신 그에 상응하는 성과를 요구한다. 구성원이 달성해야 하는 성과와 보상은 무엇이고, 성과를 달성하지 못한 경우 어떤 벌이 있는지 알려 주는 일이 리더의 역할이다.

(2) 변혁적 리더십

변혁적 리더십은 구성원이 과업의 중요성을 인식하고, 개인 이익보다 조직 이익을 우선하여 뛰어난 성과를 올리도록 이끄는 리더십이다. 변혁적 리더십은 카리스마, 배려, 지적 자극으로 구성된다.

카리스마는 목표 달성을 위해 구성원에게 비전을 인식시키고 동기를 부여하며 사명감을 불어 넣는 인간적인 능력을 말한다. 배려는 구성원의 업무적, 개인적 욕구나 계획에 관심을 갖고 이를 달성하도록 돕는 일이다. 지적 자극은 구성원이 문제를 해결하도록 새로운 관점이나 방안을 제시하는 일이다.

(3) 분산적 리더십

분산적 리더십은 공식적·비공식적 리더 여러 명이 협업하여 조직 의사를 결정하고 실행하는 리더십을 말한다. 분산적 리더십은 지도자 한 명에게 권한과 책임이 집중된 기존 리더십의 폐해를 극복하기 위한 대안으로 주목 받고 있다. 분산적 리더십은 리더의 권한과 지위를 배격하거나 부정하려는 것이 아니라, 구성원과 밀접한 관계를 맺어 리더십을 강화하고자 한다.

분산적 리더십은 최근에 부각되었지만 교육 현장에서는 이미 실행하고 있다. 학교운영위원회를 통해 공동으로 학교 운영 계획을 수립·시행하거나, 경력 교사나 멘토 교사 여러 명이 신임 교사를 지도하는 것이 대표적인 사례이다.

(4) 서번트 리더십(servant leadership)

서번트 리더십은 구성원이 성장하고 역량을 발휘하도록 구성원을 섬기는 자세로 도와, 스스로 목표 달성에 기여하도록 하는 리더십이다. 유아 교사는 유아를 사랑하고 동료와 학부모를 존중·배려하며, 지역 사회에 봉사하는 정신이 필요하다. 따라서 전통적 리더십보다는 구성원의 자발적 참여와 헌신, 책임감 고취를 특징으로 하는 서번트 리더십이 필요하다. 서번트 리더십에서 리더는 명령하거나 지시하기보다, 소통하고 지원하는 봉사자(서번트)이다.[153]

5. 의사소통

1) 개념

의사소통(communication)은 두 명 이상이 의미를 공유하고 이해하는 행위다. 의사소통을 뜻하는 영어 communication은 '공통' 혹은 '공유'라는 뜻인 라틴어의 'communis'에서 유래했다. 즉, 의사소통은 말이나 글, 신호로 정보나 의견, 주장을 알리고 공유하는 행위다.

2) 유아교육 기관에서 의사소통의 중요성

교수·학습 과정은 교사와 유아가 의사소통 하는 과정이라고 할 수 있다. 따라서 의사소통은 유아의 학습과 발달에 큰 영향을 미친다. 의사소통이 원활해야 교사는 유아에게 적절한 교육과 돌봄을 제공하고, 학부모 협조를 이끌어내며, 교사마다 다른 사고 방식과 가치관을 이해할 수 있다.[154]

3) 효율적 의사소통 기법

(1) 타인 의사를 정확히 이해하기 위한 기술

타인 의사를 정확하게 이해하기 위한 기술에는 의역과 지각 검토가 있다. 의역(paraphrasing)은 대화할 때 상대가 한 말을 바꾸어 본래의 말보다 더 세밀하거나 한 단계 발전한 내용으로 반문하는 기술이다. 의역은 대화를 빠르게 진전시킨다. 지각 검토

---

153 『영유아교사론』(김진경, 권혜진 공저, 방송대, 2020), 210~218쪽 정리
154 『유치원 특성화 교육과정 운영 지원을 사전교육 자료_교원용』(교육부, 2009), 17쪽 정리

(perception)는 내가 지각한 상대에 대한 느낌이 맞는지 상대에게 물어 검토하는 기술이다. 지각 검토는 상대 느낌을 존중하며 오해를 방지한다.

(2) 자신의 의사를 상대에게 정확히 전달하는 기술

자신의 의사를 상대에게 정확히 전달하는 기술에는 행동 서술과 느낌 서술이 있다. 행동 서술(description of behavior)은 내가 상대의 행동을 어떻게 관찰하고 있는지 명확하게 서술하는 일이다. 행동 서술을 할 때는 제 3자도 같이 보고 느낄 수 있는 사실에 근거하는 것이 좋다. 느낌 서술(description of feeling)은 현재 자신의 느낌을 상대가 잘못 지각하지 않도록 자신의 느낌을 명확히 표현하는 일이다.

(3) 효과적인 대화 방법

피드백 요령	- 평가하거나 가치를 부여하기보다는 사실대로 서술한다. - 피드백을 받거나 주는 사람의 욕구를 고려한다. - 동기를 유추하지 말고 행동 그 자체를 말한다. - 강요하지 말고 권유하며, 상대가 요청할 때에 피드백을 한다. - 가급적 행동이 일어난 즉시 피드백하고, 피드백을 제 3자에게 검토하게 한다.
대화를 원활하게 하는 자세	- 시선을 상대에게 향하여 흥미와 관심이 갖고 있다는 점을 전달한다. - 상대에게 얼굴을 돌리고 몸을 약간 상대 쪽으로 기울인다. - 손으로 적절하게 제스처를 한다. - 목소리 크기를 적당하게 조절한다.[152]

6. 갈등관리

1) 개념

한자로 칡과 등나무를 뜻하는 갈등은 칡과 등나무가 얽혀있듯이, 개인이나 집단 간에 이익이나 목표가 달라 서로 적대시하거나 충돌한 상태를 의미한다.

---

155 『누리과정 컨설팅장학 운영매뉴얼』(교육부, 2013), 23~24쪽

조직은 가치관과 사고 방식, 성격이 모두 다른 개인으로 구성된다. 조직과 구성원 간에 가치관, 목표, 방향이 일치하지 않을 수 있고 구성원 간에도 기질, 성격, 사고 방식이 다를 수 있다. 따라서 조직에서는 크고 작은 갈등이 끊임 없이 일어난다.

조직에서 갈등은 피할 수 없으므로 갈등 자체를 없애려 하기보다는 잘 관리하는 것이 중요하다. 유아교육 기관에서 갈등을 관리하는 방식과 결과는 교육 목표 달성과 교사 만족도에 큰 영향을 미친다.

2) 효과적인 갈등 관리 방안

유아교육 기관에서 갈등은 주로 원장과 교사 간, 동료교사 사이, 교사와 학부모 간에 발생한다. 갈등을 효과적으로 관리하기 위해서 네 가지 방안을 제시할 수 있다.

(1) 의사소통 체계 개선

구성원 간에 의사소통이 원활하지 않으면 오해와 불신이 쌓이면서 갈등이 발생한다. 하향식으로 의사를 전달하거나 특정인 의견만 수용하면 갈등은 피할 수 없다. 직원 회의, 학부모 회의 등을 민주적으로 운영하고, 다양한 통로로 모든 구성원의 의견을 수렴하면 갈등을 줄일 수 있다.

(2) 변혁적 리더십

리더가 갈등 관리의 중요성을 인식하고, 변혁적 리더십을 발휘하면 갈등을 해소할 수 있다. 원장은 권위에 의존하지 않고 교사와 유아, 학부모의 의견을 경청하고 구성원의 가치관과 신념, 목적이 조직의 지향점과 융합하도록 동기를 유발하고, 배려하고, 지도해야 한다.

(3) 교직원 대화 모임과 공동 연수

유아교육 기관에서 교직원 간 갈등은 서로 이해가 부족하거나 이해 관계가 달라서 발생하는 경우가 많다. 이런 갈등을 해소하기 위해서는 서로 이해하고 공감대를 형성할 수 있는 정기적인 대화 모임을 개최하거나 공동 연수를 실시하는 것이 좋다. 교직원이 함께 원장의 교육 방침, 교사의 자율권 행사 범위와 한계, 학부모 요구 사항과 협조 사항, 행정 지원의 범위와 한계에 관하여 토론하면, 서로를 이해하고 공감대를 형성할 수 있어 갈등이 대폭 감소한다.

(4) 부모와 발생한 갈등

부모는 교육활동을 함께 계획하고 운영하는 중요한 인적 자원이다. 하지만 교사가 부모와 원활한 관계를 형성하기 위해 노력하더라도 갈등은 발생하기 마련이다. 따라서 교사는 각자 부모와 일으킨 갈등 사례를 공유하여 공동으로 해결책을 모색하는 것이 좋다.

❙ 부모와 발생한 갈등 유형 분석 및 해결 방안 ❙[156]

갈등 유형	해결 방안
교사에 대한 부적절한 태도	- 먼저 부모를 대하는 교사 자신의 태도나 감정을 점검해 본다. - 교사가 자신의 기분을 솔직하게 표현한다. - 교사가 먼저 부모를 존중하고 예의를 지켜 행동한다.
교사에 대한 불만	- 부모에 대한 교사 자신의 태도나 행동을 점검해 본다. - 부모가 교사에게 품은 부정적 감정의 원인을 분석해보고 부모 입장이 되어 생각해 본다.
유아교육에 대한 이해 부족	- 가정통신문을 활용하여 수시로 유아교육 정보를 부모에게 보낸다. - 부모들이 자연스럽게 보조 교사나 부분 수업의 일일 교사로 참여하여 유아와 교사, 유아교육을 이해할 수 있는 기회를 제공한다. - 부모들이 원할 경우에는 언제라도 원을 방문할 수 있도록 한다.
자녀에 대한 지나친 기대	- 일반적인 유아 발달 특성에 관한 정보를 제공한다. - 원에서 나타나는 자녀 행동을 관찰할 기회를 제공하여, 객관적으로 자기 자녀의 발달 수준을 알게 한다.

기출문제로 학습 확인하기

(2007 주11) 아래에 나타난 김 교사와 승미 어머니의 갈등 유형을 3가지 쓰시오. [3점]

김 교사는 승미 문제를 가정과 연계하여 지도하기 위해서 승미 어머니와 전화상담을 하였다. 전화를 받은 승미 어머니는 유치원을 믿고 아이를 맡겼는데 어떻게 그런 일이 일어날 수 있으며 선생님은 도대체 뭘 했느냐며 화를 내었다. 교사는 자세한 상황을 설명하였으나 승미 어머니는 자기 아이에게 문제가 있을 리 없다며 일방적으로 전화를 끊었다. 김 교사는 무척 당황했고 이 문제를 어떻게 해결해야 할 지 고민이 되었다.

정답 풀이 교사에 대한 부적절한 태도, 교사에 대한 불만, 유아교육에 대한 이해 부족, 자녀에 대한 지나친 기대 중에서 3가지를 쓰면 된다.

---

156 『교사의 전문성 신장을 위한 동료장학자료』(교육부, 2005), 68쪽

7. 회복탄력성

1) 개념

유치원 교사 직종은 직무 스트레스와 소진으로 이직률이 높다. 유치원 교사는 열악한 직무 환경과 근무 조건으로 소진을 겪으며, 수업과 행사 준비, 학급 운영, 잡무 등 과다한 업무로 스트레스를 많이 받는다. 소진과 직무 스트레스는 교직 안정성과 교육의 질을 위협하고, 부모와 교사, 유아 모두에게 부정적인 영향을 미치며 퇴직이나 이직으로 이어지기 쉽다.

똑같은 스트레스를 받아도 어떤 교사는 안정을 되찾고 교직을 유지할 뿐 아니라 더욱 성숙해진다. 어떤 교사는 좌절하여 이직하거나 퇴직한다. 이러한 차이를 설명하는 개념이 회복탄력성(resilience)이다. 회복탄력성은 스트레스나 역경을 극복하고 성공적으로 적응하는 긍정적인 힘을 의미한다. 회복탄력성은 타고 나는 것이 아니라 생성되거나 소멸하는 특성을 띤다.

스트레스가 사소해도 해소하지 않고 축적하면 위험할 수 있다. 회복탄력성은 일상의 스트레스를 극복하고 건강을 유지하는 데 필요하다. 구와 데이(Gu & Day, 2007)는 교사가 어려운 상황에서도 안녕을 되찾고 교직을 유지하는 능력을 회복탄력성이라고 했다. 교직 생활에서 크고 작은 어려움에 부딪칠 때 회복탄력성을 발휘하면 스트레스를 극복하고 재적응해 소진을 예방할 수 있다.

회복탄력성은 교사의 정신 건강과 교육의 질뿐 아니라 유아에게도 영향을 미치기 때문에 중요하다. 역할모델인 교사가 회복탄력성을 보이지 않으면, 유아에게 이를 기대하기 어렵다.

2) 하위 요인

레이비치와 샤테(Reivich & Shatté, 2003)는 회복탄력성의 하위 요소로 정서 조절력, 충동 통제력, 낙관성, 원인 분석력, 공감 능력, 자기효능감, 적극적 도전성 등 일곱 가지를 제시했다. 구체적으로 살펴 보면 다음과 같다. 첫째, 정서 조절력을 가진 교사는 자신의 감정뿐 아니라 학생 감정을 잘 조절하고 이해할 수 있다. 둘째, 충동 통제력은 목표 달성을 위해 일시적 충동이나 즉각적 만족을 유보하는 인내력을 의미한다. 유아 교사는 단시간 내에 유아의 변화를 기대하지 않고 신념에 따라 교육할 수 있어야 하므로 충동 통제력은 유아 교사의 중요한 자질이다. 셋째, 낙관성은 미래에 좋은 일이 일어날 것이라는 긍정적 기대 또는 실패를 일시적인 것으로 여기고 역경을 극복할 수 있다는 믿음이다. 낙관적인 교사는 교수의 질적 수준이 높으며, 학생의 학업 능력을 증진한다. 넷째, 원인 분석력은 어떤 사물이나 상태의 현상이나 변화 원인을 정확히 분석할 수 있는 능력이다. 이는 반성적 사고에 필요한 능력이라고 볼 수 있다. 유아교사의 원인 분석력은 일반적으로 경력교사가 초임교사보다 강하다. 경력교사의 축적된 현장 경험이 원인 분석력을 증진시켰다고 볼 수 있다. 다섯째, 공감 능력은 타인의 감정이나 심리 상태를 느끼고 이해하는 능력을 말한다. 가르치고 배우는 과정은 본질적으로 인간관계 활동이다. 유아에 대한 이해와 공감은 유아 발달을 촉진하므로 공감능력은 유아교사에게 필요한 능력이다. 여섯째, 교사의 자기효능감은 유아의 동기와 성취에 긍정적인 영향을 미친다. 자기효능감이 높은 유아교사는 직무 만족도가 높고 직무 스트레스가 적으며, 긍정적으로 유아와 상호작용 한다. 일곱째, 적극적 도전성은 일상에 안주하지 않고, 자신의 한계를 넘어 새로운 것에 도전하는 정신을 의미한다. 적극적 도전성을 가진 교사는 교육 현장에 잘 적응하고, 타성에 젖지 않고 항상 수업의 질을 높이기 위해 노력하는 등 교사 역할을 성공적으로 수행해 나갈 수 있다.[157]

2) 회복탄력성 증진 방안

회복탄력성 증진 방안은 다음과 같이 단위 학교와 교육청·정부 차원에서 계획, 실시할 수 있다.

단위	방안
단위 학교	자율적·긍정적 학교 풍토 조성, 교사 참여를 통한 학교 내 성공 경험의 기회 제공, 협력적·공감적인 교원 학습 공동체 운영, 행정업무 경감 노력, 신뢰적·지지적 교장 리더십, 상담 교사 등을 활용한 학교 내 상담 창구 마련, 교권 보호 방안 마련
교육청·정부	신뢰적 상담 체제 방안 마련, 행정업무 경감 대책 마련, 자율적·긍정적 학교 풍토 조성 방안 마련, 저경력 교사를 위한 회복탄력성 개입 프로그램 개발, 회복탄력성 훈련 동영상 배포, 회복탄력적 학교 운영 지침서 배포, 안정적 근무 조건 및 복리 후생 보장, 교권 보호 제도 수립[160]

8. 직무 스트레스

1) 개념

직무 스트레스는 직무를 수행하면서 겪는 긴장, 불안, 분노, 좌절 등의 불쾌한 정서

---

157 『유치원 교사의 회복탄력성 분석』(권수현, 이승연, 2010), 138~141쪽 요약
158 『초등 저(低)경력 교사의 회복탄력성 요인 분석』(배서현, 2019), 169~170쪽 요약

를 말한다. 적당한 스트레스는 업무에 긴장감을 주어 성취욕을 자극하지만, 지나친 스트레스는 심신을 피폐하게 한다. 유아 교사는 권한은 적고 책임은 많으며 유아, 동료, 학부모 등 사람과 직접 대면하므로 직무 스트레스를 많이 받는다.

2) 대처 방식

스트레스 대처 방식은 개인마다 차이가 있지만 크게 적극적 대처와 소극적 대처로 나눌 수 있다. 적극적 대처는 다시 문제 중심적 대처와 사회적 지지 대처로 구분하고, 소극적 대처는 정서 완화적 대처와 소망적 사고 대처로 구분한다.

문제 중심적 대처는 스트레스를 유발하는 문제를 적극적으로 제거하거나 변화시켜 대처하는 방식이다. 사회적 지지 대처는 스트레스를 유발하는 사건·상황을 해결하기 위해 누군가에게 도움을 요청하여 대처하는 방식이다. 정서 완화적 대처는 스트레스를 느끼는 자신의 감정을 통제하려고 노력하여 대처하는 방식이다. 소망적 사고 대처는 스트레스를 유발하는 사건·상황과 거리를 두고 바람직한 상태나 상황을 생각하거나 상상하여 대처하는 방식이다.

사회적 지지는 다른 사람에게 얻을 수 있는 긍정적인 자원을 말한다. 사회적 지지는 스트레스 감소에 큰 도움이 된다. 사회적 지지의 원천은 직장 동료와 상사, 친구와 가족 등이다. 사회적 지지에는 정서적 지지와 물질적 지지, 정보적 지지와 평가적 지지가 있다.

❙ 직무 스트레스 대처 방식 ❙

대처 방식		내용
적극적 대처	문제 중심적 대처	스트레스 유발하는 문제를 적극적으로 제거하거나 변화시켜 대처하는 방식
	사회적 지지 대처	누군가에게 도움을 요청하여 대처. 정서적 지지(관심, 애정 등), 물질적 지지(시간, 돈 등), 평가적 지지(인정, 칭찬 등), 정보적 지지로 나뉜다.
소극적 대처	정서 완화적 대처	스트레스를 느끼는 자신의 감정을 통제하려고 노력하여 대처하는 방식
	소망적 사고 대처	스트레스 유발하는 사건, 상황에 거리를 두고 바람직한 상태나 상황을 생각하거나 상상하여 대처

3) 직무 스트레스 해소

스트레스를 받지 않고 살아가는 사람은 없다. 특히 유아 교사는 권한은 적고 책임은 많으며 유아, 학부모 등 사람과 직접 대면하는 업무 특성 탓에 스트레스가 많을 수 밖에 없다. 따라서 스트레스 해소는 유아 교사는 물론이고 유아와 학부모에게도 중요하다. 스트레스 해소 전략은 개인적 차원과 조직적 차원으로 나누어 수립할 수 있다.

개인적 차원	-교육적 전략: 실현 가능한 목표 설정, 유아의 전인적 성장 기대 -신체적 전략: 운동, 악기 연주 등 취미 생활하기 -사회적 전략: 동료 교사와 대화하기, 동료 교사 모임 참여하기 -정서적 전략: 영화나 음악 감상하기 -환경적 전략: 시간 관리, 갈등 해결 등 -정신적 전략: 명상, 기도, 낙천적인 인생관 등
조직적 차원	구성원을 존중하고 배려하는 문화 조성, 지지적·긍정적 조직 풍토 조성, 개방적·양방향적 의사소통, 교육과정 운영 시 교사 자율성 인정, 학습 공동체 형성

9. 직무 수행 결과

유아 교사는 직무를 수행하면서 스트레스와 갈등을 겪지만 성취감과 효능감을 경험하기도 한다. 직무 수행 결과에 따라 직무만족과 조직몰입으로 이어질 수 있고, 심리적 소진과 이직 현상이 나타날 수도 있다.

1) 직무만족

직무만족은 자신의 직업이나 직무에 느끼는 긍정적 정서를 말한다. 즉 자신의 직업이나 직무로 얻게 되는 즐겁고 유쾌한 감정 상태를 의미한다.

직무만족에 영향을 주는 요인은 직무 자체의 특성, 동료 관계, 보수, 승진 기회, 근무 환경 등을 꼽을 수 있다. 우리나라 영유아교사는 동료 관계, 원장 관계 등 대인 관계에서는 대체로 만족하지만 직무 자체와 보수, 근무 환경, 사회적 지위 등에서는 만족도가 낮은 것으로 나타났다. 공립유치원 교사는 직무 자체와 보수는 비교적 만족하나 인간 관계는 사립 유치원 교사보다 만족도가 낮았다.

2) 조직몰입

조직몰입은 구성원이 조직에 일체감, 애착, 소속감, 충성 등 호의적 감정을 갖고 적극 관여하는 심리적 상태를 말한다. 즉 자신과 조직을 동일시하고 조직에 충성하는 심리적 상태이다.

알렌과 메이어(Allen & Meyer, 1991)는 조직몰입을 규범몰입, 감정몰입, 근속몰입으로 나누었다. 규범몰입은 조직이 교사에게 주는 혜택과 관계 없이 조직에 남는 것이 도덕적으로 옳다고 생각하는 상태이다. 감정몰입은 조직에 애착을 느껴 조직에 남으려는 욕구가 강한 상태다. 근속몰입은 자신은 이미 조직에 재화를 투입했기 때문에 계속 투입하는 상태이다.

구성원이 직무에 만족할수록 조직몰입도가 높고, 조직몰입도가 높을수록 근무 태만, 소진, 이직 등이 발생하지 않는다. 동료나 원장, 학부모가 교사를 인격적으로 존중하고, 전문성을 인정하며, 교사와 친밀한 관계를 맺는 등 사회적 지지를 보내면, 교사는 조직에 헌신할 가능성이 높아진다.

사회적 지지는 교사의 자아효능감보다 중요하다. 교사가 잘 가르칠 수 있다고 믿어도 사회적 지지가 없으면 직무 만족도를 높일 수 없다. 교사가 능력이 부족해도 유아교육기관과 동료교사, 원장, 학부모가 지속적으로 사회적, 정서적 지지를 보내면 직무 만족도는 크게 높아진다.

3) 심리적 소진

(1) 개념

심리적 소진은 업무 때문에 지치고 고갈된 상태를 말한다. 원인은 과로나 스트레스 등 다양하다. 심리적 소진은 무언가를 해야 한다는 압박감 때문에 발생하기도 한다. 유아 교사는 어린 아이와 학부모를 직접 접촉하면서 끊임 없이 상호작용 하기 때문에 심리적 소진이 나타날 수 있다. 유아 교사의 심리적 소진은 정서관리 요구가 큰 직무 특성과 깊은 관련이 있다.

(2) 정서관리

정서관리는 조직 구성원이 조직의 정서 표현 규범에 맞게 자신의 정서를 관리하는 일을 말한다. 정서관리는 표면행동과 내면행동을 통해 이루어진다.

표면행동은 부정적 정서를 긍정적 정서로 수정하는 행동이다. 예를 들어 실제로는 기분이 좋지 않지만 직무를 수행하기 위해 겉으로 미소 짓는 행동이다. 내면에 부정적인 정서가 있지만, 유아교사에게 적합한 정서를 표현하기 위해 가장하는 것이 표면행동이다.

내면행동은 조직이 요구하는 정서를 실제로 느끼기 위해 자신의 정서를 적극적으로 조절하는 일이다. 내면행동은 표면행동과 달리 겉으로 드러나는 표현만 바꾸지 않고 실제 자신이 느끼는 정서를 바꾸려고 한다. 내면행동을 잘 하면 직무 성취도나 직무 만족도가 상승할 수 있다.

(3) 소진

유아 교사가 소진하면 결근, 도덕적 해이, 대인 관계 문제 등이 나타나 유아교육 기관의 효율성이 떨어진다. 특히 유아에게 부정적인 영향을 마치며 프로그램의 질이 낮아진다. 말라크와 잭슨(Maslach & Jackson, 1981)은 소진의 특성을 정서적 고갈, 비인간화, 성취감 결여로 설명했다.

① 정서적 고갈

정서적 고갈은 직무 때문에 지치고 탈진한 상태이다. 비협조적인 조직문화가 유치원에 팽배하면 유아 교사는 동료 관계에서 갈등을 심하게 겪으며 전문성을 증진하기도 어렵다. 원장이 지시만 내리고, 지원하지 않으면, 교사는 쉽게 지치고 탈진한다.

② 비인간화

비인간화는 교사가 유아에게 관심이 점점 없어지거나 냉정해지는 현상을 말한다. 근무 환경이 열악하면 유아 교사가 비인간화하는 현상이 나타난다.

③ 성취감 결여

성취감 결여는 직업적 성취에 불만을 느끼고 직무와 관련하여 자신을 불행하게 여기는 상태이다.[159]

4) 정서 이해와 정서적 거리감

하그리브스(Hargreaves)는 인간의 모든 사회적 행위는 감정과 관련이 있으며 특히 교육 활동은 기본적으로 감정 노동이라고 보았다. 사회는 감정 노동자에게 직종에 적합한 감정을 갖도록 요구한다. 교사도 예외가 아니다.

하그리브스(Hargreaves, 2000)는 교사 감정을 이해하는 방법으로 정서 이해와 정서적 거리감을 제시했다.

정서 이해는 다른 사람이 경험하는 정서를 주관적으로 해석하는 일이다. 다른 사람의 감정을 객관적으로 바라 보지 않고 자신의 경험과 기준에 맞추어 해석하는 것이 정서 이해다.

주관(主觀)은 개인이 가지는 견해나 관점이다. 개인은 각자 주관성을 갖는다. 사람이 각자 갖고 있는 주관성에는 서로 공통적으로 인정하는 점이 있게 마련이다. 이를 상호

---

159 『영유아교사론』(김진경, 권혜진 공저, 방송대, 2020), 230~244쪽 정리

주관성이라고 한다. 예를 들어 레오나르도 다빈치의 '모나리자'를 감상할 때 사람마다 느낌이 다르지만, 많은 사람이 공통적으로 모나리자의 미소가 아름답다고 인정한다면 이런 아름답다는 느낌이 상호주관성이다.[160] 유아들이 처음에는 자기 입장에서만 이야기 했는데 이야기를 나누면서 각자 관점이 어떻게 다른지 알고 서로 입장을 이해하는 것도 상호주관성이다.

정서 이해를 잘 하려면 오랫동안 친밀한 관계를 유지해야 한다. 하지만 유아 교사가 모든 사람과 친하게 지내지는 않는다. 유아 교사는 다른 사람과 관계를 맺을 때 심리적으로 일정한 거리를 두기 마련이다.

하그리브스는 유아 교사가 형성하는 정서적인 친밀감을 '정서적 거리감'이라고 명명했다. 유아 교사가 상대에게 긍정적 정서를 품으면 정서적인 거리가 가깝고, 부정적 정서를 품으면 정서적으로 멀다고 할 수 있다.

하그리브스는 정서적 거리감을 사회문화적 거리감, 도덕적 거리감, 전문적 거리감, 정치적 거리감, 물리적 거리감으로 나누었다.

사회문화적 거리감은 교사가 유아·학부모의 계층과 지역사회 문화에 느끼는 거리감을 말한다. 유아 교사는 한부모 가정(single-parent family)이나 저소득 가정, 맞벌이 부모가 자녀 교육을 소홀히 하는 모습을 이해하지 못하고 사회문화적 거리감을 느낀다. 사회적 거리감을 해소하기 위해 유아 교사는 시대와 환경의 변화를 이해하고, 편견을 버리며, 열린 마음을 가져야 한다.

도덕적 거리감은 유아 교사가 자신의 교육 목적이 원장, 동료, 학부모의 교육 목적과 다를 때 느끼는 거리감이다. 유아 교사가 도덕적 거리감을 느끼면 수업에 열정이 사라지고 이직이나 퇴직을 고민한다. 도덕적 거리감을 해소하기 위해 유아 교사는 원장, 동료, 학부모와 지속적으로 대화하고 상호작용 해야 한다.

전문적 거리감은 유아 교사가 지식, 교수법, 의사결정 등에서 전문성을 인정 받지 못할 때 느끼는 거리감이다. 전문적 거리감은 교육 활동에 부정적 영향을 미치고 교사 정체성도 흔들리게 한다. 유아교육 기관은 전문적 거리감을 해소하기 위해 멘토링, 동료 장학 등으로 전문성 계발을 지원해야 한다.

정치적 거리감은 유아 교사가 주변에서 힘을 행사하는 원장, 학부모 등에게 느끼는 거리감이다. 원장이 압력을 가하거나 학부모가 부당하게 업무에 개입할 때, 유아 교사는 정치적 거리감을 느낀다. 교사와 원장, 학부모가 서로 가치관과 업무 특수성을 인정하면, 정치적 거리감을 해소할 수 있다.

---

160   https://terms.naver.com/entry.nhn?docId=1055990&cid=40942&categoryId=31531

물리적 거리감은 유아 교사가 원장이나 학부모와 직접적으로 접촉하는 정도를 말한다. 유아 교사는 교사로서 인정을 받고 권위를 세우기 위해, 학부모를 직접 만나려고 하지 않는다. 즉, 물리적 거리를 두려는 경향이 있다. 반면 유아 교사는 원장·원감 등 의사결정자와 물리적 거리가 멀면 소통하기 어렵기 때문에, 적절하게 물리적 거리를 조정한다. 공간적으로 가깝게 있는 것보다 심리적으로 존중과 인정을 받을 때 직무만족도가 높아지므로, 유아 교사가 원장, 동료, 학부모와 심리적으로 가깝게 지낼 수 있는 체계를 구축할 필요가 있다.[161]

기출문제로 학습 확인하기

(2007 주11) 이야기나누기에서 나타난 상호작용 과정을 설명하는 용어를 쓰시오. (1점)

김 교사는 '따돌림'에 대해 유아들과 이야기나누기를 하였다. 처음에 유아들은 각자 자신의 입장에서만 이야기를 하였다. 그러나 이야기를 나누는 과정에서 유아들은 서로의 관점이 어떻게 다른지를 알게 되었고 이야기나누기가 끝날 무렵 서로의 입장을 이해하고 서로가 싫어하는 행동을 하지 않아야겠다고 생각하게 되었다.

정답 상호주관성

---

161 『유아교사론』(박은혜 저, 창지사, 2019) 300~303쪽 정리

08장 교사 권리와 의무

1. 유치원 교사의 법적 지위

유아교육법 제2조에 따르면 유치원이란 유아의 교육을 위하여 설립·운영되는 학교이며, 동법 21조에 따르면 교사는 법령에서 정하는 바에 따라 해당 유치원의 유아를 교육한다. 유치원 교사의 법적 지위를 법 조문에 따라 살펴보면 다음과 같다.

- 교육기본법 제14조(교원) ① 학교교육에서 교원(教員)의 전문성은 존중되며, 교원의 경제적·사회적 지위는 우대되고 그 신분은 보장된다.
- 교육공무원법 제43조(교권의 존중과 신분보장) ① 교권(教權)은 존중되어야 하며, 교원은 그 전문적 지위나 신분에 영향을 미치는 부당한 간섭을 받지 아니한다. ② 교육공무원은 형의 선고나 징계처분 또는 이 법에서 정하는 사유에 의하지 아니하고는 본인의 의사에 반하여 강임·휴직 또는 면직을 당하지 아니한다. ③ 교육공무원은 권고에 의하여 사직을 당하지 아니한다. 제48조(교원의 불체포특권) 교원은 현행범인인 경우를 제외하고는 소속 학교의 장의 동의 없이 학원 안에서 체포되지 아니한다.
- 사립학교법 제55조(복무) ①사립학교의 교원의 복무에 관하여는 국·공립학교의 교원에 관한 규정을 준용한다. 제56조(의사에 반한 휴직·면직 등의 금지) ①사립학교 교원은 형의 선고·징계처분 또는 이 법에 정하는 사유에 의하지 아니하고는 본인의 의사에 반하여 휴직 또는 면직 등 불리한 처분을 받지 아니한다. 다만, 학급·학과의 개폐에 의하여 폐직이나 과원이 된 때에는 그러하지 아니하다. ②사립학교 교원은 권고에 의하여 사직을 당하지 아니한다. 제60조(교원의 불체포특권) 사립학교의 교원은 현행범인의 경우를 제외하고는 소속 학교장의 동의 없이 학원 안에서 체포되지 아니한다.
- 교원의 지위 향상 및 교육활동 보호를 위한 특별법 제2조(교원에 대한 예우) ① 국가, 지방자치단체, 그 밖의 공공단체는 교원이 사회적으로 존경받고 높은 긍지와 사명감을 가지고

교육활동을 할 수 있는 여건을 조성하도록 노력하여야 한다. ② 국가, 지방자치단체, 그 밖의 공공단체는 교원이 학생에 대한 교육과 지도를 할 때 그 권위를 존중받을 수 있도록 특별히 배려하여야 한다. ③ 국가, 지방자치단체, 그 밖의 공공단체는 그가 주관하는 행사 등에서 교원을 우대하여야 한다.

2. 교원 권리와 의무

1) 교원 권리

교원의 권리는 크게 자율성 보장, 경제적 보장, 신분 보장, 쟁송 제기권, 불체포특권으로 나누어 볼 수 있다. 교원의 권리를 법 조문에 따라 살펴보면 다음과 같다.

(1) 자율성 보장

■ 헌법 제31조 ④교육의 자주성·전문성·정치적 중립성 및 대학의 자율성은 법률이 정하는 바에 의하여 보장된다.

(2) 경제적 보장

■ 교원의 지위 향상 및 교육활동 보호를 위한 특별법 제3조(교원 보수의 우대) ① 국가와 지방자치단체는 교원의 보수를 특별히 우대하여야 한다. ②「사립학교법」제2조에 따른 학교법인과 사립학교 경영자는 그가 설치·경영하는 학교 교원의 보수를 국공립학교 교원의 보수 수준으로 유지하여야 한다.

(3) 신분 보장

■ 교육기본법 제14조(교원) ① 학교교육에서 교원(敎員)의 전문성은 존중되며, 교원의 경제적·사회적 지위는 우대되고 그 신분은 보장된다.
■ 교육공무원법 제43조(교권의 존중과 신분보장) ① 교권(敎權)은 존중되어야 하며, 교원은 그 전문적 지위나 신분에 영향을 미치는 부당한 간섭을 받지 아니한다. ② 교육공무원은 형의 선고나 징계처분 또는 이 법에서 정하는 사유에 의하지 아니하고는 본인의 의사에 반하여 강임·휴직 또는 면직을 당하지 아니한다. ③ 교육공무원은 권고에 의하여 사직을 당하지 아니한다.
■ 교원의 지위 향상 및 교육활동 보호를 위한 특별법 제6조(교원의 신분보장 등) ① 교원은 형

(刑)의 선고, 징계처분 또는 법률로 정하는 사유에 의하지 아니하고는 그 의사에 반하여 휴직·강임(降任) 또는 면직을 당하지 아니한다. ② 교원은 해당 학교의 운영과 관련하여 발생한 부패행위나 이에 준하는 행위 및 비리 사실 등을 관계 행정기관 또는 수사기관 등에 신고하거나 고발하는 행위로 인하여 정당한 사유 없이 징계조치 등 어떠한 신분상의 불이익이나 근무조건상의 차별을 받지 아니한다.

(4) 쟁송 제기권

■ 교원의 지위 향상 및 교육활동 보호를 위한 특별법 제9조(소청심사의 청구 등) ① 교원이 징계처분과 그 밖에 그 의사에 반하는 불리한 처분에 대하여 불복할 때에는 그 처분이 있었던 것을 안 날부터 30일 이내에 심사위원회에 소청심사를 청구할 수 있다. 이 경우에 심사청구인은 변호사를 대리인으로 선임(選任)할 수 있다.

(5) 불체포특권

■ 교육공무원법 제48조(교원의 불체포특권) 교원은 현행범인인 경우를 제외하고는 소속 학교의 장의 동의 없이 학원 안에서 체포되지 아니한다.
■ 사립학교법 제60조(교원의 불체포특권) 사립학교의 교원은 현행범인의 경우를 제외하고는 소속 학교장의 동의 없이 학원 안에서 체포되지 아니한다.
■ 교원의 지위 향상 및 교육활동 보호를 위한 특별법 제4조(교원의 불체포특권) 교원은 현행범인인 경우 외에는 소속 학교의 장의 동의 없이 학원 안에서 체포되지 아니한다.

2) 교사의 의무

교사의 의무는 두 가지로 나눌 수 있다. 수행해야 하는 적극적 의무와 하지 말아야 하는 소극적 의무이다. 교사의 의무를 법 조문에 따라 살펴보면 다음과 같다.

(1) 연구와 수양 의무

■ 교육공무원법 제38조(연수와 교재비) ① 교육공무원은 그 직책을 수행하기 위하여 끊임없이 연구와 수양에 힘써야 한다.

(2) 선서의 의무

■ 국가공무원법 제55조(선서) 공무원은 취임할 때에 소속 기관장 앞에서 대통령령 등으로 정하는 바에 따라 선서하여야 한다. 다만, 불가피한 사유가 있으면 취임 후에 선서하게 할 수 있다.

(3) 성실 의무

- 국가공무원법 제56조(성실 의무) 모든 공무원은 법령을 준수하며 성실히 직무를 수행하여야 한다.

(4) 복종 의무

- 국가공무원법 제57조(복종의 의무) 공무원은 직무를 수행할 때 소속 상관의 직무상 명령에 복종하여야 한다.

(5) 직장 이탈 금지 의무

- 국가공무원법 제58조(직장 이탈 금지) ① 공무원은 소속 상관의 허가 또는 정당한 사유가 없으면 직장을 이탈하지 못한다.

(6) 친절, 공정 의무

- 국가공무원법 제59조(친절·공정의 의무) 공무원은 국민 전체의 봉사자로서 친절하고 공정하게 직무를 수행하여야 한다.

(7) 종교 중립 의무

- 국가공무원법 제59조의2(종교중립의 의무) ① 공무원은 종교에 따른 차별 없이 직무를 수행하여야 한다. ② 공무원은 소속 상관이 제1항에 위배되는 직무상 명령을 한 경우에는 이에 따르지 아니할 수 있다.

(8) 비밀 엄수 의무

- 국가공무원법 제60조(비밀 엄수의 의무) 공무원은 재직 중은 물론 퇴직 후에도 직무상 알게 된 비밀을 엄수하여야 한다.

(9) 청렴 의무

- 국가공무원법 제61조(청렴의 의무) ① 공무원은 직무와 관련하여 직접적이든 간접적이든 사례·증여 또는 향응을 주거나 받을 수 없다.
② 공무원은 직무상의 관계가 있든 없든 그 소속 상관에게 증여하거나 소속 공무원으로부터 증여를 받아서는 아니 된다.

⑽ 품위 유지 의무

- 국가공무원법 제63조(품위 유지의 의무) 공무원은 직무의 내외를 불문하고 그 품위가 손상되는 행위를 하여서는 아니 된다.

⑾ 영리 업무 및 겸직 금지 의무

- 국가공무원법 제64조(영리 업무 및 겸직 금지) ① 공무원은 공무 외에 영리를 목적으로 하는 업무에 종사하지 못하며 소속 기관장의 허가 없이 다른 직무를 겸할 수 없다.

⑿ 정치 운동 금지 의무

- 국가공무원법 제65조(정치 운동의 금지) ① 공무원은 정당이나 그 밖의 정치단체의 결성에 관여하거나 이에 가입할 수 없다.
② 공무원은 선거에서 특정 정당 또는 특정인을 지지 또는 반대하기 위한 다음의 행위를 하여서는 아니 된다.

1. 투표를 하거나 하지 아니하도록 권유 운동을 하는 것
2. 서명 운동을 기도(企圖)·주재(主宰)하거나 권유하는 것
3. 문서나 도서를 공공시설 등에 게시하거나 게시하게 하는 것
4. 기부금을 모집 또는 모집하게 하거나, 공공자금을 이용 또는 이용하게 하는 것
5. 타인에게 정당이나 그 밖의 정치단체에 가입하게 하거나 가입하지 아니하도록 권유 운동을 하는 것

⒀ 집단 행위 금지 의무

■ 국가공무원법 제66조(집단 행위의 금지) ① 공무원은 노동운동이나 그 밖에 공무 외의 일을 위한 집단 행위를 하여서는 아니 된다. 다만, 사실상 노무에 종사하는 공무원은 예외로 한다.

| 교사의 적극적 의무와 소극적 의무 |

적극적 의무(해야 하는 의무, 작위 의무)	소극적 의무(하지 말아야 할 의무, 부작위 의무)
1)연구와 수양 2)선서 3)성실 4)복종 5)친절, 공정 6)비밀 엄수 7)청렴 8)품위 유지	1)직장 이탈 2)종교 차별 3)영리 및 겸직 4)정치 운동 5)집단 행위

기출문제로 학습 확인하기

(1997 객22) 교사의 의무 중 적극적인 의무에 해당되는 것은?

1)정치활동   2)영리업무   3)성실, 복종   4)집단행위

정답 풀이 정치활동, 영리업무, 집단행위는 해서는 안 될 소극적인 의무이고 성실, 복종 의무는 해야 하는 적극적 의무이다. 따라서 답은 3번이다.

(2011 객5) 유치원 교사의 권리와 의무 및 교육의 자주성을 보장하고 있는 법률적 근거에 대한 설명으로 적합한 것은?

① 헌법에 '교육의 자주성'은 법률이 정하는 바에 의하여 보장되는 것으로 규정되어 있다.

② 교육기본법에 의해 사립유치원 교원의 복무에 관하여는 사립 학교의 교원에 관한 규정을 준용한다.

③ 교육공무원법에 근거해 사립유치원 경영자는 그가 설치, 경영하는 유치원 교원의 보수를 공무원인 교원의 보수 수준과 다르게 유지할 수 있다.

④ 유치원 교원의 경제적·사회적 지위는 적정하게 우대되어야 하며, 그 신분은 반드시 보장되어야 한다는 내용은 유아교육법에 명시된 조항이다.

⑤ 유치원 교원은 형의 선고, 징계처분, 권고 또는 교육기본법이 정하는 사유에 의하지 아니하고는 그 사상에 반하여 휴직, 강임 또는 면직 당하지 아니한다.

정답 풀이 1번. 헌법 제31조에 규정되어 있다. 오답 풀이: ② 사립학교법 55조에 따르면 사립유치원 교원의 복무에 관하여는 국공립학교의 교원에 관한 규정을 준용한다. ③ 교원의 지위 향상 및 교육활동 보호를 위한 특별법 제3조에 따르면 교원의 보수를 다르게 유지할 수 없고 국공립학교 교원의 보수 수준으로 유지해야 한다. ④ 신분 보장 내용은 교육기본법 14조에 명시되어 있다. ⑤ 교원의 지위 향상 및 교육활동 보호를 위한 특별법 제6조에 따르면 교원은 형(刑)의 선고, 징계처분 또는 법률로 정하는 사유에 의하지 아니하고는 그 의사에 반하여 휴직·강임(降任) 또는 면직을 당하지 아니한다. 따라서 권고는 휴직, 강임 또는 면직 사유가 될 수 없다.

09장 교사 자격과 임용

교사의 자격과 임용과 관련 있는 법 조항을 살펴 보면 다음과 같다

1. 교직원 관련 유아교육법 조문

■ 유아교육법

제20조(교직원의 구분) ①유치원에는 교원으로 원장·원감·수석교사 및 교사를 두되, 대통령령으로 정하는 일정 규모 이하의 유치원에는 원감을 두지 아니할 수 있다. ②유치원에는 교원 외에 촉탁의사, 영양사, 간호사 또는 간호조무사, 행정직원 등을 둘 수 있다.

제21조(교직원의 임무) ①원장은 원무를 총괄하고 소속교직원을 지도·감독하며 해당 유치원의 유아를 교육한다. ②원감은 원장을 보좌하여 원무를 관리하고 해당 유치원의 유아를 교육하며, 원장이 부득이한 사유로 직무를 수행할 수 없을 때에는 그 직무를 대행한다. 다만, 원감을 두지 아니하는 유치원은 원장이 미리 지명한 교사(수석교사를 포함한다)가 그 직무를 대행한다. ③ 수석교사는 교사의 교수·연구활동을 지원하며, 유아를 교육한다. ④교사는 법령에서 정하는 바에 따라 해당 유치원의 유아를 교육한다. ⑤행정직원 등 직원은 법령에서 정하는 바에 따라 유치원의 행정사무와 그 밖의 사무를 담당한다.

제21조의2(유아의 인권 보장) ① 유치원의 설립자·경영자와 원장은 헌법과 국제인권조약에 명시된 유아의 인권을 보장하여야 한다. ② 교직원은 제21조에 따라 유아를 교육하거나 사무를 담당할 때에는 도구, 신체 등을 이용하여 유아의 신체에 고통을 가하거나 고성, 폭언 등으로 유아에게 정신적 고통을 가해서는 아니 된다.

제22조(교원의 자격) ①원장 및 원감은 별표 1의 자격기준에 해당하는 사람으로서 대통령령으로 정하는 바에 따라 교육부장관이 검정·수여하는 자격증을 받은 사람이어야 한다.

[별표 1] 〈개정 2013.3.23〉

원장·원감 자격 기준(유아교육법 제22조제1항 관련)

자격 종별	자격 기준
원장	1. 유치원의 원감자격증을 가지고 3년 이상의 교육경력과 소정의 재교육을 받은 자 2. 학식·덕망이 높은 자로서 대통령령이 정하는 기준에 해당한다고 교육부장관의 인정을 받은 자
원감	1. 유치원 정교사(1급)자격증을 가지고 3년 이상의 교육경력과 소정의 재교육을 받은 자 2. 유치원 정교사(2급)자격증을 가지고 6년 이상의 교육경력과 소정의 재교육을 받은 자

비고 : 1. 원장·원감, 초·중등교육법의 규정에 의한 교장·교감,교육장·장학관·장학사·교육연구관·교육연구사의 경력연수는 교육경력연수로 볼 수 있다.

② 교사는 정교사(1급·2급)·준교사로 나누되, 별표 2의 자격기준에 해당하는 사람으로서 대통령령으로 정하는 바에 따라 교육부장관이 검정·수여하는 자격증을 받은 사람이어야 한다.

[별표 2] 〈개정 2013.3.23〉

교사 자격 기준(유아교육법 제22조제2항 관련)

자격 급별	자격 기준
정교사 (1급)	1. 유치원 정교사(2급)자격증을 가진 자로서 3년 이상의 교육경력을 가지고 소정의 재교육을 받은 자 2. 유치원 정교사(2급)자격증을 가지고 교육대학원 또는 교육부장관이 지정하는 대학원 교육과에서 유치원 교육과정을 전공하여 석사학위를 받은 자로서 1년 이상 교육경력이 있는 자
정교사 (2급)	1. 대학에 설치하는 유아교육과 졸업자 2. 대학(전문대학 및 이와 동등 이상의 각종 학교와 「평생교육법」 제31조제4항에 따른 전문대학 학력인정 평생교육시설 포함) 졸업자로 재학 중 소정의 보육과 교직학점을 취득한 자 3. 교육대학원 또는 교육부장관이 지정하는 대학원의 교육과에서 유치원 교육과정을 전공하고 석사학위를 받은 자 4. 유치원 준교사 자격증을 가진 자로서 2년 이상 교육경력을 가지고 소정의 재교육을 받은 자
준교사	1. 유치원 준교사 자격검정에 합격한 자

비고
1. 원장·원감, 초·중등교육법의 규정에 의한 교장·교감, 교육장·장학관·장학사·교육연구관·교육연구사의 경력연수는 교육경력연수로 볼 수 있다.
2. 이 표 중 전문대학에는 종전의 초급대학·전문학교 및 실업고등전문학교를 포함한다.

③ 수석교사는 제2항의 자격증을 소지한 사람으로서 15년 이상의 교육경력(「교육공무원법」 제2조제1항제2호 및 제3호에 따른 교육전문직원으로 근무한 경력을 포함한다)을 가지고 교수·연구에 우수한 자질과 능력을 가진 사람 중에서 대통령령으로 정하는 바에 따라 교육부

장관이 정하는 연수 이수 결과를 바탕으로 검정·수여하는 자격증을 받은 사람이어야 한다.

제23조(강사 등) ①유치원에는 교육과정 운영에 필요한 경우 제20조제1항에 따른 교원 외에 강사, 기간제 교사 또는 명예교사 등을 두어 유아교육을 담당하거나 보조하게 할 수 있다. 이 경우 국립·공립 유치원은 「교육공무원법」 제10조의3제1항 및 제10조의4를, 사립유치원은 「사립학교법」 제54조의3제4항 및 제5항을 각각 준용한다. ②제1항에 따라 유치원에 두는 강사 등의 종류·자격기준 및 임용 등에 필요한 사항은 대통령령으로 정한다.

2. 유치원 교원 배치 기준

■ 유아교육법 시행령

제23조(유치원 교원의 배치기준) ① 법 제20조에 따라 유치원에는 원장·원감 외에 학급마다 교사 1명 이상을 배치하여 학급을 담당하게 한다. 다만, 2학급 이하인 유치원의 경우에는 원장 및 원감이 학급을 담당할 수 있다.

② 법 제20조제1항에서 "대통령령으로 정하는 일정 규모 이하의 유치원"이란 2학급 이하의 유치원을 말한다.

③ 방과후 과정을 운영하는 유치원에는 각 학급 담당교사 외에 방과후 과정 운영을 담당할 교사를 1명 이상 둘 수 있으며, 유치원별 방과후 과정 운영 담당 교사의 배치기준은 관할청이 정한다.

④ 유치원에는 교사 중에서 다음 각 호의 구분에 따른 수의 보직교사를 둘 수 있다. 다만, 11학급 이하의 유치원으로서 교육부장관이 지정하는 연구학교에는 다음 각 호의 구분에 따른 수보다 보직교사 1명을 더 둘 수 있다.

1. 3학급 이상 5학급 이하의 유치원: 1명

2. 6학급 이상 11학급 이하의 유치원: 2명

3. 12학급 이상의 유치원: 3명 이상

⑤ 제4항에 따른 보직교사의 명칭은 관할청이 정하고, 유치원별 보직교사의 종류 및 그 업무분장은 원장이 정한다.

제23조의2(수석교사의 배치기준) ① 수석교사는 유치원별로 1명씩 두되, 유아 수가 100명 이하인 유치원 또는 학급 수가 4학급 이하인 유치원에는 수석교사를 두지 아니할 수 있다.

② 수석교사는 학급을 담당하지 아니한다. 다만, 유치원 규모 등 유치원 여건에 따라 학급을 담당할 수 있다.

❙ 유치원 교원 배치 기준 ❙

구분	배치 기준	비고
수석교사	-유치원별로 1명 -유아 수가 100명 이하 유치원 또는 학급 수가 4학급 이하 유치원에는 수석교사를 두지 아니할 수 있다.	수석교사는 학급을 담당하지 아니한다. 다만, 유치원 규모 등 유치원 여건에 따라 학급을 담당할 수 있다.
보직교사	-3~5학급 유치원: 1명 -6~11학급 유치원: 2명 -12학급 이상 유치원: 3명 이상	11학급 이하 유치원으로서 교육부장관이 지정하는 연구학교에는 왼쪽 규정보다 1명을 더 둘 수 있다.
교사	학급마다 1명 이상	방과후 과정을 운영하는 유치원에는 각 학급 담당교사 외에 방과후 과정 운영을 담당할 교사를 1명 이상 둘 수 있다.

기출문제로 학습 확인하기

(2014 A6) 다음은 「유아교육법」[법률 제11769호, 2013. 5. 22., 일부개정]에 제시된 교사자격 기준의 일부이다. ㉣ '유치원 정교사 1급 자격 연수를 받을 수 있는 교육경력'과 관련하여 A에 들어 갈 숫자를 쓰시오. [1점]

자격	자격기준
정교사 (1급)	1. 유치원 정교사(2급)자격증을 가진 자로서 (A)년 이상의 교육경력을 가지고 소정의 재교육을 받은 자 ……(후략)……

정답 풀이 교사 자격기준(유아교육법 제22조제2항 관련)에 따르면 3년이다.

교직윤리

1. 개념

윤리는 인간이라면 마땅히 따라야 할 행위 규범의 총체이다. 윤리는 강제성이 없으나 사회 구성원이라면 준수해야 하는 내적, 자율적 통제 체계이다. 교직윤리는 교사가 직무를 수행할 때 따라야 하는 윤리를 말한다. 직무를 수행하면서 교사는 상충되는 요구와 의무에 직면하거나 딜레마에 부딪칠 수 있다. 이때 교직윤리는 무엇을 어떻게 해야 할지 알려주는 기준이나 지침이 된다.

2. 중요성

교육을 하다 보면 수없이 많은 딜레마에 부딪힌다. 딜레마는 가치나 지향이 달라 여러 가지 사항 중에서 어떤 것을 선택해도 바람직한 결과가 나오기 어려운 곤란한 상황을 말한다. 선택해야 할 길은 두 가지 중 하나인데, 어느 길을 선택해도 바람직하지 못한 결과가 나오게 되는 곤란한 상황이 딜레마다. 교직윤리는 교사가 딜레마에 빠졌을 때 가장 적절하게 의사를 결정할 수 있게 이끌어 주는 기준이며 지침이다.

3. 윤리강령이 필요한 이유

높은 직업 윤리와 강한 책임감이 필요한 전문직은 각자 고유한 윤리강령을 가지고 있다. 윤리강령은 어떤 집단이 내세우는 윤리적 행동 규범이다. 캐츠(Kats, 1989)는 직업 특성상 발생할 수 있는 유혹을 잘 다룰 수 있는 기준을 세우도록 돕는 것이 윤리강령이라고 정의했다. 캐츠는 유아교육에서 윤리강령이 필요한 이유로 네 가지를 제시했다.

1) 유아 교사의 힘과 지위의 이중성

유아 교사는 유아에게는 우월적 지위를 갖고 있지만, 학부모에게는 약자인 경우가 있다. 유아 교사는 유아에게는 이해나 협조를 구하지 않고도 할 수 있는 일이 많지만, 학부모에게는 그렇지 않다. 유아의 바람과 학부모 요구가 상충하면 어떻게 하는가? 자신의 교육 신념과 학부모 요구가 어긋날 경우 어떻게 해야 하는가? 윤리 강령은 이런 상황에서 바르게 판단할 수 있도록 돕는다.

2) 유아마다 다른 요구

유치원에는 한 반에도 기질과 성격, 발달 특성이 다른 유아들이 섞여 있다. 인지 능력이 뛰어난 아이도 있고 떨어지는 아이도 있다. 매우 활동적인 아이도 있고 지나치게 조용하고 우울한 아이도 있다. 이때 교사는 유아들을 어떻게 대해야 하는가? 윤리강령은 다양한 요구를 가진 유아를 교육할 때 발생하는 문제를 해결하도록 돕는다.

3) 교육 과정의 자율성

유아 교육과정은 초·중등 교육과정과 달리 유아의 경험과 학습 과정을 중시한다. 반드시 가르쳐야 하는 내용이 정해져 있지 않아, 유아 교사는 비교적 자율적으로 교육과정을 운영할 수 있다. 유아 교사는 초·중등 교사와 달리 자신의 가치관과 신념에 따라 교육과정의 내용과 교수 방법을 결정할 수 있다. 윤리강령은 교사가 교육과정의 내용과 교수 방법을 올바르게 결정할 수 있도록 철학적 근거를 제공한다.

4) 애매한 역할

유아 교사는 교육만 담당하지 않는다. 아이를 먹이고, 입히고 씻기며, 기본생활습관을 길러 주어야 한다. 안전과 위생도 책임져야 한다. 부모가 해야 할 일을, 교사가 하는 경우도 있다. 부모와 역할이 겹쳐서 교사와 부모의 의견이 충돌하거나, 학부모와 유아 사이에 갈등을 일어날 때, 윤리강령은 교사가 올바른 판단을 내릴 수 있도록 돕는다.

4. 교직 윤리 내용

우리나라는 오랫동안 유치원 교사만을 위한 윤리강령이 없었으나, 2010년 교육부가 운영한 '유치원 교원 양성 및 임용 체제 개선 방안 전담조직에서 '유치원 교사 헌장'과 '유치원 교사 윤리강령'을 제정했다. 이 유치원 헌장과 윤리강령은 2010년 12월 최종 공포되었다.

1) 유치원 교사 헌장

유아교육은 유아의 삶에 초석이 되며, 우리 사회와 국가의 미래를 결정한다. 우리는 국민의 생애 초기 교육을 책임지며 사회로부터 존경 받는 교사로서 자신을 연마하고 소명의식을 가지고 유아교육자로서 가야 할 길을 밝힌다.

1. 우리는 유아를 사랑하고 개성을 존중하며 전인 발달을 지원하고 평화로운 교실문화를 조성한다.
2. 우리는 미래 지향적이며 질 높은 교육을 계획하고 실천하여 교육자로서 책임을 다한다.
3. 우리는 가정에 대한 이해와 연대를 강화하여 교육복지 사회 구축에 공헌한다.
4. 우리는 사회의 변화와 요구에 적극 부응하여 유아교육의 혁신과 발전을 위해 노력한다.
5. 우리는 교육자로서 품위를 유지하고 부단히 자기 개발을 통해 유아교육 전문가로서 위상을 갖춘다.

2) 유치원 교사 강령

01 유치원 교사와 유아

■ 핵심개념
  사랑, 평등, 개성 존중, 전인교육, 안전과 보호
  1. 우리는 유아를 사랑하며 유아의 인격을 존중한다.
  2. 우리는 유아의 개인적·가정적 배경에 관계없이 모든 유아를 평등하게 대한다.
  3. 우리는 유아의 개성을 존중하며 개인의 흥미와 잠재력에 적합한 교육을 제공한다.
  4. 우리는 유아의 전인 발달을 지원하는 교육과 환경을 제공한다.
  5. 우리는 유아의 안녕을 위협하는 가정적, 사회 문화적, 경제적 상황을 적극적으로 파악하고 유아를 보호하기 위해 노력한다.

02 유치원 교사와 가정

■ 핵심개념
가족에 대한 이해, 권리 보호, 협력, 지원
1. 우리는 유아를 교육하고 지원하기 위해 가정과 연계하고 협력관계를 구축한다.
2. 우리는 교육적 목적으로 수집한 갖고 정보에 대해 기밀을 유지하고 가족의 사생활을 보장한다.
3. 우리는 유치원에서 일어난 안전사고나 위험상황에 대해 가족에게 충분히 설명한다.
4. 우리는 가족에게 유치원을 개방하며 필요한 정보를 제공한다.
5. 우리는 유치원 운영에 관련된 중요한 의사결정 과정에 부모를 참여시킨다.
6. 우리는 가족에게 필요한 지역사회 자원에 대한 정보를 구축하고 이를 가족에게 적극 제공한다.

03 유치원 교사와 사회

■ 핵심개념
사회에 대한 이해, 교원의 지위 향상, 유아교육 위상 강화, 교직문화, 지역 사회와 협력
1. 우리는 사회의 흐름을 파악하고 이를 교육에 반영하고자 노력한다.
2. 우리는 유아에 관련된 법률과 정책을 이해하고, 이를 개선하기 위한 활동에 적극 참여한다.
3. 우리는 교직 관련 단체와 전문가협회를 통해 교권 확립을 위한 활동에 참여한다.
4. 우리는 유치원 교육을 사회에 널리 알려 유아교육의 위상을 높인다.
5. 우리는 교직원 간의 상호 존중과 협력을 통해 건전한 교직문화를 형성한다.
6. 우리는 유치원과 연계하여 지역사회의 생활과 문화 향상에 기여한다.

04 유치원 교사의 책무

■ 핵심개념
직업의식과 긍지, 인성(열정, 개방성, 창의성, 자율성), 교사로서의 품위, 연구와 자기계발
1. 우리는 교육 전문가로서 직업의식을 갖는다.
2. 우리는 건전한 국가관과 확고한 교육관을 가지고 교직에 종사한다.
3. 우리는 유아에게 최적의 교육을 제공하기 위해 열과 성을 다한다.
4. 우리는 건전한 언행과 생활 태도로 유아에게 모범이 되도록 한다.
5. 우리는 열린 사고와 개방적 태도를 가지고 전문성 향상에 매진한다.
6. 우리는 다양한 분야의 전문가와 교류하고 새로운 지식과 정책을 비판적으로 수용한다.

5부

부모교육

부모교육 일반

1. 부모교육 개념

부모교육은 자녀를 바람직하게 양육하는 데 필요한 지식, 기술, 태도를 습득하도록 부모를 교육하는 일이다. 에어하트(Earhart, 1980)는 부모교육을 부모가 역할과 기능을 원활하게 수행하도록 부모에게 지식과 기술을 전달하고 가르치는 일로 정의했다. 파인(Fine, 1980)은 부모에게 지식과 정보, 기술을 알려주기 위해 의도적으로 계획한 활동이라고 보았다. 이런 인식은 전문가는 부모를 가르치고, 부모는 배운다는 부모훈련을 강조한다.

1960년대 이후 부모교육은 전문가는 가르치고, 부모는 배운다는 일방적인 관점에서 벗어나 전문가와 부모가 동등하게 교육 활동에 참여하면, 보다 효율적으로 교육할 수 있다는 쌍방적 개념으로 변화하기 시작했다. 부모교육과 비슷한 뜻으로 사용하는 용어인 부모참여, 부모역할하기, 부모개입은 이런 변화를 반영한다. 즉 부모교육은 부모훈련뿐 아니라 부모참여와 부모개입을 포함한다.

2. 부모교육 역사

1) 서구의 부모교육

플라톤은 국가는 국민 모두가 정치에 참여하는 민주주의보다, 이성을 가진 소수의 수호자 계급이 통치하는 독재가 바람직하다고 보았다. 플라톤은 수호자 계급을 양성하고 이상 사회를 건설하기 위해 교육은 필수적이라고 보았다. 플라톤은 수호자 계급의 소유욕과 이기심, 시기심을 완전히 배격하기 위해 아동은 출생 직후부터 공동 탁아소에서 양육하고, 아동을 공동 소유해야 한다고 주장했다.

아리스토텔레스는 플라톤과 달리 아동은 가족이 양육해야 하며, 아동은 개인차가 있으므로 적절한 양육 방식을 채택해야 잠재력을 최대한 발휘할 수 있다고 보았다.

중세 아동관은 전성설(前成說)과 원죄설이 주류를 이루었다. 전성설은 아동을 어른의 축소판으로 본다. 전성설에 따르면 정자나 난자 속에 완전한 인간 모습을 형성한 작은 인간이 들어가 있고, 인간은 출생 후 시간이 지나면서 성인으로 변한다. 아동은 신체적으로 작을 뿐, 능력과 역할은 성인과 다르지 않다. 전성설에 따라 아동이 걷고 말할 수 있게 되면 성인의 옷을 입히고 성인과 같은 일을 하게 하였다. 18세기에 현미경이 발명되어, 태아는 성인과 모습이 완전히 다르다는 사실을 알게 되면서 전성설은 폐기되었다.

원죄설은 낙원에서 죄를 지어 쫓겨난 아담과 이브의 후손인 인간은 그들의 원죄를 가지고 태어난다는 주장이다. 원죄설에 따르면 인간 본성은 악하고 갓난아기도 죄를 가지고 태어난다. 따라서 악한 본성이 발현하지 않도록 아동을 엄격하게 훈련시키거나 체벌을 가했다.[162]

코메니우스는 유아교육의 책임자는 부모라고 주장했다. 가정은 교육의 장이고, 가족 공동체는 교육 모델이어야 하며, 자녀는 어머니가 모유로 직접 키워야 한다고 했다. 코메니우스는 자신의 저서 『대교수학』(1632)에서 출생 초기에는 아동을 어머니 무릎학교에서 교육해야 한다고 주장했다. 그는 어머니를 위한 양육지침서인 『유아학교』에서 어머니 무릎이 최초이자 가장 중요한 학교라고 하였다.

로크는 백지설에 따라 인간은 경험에 따라 개인차가 나타나므로, 부모는 아동에게 적절한 환경을 조성해 주어야 한다고 주장했다. 로크는 교육의 궁극적 목적은 신사 양성이라고 했다. 로크는 학교를 부정적으로 보고 가정 교육을 강조했고 가정에서 개별적으로 교육하여 신사를 양성할 수 있다고 보았다. 특히 아버지 역할을 강조하여 유아는 아버지가 가르쳐야 한다고 주장했다.

루소는 성선설에 입각하여 유아를 자연적 발달 성향을 지닌 존재로 보았다. 부모는 자연적인 최초의 교사이며 영원한 교사라고 주장하며 가정 교육을 중시했다. 그는 지식을 외부에서 유아에게 강제적으로 주입하는 것보다, 유아의 자유로운 활동을 존중하고 자연스러운 발달을 돕는 소극적 교육을 주장했다.

페스탈로찌는 자신이 쓴 아동 지침서 『게르트루트는 어떻게 자녀를 가르치는가?』에서 부모는 자녀의 잠재력이 조화롭게 발전할 수 있도록 도와주어야 한다고 주장했다. 페스탈로찌는 가정은 인간 교육이 가장 먼저 이루어지는 곳이라며 가정의 중요성을 강

---

162 『유아교육철학 및 교육사』(김희태, 정석환 저, 방송대, 2020), 54쪽

조했다. 가정에서 양친과 아동의 애정이 넘치는 생활이야말로 가장 탁월한 자연의 교육이라고 보았다. 어머니가 아이를 품에 안는 순간부터 교육은 시작되고 어머니는 가장 훌륭한 교사라며 어머니 역할을 중시했다. 유아는 어머니의 젖으로 생리적 욕구를 충족하는 동시에 사랑, 순종, 신뢰 등 정신적 영양을 흡수한다고 보았다.

프뢰벨은 가정에서 어머니 역할이 중요하다고 강조하였다. 가정에서 어머니가 자녀와 노래하고 게임하면 유아는 더욱 조화롭게 자랄 수 있다고 주장했다. 프뢰벨은 가정에서 어머니의 교육 기능을 강화하기 위해 『어머니의 노래와 사랑의 노래』(1844)라는 부모교육서를 지었다.

20세기 초반에는 행동주의 영향으로, 보상과 벌을 통해 자녀를 양육해야 한다는 생각이 지배했다. 절제된 환경이 아동 성장에 바람직하며, 부모는 엄격하고 규칙적, 계획적으로 역할을 수행하는 것이 이상적이라고 생각했다.

20세기 중반에는 정신분석학의 영향으로 학자들은 욕구를 억압하지 않고 아동을 양육하는 태도가 바람직하다고 보았다. 아동이 내적 충동을 적절하게 발산하게 하고 아동 행동을 관대하게 처리해야 한다고 보았다.

1957년 구 소련이 미국보다 먼저 우주선 스푸트니크를 발사하자 미국 사회는 가정 교육과 학교 교육, 그리고 정부 역할에 의문을 제기하면서 교육 분야에서 혁신이 일어나기 시작했다. 인지발달과 조기 교육을 위해 부모의 적극적 교육 참여를 강조하였고 미취학 아동과 그 부모를 대상으로 다양한 프로그램을 개발, 시행하기 시작했다. 특히 피아제의 인지발달 이론은 부모에게 큰 영향을 끼쳤다. 피아제는 아동은 환경과 상호작용을 통하여 지식을 구성한다고 주장했다. 부모는 자녀가 다양한 경험을 하여 세계를 확장할 수 있도록 해야 한다고 피아제는 강조했다.

1970년대에 들어서 생태학적 관점이 대두하면서 부모와 아동의 상호작용뿐 아니라 가정과 사회문화 환경의 상호작용, 사회문화 환경과 역사적 환경의 상호작용도 아동 발달에 영향을 미친다는 인식이 확산되었다. 브론펜브레너는 아동을 효과적으로 교육하기 위해서는 개인과 가족을 둘러싼 생태학적 환경을 개발해야 한다고 강조했다.[163]

2) 우리나라 부모교육

(1) 1900년대 초반

근대화 이전에 안방 교육이 중심이 된 우리나라 부모교육은 개화와 함께 사회교육

---

163 『부모교육』(정옥분, 정순화 저, 학지사, 2020), 64~75쪽 정리

으로 발전했다. 1914년에 미국 선교사 브라운리(C. Brownlee, 한국명: 부래운)는 이화 정동 유치원을 설립하고 자모회를 조직하여, 어머니를 대상으로 부모교육을 조직적으로 실시했다. 클라라 하워드(Clarra Howard, 한국명: 허길래)는 어머니회를 통하여 부모교육을 적극적으로 시도했다. 하워드는 유치원과 교회에서 교사 강습회와 월례회를 통하여 부모교육 워크숍, 요리, 스크랩 제작 등 부모교육을 실제적으로 실시했다. 특히 하워드는 아버지 교육에도 관심을 갖고 어머니와 아버지가 함께 월례회에 참석하도록 지도하였다.

일제 강점기에는 소수 양반 계층과 일본인 학부모를 대상으로 부모교육을 실시하였다. 하지만 방정환은 어린이는 나라의 앞날을 이끌어 갈 사람이므로 씩씩하게 자라나도록 힘써야 한다고 주장했고 어린이날을 제정하였다. 방정환의 주장은 어린이 교육의 방향이자 부모교육의 핵심이 되었다. 1941년에는 이화여자대학교 보육과에 '부모교육' 과목이 개설되어 대학이 부모교육을 학문으로 다루기 시작했다.

(2) 1960년대

1960년대에 들어 사회 전반적으로 아동 양육과 교육에 관심이 증가하면서 부모교육은 전환점을 맞이했다. 부모는 자녀 교육에 적극 참여하기 시작했고 여성의 사회교육 내용으로 부모교육을 강조했다.

(3) 1970년대

1970년대는 정부도 유아교육에 관심을 갖고 부모교육 심포지엄을 개최했으며, 행동 과학연구소를 중심으로 행동수정 이론을 활발하게 연구하였다. 미국과 유럽에서 개발한 부모교육 프로그램을 적용하기 시작했고 아버지 참여 프로그램, 가정방문 프로그램, 놀잇감 교환 프로그램 등 다양한 부모교육 프로그램이 탄생했다.

(4) 1980년대

1980년대는 유아교육이 활성화하면서 부모교육이 양적, 질적으로 발전하기 시작했다. 정부는 영유아교육진흥법을 제정하였고, 영유아 교육 기관은 부모교육 프로그램을 본격적으로 실시하기 시작했다. 영유아 교육 기관은 부모가 아동 교육에 참여하도록 권장하였고, 부모효율성훈련 프로그램(PET)과 체계적 부모효율성 훈련 프로그램(STEP)을 적용하기 시작했다. 브론펜브레너의 생태학적 체계 이론을 부모교육에 적용하면서 유아에게 직접적으로 영향을 미치는 환경뿐 아니라 간접적으로 영향을 미치는 환경도 고찰해야 한다는 인식이 확산하였다.

(5) 1990년대 이후

1990년대 들어 여성의 사회 참여와 이혼율이 증가하고, 핵가족 현상 등 가족 구조가 변화하면서 자녀 양육 문제를 국가 차원에서 해결해야 한다는 요구가 대두하였다. 외국 프로그램의 무분별한 수용을 반성하면서 우리 실정에 적합한 프로그램을 개발하기 시작했고, 예비부모교육에 관심을 기울이기 시작했다. 대학이 중심이 되어 예비부모교육을 실시하였으며, 여러 대학에서 교양과목으로 아동발달, 가족관계, 양육방법 등 예비부모교육 과목을 개설하였다.[164]

기출문제로 학습 확인하기

(2013 추시A4) ㉠에 들어갈 말 1가지를 쓰시오. [1점]

> 브라운리(C.Brownlee,부래운), 하워드(C.Howard, 허길래)등은 1900년대 초반부터 우리나라의 유치원과 교회에 자모회를 조직하여 어머니들을 계몽하였다. 특히 하워드는 아버지 교육에도 관심을 가지고 어머니와 아버지가 함께 월례회에 참석하도록 지도하였다. 이러한 역사적 배경을 바탕으로 오늘날 유치원에서는 가정통신문, 워크숍, 강연회, 대·소집단 모임, 면담 등의 다양한 방법을 활용하여 누리과정 운영이 가능한 범위 내에서 하루 일과, 교사 구성 등을 고려하여 (㉠)을(를) 실시하고 있다.

정답 부모교육

3. 유치원과 가정 연계

1) 필요성

유치원 교육과정과 가정·지역사회의 연계는 유아를 둘러싼 환경 주체의 관계를 활성화하여, 유아가 경험을 확장하고, 교육 내용을 일관성 있게 체득하여 교육이 유아에게 보다 의미 있게 발현할 수 있도록 하는 일을 가리킨다. 구체적으로 말하면 유치원과 가정·지역사회의 협력과 연계는 유아가 교육과정을 풍부하고 일관성 있게 체득하게 하여 누리과정 운용 효과를 극대화한다.

---

164 『부모교육』(김진경, 서주현 저, 방송대, 2020), 66~69쪽 정리

교육과정의 가정과 지역사회 연계는 협의(狹義)로는 '3-5세 연령별 누리과정' 운용을 위한 협력과 지원으로 볼 수 있다. 광의(廣義)로는 교육과정 운용과 실현을 전반적으로 지원하기 위하여 유아를 둘러싼 유치원과 가정, 지역사회 간의 포괄적 협력을 의미한다.

2) 생태학적 체계 이론

브론펜브레너(U. Bronfenbrenner)의 생태학적 체계 이론은 인간 발달에 영향을 미치는 환경을 미시체계, 중간체계, 외체계, 거시체계, 시간체계로 나누어 설명한다. 생태학적 체계 이론에 따르면 유아를 중심으로 가까이 있는 체계일수록 직접적인 영향을 미치지만 모든 체계는 상호작용하며 영향을 주고 받는다. 따라서 유아 발달을 이해하려면 다섯 체계를 모두 연구해야 한다.

미시체계는 유아를 직접 둘러 싸고 있어 유아와 직접 영향을 주고 받는 환경이다. 미시체계에는 부모, 가족, 또래, 유치원, 이웃, 동네 등이 있다. 중간체계는 부모와 교사, 부모와 이웃 등 미시체계 간의 관계와 상호작용을 말한다. 부모와 유치원 교사 간에 관계가 좋으면 유아에게 좋은 영향을 주는 것처럼, 미시체계 간의 상호작용은 유아 발달에 영향을 미친다. 외체계는 중간체계의 외부에서 유아에게 간접적인 영향을 미치는 환경이다. 외체계에는 부모 직장, 형제가 다니는 학교, 지역 사회 단체, 종교 기관, TV를 포함한 대중매체 등이 있다. 거시체계는 가치관, 관습, 법률, 정부 정책 등 유아에게 장기적, 지속적으로 영향을 끼치는 사회문화적 환경을 말한다. 예를 들어 아동복지를 중시하는 정부 정책과 법령, 아동을 독립적 인격체로 존중하는 문화는 유아 발달에 오랫동안 긍정적 영향을 끼친다. 시간체계는 개인의 전 생애에 걸친 변화와 사회역사적인 환경의 변화를 말한다. 유아에게 장기적으로 영향을 주는 동생 출생, 부모 이혼 등 개인 환경의 변화와 인간의 전 생애에 걸쳐 영향을 미치는 전쟁, IMF 사태 등으로 인한 사회역사적 환경 변화이다.

생태학적 체계 이론에서 아동에게 가장 큰 영향을 미치는 환경은 부모의 양육 태도와 부모·아동의 정서적 유대감이다. 부모는 대부분 자녀와 정서적 유대감을 형성하지만, 유대감의 정도는 부모·자녀의 특성, 사회적 환경에 따라 차이가 있다.

3) 부모 참여

부모참여는 부모가 교육 기관의 활동에 관여하여 교육 기관과 서로 도움을 주고받는 일을 말한다. 부모참여에는 학급 활동, 부모회 활동, 기관운영 관련 활동 등이 있다.

부모교육이 부모를 도움을 주어야 하는 대상으로 보고, 기관이 부모에게 교육을 제공한다는 측면을 강조한다면, 부모참여는 가정과 기관의 연계라는 관점에서, 부모와 기관이 서로 도움을 주고 받는 측면을 강조한다.

4) 앱스테인(J. L. Epstein, 1995)의 유치원-가정 연계 유형

앱스테인은 유아교육 기관에서 일어나는 부모참여(involvement)를 부모교육(Parenting), 의사소통(Communicating), 부모지원(Volunteering), 가정학습(Learning at Home), 의사결정(Decision Making), 지역사회 연계(Collaborating with Community)로 분류하였다.[165]

유형	개념	사례
부모교육	부모를 학습자로 보고, 부모에게 자녀 지원과 관련한 도움 제공	부모 교육과 훈련, 건강·영양 정보 제공, 가정 방문 등
의사소통	기관 프로그램이나 자녀 발달에 관하여 기관과 가정 간 효율적 소통 방안 마련	부모 상담, 자녀 작업물 전달, 가정통신문, 알림장, 전화 등
부모 지원	부모가 여러 가지 학급 활동에 자원봉사자, 보조자로 참여	일일교사, 기관 행사 지원 등으로 기관과 교사를 돕는다.
가정학습	가정에서 학습할 수 있도록 교육과정 관련 활동, 결정, 계획과 정보 등 제공	숙제 돕는 방법, 가정에서 해보는 활동 등 제공
의사결정	부모 대표를 선출하여 기관의 의사결정과정에 참여하게 한다.	부모운영위원회, 기관 개선을 위한 건의 모임 등
지역사회 연계	기관 프로그램을 강화하기 위해 지역사회 자원을 구체화하고 조직	지역사회 자원 안내, 지역사회 활동과 연계 등

4. 부모 양육 행동

1) 섀퍼(Schaffer, 1959)의 양육 태도

섀퍼는 정상적인 부모의 양육 태도를 장기적, 종단적으로 연구하여 부모 양육 태도를 애정-거부 축과 자율-통제 축으로 분류하였다.

---

[165] 『3-5세 누리과정의 가정 및 지역사회연계 활성화 방안』(육아정책연구소, 2015), 29~32쪽 재구성

애정-거부 축에서 애정적인 부모는 자녀에게 긍정적이고 수용적이며, 사랑을 표현한다. 거부적인 부모는 자녀를 무시하거나 처벌하거나 거부한다. 자율-통제 축에서 자율적인 부모는 자녀가 어떤 일을 하도록 허용한다. 통제하는 부모는 자녀 행동을 제한·제약한다. 통제는 자유를 얼마나 많이 제한하는지 또는 성숙한 행동을 얼마나 많이 요구하는지로 측정한다. 애정-거부 축과 자율-통제 축으로 나눈 양육 행동을 구체적으로 살펴보면 다음과 같다.

1) 애정-자율적 태도

부모가 자녀를 사랑하고 인격적으로 존중하며 자녀에게 독립성과 자율성을 최대한 부여하는 태도이다. 이런 환경에서 자란 자녀는 부모를 신뢰하며 감정을 자유롭게 표현한다. 자녀는 다른 사람을 사랑할 줄 알고 관용적으로 대하며 우호적인 대인 관계를 형성할 수 있다.

2) 애정-통제적 태도

자녀를 사랑하지만, 자녀 행동에 간섭하고 통제하는 양육 태도이다. 이런 태도를 가진 부모는 자녀 발달 단계를 고려하지 않고, 자녀 행동을 일괄적으로 통제하려고 한다. 특히 인지 발달에 집착하여 학교 성적에 관심이 많으며, 학업 성적에 따라 애정과 통제 수준을 조절한다. 케이건과 모스(Kagan & Moss, 1962)에 따르면 애정-통제적 가정에서 자란 아동이 애정-자율적 가정에서 자란 아동보다 의존적이고, 사교성과 창의성이 부족하며, 타인에게 적대감을 품는 경향이 강하다.

3) 거부-자율적 태도

자녀를 돌보거나 사랑하지 않으며, 자녀 행동에 간섭하지 않고 방임하는 양육 태도이다. 이런 환경에서 자란 아이는 정서적으로 불안하고 소극적이며 미성숙한 행동을 한다. 사회 규범을 익힐 수 없어 사회 부적응 현상이 나타나며, 자신의 행동을 통제하지 못해 반사회적 행동을 할 가능성이 높다.

4) 거부-통제적 태도

자녀에게 관대하지도, 자녀를 사랑하지도 않으며 자녀를 신체적, 심리적, 언어적으로 처벌하는 양육 태도이다. 이러한 환경에서 자란 아이는 부정적인 자아 정체감을 갖기 쉽고 퇴행적 행동을 한다. 부모에게 적대적이고 자기 자신에 대한 분노로 자학적인 성향이 나타난다. 정신 질환이 있는 아동의 부모에게 거부-통제적 태도를 발견할 수 있다.

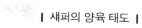

| 섀퍼의 양육 태도 |

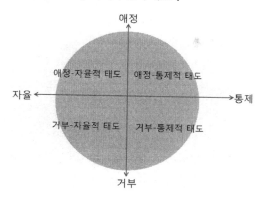

2) 바움린드(Baumrind)의 양육 유형

미국의 발달심리학자 바움린드(1967)는 통제를 규칙 준수를 요구하는 엄격한 훈육으로 정의한 후, 가정에서 일어나는 부모와 자녀의 상호작용을 관찰하였다.

바움린드는 부모의 통제 형태에 따라 양육 행동을 독재적(권위주의적) 양육, 민주적(권위 있는) 양육, 허용적 양육으로 나누었다.

1) 독재적(권위주의적, authoritarian) 양육

독재적 양육은 절대적 기준이나 규칙에 따라, 자녀를 통제하고 훈육하는 유형이다. 부모는 규칙을 설명하지 않은 채 자녀에게 무조건 복종하라고 요구한다. 자녀를 복종시키려고 체벌도 한다. 부모는 일, 질서, 복종, 전통을 강조하며, 자녀와 대화하는 것을 좋아하지 않는다.

2) 허용적(permissive) 양육

허용적 양육은 자녀를 인격체로 대우하고 자율성을 존중하는 유형이다. 부모는 자녀 행동을 수용하며 긍정적으로 반응한다. 부모는 권위를 지닌 존재가 아니라고 생각하며, 자녀를 통제하거나 처벌하지 않는다. 허용적 양육은 다시 방종적 양육과 방임적 양육으로 나뉜다.

(1) 방종적 양육

방종적 양육은 수용적이나, 통제하지 않는 유형이다. 자녀에게 따뜻하게 대하고 자녀가 하고 싶은 대로 하게 한다. 규칙을 설명하고 자율성을 강조하지만, 감독하거나 통제하지 않는다. 규칙을 준수하라고 요구하지 않아 자녀가 방종하도록 한다. 이런 부모

밑에서 성장한 자녀는 미숙하고 의존심이 강하며, 자아 통제를 하지 못하고 퇴행성이 심한 경향이 있다.

(2) 방임적 양육

방임적 양육은 수용하지도 않고 통제하지도 않는, 훈육을 포기한 유형이다. 부모는 자녀가 무엇을 하든 상관하지 않으며, 자녀에게 무관심하다. 맥코비와 마틴(E. Maccoby & A. Martin, 1983)에 따르면 이런 부모는 비참여 부모라고 할 수 있다. 음식이나 잠자리와 같은 생존적 요구에는 반응하지만 사회정서적 요구에 무관심하다. 부모는 자녀 양육에 최소한의 도움만 제공한다. 이런 부모 밑에서 성장한 아이는 충동을 통제하지 못하거나 책임감과 독립심이 부족하다.

(3) 민주적(권위 있는, authoritative) 양육

민주적 양육은 사회 규범을 가르치고 원칙을 적용하지만, 지시나 명령을 강제하거나 체벌을 가하지 않는 유형이다. 부모는 권위가 있으며 자녀 의견을 존중한다. 자녀가 규칙을 준수하지 않으면 벌을 주기도 한다. 부모는 자녀가 책임감 있고 성숙한 행동을 하기를 기대하며, 부모 명령이나 규칙을 왜 따라야 하는지 설명한다.

바움린드는 부모가 민주적 양육 행동을 하면, 유아는 독립적이고 자신감 있고 자신을 통제하며 또래와 잘 어울리는 등 사회적으로 유능하다고 주장했다.[166]

3) 바움린드(D. Baumrind), 맥코비와 마틴(E. Maccoby & A. Martin)의 양육 유형

양육 행동을 나누어 이들 간의 차이를 설명한 대표적인 학자는 바움린드이다. 바움린드는 초기 연구에서 부모의 양육을 독재적(권위주의적, authoritarian), 허용적(permissive), 민주적(권위 있는, authoritative) 유형으로 구분했다.

독재적(권위주의적) 양육은 자녀에게 절대적인 복종을 요구하며 자녀의 행동을 엄격히 통제하는 유형이다. 자녀를 독립적인 인격체로 인정하지 않는 경향이 강하고, 부모 권위나 사회 규범을 따를 것을 강조한다. 독재적 양육 방식을 실시하는 가정에서는 부모와 자녀가 대화를 주고 받는 평등한 의사소통을 기대하기 어렵다.

허용적 양육은 자녀 행동을 거의 통제하지 않고, 처벌도 최소화하는 유형이다. 이는 자녀가 충동적인 행동이나 폭력적 행동을 했을 때도 마찬가지이다. 자녀의 자율성을 최대한 보장하며 자녀 행동에 관대한 양육 유형이다.

---

166 『부모교육』(김진경, 서주현 저, 방송대, 2020), 103~111쪽 정리

민주적(권위 있는) 양육은 자녀 행동을 규제하거나 훈육을 위해 처벌은 하지만, 그 기준을 명백하게 제시하는 양육 유형이다. 자녀에 대한 지지와 애정 모두 높은 유형이다.

맥코비와 마틴(Maccoby & Martin, 1983)은 양육 유형을 결정하는 중요한 척도로 부모 반응과 부모 요구를 제시했다.

부모 반응(responsiveness)은 부모가 자녀의 필요나 요구에 부응하는 행동을 말한다. 부모 반응은 자녀에 대한 따뜻함을 의미한다. 부모 요구(demandingness)는 자녀 행동을 통제하는 것을 의미한다. 부모가 원하는 대로 행동하도록 요구하거나 강제하거나 감시하는 것이다.

맥코비와 마틴은 부모 반응과 부모 요구라는 두 척도를 교차하여 양육 유형을 네 가지로 제시했다. 이에 따라 바움린드가 제시한 독재적(권위주의적), 허용적, 민주적(권위 있는) 양육 유형에, 맥코비와 마틴의 유형을 반영하여 '무관심(neglect)한' 양육 유형이 추가되었다.

네 가지 양육 유형에서 독재적(권위주의적) 양육 유형은 통제는 많으나 따뜻함은 적다. 허용적 양육 유형은 통제는 적고 따뜻함은 많다. 민주적(권위 있는) 양육 유형은 통제와 따뜻함이 모두 많고, 무관심한 양육 유형은 통제와 따뜻함이 모두 적다.

| 바움린드, 맥코비와 마틴의 양육 유형 |

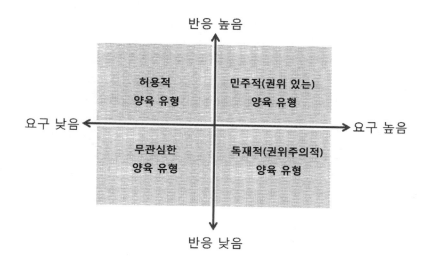

(2020 B2) 바움린드(D. Baumrind), 맥코비와 마틴(E. Maccoby & A. Martin)의 양육 유형에 근거하여, (다)의 ⓒ에 들어갈 명칭을 쓰고, (라)에서 ⓒ에 적절하지 않은 1가지를 찾아 고쳐 쓰시오. [2점]

(다)

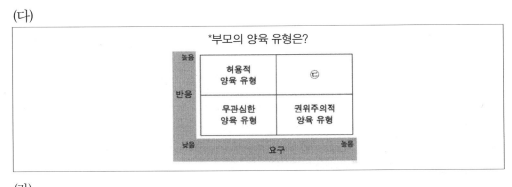

(라)

정답 풀이 민주적(권위 있는) 양육 유형, 자녀에게 모든 의사결정을 맡겨 주세요->자녀와 충분하게 의논하고 자녀 입장을 적절하게 반영하는 민주적 의사결정을 경험하도록 해 주세요.

5. 부모 언어통제 유형

부모의 양육 행태는 언어를 통해 자녀에게 전달되므로 부모의 언어 통제 유형은 자녀 발달에 직접 영향을 끼친다.

번스타인(Bernstein)은 언어사회화 이론을 기초로 부모의 언어통제 유형을 구분하였다. 언어사회화란 아동이 언어를 매개로 상호작용을 하여 경험을 쌓는 과정을 가리킨다.

번스타인은 가족을 지위 지향적 가족과 인성 지향적 가족으로 나누고, 가족에서 일어나는 어머니와 자녀의 상호작용을 제한된 어법과 정교한 어법으로 설명했다.

지위 지향적 가족은 연령, 성 등 지위에 따라 역할과 책임을 엄격하게 구분하는 가족이다. 자녀가 선택할 수 있는 범위는 좁고, 지위와 규칙에 따라 언어를 표현한다. 따라서 아동 사회화는 일방적인 방향으로 이루어진다. 지위 지향적 가족에서는 제한된 어법을 사용한다. 제한된 어법은 문장이 짧고 단순하며, 언급하려는 주제를 문장에서 명백하게 표현하지 못하는 어법이다.

인성 지향적 가족은 구성원 특성이나 상황에 따라, 다양하고 융통성 있는 관계를 맺는 가족을 말한다. 인성 지향적 가족은 정교한 어법을 사용한다. 정교한 어법은 정확한 어순과 구문을 사용하는 어법이다. 정교한 어법을 사용하면 의사를 명확하게 전달하고, 인과관계를 논리적으로 기술할 수 있어, 가족이 긴밀하게 상호작용 할 수 있다.

번스타인은 사회 계층에 따라 어머니의 언어통제 유형이 다르다고 보았다. 자녀 행동에 사용하는 어머니의 언어통제는 부모 양육 태도를 구체적으로 드러내는 지표라고 했다. 번스타인은 언어통제를 명령적 언어통제, 지위 지향적 언어통제, 인성적 언어로 구분했다.

1) 명령적 언어통제

명령적 언어통제는 제한된 어법을 사용하고 자녀에게 재량권을 거의 주지 않는다. 자녀는 부모 지시에 복종해야 하고, 부모는 체벌이나 위협을 가해 자녀 행동을 관리하려고 한다.

2) 지위 지향적 언어통제

지위 지향적 언어통제는 나이, 성, 세대 등 지위에 따라 자녀 행동을 통제하려고 한다. 통제 기준은 가족·사회의 규범이거나 자녀의 지위 규범이다.

3) 인성적 언어통제

인성적 언어통제는 자녀의 성향, 동기, 의도 등 심리적 특성을 고려하여 자녀를 통제한다. 인성적 언어통제는 자녀에게 선택권과 재량권을 주며, 부모 명령에 의문을 제기

하면 적절하게 설명한다. 따라서 자녀는 자기 행동의 결과를 인식하고 책임을 질 수 있다.[167]

6. 부모교육 계획 및 실행

1) 부모교육 실시 시기 및 횟수

부모교육에는 부모 오리엔테이션, 정기 부모회, 부모 면담, 가정 방문, 수업 참관 등이 있다. 부모 오리엔테이션은 학기가 시작되기 전에 년 2회 정도 실시할 수 있다. 정기 부모회는 부모가 알아야 하거나 알고 싶어하는 내용을 주제로 매월 1회 또는 년 4~5회 실시할 수 있다. 부모 면담은 년 2~4회 정기적으로 하거나, 부모와 교사가 필요하다고 생각할 경우 수시로 할 수 있다. 가정 방문은 일반적으로 학기 초에 한다. 수업 참관은 학기 초와 학기 말에 다른 부모교육 프로그램과 같이 할 수 있다.

2) 부모교육 프로그램을 계획할 때 고려할 점

우선 부모의 사회·경제적 배경, 유아교육 기관과 교사 역할에 거는 기대, 자녀 양육관이나 방식을 알아 본다. 프로그램을 계획할 때 부모를 참여하게 하여 부모 요구를 충분히 반영하고, 때로는 부모가 프로그램을 운영할 수 있도록 한다. 장단기 목표를 설정하고 구체적 실천 방안을 항목화하여, 단계적이고 일관성 있게 부모교육을 할 수 있게 계획한다.

3) 부모교육 참여도를 높이는 방법

부모 능력과 요구, 기대 등을 파악하여 필요하면 언제라도 계획을 변경한다. 부모들이 공동으로 결정하고 서로 존중하며 참여할 수 있는 기회를 적극 제공한다.

4) 부모교육 방법

(1) 부모회

부모회는 부모를 대상으로 한 모임이다. 학기 시작 전에 하는 부모회는 부모 오리엔테이션 형식으로 진행한다. 내용은 유치원 설립 목적과 연혁 소개, 유아교육 프로그램

---

167 『부모교육』(김진경, 서주현 저, 방송대, 2020), 111~113쪽 정리

철학과 교육과정 설명, 한 학기 행사 일정과 교직원 소개 등이다.

매달 또는 두 달에 한 번 개최하는 월례회는 부모가 선정한 주제로 강사를 초빙하여 강연회, 토론회, 워크숍, 역할극, 비디오 시청 등의 형식으로 한다. 부모회는 대개 90분 정도 걸리는데 강연이 50~60분을 차지하고 나머지 시간은 노래나 율동 배우기, 다과회, 소모임 등을 한다.

① 강연회

강연회는 주로 효율적인 자녀 교육을 위해 지식과 정보를 제공하려는 목적으로 개최한다. 첫 강연회에서는 참석자들이 낯설어서 어색하지 않도록, 부모 명찰과 방명록을 준비한다. 강연회 후에는 차후 계획 수립을 위해 반드시 평가를 해야 한다.

② 토론회

토론회는 어떤 주제에 관하여 서로 의견을 얘기하면서 지식을 얻고 이해를 깊게 하고자 개최한다. 토론회 전에 주제와 관련된 설문을 부모에게 보내 미리 주제를 생각하도록 한다. 토론회는 집단 토의와 분단 토의가 있다. 집단 토의를 할 때는 좌석을 둥글게 앉도록 배치하여 참석자가 골고루 발언할 수 있도록 한다.

③ 워크숍

워크숍은 부모가 어떤 일을 실제로 배우고 실습해 보는 집중적인 교육 프로그램이다. 워크숍이 성공하기 위해서는 부모와 교사가 공동으로 계획하고 진행해야 한다. 따라서 워크숍 계획 단계부터 가급적 많은 부모를 참여시키는 것이 좋다. 워크숍은 다양한 주제를 다룰 수 있다. 유아와 관련된 주제로 한정할 필요는 없다. 가급적 부모가 가장 관심 있는 주제를 다루는 것이 좋다. 활동은 간단하고 이해하기 쉬워야 한다. 본뜨기 패턴이나 노래 등 자료는 미리 나누어 주고 부모가 만드는 결과물은 집에서 해 볼 수 있는 실용적인 물건이 좋다.

④ 역할극

역할극은 심리극의 일종으로 주어진 상황에서 특정 역할을 담당하여 연기하는 극이다. 역할극은 자신의 상황을 객관화하여 통찰력을 갖도록 돕는다. 역할극에서는 연기를 잘 하는 것보다는 문제를 파악하도록 돕는 것이 중요하다.

⑤ 비디오 시청

　비디오 시청은 토론 도입 단계에서 활용하면 효과가 좋다. 부모들이 비디오를 본 후 비디오 내용을 중심으로 토의하면 토론이 활성화한다.

(2) 부모 면담

　부모 면담은 교사와 부모가 대면하여 의견을 교환하여, 유아 발달을 돕는 유아교육 기관과 가정의 연계 활동이다. 부모 면담은 개인 면담과 집단 면담으로 나눈다. 개인 면담은 아버지와 어머니 모두 참석하는 것이 바람직하다. 집단 면담은 학기 초와 말에 소모임 형식으로 실시하는 것이 좋다. 집단 면담으로 부모들이 서로 자녀를 양육한 경험과 깨달은 점을 이야기하면 유아교육을 깊게 이해하게 되어 유아에게 좋은 영향을 줄 수 있다. 부모가 유치원에 오기 어려우면 전화로 면담을 할 수 있다.

(3) 가정통신

　가정통신은 주로 유치원의 주간 교육 계획, 행사, 공지사항을 안내하는 통신이다. 최근에는 자녀 양육 정보를 제공하는 데 주로 사용된다. 가정통신은 정기적으로 발행하고, 필요한 내용만 간결하게 작성해야 효과가 좋다.

(4) 수업 참관

　수업 참관은 부모가 유아교육 기관에서 자녀가 어떻게 생활하는지를 관찰하는 일이다. 수업 참관으로 부모는 자녀를 잘 이해하고, 교사와 함께 유아 발달을 도울 수 있다. 매월 정해진 시간에 참관실에서 유아를 자유롭게 관찰한 후 참관 결과에 관하여 교사와 상담하면, 부모는 유아를 객관적으로 이해할 수 있다.

(5) 학급 보조자 역할 수행

　학급 보조자 역할 수행은 부모가 유치원 교육 활동에 보조자로 참여하는 일을 말한다. 교사는 부모의 의사나 능력에 따라 적절한 역할을 맡겨야 한다. 부모는 기본생활 습관 지도, 급·간식 보조, 소그룹 활동 보조, 흥미영역 활동 보조, 체험학습·실외놀이 시 안전지도, 하원 지도 등 전반적으로 교육 활동을 보조한다.

(6) 놀잇감 대여 프로그램

　놀잇감 대여 프로그램은 유아교육 기관과 가정의 원활한 관계 수립과 협조 체계 구축을 위해 유아교육 기관이 가정에 놀잇감을 빌려주는 사업이다. 놀잇감 대여 절차는 도서관에서 책을 빌려주는 절차와 비슷하다.[168]

7. 유아 인성교육을 위한 교사용 부모상담 가이드북(교육부, 2012)

1) 상담의 개념

상담은 목적 있는 대화(Bingham & Moore)이다. 상담은 '내담자가 새로운 방향으로 발전적인 발자국을 내딛게 하여, 자신을 이해하도록 도와주는 구조화되고 허용적인 관계'(Rogers)라고 정의할 수 있다.

상담과 비슷한 용어로 면담이 있다. 면담은 서로 만나서 이야기하는 일이고 상담은 문제를 해결하거나 궁금증을 풀기 위하여 의논하는 일이다. 상담과 면담은 언어뿐 아니라 표정, 손짓, 옷차림 등을 포함하는 종합적 의사소통이다.

부모상담은 유아 발달에 중요한 역할을 하는 부모와 교사가 가치관과 교육관을 공유하고, 공감대를 형성하기 위해 실시하는 적극적 부모교육 프로그램이다. 교사와 부모가 대면하여 정보와 의견을 교환하고 바람직한 유아 지도 방안을 모색하는 활동이다. 부모 상담은 유치원 교육과 가정 교육을 자연스럽게 연계하는 교육이라고 할 수 있다.

2) 상담 기본 원리

(1) 마음 읽기

상담을 할 때는 부모가 궁금해 하는 점을 눈으로 확인하게 하거나 알려주는 것이 바람직하다. 유아교육 기관의 시설, 주변 환경, 교육 방침과 목표, 특별활동 내용 등 부모가 궁금해 하는 점을 파악하여 구체적으로 알려주는 것이 좋다.

교사는 상담에 임하는 부모의 정서와 입장을 이해할 필요가 있다. 상담할 때 부모는 자녀의 유치원 적응, 또래 관계, 문제 행동 등에 관하여 정확한 정보와 해결 방안을 기대한다. 부모는 자녀에 대한 기대와 불안감, 담임 교사에게 이러한 정서를 확인 받고 싶은 바람, 자녀를 인정 받고 싶어 하는 마음을 품고, 담임 교사의 전문성과 태도를 확인하기 위해 상담에 임한다.

---

168 『유아를 위한 부모교육 자료』(교육부, 2002), 12~20쪽 요약

부모는 자녀 문제를 어느 정도 인식하고 이를 걱정하지만 한편으로는 인정하고 싶지 않은 이중적 마음이 있음을 교사는 이해해야 한다. 부모마다 성격이 다르고 유치원에 거는 기대도 다르기 때문에, 부모 특성을 파악하여 대처 방안을 세우는 것이 필요하다.

(2) 친밀감 형성하기

부모와 친밀감을 형성하기 위해 교사는 성심성의껏 상담해야 한다. 교사는 부모를 동반자로 인식해야 하며, 부모가 교사를 인정하고 신뢰하도록 진실하게 대하고 활발하게 소통해야 한다.

(3) 수용적 태도

교사는 부모 생각에 동조할 수 없는 경우라도 수용적 태도를 지녀야 한다. 직접 거부하기보다는 서로 다른 생각을 가지고 있음을 부드럽게 표현하는 것이 바람직하다. '예~, 그렇군요, 그러실 수 있겠어요'와 같은 말과 미소, 눈짓 등 비언어적 방식으로 부모 의사를 존중한다.

(4) 적극적 경청

경청은 잘 듣는 행위이다. 경청은 언어적 메시지와 비언어적 메시지를 모두 포함한다. 경청하면 부모와 유아에 관한 정보를 쉽게 수집할 수 있고, 부모의 기대와 욕구, 문제 상황 등을 잘 알 수 있다. 부모와 유아에 관한 정보를 들을 때 교사는 자신의 사회문화적 배경과 교육·훈련이 편견으로 작용하거나 자신의 가치관, 신념 등에 영향을 받지 않도록 주의해야 한다.

(5) 공감적 이해

공감은 서로 마음을 나누는 과정이며, 친근함을 표현하는 좋은 방법이다. 상담할 때 교사는 아이를 걱정하는 동반자로서 부모에게 공감하고 있다는 사실을 보여주어야 한다.

부모에게 공감하기 위해 교사는 부모의 감정, 기대, 욕구는 무엇이고, 부모가 말하려고 하는 점이 무엇인지 생각해 봐야 한다.

교사가 부모에게 공감한 내용을 전달할 경우, 핵심을 짧고, 정확하게 전달해야 한다. 부모 이야기가 중복되거나 의미를 이해하기 어려울 수 있으므로 중간에 서로 의미를 정리할 필요가 있다. 이때 언어, 태도, 행동에 일관성이 있어야 한다.

(6) 유아 발달을 이해하고 교류하기

교사는 부모가 유아를 잘 이해하도록 관찰일지, 행동발달기록부, 포트폴리오, 활동 사진, 검사 결과지, 생활기록부, 자유선택활동 놀이계획표 등 자료를 다양하게 준비하고 발달에 유익한 정보를 공유한다. 부모가 유아나 교육 프로그램에 관하여 질문할 때 교사는 성심성의껏 답변하고 교사가 책임질 수 있는 범위를 잘 알고 있어야 한다(김영옥 역, 2012).

교사는 부모가 인성교육을 하기 위하여 알아두어야 할 점을 염두에 둔다. 즉 긍정적인 생각, 감사하는 마음, 나누고 베푸는 경험 연습, 부정적 정서를 긍정적 정서로 바꾸는 노력, 사회적으로 바람직한 정서와 감동과 기쁨을 느끼는 기회와 경험에 관하여 이야기를 나눈다.

(7) 효과적인 질문 사용

가능하면 개방적인 질문을 하여 부모가 감정, 사고, 의견을 포괄적으로 이야기할 수 있도록 돕는다. 직접적 질문보다 간접적 질문이 상대를 더 편안하게 한다. "OO 어머니는 이것을 좋아하세요?"라고 직접 물어볼 수 있으나 "어머님들은 이것을 좋아하시는 것 같아요"라고 간접적으로 물어보면 부모는 "나도 좋아해요"라고 쉽게 반응할 수 있다.

한 번에 한 가지씩 질문한다. '왜'라는 질문은 질책 당하는 느낌을 줄 수 있으므로 피한다. 부모 질문에 단정적이고 결정적으로 답변하지 않는 것이 좋다. 전문용어는 가급적 사용하지 않는다.

(8) 교사·부모의 협력적 관계 형성

교사는 부모와 협력할 때 유아를 가장 잘 도울 수 있다는 점을 명심하고, 나름대로 최선을 다하는 부모의 노력과 노고를 인정해야 한다. 교사는 유아 발달과 교육을 위해 부모 협조가 반드시 필요하며 부모가 중요한 역할을 할 수 있다는 점을 알려줄 필요가 있다. 교사는 필요할 때 부모에게 도움을 요청할 것이며, 부모가 도움을 원하면 반드시 도울 것이라는 점을 부모가 믿게 해야 한다.

3) 부모상담 시 기본 자세와 태도

준비	① 사전 준비 ·영유아에 관련된 자료를 개인별로 준비한다(예: 관찰일지, 행동발달기록부, 포트폴리오, 활동 사진, 검사결과지, 생활기록부, 자유선택활동 놀이 계획표 등). ·면담이 가능한 적절한 장소와 거리를 확보한다. ·통신문을 통해 면담을 알린 후 적절한 날짜와 시간을 정한다. ·부모 양육 행동을 알 수 있는 체크리스트를 사전에 배부하여 회수한 후, 면담에 활용하는 것이 좋다. ·생활기록부에 나타난 부모의 연령, 직업, 가정환경 조사에 나타난 교육 관점, 양육태도 등을 살펴보고 이 정보를 어떻게 활용할지 생각해 본다. ② 당일 준비 ·면담할 부모와 면담 장소를 지정하고 면담장 입구에 안내판을 설치한다. ·교실에 좌석을 마련한다. 효율적인 대화를 위해 70cm 정도 간격을 유지하는 것이 좋다. 정면을 마주보는 것이 이상적이나 공간이 좁으면 90도 정도로 비스듬히 앉아서 상담할 수 있도록 한다. ·교실에서 상담할 경우 공간이 넓어 시선이 분산될 우려가 있으므로 칸막이 등을 쳐서 집중을 유도한다. 창이나 복도가 보이는 자리에 교사가 앉고 반대쪽에 부모가 앉도록 하여 상담 집중력을 높인다. ·면담 대상 유아와 관련된 파일 등을 부모에게 보여줄 수 있도록 준비한다. 이때 펼쳐 놓고 볼 수 있는 책상 등을 충분히 확보한다. ·깔끔한 테이블보와 화분, 꽃잎을 담은 컵 등을 마련하여 편안한 분위기를 조성한다. 생화를 준비하기 어렵다면 조화를 물 컵에 담아두어도 효과적이다. ·벽에 걸린 조그만 그림이나 소품도 분위기를 따뜻하게 만드는 데 중요한 역할을 한다. ·부드러운 음악을 작게 틀어 편안한 분위기를 조성하고, 가볍게 마실 수 있는 차를 준비한다. ·교사용 유아 개인 면담지와 펜 그리고 학부모를 위한 메모지와 펜을 준비한다.

<table>
<tr>
<td rowspan="1">시작</td>
<td>

· 상담 전에 교사는 부모·유아에 대한 자신의 감정을 생각해 본다. '나는 이 부모에게 어떤 느낌을 가지고 있나?', '유아 행동 때문에 이 부모를 부정적으로 생각하지 않는가?', '비난하지 않는가?' 등 부모와 유아에게 쌓인 감정이나 선입견, 편견을 정리한다.

· 상담 전에 날씨나 당일 유아 기분 등을 이야기하여 서먹서먹한 분위기를 완화하고 부모가 마음을 열고 편안하게 상담할 수 있도록 한다.

　-부모와 친밀감 형성을 위해 교사가 긍정적인 생각으로 마음을 열고 표현하는 것이 중요하다. 진심 어린 마음을 담아 "OO를 맡게 되어" 또는 "OO와 함께 생활하게 되어 기쁩니다."와 같이 말한다. "안녕하세요?"라고 인사한 후 무슨 말을 꺼낼지 생각해 두어야 한다.

　-추위, 더위 등 날씨나, 교통편에 관해 교사가 먼저 묻거나 꽃밭, 환경판 등 유치원 환경 변화나 '지난 주 원장님이 인성 교재를 사주셨어요', '이번에 동화책을 구입했어요' 등 원 특색과 중점 사항 등을 말하면 부모 마음을 편안하게 하고 원도 홍보할 수 있다.

· 가급적 상담 내용을 기록한다. 기록하기 어려우면 짧게 메모하고 나중에 정리한다.

· 상담 일정에 따라 준비한 관찰일지, 행동발달기록부, 포트폴리오, 활동사진, 검사결과지, 생활기록부, 자유선택활동 놀이 계획표 등을 참고 자료로 삼아 상담한다. 이때 유아 발달 상황이나 부모의 양육행동 설문지를 참고 자료로 활용할 수 있다.

· 부모는 교사의 전문성과 역량을 확인하려는 의도가 있으므로 국가나 기관의 교육정책, 누리과정 내용, 평가지침 등 근거 자료를 제시하는 것도 필요하다.

</td>
</tr>
</table>

전개	· 유아 문제 행동을 이야기 하기 전에 바람직한 행동이나 좋은 점을 먼저 말한다. · 유아의 문제 행동에 대하여 "아이가 툭하면 화를 내서 걱정이에요"라고 부모가 말한다면 "괜찮을 거예요. 원에서는 안 그래요"라고 일축하기보다 언제, 어디서 그런 행동을 하는지 자세히 물어봄으로써 보다 종합적으로 접근할 수 있다. · 교사가 '공격적', '산만' 등 부정적 용어로 유아를 고정화하면 부모는 마음에 상처를 받아 유아 상황을 극단적으로 문제시하므로, '갑자기 예민하게 반응할 때가 있어요', '한 눈을 팔 때가 있어요' 등 긍정적 표현을 사용하여 부모와 함께 문제 해결 방안을 모색한다. · 부모가 면담 주제에서 벗어나면 부모에게 공감한다고 말하며, 면담에서 파악하고자 하는 내용을 다시 강조한다. 이때 부모 마음이 상하지 않게 유연하게 대화 방향을 바꾼다. · 교사는 다리를 꼬거나 턱을 고이거나 팔짱을 끼는 등 권위적 자세를 삼간다. · '왜?'라는 질문은 질책 받는 느낌을 준다. '왜'라고 질문하지 말고 '어떻게'로 질문한다. · 부모를 정면으로 마주하고 눈을 마주치면서 부모 의견에 공감한다는 표시로, 종종 고개를 끄덕이거나 미소를 짓는 등 부드럽게 상담한다. · 대화할 때 명랑한 표정을 지으며 부모가 생각을 정리할 수 있도록 말의 속도를 조절하고, 유아를 비판하거나 평가하는 듯한 말투를 피한다. - 'OO가 원래 그래요. 저는 그럴 줄 알았어요'와 같이 부모보다 먼저 예단하거나 'OO는 과잉행동장애가 분명합니다. 매번 그렇더라구요'와 같이 단언하거나, '제 생각은 어머니와 다릅니다'와 같이 부모 의견을 존중하기보다 자기 의견을 전달하는 말투를 피한다. · 유아에 관한 중요한 결정은 부모 몫임을 명심하여 부모보다 먼저 결정하지 않는다.

마무리	·서두른다는 인상을 주지 않도록 하고, 적당한 시간(약 30분)이 지난 후 종료한다. 마무리에도 시간이 걸린다는 사실을 인식하고 적절하게 끝낼 수 있도록 준비하여, 갑자기 면담을 끝나지 않도록 한다. ·부모가 이야기했던 내용을 간결하게 정리한다. ·발전적이고 지원적인 내용을 전한다. -언제든지 의견을 교환할 수 있는 가능성을 열어두어야 하며 지속적으로 대화하고 소통하겠다는 의지를 전달한다. '앞으로 OO를 계속 눈 여겨 볼게요'와 같이 말하여 지속적으로 소통하겠다는 의지를 전달한다. ·교사는 부모를 여러 명 상담하지만 부모는 교사 한 사람하고만 상담한다. 교사는 부모에게 여러 부모 중의 한 명일 뿐이라는 느낌을 주지 않도록 한 사람 한 사람 정성을 다한다. 상담이 끝날 무렵 물건을 치우는 등 어수선한 모습을 보이지 않는다. ·상담 후 당일에 상담 내용을 기록하여 보관한다. 나중에 정리하면 기억이 잘 나지 않으므로 그날 정리한다.
평가 및 지속적인 피드백	·상담 후 즉시, 교사는 상담일지를 작성하고 개인별로 상담 과정과 방향을 분석하여 다음 면담에 활용한다. 예를 들어 어떤 문제 행동에 대하여 후속 상담을 할 때 문제 행동이 어떻게 변화하였는지 결과를 알려줄 수 있다. ·반드시 메모나 사진으로 남기는 습관을 갖는다. ·상담은 정해진 날짜나 시간에만 실시할 필요는 없다. 전화나 메일, 통신문, 홈페이지 등을 활용하여 필요하면 수시로 할 수 있다.[172]

---

169 『유아 인성교육을 위한 교사용 부모상담 가이드북』(교육부, 2012), 7~14쪽

8. 2019 개정 누리과정 해설서 중 부모교육과 관련한 내용

2019 개정 누리과정 해설서 제2부 총론 해설 중에서 부모교육과 관련한 내용은 다음과 같다.

가정과 지역사회와의 협력과 참여에 기반하여 운영한다.

유아가 속해 있는 가정, 기관, 지역사회 등은 모두 교육과정의 주체이므로, 상호 연계하고 협력해야 한다. 유아·놀이 중심 교육과정을 운영하기 위해서는 무엇보다 부모의 역할이 중요하다. 부모는 유아의 놀 권리와 즐겁게 놀이하며 배우는 놀이의 가치를 이해하여 가정에서 유아의 놀이를 지원해야 한다. 이를 위해 유치원과 어린이집에서는 부모 참여, 간담회, 워크숍, 상담 등 다양한 기회를 마련하여 부모의 역할을 지원할 필요가 있다.[170]

9. 2019 개정 누리과정 놀이실행자료 중 부모교육과 관련한 내용

2019 개정 누리과정 놀이실행자료 제3부 '협력자로서의 교사'에 있는 부모교육과 관련된 내용은 다음과 같다.

개정 누리과정은 유아를 포함한 다양한 주체가 협력하여 함께 만들어가는 교육과정을 지향한다. 특히 학부모의 유아·놀이 중심 교육에 대한 이해는 누리 과정의 실행에 영향을 미치는 핵심적 요인이 된다. 교사와 학부모가 놀이에 대한 관점을 공유할수록 유아를 더 잘 지원할 수 있기 때문이다. 따라서 교사는 학부모가 놀이에 대해 어떤 생각을 갖고 있는지 파악하는 것에서 시작하여 학부모와 소통하고 협력하며 그들이 능동적으로 교육과정 변화에 참여할 수 있도록 지원할 필요가 있다. 지역사회는 유아의 놀이를 지원하는 다양한 물적·인적 자원을 갖추고 있으므로 유아 삶의 경험을 풍부하게 해주고 유아가 지역 공동체의 일원임을 느끼게 할 수 있다. 따라서 교사는 지역사회의 다양한 자원 및 시설을 활용하여 유아의 놀이와 경험이 풍성하게 이루어질 수 있도록 지원할 필요가 있다.

---

170 『2019 개정 누리과정 해설서』 43쪽

1) 놀이 이해를 돕는 학부모 모임을 구성한다.

개정 누리과정의 유아·놀이 중심 철학의 실현은 기관과 학부모가 놀이에 대한 교육적 관점을 공유하는 것에서부터 출발한다. 놀이를 중심으로 한 교육과정에 대한 학부모의 이해를 구하기 위해서는 일반적 내용의 학부모 교육보다는 교실에서 일어나는 구체적인 놀이에 초점을 맞춰 학부모 소모임을 진행하는 것이 좋다. 중요한 것은 기관의 교육적 관점을 일방적으로 전달하는 것이 아니라 학부모가 자신의 자녀를 포함한 유아의 놀이를 이해하고 가정에서의 지원을 위해 놀이 참여자로서 어떤 역할을 해야 하는지를 이해할 수 있도록 지원하는 것이다. 또한, 학부모들이 가지고 있는 놀이에 대한 관점을 일시에 바꾸려는 시도보다는 놀이의 교육적 가치를 공유하고 점진적 변화를 모색하는 것이 바람직하다.

> **예시1** 놀이의 교육적 의미 이해를 위한 학부모 소모임 운영하기
>
> 놀이에 대한 인식 전환을 위하여 학부모 소모임을 운영했다. 자녀의 놀이 사진이나 동영상을 보면서 놀이의 의미를 공유하거나 토론을 통하여 놀이에 대한 이해를 높이고 놀이의 가치를 발견하게 되었다.

> **예시2** 학부모가 놀이의 즐거움을 직접 경험해보게 하기
>
> 학부모들은 아이들의 놀이를 이해하기 위하여 자녀가 평소 좋아하는 놀잇감을 가지고 직접 놀이하는 경험을 해보았다. 이러한 놀이 체험을 통하여 학부모들은 아래와 같이 아이들의 놀이 모습과 놀이의 교육적 의미를 더 잘 이해하게 되었다고 하였다.
>
> "집에서 아이가 블록놀이를 할 때 시끄러운 소리가 불편했는데 막상 놀이해보니 소란스러움을 이해하게 되었어요." "왜 아이들이 풀보다 테이프를 더 많이 사용하는지 알겠어요." "함께 놀이하다 보니 다른 사람의 놀이방식과 이야기를 자연스럽게 듣게 되네요." "또 함께 만들다 보니 웃음이 더 많아지고 자연스럽게 협력하게 되었어요."

2) 학부모와 소통하며 놀이 정보를 공유한다

가정통신문이나 알림장 등 종이로 된 형식적인 문서 이외에 홈페이지, 어플리케이션 등 다양한 방법으로 놀이에 대해 의사소통 한다. 보여주기 위한 사진을 전시하거나 반복되는 일과를 보고하는 것보다는 놀이에 대한 구체적 내용을 공유함으로써 놀이를 통한 경험과 배움에 대해 소통하는 것이 바람직하다.

> **예시** 어플리케이션이나 온라인 커뮤니티 이용하기

3) 유아의 경험 확장을 위해 지역사회 자원을 활용한다.

교사는 지역사회의 물적·인적 자원을 최대한 이용하여 유아들의 놀이를 지원해 줄 필요가 있다. 지역사회에는 여러 공공기관, 놀이터, 과학관, 체험관, 박물관, 공원, 숲 등의 다양한 시설과 풍부한 자연환경과 전문 지식을 갖춘 전문가들이 있다. 놀이가 이루어지고 있는 중에 교사는 지역 자원을 방문하는 현장체험 활동을 하거나 지역사회의 다양한 전문 인력을 활용하여 유아 경험의 폭을 넓혀줄 수 있다.

예시 | 놀이를 지원하는 지역사회 자원 활용하기

- 지역 대학 전공학생들의 놀이연구 동아리와 협력하여 부모들이 일상용품을 이용해 자녀들의 놀잇감을 만들어보는 워크숍을 개최하였다.
- 지역사회 어르신들이 놀이 선생님으로 기관을 방문하여 교실에서 유아들과 함께 놀이함으로써 세대 간 놀이문화와 정서를 교류하였다.[167]

---

171 『2019 개정 누리과정 놀이실행자료』 73~77쪽

02장 부모교육 이론

1. 드라이커스 민주주의 부모교육 이론

1) 개념

　민주주의 부모교육 이론은 드라이커스가 중심이 되어, 아들러의 개인심리학을 부모교육에 적용하여 발전시킨 이론이다. 아들러 제자인 드라이커스는 아들러 학파의 개인심리학을 부모·자녀 관계에 적용했다. 그는 부모·자녀 관계, 성인·유아 관계에서 평등을 강조하고, 어떤 상황에서도 적용 가능한 민주적 갈등 해결 방법을 제안하였다.

　드라이커스는 부모·자녀 갈등은 부모가 자신이 양육된 전통적 방식으로, 자녀를 양육하려 하기 때문에 일어난다고 주장했다. 전통적인 자녀 양육 방식은 권위주의적이라서 부모·자녀는 상하 관계이며 아동은 성인에게 복종해야 한다. 그는 사회가 변한만큼 부모·자녀 관계도 평등한 관계로 변해야 한다고 주장했다. 드라이커스는 가장 이상적인 부모·자녀 관계는 민주적인 관계라고 가정했다.

　드라이커스는 평등과 상호존중 원리를 따르는 민주적 양육 방식이 필요하다고 강조했다. 드라이커스 이론에 따르면 민주적인 부모나 교사가 되려면 먼저 아이와 자신이 평등하다는 점을 수용해야 한다. 아동은 어리고 미숙하지만 인간으로서 어른과 동등한 가치를 가지므로 인격체로 존중해야 한다.

　아동에게 어른과 동등한 권리를 부여하는 것이 모든 것을 허용한다는 의미는 아니다. 드라이커스는 제한된 범위 내에서 아이에게 자유의지에 따라 선택하게 하고, 자신이 선택한 행위는 자신이 책임지는 자세를 길러줄 것을 강조했다.

　드라이커스는 권위적인 양육은 자유 없는 질서를 낳고, 지나친 허용은 무질서를 초래한다고 보았다. 부모는 민주적인 양육 태도와 기술을 배워야 하고, 자녀가 자율적으로 행동하고 책임지는 자기통제력을 배양하도록 해야 한다고 주장했다. 드라이커스 이론은 이처럼 부모·자녀 관계에서 평등과 자율, 민주적 방식을 강조하여 민주주의 부모

교육 이론이라고 부른다.

2) 민주주의 부모교육 이론의 원리

(1) 잘못된 행동 목표

인간은 사회적 동물이므로 집단에 소속하고자 하는 욕구가 있다. 소속감은 아동이 최초로 접하는 집단인 가족에서, 자신의 위치를 인정 받으려고 노력하면서 형성된다. 유아는 대개 '나는 인정받고 싶다', '나는 이 집에서 중요한 사람이다'와 같은 감정을 느낄 수 있기를 바란다.

긍정적인 방식으로 소속감을 느끼지 못하면 아동은 잘못된 행동 목표를 세워 소속감을 획득하려고 한다. 그러므로 부모가 자녀와 긍정적인 관계를 맺기 위해서는, 자녀가 세운 잘못된 행동 목표를 알아야 한다. 드라이커스는 자녀가 가정에서 소속감을 획득하기 위하여 다음과 같이 네 가지 잘못된 행동 목표를 세운다고 설명했다.

① 관심 끌기

아동은 가족에게 자신이 중요한 존재라는 점을 부각하려고 노력한다. 이 과정에서 자신이 관심을 받을 때만 가족에 소속되었다고 생각하기 쉽다. 가족에게 소속감을 못 느끼거나 인정을 받지 못한다고 생각하면, 잘못된 행동 목표를 세운다.

아동은 관심을 끌지 못하고 무시되기보다는 부정적, 파괴적인 방법을 사용해서라도 관심을 끌려고 한다. 아동이 관심 받으려고 하는 모습은 지극히 정상적이다. 아동은 대부분 긍정적인 방법으로 관심을 끌려고 하지만, 여의치 않으면 부정적인 방식으로 관심을 끌려고 한다. 예를 들어 부모 주변을 맴돌며 자기를 봐 달라고 하거나, 징징거리거나, 동생을 자꾸 꼬집고 울린다.

자녀가 바람직하지 않은 행동으로 관심을 끌려고 할 때, 부모가 아이를 처벌하거나 그 행동을 수용하면, 아동은 관심 끌기에 성공했다고 판단하고 그 행동을 강화한다. 따라서 아동 행동을 수정하려면 부모는 잘못된 행동을 무시하고, 긍정적인 행동에만 관심을 보여야 한다. 자녀가 잘못된 행동 목표를 설정하기 전에 관심을 기울이는 것도 바람직하다.

② 힘(권력) 행사하기

관심 끌기에 실패하면 아동은 두 번째 잘못된 행동 목표인 힘(권력) 행사하기를 한다. 힘 행사하기는 우세한 위치에 있거나 우두머리일 때만 자신이 가치 있는 존재라고 느낄 때 하는 행동이다.

힘 행사하기를 할 때 아동은 부모가 원하는 대로 행동하지 않는다. 부모 요구를 '싫어', '안 돼'하며 거부하거나, 반대로 하거나, 자기 멋대로 행동한다. 이처럼 자녀는 부모 요구를 거절하거나 반항하여 자신의 힘을 과시한다. 자녀가 이런 행동을 하면 부모는 도전 받고 있다고 생각하고, 화를 내며 힘으로 자녀를 통제하려고 한다. 이렇게 하면 부모·자녀 갈등은 증폭될 수 있다. 힘을 행사하는 자녀에게 부모도 힘을 사용하면, 자녀는 힘의 가치를 더욱 굳게 믿는다. 따라서 부모는 자녀와 주도권 다툼을 벌이지 말고, 자녀에게 힘을 건설적으로 사용하는 방법을 가르쳐야 한다.

힘 행사하기에서 부모가 이기고 자녀가 지면, 자녀는 앙갚음이라는 잘못된 행동 목표를 세우거나 반항적 순종을 한다. 반항적 순종을 하는 아동은 부모 요구대로 동생을 때리지는 않지만 그렇다고 사랑하지도 않는다.[172]

③ 앙갚음하기(보복하기)

관심 끌기와 힘 행사하기가 통하지 않아 좌절감을 느끼면, 자녀는 보복을 하여 존재를 확인하려고 한다. 소속감을 얻지 못하여 상처 받은 아동은 다른 사람도 상처 받아야 한다고 생각하고 앙갚음하려고 한다. 예를 들어 동생을 때리거나, 장난감을 부수거나, 약한 친구를 울린다.

앙갚음은 적개심, 증오와 같은 부정적 감정을 갖고 상대에게 상처를 주는 행동이므로 상대의 미움을 사고, 아동 인성에도 나쁜 영향을 준다. 따라서 부모는 앙갚음이 좌절에서 비롯되었다는 점을 인식하고, 자녀에게 보복하지 말아야 한다. 부모는 먼저 자녀에게 관심을 보여주고, 침착하게 대화하여, 부모·자녀 관계를 개선해야 한다. 부모와 자녀가 앙갚음을 반복하면, 아동은 패배감과 좌절감으로 의욕을 상실하고 무기력해진다.

④ 무능함 보이기(부적절성 나타내기)

아동이 세 가지 방법을 모두 사용했는데 소속감을 얻지 못하면 무능함 보이기 단계로 나아간다. 무능함 보이기는 아동이 행동 목표에 도달하지 못할 때, 타인을 회피하는 행동을 말한다. 아동은 자신을 쓸모 없는 인간이라고 생각하고 의욕을 상실한다. 게으름을 피우거나, 어떤 일을 일부러 엉터리로 하거나, 부모가 질문하면 '몰라'하며 무관심하게 대답한다. 무능함 보이기를 할 때 부모는 자녀를 비난해서는 안 된다. 가급적 아

---

172 『부모교육』(정옥분, 정순화 공저, 학지사, 2020), 255쪽

동의 장점과 특기에 관심을 기울이고, 행동을 개선하려는 노력이 조금이라도 보이면 아동을 격려해야 한다.

네 가지 잘못된 행동 목표는 단계가 있거나 차례로 나타나는 것은 아니다. 모든 아동에게 나타나지도 않는다. 아동은 가정에서 소속감과 안정감을 느끼면 잘못된 행동 목표를 설정하지 않는다. 자신의 위치에 불안을 느끼면 아동은 위치를 확보하기 위해, 잘못된 행동 목표 중에서 한 가지 이상의 방법을 사용한다.[173]

❙ 아동의 잘못된 행동 목표 ❙

행동 목표	자녀의 잘못된 생각	부모 느낌과 반응	부모 행동에 대한 자녀 반응	부모를 위한 대안
관심 끌기	나는 관심을 끌 때에만 소속감을 느낀다.	부모는 귀찮게 여기고 달래려고 한다.	일시적으로 잘못된 행동을 중단하지만 이후 같은 행동을 되풀이하거나 다른 방법으로 방해한다.	가급적 잘못된 행동을 무시한다. 의도적으로 관심을 얻으려 하지 않을 때에만 긍정적 행동에 관심을 보여준다.
힘 행사하기	나는 모든 것을 마음대로 할 수 있고, 누구도 나를 지배하지 못할 때에만 소속감을 느낀다.	자신의 권위가 위협을 받는다고 느끼며 자녀와 힘을 겨루거나 포기한다.	보다 적극적, 공격적으로 되거나 반대로 반항적인 순종을 한다.	힘겨루기에서 한걸음 물러난다. 자녀에게 도움을 요청하거나 협조하게 하여 긍정적으로 힘을 사용하는 방법을 가르친다.
앙갚음하기 (보복하기)	나는 사랑 받지 못하고 있다. 내가 상처받은 만큼 다른 사람에게 상처를 주어야 소속감을 느낀다.	부모는 깊이 상처받고 보복하려고 한다.	더욱 심하게 잘못된 행동을 하여 복수한다.	자녀가 사랑 받고 있다고 확신하게 하고 신뢰 관계를 형성한다. 벌을 주거나 보복하지 않는다.
무능함 보이기(부적절성 나타내기)	나는 무능력하다. 다른 사람이 나에게 아무 것도 기대하지 않게 하여 소속감을 느낀다.	부모는 절망하고 포기하여 무기력해진다. 어떤 일도 할 수 없다고 인정하는 경향을 보인다.	무슨 일이든 수동적으로 반응하거나 반응을 거의 보이지 않는다.	절대 자녀를 비난하지 않는다. 어떤 긍정적인 시도라도 격려하며 작은 일이라도 관심을 보인다. 동정하거나 포기하지 않는다.

(2) 잘못된 행동 목표 변경 방법

① 자연적 귀결

자연적 귀결은 자녀가 어떤 행동을 할 때, 부모가 개입하지 않고 자연적으로 일어나는 결과를 경험하여 스스로 배우게 하는 방법이다. 즉 자연적 상황에서 아동이 자신의

---

173 『부모교육』(정옥분, 정순화 공저, 학지사, 2020), 256~258쪽 정리

행동으로 보상이나 벌을 받는다고 느끼도록 하여 행동을 통제하는 방법이다. 예를 들어 밥을 먹지 않으면 배고픔을 겪고, 외투를 입지 않으면 추위에 떨어야 하고, 거짓말을 하면 가슴이 두근거리고, 양치를 하지 않으면 이가 썩는다는, 자연적으로 일어나는 결과를 알게 하여 행동을 통제하는 방법이다.

자연적 귀결은 경험이 좋은 스승이라는 원리에 근거한다. 자연적 귀결을 사용할 때는 아동이 자기가 선택한 행동의 결과를 구체적으로 경험하게 할 필요가 있다. 자연적 귀결은 부모와 자녀 간의 힘겨루기를 방지한다. 자연적 귀결로 학습한 행동은 효과가 오래 간다. 부모는 대부분 자녀가 자연적 귀결을 경험할 수 있는 기회를 차단하는 경향이 있다. 자녀가 경험해야 할 자연적 귀결을 차단하면, 자녀는 자기 행동에 책임지는 경험을 하지 못해 의존심이 생긴다.

② 논리적 귀결

자연적 귀결은 유용하지만 자연적 귀결에 맡길 수 없는 상황이 있다. 아동이 위험하거나, 타인에게 해를 끼치거나, 자연적 귀결의 결과가 당장 눈에 보이지 않아 아동이 인과관계를 이해할 수 없을 때이다. 이때는 논리적 귀결을 사용한다.

논리적 귀결은 부모·자녀가 미리 합의한 규칙에 따라 자녀가 자신의 행동 결과를 책임지도록 하는 방법이다. 논리적 귀결은 자녀가 규칙을 위반할 경우 부정적 결과를 직접 경험하게 한다. 예를 들어 자녀가 늦게 집에 들어 오면 미리 합의한 규칙에 따라 화장실을 청소해야 한다. 논리적 귀결은 잘못된 행동이 논리적으로 초래한 대가를 치르게 하여 자녀가 잘못된 행동을 수정할 수 있게 한다.

논리적 귀결은 자녀에게 행동 결과를 선택할 수 있는 권리를 주는 것이 중요하다. 논리적 귀결의 목적이 아동 스스로 책임 있는 결정을 하도록 유도하는 것이기 때문이다. 자녀와 민주적으로 논의하여 정해진 시간에 밥을 먹지 않으면 굶어야 한다거나, 옷을 세탁 바구니에 넣지 않으면 직접 빨래를 해야 한다는 등의 규칙을 정하고 이를 따르게 해야 한다.

부모는 자녀가 사회적 질서를 위반하여 발생하는 부정적 결과를 경험하기 전에 사회적 질서를 반드시 지켜야 한다고 강요하는 경우가 많다. 이런 강요는 부모와 자녀 사이에 갈등을 초래한다. 부모는 인내심을 갖고 자녀가 사회적 규칙을 지키지 않을 경우 발생하는 논리적 귀결을 경험하도록 지켜봐야 한다.

자연적·논리적 귀결과 벌은 비슷한 것처럼 보인다. 하지만 자연적·논리적 귀결과 벌은 다음과 같이 차이가 있다.

| 자연적·논리적 귀결과 벌의 차이 비교 |

자연적·논리적 귀결	벌
부모와 자녀가 힘겨루기에서 벗어나, 자녀 스스로 책임 있는 행동을 하도록 격려한다.	부모가 권위적일 경우에만 바람직한 행동을 한다. 강제로 순응하게 하여 반항을 유발할 수 있다.
잘못된 행동과 논리적 관계가 있다.	잘못된 행동과 관계 없는 경우가 많다.
사회 질서와 관계가 있다.	강자가 약자에게 힘을 과시하는 경우이다.
현재와 미래의 행동에 초점을 맞춘다.	과거 행동에 초점을 맞추고 복종을 요구한다.
도덕적 판단을 한다.	나쁜 행동을 했다는 사실을 자녀에게 전달한다.
자녀에게 선택을 자유롭게 허용한다.	자녀 스스로 결정을 내리는 기회를 제한한다.

③ 격려

아들러는 아동에게 도움을 주는 핵심적인 방법으로 격려를 제시했다. 드라이커스는 격려 부족이 잘못된 행동의 근본 원인이 될 수 있다고 보았다. 그는 식물이 자라기 위해서 물이 필요하듯이 아동 성장에는 격려가 지속적으로 필요하며, 격려가 없으면 소속감을 높이기 어렵다고 보았다.

격려는 자녀의 장점과 성취에 초점을 맞춰 자녀가 자신감과 자아존중감을 갖게 한다. 부모는 격려와 칭찬을 가리지 않고 사용하는 경향이 있다. 하지만 격려와 칭찬은 다르다. 칭찬은 상하 관계에서 하는 행동이다. 부모가 자녀 위에 있는 존재로서, 자녀가 무언가를 잘 할 때 하는 행동이다. 격려는 수평 관계에서 하는 행동이다. 격려는 자녀 스스로 자신이 가치 있는 존재라고 느끼게 한다.[174]

| 칭찬과 격려의 차이 |

구분	칭찬	격려
통제 방법	외적 통제(내 말을 들을 때에만 너는 가치가 있다)	내적 통제(나는 네가 책임감 있고 독립적인 존재라고 믿는다)
향상 기준	절대적 기준 (내 기준을 충족할 때만 너는 가치가 있다)	노력과 성취. 아동이 실패해도 줄 수 있다.
평가 방법	외적 평가(타인이 어떻게 보는가?)	내적 평가(자신이 어떻게 느끼는지?)
기여	개인적 이익이 최고 (너는 최고다. 너는 남보다 우위에 있어야 가치가 있다)	기여한 점의 가치 인정 (너의 공헌은 가치 있다. 네가 있으면 도움이 된다)[175]

---

174 『부모교육』(김진경, 서주현 저, 방송대, 2020), 298~311쪽 요약
175 『부모교육』(정옥분 정순화 저, 학지사, 2020), 270쪽 요약

(2011 객12) 다음은 부모-자녀 관계 이론 중 하나를 기술한 내용이다. (가) 이론이 설명한 것을 <보기>에서 모두 고른 것은?

(가) 이론은 애들러(A. Adler)의 개인심리학을 적용하여 발전 시킨 부모교육 이론이다. (가) 이론에서는 부모-자녀 관계, 성인-유아 관계를 평등성에 기초하여 보다 바람직한 상호 관계 유형으로 발전시키고자 한다.

<보기>

ㄱ. 부모를 대상으로 경험과 불평 늘어놓기 단계, 감수성 증진 단계, 개념 형성 단계, 기술 익히기 단계로 구분하여 부모 교육 프로그램을 운영한다.
ㄴ. 부모가 적극적 경청, 나-전달 기법(I-message), 무승부 또는 비권위적 방법과 같은 전략을 사용하여 부모 역할을 효율적으로 수행하도록 한다.
ㄷ. 부모가 자녀를 지나치게 통제함으로 자녀의 자아상태 (부모 자아상태, 아동 자아상태, 성인 자아상태)가 오염되거나 봉쇄되지 않도록 적절히 조절하고 중재한다.
ㄹ. 부모는 자녀가 자신의 기대나 목표를 달성하기 위해 관심 끌기, 권력 행사, 보복, 부적절성과 같은 직접적 목표 (immediate goal)를 행동 전략으로 설정한다는 것을 파악하고 대처해야 한다.
ㅁ. 자녀가 자신의 행동 결과로 인해 배우게 되는 자연적 귀결, 행동 결과에 대해서 부모와 성인들이 자녀와 합의하여 논리적으로 정하는 논리적 귀결의 경험을 많이 하도록 함으로써 자녀 스스로 자기 훈련을 통해 책임감을 기르도록 한다.

정답 ㄹ, ㅁ 오답 풀이: ㄱ은 기노트의 인본주의 부모교육 이론이고, ㄴ은 고든의 부모효율성훈련, ㄷ은 번의 교류분석 이론이다.

(2013 정시A3) 다음은 드라이커스(R.Dreikurs)의 부모교육이론에 대한 설명이다. 물음에 답하시오.

(가) 드라이커스는 부모-자녀 간의 대등한 관계를 강조하는 '(㉠)부모교육이론'을 수립하였다. 그는 영유아의 인성을 형성하는 데 부모들이 큰 영향을 미친다고 하면서 다음과 같이 밝히고 있다: "삶의 형태는 일련의 행동으로 구성되는데 이 행동들은 아이들이 삶의 목표를 세울 때 사용된다. 유아기 아이들이 세우는 삶의 목표는 대개 '나는 인정받고 싶다', '난 이 집에서 중요한 사람이다'와 같은 감정을 느낄 수 있기를 바라는 것이다."

(나) 드라이커스는 아이들의 잘못된 행동이 잘못된 행동목표에서 비롯된다고 본다. 그에 따르면 유아들의 잘못된 행동 목표는 '(㉡)', '힘 행사하기', '보복하기', '부적절성 나타내기'이다. (㉡)을(를)나타내는 사례를 들면, 평소 착하던 아이가 동생이 태어난 후 엄마가 동생에게만 애정을 보이고 자신에게는 소홀하게 대한다고 생각하여 동생을 자꾸 꼬집고 울리곤 하는 것이다.

(다) 드라이커스가 제시한 자녀양육방법인 (㉢)은(는) 자녀의 행동 결과에 대해 부모와 자녀가 합의하여 결정한 것을 자녀가 따르도록 함으로써 자신의 잘못된 행동에 대해 책임을 수용하는 법을 배울 수 있도록 도와주는 방법이다. 벌은 과거 시점의 행동에 초점을 두는 반면, (㉢)은(는) (㉣) 시점의 행동에 초점을 둔다.

1) 드라이커스 부모교육 이론의 특성을 나타내 주는 말인 ㉠이 무엇인지 쓰시오. [1점]

정답 민주주의

2) 유아들의 잘못된 행동목표 중 하나인 ㉡이 무엇인지 쓰시오. [1점]

정답 관심끌기

3) 유아들이 ㉡과 같은 잘못된 행동목표를 설정함으로써 얻고자 하는 것이 무엇인지 (가)에서 찾아 1가지 쓰시오. [1점]

정답 풀이 '나는 인정 받고 싶다'와 '난 이 집에서 중요한 사람이다' 중에 하나를 쓰면 된다.

4) ㉢과 ㉣이 무엇인지 쓰시오. [2점]

정답 논리적 귀결, 현재와 미래

(2019 정시B2) 드라이커스(R. Dreikurs)의 부모교육 이론에 근거하여, 자연적 귀결에 해당하는 가장 적절한 예를 1가지 찾아 쓰시오. [1점]

어머니: 예전에 서하가 던진 장난감에 동생이 맞을 뻔 했어요.

김 교사: 정말 놀라셨겠어요.

어머니: 장난감은 던지는 게 아니라 갖고 노는 거니까 던져서는 안 된다고 했어요.

김 교사: 서하는 잘 받아들였나요?

어머니: 네. 서하가 "저번에 내가 던진 장난감이 부서져서 갖고 놀 수 없었어"라고 하더군요. 그러면서 이젠 안 던진다기에 왜 동생에게 장난감을 던졌는지 물어봤어요.

김 교사: 서하가 뭐라고 대답하던가요?

어머니: "동생이 장난감을 뺏어가서 속상했어"라고 말하기에, "속상한 마음을 몰라줘서 미안해" 라며 안아 줬어요.

정답 "저번에 내가 던진 장난감이 부서져서 갖고 놀 수 없었어"라고 하더군요.

2. 인본주의 부모교육 이론

1) 인본주의 부모교육 이론 발전 과정

인본주의 부모교육 이론은 매슬로(Maslow)에서 로저스(Rogers)와 액슬린(Axline)으로 이어지는 인본주의 심리학을 기노트(H. Ginott)가 부모교육에 적용하여 발전시킨 이론이다. 인본주의 부모교육 이론은 미국의 심리학자 로저스의 인간 중심 상담 이론을 근간으로 한다. 액슬린(1947)은 로저스 이론을 아동 놀이치료에 접목하여 아동 중심 놀이치료로 발전시켰다. 이전의 지시적 놀이치료와 달리 아동 중심 놀이치료는 아동 자신이 문제를 해결할 수 있다는 믿음에 근거를 둔다.

로저스와 액슬린 등 여러 학자의 영향을 받아 기노트(1965)는 아동의 문제 행동은 부모 성격에 문제가 있어 일어나는 것이 아니라, 자녀 양육 경험이나 지식·기술이 부족하여 발생한다고 보았다. 기노트는 부모교육을 통해 자녀 양육 방식을 개선하고자 하였다.

2) 칼 로저스(C.Rogers)의 인간 중심 상담 이론

(1) 인간관

인간 중심 상담 이론은 실존주의 철학에 영향을 받아 인간을 성장과 자아실현을 추구하는 존재로 본다. 로저스 이전에는 일반적으로 인간을 비합리적이고 자기 자신과 타인에게 파괴적인 존재로 보았다. 인간 중심 상담 이론에 따르면 인간은 기본적으로 합리적이고 건설적이며 합목적적인 존재다. 인간 중심 상담 이론은 내담자는 자신의 문제를 충분히 이해하고 해결할 수 있는 잠재력이 있다고 강조한다. 따라서 상담자는 내담자가 스스로 자신의 문제를 이해하고 해결할 수 있도록 도와주는 역할만 하면 된다.

인간 중심 상담 이론은 인간을 과학적 방법이나 이론적 설명에 의존하지 않고 있는 그대로 보려고 한다. 인간이 보고 경험하고 있는 '지금-여기'를 이해하려고 한다. '지금-여기' 상황을 어떻게 보고 해석하는가에 관심을 갖는다. 인간 중심 상담 이론은 자기 자신과 세계를 어떻게 보고 해석하는지 연구한다. 이 과정을 통하여 인간 본성에 대하여 더 많은 것을 깨닫는다. 이를 심리학에서는 현상학적 접근방법이라고 한다.

(2) 상담 목표

인간 중심 상담의 목표는 내담자 문제를 해결하는 것이 아니다. 내담자가 직면하거나 앞으로 부딪힐 문제에 잘 대처하도록 도와, 궁극적으로 자아실현을 할 수 있도록 지원하는 것이다. 상담 초점은 현재 문제가 아니라 인간 그 자체이다.

(3) 상담자 태도

인간 중심 상담 이론은 기본적으로 적절한 환경을 제공하면, 내담자는 문제를 충분히 이해하고 스스로 해결하여 자아실현을 할 수 있다고 가정한다. 따라서 상담자는 적절한 환경을 제공하기만 하면 된다. 적절한 환경이란 상담자가 취해야 할 태도이다. 태도에는 수용, 공감적 이해, 일치성이 있다.

① 수용

수용은 내담자를 한 인간으로 존중하여, 내담자의 감정과 사고, 행동을 평가하지 않고 그대로 받아들이는 일이다. 내담자도 나와 똑 같이 불완전한 인간이고, 불완전하기 때문에 변화할 수 있다는 점을 인정하는 일이다. 수용은 내담자가 어떤 문제를 갖고 있든, 어떤 죄를 범했든, 어떤 특성을 지니고 있든 상관 없이 인간으로 존중하는 태도라고 할 수 있다.

수용은 유아 교사와 부모도 가져야 할 중요한 태도이다. 교사나 부모가 유아에게 결론을 강요하지 않고 자유롭게 생각과 감정을 표현하도록 하고, 수용하고 이해하면, 유아는 건강하게 자라난다.

② 공감적 이해(감정 이입적 이해)

공감적 이해는 내담자의 감정과 경험을 민감하고 정확하게 읽고 이해하는 일이다. 상대 입장에서 상대 마음을 이해하고 정서적으로 함께 하는 일이라고 할 수 있다.

상담자는 내담자의 주관적 경험, 특히 '지금-여기(here and now) 경험'을 감지하려고 노력해야 한다. 즉 현재의 순간에 초점을 맞춰야 한다. 공감적 이해를 위해서는 상담자가 내담자의 감정에 빠져들지 않으면서 그 감정이 자기 감정인 것처럼 느껴야 한다.

공감적 이해의 목적은 내담자가 자신에게 더 가까이 다가가, 깊고 강하게 감정을 경험하고, 자신의 내부에 존재하는 불일치성을 인식하여, 이를 해결하도록 격려하는 데 있다. 상담자가 내담자에게 공감하면 내담자는 자신이 이해 받고 있다고 느낀다. 이를 통해 내담자는 상담자를 믿고 자신을 드러내 보여, 자기탐색과 자기이해를 한다.

③ 일치성(진실성)

일치성은 상담자가 자신의 내부에서 경험하는 기쁨, 우울, 분노 등을 정확하게 인식하고 이를 일관되게 표현하는 상태이다. 상담자는 내담자에게 느끼는 감정을 솔직하게 표현해야 한다. 상담자가 일치성을 유지하려면 자기 인식, 자기 수용, 자기 진실성의 수준이 높아야 한다. 이 수준이 높으면 상담자는 생각과 감정을 내담자와 솔직하게 교환할 수 있고, 내담자가 자기 생각과 감정을 진솔하게 표현하게 하는 효과를 얻을 수 있다.

로저스는 수용, 공감적 이해, 일치성을 정확하게 제공하면 상담은 이미 절반 이상 성공한 거라고 하였다.[176]

기출문제로 학습 확인하기

(2014 A4) 로저스(C.Rogers)의 상담이론에서 제시한 상담 태도 중 ㉣에 해당하는 용어 1가지를 쓰시오. [1점]

㉣ 어머니께서 준이 입장이 되어 준이의 마음을 이해하고 정서적으로 함께하는 것이 필요하지 않을까요?

정답 공감적 이해

3) 기노트(H. Ginott)의 인본주의 부모교육 이론

기노트는 자신의 저서 『부모와 자녀 사이(Between Parent and Child)』(1965)에서

---

176 『상담심리학』(전용오, 김영빈, 이자명 공저, 방송대, 2020), 97~108쪽 요약

부모·자녀 문제는 부모 성격보다는 자녀 양육 방식 때문에 일어난다고 보았다. 기노트는 양육 방식을 개선하기 위해 부모교육을 강조했다. 기노트는 아동이 사랑 받고 있다는 사실을 느낄 수 있도록 부모는 자녀 욕구에 민감하게 반응해야 하며, 부모와 자녀는 서로 존중해야 한다고 주장했다.

기노트는 아동이 자신을 이해하고, 행동을 조정하며, 적절하게 통제할 수 있는 능력을 갖고 있다고 보았다. 부모는 자녀의 감정과 행동을 있는 그대로 수용하고, 자녀가 자신의 마음을 표현하고 싶은 환경을 조성해야 한다고 주장했다. 부모가 가능한 한 아동 입장에 서면 올바르게 자녀를 교육할 수 있다고 기노트는 가정한다.

부모는 자녀에게 적절하게 반응하는 방법을 알아야 하고, 상담 기술을 배워야 한다고 기노트는 주장했다. 바람직한 부모·자녀 관계를 유지하려면 기술이 필요하고 이 기술을 습득하기 위해 부모교육과 예비부모교육이 중요하다고 보았다.

4) 인본주의 부모교육의 목표

인본주의 부모교육의 목표는 부모·자녀가 긍정적 상호작용을 경험하도록 기회를 제공하고, 자녀가 효과적으로 반응할 수 있는 기술을 갖추게 하는 것이다. 인본주의 부모교육 목표는 세 가지로 나누어 볼 수 있다.

첫째, 자녀를 있는 그대로 수용한다. 단 자녀 행동은 무조건 수용할 수 없고 한계를 설정해야 한다. 그러나 자녀의 감정이나 생각을 포함한 자녀의 존재는 무조건 수용해야 한다. 둘째, 공감적 이해(감정 이입적 이해)를 통해, 자녀 스스로 자신의 행동을 판단하고 결정할 수 있도록 돕는다. 셋째, 부모가 자신의 모습을 숨기지 않고 그대로 보여 주는 일치성(진실성)을 통해 부모·자녀 관계를 개선한다.

5) 인본주의 부모교육의 기본 원리

기노트는 로저스와 액슬린의 원리에 근거하여 긍정적 존중 욕구를 충족하기 위해 부모·자녀 대화, 칭찬과 비판, 책임감과 독립성, 행동의 한계 설정 등의 방법을 발전시켰다.

(1) 부모·자녀 대화

부모는 자녀와 대화할 때 상황 자체보다 이면에 숨은 의미를 파악하여 자녀 감정에 적절히 반응해야 한다. 자녀 잘못을 지적할 때는 자녀 행동에만 관심을 두고 간략하게 언급한다. 자녀가 잘못하면 자녀 행동을 비난하기 전에 수용하는 태도가 필요하다.

부모와 자녀는 사랑과 미움의 두 마음을 품을 수 있다는 사실을 인정하고 이를 받아들이는 태도가 필요하다. 이러한 감정은 자연스럽고 정상적이라는 점을 이해하여 불필요하게 죄의식을 갖지 않도록 해야 한다. 부모는 자녀 감정을 그대로 반영하는 거울이 되어, 자녀가 자신의 감정을 알 수 있게 할 수 있다.

(2) 칭찬과 비판

칭찬할 때는 반드시 자녀의 노력과 성취에 따라 '장난감을 치워줘 고맙다'와 같이 해야 한다. '넌 착한 아이야'처럼 자녀 성격이나 개성을 칭찬해서는 안 된다. 자녀의 노력이나 과제 달성, 도움을 준 일, 창작물 등을 잘 알고 있다는 점을 명확하게 말하는 것이 적절하다. 자녀가 잘못을 저지르면 잘못만 다루어야 한다. 인격을 무시하거나, 훈계하거나, 비난하지 말아야 한다.

(3) 책임감과 독립성

부모는 자녀에게 자신이 원하는 단 한 가지만을 강요하지 않아야 한다. 부모는 여러 가지를 제시하여 자녀가 그 중에서 하나를 선택하여 끝까지 할 수 있는 기회를 줘야 한다. 그러면 자녀는 자신이 스스로 선택한 것에 책임을 져야 한다는 사실을 배울 수 있다.

(4) 행동의 한계 설정

부모는 자녀가 지켜야 할 규칙이나 행동의 한계를 명확하게 설정해야 한다. 자녀에게 규칙이나 행동 한계를 제시할 때는 자녀 인격을 존중해야 한다.

6) 인본주의 부모교육 프로그램 단계

인본주의 부모교육 프로그램은 경험과 불평 늘어놓기, 감수성 증진, 개념 형성, 기술 익히기로 단계를 나누어 순차적으로 운영한다.

(1) 경험과 불평 늘어놓기 단계

부모가 자녀를 양육할 때 겪었던 어려움과 좌절 경험, 자녀에 대한 불만, 분노 등을 말하도록 하는 단계이다. 부모는 자신의 고민부터 시작하여 평소 말하지 못한 사정을 솔직하게 이야기하면서 해결 방안을 모색한다.

(2) 감수성 증진 단계

부모가 자녀 입장에서 생각하고 느끼도록 하여 자녀를 이해하도록 돕는 단계이다. 예를 들어 자녀가 빵을 굽다가 태웠을 때 부모가 '너는 언제 빵을 제대로 구울 수 있니?'라고 빈정대면 자녀 마음이 어떨지 생각해보고, 부모가 힘들어 할 때 원인을 제공한 자녀 입장이 되어 자녀의 마음은 어떤지 깊이 생각하는 단계이다. 이를 통해 남을 비판하거나 통제하는 것보다 수용하고 경청하는 것이 중요하다는 점을 깨닫고, 부모는 자신의 잘못된 행동을 통찰하여, 변화하려는 마음을 갖는다.

(3) 개념 형성 단계

부모가 왜 자신의 양육 방식이 실패했는지 평가하고, 더 나은 부모 역할이 무엇인지 알도록 하는 단계이다. 부모 스스로 자녀를 잘 못 양육한 점을 인식하여, 자신의 양육 행동을 분석, 평가하면서 새로운 지식과 개념을 형성하는 단계이다.

(4) 기술 익히기 단계

부모가 모색한 양육 기술을 실생활에 적용하고 새로운 기술을 익히는 단계이다. 기술 익히기 단계에서는 양육 기술을 직접 자녀에게 적용해 보고, 결과를 다른 부모와 토의하면서 새롭고 합리적인 자녀 양육 지식과 기술을 익힌다.[177]

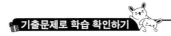
기출문제로 학습 확인하기

(2019 정시B2) (가)는 기노트(H. Ginott)의 부모교육 프로그램에 대한 설명이고, (나)는 서하 어머니와 김 교사의 대화이다. 물음에 답하시오.

(가)

> ㉠ 부모가 자녀를 양육할 때 겪었던 어려움과 좌절 경험을 말하도록 한다.
> ㉡ 부모가 자녀의 입장에서 생각하고 느끼도록 하여 자녀를 이해하도록 돕는다.
> ㉢ 부모가 왜 자신의 양육 방식이 실패했는지 평가해 보고, 보다 나은 부모 역할이 무엇인지에 대해 알도록 한다.
> ㉣ 부모가 자녀와의 관계에서 생긴 문제를 해결하기 위해 모색한 양육 기술을 실생활에 적용해 보도록 한다.

---

177 『부모교육』(김진경, 서주현 저, 방송대, 2020), 313~322쪽 요약

(나)

김 교사: 지금까지 참여하신 부모교육이 도움이 되셨나요?

어머니: 아이 입장에서 생각하면서 아이의 감정을 이해 하게 됐어요.

김 교사: 그러셨군요.

어머니: 좋은 부모가 되려면 대화할 때 아이 말을 적극적으로 경청해야 한다는 걸 알았어요.

김 교사: 프로그램이 도움이 되는 것 같아 기쁘네요.

어머니: 다른 부모들과 아이를 키울 때 겪었던 고충을 나눈 점이 도움이 됐어요.

김 교사: 다행이에요.

어머니: 이제부터는 프로그램에서 배웠던 양육 기술을 실행해 보려고 해요.

… (중략) …

어머니: 예전에 서하가 던진 장난감에 동생이 맞을 뻔 했어요.

김 교사: 정말 놀라셨겠어요.

어머니: 장난감은 던지는 게 아니라 갖고 노는 거니까 던져서는 안 된다고 했어요.

김 교사: 서하는 잘 받아들였나요?

어머니: 네. 서하가 "저번에 내가 던진 장난감이 부서져서 갖고 놀 수 없었어."라고 하더군요. 그러면서 이젠 안 던진다기에 왜 동생에게 장난감을 던졌는지 물어봤어요.

김 교사: 서하가 뭐라고 대답하던가요?

어머니: "동생이 장난감을 뺏어가서 속상했어."라고 말하기에, "속상한 마음을 몰라줘서 미안해." 라며 안아 줬어요.

[A]

[B]

1) (가)의 ㉢ 단계와 ㉣ 단계의 명칭을 각각 쓰고, ㉠단계에 해당하는 가장 적절한 예를 [A]에서 1가지 찾아 쓰시오. [3점]

정답 ㉢ 개념 형성 단계 ㉣ 기술 익히기 단계 ㉠ 다른 부모들과 아이를 키울 때 겪었던 고충을 나눈 점이 도움이 됐어요.

2) [B]에서 기노트(H. Ginott)의 부모교육 이론에 근거하여, 행동의 한계 설정에 해당하는 가장 적절한 예를 1가지 찾아 쓰시오. [1점]

정답 장난감은 던지는 게 아니라 갖고 노는 거니까 던져서는 안 된다고 했어요.

3. 고든(T.Gordon)의 부모효율성훈련(Parent Effectiveness Training, PET)

고든은 로저스의 인본주의에 기반한 상담 전문가 훈련을 받고, 미국 시카고 대학에서 치료사로 일했다. 고든은 지적, 정서적 문제를 가진 아동을 치료하면서. 영유아 문제는 개인의 정신의학적 질환이나 부모 인성보다는 부모·자녀 관계에서 비롯된다는 사실을 발견했다.

고든은 부모·자녀 관계를 개선하지 못하면 자녀 문제를 해결할 수 없다고 생각했다. 그는 대인 관계 기술을 훈련하는 부모교육이 필요하다고 강조하며 부모효율성훈련(PET)을 개발하였다.

고든은 책임감 있고 따뜻한 시민을 기르는 일이 부모의 중요한 역할이라고 보았다. 책임감 있고 따뜻한 시민을 양성하기 위해 권위적 태도나 상벌보다는 인간 관계를 효율적으로 유지해야 한다고 보았다. 고든은 효율적 인간 관계는 부모·자녀 간 의사소통의 질에 따라 달라지며, 20세기 초에 널리 행해진 보상과 벌을 이용한 양육 방식이 효과적이지 않다고 주장했다.

1) 부모효율성훈련 프로그램의 기본 가정과 목표

부모효율성훈련은 애정과 존경을 바탕으로, 이해하고 협력하는 생산적이고 협동적인 부모·자녀 관계를 형성할 때 책임감 있는 시민을 양성할 수 있다고 가정한다. 부모효율성훈련의 기본 가정은 다음과 같이 세 가지가 있다.

▌ 부모효율성훈련의 기본 가정 3가지 ▌

1	부모가 자녀에게 솔직하게 표현할 때 바람직한 부모·자녀 관계를 형성할 수 있다.
2	문제 소유자를 파악하는 일이 바람직한 부모·자녀 관계를 형성하기 위한 해결점이다.
3	부모·자녀 관계가 원만하려면 효율적인 의사소통 기술이 필요하다. 부모는 상담 기술을 익혀 자녀에게 상담자 역할을 해야 한다.

부모효율성훈련 목표는 다음과 같이 세 가지를 들 수 있다. 첫째, 올바른 대인 관계를 인식한다. 둘째, 대인 관계 상태를 파악하고, 적합한 대인 관계 기술을 습득한다. 셋째, 문제 소유자에 따라 문제 해결을 위한 효율적인 의사소통 기술을 익혀, 활용한다.

2) 부모효율성훈련 프로그램의 원리

부모효율성훈련 프로그램의 원리는 수용성 수준 파악 단계, 문제 소유자 파악 단계, 문제해결을 돕는 의사소통 기법 익히기 단계로 구성되어 있다.

(1) 수용성 수준 파악 단계

부모는 대부분 항상 자녀에게 관대하고, 자녀 행동을 모두 수용하며, 자녀 행동에 일관성 있게 반응해야 한다고 생각한다. 하지만 부모가 자녀 행동을 모두 수용할 수는 없다. 부모가 자녀 행동을 수용하는 정도는 부모와 자녀의 특성, 상황 등에 따라 다르다. 고든은 부모가 자녀를 수용하는 수준은 부모 성격이나 자녀 특성 또는 자녀 행동이 발생하는 시간과 장소에 따라 변하므로 수용성 수준 파악이 우선 과제라고 보았다.

(2) 문제 소유자 파악 단계

부모·자녀 문제를 해결하려면 우선 문제가 누구에게 있는지 알아야 한다. 부모효율성훈련에서는 문제 소유자가 누구인가에 따라 문제 해결 방식과 기술, 부모 역할, 의사소통 방법이 서로 다르다.

첫째, 자녀가 문제를 가지고 있는 경우이다. 아동의 어떤 문제나 행동을 부모가 고통이나 갈등 없이 수용하여 부모는 아무 문제가 없으나, 자녀는 욕구를 충족하지 못하고 어려움을 겪거나 좌절하는 경우다.

아동은 자신의 문제 때문에 화가 나거나 좌절감을 느끼거나 불행하다고 생각하여 부적응행동을 한다. 이러한 문제는 자녀 생활이나 인간 관계에서 일어났기 때문에 자녀 스스로 해결하는 것이 가장 효과적이다. 그러나 부모는 대부분 자녀 문제를 부모 문제로 간주하여 직접 해결하려고 나선다. 자녀가 어릴지라도 부모가 과도하게 개입하면, 자녀의 적응능력 발달을 저해할 수 있다.

아동은 성인이 생각하는 것보다 자신의 문제를 잘 처리할 수 있다. 아동이 성장한 후에 부딪칠 문제에 대비하기 위해 어려서부터 문제를 스스로 해결하는 경험이 필요하다. 따라서 부모효율성훈련 프로그램은 부모를 훈련하여 자녀 스스로 문제를 해결하도록 한다.

둘째, 부모에게 문제가 있는 경우다. 자녀는 문제가 없으나 자녀의 말이나 행동을 부모가 수용할 수 없어 부모에게 문제가 있는 경우다. 이 경우는 부모 스스로 문제 해결 기술을 배워야 한다. 부모는 자신의 감정과 생각을 자녀에게 솔직하고 객관적으로 전달하는 기술로 문제를 해결할 수 있다. 특히 나-전달법을 통해 부모는 아동 욕구를 존중하면서 행동을 수정하는 기술을 배운다.

셋째, 부모와 자녀 모두 문제가 있는 경우다. 이때는 대안 찾기로 문제를 해결할 수 있다.

넷째, 부모와 자녀 모두 문제가 없는 경우다. 이 경우는 모든 일이 원활하여 부모와 자녀 사이가 평화롭다. 부모효율성훈련 프로그램의 목표는 문제 없는 영역을 확대하는 것이다.

3) 문제 해결을 돕는 의사소통 기법 익히기 단계

누가 문제가 있는지 파악한 후에는 이에 맞는 적절한 의사소통 기법을 적용하는 일이 중요하다. 부모효율성훈련 프로그램은 의사소통 기법으로 반영적 경청, 나-전달법, 무승부법을 권장한다.

(1) 반영적 경청

반영적 경청은 자녀가 한 말을 반영하거나 확인하는 언어적 반응이다. 반영적 경청은 문제 소유자가 자녀일 때 사용한다. 반영적 경청은 자녀 이야기를 비판하거나 공과를 판단하지 않고 그대로 수용하며, 자녀 감정을 진심으로 이해하려고 노력하는 적극적 의사소통 방법이다.

반영적 경청을 할 때는 자녀가 하는 말을 잘 들어주고, 마음을 읽어야 한다. 비판이나 판단하지 않고 진심으로 자녀를 이해하려는 태도가 중요하다. 자녀 속마음을 파악하여 자녀를 이해하고 있다는 사실을 알려주면 된다.

예를 들어 자녀가 '병원 가서 주사를 꼭 맞아야 되요?'라고 하면 부모는 '아플 것 같아 무서운 모양이구나'라고 반응한다. 반영적 경청에서 부모 역할은 자녀가 더 많은 말을 하도록 유도하는 일이므로 자녀 말에 적절하게 반응하는 것으로 충분하다. 문제를 말로 표현하면서 아동은 나름대로 건설적인 해결 방법을 터득한다.

아동은 감정을 부모에게 직접 전달하지 않고 상징적 표현을 써서 간접적으로 전달하는 경우가 있다. 이를 암호화 과정이라고 한다. 아동은 감정을 간접적으로 표현하면 안전하다고 생각한다. 아동은 감정을 간접적으로 표현하면서 부모가 이를 이해해 주기를 바라는 경우가 많다. 암호화 메시지를 받으면 부모는 그것이 무엇을 뜻하는지 해석해야 한다. 이를 암호 해독 과정이라고 한다. 이때 부모는 분석, 평가, 조언, 충고 등은 하지 않는 게 좋다. 대화가 단절될 수 있다. 부모가 자녀 입장이 되어 자녀 느낌과 생각을 이해하면, 자녀는 부모가 자신의 문제를 진심을 이해하고 수용한다고 느끼고, 문제를 더 분명하게 바라보고 스스로 문제를 해결할 수 있다고 믿는다.

(2) 나-전달법

나-전달법은 화를 내거나 자녀를 나무라지 않고 아동 행동을 부모가 어떻게 생각하고 느끼는지 담담하게 전달하는 방법이다.

나-전달법은 부모가 문제가 있을 경우에 사용한다. 자녀와 얘기할 때는 너-전달법과 나-전달법을 알아야 한다. 너-전달법은 아동을 탓하고 비난하는 방법이다. 나-전달법은 책임을 상대에게 전가하지 않고 부모의 기분과 생각을 말하는 방법이다.

예를 들어 자녀가 장난감을 정리하지 않았을 때 '치워라, 치워. 너는 왜 늘 이 모양이냐'라고 하면 너-전달법이고, '장난감이 흩어져 있어 청소하기 어렵단다'라고 하면 나-전달법이다.

나-전달법 장점은 첫째, 자녀는 방어적 자세를 취하지 않고 부모를 도와야겠다는 책임감을 느낀다. 둘째, 자녀는 죄책감을 갖지 않고 문제를 받아들이고 문제 행동에 대한 부모 감정을 이해한다. 셋째, 자녀는 문제 행동을 자발적으로 수정하려는 동기를 갖는다. 넷째, 자녀가 경청을 경험하여 의사소통 능력이 신장한다.

나-전달법은 3단계로 진술한다. 1단계는 자녀의 문제 행동을 진술하고, 2단계는 문제 행동이 야기한 결과를 진술한다. 3단계는 문제 행동 결과에 대한 교사·부모의 감정을 진술한다. 예를 들면 '네가 장난감을 어질러서(문제 행동), 집이 엉망이 되었고(문제 행동이 야기한 결과), 엄마는 속이 상한다(문제 행동 결과에 대한 부모 감정)'와 같이 진술한다. 나-전달법을 사용할 때는 3단계를 모두 포함해야 하는 것은 아니며 진술 순서를 바꿀 수도 있다. '네가 동생을 때리니(문제 행동), 엄마 마음이 아프다(문제 행동 결과에 대한 부모 감정)'는 진술은 2단계로 구성되어 있다.

나-전달법이 성공하기 위해서는 네 가지 점에 주의해야 한다. 첫째, 반영적 경청을 전제해야 효과적이다. 둘째, 자신의 감정을 솔직하게 표현하지 못하거나, 상대에게 부정적 감정을 전달하면 효과가 떨어진다. 셋째, 부모를 힘들게 하는 것은 자녀가 아니라 자녀 행동이므로, 자녀와 자녀 행동을 분리하여 행동과 관련된 부모 느낌을 전달한다. 넷째, 나-전달법을 자녀가 무시하면 부모는 더 강력한 나-전달법을 사용해야 하며, 자녀가 나-전달법으로 대응하면 반영적 경청으로 자녀 감정을 수용하는 것이 좋다.

(3) 무승부법

① 개념

부모가 이기고 자녀는 지거나, 부모는 지고 자녀가 이기는 방식은 어느 한쪽이 패배감을 느끼고 책임을 상대에게 전가하여, 부모·자녀 관계에 부정적 영향을 미칠 수 있다. 무승부법은 부모와 자녀가 동등한 관계에서 누구도 이기거나 지지 않는 방법이다. 부모가 자녀 의견이나 의사결정을 존중하고, 자녀도 부모 제안을 존중하면서 토의를 통하여 해결하는 방법이다. 따라서 무승부법은 민주적 방법 또는 비권위적 방법이라고 한다.

무승부법의 장점은 첫째, 자녀와 함께 해결 방안을 찾고 자녀에게 문제 해결의 책임을 부여하여, 자녀의 인지 발달을 촉진하고 자율성을 신장한다. 둘째, 권위에 의존하려는 부모 욕구를 억제하고 대화를 촉진하여, 부모·자녀의 심리적 상처를 방지하고 적대감을 줄인다.[178] 셋째, 누구도 지지 않고 함께 문제를 해결하므로 유아가 주체가 되어 적극적으로 문제를 해결할 수 있다.

② 무승부법 시행 6단계

고든의 무승부법은 6단계로 시행한다. 1단계는 문제 정의 단계이다. 부모는 자신이 원하는 것을 자녀에게 나-전달법으로 전달하고, 반영적 경청으로 자녀 문제가 무엇인지 이해하도록 노력한다. 2단계는 해결책 찾기 단계이다. 부모가 먼저 해결책을 제시하기보다는 자녀가 먼저 해결책을 제시하도록 한다. 해결책을 비판하거나 평가하지 말고 부모와 자녀가 생각할 수 있는 모든 해결책을 모아 정리한다. 3단계는 해결책 평가하기다. 부모와 자녀가 제안된 여러 가지 해결책을 검토하여 합리성, 적절성, 형평성, 이행 가능성 등을 평가한다. 4단계는 해결책 선택하기다. 부모와 자녀가 협의하여 최상의 방법을 선택한다. 서로 협의하여 선택한 방법이므로 준수해야 한다는 점을 주지시킨다. 5단계는 해결책 시행이다. 합의한 해결책을 실행하는 단계이다. 자녀가 해결책을 실행하지 않으면 나-전달법을 사용한다. 6단계는 사후 평가 단계이다. 실행한 해결책으로 문제가 해결되었는지 점검하고, 실행 과정에서 어려움이나 문제점은 무엇인지 평가한다. 문제점을 발견하면 다시 협의하여 해결책을 결정하는 과정을 반복한다.

예를 들어 자녀가 너무 오래 텔레비전을 시청하여 부모·자녀 간에 갈등이 일어날 경우 1단계에서 부모와 자녀는 오랜 텔레비전 시청이 갈등을 일으킨다는 사실을 확인한다. 2단계에서는 문제를 해결하기 위해 어떻게 하는 것이 좋은지 부모와 자녀가 여러 가지 해결책을 제안한다. 3~4단계는 부모와 자녀가 내놓은 해결책 중에서 평가를 통해

---

178 『부모교육』(김진경, 서주현 저, 방송대, 2020), 392~410쪽 요약

가장 좋은 방안을 선택한다. 5~6단계에서는 해결책을 실제로 1~2일이나 1주일 정도 실행한 후 잘 진행되면 계속 하고, 그렇지 않으면 다른 해결책을 모색한다.[179]

▎ 고든의 무승부법 시행 6단계 ▎

문제 정의	부모는 원하는 것을 자녀에게 나-전달법으로 전달하고 반영적 경청으로 자녀 문제를 이해한다.
해결책 찾기	부모가 먼저 해결책을 제시하기보다, 자녀가 먼저 해결책을 제시하도록 한다.
해결책 평가	여러 가지 해결책의 합리성, 적절성, 형평성, 이행 가능성 등을 평가한다.
해결책 선택	서로 협의하여 선택한 방법이므로 준수해야 한다는 점을 주지시킨다.
해결책 시행	해결책을 자녀가 실행하지 않으면 나-전달법을 사용한다.
사후 평가	문제점을 발견하면 다시 협의하여 해결책을 선택하는 과정을 반복한다

기출문제로 학습 확인하기

(1998 객26) 부모와 자녀의 의사소통 방법 중 〈보기〉가 나타내는 것은?

> 엄마: 장난감이 너무 흩어져 있어서 엄마는 청소를 할 수가 없구나!

① 갈등상황 토의 ② 긍정적 강화 ③ 적극적 경청 ④ 나-전달법

정답 ④ 나-전달법

---

179 『유아의 문제행동 지도를 위한 부모교육』(교육부, 1997), 23~24쪽

(2011 A주2)

(가) 고든(T. Gordon)의 부모교육이론은 부모와 자녀, 교사와 유아 간 효과적인 의사소통과 유아생활지도를 위해 폭넓게 적용되는 인간관계이론이다. 고든은 부모-자녀 사이에 갈등이 생길 경우, 문제의 소유자가 누구인가에 따라 다양한 의사소통방법을 사용할 필요가 있다고 한다. 문제의 소유자가 자녀일 경우 경청의 방법을, 부모일 경우 (㉠)을(를), 경청 또는 (㉠)을(를) 사용했음에도 자녀의 행동이 변화되지 않고 부모와 자녀 모두에게 문제가 남게 될 경우 (㉡)을(를) 사용하는 것이 효과적이라고 한다.

(나) 철수는 풀을 사용할 때마다 뚜껑을 잘 닫지 않곤 하였다. 그러다 보니 풀 뚜껑을 잃어버려서 풀이 말라 못 쓰게 되었다. 박 교사는 철수에게 새 풀을 주면서 "풀을 사용한 후에는 뚜껑을 잘 닫기로 하자."고 하였다. 얼마 후 철수는 풀 뚜껑을 또 닫지 않았다. 박 교사는 풀이 낭비되어 속상하기도 하고 철수의 행동도 걱정되어 (㉠)(으)로 지도하였다. 그 후에도 철수가 풀 뚜껑을 닫지 않아 박 교사는 이 문제를 어떻게 해결할지 고민하였다. 철수도 풀 뚜껑 닫는 것을 잊지 않으려했지만 자꾸 잊어버려 속상하였다. 이와 같은 문제를 해결하기 위해 박 교사는 (다)와 같이 (㉡)의 방법을 적용하였다.

(다)

문제 해결의 절차	교사-유아 상호작용의 예
문제 정의하기	… (중략) …
실행 가능한 해결책 찾기	교사: 풀 뚜껑을 잃어버리지 않고 꼭 닫아 두려면 어떻게 해야 할까? 철수: ……. 교사: 뚜껑과 몸에 철수 이름을 적어 두면 잘 잃어버리지 않을 것 같은데, 또 다른 방법은 없을까? 철수: 뚜껑이 도망가지 않게 끈을 달아요.
실행 가능한 해결책 평가하기	… (중략) …
최선의 해결책 선택하기	교사: 그럼, 철수가 말한 방법대로 사용해 볼까? 철수: 좋아요.
㉢	㉣
사후 평가하기	교사: 철수야, 네가 말한 방법대로 해 보니까 풀 뚜껑을 잃어버리지 않는 데 도움이 되었니? 철수: 네. ○○해서 도움이 되었어요.

1) ㉠이 무엇인지 밝히고, (나)에서 ㉠을 사용할 때 교사 발문에 포함되어야 할 내용 3가지를 (나)에 나타난 사례와 함께 논하시오.

정답 나-전달법, 문제 행동(철수의 풀 뚜껑을 닫지 않는 행동), 문제 행동이 야기한 결과(풀이 말라 못 쓰게 됨), 문제 행동 결과에 대한 교사의 감정(교사는 속이 상하고 철수 행동이 걱정이 됨)

2) ⓞ, ⓛ과 같은 방법이 교사와 유아 간의 의사소통에서 중요한 이유를 유아의 측면에서 각각 1가지씩 논하시오.

정답 풀이 ⓞ 첫째, 유아는 방어적 자세를 취하지 않고 교사를 도와야겠다는 책임감을 느낀다. 둘째, 유아는 죄책감을 갖지 않고 문제를 받아들이고 문제 행동에 대한 교사 감정을 이해한다. 셋째, 문제 행동을 자발적으로 수정하려는 동기를 갖는다. 넷째, 유아가 경청을 경험하여 의사소통 능력이 신장한다. 이 중에서 1가지를 쓰면 된다.
ⓛ 첫째, 유아와 함께 해결 방안을 찾고 유아에게 문제 해결의 책임을 부여하여, 유아의 인지 발달을 촉진하고 자율성을 신장한다. 둘째, 권위에 의존하려는 교사 욕구를 억제하고 대화를 촉진하여, 교사·유아의 심리적 상처를 방지하고 적대감을 줄인다. 셋째, 누구도 지지 않고 함께 문제를 해결하므로 유아가 주체가 되어 적극적으로 문제를 해결할 수 있다. 이 중에서 1가지를 쓰면 된다.

3) ⓒ에 알맞은 절차를 쓰고 ⓔ에 적합한 교사-유아 상호작용 중 교사 발문의 예를 1가지 논하시오

정답 풀이 ⓒ 최선의 해결책 시행하기 ⓔ '철수가 이야기한 방법 대로 뚜껑이 도망가지 않게 끈을 달아보자. 어떻게 달 수 있을까?'

(2014 A4)

(가) 고든(T.Gordon)의 부모효율성훈련(PET)에서는 부모의 성격이나 자녀의 특성, 혹은 자녀의 행동이 발생하는 시간이나 장소와 같은 상황적 요인이 부모의 (ⓞ)수준에 영향을 미친다고 보았다. 또한 ⓛ 문제가 되는 사람이 누구인가에 따라 그 해결 방식이 상이하므로 문제가 되는 사람이 누구인지를 파악하는 것이 중요하다고 보았다.
(나)
교사: 준이가 집에서는 어떻게 지내나요?
준이 어머니: 얼마 전부터 ⓒ 준이가 유치원에 가는 걸 싫어 해요. 어제는 유치원에서 함께 놀 친구가 없다고 울었어요. 제가 어떻게 해야 좋을지 모르겠어요.
교사: 안 그래도 요즘 준이가 유치원에서 친구들과의 관계에 조금 어려움을 겪고 있어요. 그래서 집안에 무슨 일이 있는지 궁금했어요.
준이 어머니: 집에서도 동생과 자주 싸우는데, 그때마다 자기는 잘못한 게 없다고 우겨요. 그럴 때는 어떻게 하면 좋을까요?
교사: 음……, 우선 아이 입장에서 이해해 주는 게 필요해요. ⓔ 어머니께서 준이 입장이 되어 준이의 마음을 이해하고 정서적으로 함께 하는 것이 필요하지 않을까요?
준이 어머니: 네, 제가 준이에게 좀 더 관심을 가져야겠네요. 그런데요 선생님, 한 가지 생각나는 건데 ⓜ 제가 전화 통화할 때마다 옆에 와서 말을 걸거나 소리를 질러서 꼭 해야 하는 통화를 못해요. 그럴 때는 정말 화가 나고 속상해요.

1) ⓞ에 들어갈 용어 1가지를 쓰시오. [1점]

정답 수용성

2) ⓛ에 비추어 ⓒ과 ⓜ의 상황에 적절한 부모의 의사소통 기술을 각각 1가지씩 쓰시오. [2점]

정답 ⓒ 반영적 경청 ⓜ 나-전달법

(2016 B2) (가)는 4세반 민수 어머니와 담임인 김 교사의 개별 면담 내용 이고, (나)는 김 교사와 원장의 대화이다. 물음에 답하시오. [5점]

(가) 민수 어머니와 김 교사의 대화

어머니: 민수가 처음 동생이 생겼을 때는 안 그랬는데, 요즘 동생만 보면 밀고 때리고 그래요. 동생이 너무 밉고 싫어서 그런대요. 그럴 때는 제가 어떻게 해야 할지 모르겠어요.

교 사: 민수가 집에서 그랬군요. 제 생각에는 민수 입장에서 민수의 마음을 이해해 주시면 좋을 것 같은데, 혹시 (㉠)(이)라는 방법 들어 보신 적 있으세요?

어머니: 그게 뭐예요?

교 사: 우선 민수가 하는 말을 잘 들어주고, 마음을 읽어 주세요. 이때 비판이나 판단 없이 진심으로 이해하려는 태도가 중요해요. 그리고 민수의 속마음을 파악하셔서 민수를 이해하고 있다는 것을 알려주시면 돼요.

어머니: 아, 그렇군요.

교 사: ⓛ 지난번에 승연이 어머니도 비슷한 일로 고민하시길래 이 방법을 알려드렸더니, 나중에 하시는 말씀이 효과적이었다고 하시더라고요.

(나) 김 교사와 원장의 대화

원 장: 민수 어머니께서 오래 계시다 가신 것 같은데, 민수 에게 무슨 일이 있었나요?

교 사: 민수가 집에서 동생을 자꾸 때리고 미워하고 그러나 봐요. 민수 문제로 면담을 요청하셔서, (㉠) 방법을 집에서 해 보시라고 자세히 알려드렸어요.

원 장: 네, 그것도 적절한 방법이죠. 그런데 ⓒ 민수 어머니께서 동생이 태어나기 전에는 민수가 어리광을 부려도 받아줬는데, 동생이 생기면서 민수가 더 의젓하게 행동하기를 바라는 것 같아요. 민수 어머니에게 그 부분을 확인해 보도록 안내하는 것이 필요할 것 같아요.

교 사: 아, 그렇군요. 제가 부모님과 이야기를 더 해 봐야겠어요.

원 장: 그럼, ⓜ 다음 달에 해야 하는 부모 교육은 부모님들께서 관심을 갖는 주제를 미리 조사해서 강연회나 워크숍으로 계획해 보면 어떨까요?

---

1) 고든(T. Gordon)의 부모효율성 훈련 이론에 근거하여, ① ㉠에 공통으로 들어갈 용어, ②교사가 민수 어머니에게 ㉠을 권유할 때 고려했던 기준, ③ ⓒ이 가리키는 단계를 쓰시오. [3점]

정답 풀이 ① 반영적 경청 ② 문제의 소유자가 자녀라는 점 ③ 수용성 수준 파악 단계

2) ⓛ에서 제시된 부모 상담 과정에서 김 교사가 개선해야 할 점을 쓰시오. [1점]

정답 풀이 김 교사는 민수 어머니에게 승연이 어머니의 일을 얘기했다. 교사는 부모와 상담한 내용을 제3자에게 발설하지 않아야 하며 상담할 때 유아 정보를 기록한 자료 등을 다른 부모 등이 볼 수 없도록 해야 한다.

(2018 A8) [A]에서 설명하는 대화 기법으로 고든(T. Gordon)이 제안한 방법 1가지를 쓰시오. [1점]

> 박 원감: 자신의 생각이나 기분을 그대로 표현하는 방법을 알려 주면 어떨까요? 주로 부모들에게 소개되었던 방법이어서 유아들에게는 좀 어려울 수도 있지만 시도해 볼 만한 것 같아요.
> 김 교사: 네. 자신의 감정이나 생각에 대한 책임을 상대방에게 전가하지 않아 상대방의 감정도 상하지 않게 하는 방법이라고 배웠어요. 문제가 생긴 상황과 그 결과에 대한 자신의 느낌을 표현하는 방법이지요.   [A]

정답 나-전달법

(2019 추시A2) 서 교사는 밑줄 친 ⓔ 중 하나를 적용하여 윤상이에게 말하고자 한다. 해당하는 의사소통 기술의 구성요소 3가지가 드러나도록 괄호 안의 ⓐ에 들어갈 문장을 쓰시오. [2점]

> 고든(T. Gordon)은 다양한 발달 및 임상 심리 이론을 종합하여 부모의 의사소통 기술 증진을 위한 부모 효율성 훈련 프로그램을 개발하였고, ⓔ 문제 소유자에 따른 의사소통 기술들을 제시하였다. 이후 이 프로그램을 기초로 교사 효율성 훈련 프로그램을 개발하였다.

> 정리정돈과 화장실 다녀오기를 끝낸 유아들이 대집단 활동을 위해 모였다. 모인 유아들을 확인한 서 교사는 윤상이가 없는 것을 확인하고 걱정이 되었다. 서 교사는 먼저 교실을 둘러보았으나 윤상이가 보이지 않자 당황하여 화장실로 갔고, 세면대에서 물장난을 치고 있는 윤상이를 보았다. 서 교사가 윤상이에게 다가가자 윤상이는 웃으면서 "선생님, 이거 완전 재미있어요!"라고 소리쳤다. 윤상이를 보며 서 교사는 "(ⓐ)"라고 말하였다.

정답 풀이 윤상이가 없어져서, 친구들이 대집단 활동을 하지 못했고, 선생님은 걱정이 되었다.

4. 번(E.Berne)의 교류분석 이론

교류분석 이론은 프로이트의 정신분석 이론과 펜필드(Penfield)의 뇌 연구 등을 토대로 미국의 정신과 의사 번(Eric Berne, 1910~1970)이 수립했다. 번은 정신분석 이론에 관찰 가능한 생리학 연구를 접목하여 일반인이 쉽게 접근할 수 있는 교류분석 이론을 발전시켰다.

번은 환자 치료 경험을 토대로, 부적응 문제는 인간 자신이 만들어 내며, 치료보다는 능동적으로 성격 구조를 파악하여 변화하는 것이 효율적이라고 생각했다. 번은 사람 성격은 사회적 상호작용을 통해 형성된다고 보고 의사소통과 교류 방법에 역점을 두고 교류분석 이론을 정립했다.

1) 개념

교류분석 이론은 사회적인 상호교류 관계에 의해 인성이 형성되고, 삶의 유형이 결정된다고 본다. 번은 사회적 상호작용 단위를 교류(transaction)라고 했다. 원래 교류는 거래, 흥정을 뜻하지만, 교류분석 이론에서는 말의 교환뿐 아니라, 마음 속 깊이 전달하는 느낌, 의도, 의미 등을 포함한 깊은 수준의 의사소통을 뜻한다.

교류는 자극과 반응을 수반한다. 두 사람이 만나 어느 한 사람이 의사표시를 하는 것이 교류자극이고, 이 자극에 대응하는 것은 교류반응이다. 관찰할 수 없는 프로이트의 의식·무의식·전의식과 다르게 번은 교류 과정에서 어떤 자아 상태가 작용하는지 관찰할 수 있다고 주장했다.

번에 따르면 인간에게는 부모자아, 아동자아, 성인자아라는 세 가지 자아상태가 공존한다. 인간 성격은 사회적 상호작용을 통해 형성된다. 자아상태의 구조는 프로이트의 성격 구조와 달리 행동으로 나타나므로 쉽게 수정할 수 있다. 교류분석 이론은 성격 분석을 통해 정신 건강을 유지하는 분야로 확장하면서 부모·자녀 관계를 향상하기 위한 부모교육에도 응용되었다.

2) 기본 가정

교류분석 이론은 기본적으로 세 가지 인간관을 가정한다. 첫째, 인간은 태어날 때부터 자율성을 가지고 있다. 하지만 아동은 성장하면서 자율성을 버리고 부모 뜻에 따라 행동한다. 둘째, 인간은 긍정적인 존재이며 모든 것은 마음이 만든다. 부정적 행동은 어린 시절의 잘못된 결정 때문에 일어나므로 재결정을 통해 잠재력을 발휘할 수 있다. 셋째, 인간은 자극 욕구와 인정 욕구, 구조 욕구가 있다.

자극 욕구는 자극을 받고자 하는 감정으로 스트로크(stroke)를 통해 충족한다. 스트로크는 사전적으로 어루만지기라는 뜻이다. 아기를 안고 쓰다듬는 행위 등이 스트로크다. 번은 스트로크를 상대를 인정하는 데 사용하는 모든 행동으로 확대, 정의했다. 인간은 스트로크를 교환하는 동안 상호교류가 이루어진다고 번은 가정한다. 인정욕구는 사회적 상호작용을 통해 타인의 인정을 받고자 하는 감정이다. 인정 욕구는 상징적 언어를 통해 충족될 수 있다. 구조 욕구는 원하는 방식으로 시간을 계획하고 활용하려는 욕구를 말한다. 시간의 구조화라고도 한다.

3) 목표

교류분석 이론에 따르면 인간은 어린 시절부터 부모의 메시지를 통해 자신이 어떻게 살아야 할 것인가에 관한 각본을 만든다. 일단 각본을 만들면 모든 일을 이에 맞추며 자신의 각본을 정당화하려고 한다. 각본을 잘 못 만든 경우, 재결정을 통해 성공적 각본을 만들어 잠재력을 충분히 발휘하는 자율적 인간으로 살아갈 수 있도록 돕는 것이 교류분석의 궁극적 목표이다. 궁극적 목표를 달성하기 위한 하위 목표는 세 가지가 있다.

첫째, 자아상태 균형이다. 교류분석 이론은 자아상태를 파악하여 인간을 변화시킬 수 있다고 본다. 인간은 아동자아, 성인자아, 부모자아가 균형을 이룰 때 가장 적응적인 행동을 한다고 가정한다. 따라서 인간의 자아상태를 파악하여 세 가지 자아상태가 균형을 이루는 것을 목표로 한다.

둘째, 원만한 교류이다. 교류분석 이론은 자아상태 사이에 교류가 원만할 때 인간은 가장 적응적인 행동을 하며 갈등이 감소한다고 본다. 따라서 의사소통 유형을 분석하여 교류가 원만하게 이루어지게 하는 것이 둘째 목표이다.

셋째, 인생각본 분석이다. 교류를 통해 형성된 기본적 인생 태도와 이를 근거로 만든 인생각본을 분석하는 것이 셋째 목표이다.

4) 원리

교류분석은 자아상태를 분석하는 것에서 시작한다. 자아상태를 근거로 교류 방식과 각본을 분석한다. 자아상태는 인간의 느낌이나 생각, 행동의 총체적 집합체이다. 교류분석 이론에서 자아상태는 부모자아(parent ego, P), 성인자아(adult ego, A), 아동자아(child ego, C)가 있다. 세 가지 자아상태는 관찰할 수 있고 역동적이다. 각 자아상태는 말이나, 몸짓, 태도 등으로 표현된다.

(1) 부모자아

부모 자아상태는 부모·형제나 권위적 위치에 있는 사람에게 배운 태도나 행동이 내면화된 자아상태이다. 출생 후 사회화 과정에서 의미 있는 영향을 준 부모나 주변 사람의 행동이 기억된 자아상태다. 아동은 부모 자아상태를 형성하면서 해야 할 일과 하지 말아야 할 일의 기준을 배우며, 사회에 적응한다.

부모 자아상태는 주로 부모의 가치관이나 행동을 반영한다. 부모 자아상태는 아이를 돌보는 양육적 부모 자아상태와 아이를 통제하거나 비판하는 비판적 부모 자아상태로 나뉜다. 양육적 부모 자아상태는 의미 있는 타인에게 양육 받은 경험으로 형성되고 비판적 부모 자아상태는 비판이나 지도 받은 경험으로 형성된다.

① 양육적 부모 자아상태(nurturing parent ego state, NP)

양육적 부모 자아 상태는 상대가 도움이 필요할 때 부모처럼 보살피고 위로하는 부모 자아상태이다. 이는 원만한 대인 관계에 초석이 된다. 양육적 부모 자아 상태가 지나칠 경우 상대의 독립심이나 자립심을 저해할 수 있다.

② 비판적 부모 자아상태(critical parent ego state, CP)

비판적 부모 자아상태는 규칙을 정하고 지시하고 가르치는 등 자녀에게 지배적 태도를 보이는 부모 자아상태이다. 비판적 부모 자아상태는 아동이 사회 생활을 할 때 지켜야 할 관습이나 규칙을 지도하는 데 필요하다. 비판적 부모 자아상태가 지나칠 경우 상대의 자율성과 창의성을 제한할 수 있다.

(2) 성인 자아상태(adult ego state)

성인 자아상태는 어떤 일을 감정에 치우치지 않고 객관적인 분석과 평가에 따라 처리하는 자아이다. 성인 자아상태는 자료를 모으고 분류하며 논리적으로 결론을 내리기 때문에 생존에 필수적이다.

성인 자아상태는 어떤 일을 혼자서 해낼 수 있는 능력을 갖추면서 형성된다. 특히, 아동 자아상태와 부모 자아상태의 영향을 받아 아동의 사회적 역량이 쌓이면서 형성된다. 성인 자아상태는 부모 자아와 아동 자아의 활동을 조절하고 중재하는 역할도 수행한다.

(3) 아동 자아상태

아동 자아상태는 어린 시절 실제로 느낀 감정과 행동이 내면화된 자아상태이다. 아동 자아상태는 태어날 때부터 존재한다. 아동 자아는 생물학적 욕구나 기본적인 충동·감정의 저장고이다. 아동 자아는 스스로 의존적인 기분이 들거나, 즐거운 생각을 하거나 상대가 부모처럼 행동할 때 작동한다.

아동 자아는 누구에게도 구속 받지 않고 자연스럽게 행동하는, '자유로운 아동 자아상태'와 부모에게 순종하는 '순응하는 아동 자아상태'로 나뉜다.

① 자유로운 아동 자아상태(free child ego state, FC)

자유로운 아동 자아상태는 누구에게도 구속 받지 않고 자연스럽게 행동하는 자아상태이다. 본능적, 감정적이며 자기중심적 자아상태다. 감정을 자발적으로 표현하며, 천진난만하고 상대에게 즐거움과 매력을 준다. 자유로운 아동 자아상태가 지나치면, 즉흥적으로 행동하거나 현실을 고려하지 않고 경솔하게 행동한다.

② 순응하는 아동 자아상태(adapted child ego state, AC)

순응하는 아동 자아상태는 자신의 생각을 표현하기보다, 부모가 원하는 것을 파악하여 표현하는 아동 자아상태이다. 순응하는 아동 자아상태는 순종적이고 참을성이 있어 사회에 적응하는 데 유리하다. 하지만 항상 자기 욕구를 억제하므로 내부에 문제를 안고 있을 수 있다. 순종적이고 타협적으로 보이지만 내면에 공격성을 감추고 있는 경우가 있다.

| 자아상태 구조 |

부모자아
(parent ego) — P

양육적 부모자아
(nurturing parent ego)

비판적 부모자아
(critical parent ego)

NP CP

성인자아
(adult ego) — A

A

아동자아
(child ego) — C

자유로운 아동자아
(free child ego)

순응적 아동자아
(adapted child ego)

FC AC

자아상태		언어 단서	행동 단서
부모 자아	양육적 부모자아	부드럽고 순한 말투, 동정적인 말투 '그래, ~해 줄께'	안아 준다, 어깨를 두드려 준다
	비판적 부모자아	설교조, 비판적, 단정적, 강압적 말투 '안 돼', '~하지 않으면 안 된다'	손가락질한다, 지시한다
성인자아		침착하고 냉정하고 기계적인 말투 '~라고 생각한다', '내 생각으로는~'	상대와 눈을 맞춘다, 주의 깊게 듣는다, 진지한 표정
아동 자아	자유로운 아동자아	밝고 명랑하고 자유로운 말투 '야, 신난다', '멋지다', '~하고 싶다'	잘 웃는다, 활발하다, 씩씩하다, 유머가 풍부하다.
	순응하는 아동자아	자신감 없이 중얼거리는 말투 '~해도 되나요?' '괜찮습니까?'	타인의 표정을 살핀다, 한숨 쉰다, 불안해하고 두려워한다.

(4) 자아상태의 경계

인간은 세 가지 자아상태를 모두 가지고 있다. 외부 세계에 잘 적응하려면 세 가지 자아상태를 균형 있고 유연하게 활용해야 한다. 정서적으로 건강한 사람은 자아상태를 자유롭게 선택하고 적용한다. 자아상태 간의 경계가 파손되거나, 경계가 견고하여 교류가 차단되면 문제가 나타날 수 있다.

자아상태 간의 경계가 파손되어 어떤 자아상태가 다른 자아상태를 침범하면, 망상과 편견을 갖게 되어 사회에 적응하기 어렵다. 이렇게 어떤 자아상태가 다른 자아상태를 침범하는 것을 오염이라고 한다. 자아상태 간의 경계가 견고하여 교류가 차단되는 경우도 있다. 이를 배제라고 한다.

(1) 오염

오염은 어떤 자아상태가 다른 자아상태를 침범한 상태를 말한다. 오염에는 망상과 편견이 있다.

망상은 성인 자아상태가 아동 자아상태에 오염된 상태다. 망상은 아동 자아상태가 성인 자아상태의 논리적 기능을 저해하는데, 일을 처리할 때 충동적이거나 이기적으로 행동하는 상태이다.

편견은 성인 자아상태가 부모 자아상태에 오염된 상태이다. 부모의 영향력이 너무 커서 객관적으로 판단하거나 합리적으로 사고하지 못하는 경우다. 자신이나 타인에게 지나치게 엄격하거나 자신이나 타인을 통제하려고 하는 상태이다.

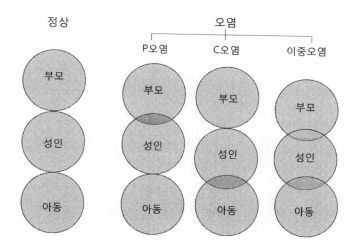

(2) 배제

배제는 자아상태의 경계가 견고하여 자아상태 간에 교류가 차단된 상태이다. 교류가 차단되어 특정한 자아상태가 지배하는 상태이다. 아동 자아와 성인 자아가 배제되어, 부모 자아상태가 지배하면 비판적, 지시적, 권위적인 태도가 나타난다. 아동 자아상태가 지배하면 놀기만 하고, 하고 싶은 대로 행동하는 경향이 있다. 성인 자아상태가 지배하면 지나치게 논리적이고 객관적이며, 감정 표현이 없는 기계적인 특성이 나타난다.

부모 자아상태와 성인 자아상태가 지배하여 아동 자아상태를 배제하면, 놀이에는 관심이 없고 책임감이 강하며, 늦게까지 일만 하는 경향이 나타난다. 성인 자아상태와 아동 자아상태가 지배하여 부모 자아상태를 배제하면, 규칙을 무시하고 위반하는 경향이 나타난다. 아동 자아상태와 부모 자아상태가 지배하여 성인 자아상태를 배제하면, 논리적·객관적 사고가 부족한 경향이 나타난다.

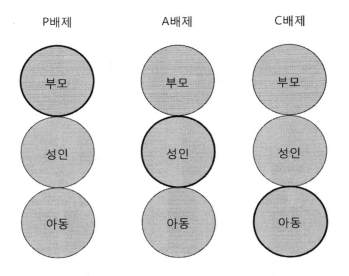

P배제   A배제   C배제

5) 교류 분석

번은 교류를 자극과 반응으로 구성된 사회적 의사소통의 기본 단위라고 했다. 두 사람이 만나면 한 사람이 다른 사람의 존재를 인정하는 의사표시를 하는 데 이를 교류 자극이라 했고, 이 자극에 대응하는 것은 교류반응이라고 했다. 이러한 교류 과정에서 어떤 자아상태가 작용하는지 알 수 있다. 번은 개인의 적응 능력을 향상하고 타인과 갈등을 줄이기 위해서는 교류가 원만해야 한다고 주장했다.

교류분석 이론은 자신을 이해하고 타인과 어떤 관계를 맺는지 분석하여 자발적, 의식적 노력으로 원만하게 의사소통 하는 것을 강조한다. 의사소통 방식은 상보적 교류, 교차적 교류, 이면적 교류로 나눌 수 있다.

(1) 상보적 교류(보완적 교류)

상보적 교류는 특정 자아상태에서 보낸 메시지에 발신자가 기대한 대로, 수신자가 반응하여 자극과 반응이 평행을 이루는 교류이다. 상보적 교류에서는 언어적 메시지와 비언어적 메시지가 일치한다. 상보적 교류에서는 두 가지 자아상태만 관련되어, 사회적 자극이 서로 바라는 방향으로 일어나 심리적 갈등이 없거나 최소한으로 발생한다.

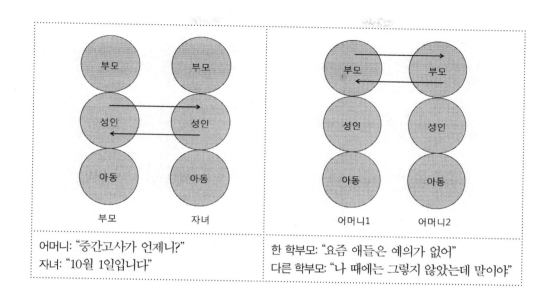

어머니: "중간고사가 언제니?"	한 학부모: "요즘 애들은 예의가 없어"
자녀: "10월 1일입니다"	다른 학부모: "나 때에는 그렇지 않았는데 말이야"
부모　　　　　　자녀	어머니1　　　　　어머니2

상보적 교류는 같은 자아상태 간에만 일어나는 것은 아니다. 아래와 같이 성인 자아상태와 부모 자아상태 사이나 아동 자아상태와 부모 자아상태 사이에도 일어날 수 있다.

아동 자아 對 부모 자아	자녀: "친구랑 싸웠더니 속상해요" 부모: "네 마음을 잘 알겠다. 속 시원하게 말해보렴"
성인 자아 對 부모 자아	자녀: "이 프로그램 사용법 좀 알려 주세요" 부모: "너는 잘 할 수 있을 거다. 알려 주마"

상보적 교류가 일어나면 자극과 반응이 평행을 이루면서 자신이 기대한 반응을 얻는다. 상대가 자신의 이야기를 잘 듣고 공감한다고 생각하며 친밀감과 안정감, 만족감을 느낀다. 상보적 교류가 일어나면 요구나 방향이 달라도 문제를 해결할 수 있다.

(2) 교차적 교류

교차적 교류는 발신자가 기대한 응답이 오지 않고 예상 밖의 응답이 오는 교류이다. 교차적 교류에서는 메시지에 반응하는 자아상태가 상대가 의도한 자아상태와 일치하지 않아 의사소통이 중단된다. 대화하면 할수록 주제와 거리가 먼 이야기를 하므로 혼란에 빠지기 쉽다. 교차적 교류는 갈등 교류라고 할 수 있다. 교차적 교류가 빈번하다면 서로 관계가 어긋나고 있다고 볼 수 있다.

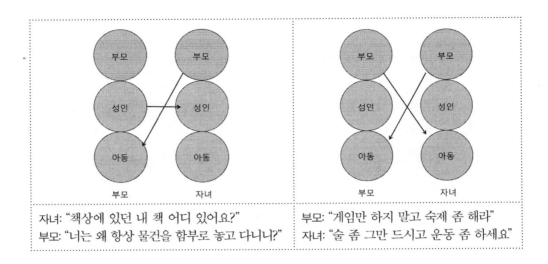

| 자녀: "책상에 있던 내 책 어디 있어요?"
부모: "너는 왜 항상 물건을 함부로 놓고 다니니?" | 부모: "게임만 하지 말고 숙제 좀 해라"
자녀: "술 좀 그만 드시고 운동 좀 하세요" |

(3) 이면적 교류

이면적 교류는 겉으로 드러난 자극과 반응의 이면에, 내면에서 일어난 자극과 반응이 숨어 있는 교류를 말한다.

예를 들어 어머니가 자녀에게 '학교에 몇 시에 갈래?'라고 물으면 표면적으로 어머니는 성인 자아상태에서 자녀를 자극했지만, 내면에는 '그만 일어나라, 학교 가려면 시간이 없다'라는 뜻으로 부모 자아상태로 자극을 했다. 이때 겉으로 드러난 자극과 반응은 사회적 메시지라고 하며 내면에서 일어나는 자극과 반응은 심리적 메시지라고 한다.

의사소통에서 교류 결과는 대부분 심리적 메시지로 결정된다. 표면과 내면의 메시지가 다르면 갈등이 생길 수 있다. 갈등을 극복하려면 심리적 메시지를 이해하고 적절하게 반응해야 한다.

이면적 교류는 각진 교류와 이중적 교류로 나뉜다. 각진 교류는 두 사람이 의사소통할 때 자아상태가 세 가지 관여하는 교류이다. 이중적 교류는 두 사람이 의사소통 할 때 자아상태가 네 가지 작용하는 교류이다.

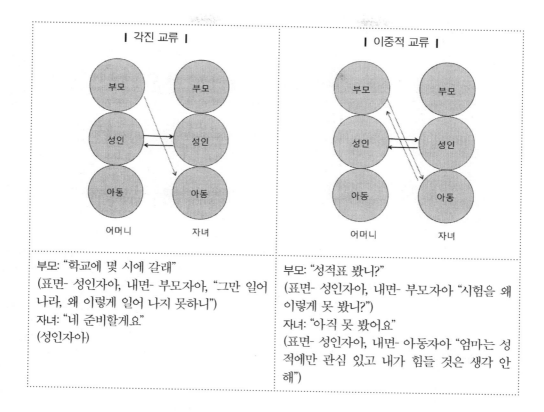

각진 교류	**이중적 교류**
부모: "학교에 몇 시에 갈래" (표면- 성인자아, 내면- 부모자아, "그만 일어 나라, 왜 이렇게 일어 나지 못하니") 자녀: "네 준비할게요" (성인자아)	부모: "성적표 봤니?" (표면- 성인자아, 내면- 부모자아 "시험을 왜 이렇게 못 봤니?") 자녀: "아직 못 봤어요" (표면- 성인자아, 내면- 아동자아 "엄마는 성 적에만 관심 있고 내가 힘들 것은 생각 안 해")

 번은 의사소통에는 보이지 않는 함정이 있고 이는 이면적 교류에 의해 발생한다고 주장했다. 두 사람의 악화된 관계를 개선하려면 의사소통 과정에서 일어나는 이면적 교류의 근원을 파악하는 것이 중요하다.

6) 스트로크

(1) 개념

 번에 따르면 인간은 기본적으로 상호교류를 통하여 자극을 받으려는 욕구가 있다. 이러한 자극을 추구하는 욕구는 생존과 발달에 필수적이다. 번은 자극욕구를 만족하는 기본 단위를 스트로크(쓰다듬기)라고 했다. 번에 따르면 자극욕구는 스트로크를 통해 충족된다. 스트로크는 인간이 자신의 존재를 인식하게 하는 기본 단위라고 할 수 있다.

 스트로크는 생존과 발달에 필수적이므로 인간은 평생 스트로크를 추구하며 살아간다. 어린 시절 양육자에게 어떤 스트로크를 받았는가에 따라 기본적인 인생 태도가 형성된다고 할 수 있다.

　보호 시설에서 자란 아동이 영양이나 위생 조건이 양호함에도 질병에 취약한 경우가 있다. 스트로크가 충분하지 않기 때문이다. 이는 쓰다듬기, 앉아주기 등 스트로크가 신체 발달에도 필수적이라는 점을 시사한다.

(2) 스트로크 종류

　스트로크에는 긍정적 스트로크와 부정적 스크로크가 있다. 긍정적 스트로크는 쓰다듬기, 칭찬, 격려처럼 쾌감을 주는 스트로크를 말한다. 긍정적 스트로크는 다시 긍정적 무조건 스트로크와 긍정적 조건 스트로크로 나눈다.

　긍정적 무조건 스트로크는 '나는 네가 있는 것만으로도 좋아'와 같이 존재 자체를 긍정하는 스트로크이다. 긍정적 조건 스트로크는 '청소를 잘해서 좋다'와 같이 개인의 어떤 행위를 긍정하는 스트로크다.

　부정적 스트로크는 비야냥 거리기, 꼬집기, 때리기 등 불쾌감을 주는 스트로크를 말한다. 부정적 스트로크에도 부정적 무조건 스트로크와 부정적 조건 스트로크가 있다. 부정적 무조건 스트로크는 '나는 네가 그냥 싫어'와 같이 존재 자체를 부정하는 스트로크다. 부정적 조건 스트로크로는 '나는 네가 거짓말을 해서 싫어'라는 말처럼 특정 행동을 부정하는 스트로크다.

　부정적 무조건 스트로크는 성장에 치명적인 영향을 미친다. 부정적 조건 스트로크도 지나치면 문제행동을 유발할 수 있다.

　사람은 보통 긍정적 스트로크를 추구한다. 긍정적 스트로크를 받지 못하면 화를 돋우거나 상처를 입혀 관심을 얻는 등 부정적 스트로크를 추구하는 경향이 있다. 아무런 스트로크도 받지 못하는 것보다 낫기 때문이다.

| 긍정적 스트로크와 부정적 스트로크 비교 |

구분	조건 여부	예시
긍정적 스트로크	긍정적 무조건 스트로크	나는 네가 있는 것만으로도 좋아
	긍정적 조건 스트로크	너는 청소를 잘해서 좋아
부정적 스트로크	부정적 무조건 스트로크	나는 네가 그냥 싫어
	부정적 조건 스트로크	나는 네가 거짓말을 해서 싫어

(3) 스트로크 충족 방법

스트로크를 충족하는 방법은 언어적 방법, 비언어적 방법(미소, 윙크 등), 신체 접촉(껴안기, 가볍게 치기, 밀기 등)으로 나눌 수 있다. 스트로크 충족 방법은 발달 단계에 따라 다르다. 교류분석 이론에서는 스트로크 충족 방법을 크게 자극갈망, 인정갈망, 구조갈망으로 구분한다.

① 자극갈망

자극갈망은 접촉 욕구를 말한다. 영아기에 주로 나타난다. 영아는 안기거나 볼이나 몸을 비비는 등 신체 접촉 욕구가 강하며 이를 통해 친밀감을 형성한다. 영아기에는 어머니의 신체적 스트로크인 스킨십이 중요하다. 스킨십 욕구를 충족하지 못하면 심리 발달에 나쁜 영향을 줄 수 있다.

보육원 아이를 대상으로 수행한 스피치(R. Spitz, 1945)의 연구에 의하면 신체적 자극이 결핍한 아이는 모성 결핍 증후군이 나타났고 성장이 느리며 심한 경우 사망했다. 스피치의 연구는 영아가 얼마나 접촉을 갈망하고 자극을 원하는지 시사한다. 어머니는 영아가 자극을 충분히 경험하도록 해야 한다.

② 인정갈망

인정갈망은 마음의 접촉을 갈망하는 상태를 말한다. 승인 욕구라고도 한다. 유아기에 자녀는 말로 자신을 표현하면서 부모의 칭찬이나 애정 표현 등 인정을 갈망한다. 영아기와 비교하여 덜 신체적이면서 더 언어적인 스트로크를 원한다.

아동이 인정갈망을 표현할 때 부모는 적극 반응하여, 자녀가 자신을 소중히 여기고 긍정적인 삶의 태도를 기르도록 지지해야 한다. 인정갈망을 충족하지 못하면 아동은 '나는 중요한 존재가 아니다'라고 생각하여, 열등감을 느끼고 자존감이 낮아진다.

③ 구조갈망(시간의 구조화)

모든 인간은 하루 24시간을 공평하게 누린다. 누구에게나 공평한 시간을 어떻게 활용하는지 즉 어떻게 구조화하는지에 따라 인생의 승자가 되기도 하고 패자가 되기도 한다. 인간은 일상생활에서 자기가 원하는 방식으로 시간을 계획하고 활용하려는 욕구를 갖고 있다. 이를 구조갈망 또는 시간의 구조화라고 한다.

선호하는 시간 활용 방식은 사람마다 다르다. 서로 다른 시간 활용 방식을 통해 인간은 상대에게 얻는 스토로크를 최소화하거나 최대화한다. 따라서 시간의 구조화에 따라 개인이 교환하는 스트로크의 양이 달라진다. 시간의 구조화에는 여섯 가지 방법이 있다.

■ 철회(폐쇄)

철회는 스트로크 교환에 불안감을 느껴 상대방과 교류를 중단하고 자신만의 생각에 잠기는 방법이다. 시간 대부분을 공상이나 상상을 하며 보내고, 자신에게 스트로크를 주는 자기애적 모습이 나타난다. 철회의 대표적인 예는 은둔형 외토리인 히키코모리족이 시간을 구조화하는 방법이다. 철회는 영유아기에 부모에게 최소한의 스트로크도 받지 못해 관계를 잘못 형성하면서, 현실을 무시하고 자기만의 세계에서 위안을 얻으려 하기 때문에 나타난다. 철회는 주고 받는 자극이 없기 때문에 상처 받는 일이 없는 가장 안전한 시간의 구조화 방법이다.

■ 관습

관습은 타인과 만날 때 의례적인 이야기를 하는 시간의 구조화 방법이다. 관습은 의식적으로 제사나 동창회 등 전통적, 관례적 행사에만 참여하여 스트로크를 최소한으로 유지한다. 외부인과 관습적인 활동으로 스트로크를 추구한다는 점에서 철회와 다르다. 타인과 깊은 인연을 맺는 일이 적어 상처 받지 않으며, 결과를 예측할 수 있어, 비교적 안전한 시간의 구조화 방법이다.

■ 활동

활동은 업무나 양육, 요리 등 실용적인 활동을 하여 시간을 구조화하는 방법이다. 활동으로 얻을 수 있는 자극은 중간 수준으로 비교적 안전한 방법이다. 활동은 적극적이고 친밀한 인간 관계를 항상 포함하지는 않아 소외감이 생길 수 있다. 일 중독증이나 빈 둥지 증후군은 활동만으로 시간을 구조화하는 대표적인 예이다. 이런 증상은 타인과 교류를 회피하므로 자극 수준이 한계가 있다.

■ 잡담

잡담은 취미나 여행 등 부담 없는 주제를 놓고 정보를 교환하는 시간의 구조화 방법이다. 가벼운 화제 거리로 깊이 없는 스트로크를 교환하는 방법이다. 잡담은 상대와 감정을 공유하거나 마음을 나누지 않는 사교적인 대화이므로, 잡담 후에 공허함과 권태, 실망감을 느낄 수 있다. 잡담은 비생산적인 시간의 구조화이다.

■ 게임

게임은 상대가 자신의 욕구를 알아 차리지 못하도록 하는 이면적 교류로 시간을 구조화하는 방법이다. 게임은 자신이 생각하거나 느끼는 점을 표현하지 않으며 속임수를 내포한다. 속임수는 자신을 보호하기 위한 심리에서 비롯된다. 게임은 자신의 느낌이나 생각을 표현하지 않기 때문에 진실한 교류가 일어나지 않는다.

게임은 타인과 왜곡된 관계를 맺는 방식이지만 게임 참여자는 게임 중에 상당한 스트로크를 얻으며, 인생에 대한 입장이 확고해진다. 게임에 지나치게 의존하는 것은 어린 시절 부모와 상호작용할 때 자연스럽게 스트로크를 얻지 못해, 스트로크를 왜곡되게 구하는 것이 만성화되었기 때문이다. 게임하는 사람은 자신의 마음과 다른 행동을 하며, 게임으로는 스트로크를 충분히 얻을 수 없어 다시 게임을 한다. 부모·자녀 관계에서 게임이 만성적인 현상이 될 수 있다. 게임은 가족이나 계층, 문화에 따라 다르게 하며 다른 세대로 전이할 수 있다. 부모는 자녀에게 게임을 하지 않으면서 친밀감을 유지하는 방법을 가르치는 것이 좋다. 악화된 부모·자녀 관계를 개선하려면 의사소통 과정에서 일어나는 게임인 이면적 교류의 근원을 파악하는 것이 중요하다.

■ 친교

친교는 서로 믿고 배려하는 관계를 통해 스트로크를 극대화하는 시간의 구조화 방법이다. 가장 이상적인 시간의 구조화 방법이라고 할 수 있다. 친교는 서로 자유롭게 감정을 나누고 수용적 자세를 취한다. 게임처럼 속임수를 쓰지 않으며 서로 소외되지 않는다. 친교를 습관화하면 자기긍정-타인긍정의 건강한 생활 자세를 갖는다.

시간의 구조화 방법 중에서 친교는 스트로크를 가장 많이 얻고, 철회는 가장 적게 얻는다. 철회나 관습, 활동, 잡담을 지배적으로 사용하지 않는다면 교류에 부정적인 영향을 미친다고 볼 수 없다. 적절한 철회, 관습, 활동, 잡담은 모두 신체적, 정신적 건강에 필수적이다.

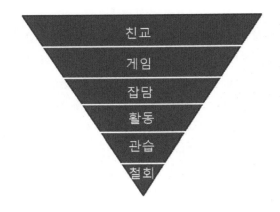

7) 기본적 인생태도(생활자세)

기본적 인생태도(life position)는 어린 시절에 부모에게 받은 스트로크를 바탕으로 형성된 자신과 세상에 대한 기본적 태도를 의미한다. 인생태도 개념은 에릭슨의 기본적 신뢰감과 불신감, 볼비(Bowlby)의 내적 작동 모델과 유사하다.

인생태도는 '나는 옳다'와 '너는 옳다'의 조합에 따라 네 가지로 구분할 수 있다. 기본적 인생태도는 생의 초기에 형성된다. 아동은 네 가지 기본적 인생태도 중에서 하나를 선택하여 그에 따라 행동한다.

(1) 자기 부정-타인 긍정

인간은 출생 직후에는 무력한 존재이므로 욕구를 충족하려면 타인의 도움을 받아야 한다. 따라서 영아는 자신은 무능하며 타인은 유능하다는 인생태도를 형성한다. 이를 자기부정-타인긍정 태도라고 한다. 이런 태도를 가진 아동은 스트로크 획득 욕구가 강하다는 사실을 고려하여, 부모는 자녀를 적극 지지하고 격려해야 한다.

(2) 자기 부정-타인 부정

자기 부정-타인 부정 태도는 출생 후 부모 관계에서 기본적 신뢰감을 형성하지 못하여, 자신이 위험할 때 아무도 도와줄 사람이 없다는 느낌에서 비롯된다. 이런 인생태도는 유아기에 나타날 수 있다. 자녀가 주변 환경을 탐색하려고 할 때 부모가 허용하지 않으면, 자율성이 발달하지 못해 자신이 무능력하다는 생각한다. 부모가 엄격하게 배변 훈련을 시키는 등 아동을 지나치게 통제하면, 부모에게 부정적 태도를 지닌다. 이

때 유아는 자신과 타인을 모두 믿지 못하여, 인생을 무가치하다고 생각한다. 이런 아동은 스트로크 욕구는 강하지만 긍정적으로 주고 받는 방법을 알지 못해, 계속 부정적 스트로크를 경험한다. 부모는 지속적으로 관심을 보여주고, 긍정적 행동이 사소하더라도 격려하는 등 긍정적 스트로크를 제공해야 한다.

⑶ 자기긍정-타인부정

자기긍정-타인부정 태도는 아동이 성장하면서 외부 도움이 없어도 생존할 수 있다는 자신감이 생겨, 부모의 통제 등 외부 자극을 거부하면서 형성된다. 성장 과정에서 부모에게 학대를 심하게 받은 아동은, 옳지 못한 사람은 자신이 아니라 부모라고 생각한다. 이런 태도를 지닌 아동은 자기에게 해를 가한 타인은 옳지 않고, 나는 혼자 내버려두면 아무런 문제가 없다고 생각한다. 타인을 불신하고 무가치하다고 보며, 다른 사람 위에 서려고 한다. 이런 태도를 지속하면 우월감을 갖고 다른 사람을 무능력한 존재로 간주하여, 반사회적 범죄를 저지르는 경우가 많다.

⑷ 자기긍정-타인긍정

자기긍정-타인긍정 태도는 자신과 타인 모두 가치가 있다고 생각하는 태도이다. 이 태도는 앞의 세 가지 태도와 질적으로 차이가 있다. 앞의 세 가지 태도는 생의 초기에 무의식적으로 형성되지만 자기긍정-타인긍정 태도는 의식적인 사고나 활동으로 형성된다. 아동은 사고가 발달하기 전에는 자기긍정-타인긍정 태도를 지닐 수 없다. 아동이 성인자아를 형성해야 지닐 수 있다.

이 태도는 생의 초기에 스트로크를 많이 경험한 사람에게 나타날 수 있다. 자녀가 환경을 탐색할 때 부모는 격려하고 지지하여, 아동 스스로 자신이 가치 있는 존재라고 인식하게 할 수 있다. 이런 과정을 통해 아동은 자신의 가치를 발견하고, 자신도 옳고 타인도 옳다고 생각한다.

8) 인생각본

교류분석 이론은 인생을 한 편의 드라마로 비유한다. 교류분석 이론은 드라마에서 연기자가 각본에 따라 말하고 행동하듯이 인간은 자신의 드라마, 즉 인생각본대로 살아간다고 본다.

인생각본은 어린 시절 부모와 상호작용하면서 형성되어, 그 후에 쌓은 경험을 통해 구체화, 현실화한 인생 청사진이라고 할 수 있다. 특히, 부모가 자녀를 대하는 태도는 각본에 큰 영향을 끼치므로, 부모는 자녀가 성공적인 각본을 쓸 수 있도록 도와주어야 한다. 인생각본은 성공적인 승자각본, 파괴적인 패자각본, 평범한 각본으로 구분할 수 있다.

성공적인 승자각본은 가진 아동은 자존감이 높고 도전을 두려워하지 않는다. 파괴적인 패자각본을 가진 아동은 자신의 힘으로 목표를 달성할 수 없다고 생각한다. 마음대로 되는 일이 하나도 없다고 생각하며 실제 그렇게 행동한다. 실패를 책임지지 않고 타인에게 전가한다. 과거의 실패에 연연하며 상황이 더 나빠질 것이라는 각본을 갖고 있다. 평범한 각본을 가진 아동은 성실하고 근면하게 살아간다. 특별히 문제를 일으키지 않지만 목표 의식이 약하다. 목표를 달성하지 못해도 이를 합리화한다. 힘이 있어도 충분하게 발휘하지 않아, 사회에 기여하거나 공헌하지 못한다.[180]

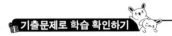
기출문제로 학습 확인하기

(1997 객15) Berne의 상호교류 유형 중 대인관계 문제가 가장 많이 발생되는 경우는?

① 잠재적 상호 교류 ②보완적 상호 교류 ③ 이중적 상호 교류 ④ 교차적 상호 교류

정답　④번

(2009 객4) 아래에서 설명하고 있는 부모교육 이론과 직접 관련되는 인물을 바르게 짝지은 것은?

ㄱ. 적극적인 경청과 나-전달법이 부모-자녀 관계 형성에 효과적인 방법이다.
ㄴ. 유아가 잘못 세우는 심리적 목표로 관심 끌기, 힘 행사하기, 앙갚음 하기, 무능함 보이기가 있는데 부모는 이를 바로 잡아 주어야 한다.
ㄷ. 부모는 자녀를 있는 그대로 받아들여야 하며, 부모-자녀 간 바람직한 의사소통을 위한 부모교육의 과정은 불평 늘어놓기, 감수성 높이기, 개념 형성, 기술 습득의 4단계를 거친다.
ㄹ. 부모는 자녀와의 의사소통과 상호교류 방법을 개선시키기 위하여 아동 자아, 성인 자아, 부모 자아의 3가지 자아 상태가 있음을 인식하고 상황에 따라 적절하게 대응하도록 한다.

정답　ㄱ- 고든, ㄴ- 드라이커스 ㄷ- 기노트 ㄹ- 번

---

180 『부모교육』(김진경, 서주현 저, 방송대, 2020), 326~360쪽 요약

(2013 정시특주A5) 번(E.Berne)의 교류분석 이론에서 ㉣처럼 아동이 신체적 접촉이나 심리적 인정을 통하여 자아 존중감을 느끼고 자신을 긍정적 존재로 인식하게 하는 것을 무엇이라고 하는지 쓰시오. [1점]

> 그러니 어머니께서도 영철이를 ㉣따뜻하게 안아주고 자주 칭찬해주세요. 그러면 영철이의 자존감이 향상되고 자신을 긍정적 존재로 인식하는 데 도움이 될 거예요.

정답 스트로크

(2013 추시A4) (가)에 근거하여, 다음 대화에서 드러난 교류유형 1가지를 쓰고, 민호와 엄마의 자아상태 1가지를 각각 쓰시오. [3점]

> 민호: 엄마, 친구들과 뛰어 놀았더니 배고파요.
> 엄마: 배가 몹시 고픈가 보구나. 엄마가 금방 샌드위치 만들어 줄게.

> (가) 번(E.Berne)의 교류분석에 의하면 교류(transaction)는 자극에의 욕구, 구조화에의 욕구, 태도에의 욕구를 충족시키기 위해 이루어진다. 사람들 간의 상호대화는 교류로 이루어지며, 교류는 3가지 자아상태(ego state)가 어떻게 관여하는지에 따라 3가지 교류유형으로 분류된다.

정답 상보적(보완적) 교류, 아동자아, 부모자아

5. 체계적 부모효율성 훈련(Systematic Training for Effective Parenting, STEP)

체계적 부모효율성 훈련은 아들러(Adler)와 드라이커스(Dreikurs)의 민주주의 부모교육 이론을 기초로 딩크메이어와 멕케이(Dinkmeyer & Mckay, 1976)가 개발한 프로그램이다.

1) 프로그램 목표

체계적 부모효율성 훈련의 목표는 다음과 같이 다섯 가지로 정리할 수 있다. 첫째, 부모 자신과 자녀의 잘못된 행동을 이해하도록 돕는다. 둘째, 아동의 목표 달성 노력을 격려하여 아동이 자신감과 자아존중감을 갖도록 한다. 셋째, 자녀를 존중하는 의사소통 방식을 장려한다. 넷째, 책임감을 느끼고 판단력을 기르기 위해 보상과 처벌

대신 자연적, 논리적 귀결을 사용한다. 다섯째, 부모와 자녀 사이에 민주적 관계를 형성하여 자녀 스스로 문제를 해결할 수 있는 능력을 기른다.

2) 프로그램 주요 내용

체계적 부모효율성 훈련은 주 1회 2시간씩 9주 동안 교육하는 프로그램이다. 교육 내용은 자녀 행동의 이해, 자녀와 부모 자신 이해, 자신감과 자아 존중감 길러주기, 반영적 경청, 대안찾기와 나-전달법, 책임감 훈육, 자연적·논리적 귀결 활용, 가족 모임, 자신감 개발 및 잠재력 발휘 등으로 구성되었다.[181]

6. 적극적 부모훈련(AP)

적극적 부모훈련(Active Parenting: AP)는 아들러, 드라이커스, 로저스 이론에 근거하여 1983년에 마이클 팝킨(Michael Popkin)이 개발했다.

적극적 부모훈련 프로그램의 목표는 체계적 부모효율성 훈련 프로그램과 유사하다. 구체적으로 보면 다음과 같다. 첫째, 자녀 행동에 적절한 한계를 설정하여 사회 적응력을 신장한다. 둘째, 자녀의 잘못된 행동목표를 이해한다. 셋째, 격려로 자녀에게 용기를 북돋운다. 넷째, 자연적·논리적 귀결로 책임감을 높인다. 다섯째, 자녀에게 협력을 유도한다. 여섯째, 민주적인 가족 분위기를 조성한다.

적극적 부모훈련 프로그램의 주제는 적극적인 부모 되기, 자녀 이해하기, 용기 북돋우기, 책임감 느끼기, 협력 구하기, 민주적 가정 조성하기로 구성되어 있다.

적극적 부모훈련 프로그램은 비디오를 통한 훈련법이 가장 효과적이고 경제적인 교육 방법이라 보고 이를 중심으로 운영한다. 부모교육의 개념과 부모 역할 기술을 40가지로 나누고 한 번에 2시간씩 모두 6번 모임을 열어 실시한다. 프로그램 핵심은 다양한 상황을 묘사한 비디오 자료이다.

---

181 『부모교육』(정옥분, 정순화 공저, 학지사, 2020), 368~372쪽 요약

6부

평가

유아 평가 개념과 목적

유아 평가는 유아의 능력과 특성, 발달 정도, 유아교육과정과 프로그램이 유아에게 미치는 효과 등을 분석, 측정하여 가치를 부여하는 과정이다.

유아 평가는 궁극적으로 유아 행복과 전인발달을 지원하기 위해 실시한다. 교사는 유아의 배움과 성장을 돕기 위해 일상생활과 활동, 놀이에서 유아의 고유한 특성이나 의미 있는 변화를 발견하고, 이를 바탕으로 평가를 할 수 있다.

유아 평가는 유아 행복과 전인발달을 지원한다는 궁극적인 목적에 부합해야 한다. 유아 평가의 목적을 구체적으로 살펴보면 다음과 같다.

1) 유아 발달 수준 이해

유아 평가는 유아 발달 수준을 이해하기 위해서 실시한다. 발달 수준이 연령적으로 적합한지, 발달 양상은 어떠한지 파악하여 유아 발달 수준을 정확하게 이해하기 위해서 실시한다.

2) 교육 활동 방향 설정

유아 평가는 유아마다 다른 기질, 성향, 잠재력, 문제 행동 등 특성을 파악하고 그에 적합한 교육활동을 설계하기 위해서 실시한다.

3) 교육 목표 달성 여부와 개선 방향 모색

유아 평가는 교육 목표 달성 여부, 달성하지 못했을 경우 원인 등을 파악하여 보완할 점과 개선할 점을 모색하기 위해서 실시한다.

4) 교수학습 방법 개선

유아 평가 결과는 교수학습 방법의 효과와 문제점을 파악하는 근거 자료가 될 수 있다. 교사는 유아 평가 결과를 토대로 교수학습 방법의 문제점을 깨닫고 이를 개선할 수 있다.

5) 부모 면담 자료로 활용

부모는 자녀가 유치원에서 어떻게 활동하며 신체적, 정서적, 인지적 발달은 어떤 수준인지 알고 싶어 한다. 부모 면담을 할 때 교사가 유아 평가 결과를 부모에게 제공하고 상세하게 설명하면 부모는 자녀를 더 잘 이해할 수 있다.

02 장 관찰법 이해

1. 관찰 개념

관찰은 어떤 사물이나 현상을 주의 깊게 살펴보는 일이다. 우리는 어떤 사건이나 상황을 판단하거나, 의사결정을 할 때 관찰을 한다. 유아교육에서는 유아의 행동과 행동 이면을 이해하기 위한 진단적인 목적을 갖고 관찰을 한다. 즉 관찰은 유아를 깊이 이해하고 유아에게 적절한 도움을 주기 위해 한다.

2. 관찰 방법

관찰은 관찰하려는 행동을 인위적으로 통제했는지에 따라 자연적 관찰과 통제적 관찰로 나누고, 관찰 대상의 활동에 참여했는지에 따라 참여 관찰과 비참여 관찰로 나눈다.

1) 자연적 관찰과 통제적 관찰

자연적 관찰은 관찰 장면을 인위적으로 조작하지 않고, 발생한 행동과 사건을 있는 그대로 관찰하는 방법이다. 자연적 관찰은 자연스러운 상황에서 일어나는 행동과 사건을 관찰하므로 관찰 자료가 우발적이고 단편적인 특성을 띤다.

통제적 관찰은 관찰 대상이나 장면을 의도적으로 통제하거나 조작하여 관찰하는 방법이다. 통제적 관찰은 정확하게 정의한 소수의 변수를 연구할 때 사용한다. 에인스워스 등(Ainworth et al.)이 수행한 '낯선 상황에서의 애착 실험'이나 할로(Harlow)의 '원숭이 실험'이 대표적인 통제적 관찰 사례다.

2) 참여 관찰과 비참여 관찰

참여 관찰은 관찰자가 관찰 대상의 일원이 되어 관찰 장소에서 함께 생활하면서 관찰하는 방법이다. 교사가 수업하면서 관찰하거나, 예비교사가 보조교사로 수업에 참여하여 관찰하는 방법이 전형적인 참여 관찰이다. 참여 관찰은 관찰 기회가 많고 세밀하고 심층적인 정보를 수집할 수 있다. 단점은 관찰하는 데 시간이 많이 걸리고, 관찰자가 역할을 맡고 있어 집단을 전체적으로 바라보기 어렵고, 관찰 대상과 함께 있기 때문에 객관성을 잃기 쉽다.

비참여 관찰은 관찰자가 관찰 대상의 활동에 참여하지 않고 관찰하는 방법이다. 일방경(one-way mirror)으로 관찰하거나 비디오로 촬영하여 관찰하는 방법이 대표적인 비참여 관찰 방법이다. 관찰자가 교실에 들어가더라도 활동에 참여하지 않고 관찰하는 것도 비참여 관찰이다. 비참여 관찰은 관찰만 하므로 계획에 따라 효율적, 객관적으로 관찰할 수 있고, 유아의 자연스러운 행동을 관찰할 수 있다. 단점은 관찰 기회가 적고, 대상을 세밀하고 심층적으로 관찰하기 어렵다.

3. 관찰 오류

1) 관찰자 오류

관찰자는 자신의 지각을 통해 결과를 기록하고 분석하므로, 관찰자가 경험이 없거나 기술이 부족하면 오류가 발생할 수 있다.

관찰자 요인으로 발생하는 오류는 첫째, 관찰자가 관찰 현장에 있기 때문에 유아가 낯설어 하거나, 관찰자를 의식하여 오류가 발생할 수 있다. 둘째, 관찰자가 지나치게 관대하거나 엄격하기 때문에 오류가 발생할 수 있다. 관찰자가 지나치게 관대하면 아동의 세밀한 표정을 놓칠 수 있다. 셋째, 관찰자의 지식과 양육 경험에 따라 관찰 결과를 다르게 해석할 수 있다. 특히 발달지체 아동의 문제 행동은 발달지체 지식이 많은 관찰자가 더 민감하게 파악한다. 넷째, 관찰자의 기대나 과도한 일반화 때문에 오류가 발생할 수 있다. 관찰자가 어떤 결과가 나올 것이라고 개인적으로 기대하거나, 관찰자에게 익숙한 행동이나 현상을 성급하게 일반화하면 오류가 발생할 수 있다. 다섯째, 관찰 환경의 주변적 요소로 작동하는 후광효과 때문에 유아를 과대 평가하거나 과소 평가할 수 있다. 후광효과는 어떤 유아가 가지고 있는 두드러진 특성이 그 유아의 다른 특성을 평가하는 데 영향을 미치는 경향을 말한다. 즉 유아의 특정한 상태를 평정할 때 특정 상태와 관련 없는 유아에 관한 정보가 평정에 영향을 미치는 경향이다. 첫인상이 좋으면 나중에 발견하는 단점은 작게 느껴지고, 첫인상이 나쁘면 다른 장점은 눈에 들어오지 않는 경우가 대표적인 후광효과 사례이다.

2) 피관찰자 오류

피관찰자가 자신이 관찰되고 있다는 사실을 의식하면 오류가 발생할 수 있다. 피관찰자는 관찰자가 만족스럽게 생각하는 방식으로 행동하거나, 거짓 행동을 할 수 있다. 유치원 교실에서 유아는 성인 관찰자가 있을 때와 없을 때 다르게 행동하는 경우가 있다. 관찰자가 있을 때 유아는 성인의 눈에 바람직하게 보이는 행동만 할 수 있다. 이런 오류를 방지하기 위해 두 가지 방법을 쓸 수 있다. 첫째, 카메라나 일방경을 설치한 공간을 활용하여 관찰자가 유아의 눈에 띄지 않게 한다. 둘째, 관찰하기 전에 현장을 여러 번 방문하여 유아가 관찰자를 익숙한 존재로 여기게 한다.

4. 관찰 신뢰도와 타당도

관찰을 올바르게 했는지 평가하는 기준으로 신뢰도와 타당도가 있다. 신뢰도는 어떻게 측정하느냐의 문제이고 타당도는 무엇을 측정하느냐의 문제이다.

신뢰도란 측정을 반복했을 때 동일한 결과를 얻는 정도를 말한다. 한마디로 측정 일관성(consistency)이다. 타당도는 측정하고자 하는 전체 행동을 잘 대표하는 행동을 측정한 정도를 말한다. 쉽게 말해 측정하려는 행동을 측정한 정도이다.

1) 신뢰도

신뢰도는 유사한 조건에서 동일한 대상을 반복 관찰할 때 비슷한 결과가 나오는 정도를 뜻한다. 한마디로 관찰 일관성이다. 예를 들어 달리기로 유아의 순발력을 측정할 경우, 달리기를 10번 측정했는데 기록이 일정하다면 신뢰도가 높다고 할 수 있다. 신뢰도는 크게 관찰자 내 신뢰도와 관찰자 간 신뢰도가 있다.

관찰자 내 신뢰도는 관찰자 한 명이 같은 행동이나 상황을 두 번 이상 평정할 때, 같은 결과가 나오는 정도이다. 관찰할 때마다 결과가 유사하다면 관찰자 내 신뢰도가 높다고 할 수 있다.

관찰자 간 신뢰도는 하나의 행동이나 상황을 두 명 이상의 관찰자가 독립적으로 평정할 때, 관찰자 간에 관찰 결과가 일치하는 정도를 말한다. 관찰자 간 신뢰도가 높으면 그 관찰은 일관성 있고 안정적이며 객관적이라고 할 수 있다.

관찰자 간 신뢰도는 신뢰도 계수로 나타낸다. 신뢰도 계수는 관찰자들의 총 관찰 빈도에서 관찰자 간에 결과가 일치한 빈도를 구하고 여기에 관찰자 수를 곱하여 산출한다.

$$\text{관찰자 간 신뢰도} = \frac{\text{관찰자사이에 관찰결과가 일치한 관찰빈도}}{\text{관찰자들의 총 관찰빈도}} \times \text{관찰자 수}$$

신뢰도 계수는 완전한 일치를 나타내는 1.0부터 전혀 관계가 없는 0.0까지 있을 수 있다. 현실적으로 사용할 수 있는 신뢰도 계수는 0.8~0.9이다. 관찰자들이 관찰 전에 관찰행동의 정의와 범위를 명확히 규정해야 관찰자 간 신뢰도가 높게 나올 수 있다.

2) 타당도

타당도란 측정하려는 전체 행동을 잘 대표하는 행동을 관찰한 정도를 뜻한다. 쉽게 말해 관찰하고자 하는 것을 충실하게 관찰한 정도이다. 타당도를 높이기 위해 관찰자는 목표 행동을 가장 잘 관찰할 수 있는 시간, 상황, 장면을 선택하여, 측정하려는 전체 행동을 대표하는 표본을 관찰할 수 있도록 계획해야 한다. 눈에 잘 띄는 행동만 관찰하면 측정하려는 행동을 대표하지 못하는, 엉뚱한 행동을 관찰할 수 있다. 타당도는 일반적으로 내용 타당도, 공인 타당도, 구인 타당도, 예언 타당도로 나눌 수 있다.

(1) 내용 타당도

내용 타당도는 관찰 목록이 관찰할 행동을 적절하게 대표하는 정도를 말한다. 관찰 목록에는 측정하려는 행동 패턴 모두, 즉 모집단을 포함해야 한다. 하지만 이는 물리적으로 불가능하므로 대표적인 문제나 행동 패턴을 관찰 목록으로 선정한다. 이때 선별한 관찰 목록이 전체를 대표하는 정도가 내용 타당도이다.

(2) 공인 타당도

공인 타당도는 측정 결과가 기존에 타당성을 인정 받고 있는 측정 도구의 결과와 관계가 있는 정도를 말한다. 관련성이 높을수록 공인 타당도는 높다.

(3) 구인(構因) 타당도

구인 타당도는 관찰 결과가 관찰하려고 한 행동의 구성 요소를 측정한 정도를 뜻한다. 검사 점수를 분석하여, 이 검사 점수가 측정하고자 하는 행동의 구성 요소를 제대로 보여주는지 판단하는 것이 구인 타당도를 확인하는 과정이다.

(4) 예언 타당도

예언 타당도는 관찰 결과가 미래의 발달이나 성취와 관련 있는 정도와 미래의 발달이나 성취를 예측하는 정도를 말한다. 현재의 관찰 결과가 미래의 행동이나 발달과 관련이 많을수록 예언 타당도가 높다고 말한다.[182]

기출문제로 학습 확인하기

(2019 정시B1) 유아 평가와 관련된 교사들의 대화이다. 물음에 답하시오

> 서 교사: ㉠ 저희 반 선생님이랑 같은 평정척도법으로 동일한 유아를 평정했는데, 결과가 다르게 나와서 당황스러웠어요.
> 윤 교사: 그런 경우가 가끔 있어요. ㉡ 제 경우는 유민이의 행동을 녹화하여 어제 평정해 보고, 오늘 또 평정해 보니 결과가 다르더라구요.
> 서 교사: 유아를 관찰할 때 신중하게 해야겠어요.
> 이 교사: 맞아요. ㉢ 저는 요즘 우리반 유아들의 친사회적 행동을 관찰하고 있는데, 제가 관찰한 것이 정확하게 유아들의 친사회적 행동을 나타내주는지가 걱정이에요.

2) 다음의 ⓐ는 ㉠과 관련된 개념이고, ⓑ는 ㉡과 관련된 개념이다. ⓐ와 ⓑ에 들어갈 용어를 쓰시오. [1점]

> (ⓐ): 같은 상황을 두 명 이상의 평정자가 독립적으로 평정했을 때 일관된 결과가 나오는 평정의 일관성
> (ⓑ): 한 평정자가 같은 상황을 두 번 이상 평정했을 때 일관된 결과가 나오는 평정의 일관성

정답 관찰자 간 신뢰도, 관찰자 내 신뢰도

3) ㉢을 근거로 다음의 ( ) 안에 공통으로 들어갈 말을 쓰시오. [1점]

---

182 『아동관찰 및 행동연구』(이영애, 유준호 저, 방송대, 2019), 8~19쪽 요약

○ 관찰의 (　)은/는 관찰하고자 한 것을 어느 정도 충실하게 관찰했느냐의 문제로, 기록한 것이 실제로 발생한 행동을 얼마나 잘 대표하느냐에 달려있다.

○ (　)의 유형에는 평정한 결과가 다른 외적인 준거와 상관이 있는지, 관심의 대상이 되는 행동을 적절하게 표집하고 대표하는지, 초기의 평정자료가 미래의 행동 준거와 연관되며 예측가능한지 등이 있다.

정답 타당도

(2020 A2) (　) 안에 공통으로 들어갈 말을 쓰시오. [1점]

송 교사: 유아들을 지도하는 데 사회성 측정법을 활용하는 것이 유용하다고 생각해요. 그런데 이 방법을 사용하여 수집된 결과를 해석할 때 유의할 점도 있어요. 예를 들면, 유아의 선택을 (　) 측면에서 고려할 필요가 있지요. 유아들이 서로 다투기 전과 후에 선택이 다를 수도 있으니까요.

박 교사: 맞아요. 그 점은 조사나 관찰을 포함한 평가에서 중요한 것 같아요. 지난 번 연구 모임에서 이야기 나누기 동영상을 보면서 시간표집법으로 교사의 상호작용 유형을 분석했었잖아요. 반복하여 관찰한 내용을 분석할 때는 관찰자 내 (　)이/가 중요하지요.

정답 신뢰도

관찰법 종류

관찰법은 기록 방식에 따라 크게 서술식 관찰법과 약호식 관찰법으로 나눌 수 있다. 서술식 관찰법은 사건·상황과 관련된 행동과 맥락의 전후를 서술하여 기록하는 방법이다. 서술식 관찰법에는 표본기록법, 일화기록법, 서술식 사건표집법 등이 있다. 약호식 관찰법은 관찰할 행동을 조작적으로 정의한 후 그 행동이 나타날 때 부호로 기록하는 방법이다. 약호식 관찰법에는 시간표집법, 행동목록법, 평정척도법 등이 있다.

1. 표본기록법

1) 개념

표본기록법은 관찰 대상과 장면, 시간 등을 미리 정한 후, 정해진 시간에 일어나는 유아의 모든 행동을 순서대로 자세하게 기록하는 방법이다. 즉 특정 행동이 아니라 정해진 시간에 일어나는 모든 행동을 연속적으로 관찰하여 기록한다.

관찰자는 유아의 말과 행동, 상황을 배경과 함께 이야기 형식으로 상세하게 기록한다. 표본기록법은 유아의 말과 행동, 상황을 상세하게 기록하므로 행동의 일화를 자세하고 완전하게 보여준다.

표본기록법은 자세하게 기록하므로 관찰에 참여하지 않은 사람도 관찰 상황을 파악할 수 있다는 점이 특징이다. 유아의 발화는 관찰 상황에서 모두 기록하기 어려우므로 녹음기나 카메라 등을 활용한다. 따라서 외부 연구원이 주로 사용하는 관찰법이다.

2) 목적

표본기록법 목적은 두 가지로 나눌 수 있다. 첫째, 표본기록법은 유아의 어떤 행동을 해석하거나 평가하려는 것이 아니고 자료를 있는 그대로 최대한 많이 수집하려고 한다. 둘째, 유아의 언어와 행동을 자세히 기술하여 유아 발달의 여러 측면을 관찰한다.

3) 장단점

장점은 첫째, 모든 장면을 자세하게 기록하므로 유아에 대해 많은 것을 알고, 정확하게 유아를 이해할 수 있다. 따라서 유아의 문제행동을 해결하거나 개별화 교육과정을 계획하는 데 도움이 된다. 둘째, 사건이 일어난 전후 관계를 알 수 있어 행동의 질적 특성을 파악하기 쉽다. 셋째, 특별한 관찰 도구가 필요 없고 필기 도구와 관찰지만 있으면 된다.

단점은 첫째, 관찰자가 유아의 모든 행동을 기록해야 하기 때문에 한 번에 여러 명을 관찰할 수 없다. 둘째, 기록한 자료를 수량화하여 분석하기 어렵고, 교사가 기록을 주관적으로 해석할 수 있다. 셋째, 기록하는 데 노력과 시간이 많이 든다.

4) 작성 요령

(1) 관찰할 유아 이름, 생년월일, 관찰자, 관찰 일자와 시간 등을 미리 적고 관찰 장면 (관찰 장소)를 기록한다.

(2) 관찰 시간은 1회에 10분 정도가 적당하다. 최대 30분을 초과하지 않도록 한다.

(3) 사건이 일어난 순서에 따라 자세하게 기록한다. 관찰 대상 유아뿐 아니라 그 유아와 상호작용하는 다른 유아, 교사, 부모의 말과 행동도 기록한다.

(4) 객관적으로 서술하고 관찰자의 해석이나 판단은 기록하지 않는다.

(5) 유아의 말과 행동은 가공하지 않고 현재형으로 서술하며, 관찰 대상이 한 말은 직접 인용부호(" ")를 사용하여 기록한다.

(6) 행동 장면과 행동 지속 시간이 바뀔 때마다 시간을 표시한다. 시간을 표시하면 유아가 어떤 활동에 관심을 보이고, 주의 집중 시간은 어느 정도인지 알 수 있다.

(7) 관찰 양식 끝 부분에 교육과정 영역과 발달 영역별로 관찰 결과를 요약한다.

5) 기록 사례

관찰유아: 정수아, 김다연	관찰 장면: 자유선택활동
생년월일: 2009년 7월	관찰 시간: 10:10~10:31
연령: 5년 8개월	관찰 일자: 2015. 03.12
성별: 여	관 찰 자: 나해민

시간	기록	주석
10:11	수아가 다연이와 쌓기놀이 영역에 앉아 벽돌블록을 동그란 형태로 차곡차곡 이어서 쌓는다. 수아와 다연이가 동그란 형태로 만든 틀 안에 들어가서 앉는다. 다연이가 3초 동안 주머니 안에 있는 종이를 만지작거리며 꺼낸다. 다연이가 미술영역에서 만들었던 종이 인형을 수아에게 보여주며 "수아야, 이거 뭔 줄 알아?"라고 말하자 수아가 "아기 인형이잖아~ 이거 왜 만들었어?"라고 말한다. 이에 다연이가 수아에게 종이 인형을 더 가까이에서 보여 준다.	놀이 상황 - 벽돌블록 -종이 인형
10:12	다연이가 "이건 너도 만들어 보라고 보여 주는 거야"라고 말하자 수아는 "나는 그림을 못 그리잖아"라고 말한다. 다연이가 수아에게 "수아야, 그럼 우리가 같이 만들면 되지!"라고 말하자 수아는 "그럼 너는 아기 만들었으니까 나는 엄마를 만들고 싶어"라고 말한다.	

2. 일화기록법

1) 개념

일화기록법은 교육적으로 의미 있는 행동이나 상황을 발견했을 때 그 행동이나 상황 중의 한 일화에 초점을 맞추어 간결하게 기록하는 관찰법이다. 일화는 세상에 널리 알려지지 않은 흥미 있는 이야기이다. 일화기록법은 의미가 있거나 중요한 일화를 시간과 장소에 구애 받지 않고 있는 그대로 기술하는 것이 특징이다.

---

183 『아동관찰 및 행동연구』(이영애, 유준호 저, 방송대, 2019), 49~52쪽 정리

표본기록법이 정해진 시간에 일어나는 유아의 모든 행동을 순서대로 자세하게 기록하지만, 일화기록법은 유아의 특정 행동에 관심을 갖고 이를 자세히 알기 위해 기록한다. 따라서 일화기록은 유아가 특정 상황에서 어떤 행동을 어떻게 하는지 알려고 할 때 유용하다.

2) 유의점과 활용 방안

일화기록을 할 때 유의할 점을 보면 다음과 같다.

첫째, 관찰하는 유아의 의미 있는 행동 한 가지에만 초점을 맞춰 기록한다. 둘째, 사건을 객관적, 사실적으로 기록하고 관찰자의 주관적 견해나 추론을 배제한다. 셋째, 사건이 발생한 즉시 간결하게 기록한다. 관찰자는 사건이 발생하면 즉시 기록할 수 있도록 관찰지와 필기 도구를 준비해야 한다. 넷째, 관찰 대상 유아가 한 말은 직접 인용 부호(" ")를 써서 그대로 인용해야 한다. 다섯 째, 관찰 대상 유아의 말과 행동뿐 아니라, 관찰 대상 유아와 상호작용 하는 다른 유아와 교사의 말·행동도 기록한다. 여섯째, 일화기록지에 관찰 대상 유아의 이름, 생년월일, 관찰자 이름 등 기본적 정보와 관찰 일시, 관찰 장면 등 상황 정보를 기록한다. 일곱 째, 일화가 일어나 순서대로 기록한다. 일화에는 시작, 중간, 끝이 있어야 한다.

일화기록은 다음과 같이 활용할 수 있다. 첫째, 유아의 발달 수준을 파악하여 유아 개인이나 한 학급에 적합한 개별화 교육계획을 수립하는 데 활용한다. 둘째, 부모면담을 할 때 부모가 자녀를 이해하는 자료로 활용한다. 셋째, 교수·학습 기술을 개선하는 데 활용한다. 넷째, 교육과정 운영 전반을 점검하는 데 활용한다.

3) 장단점

일화기록법의 장단점을 살펴보면 다음과 같다.

장점은 첫째, 유아가 어떤 말을 하고 어떻게 행동하는지에 초점을 맞추기 때문에, 사건이나 상황을 명확하고 분명하게 기록으로 남길 수 있다. 둘째, 특별히 준비하거나 계획하지 않고 필요할 때 바로 기록할 수 있다. 셋째, 간결하게 기록하므로 표본기록법에 비해 시간이 많이 걸리지 않는다. 넷째, 관찰자가 특별한 훈련을 받지 않고도 작성할 수 있다.

단점은 첫째, 상황을 서술하기 때문에 관찰자의 주관적 판단과 감정이 개입하여 객관성을 유지하기 어렵다. 둘째, 상황을 서술식으로 기록하므로 표본기록법을 제외한 다른 기록법보다 시간이 많이 걸린다. 셋째, 특정 행동을 중심으로 유아의 일부 행동만 기록하므로 전체 상황을 파악하기 어렵고 해석할 때 오류를 범할 수 있다. 넷째, 수집한 자료를 수량화하여 분석하기 어렵다. 다섯째, 시간이 지난 후 기록할 경우 기억이 희미하여, 상황을 왜곡하거나 망각하기 쉽다.

4) 예시

관찰 대상:	김현규(남)	생년월일:	2012.03.06
관찰자:	조숙영	관찰일:	2017.09.23
관찰 시간:	자유선택활동(10:00~11:40)	관찰 장면:	쌓기놀이 영역
관찰 행동:	쌓기놀이 영역에서 갈등 상황		

관찰 내용	현규와 철민, 해웅이가 쌓기놀이 영역에서 협력하여 무언가를 높이 쌓고 있다. 철민이가 현규에게 "얼마큼 높이 쌓을 거니?"라고 하자, 현규는 "일단 계속 블록을 가져와 봐"라고 하며 무언가를 생각하고 있다. 조금 있다가 영준과 태현이가 다가와 "우리 다리 만들자, 한강다리"라고 하면 블록으로 다리를 만들기 시작한다. 영준이가 현규 옆에 쌓아 놓은 블록을 가져가려 하자 현규가 "이거 만지지마"라고 큰 소리로 이야기한다. 영준이가 "이거 다 같이 쓰는 건데"라고 하자 현규가 블록을 2개 주며 "우리도 모자라. 이것만 써"라고 한다. 영준이는 아무 말도 하지 못하고 태현이 옆으로 간다. 태현이가 블록이 더 많이 필요하다고 하자 영준이가 다시 현규 옆으로 가서 현규를 한참 쳐다본다. 현규는 영준이를 쳐다보지 않는다. 영준이는 교사에게 가서 블록이 모자란다고 이야기한다.
관찰 소감과 분석	현규는 쌓기놀이에서 놀이를 주도하는 것을 알 수 있었다. 같이 놀이하는 철민이는 현규에게 더 높이 쌓을 건지 물어보면서 현규의 쌓기 계획을 확인하는 모습을 보였다. 현규는 다른 친구들(영준, 태현)에게는 블록을 빌려주기 싫어하며 다른 친구를 배려하지 않는 모습을 보였다. 영준이는 현규가 블록을 독점하려는 것에 불만을 가진 듯 보였으나 저항하지 않고 교사에게 이야기하러 가는 모습을 보면서 평소 현규가 많은 아이에게 편한 상대가 아니라는 점을 알 수 있었다. 한창 협동놀이가 일어나는 이 시기 아이들은 규칙 있는 게임도 가능한, 사회적 놀이 수준에 도달해 있다. 쌓기놀이 영역에서 많은 시간을 보내는 현규와 남자 아이가 일정한 규칙을 갖고 놀이할 수 있도록, 교사가 적극 개입하여 서로 협력하고 배려하며 놀이하는 기회를 제공해야겠다.

1. 특별한 관찰 도구가 필요하지 않다. 필기도구와 관찰지만 있으면 된다.
2. 서술식으로 기록하기 때문에 관찰 자료를 수량화하여 분석하기 어렵다.
3. 기록하는 데 시간이 많이 걸린다.
4. 관찰자의 주관이 개입할 수 있다.
5 동시에 여러 명을 관찰할 수 없다.

| 표본기록법과 일화기록법 비교 |

구분	표본기록법	일화기록법
관찰 범위	일정한 시간과 장소에서 일어나는 모든 행동, 상황	교육적 의미나 가치가 있는 한 가지 행동, 상황
관찰 초점	사건이 일어난 전후 상황, 맥락에 관한 정보	특정 상황에서 유아의 말과 행동
기록 방식	자세하고 전반적으로 기록	일화를 중심으로 간결하게 기록

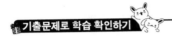

기출문제로 학습 확인하기

(2006 주10) 1) 아래 기록 중 일화 기록 작성 방법에 비추어 잘못된 점을 5가지 이상 쓰시오. (4점)

2) 아래 기록 내용을 활용할 수 있는 방안 3가지를 쓰시오. (3점)

- 관찰 아동: 김영희
- 관찰일: 2004년 11월 10일
- 관찰자: 이지혜
- 관찰 내용:
  몇몇 유아들이 쌓기놀이 영역에서 블록을 이용하여 우주선을 만들고, 우주로 여행을 떠나기 위해 준비하고 있다. 영희는 역할 놀이 영역에서 표 파는 사람처럼 행동하고 있다. 빈 종이에 아무렇게나 여러 장의 표를 만들고 옆에 있는 친구에게 자랑한다. 다음에 영희는 교사와 다른 친구들에게 가짜 돈을 받고 표를 팔았다. 그리고는 표를 한 장 들고 우주선을 타러 갔다. 우주선을 타러 가기 전에 빈 종이에 아무렇게나 써서 역할놀이 영역 밖에 붙여 놓았다. 나중에 그게 뭐냐고 묻자 '가게는 닫혔음'이라고 자랑스럽게 대답하였다.

정답 풀이 1) ① 관찰 장소와 시간을 기록하지 않았다. ② 영희와 상호작용한 사람을 구체적으로 기록하지 않았다. ③ 유아가 한 말을 직접 인용부호(" ")로 인용하지 않았다. ④ 관찰 대상의 행동을 '아무렇게나', '자랑스럽게' 등 주관적 표현을 써서 기록했다. ⑤ 사건이 일어난 순서대로 기록하지 않았다. ⑥ 다른 유아의 반응을 기록하지 않았다.
2) ① 유아 발달 수준을 파악하여 유아 개인이나 한 학급에 적합한 개별화 교육계획을 수립하는 데 활용한다. ② 부모면담을 할 때 부모가 자녀를 이해하는 자료로 활용한다. ③ 교수·학습 기술을 개선하는 데 활용한다.

(2011 주A1) 1) 일화 기록 작성 시 유의할 점에 비추어 볼 때 사례 (가)에서 부적절하게 기록된 내용 2가지를 찾아 각각 그 이유와 함께 논하시오.

2) 일화 기록법의 장점 2가지를 쓰고, (나)의 평가 방법이 무엇인지 밝히고, 일화 기록법의 단점 2가지와 이를 보완할 수 있는 측면에서 (나) 방법의 장점 2가지를 비교하여 논하시오.

(가) 바깥놀이 시간에 영찬이는 동영이가 있는 모래 놀이 영역으로 간다. 동영이는 젖은 모래로 여러 가지 용기를 이용하여 동그라미, 세모, 별 모양을 만들고 있다. 영찬이는 자기도 놀이에 참여하고 싶다는 표정으로 동영이를 쳐다본다. 그러더니 동영이에게 둥근 용기를 하나만 달라고 말한다. 동영이는 영찬이에게 아무 말도 하지 않고 둥근 용기에 젖은 모래를 넣어 동그라미 모양을 만든다. 영찬이는 동영이 앞으로 가더니 둥근 용기를 동영이에게서 빼앗는다.

(나)

내용	예	아니오
① 친구가 가지고 놀고 있는 놀잇감을 빼앗는다.	V	
② 다른 친구의 놀이를 방해한다.	V	

정답 풀이 1) '놀이에 참여하고 싶다는 표정으로'라고 기록하여 교사가 주관적으로 해석했다. '둥근 용기를 하나만 달라고 말한다'라고 기록하여 간접 인용을 했다.

2) 일화기록법 장점은 ①유아가 어떤 말을 하고 어떻게 행동하는지에 초점을 맞추기 때문에, 사건이나 상황을 명확하고 분명하게 기록으로 남길 수 있다. ②특별히 준비하거나 계획하지 않고 필요할 때 바로 기록할 수 있다. (나)는 행동목록법이다.

일화기록법 단점은 ① 상황을 서술하기 때문에 관찰자의 주관적 판단과 감정이 개입하여 객관성을 유지하기 어렵다. ② 상황을 서술식으로 기록하므로 표본기록법을 제외한 다른 기록법보다 시간이 많이 걸린다. 행동목록법의 장점은 ① 관찰하려는 행동의 목록을 미리 만들어 놓고 기록하므로 객관성을 확보할 수 있다. ② 기록하는 데 시간과 노력이 많이 들지 않는다.

(2012 객3) 유치원의 역할 놀이 영역에서의 일화기록 자료이다. 자료 분석으로 올바른 것을 〈보기〉에서 모두 고른 것은?

관찰 대상: 이수지 　　생년월일: 2007. 2. 25. (남, 여V)
관찰일: 2011. 10. 12. 　관찰자: 정해수

수지는 민국이와 함께 역할 놀이 영역으로 들어온다. 수지가 민국이에게 "우리, 병원 놀이 할까?"라고 말하자, 민국이가 "좋아. 난 의사 할래."라고 말한다. 수지는 "나도 의사 하고 싶어. 그럼, 우리 가위, 바위, 보로 정하자."라고 말한다. 민국이가 좋다고 하여 가위바위보를 하고 수지가 이긴다. 수지는 자기가 이겼으니까 의사라고 말하며 옆에 있던 흰 가운을 입는다. 수지는 민국이에게 너가 졌으니까 환자 해라고 하면서 청진기를 귀에 꽂는다. 민국이는 "나도 의사하고 싶은데…"라고 아쉬운 듯 말한다. 수지가 민국이에게 "빨리 환자 해야지."라고 말하자 민국이가 "의사 선생님, 의사 선생님, 배가 아파요. 안 아프게 해 주세요."라고 말하며 배를 잡고 몹시 아픈 시늉을 한다. 수지는 "그래요? 어디 봅시다."라고 말하면서 바로 청진기를 민국이 배의 이곳저곳에 대어 본다.

〈보기〉

ㄱ. 사건을 일어난 순서대로 기록하였다.
ㄴ. 관찰 내용을 객관적인 언어로 기록하였다.
ㄷ. 관찰 대상 외 다른 유아의 활동 내용도 기록하였다.
ㄹ. 일화기록 시 포함되어야 할 모든 정보가 제시되었다.
ㅁ. 관찰 대상이 한 말을 그대로 인용하면서 말과 행동을 구분하였다.

　　정답　ㄱ, ㄷ　오답 풀이: ㄴ- '아쉬운 듯 말한다'는 객관적인 표현이 아니다. ㄹ- 관찰 장면과
시간 정보가 빠져있다. ㅁ- '의사라고 말하며'는 그대로 인용한 표현이 아니다.

(2015 A2) ㉠을 일화 기록 작성 방법에 따라 바르게 고쳐 쓰시오. [1점]

　　용우가 장난감 자동차들을 바구니에 담는다. 용우는 쌓기 놀이 영역의 카펫 위로 가서 장난감 자동차를 한꺼번에 쏟아 한 줄로 나란히 세우기 시작한다. 다원이가 용우에게 다가가 장난감 버스를 잡으려 하자, 용우가 먼저 장난감 버스를 손으로 잡는다. ㉠ 다원이가 버스를 달라고 하니 용우는 싫다고 말한다. 용우는 장난감 자동차를 다시 바구니에 담은 후 역할 놀이 영역으로 간다.

　　정답　다원이가 "버스를 줘"라고 말하자 용우는 "싫어"라고 말한다.

(2018 B1) (가)는 김 교사가 보조교사 최 교사와 시영이의 행동을 관찰한 일화기록의 일부이며, (나)는 (가)를 ABC 서술식사건표집법으로 옮겨 기술한 것이다. (가)의 ㉠에 들어갈 내용을 (나)에서 찾아 일화기록의 작성 방법에 맞게 쓰시오. [1점]

(가)

관찰유아:	이시영	생년월일:	2013.10.15.
관찰자:	김OO	관찰날짜:	2017.10.30
관찰장면	자유선택활동 후 정리시간	관찰시간:	11:00~11:10

관찰내용	
피아노 소리와 함께 최 교사가 "자, 이제 장난감 정리해 주세요."라고 한다. 다른 아이들은 가지고 놀던 장난감을 정리하고 자기 자리를 찾아 앉고 있다. 시영이는 장난감을 가지고 놀이를 계속하고 있다. 최 교사는 시영이에게 "시영아, 지금은 정리할 시간이야."라고 한다. 시영이는 장난감을 가지고 계속 놀고 있다. 최 교사는 시영이가 가지고 노는 장난감을 정리한다. 그러자, 시영이는 두 다리를 뻗고 소리를 지르며 운다. (㉠)	

(나)

관찰유아:	이시영	생년월일:	2013.10.15.
관찰자:	김OO	관찰날짜:	2017.10.30
관찰장면:	… (생략) …	관찰행동:	(㉡)

시간	(㉢)	행동	---(생략)---
11:00	최 교사가 장난감을 정리하라고 한다.	시영이는 장난 감을 가지고 논다.	최 교사가 시영이에게 지금은 정리할 시간이라고 알려준다.
11:04	(㉣)	시영이는 두 다리를 뻗고 소리 지르며 운다.	최 교사가 시영이에게 자리에 앉을 것을 요구한다.

정답 최 교사는 시영이에게 다가가서 "시영아, 자리에 앉아"라고 말한다.

3. 사건표집법

1) 개념

사건표집법은 관찰하고자 하는 특정 행동이나 사건이 일어나는 것을 기다려 그 행동이나 사건이 발생하면 기록하는 방법이다. 관찰 단위가 시간이 아니라 행동이나 사건 그 자체이다. 사건표집법에는 행동·사건이 얼마나 자주 일어나는지 알아 보기 위한 빈도 사건표집법과 행동·사건 전후를 서술하여 행동·사건의 원인을 밝히는 데 도움을 주는 ABC 서술식 사건표집법이 있다.

2) 빈도 사건표집법

(1) 개념

빈도 사건표집법은 관찰하려는 행동이나 사건이 일어날 때마다 그 행동·사건의 빈도를 기록하는 방법이다. 관찰하려는 행동·사건을 조작적으로 정의한 후 그 행동·사건이 일어나면 빈도를 기록하는 관찰법이다. 서술식 사건표집법이 정보의 질적 측면을 측정한다면, 빈도 사건표집법은 양적 측면을 측정하여 특정 행동·사건이 얼마나 자주 일어나는지 알아보는 관찰법이다.

(2) 지침

빈도 사건표집법은 다음과 같은 절차에 따른다.

첫째, 관찰하려는 행동·사건을 결정한 후 조작적 정의를 내린다. 조작적 정의는 어떤 개념을 분명하고 구체적인 행동으로 기술하는 일을 말한다. 관찰을 계획할 때는 반드시 조작적 정의를 해야 한다. 조작적 정의는 모든 사람에게 같은 의미로 인식될 수 있게 보편타당해야 한다.

둘째, 관찰하려는 행동·사건의 하위 행동이나 사건을 범주화한다. 이때 하위 행동·사건 간에 중복되지 않아야 하고 다른 범주에 속한 하위 행동·사건과도 중복되지 않아야 한다. 범주화는 어떤 행동에 속하는 하위 행동들을 묶는 일이다.

셋째, 관찰자는 행동·사건의 조작적 정의를 정확히 이해하고, 행동·사건이 언제 발생할지 예측하여 언제, 얼마 동안 관찰할지 미리 계획한다.

넷째, 행동이나 사건이 일어날 때마다 부호로 기록한다.

(3) 장단점

빈도 사건표집법 장점은 첫째, 관찰하려는 행동·사건을 미리 조작적으로 정의하고 범주화하여 빈도만 기록하므로 간단하고 편리하다. 둘째, 행동·사건이 일어날 때만 세부 사항을 기술하지 않고 표시만 하므로 빠르게 기록할 수 있다. 셋째, 빈도를 표시하므로 수량화와 통계 분석이 가능하다.

단점은 첫째, 특정 행동·사건의 발생 빈도만 기록하므로 전후 상황이나 인과 관계를 파악하기 어렵다. 둘째, 관찰한 유아 행동이나 사건의 질적인 정보를 알 수 없다.

(4) 예시

관찰 유아: 이성훈(남)		생년월일: 2011.02.15						
관찰 일자: 2015.07.29		관찰 행동: 자유놀이 시간에 다른 아동에게 가하는 공격적 행동						
유형	행동 목록	1	2	3	4	5	합
언어적 공격	욕을 한다	/					1
	화가 나서 크게 소리친다	/	/	/	/	/	5
	위협적인 소리를 낸다	/					1
	말다툼을 한다						-
	비난하며 놀린다	/					1
						총 빈도: 8회	
대물공격	찢는다	/					1
	던진다	/	/				3
	부러뜨린다	/	/				2
	세게 두드린다	/	/	/			3
	발로 찬다	/	/	/			3
						총 빈도: 12회	

〈요약〉
-총 8회의 언어적 공격 행동이 나타났다.
-총 12회의 대물공격 행동이 나타났다.
-대물공격이 언어적 공격보다 빈도가 높았다.
-최다 공격 행동은 '화가 나서 크게 소리치는 행동'으로 나타났다.[187]

기출문제로 학습 확인하기

(2016 B1) ㉢에 들어갈 평가 방법을 쓰시오. [1점]

---

184 『아동관찰 및 행동연구』(이영애, 유준호 저, 방송대, 2019), 65~67쪽 정리

송 교사: 우리 반에 자유선택활동 시간에 공격적 행동을 종종 보이는 유아가 있어 걱정인데, 진짜 공격성이 있는 건지 잘 모르겠어요. 어떤 관찰 방법을 사용해야 하나요?

최 교사: 사건표집법의 하나인 (㉢)을/를 활용하여 관찰하면 그 유아의 공격성 원인은 알아내기 어렵지만, 유아의 공격적 행동이 나타날 때마다 표시하면 되니까 공격적 행동이 얼마나 많이 나타나는지를 알 수 있어요.

정답 빈도 사건표집법

(2020 A1) 2) ( ) 안에 들어갈 관찰 방법의 명칭을 쓰시오. [1점]

3) 밑줄 친 부분에 해당하는 것을 1가지 쓰시오. [1점]

김 교사: 박 선생님, 평가는 계획하고 실시하는 것뿐만 아니라 평가 결과를 활용하는 것도 중요하다는데 우리 유치원은 잘 하고 있는 거죠?

박 교사: 그럼요. 우리 유치원에서는 누리과정 운영에 대해 학기별로 점검하고 있잖아요. 방학 동안 바깥놀이터 모래놀이장을 넓힌 것도 지난 해 자체평가를 해보니 실외 공간을 개선할 필요가 있어서였어요. 저는 넓어진 모래놀이장에서 유아가 놀이하는 모습에 대한 관찰 결과를 부모 면담 때 말씀 드렸더니 좋아하셨어요.

김 교사: 네, 유아 관찰은 정말 필요한 것 같아요. 그리고 여러 가지 관찰 방법을 알고 있으면 좋을 것 같아요. 요즘 우리 반에 친구들과 잘 어울리지 못하고 놀이를 방해하는 유아가 있어서 걱정인데 어떻게 관찰해야 좋을지 모르겠어요.

박 교사: 걱정이 되시겠어요. 우리 반 준석이도 1학기 때 친구들의 놀이를 방해하는 것 같아서 여러 가지 방법으로 관찰해 보았어요. 먼저 준석이가 정말 친구들의 놀이를 방해하는지 여부를 알아보기 위해 체크리스트를 사용해 보았어요. 그리고 사건표집법 중 하나인 ( ) 을/를 사용하여 자유선택 활동 시간에 친구들의 놀이를 방해할 때마다 기록해서 놀이방해 행동을 얼마나 하는지도 알아 보았어요. 또 위에서 사용한 체크리스트를 통해 얻은 결과 외에 ABC 서술식 사건표집법을 적용해서 알게 된 추가적인 정보도 있었어요. 이러한 관찰 결과는 준석이의 놀이방해 행동에 대한 지도 계획을 세우는 데 많은 도움이 되었어요.

김 교사: 저도 다음에 선생님이 사용하신 관찰 방법을 한 번 적용해 보아야겠어요.

정답 2) 빈도 사건표집법 3) 놀이 방해 행동의 원인과 결과

3) 서술식 사건표집법

(1) 개념

서술식 사건표집법은 특정 행동이나 사건이 발생하는 순간을 기다렸다가 그 행동이나 사건이 일어나면 행동·사건의 순서를 자세히 기록하는 방법이다. 주로 어떤 행동·사건이 특정 상황에서 일어나는 경향이 있을 때, 행동·사건이 나타난 원인과 결과

를 분석하기 위해 사용한다.

서술식 사건표집법은 특정한 행동·사건에 주목하므로 행동·사건이 일어난 전후 상황을 파악할 수 있다.

서술식 사건표집법은 ABC 서술식 사건표집법이라고도 한다. 관찰하려는 행동·사건이 일어나기 전의 상황(A: Antecedent Event)과 행동·사건 그 자체(B: Behavior) 그리고 행동·사건이 일어난 후의 결과(C: Consequent Event)을 기록하기 때문이다. 예를 들어 공격성 관찰에 ABC 서술식 사건표집법을 활용할 경우 유아가 공격성을 나타나기 전에 어떤 일이 일어났고(A), 공격성은 어떻게 나타났으며 (B), 공격한 유아와 공격 받은 유아는 어떤 반응을 보였는지(C) 순서대로 기록한다. 따라서 ABC 서술식 사건표집법은 문제 행동의 인과 관계를 파악, 분석하는 데 유용하다.

(2) 지침

ABC 서술식 사건표집법은 표본기록법이나 일화기록법과 같이 서술식 기록법이다. 따라서 관찰 대상 유아의 이름, 생년월일, 관찰자 이름 등 기본적 정보와 관찰 일시, 관찰 장면 등 상황 정보를 기록한다. 또한 관찰자의 주관적 해석과 추론을 배제하고 객관적으로 기록해야 한다. 유아가 한 말은 직접화법으로 기록한다.

이러한 서술식 기록법의 공통 지침 외에 ABC 서술식 사건표집법은 다음과 같은 세 가지 사항에도 유의해야 한다. 첫째, 객관성을 확보하기 위해 관찰하려는 행동이나 사건을 명확하게 설정한다. 둘째, 서술할 항목을 미리 계획하고 관찰지에 사건 전 행동, 사건, 사건 후 행동을 충분히 기록할 수 있도록 여백을 둔다. 셋째, 행동 특성을 자세하게 기록할 필요가 있을 경우 녹음기, 카메라 등 장비를 함께 사용한다.

(3) 장단점

ABC 서술식 사건표집법의 장점은 첫째, 행동·사건이 일어난 전후 상황을 기록하므로 관찰한 행동·사건의 원인과 결과를 알 수 있다. 둘째, 관찰 대상 유아에 관한 질적인 정보를 얻을 수 있다. 셋째, 유아를 개별적으로 관찰할 수 있어 개별화 교수 전략을 수립할 수 있다.

단점으로는 첫째, 관찰하려는 행동·사건이 일어나는 시간을 예측하기 어렵고 이런 행동·사건이 일어나지 않을 수 있다. 둘째, 행동·사건을 서술하므로 관찰 자료를 수량화하기 어렵다. 셋째, 다른 서술식 관찰법처럼 시간과 노력이 많이 든다.

(4) 예시

관찰 유아:	민정서(여)	관찰 일자:	2016년 10월 18일~20일
연령:	5년 5개월	관찰 장소:	00유치원
관찰자:	권은정	관찰 행동:	공격적 행동

시간	A(선행 사건)	B(행동)	C(후속 사건)
10.18일 12:45	바깥놀이 후 교실로 돌아오기 위해 줄을 맞추어 기관 현관으로 들어옴	다른 유아는 신발을 벗고 들어 가는 동안 정서는 현관에 가만히 멈춰 있음	보조교사가 신발을 벗고 들어갈 수 있도록 도와주려고 하자, 신발 벗기를 거부하며 보조교사를 때리고 울기 시작함
10.19일 09:25	어머니께 등원 인사를 하고 등원 버스에 올라탐	자리에 앉은 후 벨트를 착용하라는 보조교사 지도를 거부하며 소리를 지름	옆에 앉은 친구가 도와주려 하자 이를 뿌리치며 울기 시작함
10.20일 13:55	동화 듣기 후 하원 준비를 위해 겉옷을 입고 가방을 가져오라는 교사 지시가 있음	겉옷을 챙겨서 스스로 입으려고 하다가 잘 안되자 울기 시작함	교사가 겉옷 입기를 도와주려고 하자 더 큰 소리를 내며 울기 시작함

요약	사회관계- 자신의 감정과 정서를 조절하는 데 어려움을 보인다.
추론 및 평가	-자신의 부정적 감정을 언어로 표현하는 데 어려움을 느낀다. -하루 일과 중 스스로 할 수 있는 일이 없어지거나, 이로 인하여 교사가 개입할 때 좌절하여 울거나 교사 도움을 거부한다.
교육 계획	-자신의 감정을 언어로 표현하는 방법을 교육한다. -교사 개입이 유아를 좌절시키는 일이 아니라는 점을 알 수 있도록 긍정적인 피드백을 많이 주면서 개입한다. -역할놀이를 통해 교사와 충분한 라포를 형성할 수 있도록 놀이 시간을 확보한다.
지시:	1. 관찰자는 관찰 대상 행동을 정한다. 2. 관찰자는 유아의 공격적 행동이 발생한 시간을 쓰고, 이를 사건 전, 사건, 사건 후를 중심으로 관찰지에 기록한다. 3. 관찰자는 관찰 대상 행동이 발생할 때마다 기록한다.[188]

기출문제로 학습 확인하기

(1998년 객8) 아래 내용은 어떤 관찰 방법인가?

> 유아의 스트레스 행동을 소극적인 형태와 적극적인 형태로 나누고, 자유선택활동 시간에 이에 해당되는 행동이 나타날 때마다 기록 용지에 체크한다.

① 시간 표집법   ② 평정 척도법 ③ 사건 표집법 ④ 일화 기록법

정답 사건표집법

---

185 『아동관찰 및 행동연구』(이영애, 유준호 저, 방송대, 2019), 53~57쪽 정리

(2013 특수A1) ⓒ에 해당하는 관찰 방법과, 관찰 결과를 비율로 요약하면 좋은 점을 쓰시오. [2점]

문제 행동 관찰 기록지

표적 행동: 친구의 손등을 때리는 행동				
관찰 방법: (ⓒ)				
날짜	시간	행동 발생 표시	총 발생 수	비율
9/27	09:40~09:50	////	4	0.4/분
	10:30~10:50	////	4	0.2/분
	11:30~11:40	//	2	0.2/분

정답 풀이 빈도 사건표집법, 관찰 시간이 달라도 문제 행동의 발생 빈도를 서로 비교할 수 있다.

(2014 A5) ㉠에 들어갈 관찰법의 종류 1가지를 쓰고, ⓒ이 관찰기록 작성 방법에 비추어 적절하지 않은 이유 1가지를 쓰시오. [2점]

쌓기놀이 영역에서 민재의 때리는 행동 원인을 알아보기 위해 (㉠)을(를) 활용하여 관찰했다. 때리는 행동은 물기, 꼬집기, 치기, 사물을 던지는 행동으로 조작적 정의를 내렸다. (㉠)을(를) 통해 민재의 문제행동 원인을 찾아, 이에 적절한 행동 지도를 해야겠다.(2013년 9월 12일)

관찰 대상: 이민재	관찰 일자: 2013년 9월 12일		
관찰 장소: 쌓기놀이 영역	관찰 행동: 때리는 행동		
관찰시간	선행 사건	행동	후속 사건
(생략)	(생략)	(생략)	(생략)
09:52 ~ 09:57	민재가 영수에게 다가가 "이게 뭐야?"라고 묻는다. 영수가 대답하지 않자,민재는 영수 에게 "이게 뭐냐고!"라며 한 번 더 묻는다.	ⓒ 공격적인 민재는 영수에게 블록을 집어 던지며, "대답 해." 라고 말한다.	영수는 "왜 때려?" 라며 운다. 민재가 교사에게 "선생님! 영수가 울어요."라 고 말한다.

정답 풀이 ABC 서술식 사건표집법, '공격적인 민재'라는 표현에 교사의 주관적 판단이 개입되었다.

(2018 B1) (가)는 김 교사가 보조교사 최 교사와 시영이의 행동을 관찰한 일화기록의 일부이며, (나)는 (가)를 ABC 서술식 사건표집법으로 옮겨 기술한 것이다.

(가)

관찰유아:	이시영	생년월일:	2013.10.15.
관찰자:	김OO	관찰날짜:	2017.10.30
관찰장면	자유선택활동 후 정리시간	관찰시간:	11:00~11:10

피아노 소리와 함께 최 교사가 "자, 이제 장난감 정리해 주세요."라고 한다. 다른 아이들은 가지고 놀던 장난감을 정리 하고 자기 자리를 찾아 앉고 있다. 시영이는 장난감을 가지고 놀이를 계속하고 있다. 최 교사는 시영이에게 "시영아, 지금은 정리할 시간이야."라고 한다. 시영이는 장난감을 가지고 계속 놀고 있다. 최 교사는 시영이가 가지고 노는 장난감을 정리한다. 그러자, 시영이는 두 다리를 뻗고 소리를 지르며 운다.

(⊙   )

(나)

관찰유아:	이시영	생년월일:	2013.10.15.
관찰자:	김○○	관찰날짜:	2017.10.30
관찰장면:	… (생략) …	관찰행동:	(ⓛ)

시간	(ⓒ)	행동	---(생략)---
11:00	최 교사가 장난감을 정리하라고 한다.	시영이는 장난 감을 가지고 논다.	최 교사가 시영이에게 지금은 정리할 시간이라고 알려 준다.
11:04	(ⓔ)	시영이는 두 다리를 뻗고 소리 지르며 운다.	최 교사가 시영이에게 자리에 앉을 것을 요구한다.

2) (나)에서 ① 관찰자가 보고자 하는 유아의 행동 ⓛ과, ② ⓒ에 들어갈 말을 쓰시오. [2점]

> **정답** ① 정리시간의 문제 행동 ② 선행 사건

3) (나)의 ⓔ에 들어갈 내용을 (가)에서 찾아 쓰시오. [1점]

> **정답** 최 교사는 시영이가 가지고 노는 장난감을 정리한다.

4) (나)에서 나타나는 ABC 서술식 사건표집법의 장점을 1가지 쓰시오. [1점]

정답 풀이 행동·사건이 일어난 전후 상황을 기록하므로 행동·사건의 원인과 결과를 알 수 있다.

(2019 특수B2) ⓔ과 ⓜ의 장점을 각각 1가지 쓰시오. [2점]

> 우선 상희의 행동을 ⓔ ABC 서술식 사건표집법이나 ⓜ 빈도 사건표집법으로 관찰해 보는 것이 좋겠습니다.

정답 풀이 ⓔ 행동·사건이 일어난 전후 상황을 기록하므로 행동·사건의 원인과 결과를 알 수 있다. ⓜ 행동·사건을 미리 조작적으로 정의하고 범주화하여 빈도만 기록하므로 간단하고 편리하다.

4. 시간표집법

(1) 개념

시간표집법은 어떤 행동을 정해진 시간 동안 일정한 간격으로 반복 관찰하여, 행동 출현 빈도를 기록하는 관찰법이다. 시간표집법의 관찰 실시 기준은 시간이다. 시간표집법은 정해진 시간 동안 계속 관찰하는 방법이 아니다. 시간 간격에 맞추어 행동을 관찰하고 그 결과를 반복적으로 기록하여 특정 행동이 얼마나 자주 발생했는지 측정한다.

예를 들어 문제 행동을 관찰할 때, 1분 관찰 후 30초 간 기록하는 방식으로 총 15분 간 10회 관찰하면, 문제 행동이 모두 몇 번 발생했는지 알 수 있다. 유아가 4명인 경우, 1명 당 1분 관찰 후 30초 간 기록하는 방식으로 총 30분 간 관찰하면 유아 1명 당 5번 관찰할 수 있다. 이런 방식은 유아의 행동 경향을 알아 내거나 특정한 행동을 유아 간에 비교하는 데 적합하다. 이처럼 시간표집법은 짧은 시간 내에 일어나는 행동을 기록하므로 관찰이 쉽고 교실에서 쉽게 사용할 수 있다. 시간표집법은 15분 동안 최소 1회 이상 나타나는 행동을 관찰하는 데 유용하다.[186]

시간표집법은 정해진 시간 동안 특정 행동의 발생 빈도를 기록해야 하므로, 관찰자는 미리 관찰할 행동과 시간 단위, 기록 방법을 정해야 한다. 행동을 관찰한 후에는 출현 빈도를 확인하고 기록한다. 관찰자는 기록을 바탕으로 관찰 행동이 언제, 왜 일어나는지 분석한다. 시간표집법은 문제 행동 빈도를 측정하기 위해 사용하기도 한다. 교사는 하루 일과 중 일정 시간 동안 관찰하여 결과를 시간표집법으로 기록할 수 있다. 시간표집법으로 기록한 문제 행동의 빈도와 특성을 살펴보며, 문제 행동 수정 방안을 수립할 수 있다.

(2) 관찰 지침

시간표집법을 사용할 때는 다음과 같은 지침에 따른다. 첫째, 관찰하려는 행동을 조작적으로 정의한다. 조작적 정의를 내릴 때 관찰하려는 행동을 분명하고 구체적으로 정의해야 한다. 둘째, 관찰하려는 행동을 하위 행동으로 범주화한다. 하위 행동들은 중복이 없어야 한다. 셋째, 관찰자는 관찰할 행동의 조작적 정의를 충분하게 이해하고 대표적인 예를 숙지한다. 넷째, 1회 관찰 시간을 얼마로 할지 정한다. 1회 관찰 시간은 5초에서 20분까지 다양하나 유아의 경우 대개 5분 이하로 한다. 다섯째, 선행 관찰과

---

186 『아동관찰 및 행동연구』(황해익, 최혜진, 권유선 저, 공동체, 2020), 84~85쪽 정리

후속 관찰의 시간 간격을 얼마로 할지 정한다. 여섯째, 유아를 모두 몇 번 관찰할지 정한다. 행동 변화가 크거나, 깊이 연구하지 않은 활동은 많이 관찰해야 한다. 일곱째, 기록 방법을 정한다. 특정 행동의 출현 유무를 체크(√)로 표시하거나 특정 행동이 나타나는 빈도수를 세기표(/)로 표시할 수 있다.

(3) 장단점

시간표집법 장단점은 다음과 같다. 장점은 첫째, 관찰 행동을 조작적으로 정의하고 관찰 시간을 통제하므로 객관적이고 타당도와 신뢰도가 높다. 둘째, 한 번에 많은 유아를 관찰할 수 있어 짧은 시간에 자료를 풍부하게 수집할 수 있다. 셋째, 관찰과 동시에 결과를 부호로 기록하므로 빠르게 작성할 수 있다. 넷째, 관찰 결과를 수량화할 수 있어 통계 분석이 가능하다. 다섯째, 빠르게 일어나는 행동을 체계적으로 관찰할 수 있다. 여섯째, 개인과 집단을 모두 관찰할 수 있다.

단점은 첫째, 비교적 자주 일어나는 행동에만 사용할 수 있어, 행동이 규칙적으로 발생하는지 미리 조사해야 한다. 둘째, 빈도를 수량화하므로 겉으로 드러난 행동만 관찰할 수 있다. 유아의 감정이나 생각을 관찰하는 데는 사용할 수 없다. 셋째, 출현 빈도만 기록하므로 행동의 인과 관계나 발생 순서 등 맥락을 파악할 수 없다. 넷째, 미리 조작적 정의를 내리고 하위 행동 범주화, 관찰 시간 단위와 관찰 횟수 결정, 기록 방법 결정, 관찰 양식 작성 등을 해야 하므로 준비하는 데 시간과 노력이 많이 든다.[187]

(4) 예시

유아 놀이 유형 관찰							
관찰 유아: 　　생년월일:							
관찰 날짜: 　　관찰 시간: 　　관 찰 자:							
기록 방법: 1분 관찰 후 30초 간 기록하는 방식으로 9분 동안 모두 6회 관찰한다. 30초 간 관찰한 놀이 유형을 판단하여 관련된 칸에 체크(v) 표시를 한다.							

횟수	비놀이 행동	방관자 행동	단독 놀이	병행 놀이	연합 놀이	협동 놀이	기타
1	√						
2		√					
3		√					
4			√				
5				√			
6				√			
계	1	2	1	2			

---

187 『아동관찰 및 행동연구』(황해익, 최혜진, 권유선 저, 공동체, 2020), 85~93쪽 정리

(2007 주3) 최 교사는 다음과 같이 대집단 신체표현 활동을 실시하였다. 물음에 답하시오.

○ 활동명: 철이의 모험
○ 준비물: 동화「철이의 모험」, 여러 가지 교통기관 입체자료(예: 모형 자동차), 편집한 음악이나 교통기관 소리가 녹음된 테이프 등
○ 활동방법:
·동화 철이의 모험을 들려준다.
·입체자료를 활용하면서 교통기관을 타 본 경험과 움직이는 방법에 대해 이야기를 나눈다.
·음악을 들으며 이야기에 나오는 탈 것이 되어 몸을 움직여 본다.
·유아 3~4명 정도가 앞으로 나와 함께 의논하여 선택한 교통기관을 몸으로 표현한다.
·집단을 둘로 나누어 한 집단의 유아가 신체표현을 하고 다른 집단의 유아는 친구의 신체표현을 감상한다.
·집단을 바꾸어 다시 한 번 한다.

2) 최 교사는 위의 활동을 하는 동안 유아들이 친구의 활동을 방해하는 행동을 얼마나 자주 하는지 체계적으로 관찰하고자 한다 (4점)

① 가장 적절한 관찰법을 쓰시오.

정답 시간표집법

② 위 관찰법으로 관찰을 계획할 때 반드시 포함되어야 할 요소를 1가지 쓰시오.

정답 풀이 친구 활동을 방해하는 행동의 분명하고 구체적인 조작적 정의.

③ 위 관찰법의 단점을 2가지 쓰시오.

정답 풀이 ① 비교적 자주 일어나는 행동에만 사용할 수 있어, 행동이 규칙적으로 발생하는지 미리 조사해야 한다. ② 빈도를 수량화하므로 겉으로 드러난 행동만 관찰할 수 있다. 유아의 감정이나 생각을 관찰하는 데 사용할 수 없다.

(2010 객11) 유치원에서 적용한 유아 평가 방법에 대한 설명으로 적절하지 않은 것은?

① 임 교사는 유아들이 협동에 대해 얼마만큼 이해하고 있는지를 알아보기 위해 3 단계 평정척도법을 사용하였다.

② 최 교사는 역할 놀이 영역에서 수진이의 행동 유형을 알아보기 위해 특정한 시간의 틀에 얽매이지 않고 일화기록을 작성하였다.

③ 박 교사는 조작 놀이 시간 동안 은지가 연속적으로 활동하는 과정을 있는 그대로 관찰하고 자세히 기록하기 위해 표본기록을 사용하였다.

④ 권 교사는 유나의 사회적 기술 발달 정도를 알아보기 위해 사전에 관찰한 사회적 기술에 대한 항목을 체크하는 행동목록법을 사용하였다.

⑤ 홍 교사는 민호의 공격적 행동이 얼마나 자주 일어나는지 알아보기 위해 정해진 시간 동안 행동 출현 빈도를 기록하는 사건표집법을 사용하였다.

정답 풀이 ⑤번, 정해진 시간 동안 행동 출현 빈도를 기록하는 관찰법은 시간표집법이다.

(2013 추시A5) 교사가 사용한 관찰법의 종류 1가지를 쓰시오. [1점]

> 이번 주 자유선택활동 시간 동안 쌓기놀이 영역에서 우리 반 유아들의 사회적 상호작용을 30초 관찰, 30초 기록으로 5회씩 실시하였다. 관찰 결과 주희의 경우, 장난감 나눠 갖기가 가장 많이 나타났다(2013년 6월 7일).
>
> | 유아명 | 행동목록/횟수 | 1회(30초) | 2회(30초) | 3회(30초) | 4회(30초) |
> |---|---|---|---|---|---|
> | 이주희 | 장난감 나눠 갖기 | V | | V | |
> | | 차례 지키기 | | | | |
> | | 함께 놀이하기 | | | | V |

정답 시간표집법

(2019 정시B1) 흥미영역에 참여하는 유아놀이행동 관찰기록지의 일부이다. 이에 해당하는 관찰기록 방법의 명칭을 쓰시오. [1점]

흥미영역에 참여하는 유아놀이행동 관찰									
관찰유아: 　　　생년월일:									
관찰날짜: 　　　관찰시간: 　　　관 찰 자:									
기록방법: 유아가 30초 동안 어떤 영역에서 놀이하는지를 관찰하여 10초 동안 적절한 칸에 표시한다.									
횟수	역할	쌓기	언어	수조작	과학	미술	음률	기타	
1									
2									
3									
4									
계									

정답 시간표집법

5. 행동목록법

(1) 개념

행동목록법은 관찰하려는 행동 목록을 미리 만들어 놓고, 목록에 있는 행동의 발생 유무를 관찰하여 기록하는 방법이다. 즉 행동의 질적 특성이나 발생 빈도가 아니라 행동 발생 여부만 기록하는 관찰법이다. 행동목록법은 흔히 체크리스트라고 하며 행동을 기록하는 양식은 행동목록표라고 한다.

행동목록법은 주로 특정 시점에서 어떤 행동이 발생하는지 관찰하여 유아의 현재 상태를 평가하기 위해 사용한다. 관찰 시간을 달리하여 주기적으로 사용할 경우 유아의 행동 발달을 단계적으로 파악할 수 있다. 예를 들어 동일한 행동목록표를 학기 초와 학기 말에 작성하면 유아가 1학기 동안 어느 정도 발달했는지 알 수 있다.

행동목록표는 대개 학습 목표나 발달 지표를 기준으로 작성한다. 따라서 부모상담을 할 때 행동목록표로 유아의 학습과 발달 정도를 설명할 수 있다. 행동목록표에 들어 있지 않은 행동은 평가할 수 없으므로 다양한 자료를 참고하여 유아와 관련된 중요한 내용은 빠뜨리지 않아야 한다.

(2) 관찰 지침

행동목록법을 사용할 때 유의해야 할 사항은 다음과 같다. 첫째, 행동목록법은 행동의 특성이나 특징이 확실히 존재할 때 사용해야 한다. 둘째, 행동목록표 문항을 구체적이고 분명하게 진술한다. 예를 들어 '언어 능력이 발달했다'보다는 '존댓말을 사용한다'와 같이 구체적으로 진술한다. 셋째, 행동목록 문항에는 관찰 행동을 하나만 기술하며, 문항 간에 중복이 없어야 한다. 넷째, 한 번에 유아를 한 명만 관찰하여 기록하며, 유아마다 독립된 행동목록을 사용해야 한다.

(3) 장단점

행동목록법의 장단점은 다음과 같다. 장점은 첫째, 관찰하려는 행동목록을 미리 만들어 놓고 기록하므로, 관찰자 주관이 개입하지 않아 객관성을 확보할 수 있다 둘째, 관찰자가 특별한 훈련을 받지 않아도 실시할 수 있다. 셋째, 관찰한 행동을 쉽고 빠르고 기록할 수 있어 시간과 노력이 많이 들지 않는다. 넷째, 동일한 행동목록을 주기적으로 사용하면 유아의 행동 변화와 발달 과정을 단계적으로 파악할 수 있다. 다섯째, 행동을 수량화하여 통계적으로 분석할 수 있다.

단점은 첫째, 행동의 발생 빈도와 질적 수준, 맥락과 인과 관계 등은 알 수 없다. 즉 '어떻게'에 해당하는 정보를 알 수 없다. 둘째, 행동목록을 문항 간에 중복이 없게 만들어야 하므로 사전에 시간과 노력이 많이 든다.[188]

(4) 예시

관찰 유아:	000		생년월일:	20년 0월 0일(여)			
관찰자:	000 교사		관찰 기간:	20년 0월 0일~0월 0일			
관찰 장면:	수조작 영역에서 보이는 공격 행동과 부정적 행동						

관찰 일시	1회		2회		3회		
	20.0.0.(00:00)		20.0.0.(00:00)		20.0.0.(00:00)		
영역	내용				1회	2회	3회
자아개념	자신감과 안정감을 보인다.				O	O	O
	활동에서 자발성과 자기주도성을 보인다.				X	O	O
자기통제	학급 규칙을 따른다.				X	X	O
	학급의 교구, 교재를 목적에 맞게 가지고 논다.				X	X	O
	일상 생활에서 전이가 잘 이루어지고 적응한다.				O	O	O
타인과 상호 작용	쉽게 한 아이 또는 그 이상의 아이와 상호작용한다.				O	O	O
	친숙한 성인과 쉽게 상호작용한다.				O	O	O
	일과 중에 대집단 활동에 참여한다.				O	O	O
	집단 활동에서 규칙을 따르고 참여한다.				X	O	O
	타인을 보호하려고 하고 공감을 보인다.				X	O	O
갈등 해결	갈등을 해결할 필요가 있을 때 성인에게 도움을 요청한다.				O	O	O
	갈등을 해결하기 위해 단어를 사용한다.[192]				X	X	O

188 『아동관찰 및 행동연구』(이영애, 유준호 저, 방송대, 2019), 77~81쪽 정리
189 『아동관찰 및 행동연구』(황해익, 최혜진, 권유선 저, 공동체, 2020), 102쪽

(2003년 특수 주13) 행동목록법의 장점을 제시하고 교사가 행동목록표를 만들 때 유의해야 할 사항을 3가지 제시하시오. (총 4점)

정답 풀이 장점 ① 관찰하려는 행동목록을 미리 만들어 놓고 기록하므로, 관찰자의 주관이 개입하지 않아 객관성을 확보할 수 있다. ② 관찰자가 특별한 훈련을 받지 않아도 실시할 수 있다. ③ 관찰한 행동을 쉽고 빠르고 기록할 수 있어 시간과 노력이 많이 들지 않는다. ④ 동일한 행동목록을 주기적으로 사용하면 유아의 행동 변화와 발달 과정을 단계적으로 파악할 수 있다. ⑤ 행동을 수량화하여 통계적으로 분석할 수 있다.

유의해야 할 점: ① 행동목록표는 관찰할 수 있는 구체적 행동으로 구성하며 행동 특성을 분명하게 진술한다. 예를 들어 '언어 능력이 발달했다'보다는 '존댓말을 사용한다'와 같이 진술한다. ② 행동목록 문항에는 관찰 행동을 하나만 기술하며, 문항 간에 중복이 없어야 한다. ③ 한 번에 유아를 한 명만 관찰하여 기록하며, 유아마다 독립된 행동목록을 사용한다.

(2016 B1) ① ㉠에 공통으로 들어갈 용어를 쓰고, ② 관찰 방법에 대한 신 교사의 말 중 잘못된 내용을 찾아 그 이유를 쓰시오. [2점]

> 박 교사: 지금 우리 반 유아들이 손 씻기나 옷 입기 같은 자조 기술이 있는지 확인하고 싶은데, 어떻게 해야 하나요?
> 최 교사: 관찰 방법 중 (㉠)을 활용해 평가하는 것은 어때요? (㉠)은 '예'나 '아니요'로 표시하면 되니까 자조 기술이 형성되었는지 여부를 알기가 쉬워요. 그리고 ㉡ 결과에 따라 유아들의 자조 기술 형성에 도움을 줄 수 있는 방안을 교육과정 계획에 반영해 볼 수도 있잖아요.
> 신 교사: 맞아요. (㉠)은 편하게 기록할 수 있어요. 그렇지만 유아의 행동 발달을 단계적으로는 파악할 수 없고요. 또 관찰한 행동이 얼마나 자주 일어나는지도 알 수 없어요.

정답 풀이 ① 행동목록법, ② "유아의 행동 발달을 단계적으로는 파악할 수 없고요"라는 말이 잘못되었다. 행동목록법은 관찰 시간을 달리하여 주기적으로 사용하면 유아의 행동 발달을 단계적으로 파악할 수 있다.

(2019 추시A3) 아래에 해당하는 ① 관찰법 명칭과 ② 괄호 안의 ㉠에 들어갈 말을 쓰시오. [2점]

- 유 아 명: ○현서
- 성 별: 남, ⑩
- 생년월일: ○○○○. ○○. ○○○.
- 관 찰 자: 장○○

※ 다음의 내용이 관찰되면 √로 표시하시오.

관찰 내용 \ 관찰일		3/29	4/29	5/29	...
친사회성	돕기	√	√	√	...
	나누기		√	√	...
	협동하기			√	...
	양보하기				...

요약 및 해석: 현서의 돕기는 3월 관찰 때부터 계속 보였고, 나누기는 4월 관찰 때부터 나타났다. 협동하기는 최근 보이기 시작했으나, 아직까지 양보하기는 나타나지 않고 있다. 돕기, 나누기, 협동하기, 양보하기의 출현 유무뿐 아니라 계속적이고 누가적인 관찰을 통해 친사회성의 (㉠)을/를 알 수 있었다.

정답 ① 행동목록법 ② 발달 변화

6. 평정척도법

1) 평정척도 개념

평정척도법은 어떤 행동의 질적 특성을 파악하기 위해, 행동을 점수나 등급으로 평정하여 기록하는 관찰법이다. 학생 성적을 수, 우, 미, 양, 가로 평가하는 방법이 대표적인 평정척도법이다. 평정척도는 행동을 평가하여 점수나 등급을 결정할 때 사용하는 숫자나 A, B, C, D 따위의 기준을 말한다 평정척도법은 행동목록법과 비슷하지만 질적인 면을 측정할 수 있다는 점이 다르다.

2) 평정척도법 유형

평정척도법에는 기술평정 척도법, 숫자평정 척도법, 도식평정 척도법이 있다. 기술평정 척도법은 특정 행동을 여러 단계로 나누어 기술한 후 관찰한 행동을, 해당하는 단계에 표기하게 하는 평정척도법이다. 예를 들어 글자에 대한 관심도를 평정할 경우 '글자에 관심이 없다, 글자에 호기심을 나타낸다, 새로운 글자에 대해 질문한다, 스스로 동화책을 읽으려고 시도한다'와 같이 단계를 나누어 기술하고 관찰한 행동을 해당하는 문항에 표기하게 하는 평정척도법이다. 숫자평정 척도법은 평정하는 행동의 빈도와 수준 등을 숫자로 제시하여 표기한다. 예를 들어 '글자를 보고 따라 쓰기' 행동을 1(아주 못함), 2(못 함), 3(보통), 4(잘 함), 5(아주 잘함)로 평정하는 방법이다. 도식평정 척도법은 기술한 항목에 직선 도식을 포함하여 평정하는 방법이다. 예를 들어 유아가 규칙을 잘 지키는지 평정하기 위해 아래 그림과 같이 표시한다.

❘ 평정척도법 유형과 예시 ❘[190]

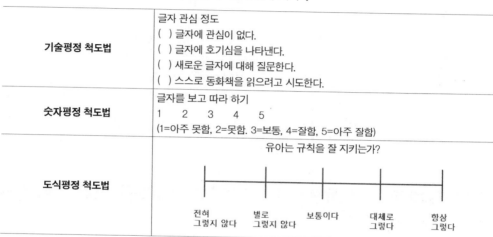

기술평정 척도법	글자 관심 정도 ( ) 글자에 관심이 없다. ( ) 글자에 호기심을 나타낸다. ( ) 새로운 글자에 대해 질문한다. ( ) 스스로 동화책을 읽으려고 시도한다.
숫자평정 척도법	글자를 보고 따라 하기 1 2 3 4 5 (1=아주 못함, 2=못함. 3=보통, 4=잘함, 5=아주 잘함)
도식평정 척도법	유아는 규칙을 잘 지키는가? 전혀 별로 보통이다 대체로 항상 그렇지 않다 그렇지 않다 그렇다 그렇다

3) 평정자 오류

평정척도법은 관찰자가 항목의 빈도, 수준 등을 평정한다. 관찰자가 항목을 해석하고 판단할 때 관찰자 편향으로 오류가 발생하기 쉽다. 평정척도법을 사용할 때 발생하는 오류에는 크게 중앙집중의 오류(중심화 오류), 논리 오류, 후광효과 오류(인상 오류), 근접 오류, 대비 오류(비교 오류), 과대·과소평정 오류가 있다.

첫째, 중앙집중 오류(중심화 오류)는 관찰자가 평정할 때 애매하거나 판단하기 어려우면, 척도 중앙에 위치한 항목에 표시하려는 경향으로 발생하는 오류이다. 훈련이 부족한 평정자가 쉽게 범하는 오류이다.

둘째, 논리 오류는 논리적으로 관련된 것처럼 보이는 문항들을 비슷하게 평정하는 오류다. 비슷하지만 실제는 다른 문항을 구분하여 평정하지 않고 비슷하게 평정하는

---

190 『아동관찰 및 행동연구』(이영애, 유준호 저, 방송대, 2019), 83쪽

오류다. 예를 들어 협동성과 준법성은 서로 다른 행동 특성인데 협동성이 낮으면 준법성도 낮다고 평정하는 오류이다.

셋째, 후광효과 오류(인상 오류)는 관찰 대상에게 느낀 인상이나 이전에 한 판단이 현재의 평정에 영향을 끼쳐 발생하는 오류이다. 유아의 한 가지 긍정적 또는 부정적 특성 때문에 유아의 다른 특성도 긍정적 또는 부정적으로 평정하는 오류이다. 교사가 어떤 유아를 착한 아이나 말썽꾸러기로 인식하면 다른 특성도 긍정적 또는 부정적으로 평정하는 후광효과 오류를 범할 수 있다.

넷째, 근접 오류는 관찰자가 시간적, 공간적으로 가까이에 있는 문항을 비슷하게 평정하는 오류이다. 비슷한 항목을 멀리 떨어지게 배치하면 근접 오류를 줄일 수 있다.

다섯째, 대비 오류(비교 오류)는 관찰자가 가지고 있는 특성을 유아가 갖고 있으면 부정적으로 평정하고, 관찰자에게 없는 특성을 유아가 가지고 있으면 긍정적으로 평정하는 오류이다. 대비 오류는 프로이트의 방어기제 중에서 반동형성과 비슷하다.

여섯째, 과대·과소평정 오류는 관찰자가 자기와 친분 있는 사람을 지나치게 높게 평정하거나, 자신이 싫어하는 사람을 지나치게 엄격하게 평정하는 경향으로 발생하는 오류이다.

| 평정자 오류 유형 |

오류	내용
중앙집중 오류(중심화 오류)	애매하거나 판단하기 어려우면 척도 중앙에 위치한 항목에 표시하려는 경향으로 발생하는 오류
논리 오류	논리적으로 관련된 것처럼 보이는 문항을 비슷하게 평정하는 오류
후광효과 오류(인상 오류)	관찰 대상에게 느낀 인상이나 전에 한 판단이 현재의 문항 평정에 영향을 끼쳐 발생하는 오류
근접 오류	관찰자가 시간적, 공간적으로 가까이에 있는 문항을 비슷하게 평정하는 오류
대비 오류(비교 오류)	관찰자가 갖고 있는 특성을 유아가 갖고 있으면 부정적으로 평정하고, 관찰자에게 없는 특성을 유아가 갖고 있으면 긍정적으로 평정하는 오류
과대·과소평정 오류	관찰자가 자기와 친분 있는 사람을 지나치게 높게 평정하거나, 자신이 싫어하는 사람을 지나치게 엄격하게 평정하는 경향으로 발생하는 오류

평정자 오류를 줄이기 위해서는 관찰하려는 행동을 분명하게 정의하고, 관찰자를 잘 훈련시켜야 한다. 관찰자 내 신뢰도와 관찰자 간 신뢰도를 확인하여, 불일치 정도가 높은 자료는 배제해야 한다.

4) 관찰 지침
평정척도법을 사용할 때는 다음과 같이 여섯 가지 지침을 지켜야 한다. 첫째, 평정 문항은 행동의 질적 특성이나 발생 빈도를 측정할 수 있도록 명확하고 간결하게 기술한다. 둘째, 평정척도법 유형을 결정해야 한다. 평정척도법 유형에는 기술평정 척도법, 숫자평정 척도법, 도식평정 척도법 있다. 셋째, 평정 단계를 결정한다. 평정 단계는 보통 3단계에서 7단계까지 사용하며 평정 대상의 특성과 평정 상황, 평정자 훈련 정도에 따라 결정한다. 넷째, 평정 과정에 편견과 주관이 개입하지 않도록 한다. 관찰자는 평정 전에 관찰 대상에게 편견을 갖거나, 사적 견해를 표명할 수 있는 제3자에게 관찰 대상에 대하여 묻지 않아야 한다. 또한 가치 판단이 개입한 '좋은', '평균적', '우수', '아주' 등의 단어를 사용하지 않는다. 다섯째, 평정 문항 하나에 한 가지 질문만 포함한다. 여섯째, 평정척도란에 '관찰 못 함' 칸을 만든다. 관찰자가 관찰하지 못한 문항이 있을 경우 판단을 유보하기 위해서다.

5) 장단점

평정척도법의 장단점은 다음과 같다.

장점은 첫째, 짧은 시간 내에 많은 항목을 평가할 수 있다. 둘째, 교사가 편리한 시간에 기록할 수 있다. 셋째, 행동 출현 유무뿐 아니라 행동의 질도 평가할 수 있다. 넷째, 관찰 결과를 수량화하여 관찰 대상 간에 비교해 볼 수 있다. 다섯째, 평정척도는 만드는 데 시간이 많이 걸리지 않고 사용하기 편리하다. 여섯째, 여러 발달 영역을 한 번에 평가할 수 있다.

단점은 첫째, 상황 설명이 없고 행동의 수준과 발생 빈도만 기록하기 때문에 인과 관계나 전후 사정을 알 수 없다. 둘째, 관찰 결과를 현장에서 기록하지 않고 관찰 후에 종합적으로 판단하여 기록하므로, 관찰자의 기억력이나 주관에 따라 결과가 달라질 수 있다. 셋째, 유아를 정확하게 관찰하지 못했거나 평정척도법 항목을 숙지하지 않은 경우, 중앙에 점수를 주는 중앙집중 오류가 발생할 수 있다. 넷째, 관찰 양식을 만들 때 관찰하려는 행동을 정확하고 객관적으로 범주화하기 어렵다.[191]

기출문제로 학습 확인하기

(2008 주12) 강 교사는 만 4세 유아 25명을 대상으로 기본 생활 습관 중 '자기 물건 정리 정돈하기'와 관련된 행동의 출현 여부와 수행 정도를 평가하고자 한다. (총점 5점)

---

191 『아동관찰 및 행동연구』(이영애, 유준호 저, 방송대, 2019), 81~90쪽 정리

1) 가장 적절한 관찰 기록의 방법을 쓰시오. (1점) 2) 위 관찰 기록법의 장점 2가지를 쓰시오. (2점) 3) 위 관찰 기록법의 단점 2가지를 쓰시오. (2점)

정답 풀이 1) 평정척도법. 2) 장점- ① 짧은 시간 내에 많은 항목을 평가할 수 있다. ② 교사가 편리한 시간에 기록할 수 있다. ③ 행동 출현 유무뿐 아니라 행동의 질도 평가할 수 있다. ④ 관찰 결과를 수량화하여 관찰 대상 간에 비교해 볼 수 있다. 이 중에서 2가지를 쓰면 된다. 3) 단점- ① 상황 설명이 없고 행동의 수준과 발생 빈도만 기록하기 때문에 인과 관계나 전후 사정을 알 수 없다. ② 관찰 결과를 현장에서 기록하지 않고 관찰 후에 종합적으로 판단하여 기록하므로, 관찰자의 기억력이나 주관에 따라 결과가 달라질 수 있다. ③ 유아를 정확하게 관찰하지 못했거나 평정척도법 항목을 숙지하지 않은 경우, 중앙에 점수를 주는 중앙집중 오류가 발생할 수 있다. ④ 관찰 양식을 만들 때 관찰하려는 행동을 정확하고 객관적으로 범주화하기 어렵다. 이 중에서 2가지를 골라 쓰면 된다.

(2014 A5) ⓒ에 들어갈 용어 1가지를 쓰고, ⓡ에서 질문지 문항 작성 방법에 비추어 적절하지 않은 문항을 찾아 그 이유 1가지를 쓰시오. [2점]

민재의 기본생활습관을 알아보기 위해 부모용 질문지법을 활용하였다. 질문의 문항에 대한 반응은 (ⓒ)형식으로 응답하게 하였다. (ⓒ)형식은 민재의 기본생활습관에 대한 단순한 출현 유무뿐만 아니라 기본생활습관 형성 정도에 대한 정보를 제공해 준다. (2013년 9월 26일)

질문 문항		전혀 그렇지 않다	보통이다	매우 그렇다
자녀는 스스로 손을 깨끗이 씻습니까?				
자녀는 스스로 이를 깨끗이 닦습니까?	ⓡ			
자녀는 주변을 깨끗이 정리 정돈합니까?				
자녀는 규칙적으로 자고, 적당량의 음식을 골고루 먹습니까?				

정답 풀이 평정척도, '자녀는 규칙적으로 자고, 적당량의 음식을 골고루 먹습니까?'라는 문항에 두 가지 질문이 포함되어 있어 부적절하다.

(2019 정시B1) 박 교사 말에 나타난 ① 평정자 오류의 명칭을 쓰고 ② 그 이유를 설명하시오. [2점]

박 교사: 이번 주에는 관찰 방법 중 평정척도법을 활용해 유아의 사회성 발달을 평가해 보기로 했었죠?
김 교사: 네. 평정척도법을 사용할 때 어떤 점을 유의하면 될까요?
박 교사: 예전에 제가 평정척도법으로 관찰할 때, 가끔 표시하기 애매한 경우에는 중간 점수에 표시해 버려서 객관적인 결과를 얻기 힘든 적이 있었어요.
김 교사: 그럴 수도 있겠네요.

정답 풀이 중앙집중 오류(중심화 오류), 표시하기 애매한 경우 중간 점수에 표시하여 객관적이고 정확하게 평가하지 못했다.

04장 표준화검사

1) 개념

표준화검사(Standardized Test)는 검사 실시와 채점, 결과 해석이 동일하도록 모든 형식과 절차를 체계적으로 규정한 평가법을 말한다. 대표적인 표준화검사에는 지능검사와 발달검사가 있다.

표준화검사법은 모든 형식과 절차를 기술적으로 엄격하게 통제하여 누가 사용해도 검사 실시와 채점, 결과 해석이 동일하다. 따라서 타당도와 신뢰도가 검증된 평가법이라고 할 수 있다.

2) 장단점

표준화검사의 장단점은 다음과 같다. 장점은 첫째, 전문가가 제작하여 신뢰도와 타당도가 검증되었다. 둘째, 검사 실시와 채점을 위한 지침이 마련되어 있다. 셋째, 개인 차를 비교할 수 있도록 규준을 제시하므로 유아 성취 수준을 이전과 비교하는 개인 내 비교와 나이·환경이 유사한 다른 유아와 비교할 수 있는 개인 간 비교가 가능하다.

단점은 첫째, 검사 대상이 유아이기 때문에 검사자와 유아의 인간 관계, 검사 상황 등이 결과에 영향을 줄 수 있다. 둘째, 유아의 발달 가능성과 고차원적인 사고 능력을 측정하지 못한다.[192] 셋째, 검사를 실시하고 해석할 때 특별한 훈련이나 전문 지식, 전문가의 도움이 필요할 수 있다.

> **용어 설명|** 규준- 검사 점수를 해석하는 데 필요한 기준 자료. 어떤 검사에서 얻은 점수는 자체로는 어떠한 의미도 갖지 못한다. 비교 집단의 검사 결과와 비교해야 의미가 있다. 규준은 어떤 검사 점수의 상대적 위치를 가늠하기 위한 자료로, 대개 모집단을 대표하는 표본에서 얻은 검사 점수를 일정한 분포도로 작성하여 만든다.

---

192 『유아언어교육』(박선희, 김은심 공저, 방송대, 2020), 311~312쪽

(2014 A5) ㉤에 들어갈 용어 1가지를 쓰시오. **[1점]**

오 교사: 민재의 행동발달을 알아보기 위해 관찰법과 질문지법을 활용해 보았는데, 다른 유아들과 비교해 볼 수 있는 좀 더 체계화된 평가 방법이 있을까요?

박 교사: 그럼, (㉤)을(를) 실시해 보면 어떨까요? (㉤) 은(는) 실시하기 전에 특별한 훈련이 필요할 수도 있고, 전문 지식이 요구되기도 하지만, 개인차를 비교할 수 있도록 규준을 제시해주잖아요. 그리고 (㉤)은(는) 개발 과정에서 신뢰도와 타당도를 검증하잖아요.

정답 표준화검사법

포트폴리오 평가

1) 개념

포트폴리오(portfolio)는 예술가의 재능이나 실력을 알아 볼 수 있게 해주는 작품집을 말한다. 유아교육에서 포트폴리오는 오랜 기간에 걸친 유아의 노력, 진보, 성취를 보여주는 유아의 작품 모음이나 성과물을 말한다.

최근 유아교육 현장에서는 구조화 검사 도구를 활용한 평가를 지양하면서, 포트폴리오가 평가 도구로 주목 받고 있다. 포트폴리오 평가는 유아의 학습, 발달 상태를 포트폴리오로 평가하는 방법으로 과정 중심 평가를 지향한다. 포트폴리오 평가를 효과적으로 활용하려면 포트폴리오에 포함할 작품이나 성과물을 신중하게 선택하고, 정확하게 해석해야 한다. 이러한 신중한 선택과 정확한 해석은 유아를 이해하고 유아 특성에 맞춘 교수학습 방법을 개발하는 데 도움을 준다.

2) 특징

포트폴리오 평가는 다음과 같은 특징이 있다. 첫째, 포트폴리오는 작품이나 성과물을 특정 시기에 한정하지 않고 장기간, 지속적으로 수집한다. 따라서 시간에 따른 유아의 발달 변화를 알 수 있고 유아를 다면적으로 평가할 수 있다. 둘째, 유아 개인의 작품과 성과물을 장기적으로 수집하면서 평가하므로 개별화 교육을 할 수 있다. 셋째, 유아가 주도적으로 작품과 성과물을 수집하며, 평가 과정에 교사, 또래, 부모가 관여하여 포트폴리오를 구성하므로, 유아의 활동 결과와 변화 등을 공유할 수 있다. 넷째, 지식·기능·태도를 평가할 수 있고 교수·학습과 평가를 통합할 수 있다.

3) 장단점

포트폴리오 평가의 장점은 유아 관점과 교사 관점으로 나누어 볼 수 있다 먼저 유아 관점에서 보면 장점은 다음과 같다. 첫째, 자신의 학습 과정과 결과를 알고 평가할 수 있어 학습 동기가 생긴다. 둘째, 자신이 얼마나 발전했는지 확인할 수 있어 성취감을 느끼고 자신감이 생긴다. 셋째, 자신의 작품을 교사와 또래에게 설명하면서 사회성이 발달한다. 넷째, 다른 유아와 작품에 관하여 이야기 나누면서 상대의 느낌과 생각을 이해할 수 있다. 다섯째, 다른 유아의 작품을 평가하는 능력과 협동 학습 능력을 기를 수 있다.

교사 관점에서 장점은 다음과 같다. 첫째, 작품과 성과물을 장기간 수집하므로 유아 변화 과정을 알 수 있다. 둘째, 매일 진행하는 수업 중에 평가하므로 교육과정을 계획, 수정하는 데 평가 결과를 바로 활용할 수 있다. 셋째, 가족이 평가에 참여하므로 유아를 깊이 이해할 수 있다. 넷째, 인위적 검사가 아니고 일상 활동 중에 총체적으로 평가하므로 별도로 시간을 내서 평가할 필요가 없다.

포트폴리오 평가의 단점은 다음과 같다. 첫째, 비용과 시간이 많이 든다. 둘째, 작품과 성과물을 수집하고 평가할 때 교사의 주관과 편견이 들어가기 쉬워 신뢰성과 객관성을 확보하기 어렵다. 셋째, 유아 작품의 기록을 보관하는 데 치중하면, 유아 학습 과정이 기록하기 쉬운 영역으로 편향될 수 있다. 넷째, 작품과 성과물을 보관할 수 있는 공간을 확보해야 한다.

4) 포트폴리오 평가 내용
포트폴리오 평가를 할 때 포트폴리오를 어떤 내용으로 구성하느냐에 따라 결과가 달라질 수 있다. 포트폴리오는 다음과 같은 내용을 포함하여 구성한다.

(1) 작업 표본
작업 표본에는 유아의 글과 그림, 활동을 촬영한 동영상이나 사진, 유아의 대화나 노래, 음악 연주 등을 녹음한 파일, 교사가 기록한 유아의 이야기, 유아가 읽은 책 목록 등이 있다.

(2) 날짜
포트폴리오에 넣은 작업 표본에는 날짜를 반드시 기록해야 한다.

(3) 유아의 자기 반영
자기 반영은 작품을 만들면서 힘들거나 어려웠던 점, 자랑하거나 고치고 싶은 점, 처음 계획한대로 되었는지 등 내용물에 대한 유아 느낌과 생각, 새로 알게 된 점 등을 말한다.

(4) 주변 인물 조언

부모나 교사, 또래가 유아에게 한 조언을 유아 작품에 간단하게 기록하여 구성할 수 있다.

(5) 관찰 기록

표본기록, 일화기록, 행동목록, 평정척도 등 관찰 기록도 포트폴리오에 포함해야 한다.[193]

기출문제로 학습 확인하기

(1998 주2) 유아평가를 위한 질적인 연구방법을 3가지 이상 쓰시오.

①   ②   ③

정답 풀이 질적인 연구방법은 상황을 통제하거나 조작하지 않고 자연적으로 일어나는 연구 대상의 행동이나 말, 글 등을 연구하는 방법이다. 연구 내용은 주로 문장으로 서술한다. 반면 양적인 연구방법은 연구 대상의 행동이나 말, 글 등을 수량화하여 통계적으로 연구하는 방법이다. 유아평가를 위한 질적인 연구방법으로는 표본기록법, 일화기록법, 포트폴리오 평가 등이 있다.

(2000 주3) 유아의 발달과 학습 과정을 평가하기 위한 방법으로 포트폴리오(관찰과 평가)를 활용할 수 있다. 포트폴리오에 포함될 수 있는 자료의 유형 4가지를 제시하시오. (총 4점)

정답 풀이 작업표본, 날짜, 유아의 자기 반영, 주변 인물 조언, 관찰 기록 중 4가지를 쓰면 된다.

(2004 주7) 유치원에서 포트폴리오 수집 과정에서 모은 유아 활동과정을 보여주는 자료나 작업 결과물로 벽면을 구성할 수 있다. 이 방법이 유아와 교사에게 주는 이점을 4가지씩 쓰시오. (총 8점)

정답 풀이 유아에게 주는 이점 ① 전시한 자신의 작품을 보면서 만족감과 성취감을 느낄 수 있다. ② 자신의 학습 과정과 결과를 평가할 수 있어 학습 동기가 생긴다. ③ 자신의 작품을 교사와 또래에게 설명하면서 사회성이 발달한다. ④ 다른 유아와 작품에 관하여 이야기 나누면서 상대의 느낌과 생각을 이해할 수 있다. ⑤ 다른 유아 작품을 평가하는 능력과 협동 학습 능력을 기를 수 있다. 이 중에서 4가지를 쓰면 된다.
교사에게 주는 이점 ① 벽면을 구성할 자료를 수집하면서 유아의 학습 과정과 결과를 깊이 이해할 수 있다. ② 벽면 구성 자료를 평가하여 교육과정을 계획, 수정하는 데 활용할 수 있다. ③ 학부모에게 알려 자녀를 더 잘 이해하게 하고 참여를 유도할 수 있다 ④ 유아를 평가하기 위해 별도로 자료를 수집할 필요가 없다.

---

193 『아동관찰 및 행동연구』(이영애, 유준호 저, 방송대, 2019), 161~165쪽 정리

(2009 특수객36) 포트폴리오 평가에 대한 바른 설명을 모두 고른 것은?

> ㄱ. 풍부한 자료 수집이 가능하므로 신뢰도와 타당도 확보가 용이하다.
> ㄴ. 활동 사진, 비디오 테이프, 활동 결과물과 같은 다양한 자료를 활용할 수 있다.
> ㄷ. 활동 내용, 개별화 교육계획의 목표, 활동 주제에 따라 다양하게 조직될 수 있다.
> ㄹ. 발달지체 유아의 발달적 변화를 파악하기에 적합한 방법이다.
> ㅁ. 유아의 수행에 기초한 평가의 한 형태이며, 유아의 강점과 약점을 파악하는 데 필요한 근거를 제공한다.

정답 풀이 ㄴ, ㄷ, ㄹ, ㅁ 오답 풀이: 작품과 성과물을 수집하고 평가할 때 교사의 주관과 편견이 들어가기 쉬워 신뢰도와 타당도를 확보하기 어렵다.

(2016 B1) ㄹ에 들어갈 평가 방법을 쓰시오. [1점]

> 오 교사: 저는 요즘 (ㄹ)을/를 활용해서 유아들의 언어 발달이 1년 동안 어떻게 변화되는지 알고 싶어 자료를 모으고 있어요.
> 강 교사: (ㄹ)은/는 단순히 자료를 수집하는 것보다 유아 언어 발달이나 진보가 나타나는 언어나 음률 활동 동영상이나 놀이 사진, 활동 결과물 등을 선별하여 수집하는 것이 중요해요.

정답 포트폴리오

(2019 추시A3) 2) 밑줄 친 ⓛ에서 포트폴리오 평가에 대한 설명으로 적절하지 않은 것 2 가지를 찾아 각각 바르게 고쳐 쓰시오. [2점]

3) 괄호 안의 ⓒ에 들어갈 말을 쓰시오. [1점]

오늘 유아평가에 관한 연수를 다녀왔다. 연수 주제는 포트폴리오 평가였다. ⓛ포트폴리오 평가는 지식·기능·태도에 대한 평가가 가능하고, 신뢰성과 객관성의 확보가 용이하며, 교수·학습과 평가를 통합할 수 있다는 장점이 있다. 또한 결과 중심의 평가를 지향하며, 개인 내 평가가 가능해 유아의 개별화된 교육을 지원하는 데 유용할 것 같다. 이번 연수에서 배운 내용을 적용하여 2학기 유아평가 계획을 좀 더 보완해야겠다. 특히 지금까지는 유아가 만든 작품을 중심으로 포트폴리오 평가에 포함할 자료들을 수집했는데, 앞으로는 유아들이 경험한 것을 스스로 정리하고 확인할 수 있도록 (ⓒ) 자료도 포트폴리오 평가 항목에 포함해야겠다. 이를 위해 우선 자유선택활동 후에 유아가 (ⓒ)을/를 할 수 있는 질문을 하고, 이를 기록하는 게 좋을 것 같다. 유아가 작품을 만들면서 힘들거나 어려웠던 점은 무엇인지, 처음 계획대로 되었는지, 자랑하고 싶거나 고치고 싶은 점이 무엇인지 등. 그리고 포트폴리오 평가에 포함할 작품도 유아가 직접 선정하게 해야겠다.

정답 풀이 2) 첫째, '신뢰성과 객관성 확보가 용이'가 부적절하다. 작품과 성과물을 수집하고 평가할 때 교사의 주관과 편견이 들어가기 쉬워 신뢰성과 객관성을 확보하기 어렵다. 둘째, '결과 중심의 평가를 지향'이 부적절하다. 포트폴리오는 과정 중심의 평가를 지향한다. 3) 자기 반영

1. 개념

　사회성 측정법(소시오메트리, sociometry method)은 집단의 구조와 발전 상태, 집단 구성원의 역학 관계를 측정하는 방법이다. 심리극(사이코드라마) 창시자인 미국 정신분석가 모레노(J. L. Moreno)가 개발한 사회성 측정법은 집단 구성원의 상호작용 형태나 응집력, 수용·거부 정도, 사회적 관계 등을 파악하는 데 유용하다.

　모레노는 1932년 뉴욕 브룩클린에 있는 공립학교에서 1~8학년 학생을 대상으로 같이 앉고 싶은 친구를 선택하는 조사를 시행했다. 조사 결과, 어떤 학생은 같이 앉고 싶은 친구로 많은 학생이 선택했지만 어떤 학생은 전혀 선택을 받지 못했다. 나머지는 대부분 중간 정도의 선택을 받았다. 친구 선택 관계를 분석해보니 겉에서 보이지 않는 사회적 구조가 드러났다. 모레노는 이러한 방법으로 집단 구성원의 인간 관계나 위치뿐 아니라 집단 자체의 구조와 발전 상태를 평가할 수 있다고 주장하며 이를 사회성 측정법이라고 명명했다.

　사회성 측정법에서 선택을 많이 받은 사람은 인기아(star), 선택을 받지 못한 사람은 고립아(isolatee)라고 한다. 선택을 거의 받지 못한 사람은 소외아(neglectee), 부정적 선택만 받은 사람은 배척아(rejectee), 서로가 서로를 선택한 사람은 상호적 선택아(mutual choice), 자신은 선택했지만 상대는 선택하지 않은 사람은 일방적 선택아(one-way choice)라고 한다. 큰 집단 내에서 3명 이상 서로 선택했지만 그 이외의 구성원에게 선택 받지 않은 집단은 파벌(clique), 2개 이상의 하위집단 사이에 선택이 거의 없는 경우는 분열(cleavage)이라고 한다.[194]

194　[네이버 지식백과] 사회성 측정법(상담학 사전, 2016. 01. 15., 김춘경, 이수연, 이윤주, 정종진, 최웅용)

2. 사회성 측정법 종류

사회적 측정법으로 학급 내 유아의 선호도를 평가하면 유아 간의 인기, 호감, 거부 등 사회적 관계를 파악할 수 있다. 사회성 측정법에는 또래지명법, 또래평정법, 쌍별비교법이 있다.

1) 또래지명법
또래지명법은 영유아에게 친구를 몇 명 선택하게 하는 방법이다. 가장 기본적이고 널리 사용되는 사회성 측정법이다.

2) 또래평정법
또래평정법은 유아에게 전체 학급 구성원 명단을 나누어 주고 모두를 평정하게 하는 방법이다. 또래평정법을 사용하면 각 유아가 학급의 전체 유아에게 수용되는 정도를 알 수 있다.

3) 쌍별비교법
쌍별비교법은 어떤 유아의 실물 사진을 다른 유아에게 보여주면서 동시에 그림 3장(웃는 얼굴, 찡그린 얼굴, 중립적 얼굴)을 보여주고 친구의 실물 사진에서 떠오르는 감정·태도와 가장 비슷한 그림을 짝짓게 하여 측정하는 방법이다. 쌍별비교법은 나이 어린 영유아의 또래 관계를 측정할 때 유용하다. 나이 어린 영유아는 측정 문항을 잘 이해하지 못하기 때문이다.

3. 실시 지침

사회성 측정법을 실시할 때는 다음과 같이 세 가지 사항을 주의해야 한다.
첫째, 집단 내 유아를 모두 조사한다. 유아가 학급 전체 유아를 파악하여 반응할 수 있도록, 모든 유아가 찍힌 사진을 제시하는 것이 좋다. 둘째, 검사 결과가 다른 유아에게 알려지지 않도록 한다. 셋째, 어린 영유아는 질문지를 독해하는 능력이 부족하므로 개별 면담을 통해 조사한다.

4. 분석

사회성 측정 결과는 주로 사회도와 사회성 측정 횡렬표로 분석한다.

1) 사회도

사회도는 집단 구성원의 선택과 배척 상황을 한 눈에 보여주는 그림을 말한다. 사회도를 보면 많은 선택을 받는 인기아(star), 선택을 받지 못한 고립아(isolatee), 선택을 거의 받지 못한 소외아(neglectee), 부정적 선택만 받은 배척아(rejectee), 서로 서로 선택한 단짝(pair) 등의 정보를 쉽게 알 수 있다. 사회도 기본형은 그림과 같다.

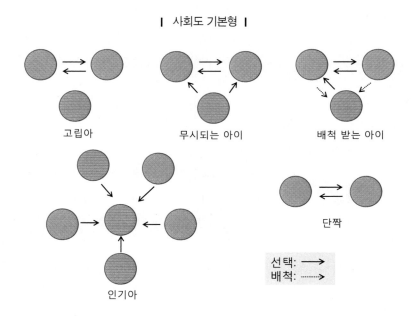

| 사회도 기본형 |

2) 사회성 측정 행렬표

사회성 측정 행렬표는 대상의 선택과 피선택을 이용한 이원표를 말한다. 아래 표는 단순한 형태의 사회성 측정 행렬표이다. 새싹반 유아 7명에게 각자 좋아하는 친구를 2명씩 선택하게 했을 때 나온 결과를 보여준다.

피선택자 선택자	은새	민성	대호	하은	선정	건희	희서	선택한 수
은새	-------	0	1	0	0	1	0	2
민성	0	-------	1	0	0	1	0	2
대호	0	1	-----	0	0	1	0	2
하은	1	0	0	-------	1	0	0	2
선정	0	0	0	1	-------	1	0	2
건희	0	1	1	0	0	-------	0	2
희서	0	0	0	0	1	1	------	2
선택 받은 수	1	2	3	1	2	5	0	-------

위 표에서 가로 줄은 선택 받은 유아, 세로 줄은 선택한 유아를 나타낸다. 각 칸에서 선택한 경우는 1, 선택하지 않은 경우는 0으로 표시했다. 가로 줄의 합계는 선택한 유아 숫자이다. 두 명씩만 선택하게 했으므로 모두 동일하게 2이다. 세로 줄의 합계는 선택 받은 수로써 집단 내 인기도를 보여 준다. 선택 받은 수가 5인 건희는 인기아이고 선택 받은 수가 0인 희서는 고립아임을 알 수 있다. 선택 받은 숫자가 적을수록 고립되거나 경시되는 유아이다.

5. 장단점

사회성 측정법의 장단점은 다음과 같다. 장점은 첫째, 조사 방법이 단순하여 쉽게 실시할 수 있다. 둘째, 유아 집단의 구조를 쉽게 파악할 수 있다. 셋째, 자료를 경제적으로 수집할 수 있다. 넷째, 교육적으로 유용하다. 다섯째, 교사가 사용할 때 융통성이 크다.

단점은 첫째, 실시 시기와 상황에 따라 유아 반응이 달라질 수 있어 신뢰도와 타당도가 저하될 수 있다. 예를 들어 조사 대상 유아가 친구와 싸웠을 때와 싸우지 않았을 때 결과가 달라진다. 둘째, 사회성 측정 결과와 관찰 결과가 일치하지 않는 경우가 있다. 셋째, 누구를 좋아하고 싫어하는 사실만 알 수 있고 왜 좋아하고 싫어하는지는 알 수 없다. 넷째, 통계적으로 분석하기 어렵다.[195]

유아의 기분과 상태는 그날그날 다를 수 있다. 이에 따라 측정 결과도 달라질 수 있

---

[195] 『아동관찰 및 행동연구』(황해익, 최혜진, 권유선 저, 공동체, 2020), 146~151쪽 요약

으므로 사회성 측정법과 별도로 사회적 상호작용을 관찰하여, 사회적 관계를 다면적으로 파악하는 것이 좋다.

(2015 A2) 아래에서 사용한 모레노(J. L. Moreno)가 개발한 조사 방법 1가지를 쓰고 ⓛ 과 ⓒ에 들어갈 말을 각각 쓰시오. [2점]

우리 반 유아들의 사회적 관계와 상호 작용 형태를 알아 보기 위해 '소풍 갈 때 버스에 같이 앉아서 가고 싶은 친구'를 조사해 보았다. 조사 결과를 분석해 보니, 우리 반에서 슬기와 보경이는 (ⓛ)(으)로, 용우는 (ⓒ)(으)로 나타났다. 이를 통해 겉으로 드러나지 않았던 우리 반 유아들의 사회적 역학 관계를 알 수 있었다. (2014년 0월 0일)

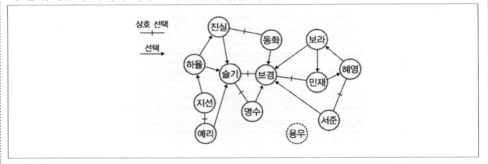

정답 사회성 측정법 중 또래 지명법, 인기아, 고립아,

(2020 A2) 1) ①<표1>과 <표2>를 비교하여 유아와 관련된 변화 내용 중 1가지를 쓰고, ② 4월과 10월에 두 번 실시한 이유를 사회성 측정법의 목적을 고려하여 1가지 쓰시오. [2점]

2) [가]의 대화에서 <사회성 측정법 예시 자료>를 통해 알 수 있는 내용에 해당하지 않는 것을 2가지 찾아 쓰시오. [2점]

○○반 유아들에게 '생일잔치에 초대하고 싶은 친구 2명'을 선택하도록 한 결과이다.

〈표1〉2018년 4월 ○일 조사 결과*

선택 유아 피선택 유아	A	B	C	D	E	F	계
A	-	1	1	0	0	0	2
B	0	-	0	0	0	0	0
C	1	0	-	1	1	1	4
D	1	0	0	-	0	1	2
E	0	0	1	1	-	0	2
F	0	1	0	0	1	-	2
계	2	2	2	2	2	2	

〈표2〉2018년 10월 ○일 조사 결과*

선택 유아 피선택 유아	A	B	C	D	E	F	계
A	-	1	1	0	0	0	2
B	0	-	1	0	0	0	1
C	1	0	-	1	1	1	4
D	1	0	0	-	0	1	2
E	0	0	0	1	-	0	1
F	0	1	0	0	1	-	2
계	2	2	2	2	2	2	

*각 칸의 1은 선택, 0은 비선택을 의미함

송 교사: 표를 살펴보니 여러 가지를 알 수 있네요. 이 방법을 사용하면 유아들이 많이 선호하는 대상이 누구인지 알 수 있겠어요.

민 교사: 친한 유아들끼리만 놀이를 해서 걱정이었는데, 또래들로부터 적게 선택 받는 유아가 누구 인지도 알 수 있겠군요. 그리고 특정 또래 그룹이 형성된 이유를 알 수 있어서 좋을 것 같아요.

하 교사: 사회적 관계에서 무시되는 유아의 놀이 유형에 대해서도 파악할 수 있겠네요.

[가]

정답 풀이 1) ① C 유아가 〈표1〉에서는 A 유아와 E 유아를 선택했지만 〈표2〉에서는 A 유아와 B 유아를 선택했다. ② 시간의 흐름에 따른 또래 관계의 변화를 이해하기 위해서다.

2) 특정 또래 그룹이 형성된 이유, 사회적 관계에서 무시되고 있는 유아의 놀이 유형

조사연구 방법

07 장

1) 개념

조사연구는 연구 대상에게 질문을 하여 자료를 수집하고 연구하는 일을 말한다. 조사연구는 현상을 파악하기 위해 연구 대상에게 설문지를 배포하거나, 질문을 하여 자료를 수집한다.

조사연구는 모집단에서 표본을 추출한 후 이를 연구하여, 모집단을 일반화하거나 모집단의 성격, 속성, 특징 등을 추론한다. 조사연구 방법에는 크게 질문지법과 면접이 있다.

2) 질문지법

질문지법은 연구자가 고안한 질문을 배포하여, 참여자가 자신에게 해당하는 항목에 기재하도록 하는 방법이다. 질문은 크게 개방형 질문과 폐쇄형 질문으로 나눌 수 있다.

개방형 질문은 응답자가 자신의 의사를 자유롭게 표현할 수 있는 질문이다. 예를 들어 '그림책은 왜 구입하려고 합니까?'라는 질문이 개방형 질문이다. 개방형 질문은 답변을 연구자가 제시한 응답 항목에 제한하지 않아, 다양하고 심층적인 의견을 수집할 수 있다.

폐쇄형 질문은 연구자가 제시한 선택지에서 응답자가 선택만 하거나, 서열을 정해야 하는 질문이다. 폐쇄형 질문은 응답하기 쉽고 응답 결과를 수량화할 수 있다는 장점이 있다. 하지만 응답자가 갖고 있는 독창적인 생각이나 견해를 포착하기 어렵고, 연구자가 제시한 선택지가 적절하기 않을 경우 의미 있는 응답을 얻지 못할 수 있다. 따라서 폐쇄형 질문은 측정 기준이 명확한 개념을 질문할 때 효과적이다.

3) 면접법

면접법은 연구자가 응답자와 교류를 통하여 자료를 수집하는 방법이다. 면접법은 응답자의 답변뿐 아니라 말투, 표정, 몸짓 등 비언어적 의사까지 수집할 수 있다. 질문지법은 읽고 쓸 수 있는, 문해 능력이 있는 응답자에게만 실시할 수 있지만, 면접법은 읽고 쓸 수 없지만 말로 의사 표시를 할 수 있는 유아에게도 실시할 수 있다. 면접법을 실시할 때 유아가 질문을 이해하지 못하거나 면담에 집중하지 않으면, 추가로 설명하거나 도구를 사용하여 보다 정확한 응답을 얻을 수 있다.[196]

---

196 『아동관찰 및 행동연구』(이영애, 유준호 저, 방송대, 2019), 101~102쪽

2019 개정 누리과정 해설서 총론 평가

08장

개정 누리과정에서 평가는 유치원과 어린이집에서 유아가 중심이 되고 놀이가 살아나는 누리과정의 운영을 되돌아보고 개선해 가는 과정이다. 개정 누리과정은 유치원과 어린이집에서 유아·놀이 중심 교육과정을 운영하는 데 도움이 되고자 평가를 간략화하고 각 기관의 자율적인 평가를 강조하였다. 유치원과 어린이집은 평가의 목적, 대상, 방법, 결과의 활용을 바탕으로 누리과정 평가를 자율적으로 실시할 수 있다.

평가는 다음 사항에 중점을 두고 실시한다.

가. 누리과정 운영의 질을 진단하고 개선하기 위해 평가를 계획하고 실시한다.
나. 유아의 특성 및 변화 정도와 누리과정의 운영을 평가한다.
다. 평가의 목적에 따라 적합한 방법을 사용하여 평가한다.
라. 평가의 결과는 유아에 대한 이해와 누리과정 운영 개선을 위한 자료로 활용 할 수 있다.

가. 누리과정 운영의 질을 진단하고 개선하기 위해 평가를 계획하고 실시한다.

평가의 목적은 유아가 중심이 되고 놀이가 살아나는 누리과정 운영을 자체적으로 평가하여, 누리과정 운영의 질을 진단하고 누리과정 운영을 보다 나은 방향으로 개선하는 데 있다. 유치원과 어린이집은 지역 특성, 각 기관 및 학급(반)의 상황과 요구를 고려하여, 누리과정 운영을 개선할 수 있도록 자율적으로 평가 계획을 수립한다. 평가의 내용, 평가 주기 및 시기, 평가 방법 등의 계획은 각 기관 구성원 간의 민주적인 협의를 통해 정한다.

나. 유아의 특성 및 변화 정도와 누리과정의 운영을 평가한다.

평가는 유아 평가와 누리과정의 운영 평가로 이루어진다.
유아 평가는 궁극적으로 유아의 행복과 전인적 발달을 지원하는 데 그 목적이 있다. 교사는 유아의 놀이, 일상생활, 활동 속에서 유아의 고유한 특성이나 의미 있는 변화를 발견하고, 그것을 바탕으로 유아의 배움과 성장을 돕기 위하여 평가를 할 수 있다. 교사는 유아의 배움이 나타나는 놀이, 일상생활, 활동에서 유아가 가장 즐기고 잘하는 것, 놀이의 특성, 흥미와 관심, 친구 관계, 놀이를 이어가기 위한 자료의 활용 등에 주목하여 유아 놀이를 관찰하고 이를 통해 유아의 특성과 변화를 이해하도록 한다.

누리과정 운영 평가는 유치원과 어린이집의 교육과정이 유아·놀이 중심으로 적절하게 운영되고 있는지 평가하는 데 그 목적이 있다. 유치원과 어린이집의 누리과정 운영 평가에서는 놀이시간을 충분히 운영하였는지, 유아 주도적인 놀이와 배움이 이루어지고 있는지, 놀이 지원이 적절한지 등을 평가할 수 있다. 이는 놀이 속에서 나타나는 유아의 특성 및 변화 정도와 연계하여 파악할 수 있다. 필요에 따라 부모와의 협력이나 행정적·재정적 지원이 적절하게 이루어지고 있는지 등을 평가 할 수도 있다.

다. 평가의 목적에 따라 적합한 방법을 사용하여 평가한다.

평가 방법은 평가의 목적과 대상에 따라 달라질 수 있다. 유치원과 어린이집은 평가 목적에 가장 적합한 평가 방법을 자율적으로 정하여 활용할 수 있다.

교사는 유아의 특성과 변화 정도를 파악하기 위하여 유아들의 실제 놀이 모습을 계획안에 기록할 수 있고, 놀이 결과물과 작품 등을 일상적으로 수집할 수 있다. 유아들의 놀이를 관찰할 때에는 유아의 말, 몸짓, 표정 등에서 드러나는 놀이의 의미와 특성에 주목하여 이 중 필요한 내용을 메모나 사진 등 교사가 할 수 있는 가장 용이한 방법으로 기록한다. 이러한 관찰기록 자료는 교실에서 자율적으로 수립한 계획안에 포함하여 유아의 특성과 변화 정도를 파악하는 데 활용할 수 있다.

유치원과 어린이집의 누리과정 운영에 대한 평가는 개선이 필요한 사항에 따라 자율적으로 실시할 수 있다. 기관별, 학급별 상황이나 필요성에 따라 적합한 방법을 선택하여 누리과정 운영을 평가한다.

개정 누리과정에서는 교사가 유아의 놀이 관찰기록, 유아 평가와 누리과정 운영 평가 등 평가 자료를 만들고 수집하는 데 과도한 노력을 기울이기보다는 유아의 놀이에 더 집중하고 지원하는 것이 중요함을 강조하고 있다. 교사는 개별 유아를 정기적으로 관찰하기보다는 배움이 나타나는 또래 간의 놀이나 활동 등 유아들이 일상에서 놀이하며 배우는 자연스러운 상황에서 유아의 특성과 변화를 이해하는 평가를 하도록 한다. 또한 5개 영역 59개 내용을 성취 기준으로 잘못 인식하여 유아의 놀이에서 59개 내용이 나타나는지 여부만을 체크하지 않도록 유의한다.

라. 평가 결과는 유아에 대한 이해와 누리과정 운영 개선을 위한 자료로 활용할 수 있다.

  교사는 유아의 놀이, 일상생활, 활동을 통해 수집된 자료를 평가 목적에 맞게 종합하여 평가의 결과를 얻을 수 있다. 유아 평가의 결과는 유아가 행복감을 느끼고 전인적으로 발달하도록 도움을 주는 데 활용한다. 또한 누리과정이 추구하는 인간상과 목적 및 목표 등에 비추어 유아의 특성과 변화 정도를 이해하고 유아의 배움과 성장에 도움이 되도록 지원하는 데 활용한다. 수집된 모든 자료를 바탕으로 개별 유아의 특성과 변화 정도를 종합적으로 이해하여, 이를 부모 면담자료 및 유아의 생활지도 등에 활용할 수 있다. 한편, 유치원과 어린이집에서 자율적인 방식을 통해 실시한 누리과정 운영 평가의 결과는 각 기관에서 유아·놀이 중심 교육과정의 운영을 보다 나은 방향으로 개선하는 데 활용할 수 있다.

기출문제로 학습 확인하기

(2021 A1) 2019 개정 유치원 교육과정의 '평가'에 제시된 ⓒ의 내용 2가지를 쓰시오. [2점]

> 박 교사: 2019 개정 유치원 교육과정에서는 평가의 자율화를 강조하고 있는데 평가 계획과 실행이 잘 이루어져야 해요.
> 정 교사: 제가 '평가' 내용을 살펴보니 평가의 목적, 대상, 방법, 그리고 ⓒ평가 결과의 활용으로 나누어 제시하고 있더라고요.

정답 풀이 평가 결과는 유아에 대한 이해와 누리과정 운영 개선을 위한 자료로 활용할 수 있다.

09 장

제5주기 유치원 평가 지표(예시)

*교육청에 따라 다르므로 참고만 할 것

평가 영역	평가 지표	평가 항목
Ⅰ. 교육과정 및 방과후 과정	1-1. 교육계획 수립	1-1-1. 1-1-1. 국가 수준의 공통 교육과정을 바탕으로 각 유치원의 실정을 반영한 교육계획을 수립한다.
		1-1-2. 유아의 발달과 장애 정도를 고려하여 교육계획을 수립한다.
		1-1-3. 가정과 지역사회와 협력과 참여를 포함하여 교육계획을 수립한다.
	1-2. 일과운영	1-2-1. 놀이와 활동을 융통성 있게 운영한다.
		1-2-2. 1-2-2. 성, 신체적 특성, 장애, 종교, 가족 및 문화적 배경 등으로 인한 차별이 없도록 운영한다.
	1-3. 교수학습및평가	1-3-1. 유아중심 놀이가 이루어지도록 지원한다.
		1-3-2. 교사는 유아가 놀이에 대한 흥미와 관심을 갖도록 지원한다.
		1-3-3. 유아의 특성 및 변화 정도와 교육과정 운영에 대한 평가를 실시한다.
		1-3-4. 유아와 교육과정 운영에 대한 평가 결과를 다음 계획에 반영한다.
	1-4. 교사와 유아 상호작용	1-4-1. 교사는 유아의 요구나 질문에 적절하게 반응한다.
		1-4-2. 1-4-2. 교사는 유아의 감정에 공감하고 유아가 스스로 감정을 다룰 수 있도록 돕는다.
		1-4-3. 교사는 유아의 놀이 상황을 주의 깊게 관찰하고 적절히 지원한다.
	1-5. 방과후 과정	1-5-1. 방과후 과정을 적절하게 계획하여 운영하고 있다.
		1-5-2. 방과후 과정을 위한 환경을 갖추고 있다.

평가 영역	평가 지표	평가 항목
II. 교육환경 및 운영관리	2-1. 놀이 공간의 다양성	2-1-1. 실내외 공간을 다양한 놀이와 활동이 가능하도록 구성하고 있다.
		2-1-2. 2-1-2. 놀이 영역간의 연계 및 놀이 확장이 가능하도록 실내외 공간을 구성하고 있다.
	2-2. 시설·설비의 적합성	2-2-1. 실내외 시설·설비가 유아의 발달 수준에 적합하다.
		2-2-2. 유아의 놀이와 활동을 지원하는 공간을 마련하고 있다.
	2-3. 놀이 자료의 구비 및 관리	2-3-1. 다양한 놀이와 활동이 가능한 놀이 자료를 충분히 구비하고 있다.
		2-3-2. 놀이 자료 및 비품을 보관하는 공간이 있고 체계적으로 관리하고 있다.
	2-4. 행·재정관리	2-4-1. 유치원운영위원회를 구성·운영하고 있다.
		2-4-2. 2-4-2. 유치원생활기록부 작성 및 관리지침에 따라 생활기록부를 작성·관리하고 있다.
		2-4-3. 유치원 예산·회계를 체계적으로 관리하고 있다.
III. 건강·안전	3-1. 시설 및 환경	3-1-1. 실내 공간을 청결하고 안전하게 관리한다.
		3-1-2. 실외 공간을 청결하고 안전하게 관리한다.
		3-1-3. 수도시설 공간을 청결하고 안전하게 관리한다.
		3-1-4. 전기 및 가스를 안전하게 관리한다.
		3-1-5. 안전시설 및 용품을 충실히 관리하고 사용법을 숙지한다.
	3-2. 건강 및 안전 증진	3-2-1. 질병 및 상해 관리와 감염병 대응관리가 적절히 이루어진다.
		3-2-2. 의약품을 철저하게 관리하고 있다.
		3-2-3. 건강 및 안전 증진을 위한 예방 관리를 실시하고 있다.
		3-2-4. 건강 및 안전 증진을 위한 교육이 충실히 이루어지고 있다.
	3-3. 급·간식 건강 및 안전	3-3-1. 3-3-1. 균형 잡힌 급·간식 계획을 수립·제공하고 있으며, 식자재 관리가 적절하게 이루어진다.
		3-3-2. 조리 및 배식과정이 안전하고 위생적이다.
		3-3-3. 급·간식 시간 및 이후 관리가 위생적으로 이루어진다.

평가 영역	평가 지표	평가 항목
III. 건강안전	3-4. 등·하원 안전	3-4-1. 등·하원 계획 및 지도가 안전하게 이루어진다.
		3-4-2. 통학차량(유): 차량 관리 및 운행이 안전하게 이루어진다.
		3-4-2. 통학차량(무): 등·하원 시 유아의 건강 상태를 확인한다.
IV. 교직원	4-1. 원장 전문성	4-1-1. 수평적 리더십으로 조직을 운영한다.
		4-1-2. 2019 개정누리과정에 대한 이해를 바탕으로 놀이중심 수업을 지원한다.
		4-1-3. 4-1-3. 교육공동체의 협력을 위해 노력한다.
	4-2. 교사 전문성	4-2-1. 4-2-1. 교직원은 교수·학습에 대한 전문성 개발 등을 위한 다양한 연수에 적극적으로 참여한다.
		4-2-2. 4-2-3. 교육과정과 방과후 과정을 담당하는 교직원은 열린 사고와 개방적 태도를 가지고 학습 공동체와 협력하여 전문성을 향상 시킬 수 있는 기회를 갖는다.
	4-3. 교사의 업무지원	4-3-1. 교사의 업무지원을 위한 교사실, 설비 및 자료를 적정하게 갖추고 있다.
		4-3-2. 교사는 교육과정 준비를 위한 시간을 확보하고 있다.
	4-4. 교직원 복지	4-4-1. 교직원이 이용하는 시설을 유아용과 별도로 설치하고 있다.
		4-4-2. 교직원의 직무공간에 냉난방설비 및 공기정화설비를 갖추고 있다.
		4-4-3. 4-4-3. 교직원 처우에 대한 규정이 있으며 이에 따라 교직원의 복지를 향상시키기 위해 노력하고 있다.
V. 학교 문화혁신	5- 5-1. 수업 혁신	5-1-1. 유아의 적극적 참여와 협력을 통한 배움과 성장이 일어나는 유아·놀이 중심 수업이 이루어지고 있다.
		5-1-2. 교원의 자발성을 기반으로 한 수업나눔을 실천하고 있다.
	5- 5-2. 생활교육 혁신	5-2-1. 유아 개개인을 공정하게 대하고 인격체로서 존중하고 있다.
		5-2-2. 유아들이 더불어 살아가는 민주시민(바른 인성, 애향심)으로 성장해 나가도록 노력하고 있다.
	5 5-3. 교직문화 혁신	5-3-1. 교육공동체가 함께 민주적 의사결정을 통해 유치원 운영에 참여한다.
		5-3-2. 청렴한 유치원 문화 만들기를 실천하고 있다.
	5-4. 업무 혁신	5-4-1. 유치원 운영계획서 중심으로 유치원을 운영한다.
		5-4-2. 관행적 행사 폐지개선, 일하는 방식 개선 등 업무정상화를 위해 노력하고 있다.

초수 합격 유아교육개론

7부

아동복지

01장 아동복지 개념과 원칙

1. 아동복지 정의

아동복지는 역사와 프로그램, 서비스, 대상자를 기준으로 학자마다 다르게 정의한다. 카두신과 마틴(Kadusin & Martin, 1988)은 아동복지를 넓은 의미와 좁은 의미로 나누어 정의하였다. 넓은 의미의 아동복지는 모든 아동의 행복과 사회 적응을 위하여 신체적, 심리적, 사회적 잠재력을 계발하는 각종 방법을 말한다. 좁은 의미로는 가족이나 사회기관으로 충족하지 못하는 욕구를 지닌 아동과 그 가족을 위해 전문적 사회복지기관이 제공하는 특별한 서비스이다. 미국의 『사회사업백과사전』은 아동복지를 아동이 건강하고 건전한 사람으로 성장, 발달할 수 있도록 하기 위한 광범위한 노력으로 정의했다.

2. 아동복지 기본 요소

아동복지를 실현하려면 아동이 성장·발달에 필요한 욕구를 충족하여 잠재력을 최대한 발휘할 수 있도록 기본 요소를 갖추어야 한다. 아동복지에서 고려해야 할 기본 요소는 다음과 같다.

1) 가정과 부모

안정된 가정과 바람직한 부모는 아동 발달에 가장 기본적인 요소이다. 아동은 일차적으로 부모와 가족에게서 생존에 필요한 욕구를 충족하며 정서적 인간 관계를 경험하고, 사회화의 기초를 다진다. 따라서 아동은 가정에서 이탈되어서는 안 되며 가정이 없는 아동에게는 가정을 만들어 주어야 한다.

아동복지를 실현하기 위해서는 아동의 가정을 보호하고 가족 구성원이 사회적 기능을 원활하게 수행하도록 지지하는, 가족 정책과 가족복지 서비스가 필요하다. 아동을 양육하고 책임질 수 있도록 부모에게 상담과 지도 프로그램을 제공해야 한다. 아동 발달의 원리, 자녀와 대화하는 법, 부모 역할 등 부모교육도 필요하다.

아동의 사회화는 부모와 사회, 국가가 공동으로 수행해야 하지만 일차적으로 가정이 수행해야 한다. 부모가 부재하거나 사망한 경우 지지, 보완, 대리 사업을 통해서라도 아동이 가정에서 잘 성장, 발달할 수 있도록 사회복지 서비스를 제공해야 한다.

2) 경제적 안정

아동의 성장과 발달은 가정의 경제적 여건에 크게 좌우된다. 빈곤한 가정의 아동은 영양실조나 질병에 걸리기 쉽고 신체 발달과 지능 발달이 늦을 수 있다. 빈곤은 부모의 아동 양육 방식에도 부정적인 영향을 준다. 아동은 교육 기회가 박탈되어 학업성취도가 저조할 수 있고 욕구 충족이 좌절되어 비규범적 행동을 할 수 있다.

국가는 공적부조, 사회보험, 아동수당을 제공하거나, 부모에게 취업 훈련을 시키고 직업을 알선하여 아동의 가정이 경제적으로 안정을 찾도록 도와주어야 한다.

3) 교육

교육은 다양한 지식과 자원을 제공하여 아동이 올바르게 성장하도록 돕는다. 아동은 교육 기회가 박탈될 경우 욕구를 충족하지 못하며, 사회적으로도 유능한 인재가 부족해진다.

국가는 교육을 통해 아동이 각자 고유한 인격과 개성을 형성하도록 도와주어야 한다. 장애 아동에게는 조기에 특수교육을 받을 수 있도록 국가는 정책을 마련해야 한다. 발달장애, 지체장애, 정서장애 등을 가진 아동에게 재활서비스를 조기에 제공하여, 능력을 최대한 발휘하고 사회에 적응하도록 해야 한다.

4) 보건과 의료

아동 건강은 어머니 건강과 밀접한 관련이 있다. 건강한 아동을 출산하기 위해서는 태아기부터 모자보건 대책을 마련해야 한다. 발육과 성장, 질병 치료를 위해 학교와 보육 기관에 보건위생 시설을 갖추어야 한다.

아동에게는 신체 건강도 중요하지만 정신 건강도 중요하다. 우리 사회는 경쟁 지향적인 학교 분위기와 부모의 과잉 기대로 과잉행동장애, 성격장애, 우울증, 열등감 등 정신적 문제를 안고 있는 아동이 증가하고 있다. 따라서 아동이 정신적 문제를 조기에 발견하고 치유할 수 있도록 도와주어야 한다.

5) 놀이와 여가

아동은 놀이를 통해 성장하고 발달한다. 아동은 즐겁게 뛰어 놀면서 신체가 발달하고 또래와 놀이하면서 자유롭게 사고하고, 사회적 기술을 습득한다. 그러나 오늘날 부모는 학업을 중시하여 아동의 놀이를 제한한다. 아동이 놀이를 통해 신체적, 정신적, 사회적 발달을 이루도록 놀이 시설을 지역에 골고루 설치하고, 건전하게 여가 생활을 누리도록 지도해야 한다.

6) 유해노동에서 보호

모든 아동은 연소노동과 유해노동에서 보호 받아야 한다. 연소노동은 아동의 신체적, 정서적, 도덕적 발달에 부정적인 영향을 미친다. 연소노동으로 교육 기회가 박탈 당하면 아동은 장래에 좋은 직업을 얻을 기회를 잃는다. 연소노동과 유해노동에서 아동을 보호하기 위해서는 경제 발전과 더불어 사회적, 법적 접근이 필요하다. 아동노동이 유해하다는 점에 사회가 공감하고 아동노동을 규제하는 법과 제도를 마련해야 한다.

7) 특별보호

아동복지는 모든 아동을 대상으로 한다. 하지만 특수한 욕구를 가진 아동에게는 사회적으로 특별한 보호가 필요하다. 장애 아동에게는 장애를 조기에 발견, 치료할 수 있는 기회를 제공하고, 저소득층 아동에게는 특별하게 설계한 교육과 보건을 제공해야 한다. 외국인 노동자나 탈북자의 아동이 사회심리적 문제를 해결할 수 있도록 대책을 마련하여 우리 사회에 쉽게 적응할 수 있도록 해야 한다.[197]

8) 종교

아동은 자유롭게 종교를 선택하고 신앙 생활을 할 수 있다. 부모라도 아동에게 특정 종교를 강요할 수 없다. 국가는 아동이 자신의 바람이나 문화적 배경에 따라 종교 생활을 할 수 있도록 보장해야 한다.

---

197 『아동복지론』(공계순, 박현선, 오승환, 이상균, 이현주 공저, 학지사, 2019), 37~43쪽 정리

3. 아동복지 원칙

아동이 건전하게 성장하고 발달하기 위해서는 다양한 정책을 수립하고 적절한 복지 서비스를 직접 제공해야 한다. 아동 정책과 서비스를 펼칠 때는 기본적으로 아동권리협약의 주요 원칙을 지켜야 한다. 아동권리협약 원칙 외에 아동복지를 실현하는 데 기초가 되어야 할 원칙을 보면 다음과 같다.

1) 권리와 책임의 원칙
권리와 책임의 원칙이란 아동복지 정책은 아동·부모·사회의 권리와 책임에 기반을 두어야 한다는 원칙이다. 따라서 권리와 책임의 원칙은 아동, 부모, 사회로 나누어 살펴봐야 한다.

(1) 아동의 권리와 책임 원칙
모든 아동은 인간으로서 독자적인 권리를 갖고 있는 존재이다. 아동은 생존·성장하고 보호와 지도를 받을 수 있는 권리가 있다. 아동은 권리가 있지만, 책임도 지고 있다. 아동은 자신을 책임지고 있는 성인의 기대를 충족해야 한다. 아동은 성인이 갖고 있는 요구 사항을 인정해야 하고, 자신의 발전에 도움이 되는 기회를 능동적으로 활용해야 한다. 아동은 단순히 성인의 보호가 필요한, 의존적이고 수동적인 존재가 아니라, 자신의 생을 위해 능동적으로 행동하는 존재이다.

(2) 부모의 권리와 책임 원칙
아이를 낳거나 입양하면 부모는 양육권을 갖는다. 부모는 아동의 일상적인 생활 방식과 수준을 결정할 수 있다. 아동의 윤리관과 교육, 직업에도 영향을 줄 수 있다. 부모는 권리뿐 아니라 책임도 있다. 부모는 아동을 경제적으로 지원하고, 신체적·정서적으로 보호하며, 안내하고 감독하고, 아동을 위해 중요한 결정을 해야 한다.

(3) 사회와 국가의 권리와 책임 원칙
사회와 국가는 아동 복지를 증진하기 위해 다양한 권리를 갖고 있으며 이에 따른 책임을 진다. 사회와 국가는 의무교육 제도 수립, 아동 노동 관련 법률 제정, 약물 등 의료 관련 조치, 결혼 연령 제한, 알코올 판매 등과 관련된 규정을 제정, 시행할 수 있다. 사회와 국가는 아동이 적절한 보호를 받으며 성장할 수 있도록 해야 한다.

2) 보편성 원칙과 선별성 원칙

보편성 원칙은 아동복지는 모든 아동을 대상으로 무차별적으로 제공해야 한다는 원칙이다. 우리나라 보건복지부가 2019년부터 부모의 소득·재산과 무관하게 동일한 액수를 지급하는 아동수당이 보편성 원칙을 적용한 대표적 사례이다. 무상 교육과 가족 수당에도 보편성 원칙을 적용했다.

선별성 원칙은 부모의 양육 능력 등 특정한 기준에 따라 일부 아동에게만 사회복지 서비스를 제공한다는 원칙이다. 특수교육 대상자를 위한 무상 교육, 저소득층 가정 자녀를 위한 무료 탁아는 선별성 원칙을 적용한 예이다.

3) 개발적 기능의 원칙

개발적 기능의 원칙은 아동복지는 아동 능력을 최대한으로 개발하기 위해 제공한다는 원칙이다. 모든 아동에게 개발적 기능의 원칙을 적용하지만 주 대상은 우수한 아동과 장애 아동, 빈곤 가정과 결손 가정에서 자라는 아동이다.

4) 개별성 원칙과 종합성 원칙

개별성 원칙은 아동복지를 실시하는 모든 과정에서 개인적 특성을 고려해야 한다는 원칙이다. 동일한 문제 행동이 나타나더라도 어떤 아동은 행동수정 기법으로 교정하고, 다른 아동은 정신분석법으로 치료하는 것은 개별성 원칙을 적용한 예이다.

종합성 원칙은 아동 문제는 여러 가지 서비스를 함께 고려해야 효과를 거둘 수 있다는 원칙이다. 장애 아동이 사회적으로 자립하도록 의료 재활, 교육 재활, 심리 재활, 직업 재활을 종합적으로 제공하는 경우가 종합적 원칙을 적용한 대표적 사례다.

5) 전문성 원칙

전문성 원칙은 아동복지 사업은 전문가와 전문 기관이 수행해야 한다는 원칙이다. 현대 사회의 아동 문제는 부모나 자원봉사자의 능력과 노력만으로 해결할 수 없다. 고도의 지식과 기술을 갖고 있는 전문가가 필요하다. 따라서 교육학, 심리학, 사회사업학, 아동학 등 각 분야 전문가들이 아동 정책 결정과 사업에 적극 참여하고, 정부는 이를 제도적으로 뒷받침해야 한다.[198]

---

198 『아동복지』(박선희, 조흥식 공저, 방송대, 2015), 110~117쪽 정리

02 장 우리나라 아동복지 발전 과정

1945년 해방 이후 우리나라 아동복지는 미군정 시기와 1950년대 6·25전쟁 그리고 1960년대 빈곤기에 발생한 수많은 요보호아동을 긴급 구호하는 서비스에서 시작되었다. 6·25전쟁으로 고아, 미아, 기아 등 요보호아동이 급증하자 외국 민간원조단체가 주축이 되어 구호 사업을 활발히 전개하면서 아동복지 시설이 급증하였다. 1970년 후반부터 외국 원조 단체가 철수하면서 국가와 국내 민간 사회복지 기관의 주도로 아동복지는 본격적으로 발전하기 시작했다. 해방 이후 현재까지 우리나라의 아동복지 발전 과정을 살펴보면 다음과 같다.

1) 사회구호 단계

사회구호 단계는 1945년 해방 이후부터 1961년 아동복리법 제정 이전까지의 시기다. 해방과 분단, 6·25전쟁 과정에서 발생한 수많은 고아와 미아, 기아를 수용·보호하는 응급구호에 치중한 단계이다. 기독교아동복리회, 선명회세계본부 등 많은 외국 원조기관이 국내에 들어와 아동 시설을 설립하여 활동하였다.

사회구호 단계에서는 국가책임의 원칙을 수립하거나 전문적인 아동복지 서비스를 제공하지 못했다. 민간과 외국 원조기관이 설립한 아동 시설을 중심으로 고아, 미아, 기아를 대상으로 응급 구호적인 서비스에 그쳤다.

2) 선별적 아동보호 단계

선별적 아동보호 단계는 1961년 아동복리법 제정 이후부터 1981년 「아동복리법」이 「아동복지법」으로 개정되기 전까지의 시기다. 국가가 외국 원조기관을 대체하기 시작했고 미혼모의 아동을 대상으로 해외 입양이 증가하였다. 여성 취업자가 늘어나면서 보육 수요가 증가하기 시작했다.

1960년대 초 「아동복리법」과 「생활보호법」이 제정되어 요보호아동에 대한 국가책임의 원칙이 처음으로 법제화되었다. 하지만 아동복지 정책은 대부분 경제성장에 부정적인 영향을 주지 않으려고 국가 책임을 최소화했기 때문에, 요보호아동을 대상으로 제한적으로 실시되었다. 국가책임의 원칙을 천명했지만 요보호아동을 주 대상으로 하는 선별적인 아동보호 단계에 머물렀다.

3) 보편적 아동복지 지향 단계

보편적 아동복지 지향 단계는 1961년 제정된 「아동복리법」을 1981년 「아동복지법」으로 개정한 이후부터 2000년 아동복지법 개정 이전까지의 시기다.

우리나라는 1991년에 「영유아보육법」을 제정하였고 아동복지 대상을 요보호아동에서 모든 아동으로 확대함으로써 보편주의를 지향하였다. 아동복지의 주류를 형성한 시설보호 사업은 퇴조하였고 영유아보육, 가정위탁, 입양 등 아동복지 서비스가 다양화하여 아동복지 영역이 확대되었다. 국가는 아동복지에 재정 지원을 늘렸고 「아동복지법」에 일반 아동을 위한 내용을 포함시켰다.

4) 보편적 아동복지 실시 단계

보편적 아동복지 실시 단계는 2000년 「아동복지법」 개정 이후의 시기이다. 이때부터 보편적 아동복지를 실제적으로 실시하기 시작했다. 2000년 「아동복지법」을 개정하면서 아동에 관한 모든 활동에서 아동 이익을 최우선으로 고려해야 한다는 조항을 신설하여 '아동이익 최우선 원칙'을 천명했다. 아동학대와 아동 안전에 관한 규정을 마련하였고 공공보육에 사회적 관심이 증가하면서 무상보육과 보육시설 평가인증 제도를 도입했다. 아동보호 전문 기관, 가정위탁지원센터, 공동생활가정, 지역아동센터 등 다양한 아동복지 서비스가 활성화되었다.

2018년에는 보편적 아동복지 정책인 아동수당 제도를 도입하여 우리나라는 본격적으로 보편적 아동복지 시대로 진입했다.

03장 아동복지 대상과 서비스

1. 아동복지 대상

아동복지 대상은 크게 일반 아동과 요보호 아동으로 나눌 수 있다.

1) 일반 아동

일반 아동은 건전한 가정에서 양육되어 국가나 사회가 특별히 보호하지 않아도 생활할 수 있는 아동을 말한다. 하지만 사회가 급격하게 변화하면서 건전한 가정이 무너질 수 있기 때문에 일반 아동을 위한 복지서비스가 필요하다.

일반 아동을 위한 복지 사업은 보호가 필요한 아동이 발생하지 않도록 임신, 출산, 육아 등의 모자 보건과 부모 역할 등을 우선 고려해야 한다. 일반 아동을 위한 사회복지 정책에는 어린이 공원 건립, 유아 도서·완구 제작, 아동상담 제도 수립, 아동 전문가 양성, 아동을 위한 도시 계획 수립 등이 있다.

2) 요보호아동

아동은 대부분 부모의 보살핌을 받으면 성장한다. 하지만 부모가 아동을 양육할 수 없거나 양육할 능력이 부족할 때 국가나 사회가 이를 대신해야 한다. 요보호 아동은 크게 욕구 결핍 아동과 사회 문제 관련 아동으로 구분한다. 이 둘은 중복되는 경우가 많다.

욕구 결핍 관련 아동은 소득, 건강, 교육, 주거, 문화 조건이 결핍한 아동을 말한다. 사회 문제 관련 아동은 빈곤 아동과 같은 구조적 문제 관련 아동과 결손 가정 아동, 가출 아동 등 해체적 문제 관련 아동 그리고 성격 결함 아동 등 탈선적 문제 관련 아동이 있다.[199]

---

199 『아동복지』(박선희, 조흥식 공저, 방송대, 2015), 20~21쪽 정리

2. 아동복지 서비스 분류

1) 아동복지 서비스 개념

아동복지 서비스는 아동이 정상적으로 살아갈 수 있도록 아동과 아동 가족 문제에 대응하는 사회복지 서비스를 말한다. 사회가 발전하면서 아동의 사회적 욕구도 변화하고 있다. 이에 따라 아동복지 서비스는 보호 차원에서 시작하여 변화와 예방을 거쳐 삶의 질 향상으로 차원이 달라지고 있다.

2) 아동복지 서비스의 분류

(1) 제공 장소에 따른 분류

아동복지 서비스는 서비스를 제공 받는 아동이 어디에서 생활하느냐에 따라 재가 서비스와 가정 외 서비스로 나눌 수 있다.

재가 서비스는 아동이 가정에서 생활하면서 받는 서비스이다. 재가 서비스는 가족의 구조적 결손이 없지만 위험 요소를 가지고 있을 때 제공한다. 한부모 가족이나 조손 가족과 같이 구조적 결손이 있고, 가정이 원활하게 기능하지 않을 때도 제공할 수 있다. 재가 서비스는 가정의 기능 중에 부족한 부분을 지지하거나 보충하여, 가정의 해체나 붕괴를 막는 기능을 한다. 가정의 강점을 지원하여 위기를 극복하는 역할도 할 수 있다.

가정 외 서비스는 아동이 가정을 떠나 시설이나 위탁 가정 등에서 생활하면서 제공 받는 서비스를 말한다. 가정에서 생활하면서 특정 시간 동안 가정 밖 시설에서 양육과 보호를 받는 것도 가정 외 서비스에 해당한다. 예를 들어 취업모 가정에서 어머니가 근무하는 동안 아동을 보육시설에서 돌보는 것은 가정 외 서비스에 해당한다.[200]

(2) 카두신(A. Kadushin)의 아동복지 서비스 유형

카두신(A. Kadushin & Martin, 1988)의 분류에 따르면 아동복지 서비스는 서비스 기능에 따라 지지적 서비스(supportive service), 보충적 서비스(supplementary service), 대리적 서비스(substitute service)로 나뉜다.

① 지지적(지원적) 서비스

지지적 서비스는 부모와 아동의 능력을 지원하고 강화하는 서비스다. 즉, 부모와 자

---

200 『아동복지론』(공계순, 박현선, 오승환, 이상균, 이현주 공저, 학지사, 2019), 57~58쪽 정리

녀가 각자 책임을 다할 수 있도록 지원하고 강화하는 서비스를 말한다. 지지적 서비스는 아동이 가정에서 생활하면서 받을 수 있다. 아동복지 기관의 역할은 부모와 아동이 책임을 다할 수 있도록 돕는 일로 제한된다. 지지적 서비스는 아동이 가정에 머물면서 부모와 좋은 관계를 유지하도록 상담 등으로 가족 기능을 강화하고, 부모·자녀 간 긴장을 완화하기 위한 서비스이다. 아동 문제를 예방하기 위한 1차 방어선이라고 할 수 있다.

지지적 서비스가 필요한 경우는 다음과 같이 크게 다섯 가지가 있다. 첫째, 부모가 자녀를 양육하는 데 어려움을 겪는 경우 둘째, 아동이나 부모가 자신의 역할에 어떤 만족도 느끼지 못하는 경우 셋째, 자녀의 친구 관계나 학교 생활에 문제가 있는 경우 넷째, 형제 사이에 갈등이 일어나 화목하지 않은 경우 다섯 째, 부부 관계가 불만족스러워 자녀에게 문제가 발생하는 경우이다.

지지적 서비스에는 아동 상담, 미혼 부모 상담, 학대방임 아동 보호와 같은 개별지도 서비스와 가족 상담·치료, 가정교육 프로그램, 집단 상담 프로그램, 지역사회 프로그램 등이 있다.

② 보충적(보완적) 서비스

보충적 서비스는 가정 내 부모 역할의 일부를 보조·보충하는 서비스이다. 부모 역할이 매우 부적절하여 외부에서 부모 역할을 대행하거나 도와주는 서비스다. 아동 문제 예방을 위한 2차 방어선이라 할 수 있다.

보충적 서비스에는 부모가 아닌 사람이 아동을 보호하는 보육사업, 장애아동 복지 사업, 가사 조력 사업, 소득 유지 사업, 가정 조성 사업(가사 전반을 돌보는 사업) 등이 있다.

③ 대리적(대체적) 서비스

대리적 서비스는 정상적 가정을 유지하기 어려울 때, 부모 양육을 일시적 혹은 영구적으로 대리해 주는 서비스이다. 가족 관계가 일시적 또는 영구적으로 해체될 때 제공하는 아동보호 서비스다. 대리적 서비스는 아동을 다른 가정이나 시설에서 지내게 하여 아동을 보호한다. 아동 문제 예방을 위한 3차 방어선이라고 할 수 있다.

대리적 사업에는 입양 사업, 가정위탁보호사업(부모 이혼이나 사망, 아동 유기 등으로 가정이 파괴되거나, 아동이 가정에서 정상적으로 성장할 수 없는 경우 일정 기간 보호하는 사업), 시설 보호(부모가 자녀를 양육할 의사나 능력이 없을 때, 타인이 부모를 대신하여 일정한 시설에서 일시적 또는 장기적으로 집단 보호하는 사업) 등이 있다.[201]

---

201 『아동복지』(박선희, 조흥식 저, 방송대, 2015), 125~129쪽 요약

(2012년 객4) (가)는 카두신(A. Kadushin)이 아동복지사업을 분류한 유형이고, (나)는 단설 유치원과 초등학교(병설 유치원 포함) 및 중학교를 대상으로 교육과학기술부가 실시하고 있는 교육복지우선지원사업에 대한 설명이다.

(가)	⊙ 지지적 서비스(supportive service): 부모와 아동의 능력을 지원하고 강화시켜 주는 서비스 ⓛ 보충적 서비스(supplementary service): 가정 내 부모 역할의 일부를 보조·보충해 주는 서비스 ⓒ 대리적 서비스(substitute service): 정상적 가정을 유지하기 어려울 때, 부모 양육을 일시적 혹은 영구적으로 대리해 주는 서비스
(나)	○ 교육복지우선지원사업은 어려운 환경과 여건에 있는 아동이 교육의 기회, 과정, 결과에서 나타내는 주요 취약성을 보완하기 위한 교육, 문화, 복지 등의 통합지원체제구축사업이다. ○ 해당 학교는 이 사업의 초점 대상이 되는 집중지원학생을 지원하기 위하여 전담부서를 두고, 교육복지위원회를 구성하여 운영한다. ○ 교육복지우선지원사업의 예로는 ② 학업성취도 향상을 위한 수준별 맞춤형 프로그램과 대학생 멘토링 프로그램, 자격증 취득을 통해 진로개발을 도모하는 진로 멘토링 프로그램, 학교 적응력 향상과 학교 만족도 증진을 위한 사제동행 프로그램, 방과후 보육 및 교육이 필요한 유아와 아동들을 위한 방과후 교실 프로그램 등이 있다.

@은 (가)의 ㉠~㉢ 중 2가지 서비스 유형에 해당된다. @이 해당되지 않는 나머지 1가지 서비스 유형과 이 서비스 유형에 해당하는 아동복지사업의 예를 알맞게 짝지은 것은?

	서비스 유형	아동복지사업의 예
①	㉠	보육사업
②	㉠	장애아동복지사업
③	㉡	가사 조력 사업
④	㉢	입양사업
⑤	㉢	유아 및 부모 상담

정답 풀이 ④ @이 해당되지 않는 나머지 1가지 서비스는 대리적 서비스다. 입양 사업은 대표적인 대리적 서비스이다. 보육 사업과 장애 아동복지 사업, 가사 조력 사업은 보충적 서비스이고 유아 및 부모 상담은 지지적 서비스다.

(3) 방어선 위치에 따른 분류

주커만(Zuckerman, 1983)은 아동복지 서비스를 방어선 위치에 따라 제1차 방어선 (first line of defense), 제2차 방어선(second line of defense), 제3차 방어선(third line of defense)으로 나누어 제시했다. 이 분류는 카두신(A. Kadushin & Martin, 1988)의 분류와 중복되는 곳이 많다.

① 제1차 방어선

제1차 방어선은 가정 내 서비스를 말한다. 가정은 아동에게 부적응과 발달 문제가 발생하지 않게 막아 주는 1차 방어선 역할을 수행한다. 가정이 아동의 기본적 욕구를 충족하지 못하거나 부모·자녀 관계에 장애가 발생하면, 가정 기능을 유지하고 강화하는 서비스를 제공해야 한다. 아동 상담, 방임·학대 아동 보호 등이 대표적인 제1차 방어선이다. 제1차 방어선은 카두신의 지지적 서비스와 많은 부분이 중복된다.

② 제2차 방어선

제2차 방어선은 가정 대리 서비스를 말한다. 가정이 기능을 원활하게 수행하지 못할 경우 아동이 속한 가정을 대신할 보호의 장이 필요하게 된다. 이때에는 원래 가정과 가장 유사한 환경을 만들어 주는 것이 바람직하다. 가정에서 가까우면서도 지역사회에서 자유롭게 접근할 수 있는 보호의 장을 제2차 방어선으로 제공해야 한다. 대표적인 제2차 방어선에는 보육, 가정위탁, 입양을 들 수 있다.

③ 제3차 방어선

제3차 방어선은 시설수용 서비스를 말한다. 아동의 가정과 대리 가정이 보호·양육 서비스를 제공할 수 없는 경우 시설에 수용하여 집단적으로 보호할 수 밖에 없다. 제3차 방어선은 가정을 대리한다는 점에서 제2차 방어선과 같지만 가정과 가장 유사한 환경이 아니라 집단적 생활 환경에서 서비스를 제공한다는 점이 다르다. 대표적인 제3차 방어선에는 시설보호 서비스가 있다. 시설보호는 대부분 공공기관과 민간복지 기관이 운영하며 공공 기관에서 지원을 받고 있다.[203]

3. 우리나라 복지 서비스 현황

1) 교육복지우선지원 사업

(1) 교육복지우선지원 사업 내용

교육복지우선지원 사업은 생활이 어려운 아동을 위한 교육, 문화, 복지 등의 통합 지원체제 구축 사업이다. 학교와 지역 사회가 연계하여 교육·문화·복지 등 서비스를 통합적으로 지원하여, 교육 취약 계층 학생에게 실질적 교육 기회를 보장하고 교육 격차를 해소하려는 사업이다.

교육복지우선지원 사업은 교육부가 실시한다. 이 사업에서 유치원을 포함한 학교 중심의 지역 교육 공동체는 교육 취약계층 아동과 청소년에게 통합적 서비스를 제공한다. 학교는 이 사업의 주 대상인 집중 지원 학생을 위해 지원 전담 부서를 두고, 교육복지위원회를 구성, 운영한다.

(2) 도입 배경

교육복지우선지원 사업은 계층 간 소득 격차 심화, 가정 기능 약화, 급격한 도시화 등이 초래한 사회 위기에 학교와 지역사회가 적극 대처하고 교육·문화 여건이 열악한 저소득층 밀집 지역의 교육적, 문화적 불평등을 완화하기 위해 도입했다.

(3) 목적

교육복지우선지원 사업의 목적은 다음과 같다. 첫째, 발달 단계 초기에 개입하여 출

---

[203] 『아동복지론』(공계순, 박현선, 오승환, 이상균, 이현주 공저, 학지사, 2019), 62~63쪽 정리

발점 평등을 실현하고, 교육 기회를 실질적으로 보장한다. 둘째, 학교 중심의 지역사회 교육공동체를 구축한다. 셋째, 저소득층 아동의 생활과 교육 환경을 개선하기 위해 지역 차원으로 접근한다.

(4) 목표

교육복지우선지원 사업의 목표는 다음과 같다. 첫째, 교육취약계층 아동·청소년의 학습 결손을 예방하고 보완하여 학력을 증진한다. 둘째, 교육취약계층 아동·청소년의 신체 건강과 정서 함양을 위해 문화 욕구를 충족시킨다. 셋째, 가정과 학교, 지역 사회를 연결한 지원망을 구축하여 교육 취약 집단의 교육 격차를 해소한다.[204]

(5) 교육복지우선지원 사업의 예

교육복지우선지원 사업의 예로는 학업성취도 향상을 위한 수준별 맞춤형 프로그램과 대학생 멘토링 프로그램, 자격증 취득을 통해 진로개발을 도모하는 진로 멘토링 프로그램, 학교 적응력 향상과 학교 만족도 증진을 위한 사제동행 프로그램, 방과후 보육이나 교육이 필요한 유아동을 위한 방과후 교실 프로그램 등이 있다.

2) 드림스타트

(1) 개념

드림스타트는 취약 계층 아동에게 맞춤형 통합서비스를 제공하여 건강한 성장과 발달을 도모하고, 공평한 출발 기회를 보장하여 행복한 사회 구성원으로 성장하도록 지원하는 사업이다. 드림스타트 사업은 보건복지부가 실시하고 있다.

(2) 추진 배경

드림스타트 추진 배경은 다음과 같다. 첫째, 가족 해체, 사회 양극화 등에 따라 아동 빈곤 문제가 심각하게 대두하였다. 둘째, 빈곤 아동에 대한 사회 투자가 중요하다는 인식이 확산했다. 미국 랜드연구소(2006)에 따르면 빈곤 아동에게 1달러를 투자하면 취업률, 소득수준, 교육성취, 복지수급 등의 측면에서 최대 16.1달러의 환원 효과가 발생한다. 셋째, 아동과 가족에 초점을 맞춘 통합 관리를 통해 모든 아동에게 공평한 출발 기회를 보장해야 할 필요성이 증대했다.

---

204 『교육복지우선지원사업 표준업무편람』(경상남도교육청, 2016), 3~5쪽 요약

(3) 법적 근거

드림스타트는 아래와 같이 아동복지법과 아동복지법 시행령에서 법적 근거를 찾을 수 있다.

아동복지법 제37조(취약계층 아동에 대한 통합서비스지원) ① 국가와 지방자치단체는 아동의 건강한 성장과 발달을 도모하기 위하여 대통령령으로 정하는 바에 따라 아동의 성장 및 복지 여건이 취약한 가정을 선정하여 그 가정의 지원대상아동과 가족을 대상으로 보건, 복지, 보호, 교육, 치료 등을 종합적으로 지원하는 통합서비스를 실시한다.

아동복지법 시행령 제37조(취약계층 아동에 대한 통합서비스지원 등) ① 보건복지부장관, 시·도지사 및 시장·군수·구청장은 법 제37조제1항에 따라 다음 각 호에 해당하는 가정 중에서 보건복지부장관이 아동의 발달수준 및 양육 환경 등을 고려하여 정하는 기준에 따라 통합서비스지원 대상을 선정한다.

1. 「국민기초생활 보장법」에 따른 수급자 또는 차상위계층 가정
2. 그 밖에 보건복지부장관이 정하는 아동의 성장 및 복지 여건이 취약한 가정

(4) 지원 대상

① 0세(임산부)에서 만 12세(초등학생 이하) 아동 및 그 가족, 만 12세 이상 아동 중에서 초등학교 재학 아동
② 국민기초수급 및 차상위 계층 가정, 법정 한부모가정(조손 가정 포함), 학대 및 성폭력피해 아동 등을 우선 지원

(5) 사업 내용

사용 내용에는 건강 검진, 질병예방 교육 등 건강 증진 서비스, 아동의 기초 학습 및 사회성·정서 발달 교육 지원, 부모의 양육 지도 등이 있다.

3) 위스타트

위스타트(We Start)는 빈곤 아동과 소외된 아동이 뒤처지지 않고 같은 출발선에서 미래의 희망으로 자라날 수 있도록 아동과 가족, 지역사회의 역량을 강화하고 지원해 주는 운동이다.

위스타트는 언론사와 50여 민간 단체가 가난의 대물림을 끊고, 우리(We) 모두 나서서 아동의 새로운 삶의 출발(Start)을 돕자는 뜻을 담아 2004년에 위스타트 운동본부 출범과 함께 시작되었다.

"한 아이가 잘 자라기 위해서는 한 마을이 필요하다"는 경구가 있다. 아동의 변화와 성장은 가족과 공동체의 참여 없이는 이루어지기 어렵다. 위스타트는 아동의 가장 가까운 환경인 가족의 안정을 도모하고, 아동과 가족이 딛고 일어설 수 있는 지역사회를 함께 만들어 가는 운동이다. 주로 마을 지원, 인성 교육 지원, 문화 예술 지원 등을 한다.[205]

기출문제로 학습 확인하기

(2013 정시A1) ⓜ 사업의 유치원 부분은 공정한 출발선을 보장하는 계기를 마련하기 위해 누리과정 외에 실시하고 있는 국가정책 사업이다. ⓜ을 쓰시오. [1점]

> 보건복지부는 '드림스타트'를, 교육과학기술부는 '(ⓜ) 사업'을 실시하고 있다. '(ⓜ)사업'에서 유치원을 포함한 학교 중심의 지역교육공동체는 교육 취약계층 아동 청소년들에게 통합적 서비스를 제공한다.

정답 풀이 교육복지우선지원

---

205 http://westart.or.kr/

아동 권리

1. 아동권리 개념

아동권리는 사회가 인식하고 주장한 아동의 여러 가지 욕구라고 할 수 있다. 아동의 여러 욕구를 사회가 인식하고 주장할 때 아동권리라고 표현할 수 있다.

역사적으로 수천 년 동안 아동은 보호 대상으로 여겼다. 20세기에 이르러 아동권리에 관한 국제적인 선언과 협약 등은 아동에게 발달, 보호, 교육, 참여 등의 권리를 조건 없이 부여했고, 아동 관련 제도나 정책을 만들 때 아동이 권리를 실현할 수 있도록 노력해야 한다고 밝히고 있다. 따라서 현대 사회에서 아동은 부모나 성인에게 예속된 존재가 아니라 여러 가지 권리를 누리는 독립적 인격체다.

아동권리는 수동적 권리와 능동적 권리로 나눌 수 있다. 수동적 권리는 양육이나 보호를 받는 수동적 존재인 아동에게 보장되는 권리이다. 수동적 권리 관점에서 아동은 수혜자이다. 능동적 권리는 아동을 권리 주체로 인정하여 발생하는, 법적 효력을 갖춘 권리다.

아동권리의 내용은 제공, 보호, 참여라는 세 가지 개념으로 설명할 수 있다. 제공은 아동이 놀이, 교육, 보건 등 인적, 물적 자원을 제공 받고 사용할 수 있는 권리이다. 교육 받을 권리, 여가 향유 권리가 제공 개념으로 설명할 수 있는 권리이다. 보호는 유해한 환경이나 행위 등에서 보호 받을 수 있는 권리이다. 학대에서 보호 받을 권리나 문제 있는 부모에게서 분리할 권리가 보호 개념으로 설명할 수 있는 권리다. 참여는 자신에게 중요한 영향을 미치는 결정을 알 권리와 사회 활동에 참여할 수 있는 권리이다.[206]

---

206   『아동복지』(박선희, 조흥식 공저, 방송대, 2015), 52~53쪽 정리

2. UN아동권리협약

1) 의미

UN아동권리협약(Convention on the Rights of the Child : CRC)은 18세 미만 아동의 권리를 담은 국제적인 약속으로, 1989년 11월 국제연합(UN) 총회에서 만장일치로 채택되었다. 2002년 현재 우리나라를 포함한 전 세계 191개 국가가 비준했다. 유엔아동권리협약에는 이 세상 어린이라면 누구나 마땅히 누려야 할 생존·보호·발달·참여의 권리가 담겨 있다.

한국은 1991년에 유엔아동권리협약을 비준했다. 이에 따라 우리 정부는 협약 이행보고서를 작성해 유엔아동권리위원회에 제출했다. 유엔아동권리위원회는 한국이 제출한 이행보고서를 심의한 후, 협약 이행 상황에 대한 우려와 제안을 담은 최종 견해(권고 사항)를 한국 정부에 전달했다.

2) UN아동권리협약의 기본 원칙

(1) 아동의 무차별의 원칙 NON-DISCRIMINATION

모든 아동은 부모가 어떤 사람이든, 어떤 인종이든, 어떤 종교를 믿든, 어떤 언어를 사용하든, 부자든 가난하든, 장애가 있든 없든, 모두 동등한 권리를 누려야 한다.

(2) 아동 이익 최우선의 원칙 DEVOTION TO BEST INTERESTS OF THE CHILD

아동에게 영향을 미치는 결정을 할 때는 아동의 최선의 이익을 최우선으로 고려해야 한다.

(3) 생존, 보호 및 발달의 원칙 THE RIGHT TO LIFE, SURVIVAL AND DEVELOPMENT

아동은 특별히 생존과 발달을 위해 다양한 보호와 지원을 받아야 한다.

(4) 아동의 의사 존중 및 참여의 원칙 RESPECT FOR THE VIEWS OF THE CHILD

책임감 있는 어른이 되기 위해 아동은 자신의 능력에 맞게 적절한 사회 활동에 참여할 기회를 갖고, 자신의 생활에 영향을 주는 일에 의견을 말할 수 있어야 하며 그 의견은 존중 받아야 한다.

3) UN아동권리협약(전문+54조)

전문

국제연합이 세계인권선언과 국제인권규약에서 모든 사람은 인종, 피부색, 성별, 언어, 종교, 정치적 또는 기타 의견, 민족적 또는 사회적 출신, 재산, 출생 또는 기타 신분 등 어떠한 종류 구분에 의한 차별 없이 동 선언 및 규약에 규정된 모든 권리와 자유를 향유할 자격이 있음을 선언하고 동의하였음을 인정하고,

… (중략) …

아동은 완전하고 조화로운 인격 발달을 위하여 가족적 환경과 행복, 사랑 및 이해의 분위기속에서 성장하여야 함을 인정하고,… (중략) …아동은 신체적·정신적 미성숙으로 인하여 출생전후를 막론하고 적절한 법적 보호를 포함한 특별한 보호와 배려를 필요로 한다는 점에 유념하고, … (중략) … 모든 국가, 특히 개발도상국가 아동의 생활여건을 향상하기 위한 국제 협력의 중요성을 인정하면서, 다음과 같이 합의하였다.

… (중략) …

제1조 이 협약의 목적상, 아동은 아동에게 적용되는 법에 의하여 보다 조기에 성인연령에 달하지 아니하는 한 18세 미만의 모든 사람을 의미한다.

*해설: 18세 미만이므로 18세에 달한 사람은 아동이 아니다. 우리나라 아동복지법 제3조제1호도 아동을 '18세 미만인 사람'이라고 규정했다. UN아동권리협약과 완전히 같다.

제2조

1. 당사국은 자국의 관할권에서 아동 또는 그의 부모나 법정 후견인의 인종, 피부색, 성별, 언어, 종교, 정치적 또는 기타의 의견, 민족적, 인종적 또는 사회적 출신, 재산, 무능력, 출생 또는 기타의 신분에 관계없이 그리고 어떠한 종류의 차별을 함이 없이 이 협약에 규정된 권리를 존중하고, 각 아동에게 보장하여야 한다.

… (중략) …

제3조 1. 공공 또는 민간 사회복지기관, 법원, 행정당국, 또는 입법기관 등에 의하여 실시되는 아동에 관한 모든 활동에 있어서 아동의 최상의 이익이 최우선적으로 고려되어야 한다.

… (중략) …

제6조 1. 당사국은 모든 아동이 고유의 생명권을 가지고 있음을 인정한다.

2. 당사국은 가능한 최대한도로 아동의 생존과 발달을 보장하여야 한다.

제7조 1. 아동은 출생 후 즉시 등록되어야 하며, 출생시부터 생명권과 국적취득권을 가지며, 가능한 한 자신의 부모를 알고 부모에 의하여 양육을 받을 권리를 가진다.

… (중략) …

제9조 1. 당사국은, 사법적 심사의 구속을 받는 관계당국이 적용 가능한 법률 및 절차에 따라서 분리가 아동의 최상의 이익을 위하여 필요하다고 결정하는 경우 이외에는, 아동이 그의 의사에 반하여 부모로부터 분리되지 아니하도록 보장하여야 한다. 그러한 결정은 부모에 의한 아동 학대 또는 유기의 경우나 부모의 별거로 인하여 아동의 거소에 관한 결정이 내려져야 하는 등 특별한 경우에 필요할 수 있다.

… (중략) …

제11조 1. 당사국은 아동의 불법 해외이송 및 미귀환을 퇴치하기 위한 조치를 취하여야 한다.

… (중략) …

제12조 1. 당사국은 자신의 견해를 형성할 능력이 있는 아동에 대하여 본인에게 영향을 미치는 모든 문제에 있어서 자신의 견해를 자유스럽게 표시할 권리를 보장하며, 아동의 견해에 대하여는 아동의 연령과 성숙도에 따라 정당한 비중이 부여되어야 한다.

… (중략) …

제13조 1. 아동은 표현의 자유를 갖는다. 이 권리는 구두, 필기 또는 인쇄, 예술의 형태 또는 아동이 선택하는 기타의 매체를 통하여 모든 종류의 정보와 사상을 국경에 관계없이 추구하고 접수하며 전달하는 자유를 포함한다.

… (중략) …

제14조 1. 당사국은 아동의 사상, 양심 및 종교의 자유에 대한 권리를 존중하여야 한다.

… (중략) …

제15조 1. 당사국은 아동의 결사의 자유와 평화적 집회의 자유에 대한 권리를 인정한다.

… (중략) …

제16조 1. 어떠한 아동도 사생활, 가족, 가정 또는 통신에 대하여 자의적이거나 위법적인 간섭을 받지 아니하며 또한 명예나 신망에 대한 위법적인 공격을 받지 아니한다.

… (중략) …

제18조 1. 당사국은 부모 쌍방이 아동의 양육과 발전에 공동책임을 진다는 원칙이 인정받을 수 있도록 최선의 노력을 기울여야 한다. 부모 또는 경우에 따라서 법정 후견인은 아동의 양육과 발전에 일차적 책임을 진다. 아동의 최상의 이익이 그들의 기본적 관심이 된다.

… (중략) …

제19조 1. 당사국은 아동이 부모, 법정 후견인 또는 기타 아동양육자의 양육을 받고 있는 동안 모든 형태의 신체적, 정신적 폭력, 상해나 학대, 유기나 유기적 대우, 성적 학대를 포함한 혹사나 착취로부터 아동을 보호하기 위하여 모든 적절한 입법적, 행정적, 사회적 및 교육적 조치를 취하여야 한다.

… (중략) …

제20조 1. 일시적 또는 항구적으로 가족환경을 박탈당하거나 가족환경에 있는 것이 스스로의 최상의 이익을 위하여 허용될 수 없는 아동은 국가로부터 특별한 보호와 원조를 부여 받을 권리가 있다.

… (중략) …

제27조 1. 당사국은 모든 아동이 신체적·지적·정신적·도덕적 및 사회적 발달에 적합한 생활수준을 누릴 권리를 가짐을 인정한다.
2. 부모 또는 기타 아동에 대하여 책임이 있는 자는 능력과 재산의 범위안에서 아동 발달에 필요한 생활여건을 확보할 일차적 책임을 진다.

… (중략) …

제28조 1. 당사국은 아동의 교육에 대한 권리를 인정하며, 점진적으로 그리고 기회균등의 기초 위에서 이 권리를 달성하기 위하여 특히 다음의 조치를 취하여야 한다.
가. 초등교육은 의무적이며, 모든 사람에게 무료로 제공되어야 한다.

… (중략) …

제30조 인종적, 종교적 또는 언어적 소수자나 원주민이 존재하는 국가에서 이러한 소수자에 속하거나 원주민인 아동은, 자기 집단의 다른 구성원과 함께, 고유문화를 향유하고, 고유의 종교를 신앙하고 실천하며, 고유의 언어를 사용할 권리를 부인당하지 아니 한다.

> … (중략) …
>
> 제34조 당사국은 모든 형태의 성적 착취와 성적 학대로부터 아동을 보호할 의무를 진다. 이 목적을 달성하기 위하여, 당사국은 특히 다음의 사항을 방지하기 위한 모든 적절한 국내적, 양국간, 다국간 조치를 취하여야 한다.
>
> 가. 아동을 여하한 위법한 성적 활동에 종사하도록 유인하거나 강제하는 행위
>
> 나. 아동을 매음이나 기타 위법한 성적 활동에 착취적으로 이용하는 행위
>
> 다. 아동을 외설스러운 공연 및 자료에 착취적으로 이용하는 행위
>
> … (중략) …
>
> 제38조 1. 당사국은, 아동에게 관련이 있는 무력분쟁에 있어서, 당사국에 적용가능한 국제인도법의 규칙을 존중하고 동 존중을 보장할 의무를 진다.
>
> 2. 당사국은 15세에 달하지 아니한 자가 적대행위에 직접 참여하지 아니할 것을 보장하기 위하여 실행가능한 모든 조치를 취하여야 한다.
>
> 3. 당사국은 15세에 달하지 아니한 자의 징병을 삼가하여야 한다. 15세에 달하였으나 18세에 달하지 아니한 자 중에서 징병하는 경우, 당사국은 최연장자에게 우선순위를 두도록 노력하여야 한다.
>
> … (하략) …

3. 우리나라 아동 권리 선언문과 헌장

1) 어린이 선언문

소파 방정환은 1923년 5월 1일에 열린 어린이날 기념식에서 '어린이 선언문'을 발표했다. 방정환은 발표문에서 어린이를 어른과 똑같이 독립된 인격으로 인정할 것을 요구하며 '어린이는 민족의 미래'라고 강조했다. 이 선언은 1924년 국제연맹이 채택한 아동권리에 관한 제네바 선언보다 1년 앞서, 세계 최초의 어린이 인권 선언이라고 할 수 있다.

어린이 선언문

소년운동의 기초 조건

· 어린이를 재래의 윤리적 압박으로부터 해방하여 그들에게 대한 완전한 인격적 예우를 허하게 하라.
· 어린이를 재래의 경제적 압박으로부터 해방하여 만 14세 이하의 그들에 대한 무상 또는 유상의 노동을 폐하게 하다.
· 어린이 그들이 고요히 배우고 즐거이 놀기에 족한 각양의 가정 또는 사회적 시절을 행하게 하라.

어른들에게

· 어린이를 내려다보지 마시고 치어다 보아 주시오.
· 어린이를 가까이 하시어 자주 이야기하여 주시오.
· 어린이에게 경어를 쓰시되 늘 보드랍게 하여 주시오.
· 이발이나 목욕, 의복 같은 것을 때맞춰 하도록 하여 주시오.
· 잠자는 것과 운동하는 것을 충분히 하게 하여 주시오.
· 산보와 원족 같은 것을 가끔가끔 시켜 주시오.
· 어린이를 책망하실 때는 쉽게 성만 내지 마시고 자세자세 타일러 주시오.
· 어린이들이 서로 모여 즐겁게 놀만한 놀이터와 기계 같은 것을 지어 주시오.
· 대우주의 뇌신경의 말초(末梢)는 늙은이에게 있지 아니하고 젊은이에게 있지 아니하고 오직 어린이들에게만 있는 것을 늘 생각하여 주시오.

어린 동무들에게

· 돋는 해와 지는 해를 반드시 보기로 합시다.
· 어른들에게는 물론이고 당신들끼리도 서로 존대하기로 합시다.
· 뒷간이나 담벽에 글씨를 쓰거나 그림 같은 것을 버리지 말기로 합시다.
· 꽃이나 풀을 꺾지 말고 동물을 사랑하기로 합시다.
· 전차나 기차에서는 어른들에게 자리를 사양하기로 합시다.
· 입을 꼭 다물고 몸을 바르게 가지기로 합시다.

우리들의 희망은 오직 한 가지 어린이를 잘 키우는 데 있을 뿐입니다. 다 같이 내일을 살리기 위하여 이 몇 가지를 실행합시다. 어린이는 어른보다 더 새로운 사람입니다. 내 아들놈 내 딸년 하고 자기의 물건같이 여기지 말고 자기보다 한결 더 새로운 시대의 새 인물인 것을 알아야 합니다. 자기 마음대로 굴리려 하지 말고 반드시 어린 사람의 뜻을 존중하도록 하여야 합니다. 어린이를 어른보다 더 높게 대접하십시오. 어른은 뿌리라 하면 어린이는 싹입니다. 뿌리가 근본이라고 위에 올라 앉아 싹을 내려누르면 그 나무는 죽어버립니다. 뿌리가 원칙상 그 싹을 위해야 그 나무(그 집 운수)는 뻗쳐 나갈 것입니다.

2) 대한민국 어린이 헌장(1957)

대한민국 어린이 헌장은 1957년 한국동화작가협회가 제정, 발표했고, 같은 해 5월 5일 보건사회부가 선포했다. 존엄성 존중, 건전한 가정에서의 보호, 교육, 놀이 등에 관한 권리, 학대와 노동으로부터 보호에 관한 권리 등을 포함한 문서로 법적 효력은 없다. 1988년에는 보건사회부가 대한민국 어린이 헌장을 일부 개정하여 공포했다. 헌장이란 어떠한 사실에 대한 약속을 이행하기 위해 정한 규범이다.

대한민국 어린이 헌장은 어린이날의 참뜻을 바탕으로 하여, 모든 어린이가 차별 없이 인간으로서의 존엄성을 지니고, 나라의 앞날을 이어나갈 새사람으로 존중되며, 아름답고 씩씩하게 자라도록 함을 길잡이로 삼는다.

1. 어린이는 건전하게 태어나 따뜻한 가정에서 사랑 속에 자라야 한다.
2. 어린이는 고른 영양을 취하고, 질병의 예방과 치료를 받으며, 맑고 깨끗한 환경에서 살아야 한다.
3. 어린이는 좋은 교육시설에서 개인의 능력과 소질에 따라 교육을 받아야 한다.
4. 어린이는 빛나는 우리 문화를 이어 받아, 새롭게 창조하고 널리 펴나가는 힘을 길러야 한다.
5. 어린이는 즐겁고 유익한 놀이와 오락을 위한 시설과 공간을 제공받아야 한다.
6. 어린이는 예절과 질서를 지키며, 한겨레로서 서로 돕고, 스스로를 이기며 책임을 다하는 민주 시민으로 자라야 한다.
7. 어린이는 자연과 예술을 사랑하고 과학을 탐구하는 마음과 태도를 길러야 한다.
8. 어린이는 해로운 사회 환경과 위험으로부터 먼저 보호되어야 한다.
9. 어린이는 학대를 받거나 버림을 당해서는 안되고, 나쁜 일과 힘겨운 노동에 이용되지 말아야 한다.
10. 몸이나 마음에 장애를 가진 어린이는 필요한 교육과 치료를 받아야 하고, 빗나간 어린이는 선도되어야 한다.
11. 어린이는 우리의 내일이며 소망이다. 나라의 앞날을 짊어질 한국인으로, 인류 평화에 이바지할 수 있는 세계인으로 자라야 한다.

3) 아동권리 헌장(2016)

(1) 배경과 취지

아동권리헌장은 유엔아동권리협약의 주요 원칙을 충실히 이행하기 위해 2016년 보건복지부가 제정한 규범이다. 아동권리헌장은 유엔아동권리협약의 조항을 전문과 9개 조항으로 간결하게 정리했다. 아동권리헌장은 우리 아동이 겪고 있는 위기에 주목해 학대로부터 보호 받을 권리, 놀 권리, 표현의 자유와 참여, 상상과 도전, 창의적 활동

등을 비중 있게 다루었다. 아동권리헌장은 아동 스스로 자신의 권리를 알고 지킬 수 있고, 어른도 아동 권리를 이해하고 존중해야 한다는 선언이다.

우리나라는 1991년에 유엔아동권리협약을 비준하였고 아동권리 증진을 위해 노력을 많이 했으나, 아동 삶의 만족도와 아동권리 인식 수준은 아직 낮은 상태이다.

(2) 전문

아동권리헌장

모든 아동은 독립된 인격체로 존중 받고 차별 받지 않아야 한다. 또한 생명을 존중 받고, 보호받으며, 발달하고 참여할 수 있는 고유한 권리가 있다. 부모와 사회, 국가와 지방자치단체는 아동의 이익을 최우선적으로 고려해야 하며, 다음과 같은 아동의 권리를 확인하고 실현할 책임이 있다.

1. 아동은 생명을 존중 받아야 하며 부모와 가족의 보살핌을 받을 권리가 있다.
2. 아동은 모든 형태의 학대와 방임, 폭력과 착취로부터 보호받을 권리가 있다.
3. 아동은 출신, 성별, 언어, 인종, 종교, 사회·경제적 배경, 학력, 연령, 장애 등의 이유로 차별 받지 않을 권리가 있다.
4. 아동은 개인적인 생활이 부당하게 공개되지 않고 보호받을 권리가 있다.
5. 아동은 신체적·정신적·사회적으로 건강하게 성장하고 발달하는 데 필요한 기본적인 영양, 주거, 의료 등을 지원받을 권리가 있다.
6. 아동은 자신이 살아가는 데 필요한 지식과 정보를 알 권리가 있다.
7. 아동은 자유롭게 상상하고 도전하며 창의적으로 활동하고 자신의 능력과 소질에 따라 교육받을 권리가 있다.
8. 아동은 휴식과 여가를 누리며 다양한 놀이와 오락, 문화·예술 활동에 자유롭고 즐겁게 참여할 권리가 있다.
9. 아동은 자신의 생각이나 느낌을 자유롭게 표현할 수 있으며, 자신에게 영향을 주는 결정에 대해 의견을 말하고 이를 존중 받을 권리가 있다.

(2013 정시A4) 1) 1989년 국제연합(UN)은 세계인권선언과 국제인권규약의 규정에 근거하여 (가)가 포함된 문서를 채택하였다. 이 문서의 명칭을 쓰시오. [1점]

3) '아동의 (㉢)의 원칙'은 ㉠에서, '아동의 생존, 보호 및 (㉣)의 원칙'은 ㉡에서 찾아볼 수 있다.㉢과 ㉣을 찾아 쓰시오. [2점]

4) (다)가 포함된 문서는 1957년 처음 발표된 후, 1988년 보건 사회부에 의해 개정, 공포되었다. 이는 인간의 존엄성 존중, 건전한 가정에서의 보호, 교육, 놀이 등에 관한 권리, 학대와 노동으로부터의 보호에 관한 권리 등을 포함하고 있다. 이 문서의 명칭을 쓰시오. [1점]

(가)	㉠ 모든 사람은 인종, 피부색, 성별, 언어, 종교, 정치적 또는 기타 의견, 민족적 또는 사회적 출신, 재산, 출생 또는 기타의 신분 등 어떠한 종류 구분에 의한 차별 없이 동 선언 및 규약에 규정된 모든 권리와 자유를 향유할 자격이 있음을 선언하고 동의했음을 인정하고, ㉡ 아동은, 완전하고 조화로운 인격 발달을 위하여, 가족적 환경과 행복, 사랑 및 이해의 분위기 속에서 성장하여야 함을 인정하고,…… (중략)…… 아동은 신체적, 정신적 미성숙으로 인하여 출생 전후를 막론하고 적절한 법적 보호를 포함한 특별한 보호와 배려를 필요로 한다는 점에 유념하고,…… (중략)…… 모든 국가, 특히 개발도상국가 아동의 생활 여건을 향상시키기 위한 국제 협력의 중요성을 인정하면서, 다음과 같이 합의하였다.
(나)	'아동 이익 최우선의 원칙', '아동의 의사 존중 및 참여의 원칙', '아동의 (㉢)의 원칙', '아동의 생존, 보호 및 (㉣)의 원칙' 등 4개의 일반 원칙을 중심으로 한다.
(다)	모든 어린이가 차별 없이 인간으로서의 존엄성을 지니고, 나라의 앞날을 이어나갈 새 사람으로 존중되며, 바르고 아름답고 씩씩하게 자라도록 함을 길잡이로 삼는다.

정답 1) 유엔아동권리협약 3) ㉢ 무차별, ㉣ 발달, 4) 대한민국 어린이 헌장

(2019 추시A1) (가)는 1989년에 유엔에서 채택되고 1991년에 우리나라에서 발효된 아동의 권리에 관한 협약의 일부이고, (나)는 1988년에 개정된 '대한민국어린이헌장'의 일부이다. 물음에 답하시오.

(가)

제2조
1. 당사국은 자국의 관할권 안에서 아동 또는 그의 부모나 후견인의 인종, 피부색, 성별, 언어, 종교, 정치적 또는 기타의 의견, 민족적, 인종적 또는 사회적 출신, … (중략) … 출생 또는 기타의 신분에 관계없이 그리고 어떠한 종류의 (㉠)을/를 함이 없이 이 협약에 규정된 권리를 존중하고, 각 아동에게 보장하여야 한다.
제27조
1. 당사국은 모든 아동이 신체적·지적·정신적·도덕적 및 사회적 (㉡)에 적합한 생활수준을 누릴 권리를 가짐을 인정한다.
2. 부모 또는 기타 아동에 대하여 책임이 있는 자는 능력과 재산의 범위 안에서 아동 (㉡)에 필요한 생활여건을 확보할 일차적 책임을 진다.
제28조
1. 당사국은 아동의 (㉢)에 대한 권리를 인정하며, 점진적으로 그리고 기회 균등의 기초 위에서 이 권리를 달성하기 위하여 특히 다음의 조치를 취하여야 한다.

(나)

대한민국 어린이 헌장은 어린이날의 참뜻을 바탕으로 하여, 모든 어린이가 (㉠)없이 인간으로서의 존엄성을 지니고, 나라의 앞날을 이어나갈 새사람으로 존중되며, 바르고 아름답고 씩씩하게 자라도록 함을 길잡이로 삼는다.
… (중략) …
3. 어린이는 좋은 (㉢)시설에서 개인의 능력과 소질에 따라 (㉢)을/를 받아야 한다.
… (중략) …
6. 어린이는 예절과 질서를 지키며, 한겨레로서 서로 돕고, 스스로를 이기며 책임을 다하는 (㉣)(으)로 자라야 한다.

1) 괄호 안의 ㉠에 공통으로 들어갈 말과 ㉢에 공통으로 들어갈 말을 각각 쓰시오. [2점]

정답 ㉠ 차별, ㉢ 교육

2) ㉡과 ㉣에 들어갈 말을 2015 개정 유치원 교육과정 총론에 제시된 목적에서 찾아 쓰시오. [2점]

정답 ㉡ 발달, ㉣ 민주시민

3) 「아동의 권리에 관한 협약」이행과 관련된 내용이다. 괄호 안의 ⓐ에 들어갈 말을 쓰시오. [1점]

> 아동권리의 모니터링은 아동의 권리가 제대로 보장되고 있는지를 지속적으로 조사하고 감시하며, 그 결과를 반영하여 궁극적으로 아동의 권리가 신장되도록 하는 행위이다. 이는 국제적 수준뿐 아니라 (ⓐ) 또는 지방자치단체나 공공단체, 민간단체까지 다양한 수준에서 행해질 수 있다.

정답 국가